영·혼·돌·봄·을·위·한

영성과 상담

최 창 국 지음

기독교문서선교회

기독교문서선교회(Christian Literature Crusade: 약칭 CLC)는
1941년 영국 콜체스터에서 켄 아담스에 의해 시작되었으며
국제 본부는 영국의 쉐필드에 있습니다.
국제 CLC는 59개 나라에서 180개의 본부를 두고, 약 650여 명의
선교사들이 이동도서차량 40대를 이용하여 문서 보급에 힘쓰고 있으며
이메일 주문을 통해 130여 국으로 책을 공급하고 있습니다.
한국 CLC는 청교도적 복음주의 신학과 신앙서적을 출판하는
문서선교기관으로서, 한 영혼이라도 구원되길 소망하면서
주님이 오시는 그날까지 최선을 다할 것입니다.

Spirituality and Counseling

by
Chang-Kug Choi

Korean Edition
Copyright © 2011 by Christian Literature Crusade
Seoul, Korea

서론

　우리의 영성생활은 하나님을 봄에서 그 절정에 이른다. 그 봄이 깊어지면 깊어질수록 영혼을 더 많이 사랑하게 하는 봄이다. 영성지도란 하나님 봄을 경험하도록 돕는 기술(art)이다. 기도하는 기술이요 하나님의 현존을 경험하도록 하는 기술이다. 지식은 믿음으로 변화하고 기억은 희망으로 변화하고 의지는 사랑으로 변화한다는 것을 전해주는 기술이다.

　현대 기독교의 영혼 돌봄에 있어서 가장 보편적인 실수는 하나님과의 관계에서 발생하는 존재론적인 은총을 배제시키고 인간의 기능론적 수단을 최고의 가치로 삼는 것이다. 우리는 지금 기능적 무신론(functional atheism)의 시대를 경험하고 있다. 하나님을 우리의 지성과 의지로만 이해하고 우리 자신의 노력에 따른 자발적 성취만이 유일한 희망이라는 확신을 가지고 살아가는 무신론이다. 우리가 궁극적으로 고백해야 할 것은 영혼의 변화를 일으키는 주체는 어두운 밤을 경험하고 있는 사람이나 지도자가 아니라 하나님이라는 사실이다. 영성지도와 상담은 우리의 영혼을 돌보시는 하나님의 은혜의 방편이요 하나님의 커리큘럼이다.

이론적 틀

최근 기독교 신학에서 주목할 만한 특징들 중의 하나는 통전적 세계관과 방법론이라 할 수 있다. 인간 존재와 인간의 변화의 과정에 대하여 기독교적인 그림을 그리는 방법은 특별히 통전적이어야 한다. 기독교적 시각에서 통전성이라는 개념은 인간 존재가 온전하거나 완전하다는 데 있지 않고, 그것은 인간을 여러 국면에서 이해하여야 할 필요가 있으며, 통전된 그림을 말하지 않고서는 진정으로 사람을 이해할 수도 없으며 말할 수도 없다는 것이다. 그러므로 통전주의적 인간 이해는 이원론을 넘어서 환원주의를 비판한다. 때문에 인간의 본성을 이해함에 있어서 수많은 형태의 이원론과 환원주의 그리고 자기 신성화를 꿈꾸는 수많은 형태의 인본주의도 기독교적인 견해와는 일치하지 않다는 것을 명확히 해야 한다.

본 저서의 이론적 전제와 그림을 그리는 틀은 통전적 세계관과 방법론이다. 기독교 영혼 돌봄은 반드시 ① 통전적 인간실존(창조, 타락, 구속), ② 통전적 인간구조(영, 정신, 육체 등), ③ 통전적 인간관계(하나님, 자기 자신, 이웃, 자연), ④ 통전적 인간이야기 시제(과거, 현재, 미래, 하나님의 주권)의 이론적 기반 속에서 가능하다고 보는 것이 본 저서의 신학적 신념이다. 이러한 신학적 신념 안에서 ⑤ 영혼 돌봄 이론과 방법을 도출하고 돌봄 문제들에 대한 통전적 관찰과 답변을 도출하고 있다.

인간 존재는 결코 이원론적으로 이해되어질 수 없는 통전적 존재다. 인간의 여러 국면들을 가치등급화 시킬 수 없다. 모든 국면은 하나님께로부터 주어진 선물이다. 인간은 또한 관계 안에서 살아가도록 창조되었다. 인간은 영적으로 하나님과의 관계가 우선해야 한다는 것을 알아야 하지만, 하나님과의 바르고 건강한 관계에 있는 사람은 반드시 자기 자신과 이웃 그리고 하나님께서 창조하신 자연과의 관계에서도 건강한 관계를 유지해야 한다. 때문에 이 네 국면의 관계는 통전적이다. 나아가 기독교 인간 존재에 대한 통전적 구속사가 필요하다. 이는 인간은 하나님의 형상으로 창조되고, 타락한 인간은 죄성을 지니며, 하나님의 구속의 은총으로 회복된 통전적 구조 안에서 이해되어져야 한다. 하나님의 역동적 구속사 안에서 인간을 이해할 때 바른 돌봄이 가능하다고 할 수 있다.

인간의 경험과 이야기는 과거, 현재, 미래라는 인간의 시간성의 세 차원을 모두 포함한다는 통전적인 신학적 인류학에 뿌리를 두어야 한다. 한 사람의 개인적 정체감이나 이야기는 과거, 현재, 미래의 이야기로 구성되어 있기 때문에 사람의 현재나 미래 이야기를 따로 떼어 낸다는 것은 그 사람의 핵심 이야기에 손상을 미치게 된다. 때문에 인간의 문제를 바르게 진단하기 위해서는 과거, 현재, 미래라는 구조 안에서 진단할 때 보다 더 효과적이고 바람직한 진단을 이끌어 낼 수 있다. 그리고 이 관계 구조에 대한 바른 이해는 돌봄 과정에서 대단히 중요하다. 그리고 이러한 통전적 인간 이해를 바탕으로 돌봄 이론과 방법과 실제들을 도출해 내야 한다. 나아가 돌봄은 성경적이고 신학적 원리 안에서 실제적으로 사람들이 직면한 문제나 그들이 관심하는 이슈들에 대해 답변을 하는 데 그 목적을 두어야 한다.

영혼의 친구

영적 지도자는 영혼의 친구(soul friend)이다. 영적 지도자는 단순한 리더가 아니라 영혼의 친구이며 기도의 동역자다. 영성지도는 기도 없이 불가능하다. 메이(May)는 영적 지도자가 영성지도 과정에서 가장 범하기 쉬운 실수는 기도에 대한 가치를 망각하고 피지도자의 문제를 해결하기 위하여 그 문제 자체와 결탁하는 것이라고 지적했다.[1] 우리는 죄에 관한 도덕적인 관념들을 지니고 있지만, 성경은 죄란 곧 성령을 억누르는 것, 바로 기도의 길을 부정하고 반대하는 것이라고 말한다.

어떤 이들은 영성지도에서 기도의 중요성과 체험을 강조하는 것에 대해

---

1) Gerald G. May, *The Dark Night of The Soul: A Psychiatrist Explores the Connection Between Darkness and Spiritual Growth* (New York: Harper Collins, 2004), 171.

비판적이다. 이들의 비판은 우리의 삶의 전 영역 가운데 현존하시는 하나님은 다양한 방법으로 우리를 도우시기 때문에 기도를 지나치게 강조하게 되면 하나님의 존재와 활동 영역을 축소하게 되는 결과를 초래하게 된다는 것이다. 하나님은 상담을 통해서도 인간을 통해서도 우리를 도우신다. 그러나 영성지도의 실제에서 기도를 가장 중요한 방법으로 강조하는 것은 이러한 신학적 이해를 간과하는 것이 결코 아니다. 그것은 기도는 하나님의 현존을 경험할 수 있는 가장 실제적인 방편이기 때문이다.

우리는 세상의 수많은 소리에 지쳐있다. 세상의 소리에 지친 우리는 세상의 소리를 잠시 뒤로 하고 하나님의 음성을 듣기를 원한다. 기도는 우리가 세상의 소리에 의해 지배된 의식과 삶을 내려놓고 하나님의 음성을 듣는 시간이다. 기도는 세상의 소리에 잠식된 우리를 정화하는 시간이요 변혁하는 시간이다. 이러한 의미에서 듣는 기도는 급진적인 행동이다. 기도는 성령의 학교에서 사회성을 배우는 방법이다. 기도의 궁극적 목적은 하나님과 우리의 대화이다. 기도만큼 사회성을 반영해 주는 것도 없다. 영혼의 사회성을 가장 분명하게 반영해 주는 것이 기도다.

그러나 보다 성숙한 기도가 보다 더 훌륭한 기도라고 말할 수 없다. 주님도 우리의 본능적 필요를 구하는 기도를 결코 정죄하지 않았다. 우리는 하나님과 보다 더 성숙한 교제를 위하여 보다 더 성숙한 기도생활을 추구해야 한다. 그러나 우리가 어떤 유형의 기도를 사랑하더라도 그것은 하나님의 은총 밖에 있는 것이 아님을 잊어서는 안 된다. 하나님은 우리에게 마음을 다하고 목숨을 다하고 힘을 다할 뿐만 아니라 뜻을 다하여 하나님을 사랑하라고 하셨다. 은혜란 노력의 반대가 아니라 대가로 얻는 것의 반대이다. 그러므로 성숙한 기도를 추구하는 것은 포괄적인 의미에서 하나님의 뜻이라고 말할 수 있다. 그러나 우리가 기도의 가치를 우리의 기능적인 행위에 의존하여 평가하면, 우리의 기도는 율법주의의 도구가 될 수 있다.

해결중심 상담

　사람의 문제의 본질은 무엇인가? 지금까지의 상담학은 인간의 병리에 초점을 맞추었던 것이 사실이다. 따라서 문제의 원인을 진단하느라 대부분의 시간을 할애하고 상담을 마치는 경우가 많았다. 문제의 원인을 진단하면 문제는 쉽게 해결될 수 있다고 생각했기 때문이다. 하지만 이런 문제 중심적 상담은 사람이 지니고 있는 문제 자체와 사람을 동일시하는 경우가 많았다. 때문에 내담자의 인격적인 문제와 문제를 연결시키는 결과를 초래함으로 내담자의 문제를 해결하기보다는 때로는 상처를 주고 때로는 문제를 더 악화시키는 결과를 초래하기도 하였다. 나아가 문제 중심의 상담은 상담자가 상담상황에서 내담자들이 지닌 문제의 심각성으로 인하여 종종 인격적인 판단을 하는 우를 범하였다.

　해결중심 기독교 상담의 핵심적 전제 중 하나는 사람과 문제를 동일시하던 경향을 피하고 문제와 사람을 분리시킴으로써 문제해결을 시도하는 접근 방법을 취한다. 즉 내담자의 문제를 해석하는 방법론에 있어서 전형적인 방법론과 다른 방법을 사용한다. '문제 있는'이라는 형용사적 렌즈로부터 '문제'라는 명사적 렌즈로 바꾼다. 내담자의 문제 해석에서 문법적 변화를 시도한다. 예를 들면, 내담자는 외로운 사람으로 사는 것 대신에, 이제는 외로움과 싸우는 사람이 되는 것이다. 내담자는 죄인으로 사는 것 대신에, 죄와 싸우는 사람이 되는 것이다. 우울한 사람으로 사는 것 대신에, 내담자는 우울증과 싸우는 사람이 되는 것이다. 이러한 해석적 렌즈는 내담자가 지닌 문제로 사람을 정의하기보다는 그 내담자의 인생의 한 국면으로 만든다. 때문에 해결중심 기독교 상담은 모든 문제 중심의 상담접근과는 다른 대안적인 접근을 제시해 준다. 이 접근은 상담자들로 하여금 상담과정에서 내담자들로 하여금 문제에 고착되어 있는 상태에서 벗어나 해결의 궤도에 오르도록 도우려는 데 그 목적이 있다. 무엇보다도 중요한 것은 해결중심 상담의 전제는 사람은 결코 공격대상이나 정죄 대상이 아니라 치유의 대상이며, 공격의 대상은 문제이다. 20세기 말에 등장한 해결중심 상담 접근은 현대 기독교인들에게 보다 더 설득력 있고 효과적인 상담 방법이 되리라고 생각한다.

특별히 이 저서는 기존의 상담이론을 재점검 하였을 뿐만 아니라 현대 기독교 상담에서 새롭게 관심을 모으고 있는 '해결중심 상담'과 '이야기 상담'을 소개하고 있다. 이는 상담에서 보다 더 발전된 해석적 틀과 방법론을 추구하는 상담자들에게 많은 도움이 되리라 생각한다.

구조와 특징

본서는 크게 두 부분으로 구성되어 있다. 하나는 영성지도에 대한 부분이고 다른 하나는 목회상담이다. 상담에 대한 부분은 몇 년 전 상담학 강의를 위한 교재로 쓰여 진 것이다. 『해결중심 크리스천 카운슬링』이란 제목으로 발간되었던 내용이다. 영성지도에 대한 내용은 지난 10여 년 동안 기독교 영성 강의와 사역의 경험 속에서 고민했던 것에 대한 답변의 시도이기도 하다. 기독교 영성과 관련된 주제가 너무 방대하고 접근하는 방식도 다양하기 때문에 보는 관점에 따라 영적 지향성이 다를 수 있지만, 본서에서는 영성생활의 내면성과 외면성 그리고 사회성의 조화를 이루려고 노력했다. 그러나 앞서간 영적 스승들과 선배들에게는 큰 누를 끼칠 수 있다는 두려움과 염려도 있다. 영적 삶은 이론이 아니기 때문이다. 그분들의 영적 깊이와 삶에 무릎 꿇어야 했기 때문이다.

본서를 저술하면서 선진들의 영적 깊이와 충만함을 느끼며 가슴 저미는 감동을 경험할 수 있었다. '영혼의 어두운 밤'과 '영혼의 사회성'은 말할 수 없는 영적 깊이와 감동을 주었다. 영적 깊이를 추구하면 할수록 영혼의 사회성도 깊어져야 함을 특별히 칼빈을 통해서 배울 수 있었다. 십자가의 요한이 그려낸 영혼의 어두운 밤은 영적 깊이를 더해 주었다. 그것은 우리가 태양에 가까이 가면 갈수록 우리 눈의 약함으로 인하여 엄청난 빛을 감당하지 못하여 캄캄해지는 것과 같이 한없이 무한하신 하나님의 영광스러운 빛은 우리의 이성과 감각을 초월하고 가까이할수록 장님이 되고 어두워진다는 그의 영의 밤에 대한 묵상은 더욱 그러했다. 우리는 우리의 의식이라는 감각적 경험에 사로잡혀 모든 것을 가치화시키는 어두운 밤을 경험하고 있기에 더욱 그러했다.

또한 본서는 영적 여정에서 나타난 다양한 영적 주기와 단계와 특징, 영성생활의 다양한 체험, 영분별, 꿈의 의미 분석을 통하여 의식 세계를 넘어선 무의식과 영적 세계를 향유한 영적 존재로서 인간의 의미를 다루고 있다. 나아가 기독교 상담 이론과 주요 상담 주제들을 신학적이고 심리적인 분석을 통하여 상담학적으로 검토해야 할 핵심적인 사항들을 다루었다.

이 책이 나오기까지 많은 기도와 격려와 도움을 주었던 손길을 잊을 수 없다. 생명신학을 추구하는 백석대학교에서 가르칠 수 있도록 장을 마련해 주신 설립자 장종현 박사님께 감사를 드린다. 또한 학문적 격려와 도움을 아끼지 않으신 백석대신학대학원 교수님들, 부족한 강의를 경청하며 격려해 준 신학대학원과 기독교전문대학원 원우들, 기독교 영성에 관심을 갖고 함께 기도하며 연구하는 살렘 영성 아카데미 콜로키움(Colloquium)의 석, 박사 회원들에게 감사드린다. 끝으로 이 책을 저술하는 시작단계에서부터 마지막까지 격려해 주고 쓰여진 원고 모두를 꼼꼼히 읽으며 많은 도움과 조언을 제공해 준 사랑하는 아내 정은심에게 진심으로 감사한다. 그리고 사랑스런 딸 지수와 아들 은찬에게 고마움을 전한다.

2011년 2월 10일
최창국

CONTENTS

목차

서론 / 5

제 I 부 영성지도 / 15

제1장 영성지도의 이해 ▪ 17
제2장 영성지도의 실제 ▪ 53
제3장 영성지도와 하나님 체험 ▪ 75
제4장 영성지도와 영혼의 성 ▪ 97
제5장 영성지도와 영혼의 어두운 밤 ▪ 111
제6장 영성지도와 영적 분별 ▪ 133
제7장 영성지도와 영혼의 사회성 ▪ 151
제8장 영성지도와 꿈 ▪ 169

제 II 부 상담이론 / 197

제1장 상담과 인간: 내담자 ▪ 199
제2장 상담과 성경: 상담자 ▪ 231
제3장 상담과 목회돌봄 ▪ 255
제4장 권면적 상담 ▪ 273
제5장 성경적 상담 ▪ 287

제6장 이야기 상담 • 299
제7장 예수의 상담 • 315
제8장 해결중심 상담의 원리와 목표 • 331
제9장 해결중심 상담의 실제 • 347
제10장 해결중심 상담 윤리 • 373

제 III 부 상담의 실제 / 385

제1장 애착: 엄마의 자리 • 387
제2장 고난: 삶의 파라독스 • 407
제3장 열등감: 깨어진 보배 • 423
제4장 분노: 위험에서 한 자 모자람 • 443
제5장 우울증: 기대하지 않은 선물 • 457
제6장 귀신들림과 정신분열증 • 473
제7장 자살: 굽어진 마음 • 493
제8장 혼전 성: '한 몸' 됨의 비밀 • 511
제9장 낙태: 소리 없는 살인 • 527
제10장 이혼과 포르네이아 • 549

참고문헌 / 589

Spirituality & Counseling

제 I 부 영성지도

제1장 영성지도의 이해

제2장 영성지도의 실제

제3장 영성지도와 하나님 체험

제4장 영성지도와 영혼의 성

제5장 영성지도와 영혼의 어두운 밤

제6장 영성지도와 영적 분별

제7장 영성지도와 영혼의 사회성

제8장 영성지도와 꿈

Spirituality & Counseling

제 1 장

영성지도의 이해
Understanding Spiritual Direction

영성지도와 기독교

현대 영성지도는 외적으로는 자연종교라 할 수 있는 이성주의와 심리주의에 대한 기독교적 자각과 반성으로부터 영혼 돌봄의 주체에 대한 질문으로부터 태동한 것이다.[1] 인본주의와 심리주의에 대한 기독교적 반성이 영

---

1) 영혼에 대한 이해는 매우 난해한 측면이 있다. 빙겔은 "영의 거소," "하나님을 지각할 수 있는 기관"으로 이해했다. 에르나 반 드 빙겔, 『융의 심리학과 기독교영성』 김성민 역 (서울: 다산글방, 1996), 58-9. '영혼'(soul)이란 구약성경에서의 '네페쉬'(숨, 생명, 영혼)에 해당하는 것으로 살아 있는 존재를 의미한다. 기독교 전통에서 영혼은 다양하게 이해되어지고 있다. 어거스틴주의를 따르고 있는 중세의 신학자들은 영혼을 육체적인 것도 아니고 영적인 것도 아닌 그 중간적인 실체로 이해했다. 그리고 영혼의 구체적인 모습을 기억, 이해, 의지라고 믿었다. St. Bonaventure. *The Soul's Journey into God*, Translated by Ewert Cousins (New York: Paulist Press, 1978)를 참조. 버나드(Bernard of Clairvaux)도 "영혼의 기능은 기억, 이해, 의지인데, 기억에 의해서 회상을 하고, 이해에 의해서 분별을 하고, 의지에 의해서 하나님을 사랑한다"라고 했다. Bernard of Clairvaux, *The Love of God* (Portland, Oregon: Multnomah, 1983), 3. 영적 지도자인 메이(May)는 영혼을 한 사람의 실존의 핵심을 반영하는 것으로 이해하면서 이렇게 설명한다. 영혼은 "히브리어 '네페쉬'의 의미처럼 한 사람의 살아있는 전인격적 존재를 말한다. 그러므로 영혼은 몸이나 마음 또는 존재의 다른 측면들과 분리되지 않으며, 오히려 그런 측면들을 통해 발견되는 것이다. 영(spirit)은 영혼을 살아 있는 실재로 만들어 주는 하나님이 부여하신 생명력 있고 역동적인 존재의 힘이다." Gerald G. May, *Care of Mind Care of Spirit: Psychiatric Dimensions of Spiritual Direction* (New York: Harper & Row, 1982), 6. 영혼은 히브리어

성지도라는 의미 속에 깊이 내재 되어있다. 영성지도는 영혼 돌봄의 주체는 인간이 아니라 하나님이라는 기독교적 성찰과 경험에서 나온 것이다. 내적으로는 기독교의 신학적 사색과 반성에서 기인하였다. 신학은 결코 단지 학문적 개념으로만 존재하지 않는 특성이 있다. 왜냐하면 신학의 궁극적 추구는 살아계신 하나님과의 만남이지 학문적 분석이 아니기 때문이다. 신학의 관념화에 대한 반성의 자리에 영성지도가 자리 잡고 있다. 디오게네스 알렌(Diogenes Allen)은 신학사를 통해 볼 때 영성신학과 교리신학은 서로 활발한 작용을 하였으며, 전자가 후자에서 제외되는 현상은 최근의 현상이라고 지적하면서, "교리신학에서 진보를 이루기 위해서는 신학자의 영적 삶이 성숙해야 한다. 왜냐하면 신학적 이해와 영적인 진보는 불가분의 관계이기 때문이다"라고 하였다.[2]

'영성지도'라는 용어는 보통 영혼의 치유 또는 영혼의 돌봄의 의미로 사용된다. 막스 투리안(Max Thurian)는 "영성지도 또는 영혼의 치유는 특정한 심리적, 영적 상황에서 성령의 인도를 추구하는 것이다"라고 하였다.[3] 여기서 강조점은 추구에 있다. 그리고 추구는 상호적이다. 지도자와 지도를 받는 사람 모두 다 추구하는 사람이지, 상담에서처럼 상담자는 도움을 주고 내담자는 도움을 추구하는 관계가 아니다. 그럼에도 불구하고 영성지도 사역에는 기술과 훈련이 필요하다. 마틴 쏜톤(Martin Thornton)은 "금욕신학은 기도와 그 기도를 후원해 주고 양육해줄 만한 기술, 방법 그리고 훈

'네페쉬'와 그리스어 '프쉬케'를 번역한 단어이다. 베너(Benner)는 네페쉬는 삶을 비롯해서 인간의 내면의 특징, 생각, 느낌, 열정 그리고 육체까지 포함한 전인성을 의미하는 것으로 보고, 이와 비슷하게 신약에서 프쉬케도 인간의 완전성, 육체적 삶, 마음 그리고 감정의 의미를 가지고 있다고 했다. 그리고 네페쉬와 프쉬케를 이해하기 위한 가장 중요한 용어는 '인간'이나 '자아'라고 했다. 데이비드 G. 베너, 『영혼 돌봄의 이해』 전요섭, 김찬규 역 (서울: CLC, 2010), 22. 래드(Ladd)는 "현대 학문에서는 영, 혼, 육에 있어서 인간의 다른 기능이 아니라 인간 전체를 보는 관점의 차이"라고 했다. George E. Ladd, *A Theology of the New Testament* (Grand Rapids: Eerdmans, 1974), 457. 정리하면, 영혼이란 인간 자체로서 인간의 영적인 면을 강조할 때 쓰이는 용어다. 영혼이란 인간이 지닌 어떤 것에 관하여 말하는 것이 아니라 영적 존재로서 인간을 강조할 때 쓰이는 용어다.

2) Diogenes Allen, *Spiritual Theology: The Theology of Yesterday for Spiritual Help Today* (Cambridge, MA: Cowley Publications, 1997), 19.
3) Max Thurian, *Confession* (London: SCM Press, 1981), 69.

련에 관한 실천적인 이론이다. 영성지도는 이 이론을 제대로 숙련한 사람이 개개인들의 개별적인 요구에 따라 그것을 적용하는 것이다"라고 지적했다.[4] 쏜톤은 나아가 성령의 분야에 무능력한 아마추어가 널리 보급되어 있는 현대의 풍조를 다음과 같이 진술한다.

> 사람들이 배관공을 부르는 것은 그가 배관 계통에 관하여 잘 알고 있기 때문이지, 결코 폭넓은 인생 경험을 갖추고 있기 때문이 아니다. 또 사람들이 골프 전문가에게 코치를 받는 것은 그가 일주일 경력의 아마추어가 아니기 때문이다. 사람들은 20년 동안 의학서적을 전혀 읽지 않아서 현대적인 의약품에 관하여 전혀 모르는 의사들은 절대로 신뢰하지 않는다. 이와 마찬가지로 나는 지적인 현대 그리스도인들이 기도, 학문, 전문적인 업무 외의 다른 것들에만 전념하는 목사를 점점 더 의심하게 되는 게 아닌가 생각한다…한 목사가 몹시 혼란스러운 이 세계의 사람들을 인도할 때 그것이 그만한 가치를 지니게 되는 것은 그가 기도할 시간, 연구할 시간, 성찰할 시간을 갖고 있기 때문이다.[5]

심리적인 상담은 우리의 삶의 정황, 자아 이미지 구축, 관계적 삶 속에서 야기되는 내적인 갈등과 고통 등에 관심을 두는 것처럼 영성지도도 그러한 일에 역시 관심을 둔다. 그러나 영성지도는 한걸음 더 나아가 우리의 모든 상황 가운데에서 하나님의 현존과 경험에 대한 문제를 중요하게 여긴다. 그러므로 영적 지도자가 기도와 하나님의 현존과 역사에 주의를 기울이는 삶과 훈련이 없다면 결국 영성지도는 피상적인 것에 머무르고 말 것이다. 영적 지도자 또는 신학자가 기도생활과 경건의 추구로부터 동떨어져 있는 한 절대로 건전한 상태를 유지할 수 없다. 왜냐하면 영성지도란 영혼을 돌보는 일이기 때문이다. 영성지도에서는 영혼 돌봄의 주체를 인간에게 두지 않고 하나님께 둔다. 영성지도는 언제나 성령의 지도 안에서 발생하며, 그리스도의 몸의 기관을 통해 흘러간다. 케네스 리치(Kenneth Leech)는 "모

---

4) Martin Thornton, *The Purple Healed Mountain* (Alabama: Faith Press, 1962), 14.
5) Martin Thornton, *The Rock and the River* (London: Hodder & Stroughton, 1965), 141-142.

든 영성지도는 영혼의 위기에 연루된다"고 지적한다.[6] 그리고 그는 "행동을 취하시는 분은 하나님이고, 언제나처럼 여기에서도 영성지도의 목적은 사람들이 은총의 행위를 받아들이고 거기에 응답할 수 있도록 준비시켜 주는 것이다"라고 했다.[7] 영성지도는 하나님과의 깊은 인격적 관계를 개발하는 일에 도움을 받고자 하는 사람이 영적 지도자를 만나 영혼의 돌봄을 경험하는 것이다.

영성지도의 역사

영성지도는 성경에서 그 예를 볼 수 있다. 특별히 사도 바울은 믿는 자들과의 관계에서 자신을 그들의 아버지로 비유하는 부분이다. "그리스도 안에 일만 스승이 있으되 아비는 많지 아니하니 그리스도 예수 안에서 복음으로써 내가 너희를 낳았음이니라"(고전 4:15). 바울은 영적 아버지(지도자)로서 다른 사람들을 권면하고 지도하며 심지어 자신이 그리스도를 본받듯이 자신을 본받으라고까지 한다. 기독교 전통에서 영성지도가 시작된 것은 보통 3-4세기로 여겨진다. 3세기에는 자신의 영적 상태를 영적 인도자나 지도자에게 드러내는 일이 일반화되었다. 4세기에는 많은 그리스도인들이 이러한 지도를 받기 위해 사막의 은자들을 찾아가 영적인 지도를 구했다. 지도자는 기도에 대한 조언을 주며 적절한 회개의 행동들을 제시하기도 했다. 이 시대의 영적 지도자들 중 많은 수가 여성들이었으며 일반적인 평신들보다는 수도원의 일원인 경우가 많았다. 이러한 영성지도는 그 시대에 엄청난 영향력을 미쳤다.[8] 그 후 수도원 운동이 전개되었고 수도원은 다양한 영성지도의 전통을 개발하고 전파하는 데 큰 영향을 끼쳤다. 그

---

6) Kenneth Leech, *Soul Friend: A Study of Spirituality* (London: Sheldon Press, 1985), 108-109.
7) Kenneth Leech, *Soul Friend*, 122.
8) Howard L. Rice, *Reformed Spirituality: An Introduction for Believers* (Louisville, Kentucky: Westminster/John Knox Press, 1991), 134.

러나 기독교 전통에서 영성지도에 관한 전체 역사를 조명하는 것은 쉬운 일이 아니다. 그 이유는 영성지도가 어떤 시기에는 목회적 돌봄이나 영혼의 치유 또는 고해성사의 한 요소로 간주되었지만 다른 시기에는 좀 더 분리된 독자적 영역으로 여겨지기도 했기 때문이다. 어떤 시기에는 평신도들이 영적 지도자로 활동하도록 격려 받았고, 어떤 시기에는 제재를 받았다. 어떤 때는 영적 지도자가 되기 위해 훈련이 필수적이라고 여겼지만, 어떤 시기에는 영혼을 지도하는 능력은 정규 교육이 아니라 은혜의 선물로 부여된다는 것을 인정하는 경향이 있었다.[9] 로욜라의 이냐시오는 영성지도를 선한 영과 악한 영의 식별 문제로 보았고 십자가의 요한이나 아빌라 테레사는 영성지도는 마음의 여행을 다루는 것으로 여겼고 몇몇 현대적 접근은 심리적 성장이나 개별화 또는 자기실현과 관련된 것으로 이해했다.[10]

이렇게 내용과 형식과 방법과 강조점이 계속 변화되는 가운데서도 로마 가톨릭과 정교회와 성공회의 전통은 영성지도를 위한 지속적인 구조를 유지해 왔다. 그러나 개신교인들은 영적 지도자들이 취하는 어떤 방법들이나 그들의 개성이 하나님과 인간 사이의 유일한 중보자이신 예수님의 역할을 침해할 수 있다는 생각 때문에, 함께 모여 믿음에 대해 이야기를 나누는 그룹 영성지도와 개인적 기도와 성경묵상에 좀 더 의존하는 경향이 있다.[11] 하지만 개혁주의 전통에서는 나름대로 개인적인 영성지도 전통이 있었다. 그렇지만 영성지도라는 개념이 사용되지 않았던 동안에도, 종교개혁 교회 전통 안에는 개인적인 지도를 강조하는 시기가 여러 번 있었다. 예를 들면, 루터는 구두나 서신을 통해서 개인적인 지도사역을 수행했다. 루터가 동료 학생인 조지 쉬펜레인에게 보낸 초기 서신에 '그대 영혼의 상태'를 드러내라고 촉구하고 있다.[12] 루터보다 더 의미심장한 인물은 부쳐다. 부쳐의 저서인 『영혼의 참된 치유에 관하여』(1538)는 이 영혼의 치유와 돌

---

9) Gerald G. May, *Care of Mind Care of Spirit*, 1.
10) Gerald G. May, *Care of Mind Care of Spirit*, 2.
11) Gerald G. May, *Care of Mind Care of Spirit*, 2.
12) Kenneth Leech, *Soul Friend*, 84.

봄에 대해 굉장히 깊은 의미를 담고 있다. 칼빈은 에스겔 34:15를 기독교 목회자가 지켜야 할 5대 규칙의 토대로 삼는다. 부쳐(Martin Bucer)는 목회자의 임무는 "소외된 사람들을 그리스도께로 이끌어야 하며, 멀리 떨어져 나간 사람들을 다시 데려 와야 하고, 죄에 빠진 사람들의 삶을 변화시켜 주어야 하며, 약하고 병든 그리스도인들에게 힘을 불어 넣어 주어야 하고, 전인적이며 강인한 그리스도인들로 보호해 주어야 하고, 그리스도인들로 하여금 모든 선한 일에 앞장서도록 촉구"하는 것이라고 했다.[13] 개혁주의 전통 안에서 영성지도의 모범을 특히 칼빈으로부터 찾아 볼 수 있다. 장 다니엘 브느와는 칼빈을 '영혼의 지도자'라고 지칭했다.[14] 실제로 칼빈은 서신을 통해 직접 수많은 사람들에게 영성지도를 수행하였다. 게다가 19세기에는 스코틀랜드의 목사인 존 왓슨은 자신의 저서 『영혼의 치유』(1896)에서 개인적인 조언을 목양 업무의 본질적인 부분으로 강조하였다.[15]

영성지도는 기독교 전통에서 핵심적인 역할을 해왔다. 영성지도에 대한 관심이 현대 그리스도인들 사이에 다시 일어나고 있다. 야로슬라브 펠리칸(Jaroslav Pelikan)은 "전통은 죽은 자의 살아 있는 믿음이며, 전통주의는 살아있는 자의 죽은 믿음이다"라고 했다.[16] 공허한 기독교 형식에 진저리가 나고, 어려운 언어와 관념화된 신학에 의해 외면당한 기독교 전통주의는 결국 전통까지도 거부하는 결과를 낳고 있다. 한국 기독교는 영성지도를 전통주의로 취급하느냐 전통으로 취급하느냐의 기로에 서 있다고 할 수 있다. 우리가 영성지도를 전통주의의 위치에 놓고 골동품 취급해 버린다면, 그것은 살아 있는 믿음에 대한 유기라고 할 수 있다.

---

13) Kenneth Leech, *Soul Friend*, 85.
14) Kenneth Leech, *Soul Friend*, 85.
15) Kenneth Leech, *Soul Friend*, 88.
16) 에디 깁스, 『Next Church』 임신희 역 (서울: 교회성장연구소, 2003), 194에서 인용.

영성지도와 영혼 돌봄

인간이라면 누구나 깊이와 방법은 달라도 근본적이고 본질적인 질문을 한다. 나는 진정으로 누구인가? 나의 본질은 무엇인가? 이러한 질문에 대해 인류는 때로는 영적인 관점에서, 때로는 심리주의적 관점에서, 때로는 유물론적 관점에서, 때로는 실존주의적 관점에서, 때로는 실용주의적 관점에서, 때로는 행동주의적 관점에서 답변을 시도해 왔다. 현대의 '포스트모더니즘'이나 '해체주의'(de-constructionism) 철학자들은 우리에게 공통된 본성은 없다고 말한다. 우리가 본성이라고 하는 것은 단순히 사회적 구성물(social construct)일 뿐이라는 것이다. 그 사람이 누구인가 혹은 현대 철학자들이 부르는 것처럼 어떤 '주체'(the subject)가 되는가는 전적으로 문화와 사회적 맥락에 의해 정해진다고 주장한다. 우리는 환경의 창조물일 뿐 우리에게 '본질적인' 것은 없다고 주장한다. 또한 진리는 역사적 환경에서 나온 구성물이기에 우리 자신에 대한 진리는 알 수 없다고 말한다. 그러나 아무리 현대 포스트모던 철학과 사회과학적 업적이 남긴 모든 축적된 학문으로도 인간 조건에 대한 완전한 이해를 구하지 못하며, 우리가 누구의 형상을 따라 만들어졌는가를 생각할 때 의문은 항상 남는다. 인간이 유전적인 영향을 받고 삶의 조건에 따라 끊임없이 변화하고 있지만, 우리가 그 최선의 가능성에 다 이르지 못한다 하더라도 모든 인류를 지탱해 주는 중심이 있다고 보아야 하지 않을까?

아퀴나스(Thomas Aquinas)의 지적과도 같이 "은혜가 자연을 파괴하지 않고 오히려 완성시키듯이, 신성한 교리도 자연적 지식을 전제로 하고 그것을 이용하여 온전케 한다"[17]는 의미 안에서, 기독교가 인간적 인식방법을 존중함으로 사회과학의 통찰을 받아들일 수는 있으나 궁극적인 질문에 대해서는 근본적으로 신학적이고 영적인 관점에서 답한다. 기독교적 인간 조건을 올바르게 그려내는 일에 가장 근접할 수 있는 것이 궁극적으로는

---

17) Thomas Aquinas, *Summa Theologia*, 5 vols, trans. the Fathers of the English Dominican Province (Westminster, MD: Christian Classics, 1981), Ia, I, 8 ad 2.

영적 관점이 아닐까? 에르나 반 드 빙겔(Erna Van Ed Winckel)은 융의 견해를 통하여 이렇게 말한다.

이 세상 사람들은 어느 누구라도 영적인 자기가치를 깨닫지 못하고, 그 영적인 가치로 되돌아가지 않는다면, 그들 존재의 조화를 이룰 수 없다. 신경증이라는 것도 그 개인의 의식과 영원한 가치 사이의 균열이 생겼음을 알리는 일종의 신호인 것이다.[18]

창세기 2장의 기사는 인간 조건에 대한 실마리를 주고 하나님이 어떻게 인류를 창조하셨는지에 대해 설명을 한다. 하나님께서 흙으로 사람을 빚으시고, 그 코에 생명의 입김을 불어 넣으시는 모습으로 묘사된다(창 2:7). 먼저 이 기사는 우리의 육체성을 반영하고 있다. 인간은 물질인 흙으로 만들어진 육체적 존재다. 또한 "심히 좋았더라"는 말씀은 인간의 육체성을 포함한다. 그리고 하나님이 그 신성한 생명력을 흙으로 만든 사람에게 불어 넣으신 것은 인간의 생명이 하나님의 생명을 나누어 가졌음을 나타낸다. 인간은 하나님의 생명에 의해서 살아 있게 되었다. 인류 안에 나누어 주신 하나님의 생명을 전통적으로 영혼(soul)이라고 한다. 둘째 창조기사에서 나타나 있듯이, 영혼은 인류의 생명의 원칙이다. 영혼은 우리에게 나누어 주신 하나님의 생명이기 때문에 우리의 인간성을 결정한다.

하나님의 형상과 모양대로 창조된 영혼을 가진 인간으로서, 인간은 하나님과의 관계 안에서 살아가게 창조되었다. 엠마누엘 레비나스(Emmanuel Levinas)는 인간은 "존재 안에서의 하나님의 폭발(irruption)이자 하나님을 향한 분출"이라고 하였다.[19] 기독교 전통 안에서 이러한 생각을 어거스틴(St. Augustine)보다 더 웅변적으로 표현한 사람도 드물 것이다. 널리 알려진 그의 『고백록』(The Confession)의 서두에서 감동적으로 고백한다. "당신께서 우리를 홀로 만드셨습니다. 우리의 마음은 당신 안에서 안식할 때까지 쉬

---

[18] 에르나 반 드 빙겔, 『융의 심리학과 기독교영성』, 김성민 역 (서울: 다산글방, 1997), 14.
[19] Emmanuel Levinas, "Revelation in the Jewish Tradition," in Sean Hand, ed., *The Levinas Reader* (New York: Blackwell, 1989), 202.

지 못할 것입니다."[20] 인류 안에 하나님의 생명은 우리에게 하나님께 귀향하는 본능을 주었고, 마리탱(Jacque Maritain)의 아름다운 은유를 사용하면, 인간의 영혼은 "하나님과 함께하는 사회"를 구성한다.[21]

현대인의 가장 비인간적인 면은 인간의 영혼을 무시한 데 있으며, 그 결과는 심각한 정신적, 사회적 문제가 되었다. 무어(Thomas Moore)는 다음과 같이 말한다.

> 우리의 모든 문제와 연루되고 개인적 사회적으로 영향을 미치는 20세기의 병폐는 '영혼의 상실'이다. 영혼이 무시되면, 영혼은 그저 사라지는 것이 아니라 강박, 중독, 폭력 그리고 의미의 상실 등의 증상으로 나타난다.[22]

2차 세계대전이 극에 달했을 때 바른 교육의 의미를 피력하면서 마리탱은 "파시즘과 나치즘의 서론은 (인간성의) 영적 존엄성에 대한 철저한 무시였고 단지 물질적 기준만으로 인간의 생명과 도덕성을 지배할 수 있다는 가정이었다"라고 경고했다.[23] 기독교 신앙에서 영혼의 가장 정확한 뜻은 인간의 특징적이고 행동적인 원리이다. 인류가 그 생명을 하나님의 생명에서 얻기 때문에 영혼은 우리 안에 계시는 하나님의 생명의 숨결이다. 인간의 생명력은 하나님의 생명력에서 나오기 때문에 영혼은 하나님의 형상으로서의 인간 정체성에 대한 궁극적인 실마리이다. 영적 성향은 인간의 존재의 깊은 핵심에서 나온다. 우리에게 우리의 심층부를 통해 우리 삶의 배경인 은혜로운 신비와 궁극적 의미를 경험하고 우리 존재의 기반인 하나님과의 관계를 의식적으로 맺으라고 부추기는 갈망이 영적 성향이다. 전통적인 기독교에서는 이러한 인류의 신성한 열망의 근원을 '영혼'(soul)이

---

20) ST. Augustine, *The Confession of Saint Augustine*, trans. John K. Ryan (Garden City, N.Y.: Doubleday, Image Books, 1960), I, Par. 1.
21) 토마스 그룸, 『생명을 위한 교육』 김도일 역 (서울: 한국장로교출판사, 2001), 99.
22) Thomas Moore, *Care of the Soul: A Guide for Cultivating Depth and Sacredness in Everyday Life* (New York: Harper Collins, 1992), 11.
23) Jacques Maritain, *Education at the Crossroads* (New Haven: Yale University Press, 1977), 114.

라고 불렀다. 그러나 영혼은 아직도 '조직의 정신'(the soul of an organization), '관용의 정수'(the soul of generosity)에서와 같이 핵심적이고 진실한 어떤 것, 마음을 건드리는 어떤 것을 말할 때 쓰인다. 무어는 다음과 같이 말한다.

> 영혼은 순수함과 깊이 관계한다…영혼은 좋은 음식, 만족스러운 대화, 참된 친구, 기억에 남고 감동을 주는 경험 등, 모든 세세한 부분에서 삶과 연결되어 있다.[24]

그러나 여기에는 초월성이 언급되지 않았다. 영혼은 그 초월성으로 인해 우리의 가장 신적인 면을 나타낸다. 이 초월성은 우리로 하여금 하나님을 향하도록 촉구하는 것이다. 유진 피터슨(Eugene Peterson)은 "우리는 매우 본질적인 것을 잊고 있었다는 것을 깨닫기 시작했다"고 지적하면서, 그 본질적인 것의 회복을 영성이라고 피력한다.[25] 현대 상담운동이 사람들에게 무언가 초월적인 것을 제공하는 데 실패한 것이 영성지도와 영성형성에 대한 지대한 관심을 일으키는 무대를 마련했다고 보느냐는 질문에 유진 피터슨은 이렇게 답하였다.

> 교회 안에서 일어난 운동은 심각할 정도로 심리학적인 차원으로 흘러가 버렸고 거의 치료학으로 굳어졌습니다. 대부분의 경우 상담은 성경적인 계시 속에서 그 설 자리를 잃어버리고 맙니다. 그러나 어떤 의미에서 영성지도는 문제와 더불어 시작하지 않습니다…영성지도는 단순한 건강 차원에서 벗어나 그리스도인의 거룩함의 문제를 다룹니다. 따라서 영성신학이 초월성에 이르려는 시도의 실패에 대한 명백한 반응이라고 생각합니다.[26]

물론 피터슨의 견해가 전적으로 타당하다고 할 수는 없지만, 실천적 사역에 심혈을 기울여온 그의 관점은 현대 목회상담과 영성지도를 위해 중요한 교훈을 제공해 주고 있다. 인간은 자기 주체적으로 살아갈 때 진정으로

---

24) Thomas Moore, *Care of the Soul*, 11.
25) Eugene H. Peterson, *Subversive Spirituality* (Eerdmans: Cambridge, 1997), 197.
26) Eugene H. Peterson, *Subversive Spirituality*, 197.

행복한 삶이 가능했는가? 결과는 전쟁과 인간소외와 인간성 상실 등 이루 헤아릴 수 없는 불행의 연속이다. 인류의 역사에서 인간의 가장 어리석은 신념은 하나님 없이 유토피아 건설이 가능하다고 믿었던 것이라 할 수 있다. 초대 교부 중 한 사람인 안디옥의 이그나티우스(Ignatius)에 관해 데메트리우스 대주교(Archbishop Demetrius)는 "이그나티우스의 메시지는 하나님의 절대적인 우선순위, 하나님과 실제적이고 실존적으로 연결되어야 할 절대적 필요성, 하나님께 초점을 맞추고 하나님과 깊은 차원에서 완전한 관계를 맺어야 할 긴급한 필요성을 우리 시대에까지 전한다"고 하였다.[27]

영성지도의 특징

교회의 가장 처음 시기부터 영혼을 돌보는 방법으로써 핵심적인 역할을 해왔던 영성지도의 목적에 대해서 장 니콜라 그흐루(Jean Nicolas Grou)는 다음과 같이 말한다.

> 영혼을 지도한다는 것은 곧 영혼을 하나님의 길로 인도하는 것이며, 신적인 영감에 귀 기울이고 그것에 응답하는 방법을 영혼에게 가르치는 것이다. 영혼을 지도한다는 것은 영혼에게 특정 상태에 적합한 방식으로 온갖 미덕을 실천하라고 내보이는 것이다. 영혼을 지도한다는 것은 영혼을 청결함과 순수함을 지켜주는 것일 뿐 아니라, 영혼이 완전 가운데 발전하도록 만들어 주는 것이다. 결론적으로 영혼을 지도한다는 것은, 가능한 한 최고로 하나님께서 정해 주신 만큼 영혼이 신성해질 수 있도록 그 영혼을 일으키는 데 봉사하는 것이다.[28]

영적 지도자는 영혼을 돌보는 자로서 성령의 역사하심을 돕는 조력자이

---

27) Archbishop Demetrius, "Voices from the Past Addressing Our Present," *Harvard Divinity Bulletin* 30, no. 4(2002), 13.
28) Jean Nicolas Grou, *Manual for Interior Soul* (Charleston, South Carolina: BiblioBazaar, 2009), chapter 21.

어야 한다. 영혼의 아름다움만을 생각하는 사람이어야 한다. 그후루는 영성지도를 위한 다섯 가지 규칙을 제시한다.[29] 첫째는 오직 하나님과 관련된 것만 이야기 하고, 필요한 경우를 제외하고는 결코 만나지 말 것, 둘째는 상호 존중과 공손한 언행 그리고 엄숙한 태도, 셋째는 어떤 것도 감추지 말 것, 무한한 복종, 넷째는 사람을 초월하여 그 속에 있는 하나님만을 바라볼 것, 오로지 하나님만을 위하여 그 사람에게 소고될 것 그리고 하나님이 필요로 하신다면 그 어느 때든지 기꺼이 그를 포기할 수 있어야 한다.

데이비드 베너(Benner)는 영성지도에 대한 잘못된 이해들과 함께 영성지도의 특징들을 다음과 같이 설명한다. 먼저, 영성지도는 권위주의적인 것이 아니다. 일반적으로 '지도'라는 용어는 어떤 사람에게 무엇을 하라고 지시하는 모습을 떠올리게 한다. 때문에 영성지도에서 도움을 요청하는 사람이 영적 지도자의 권위 아래에 놓이고, 주어지는 조언이나 지시에 수동적으로 따르는 것으로 이해할 수 있다. 영성지도는 결코 인간의 권위로 하나님의 권위를 대체하는 것이 되어서는 안 된다. 영성지도는 하나님과 개인 사이에 중보자를 두는 것이 아니다. 영성지도에서 합법적인 유일한 권위는 하나님과 그의 말씀이다. 참된 영적 지도자는 하나님의 영이신 성령이다. 영성지도는 하나님을 향해 깨어 있도록 돕는 일이다.[30]

영성지도는 조언이 주목적이 아니다. 어떤 사람들은 영성지도에서 지도자에게 조언을 구하는 것을 기대할 수 있다. 물론 영성지도에서 피지도자의 영적 삶을 위한 조언이 필요할 수도 있다. 중요한 것은 영적 지도자가 자신의 생각이나 경험을 말해 줄 수 있지만, 지도자의 임무는 조언이나 지시가 아니다. 그 역할은 참된 영적 지도자인 성령의 것이다.[31]

영성지도는 제자훈련이 아니다. 영성지도는 제자훈련 관계와 다르다. 제자훈련은 일반적으로 도움을 얻고자 하는 사람에게 좀 더 책임이 주어지고 도움을 베푸는 사람이 좀 더 지시를 내리는 관계다. 영성지도에도 어느

---

29) Jean Nicolas Grou, *Manual for Interior Soul*, chapter 2.
30) 데이비드 베너, 『거룩한 사귐에 눈뜨다』 노문종 역 (서울: IVP, 2007), 116-117.
31) 데이비드 베너, 『거룩한 사귐에 눈뜨다』, 117.

정도 책임이 따르기는 하지만, 영적 지도는 일차적으로 동반자가 되는 것이다. 또한 제자훈련은 영성지도에 비해 좀 더 구조화 되어 있다. 제자훈련은 일반적으로 커리큘럼에 따라 진행된다. 하지만 영성지도에는 표준화된 커리큘럼에 의해 시행하지 않는다.[32)]

영성지도는 설교가 아니다. 영적 지도자는 지도 과정에서 하나님의 말씀을 강해함으로써 다른 사람에게 도전이나 권면을 주고 인도해 주는 설교자와는 그 기능이 다르다. 일반적으로 영성지도는 말씀중심이라기보다는 성령 중심이다. 영성지도의 초점은 하나님께 있으며, 그 중심 과제는 성령의 임재와 이끄심을 분별하는 것이다.[33)]

영성지도는 도덕적인 지도가 아니다. 도덕은 인격의 아주 깊고 근본적인 부분을 형성하므로 대부분의 대화는 도덕적인 문제를 다루게 될 것이다. 그러나 영성지도를 도덕적인 지도로 제한하는 것은 그 범위를 심하게 축소한 것이다. 그리고 도덕적인 문제들에만 관심을 중심하다 보면, 하나님의 영에 대해 충분히 관심을 가지지 못하게 된다. 기독교적 가르침과 변화에서 반드시 도덕적 변화를 빼 놓을 수 없지만 그 도덕적 변화도 하나님의 은혜와 성령의 도움이 필요하다. 다시 말하면, 한 사람을 변화시키기 위한 성령의 과제 목록은 우리 인간의 과제 목록과 다른 경우가 많다.[34)]

영성지도는 상담이 아니다. 상담과 영성지도는 공통적인 특징들이 있지만, 아주 중요한 부분에서 다르다. 상담이 문제 중심적이라면 영성지도는 성령 중심적이다. 이론적으로 영성지도가 어떤 위기나 문제 때문에 시작될 수 있지만, 그 목표는 하나님과의 관계의 성장이지 특정한 문제를 해결하는 것이 아니다. 상담에서의 문제는 해결해야 할 과제이지만 영성지도에서 문제는 하나님을 만나는 배경이 되며 하나님을 체험할 수 있는 재료가 된다. 상담과 영성지도의 또 다른 중요한 차이는 각 관계 안에서 공감이 지닌 역할에서 드러난다. 상담자들은 내담자의 내적인 경험에 공감하려고

---

32) 데이비드 베너,『거룩한 사귐에 눈뜨다』, 118.
33) 데이비드 베너,『거룩한 사귐에 눈뜨다』, 119.
34) 데이비드 베너,『거룩한 사귐에 눈뜨다』, 120.

노력하지만 영적 지도자들은 공감의 초점을 일차적으로 사람이 아니라 성령께 둔다. 영적 지도자의 공감의 초점은 일차적으로 사람이 아니라 하나님의 영이다.[35]

마지막으로 영성지도는 가르침이 아니다. 영성지도의 성공은 신앙에 대한 개념이해나 깊이 있는 신학적 지식의 증대로 평가되지 않는다.[36] 영적 지도자로 널리 알려진 리치는 이러한 비전 안에서 다음과 같이 진술한다. "신학은 살아 계신 하나님과의 만남이지, 행동에 옮겨지지 않는 학문적 연습이 결코 아니다. 만일 신학의 자리가 그저 강단이나 도서관에 그치고 만다면 이러한 만남은 결코 지속될 수 없다. 신학은 성례적인 예배, 고독, 목양적 돌봄 그리고 영혼의 치유를 촉진해야 한다."[37] 영성지도에서 배움의 차원은 분명히 중요한 차원이다. 그러나 그것은 신앙고백서의 조항들을 배우기보다는 사랑과 자신과 하나님의 관계 성숙을 배우는 것에 훨씬 가깝다. 영적 지도자는 선생이라기보다는 안내자의 역할을 한다. 영적 지도자들은 전문가로서가 아니라 함께 배우는 동료로서 여행의 동반자가 된다.

영성지도와 목회상담

영성지도는 멘토링, 목회상담과 다른 의미를 지니면서도 서로 밀접한 관련이 있는 관계의 형식들 때문에 종종 멘토링, 목회상담 등으로 일컬어지기도 한다. 데이비드 베너(David Benner)는 어떤 사람들은 영성지도를 상담과 관련된 개념으로 생각하고, 영성지도를 가장 최근에 유행하는 상담의 한 분야로서 새로운 기술이나 접근법을 사용하는 것이라 생각하는 경향이 있지만 이런 생각은 심각한 오해에 기초하고 있다고 지적하였다.[38] 영성지

---

35) 데이비드 베너, 『거룩한 사귐에 눈뜨다』, 120-121.
36) 데이비드 베너, 『거룩한 사귐에 눈뜨다』, 121-122.
37) Kenneth Leech, *Soul Friend*, 36.
38) 데이비드 베너, 『거룩한 사귐에 눈뜨다』, 113-114.

도는 영혼을 돌보는 것과 관계하며, 상담이나 다른 돌봄의 관계와 어떤 특징들을 공유하지만 다른 관계들과는 구별된다. 베너는 영성지도는 기독교 상담의 한 요소라기보다는 대안이 될 것이라고 하였다.[39]

영성지도란 우리 인간의 영과 하나님의 영이 서로 연결되어 있다는 사실과 하나님에 대한 의존성을 더욱 심화시키는 과정이다. 때문에 영성지도는 우리의 모든 사고, 태도, 가치, 선택, 희망, 행동을 기꺼이 하나님께 두게 한다. 영성지도는 전심으로 하나님을 찾는 방법이며, 우리를 찾으시는 하나님께 응답하는 방법과 관련되어 있다. 영성지도는 하나님을 초청하는 것이며 하나님께 귀 기울이는 것이다. 즉 성령께서는 수많은 방법과 도구를 통하여 우리를 양육하고 격려함으써 우리로 하여금 하나님의 음성을 듣고 따르도록 인도하시는 영적 지도자이다. 현대교회 안에서 뿐만 아니라 현대사회 안에서 영혼의 가치의 소중함을 인식하고 있는 이때에, 영혼의 돌봄의 아주 중요한 한 축인 영성지도의 필요성이 절실히 요청되고 있다. 그렇다면 영성지도와 목회상담은 어떤 차이가 있는가? 영성지도를 그와 비슷한 다른 영역들, 즉 목회상담, 멘토링, 심리치료들과 구별한다는 것은 쉬운 일은 아니다. 이러한 영역들은 각각 독특한 특징들을 지니면서도 공통점을 지니기 때문이다.

> 영성지도는 문제를 해결하기 위한 것도 아니며, 질문에 명확한 답을 주기 위한 것도 아니다. 영성지도란 풍요와 아름다움과 고통의 삶을 감사와 은혜로 살며, 거기에 계시는 하나님을 찾는 것, 삶의 침체 한가운데서 생명을 주시는 하나님의 초청을 느끼는 것, 우리의 주요한 부분인 삶의 신비를 전개하며 사는 것이다. 그래서 영성지도는 상담이나 치유와 관계가 있지만, 그렇다고 그것이 전부는 아니다. 보통 이웃 간에 이루어지는 것처럼 다정하게 동정심을 갖고 상대방의 말을 들어주는 것도 아니다. 성령의 인도하심을 추구할 때, 우리는 개인이나 공동체의 삶 안에 역사하시는 역동적이고 생생한 하나님의 영의 임재하심에 초점을 둔다.[40]

---

39) 데이비드 베너, 『거룩한 사귐에 눈뜨다』, 114.
40) Gerrit Scott Dawson, Adele V. Gonzalez, E. Glenn Hinson, Rueben P. Job, Marjorie J.

제네트 바크(Jeannette Bakke)는 영성지도와 목회상담의 관계를 다음과 같이 설명해 준다.[41] 첫째, 목회상담은 병리, 위기 개입 모델과 관련이 있는 반면, 영성지도는 건강, 성장 모델과 관련이 있다. 목회상담은 특별한 문제들과 관심사들에 더 초점을 맞추는 경향이 있는 반면, 영성지도는 지속적인 개인의 성장과 발달에 더 초점을 맞추는 경향이 있다. 둘째, 그럼에도 불구하고, 영성지도와 목회상담 사이에는 어떤 관계가 있다. 두 가지 모두 치유와 전체성뿐만 아니라 건강, 내적 평화, 위기 또는 갈등의 해결, 통합을 추구한다. 그러나 목회상담이 개인의 문제에 보다 직접적으로 초점을 맞추는 반면에, 영성지도는 하나님과 개인의 만남에 더 직접적으로 초점을 맞춘다. 전통적으로 영성지도는 필연적으로 개인의 내적 및 외적 삶의 더 큰 통합으로 이끌어 가는 사람과 하나님과의 관계를 발달시키는 것을 강조한 반면, 목회상담은 사람과 하나님과의 관계를 발달시키는 것으로 기대될 수 있는 개인의 내적 외적 삶의 통합을 강조한다. 심리상담자들이 각 개인의 삶의 정황, 자아 이미지 구축, 관계적 삶 속에서 야기되는 내적인 갈등과 고통 등에 관심을 두는 것처럼 영적 지도자도 그러한 일에 역시 관심을 둔다. 하지만 영적 지도자는 한걸음 더 나아가 개인이 겪어야 할 경험의 최종적인 차원이 무엇이냐에 관심이 있다. 영성지도의 가장 중요한 임무는 영혼 돌봄이다. 영혼 돌봄의 주체는 인간이 아니라 하나님이시다. 영성지도의 주체는 성령이다. 영성지도에서는 성령이 능력의 근원으로 항상 인식된다. 의도적으로 하나님께 주의를 집중하는 것이 영성지도의 시작이자 마지막 목표이다.[42] 하지만 주의해야 할 것은 영성지도는 단지 '영적 영역'

Thomson, Wendy M. Wright, Companions in Christ: A Small-Group Experience in Spiritual Formation (Nashville: Upper Room Books, 2001), 238.
41) 제네트 A. 바크, 『영성지도』 최승기 역 (서울: 은성, 2007), 22-56.
42) 김용운은 상담과 영성지도의 차이를 다음과 같이 구분하였다. 김용운, "이냐시오 영신수련의 이해와 실제," 정원범 엮음, 『영성목회 21세기』 (서울: 한들출판사, 2006), 260-261.

상담	영성지도
일반적인 의미에서 건전함과 행복을 찾는다	하나님과의 관계를 중시한다
상담자의 신앙유무는 관계없다	신앙에 바탕을 둔다
문제해결을 지향한다	기술보다는 성령께 귀를 기울임이 필요하다

에만 관계된 것으로 이해하는 것이다. 케네스 리치(Kenneth Leech)는 "영성지도는 삶의 전 영역과 관계가 있다. 영성지도를 소위 '영적 영역'에만 관계된 것으로 보는 것은 옳지 못하다. '영적 영역'이라고 하는 것이 삶의 전 분야로부터 추출되어서 분리된 채로 다루어질 수 있는 것처럼 생각하는 것은 오류이다"라고 지적하였다.[43]

영성지도와 목회상담의 특성과 차이점 그리고 목표를 분명히 이해하는 것은 필요하지만 이 둘의 관계가 상호보완적으로 서로를 긍정하지 않고 부정적으로 나아가면 영성지도나 목회상담이 환원주의적 방법을 조장할 수 있다. 영적 지도자와 목회상담자는 피지도자와 내담자가 통전적인 존재로 창조되었다는 것을 반드시 인식하고 그들을 다면적이고 입체적으로 볼 수 있어야 한다. 렌 스페리(Len Sperry)는 최근의 영성지도와 상담의 환원주의적 경향을 지적하였다. 영성지도와 목회상담은 피지도자들과 내담자들의 기대에 단지 부분적으로만 반응하는 경향, 즉 인간의 경험의 한두 차원만을 강조하고 다른 차원들을 배제하는 환원주의적인 모델과 이론에 의존했

인간과 인간의 만남이다	두 사람은 하나님을 향하고 있다
치료하기 위해서 문제를 찾는다	성령의 이끄심을 느끼려 한다
속박에서 해방되기를 바란다	하나님의 자녀로서의 자유를 추구한다
잘못됨을 발견하려 한다	성령의 인도하심을 발견하려 한다
상담자가 상담을 원하는 이를 받아들인다	지도자, 피지도자가 함께 하나님을 받아들인다
기도가 없어도 된다	서로 합심하여 기도하여야 한다
쉽게 이야기 할 수 있는 분위기가 소중하다	동시에 성령을 감지하는 분위기가 소중하다
사람을 통하여 인도된다	두 사람이 하나님에 의해 인도된다
상호간의 신뢰 관계가 형성된다	상호신뢰와 더불어 하나님을 신뢰한다
인간으로서 해방된다	하나님을 향해서 해방된다
치유되면 끝난다	평생을 계속한다
원인을 추구한다	하나님과의 깊은 접촉을 추구한다
문제가 해결되면 끝난다	끝이 없다
감정의 움직임을 포착한다	감정의 움직임을 통하여 하나님의 부르심을 포착한다
자기를 받아들여야 한다	자기를 받아들임과 동시에 하나님의 부르심에 응답해야 한다
일상생활의 향상을 도모해야 한다	복음적인 생활의 향상을 도모한다
대사회적 적응성의 결여를 보충한다	복음적인 삶을 철저히 한다
생활, 행동 양식의 방향을 결정한다	하나님의 부르심을 식별한다

43) Kenneth Leech, *Spirituality and Pastoral Care* (Cambridge: Cowley Publications, 1989), 48-49.

기 때문이라고 하였다.[44] 스페리는 특별히 심리학적 구성 개념들과 방법들에 대한 무비판적이고 과도한 의존은 이러한 환원주의를 조장하고 뜻하지 않게 개인주의와 영적 자기애를 조장할 수 있다고 하였다.[45] 스페리는 영성지도와 목회상담에서 전체론적이고 통합적인 인식의 중요성을 피력하였다.[46] 환원주의란 인간이나 인간이 지닌 문제를 인식할 때 구성 개념들을 단순한 수준의 구성 개념들로 분석하는 것이다. 스페리는 현대 기독교 실천사역의 영역에서 환원주의의 문제를 지적하면서, 지나치게 현상학적이고 실용주의적 방향으로 기울어져 있는 경향을 다음과 같이 설명한다.

> 이론가들은 생리학적 설명들이 심리학적 설명들, 특히 유연하고 쉽게 측량할 수 없는 행동에 대한 심층심리학이나 정신 역동적 이론보다 더 정밀하고 측량할 수 있을 것 같다는 가정 하에 심리학에서 생물학과 생리학으로 '환원'할 수 있다. 목회상담 및 영성지도의 구성 개념들(예컨대, 신비, 현존, 식별 및 은혜)이 심리학적 구성 개념들보다 더 유연하고 덜 선명하기 때문에 목회상담과 영성지도의 분야가 영적, 도덕적 또는 종교적 구성 개념들보다 심리학적인 구성 개념들을 선호하게 되었다는 것은 놀랄 만한 일이 아니다.[47]

물론 현대 영성지도와 목회상담에서 심리학적 지혜는 중요하고 공헌한 바가 지대하다. 하지만 심리학적 구성 개념들에 대한 지나친 의존과 무비판적인 과잉 의존의 주된 대가는 인간 존재와 경험 그리고 인간 문제의 다른 차원들을 간과함으로 인간을 왜곡된 길로 안내할 여지가 있을 뿐만 아니라 장애가 될 수 있다. 인간은 임상적으로만 이해할 수 있는 존재가 아니라 영적이고 신비한 차원을 가진 존재이기 때문이다. 케네스 리치(Kenneth Leech)의 지적처럼, "인간이 하나님의 형상대로, 신비롭고 헤아릴 수 없는 분의 이미지대로 창조되어졌다고 하는 사실은, 인간이 그 신비를 공유하고

---

44) 렌 스페리, 『목회상담과 영성지도의 새로운 전망』 문희경 역 (서울: 솔로몬, 2007), 31.
45) 렌 스페리, 『목회상담과 영성지도의 새로운 전망』, 31.
46) 렌 스페리, 『목회상담과 영성지도의 새로운 전망』, 32.
47) 렌 스페리, 『목회상담과 영성지도의 새로운 전망』, 32-33.

있다는 의미를 내포한다."[48]

영성지도와 심리치료

현대 심리학적 지혜는 영성지도에 중요한 공헌을 하였다. 심리학적 현상이 오직 영의 문제로만 해석되던 시기가 있었다. 예수님 시대부터 종교개혁 이후에 이르기까지 심리적 장애와 영적 장애는 거의 구분하지 않았고 많은 정신이상 증상들이 귀신들림이나 영적인 문제로 간주되었다. 이런 태도는 19세기에 이르기까지 기본적으로 지속되었다.[49] 예를 들면, 중세 시대의 일을 생각해 볼 수 있다. 유럽의 각 도시마다 한 장엄한 사원과 성당이 세워지던 시기에 교회의 지도자들은 수천의 정신분열증에 시달리던 자들을 그들의 가정과 공동체로부터 추방하는 종교재판을 공식적으로 집행한 일이 있었다. 그 당시에는 정신분열증에 시달리던 자들을 귀신들린 사람들이라고 생각했으며 그들은 교회보다는 귀신에 순종하도록 되어 있는 무리라고 생각되었다. 물론 종교 재판을 집행하였던 사람들은 모두가 가장 좋은 의도 아래서 그런 일을 행했다. 당시의 과학의 지도를 받아 그들은 진지하게 그들을 치유하려 하였다. 따라서 그들을 위해 먼저 기도를 드렸고 또한 그들과 함께 기도도 드렸다. 만일 그러한 기도에 응답이 없으면 그 다음에는 온갖 종류의 고문을 했다. 병자들로 하여금 자기가 귀신들렸다는 고백을 받아 내기 위함이었다. 그러나 그것마저 실패하면 최후의 수단으로 화형대가 남아 있었다. 화형을 통하여 그들에게 붙어 있는 파괴적인 악마의 세력을 제거할 수 있다고 믿었기 때문이다. 당시 수천의 정신분열증자 중 대부분은 여자였으며 그들 모두가 종교 재판을 통하여 화형대에서 불타 죽었다.

심리적이고 정신적인 증상과 영적 문제를 바르게 구별하지 못함으로 교

---

48) Kenneth Leech, *Soul Friend*, 135.
49) Gerald G. May, *Care of Mind Care of Spirit*, 2.

회는 많은 실수를 하여왔다. 하지만 프로이드 학파의 정신분석이 등장하면서 극적인 변화가 일어나기 시작한다. 프로이드는 사람의 마음을 관찰과 측정을 통해 과학적으로 연구할 수 있다고 생각했다.[50] 프로이드의 업적이 알려진 후 한 세대도 못되어, 심리치료는 많은 영역에서 정신 장애를 감소시키는 주된 방법이 되었고, 과거 영적 지도와 인도가 가졌던 지위를 빼앗아 버렸다. 그 결과 심리학자와 정신과 의사를 '새로운 사도'로 간주하는 시대가 도래 하게 되었다.[51] 기독교사역자(목회자)들은 시대에 뒤지지 않기 위해 줄지어 심리학 훈련을 받았다. 많은 사역자들이 심리학적 방법을 목회상담과 지도에 적용하였다. 그 결과 사역자들은 심리적이고 임상적인 방법을 더 선호하면서 점점 덜 영적인 것으로 변해갔다. 심리상담으로 향하는 이런 움직임이 로마 가톨릭이나 정교회에서 보다는 거의 전적으로 개신교에서 일어났다는 사실은 매우 흥미롭다. 이러한 경향에 대한 추측은 로마 가톨릭이나 정교회는 영성지도의 전통이 보존되어 왔지만, 개신교에서는 상대적으로 영성지도의 전통이 약화됨으로 말미암아 개인적 심층적 도움을 얻기 위한 수단으로 현대 심리적 상담에 더 쉽게 영향을 받았다고 할 수 있다.[52]

70년대에는 또 다른 운동이 일어났다. 상당수의 사람들이 전통적 심리치료와 심지어 대중적 심리치료에까지 실망을 느끼고 떠나갔다. 많은 사람들이 정신분석과 심리요법 등을 모두 실행해 본 뒤에도, 여전히 자신이 의미와 목적과 근본적인 삶의 방향의 문제와 씨름하고 있음을 발견했다. 그리고 세속적 심리학이 우리가 어떻게 현재의 모습이 되었으며 어떻게 좀 더 효율적으로 살 수 있는지에 대한 많은 것을 말해 주었지만, 우리가 왜 존재하며 삶을 어떻게 사용해야 하는지에 대해 아무것도 제시할 수 없음을 깨닫게 되었다.[53] 때문에 점점 더 많은 사람들이 영의 세계로 돌아오기 시

---

50) Gerald G. May, *Care of Mind Care of Spirit*, 2.
51) Gerald G. May, *Care of Mind Care of Spirit*, 2.
52) Gerald G. May, *Care of Mind Care of Spirit*, 3.
53) Gerald G. May, *Care of Mind Care of Spirit*, 3.

작했다.

영성지도로 부름 받은 사람이라면 누구든지 직면해야 하는 더 심각한 도전은, 심리학과 영성이 현대의 상황에서 어떻게 상호 관련되는가 하는 문제다. 이에 대해 제랄드 메이(Gerald May)는 다음과 같이 제시한다.[54]

첫째, 영성지도와 심리치료 사이에 많은 유사점이 있기는 하지만, 이들은 근본적으로 다른 과정이다. 이 둘의 내용상 가장 분명한 차이는, 전자는 기도생활과 종교체험, 하나님과의 관계에 대한 감각 등 영적인 주제들에 좀 더 초점을 두는 반면, 후자는 정신적 차원에 좀 더 초점을 둔다. 이런 차원들을 함께 다룰 때 가장 큰 위험은, 정신적이고 감정적인 문제 때문에 지도자와 피지도자 모두에게 요구되는 영적 민감함을 빼앗기 쉽다는 것이다. 넓은 의미에서 보면 모든 인간 체험이 다 영적인 것이라고 말할 수 있다. 그러나 영성지도는 가장 분명하고 구체적으로 드러나는 영적 특질들, 즉 하나님의 임재나 지도를 드러내는 일 또는 그 사람의 삶에서 가장 직접적으로 드러나는 은혜의 증거들을 주로 다루어야 한다. 그러므로 영성지도는 하나님의 임재나 부재 혹은 부르심에 대한 감각, 하나님을 인식하며 사는 충만함과 자유에 도움 혹은 방해가 되는 다양한 요인 등에 관심을 두어야 한다.[55] 둘째, 대부분의 전통적인 심리치료는 개인이 거룩한 진리를 인식하고 표현하는 것에서 성장하게 하는 것을 목적으로 삼지 않는다. 일반적으로 심리치료의 목적은 좀 더 효율적인 삶을 격려한다. 이와 대조적으로 영성지도는 하나님의 뜻의 분별과 그 뜻에 자기를 내어 주는 자기 포기를 추구한다. 좀 더 인간적이라 할 수 있는 심리치료에서는 치료자와 내담자가 서로간의 상호작용을 통해 성장이나 치유가 일어날 수 있다고 여긴다. 하지만 영성지도에서는 진정한 치유자, 지도자, 양육자는 성령이시다. 지도자와 피지도자는 단지 바람직한 통로 또는 서로를 위한 은혜의 표현으로 간주된다. 심리치료사들과 상담자들 중에도 자아 의지의 도구가 되기보다는 하나님의 뜻의 도구가 되기를 바라는 자들도 있지만, 실제 치료과

---

54) Gerald G. May, *Care of Mind Care of Spirit*, 12-17.
55) Gerald G. May, *Care of Mind Care of Spirit*, 13-14.

정에서 그런 성향이 규칙이기보다는 예외적이라는 것을 인정해야 한다.[56]

이상과 같은 영성지도의 목적에도 불구하고, 사람의 영혼을 돌보는 일에서 심리치료가 요구될 수 있다. 한 사람의 영혼이 위기에 처했을 때 심리치료와 병행하여 영성지도를 해야 할 때도 있다. 이때 지도자는 깊이 있는 심리치료에 대해 개방적인 자세를 가져야 한다. 이때 영적 지도자가 영성에 무관심하거나, 한 가지 방식에만 집착하거나 상담치유와 병행하지 않고 약물 치료만을 고집하는 심리치료사는 지양하는 것이 좋다. 영성지도와 심리치료를 병행할 때 가장 유익한 영혼은 일반적으로 어린 시절에 학대나 부모나 형제자매로부터 인정결핍으로 말미암은 낮은 자존감을 가지고 있는 경우다. 영적 지도자는 일반적 의미의 심리치료사가 아닌 영적 상담자가 되기 위해 노력해야 한다. 모든 영적 치유의 핵심은 하나님의 무조건적 사랑을 발견, 체험, 신뢰하는 다양한 방법으로 이루어져야 하기 때문이다.

영성지도의 유형

영성지도는 다양한 관점에서 다양하게 이해되어 질 수 있다. 하지만 일반적으로 영성지도는 형식적인 영성지도(formal spiritual direction)와 비형식적인 영성지도(informal spiritual direction) 그리고 무형식적인 영성지도(nonformal spiritual direction)로 구분할 수 있다. 형식적 영성지도는 계획적인 방법에 의해서 이루어지는 유형이다. 즉, 지도자와 피지도자 사이에서 순차적, 논리적, 계획적, 체계적인 방식으로 이루어지는 영성지도다. 비형식적 영성지도는 공식적인 계획이나 규범에 의해 이루어지는 지도가 아니라 모든 삶의 경험을 영성지도로 간주한다. 일상생활 속에서 하나님의 현존과 경험을 통해서 영성지도가 얼마든지 이루어 질 수 있다. 하지만 전자는 너무 좁고 후자는 너무 넓은 정의가 될 수 있다. 일상생활 속에서 경험된

---

56) Gerald G. May, *Care of Mind Care of Spirit*, 14-16.

모든 영적 경험을 영성지도의 방편으로 여길 때 영성지도가 어떠한 방법으로든 영적 경험의 행위들과 구별하는 것이 모호해 지기 때문이다. 이를 보완하기 위한 '무형식적인'(nonformal) 영성지도가 추가 될 필요가 있다. 무형식적인 영성지도는 하나님과의 관계와 체험이 가족, 교회, 동료와 친구, 공동체와 같이 관계성을 통해서 '영적 체험과 성장'이 발생하는 것을 영성지도에 포함시키는 것이다. 영성지도는 이 세 차원을 통해서 발생한다. 이 세 차원들은 영성지도에 나름대로의 고유한 역할과 특징이 있다. 세 측면은 서로 보완하는 관계에 있다고 볼 때 영성지도는 보다 더 효과적인 결실을 이룰 수 있다 하겠다.

제네트 바크(Jeannette Bakke)는 영성지도를 크게 두 유형으로 구분한다.[57] 하나는 비공식적인 영성지도이고, 다른 하나는 공식적인 영성지도이다. 전자의 유형에는 구조와 역할에 대한 규정이 없을 뿐만 아니라 만남은 정기적이지 않고 임의적이다. 바크는 유형을 지혜의 나눔, 영적 우정, 영혼의 짝, 간헐적 만남으로 분류했다. 지혜의 나눔은 모든 사람이 찾아가는 가족의 지혜로운 어른과 같은 사람들을 찾아가 도움을 받는 것이다. 영적 우정은 하나님과 함께하는 삶에 대해 자연스럽게 말 할 수 있는 사람들과 관계에서 이루어지는 유형이다. 영혼의 짝이란 서로 깊이 내적으로 연결된 채로 서로 후원하고 돌보는 평생의 관계들 안에서 이루어지는 유형이다. 간헐적 만남의 유형은 한 사람이나 그 이상의 사람들을 위한 영적 안내가 이루어지는 우연한 만남들을 통해 이루어지는 형태다. 공식적인 영성지도의 유형에는 먼저, 하나님의 부르심을 받고 전문적으로 교육 받은 사람들에 의해 이루어지는 유형이다. 다음은 훈련보다는 부르심과 은사로 영적 지도자가 된 사람들에 의한 영성지도다. 세 번째는 스승과 제자의 관계와 같은 형태로 이루어지는 영성지도다. 영적 지도자는 피지도자를 하나님께 이르도록 도와주는 모델로서 역할을 한다. 네 번째는 제도적 차원의 영성지도이다. 이는 신학교나 다른 기독교 기관의 상황에서 행해지는 영성지

---

57) Gerald G. May, "Varieties of Spiritual Companionship," *Shalem News* 22, no. 1 (Winter 1998) 5; 제네트 A. 바크, 『영성지도』, 57-59에서 재인용.

도이다. 공식적으로 영적 지도자의 역할을 담당하는 사람이 있으며, 영적 지도자는 피지도자에 대해 제도적인 권위를 지니기도 한다. 여섯째는 멘토링의 관계, 제자훈련의 관계, 연장자와의 관계로 이루어지는 유형으로 보통 도덕적이며 교육적인 인도에 보다 초점을 맞춘다.

폴 존스(Paul Jones)는 영성지도를 기능적인 차원에서 8가지로 분류하였다.[58] 첫째는 개인적인 영성지도다. 개인이 자기 스스로 행하는 영성지도로 자기-지도를 말한다. 주요한 훈련 방식으로는 기도와 영성일기 쓰기 등이 있다. 가장 폭넓게 사용되는 형태의 영성지도는 독서를 통한 방식이다. 성경읽기, 영적 도서 읽기 등이다. 둘째는 영적 지도로서의 우정이다. 누구나 친구를 필요로 한다는 보편적 욕구가 영성지도와 밀접하게 연관되어 있다. 그리스도 안에서 서로 있는 그대로 받아 주고 믿어주고 있는 모습 그대로를 사랑하는 우정이다. 이런 의미에서 우정은 가장 심오한 영성지도 유형이다. 그래서 앨래드는 "우정은 하나님의 사랑과 지식으로 우리를 들어올려 주는 발걸음과도 같은 것이다"라고 했다.[59] 교회역사에서 이런 관계는 흔히 볼 수 있다. 아빌라의 테레사와 십자가의 요한, 성프란시스코와 아씨시의 클라라 등과 같은 관계다. 셋째는 형성적 영성지도로서의 멘토링이다. 멘토링으로서 영성지도는 도제적인 유형이다. 명예와 물질과 생활에서 모범이 되는 사람을 통해 행해지는 도제 방식이다. 영적 멘토가 영적 멘토링의 도제적인 접근법을 이용하여 영성지도를 하는 유형이다. 이러한 영성지도의 유형은 기독교 초기 역사에서 사막의 교부들과 어머니들을 찾아 나섰던 구도자들에게서 찾아 볼 수 있다. 넷째는 상호적 영성지도다. 이 유형은 일주일이나 한 달에 한 번씩 정기적으로 적당한 장소에서 만나 상호적으로 도움을 주는 영성지도 방식이다. 예를 들면, 상호적 영성지도 방식은 서로가 좋아하는 식당이나 카페에서 만남을 통하여 이루어지는 방식이다. 다섯째는 집단 영성지도이다. 이 유형은 각 멤버들이 기꺼이 책임 질 수 있는 규칙을 서로 의논하여 작성하고 각 멤버들이 그 규칙을 각자의 영

---

58) 폴 존스, 『영적 지도의 이론과 실천』 배정웅 역 (서울: 은성, 2005), 31-40

59) St. Aelred, *Spiritual Friendship*, quoted in Kenneth Leech, Soul Friend, 54.

적 성장에 가장 적합한 특수 상황에 적용시킴으로 이루어지는 영성지도다. 여섯째는 단체적 영성지도를 통한 개인적 분별이다. 이런 유형의 영성지도는 한 개인이 소명을 분별하는 일과 같은 중요한 결단을 해야 할 때 한 그룹으로부터 영적인도를 요구함으로써 이루어진다. 일곱째, 단체적 영성지도를 통한 공동체적 분별이다. 이 유형의 영성지도는 다수결의 원칙에 의해 분별을 하는 것이 아니라 성령의 역사를 통해 하나님의 뜻을 분별하는 것이 주된 목표다. 여덟째는 일대일 영성지도다. 이 유형은 비공식적인 관계로부터 훈련 받은 전문적 지도자에 이르기까지 여러 선택이 가능한 영성지도다.

이외에도 더 많은 영성지도 유형을 볼 수 있다. 먼저 영성지도로서의 '고백'이다. 기독교 전통에서 특별히 클레르보의 관상 공동체에는 '고백'이라는 제도가 있었다. 그것은 우리가 알고 있는 참회의 성례전이 아니라 영적 인도자에게 양심을 표명하는 것이었다. 성 버나드의 저서에 자주 등장하는 '고백'은 죄의 고백을 뜻하는 것이 아니라 찬양의 고백, 영적인 대화를 의미한다.[60] 고백 영성지도는 지도자와 피지도자가 함께 만나 찬양, 기도, 고백, 대화, 기도 등과 같은 방법으로 이루어 질 수 있다. 편지를 통한 영성지도이다. 이 유형은 개혁주의 전통에서 발견된다. 칼빈은 많은 서신을 통하여 영성지도를 주고받았다. 칼빈이 편지를 통하여 영성지도를 한 예로는 페라라 공작부인(the duchess of Ferrara)과 까니 부인(Madam de Cany)에게 보낸 편지들이다. 영성지도 방법에서 편지를 선택한 것은 영성지도가 필요한 사람이 지리적으로나 신분상의 고립으로 직접적인 접촉을 할 수 없었기 때문이다.[61] 이메일 영성지도다. 일반적으로 이메일을 통한 영성지도는 선호되는 방법은 아니지만 현대사회에서 가장 주요하게 의사소통의 매체로 자리 잡았기 때문에 영성지도 방편으로 사용될 수 있다.[62] 이처럼 영성지도는 매우 다양한 모습과 방법으로 이루어진다. 영성지도는 성경에 기

---

60) Kenneth Leech, *Soul Friend*, 52.
61) F. Whitfield Barton, *Calvin and the Duchess* (Louisville: John Knox Press, 1989), 7.
62) 구체적인 실례는 데이비드 베너, 『거룩한 사귐에 눈뜨다』, 169-198을 참조.

초하여 성령의 능력을 힘입어 성숙한 영적 삶을 살아가도록 돕는 것이다.

영적 지도자의 자격

영적 지도자가 가장 본질적으로 갖추어야 할 특징은, 먼저 성령에 붙잡힌 사람이다. 바로 거룩한 삶, 하나님과의 친밀성이다. 기도의 사람이다. 다음은 경험의 문제다. 실제로 기도와 삶에 대한 경험이 많은 사람이어야 한다. 리치는 이렇게 말한다. "이 경험을 대신할 만한 것은 아무것도 없다. 자기 자신의 열정과 자기 자신의 내적 갈등을 직면해 보지 못한 지도자, 자신의 어두움과 빛을 진정으로 깨닫지 못한 지도자는, 영적인 투쟁에서 전혀 소용이 없는 사람이다. 인류에게 가장 도움이 될 만한 사람은 '최종적인 진리의 담지자'가 아니라 오히려 '가장 탁월하게 인간적인 공동체 구성원'인 것이다."[63] 셋째는 영적 지도자는 학식이 있는 사람이어야 한다. 영적인 성숙이 없는 학식은 위험할 수 있지만 학식은 영적 지도자가 갖추어야 할 중요한 자질이다. 성경적인 지식과 신학적인 기초에 뿌리내린 학식이 있어야 한다. 나아가 영적 지도자는 인간의 가장 깊은 부분을 다루어야 함으로 인간의 심리적인 기능을 알아야 한다. 하지만 "영적인 역동을 무시하는 심리적 이해는 그 자체로 불완전하다. 영혼의 영적인 역동에 대한 지식은 필수적이다."[64] 넷째는 영적 지도자는 분별력이 있는 사람이어야 한다. 영적 지도자는 피지도자에게 분별을 제공해 주어야 한다. "영적 지도자는 직관과 통찰력이 있는 사람, 시대의 징표를 읽을 수 있는 사람, 영혼의 벽에 쓰인 글을 읽을 수 있는 사람이어야 한다."[65] 마지막으로 영적 지도자가 갖추어야 할 가장 중요한 특징은 피지도자로 하여금 하나님을 바라보도록 하는 자질이다. "결국 영성지도는 목표에 도달하기 위한 하나의 수단일 뿐이

---

63) Kenneth Leech, *Soul Friend*, 89.
64) 데이비드 베너, 『거룩한 사귐에 눈뜨다』, 212.
65) Kenneth Leech, *Soul Friend*, 89.

다. 목표는 바로 하나님이며, 하나님의 역할은 우리에게 완전한 자유를 주시는 것이다."[66]

영성지도의 과정

첫 만남

첫 만남에서는 영적 지도자는 피지도자에게 영성지도에 참여하기를 원하는 이유를 물어 보는 것이 필요하다. 이것은 영성지도를 위해 가능한 자원들을 준비하는 데 도움이 될 수 있다. 지도자가 피지도자에게 간단한 영적 자서전을 기록하여 첫 번째 만남 이전에 보내주기를 요청 할 수도 있다. 이 요청은 피지도자로 하여금 자신의 영적 여정을 되돌아 볼 수 있도록 도와준다. 지도자는 피지도자의 영적 여정에 대한 정보를 미리 갖게 됨으로써 보다 깊은 이해심을 갖고 피지도자를 경청할 수 있게 된다. 그러나 피지도자의 영적 여정에 대한 구체적인 정보 없이 첫 만남을 가질 때가 더 효과적일 수도 있다. 왜냐하면 이러한 정보는 피지도자를 평가하는 자료로 사용될 수 있기 때문이다. 평가의 기능은 지도자나 피지도자 모두에게 자유로운 개방성으로 들어가는 자유를 방해 할 수 있다. 첫 만남은 보통 지도자와 피지도자 모두가 만남을 지속해야 하는지의 여부를 알려주시도록 하나님께 요청하는 시간이다. 양자 모두가 그들과 그들 자신의 신앙에 대해 충분하게 대화를 나눌 필요가 있다. 그래야만 영성지도의 관계를 계속할 것인가를 결정 할 수 있기 때문이다. 첫 만남에서 양자 모두 만나자마자 즉각적으로 적합한 영성지도의 관계로 느껴져서 마음에 떠오르는 이야기는 무엇이나 자유롭게 말하게 되는 경우가 있다. 그러나 이러한 경우에도 곧바로 결론을 내리지 말고 기도할 필요가 있다. 첫 만남에서 양자 모두가 적합

---

66) Kenneth Leech, *Soul Friend*, 89.

한 영성지도 관계로 느껴져서 계속할 수도 있지만 여러 가지 이유로 인해 성령께서 이 지도자와 영성지도의 관계를 맺는 것을 원치 않으신다는 확신이 들 수 있다. 이런 때에도 하나님께서 이러한 만남을 사용하셔서 영적 지도자와 피지도자 모두를 가르치시고 인도하신다는 것을 알아야 한다. 영성지도 과정을 계속하기로 결정되면 영성지도 방식을 정하는 것이 필요하다. 영성지도 시간, 길이, 장소 등을 정해야 한다. 영성지도의 만남의 길이는 보통 60분 정도가 좋다. 더 긴 시간을 갖는 것은 시간을 낭비하기 쉽다. 시간의 제한할 때 중요하고 본질적인 것에 집중하게 된다.

초점

영성지도는 문제를 진단하고 문제에 초점을 맞추어 해결을 시도하는 것이 아니라, 영적 지도자가 피지도자의 친구가 되어 피지도자의 문제를 하나님께 가지고 나아가는 것이다. 이것이 영성지도와 목회상담의 기본적인 차이다. 영성지도는 사람들로 하여금 그들의 관계를 치유하시는 하나님의 은혜와 능력을 누리도록 도와주는 것이다. 때문에 기도는 영성지도에서 핵심적인 것이다. 그러므로 영성지도의 관계에 참여한 사람은 처음부터 초점과 목적이 분명해야 한다. 그것은 하나님과 서로에게 귀를 기울이기 위해 자신을 내주는 것이다. 이것은 영성지도 관계의 핵심이다. 영성지도의 목적은 하나님과의 관계이지 현명한 인간의 조언이나 지혜를 얻기 위함이 아니다. 영적 지도자와 피지도자가 씨름해야 할 가장 중심 주제는 영성지도가 실제로 하나님과의 관계에 초점이 맞추어져 있는가이다. 길버트 쇼(Gilbert Shaw)는 영성지도의 본질과 목적을 이렇게 설명한다. "지도는 영혼들로 하여금 그들이 받은 은총에 가장 쉽게 응답할 수 있도록 인도해 주는 기술이다. 초자연적인 계시가 없을 경우 자기 스스로를 인도할 수 있는 영혼은 거의 없다. 그리고 초자연적인 계시의 인도를 받는다 할지라도, 그러한 계시의 실재를 잘못 이해할만한 위험성은 결코 사라지지 않는다. 자기 스스로 인도된 영혼은 흔히 망상에 사로잡히게 된다."[67] 영성지도에서 지도자와 피지도자는 서로 하나님을 추구하며 선한 일에 힘쓰며 서로 영혼의 친구가 되어야 한다.

관계

영성지도에서 지도자와 피지도자의 관계성의 정도를 설정하는 것은 중요하다. 지도자와 피지도자가 관계 속에서 비윤리적으로 힘을 사용할 때 성령께 경청해야 하는 판단을 잃어버리게 한다. 영적 지도자가 사적 교제를 나누거나 혹은 피지도자와의 사업적 거래, 이성적 우정으로 발전하는 관계 등은 금해야 한다. 영성지도 과정에서 주체는 성령이라는 것을 항상 인정해야 한다. 목회상담에서 상담자에 대한 전이는 치유의 중요한 원천이지만, 영성지도에서의 전이는 인간 영적 지도자보다는 피지도자가 하나님과 관계를 맺을 때 발생하기 때문이다. 영성지도 관계는 항상 피지도자가 하나님과의 관계를 열어가도록 도와야 한다. 확고한 영적 지도자와 피지도자 관계를 위해서 내적, 외적 자유함을 가져야 한다. 영적 지도자는 피지도자와 함께하며, 성령이 어떻게 현현하며 성령의 역사로 무슨 일이 일어났는가를 경청하고 알아차리고 돌보는 데 충분히 자유로울 필요가 있다. 영적 지도자나 피지도자나 서로의 일에 대한 구조적 평가를 하는 위치에 있을 때 관계는 영적 지도자와 피지도자의 자유함을 침해할 수 있다. 영성지도에서 영적 지도자와 피지도자는 서로를 존중하고 상대방 안에 있는 성령을 더욱 존중하는 관계여야 하지만 친교의 관계는 아니다. 양자는 하나님께 열려 있기 위해 사랑 안에서 거리둠을 유지해야 한다.

---

67) Kenneth Leech, *Soul Friend*, 84에서 재인용.

대화

대화는 피지도자로 하여금 자발적 형태로 자신에 관해 이야기하도록 격려하는 것이 좋다. 왜냐하면 원하는 대화의 내용을 사전에 정하면 영성지도는 피상적으로 흐르기 쉽기 때문이다. 대화는 헤아릴 수 없는 가치가 있다. 그러나 모든 대화가 가치 있는 것은 아니다. 대화는 단순한 정보의 교환으로부터 영혼을 감동케 하는 것까지 다양하다. 또한 단순히 이야기를 나누는 것이나 충고하거나 의사소통보다 더 풍성한 것이다. 우리는 대화 안에서 대상이 아닌 인격으로 만난다. 사람들을 대상화하는 것은 돕는 관계를 전문화하는 문화로부터 물려받은 유산이다. 사람들을 대상화하는 대화는 특히 영성지도나 영혼 돌봄에 대립하는 위험한 것이다. 대화의 전제 조건은 존경이다. 존경심을 품는 데는 다른 사람을 그리스도의 눈을 통해 보는 것보다 더 좋은 방법은 없다. 영적 지도자는 피지도자와의 대화에서 이런 안목을 가지고 대화해야 한다. 그리스도의 눈으로 볼 때 피지도자의 가치와 존엄성을 볼 수 있기 때문이다. "영성지도에서 대화의 목적은 하나님과 피지도자의 관계를 돌보는 것이다. 대화가 우리 자신에게 초점을 맞춘다면, 의식적으로 혹은 무의식적으로 대화를 통해서 아니면 그 과정에서 우리의 필요를 충족시킨다면 또는 우리를 모방하도록 피지도자들에게 강요하고 조종한다면 그것은 피지도자의 존엄성을 침해하는 것이다."[68]

경청

영성지도의 시작 단계에서 지도자의 주된 임무는 듣는 일이다. 지도자는 피지도자의 말에 주의를 기울이고 그의 말과 행동에서 단서를 찾는 것은 기본이다. 한편 대부분의 사람들은 자신이 듣기를 원하고 기대하는 것만 듣는 경향이 있다. 그러나 지도자는 피지도자가 선별적으로만 들으려

---

[68] 수잔 버클리, 『영적 지도와 영적 여정』 권희순 역 (서울: 은성, 2008), 242.

는 습관을 내려놓고 정직하게 듣도록 지도할 필요가 있다. 왜냐하면 피지도자가 자신에 대한 진실을 들었을 때, 비로소 치유가 시작되기 때문이다. 이 과정에서 지도자가 피지도자로 하여금 호감과 수용을 받고자 하는 욕구를 주의해야 한다. 피지도자의 이러한 욕구 때문에 피지도자의 말에 경청하게 되기도 하지만, 그것 역시 지도자가 피지도자에게 진실을 말해야 하는 데에 지장을 준다. 사람에게 진실을 말하는 것은 진실을 전달하고 전달받는 방법에 대한 책임을 수용하는 것도 포함된다. 지도자는 진실을 말하는 데 있어서 피지도자를 권위주의적으로 간섭하거나 지배하려는 생각을 품지 말아야 한다.[69] 경청에서 주의할 것은 성급하게 주제를 바꾸려 하거나, 조언하기 위해 들으려는 유혹을 피해야 한다. 경청은 그 사람을 진지하게 수용하고 가치 있는 존재로 여기는 것이다. 즉, 그를 중요한 하나님의 존재로 대하는 것이다. 진정한 경청은 진정한 돌봄과 비례한다. 단지 귀로만 듣지 말고 침묵의 실마리를 읽기 위해 눈으로 들으라. 감춰진 감정과 분위기와 습관들과 더불어 감정언어와 몸의 언어를 감지하고 주저하는 말들에 주의를 기울어야 한다. 만약 의문이 생기면 바로 질문하지 말고 다 듣고 나서 나중에 질문할 수 있도록 기억해 두어야 한다.

과제

영성지도 과정을 통해 지도자가 피지도자를 위해 무엇이 가장 도움이 되는 과제인지를 때로는 실험적으로 주의 깊게 살펴볼 필요가 있다. 예를 들면, 향심기도가 도움이 될 것이라는 생각이 든다면 그 실천방법을 유인물로 나누어주거나 읽어야 할 책을 알려주고 간략하게 설명한다. 이 방법이 피지도자의 하루 일과 중에 어떻게 효과적으로 작용하며 어느 기간 동안 실천해야 하는가를 설명해 주어야 한다. 과제는 분명하고 구체적이고 실천가능성이 있어야 한다. 과제가 설정되면 효과적으로 실천할 수 있는 방

---

69) 하워드 라이스, 『영성목회와 영적 지도』 최대형 역 (서울: 은성, 2003), 99.

법을 상의하고 그에 대한 구조를 합의해야 한다. 이것이 없이는 결과를 얻기가 쉽지 않기 때문이다. 향심기도를 과제로 정했으면 피지도자만 하는 것이 아니라 지도자도 함께 동참하는 것이 좋다. 영적 지도자는 단지 기술을 전해 주는 사람이 아니라 친구요 동료이기 때문이다. 또한 향심기도를 언제 어디에 어떻게 실천할 것인가를 의논해서 정해야 한다. 그리고 향심기도를 하면서 느낌이나 체험을 이메일 등으로 영적 대화를 하면 좋다. 금식을 3일간 하기로 정했다면, 지도자가 함께 금식하며 기도해 주는 것이 중요하다. 렉시오 디비나를 과제로 정했다면 서로 가능하다면 시간을 정해 일주일에 한번 정도 만나 함께 하는 것이 좋다. 하지만 과제를 실천할 때 그 목표는 역사하시는 성령께 개방적일 수 있도록 해야 한다. 피지도자가 과제 자체에 얽매이게 해서는 안 되며 과제는 하나님과의 관계를 위한 방편임을 알도록 해야 한다.

책임

지도자는 숙련된 분별의 기술과 분별을 가르치는 능력을 길러야 한다. 이를 위해 지도자는 인간 정신의 본질에 대한 어느 정도의 이해가 필요하다. 지도자는 피지도자가 현실과 동떨어져 있을 때, 공상에 빠져 있을 때 또는 감정 전이가 한계에 달하여 혼동을 일으켰을 때 등을 식별할 수 있어야 한다. 지도자는 자신의 한계에 항상 주의를 기울여야 하며, 자신이 피지도자를 돕는 데 한계가 있을 때는 전문가에게 위탁해야 한다. 또한 지도자는 성장의 과정을 서두르지 말아야 한다. 피지도자의 진보를 도우려는 지나친 열심은 피지도자의 삶에서 역사하시는 성령에 대한 불신의 표현일 수 있다.[70] 영적 지도자는 피지도자의 삶 속에서 성령의 역사를 경험할 수 있는 한 가지 이상의 영적 훈련을 가르쳐야 한다. 예를 들면, 지도자는 묵상기도, 예수기도, 향심기도, 렉시오 디비나와 같이 특별한 실천을 제안할 수

---

70) 하워드 라이스, 『영성목회와 영적 지도』, 97-98.

있다. 이를 위해 영적 지도자는 적합한 자료들을 수집해야 한다. 즉, 렉시오 디비나, 영적 일기, 향심기도, 예수기도 등과 같은 영적 훈련을 소개하는 짧은 유인물이나 도서목록들이 포함될 수 있다. 영적 지도자는 영성지도 안팎으로 피지도자를 위해서 기도해야 한다. 기도는 영성지도에서 핵심 요소이다. 기도가 사라지면, 참된 영적 성숙도 사라진다. 지도자는 피지도자를 위해서, 피지도자는 지도자를 위해서 서로 기도하는 관계가 되어야 한다. 영성지도의 관계는 하나님께서 원하시는 방식 안에서 서로를 위해 기도하는 관계다.

비밀보장

비밀보장은 영성지도에서 필수요소이다. 피지도자는 영성지도 회기 중에 드러난 모든 내용이 신뢰 가운데 유지될 것이라는 믿음을 주어야 한다. 각각의 피지도자마다 기록한 것을 보관하는 것이 좋다. 기록은 회기 도중에 적어둔 짧은 기록이나 과제와 책임성에 관한 지속적인 기록이 모두 포함된다. 기록된 서류는 철저히 비밀보장이 되어야 한다. 서류에 피지도자의 이름을 쓰는 대신 번호를 기록해 두는 편이 좋다. 이때 각 번호가 어떤 사람을 의미하는지 기록한 것을 다른 곳에 보관하는 방법을 취하면 좋다.

영성지도의 단계

영성지도의 과정에 들어갈 때 지도자는 두 가지의 실수를 피해야 한다. 하나는 모든 문제를 제자리로 돌려놓아야 한다는 책임을 진 것처럼 문제 해결 양식에 빠지지 말아야 한다. 다른 하나는 오직 피지도자에게만 그 문제가 달려 있다는 전제 아래 지도자가 듣지 말아야 한다. 영성지도는 두 사람 모두에게 힘든 작업이다. 그것은 단순한 듣기 이상의 귀 기울임이며 피지도자의 감정적 혼미와 복잡한 행동을 변화시켜 나가는 명료함을 통해 바르게 분별하려는 의도적 행위다. 일대일 영성지도 과정에서 공통적으로 다음과 같은 요소들이 포함된다.

인사: 모든 지도 활동은 인사로 시작한다. 지도자는 준비된 자리로 상대방을 인도하고, 그 사람의 참석에 기쁨을 표시하고 환대한다. 선입관이나 지나친 노력은 지도자로 하여금 환대를 제공할 수 없게 한다.

기도: 영성지도는 기도로 시작한다. 그것은 조금 전까지와는 다른 시간이라는 뜻의 조용한 집중기도(centering prayer)일 수도 있다.[71] 고요함은 지도자와 피지도자 모두가 성령의 인도하심을 받을 준비를 하게 한다. 기도시간에는 성령의 임재와 그 임재에 대한 참석자들의 개방을 기원하는 구송기도가 포함될 수도 있다.[72]

질문: 질문은 "왜 여기에 오게 되는지를 말해보십시오" 또는 "내가 무엇을 도와드릴까요?"라는 상투적인 질문이 아닌 말로 시작하는 것이 좋다. 왜냐하면 이러한 질문들이 자료를 제공하도록 초청하기보다는 결론을 유도하는 말로 들릴 수 있기 때문에 "당신에 대해 조금만 더 말씀해 주시겠습니까?"와 같이 더 간접적인 방식이 더 효과적일 수 있다.

주요내용: 활동의 대부분은 피지도자에게 달려 있다. 지도자는 피지도자가 가지고 있는 문제에 직면할 수 있도록 격려하고, 자신의 삶을 정직하게 평가할 수 있도록 도와주며, 그가 어떤 상황에서는 강하고 약한지 알 수 있도록 돕고, 하나님의 넓고 무한한 사랑을 요구할 수 있다는 것을 알려준다. 피지도자의 꿈에 관해 물어볼 수도 있고, 생활환경을 물어볼 수도 있다. 잡지 기사에 관해 피지도자의 의견을 물을 수도 있다. 지도자는 피지도자를

---

71) 집중기도 또는 향심기도는 초대교회 때부터 있어 왔던 관상기도의 전통에 뿌리를 두고 있다. 이것은 성경 묵상과 기도를 결합한 하나의 오래된 기도 방식이다. 향심기도는 우리 삶의 중심을 하나님의 임재에 맞추도록 돕는 단순한 기도방식이다.
72) 구송기도(verbal prayer)는 우리의 이성을 활발하게 사용하고 언어를 상징적으로 사용함으로써 하나님 앞에서 자신을 표현하는 것이다. 이러한 종류의 기도는 종교개혁 전통에서 가장 활발하게 행해온 기도이다.

돕는 유일한 목적 즉, 피지도자가 하나님과 그와의 관계를 더 깊이 이해할 수 있도록 도와준다.[73]

격려와 제안: 격려는 상대방을 과정의 일부나 장애물, 교정이 필요한 대상으로 여겨 보살피는 것이 아니라, 나름대로 느낄 권리가 있으며, 책망이나 비판이나 교정에 대한 두려움 없이 그러한 느낌을 표현할 권리를 가진 사람으로 여기고 보살피는 것을 의미한다. 때문에 영적 지도자는 피지도자가 솔직하게 자기감정을 표현할 수 있도록 격려하고 도와주어야 할 뿐만 아니라 믿음을 주어야 한다.[74] 지도자는 무엇보다도 피지도자 자신의 삶에서 하나님의 임재를 깨닫고 응답하려는 욕구를 장려해 주어야 한다. 지도자는 다음 면담 시간 전까지 피지도자가 해야 할 일 즉, 일정한 기도 양식, 성경본문을 통한 묵상기도, 영적서적 등을 읽도록 제안 할 수 있다. 그러나 너무 많은 것으로 피지도자에게 부담을 주는 일은 피해야 한다.

끝맺음: 지도과정을 끝맺기 전에 적극적이고 기쁜 마음으로 후속 접촉을 기대하고 있음을 강조하며 지금까지 일어난 일에 대해 감사하는 자세로 종합해서 말해주어야 한다. 다음 만남의 시간과 장소 그리고 영성지도의 길이를 정해야 한다. 구두기도로 끝을 맺는다. 기도는 지도자가 하거나 피지도자와 함께 할 수 있다.

---

73) 하워드 라이스, 『영성목회와 영적 지도』, 83-84.
74) 하워드 라이스, 『영성목회와 영적 지도』, 95-95.

Spirituality & Counseling

제 2 장

영성지도의 실제
Practice of Spiritual Direction

　영적 지도자는 영혼의 친구, 하나님의 성으로 가는 길을 도와주는 친구이다. 영적 지도자는 단순한 리더가 아니라 영혼의 친구이며 기도의 동역자다. 영성지도는 기도 없이 불가능하다. 그러므로 영적 지도자가 기도에 관해 성경과 전통의 가르침을 발견하여 그 안에서 다른 사람들을 인도할 수 있을 만큼 충분히 이 가르침에 익숙해야 한다. 기도는 영성지도의 실제적인 방편이다. 영성지도의 주체가 하나님의 영이라면 하나님의 영은 기도를 통해 우리와 대화하시고 기도를 통해 우리를 지도하신다. 이것은 영성지도에서 변할 수 없는 법칙 중의 하나다. 우리의 영혼은 기도를 통해서 하나님의 음성을 듣는다. 우리의 영혼은 세상의 수많은 소리들로 지쳐있다. 세상의 수많은 소리들로 오염된 우리의 영혼은 기도를 통해 정화되고 새롭게 된다. 기도는 우리의 영혼의 에너지요 치료자다. 메이(May)는 영적 지도자가 영성지도 과정에서 가장 범하기 쉬운 실수는 기도에 대한 가치를 망각하고 피지도자의 문제를 해결하기 위하여 그 문제와 결탁하는 것이라고 지적했다.[1] 우리는 죄에 관한 도덕적인 관념들을 지니고 산다. 하지만 성경은 죄란 곧 성령을 억누르는 것, 바로 기도의 길을 부정하고 반대하는

---

1) Gerald G. May, *The Dark Night of The Soul*, 171.

것이다.[2] 어떤 이들은 영성지도에서 기도의 중요성과 체험을 강조하는 것에 대해 비판하는 경향이 있다. 이들은 우리의 삶의 전 영역 가운데 현존하시는 하나님은 우리를 다양한 방법으로 우리를 도우시기 때문에 기도에만 집중하게 되면 하나님의 존재와 활동 영역을 축소하게 되는 결과를 초래하게 된다고 말한다. 하나님은 상담을 통해서도 자연을 통해서도 우리를 도우신다. 그러나 영성지도의 실제에서 기도를 가장 중요한 방법으로 강조하는 것이 이러한 신학적 이해를 간과하는 것이 결코 아니다. 진정한 기도는 삶과 분리될 수 없다. 기도는 단지 정해진 시간에 정해진 장소에서만 하는 것이 아니다. 이는 영성지도에서 대단히 중요한 문제다. 기도는 하나님의 현존을 경험할 수 있는 가장 실제적인 방편이기 때문이다.

영성지도와 구송기도

구송기도(verbal prayer)는 우리의 이성을 활발하게 사용하고 언어를 상징적으로 사용함으로써 하나님 앞에서 자신을 표현하는 것이다.[3] 이러한 종류의 기도는 종교개혁 전통에서 가장 활발하게 행해온 기도이다. 성경에는 구송기도의 예가 풍부하다. 구약성경의 많은 인물들은 긴 구송기도를 드렸다. 시편은 하나님께 표현된 온갖 종류의 기도로 가득 차 있지만 구송기도가 많다. 신약성경에도 구송기도가 풍부하다. 구송기도는 그리스도인의 영적 생활에서 중추적인 역할을 해왔음에 틀림없다. 구송기도는 우리가 가장 어렵고 힘들 때 하는 가장 일반적인 기도다. "기도는 간청에 의해 활발해지고, 간구에 의해 절박해지며, 감사에 의해 만족스럽고 마음에 드는 것이 된다. 그리고 효력과 용납이 결합하여 간청을 효과있게 만들고 보

---

[2] J. Massingberd Ford, *The Pentecostal Experience* (New York: Paulist Press, 1970), 3.
[3] James Houston, *The Transforming Power of Prayer* (Colorado Springs: NavPress, 1996), 248.

중한다."⁴⁾ 구송기도는 우리를 돌보시며 우리를 치유하시는 하나님에 대한 믿음과 우리들의 소망을 연결시켜 준다. 시편기자는 하나님의 전지하심을 알고 있었지만 이렇게 구했다. "내가 여호와께 말하기를 주는 나의 하나님이시니 여호와여 나의 간구하는 소리에 귀를 기울이소서 하였나이다"(시 140:1). "여호와여 나는 곤고하고 궁핍하오니 귀를 기울여 내게 응답하소서"(시 86:1). 우리는 시편기자처럼 우리들의 궁핍함을 도와주신다는 하나님의 약속을 믿기 때문에 기도한다. 여기에서 중요한 질문이 제기된다. 우리에게 정말 필요한 것은 무엇인가? 무엇을 구할 것인가? 구송기도 또는 청원기도에서 간과해서는 안 되는 세 가지 요소가 있다. 비록 우리의 기도가 우리의 필요와 치유를 간구할 때라도 필수적인 세 가지 요소를 간과하지 말아야 한다. 그것은 사랑과 용서와 평화이다.⁵⁾

첫째, 우리는 하나님 앞에 설 때 우리 자신이 얼마나 상처가 많은 존재인지를 깨닫게 된다. 하나님의 사랑에 응답하기에는 우리가 얼마나 죄 많고 부족한 존재인지를 깨닫게 된다. 이때 우리가 기억해야 할 것은 우리의 기도가 우리의 상태에 의존되어진 것이 아니라 하나님의 사랑에 의존되어 있다는 것을 분명히 해야 한다. 기도의 출발은 하나님의 사랑이다. 어떤 사람은 우리는 예수님께 가까이 갈 자격이 없으며, 하나님의 사랑을 받을 만큼 선하지 않다고 말할 것이다. 예수님은 이런 자세를 가진 사람들에게 탕자의 비유를 들어 설명하신다(눅 15:11-32). 이 비유를 통해서 예수님은 우리가 아버지 집으로 돌아올 때 하나님은 우리의 죄를 진심으로 뉘우쳤기 때문이 아니라 무한하신 사랑으로 인하여 우리들을 기쁘게 맞아주시는 하나님의 무조건적인 사랑을 계시하셨다. 우리는 기도 할 때, 이런 사랑에 마음을 열게 해달라고 구하고 우리의 삶 속에서 하나님의 자비를 구해야 한다.

둘째, 우리는 자신과 이웃의 용서 그리고 그것을 받아들이는 은혜를 구해야 한다. 우리는 과거로부터 쉽게 벗어나지 못하는 성향이 있다. 하나님

---

4) James Houston, *The Transforming Power of Prayer*, 253.
5) Gerrit Scott Dawson, Adele V. Gonzalez, E. Glenn Hinson, Rueben P. Job, Marjorie J. Thomson, Wendy M. Wright, *Companions in Christ*, 137-138.

은 이미 기억하지 않음에도 불구하고 우리는 죄와 죄책감에 매달려 있는 경우가 많다. 이런 말이 있다. "하나님은 우리들의 죄를 호수에 던져버리시고, 그곳에 '낚시 금지'라는 푯말을 세워두셨다."

셋째, 우리는 기도할 때 평화를 구해야 한다. 우리의 삶이 다른 사람을 위한 평화의 선물이 되게 해 달라고 하나님께 구해야 한다. 엄밀한 의미에서 기도는 사적인(private)것이 아니다. 'private'는 타자와 엄격히 분리된 사적인 관계를 의미한다.[6] 기도는 평화를 위한 행동이다. 구송기도는 영성지도에서 가장 일반적으로 사용할 수 있는 기도다.

영성지도와 묵상기도

묵상은 더 인격적으로 하나님을 사랑하고 하나님이 우리에게 원하시는 대로 살기 위하여 우리의 의지로 성경과 하나님의 진리들을 숙고하는 것을 의미한다.[7] 어떤 의미에서 묵상기도는 이성보다는 감성과 더 연관된 기도이다.[8] 묵상기도는 구송기도보다는 더 작은 말을 하게 된다. 그러나 구송기도와 묵상기도는 두 가지 모두 하나님의 임재를 기다리는 데 주의를 기울이는 또는 서술적인 측면에 속한다.

묵상기도에서 주의해야 할 것은 하나님과 상관없는 묵상은 진정한 기독교적 묵상이 아니다. 기독교에서 의미하는 묵상은 오늘날 여러 형태의 묵상들처럼 스트레스를 완화하기 위하여 묵상을 하는 것과는 다르다. 기독교적 묵상기도의 목적은 하나님의 사랑과 은혜를 경험하고 하나님께 복종하는 가운데 하나님과 인격적인 관계를 갖는 것을 목적으로 한다. 때문에 기독교적 묵상기도는 하나님을 묵상하는 것이지 단지 우리의 정신적 사색

---

6) Gerrit Scott Dawson, Adele V. Gonzalez, E. Glenn Hinson, Rueben P. Job, Marjorie J. Thomson, Wendy M. Wright, *Companions in Christ*, 139.
7) James Houston, *The Transforming Power of Prayer*, 255.
8) James Houston, *The Transforming Power of Prayer*, 248.

이 아니다. 제임스 휴스톤(James Houston)은 "우리의 모든 묵상은 하나님의 임재에 접근할 수 있는 길을 제공하시기 위하여 예수님이 행하신 사역에 의존한다. 시편 1편의 기자가 여호와의 율법을 즐거워하여 주야로 그것을 묵상하듯이, 모든 참된 묵상은 성경과 예수 그리스도를 통한 하나님의 계시에 초점을 맞춘다"라고 하였다.[9] 기독교 전통에서는 성경을 통한 묵상을 강조해왔다. 예를 들면, 로욜라의 이냐시오(Ignatius of Loyola)와 리차드 백스터(Richard Baxter)는 거룩한 삶의 열쇠로서 성경을 묵상하는 방법과 묵상을 통한 기도를 중요하게 여겼다. 하지만 이 두 사람에게 묵상의 목적은 달랐다. 이냐시오는 영혼이 과도한 집착에서 벗어나 자신의 삶에서 하나님의 뜻을 발견하는 데 목적이 있음을 강조했지만, 백스터는 성도들의 영원한 안식을 얻는 데 목적이 있다고 하였다.[10]

영성지도에서 유용하게 활용할 수 있는 묵상기도의 유형은 반추기도 또는 반추적인 묵상이다. 반추적인 묵상이란 기억력과 이해력과 의지력을 사용하여 명상할 대상을 추리고 하나님께서 개인에게 알려주고자 하는 것들을 경험하는 것이다. 반추기도는 원래 성경 말씀을 소리 내어 읽고 마음에 간직해 두었다가 일상생활 속에서 그 말씀을 계속 되새김질하는 것이다. 반추기도는 입과 정신을 모두 사용하는 성경 암송과 같은 것이다. 이와 같은 반추기도로서의 묵상은 구약성경에도 언급되고 있다. 여호수아서에 "이 율법책을 네 입에서 떠나지 말게 하며 주야로 그것을 묵상하여"(수 1:8)라고 하고 있다. 시편에서는 복 있는 사람은 "오직 여호와의 율법을 즐거워하여 그 율법을 주야로 묵상하는 자"(시 1:2)라고 말하고 있다. 이렇게 말씀을 계속적으로 되새김으로써 말씀이 내 안에 현존하게 하는 것이 반추기도이다. 반추기도는 영성지도에서 유용하게 사용될 수 있다. 예를 들면, 영

---

9) James Houston, *The Transforming Power of Prayer*, 257.
10) Ignatius of Loyola, *The Spiritual Exercises of St. Ignatius*, trans. Anthony Mottola (New York: Doubleday, 1964); Richard Baxter, *The Saints's Everlasting Rest*, ed., E. Glenn Hinson, The Doubleday Devotional Classics, vol. 1 (New York: Doubleday, 1978), quoted in Gerrit Scott Dawson, Adele V. Gonzalez, E. Glenn Hinson, Rueben P. Job, Marjorie J. Thomson, Wendy M. Wright, *Companions in Christ*, 96.

성지도에서 지도자는 피지도자에게 자기에게 가장 친숙한 성경구절 30구절을 선택하여 오게 하고, 매일 한 절씩 암송하고 그 암송한 구절을 일상생활 속에서 되새김하며 보내도록 하면 좋다. 한 달이 지나고 나면 영적 지도자는 피지도자를 만나 한 달 동안의 반추기도에 대해 의견을 나누고 다시 같은 방법으로 하면 된다.

반추는 또한 이냐시오의 영적 수련 방법으로도 유명하다. 이냐시오의 영적 수련의 방법으로써 중요한 것은 의식의 성찰 또는 반추이다. 반추란 최근에 자신이 경험한 하나님의 임재를 기도하는 마음으로 돌아보는 것이다. 이것을 의식의 성찰이라고 부르는 것은 이것의 목표가 하나님의 임재를 인식함으로써 의식을 개혁하는 것이기 때문이다. 반추는 일상의 삶 속에서 하나님의 임재에 더 민감하도록 해 주는 훈련이다. 일반적으로 반추는 하루의 마지막에 행해진다. 다음과 같은 절차를 통해 진행한다.

첫째, 눈을 감고 조용히 내가 예수님 앞에 있는 것을 상상한다.

둘째, 예수님과 대화를 나누면서 그날에 대해 그리고 하루 동안 있었던 그분의 임재에 대해 감사한다.

셋째, 성령의 인도를 구하는 기도를 한 후, 예수님과 함께 그날 하루를 돌아보는 상상을 한다. 반성이 필요한 부분이 있으면 하나님께 은혜를 구한다.

넷째, 내일은 하나님의 임재를 더 잘 인식할 수 있도록 도움을 구하는 기도를 드리고 반추의 시간 동안 발견한 것들을 일기에 기록한다.

반추는 조용한 장소에서 15-20분 이내로 하는 것이 좋다. 하지만 신앙의 초보자의 경우에는 집중하려고 애쓰다가 시간이 지나가 버리는 수도 있다. 만일 그렇게 된다면 잡념을 없애려고 애쓰기보다는 정신이 산만해질 때마다 예수님께 마음속에 떠오르는 생각들을 통제해 달라고 부드럽게 반복해서 기도를 드린다. 그 후에는 무엇이든 그날에 대한 것이 마음속에 떠오르면 바로 그것이 내가 성찰해야 할 내용이라고 믿고 성찰을 한다. 우리가 매일 규칙적으로 반추를 하면, 종교적이거나 영적인 것과는 거리가 멀어 보이는 일상의 경험들 속에서도 하나님의 섭리와 은혜와 사랑을 분별할 수 있는 유익이 있다.

영성지도와 관상기도

묵상기도에서는 일반적으로 이성적인 추리나 사고를 가지고 하나님과의 대화를 추구한다. 반면에 관상기도는 기도의 주체가 내가 되는 것이 아니라 하나님의 영이 역사하는 기도를 하고자 하는 열망을 추구하는 기도이다. 윌리엄 맥나마라(C. William McNamara)는 관상을 실재와의 즉자적 연합에 이르는 길인 '실재에 대한 경험적 인식'이라 불렀다. "우리는 사물을 연구할 수 있다. 그러나 이 사물들과 직관적인 연합에 들어갈 수 없다면 사물에 대한 어떤 것을 아는 것일 뿐 사물을 아는 것이 아니다. 어린아이든 포도주잔이든 아름다운 식탁이든 무엇인가 사랑의 마음으로 긴 시간을 두고 바라보라. 그 바라봄이 바로 자연스런 관상의 행위이고 사랑으로 존중하는 행위이다."[11] 관상(contemplation)기도에서는 하나님에 대한 추상적 개념이나 신학으로써 하나님을 인식하는 것이 아니라 신학이 말하는 보다 신비하고 전능한 하나님을 경험하는 것을 추구한다. 나아가 하나님이든 인간이든 그 무엇이든 우리를 기쁘게 하는 대상을 소유하려 하지 않고, 그 자체를 긍정하고 사랑하고 경험하는 데 목적이 있다. 관상이란 사고에 의한 분석적인 하나님 경험이 아니라, 주체와 객체가 하나가 되는 하나님의 임재 체험과 관련된 언어다.[12] 관상기도는 추론과 언어와 이미지들을 사용하는 묵상과는 다르다. 관상기도의 목표는 하나님의 신비 안에 머물고, 하나님의 방법으로 우리를 사랑으로 이끄시도록 우리를 내어 맡기는 것이다.

기독교 전통에는 하나님을 경험하는 두 가지 방법이 있다. '무념 또는 부정의 방법'과 '유념 또는 긍정의 방법'이다. 긍정의 방법은 상상과 생각

---

11) 루벤 좁,『영성수련』이세형 역 (서울: kmc, 2009), 134에서 인용.
12) 유해룡,『하나님 체험과 영성수련』(서울: 장로회신학대학교출판부, 2007), 90.

과 이미지를 사용하는 방법이다. 부정의 방법은 상상과 생각과 이미지를 초월하여 하나님의 신비에 열린 기도 방법이다. 긍정의 방법에 많은 영향을 끼친 사람은 로욜라의 이냐시오이다. 그의 저서『영신수련』(Spiritual Exercise)에서 그는 묵상하는 것을 직접 경험하기 위해서 상상과 감정, 감각, 이성, 의지, 기억 등을 사용하라고 권한다. 부정의 방법은 사상, 생각, 상징으로는 하나님께 충분히 다가갈 수 없다는 사실을 강조한다.『무지의 구름』(The Cloud of Unknowing: 14세기 영국)의 저자와 십자가의 요한(16세기 스페인) 등은 이 방법을 강조하였다.『무지의 구름』은 부정의 기도의 특성을 설명하는 책으로서, 그리스도인의 기도 생활에서 모든 생각과 이미지들을 초월한 '어두운 구름' 속에서의 안식을 경험하는 것을 강조한다. 그러나 이런 경험을 가능하게 해 주는 것은 기술을 통해서가 아니라 하나님이 주시는 은혜라고 말한다. 관상체험은 우리의 노력이나 공덕의 결과가 아니라, 하나님의 은혜와 사랑에 대한 우리의 신실한 응답의 결과이다.[13] 관상기도는 우리의 능동적 행위 중심의 기도에서 하나님의 은혜와 사랑에 머무르는 수동적 기도이다.[14] 관상기도는 우리의 의식적 행위에 의존하는 기도가 아니라 하나님의 사랑의 품에 안겨서 평안과 안식을 누리는 것이다.

---

13) Gerrit Scott Dawson, Adele V. Gonzalez, E. Glenn Hinson, Rueben P. Job, Marjorie J. Thomson, Wendy M. Wright, *Companions in Christ*, 170.

14) 물론 관상기도에 대한 정의는 다양하고 쉽지 않다. 기독교 전통에서 영성훈련의 형태는 크게 두 가지로 분류되어 왔다. 하나는 '무념적'(apophatic) 형태로서 이는 모든 지각되는 지성적 표현들을 초월하여 영적 삶을 추구하는 자들이 자아를 비움으로 하나님의 충만하심을 경험하게 하는 방법이다. 다른 하나는 '유념적'(kataphatic) 형태로 이미지, 상징, 감각의 중요성을 강조하는 방법이다. 이 방법은 항상 대중적인 지위를 차지해 왔다. 무념적 방법은 신비가들이 선호했던 것으로 십자가의 성 요한(The Cross of St. John), 마이스터 엑하르트(Meister Eckhart) 등이 선호했다. 유념적 방법은 로욜라의 이냐시오(Ignatius of Loyola), 존 칼빈(John Calvin) 등이 선호한 방법이었다. 관상에서도 무념적 형태에서는 선물로 주어지는 '주입적 관상'(infused)에 유념적 형태에서는 부분적으로 개인적 노력과 의도를 통해 일어나는 '획득적 관상'(acquired)에 더 초점을 둔다. 하지만 주입적 관상에는 자기상이 어느 정도 남아 있거나 인식에 좀 더 초점을 가지는 다른 형태들이 존재한다. 중요한 것은 유념적 방법과 무념적 방법이 가지는 유익과 한계를 아는 것이다. 유념적 방법을 극단적으로 추구하면 생각과 심상에 끝없이 몰두할 수 있다. 마찬가지로 무념적 방법을 극단으로 추구하면 삶을 부정하는 반성육신적 왜곡에 빠져 신비적인 측면에만 몰두할 수 있다.

관상기도는 하나님의 품에 안겨 안식을 경험하게 하는 것이다. 현대인들은 기능주의적 문화에 젖어있다. 기능주의적 문화는 "세상을 자신의 목적을 위해 움켜쥐고 통제해야 하는 '거기 바깥에 있는'(out there) 대상으로 간주하는 문화다. 우리는 세상의 대상들을 적절히 이용하여 자신의 뜻을 세상에 강요하는 역할을 하는 주체다."[15] 이러한 문화는 우리로 하여금 관계(존재)지향적인 사람이 되게 하기보다는 기능(행동)지향적인 사람이 되게 한다. 기능지향적인 사람은 가만히 기다리면서 하나님께서 그분이 원하시는 시간에 일을 하시는 것을 받아들이지 못하는 경향이 있다. 기능주의적 문화에 길들여진 우리는 '수동적 닮아감'의 존재 양식과 생활 방식을 낭비인 것처럼 여기기 때문에 관상적 기도에 어려움을 느끼게 된다.[16] 리치(Kenneth Leech)는 과학적 객관주의와 물질만능주의적인 현대 문화와 환경으로 지쳐있는 현대인들은 영적으로 갈망하고 있다고 지적했다.[17] 리치의 지적에 동의한다면, 관상기도는 현대 그리스도인들의 삶과 영적 여정에 중요한 대안이 될 수 있다. 제임스 휴스턴(James Houston)은 관상기도가 현대 그리스도인들에게 주는 의미를 다음과 같이 말한다.

> 현대 도시생활의 물질적인 황량함보다 더 행복하고 위대한 어떤 것 안에서 자신의 전 존재를 통합하고자 하는 사람들의 욕구를 이해할 수 있다. 우리는 또한 하나님을 거의 지각하지 못하는 그리스도인들의 행동주의(activism)로 피로해져서 무미건조함을 느끼는 것을 이해할 수 있다. 관상기도는 하나님에 관한 간접적인 묘사에 만족하지 못하는 사람들과 직접 하나님의 친밀한 임재를 체험하기를 원하는 사람들을 위한 것이다.[18]

관상기도란 하나님께서 예비하신 영적 순례에 동참하며 하나님의 사랑을 경험하는 것이다. 허버트 맥카비(Herbert McCabe)의 진술이다.

---

15) M. 로버트 멀홀랜드, 『영성여행 길라잡이』 서원교 역 (서울: 살림, 2008), 31.
16) 최창국, 『기독교 영성신학』 (서울: 대서, 2010), 60-67.
17) Kenneth Leech, *Soul Friend*, 7.
18) James Houston, *The Transforming Power of Prayer*, 195.

만일 우리가 하나님의 신비로 들어서고자 한다면, 우리가 필요로 하는 것은 정보가 아니다. 그리고 외적으로 우리는 정보를 갖고 있지도 못하다. 하나님 앞에서 우리의 언어와 개념들은 무너져 내린다. 우리가 필요로 하는 것은 하나님 자신에 의해 사로잡히는 것, 하나님 자신에 대한 그분의 지식을 함께 나누는 것이며, 그 나눔은 우리에게 어둠처럼 보일 게 틀림없다. 그러므로 우리의 믿음은 지식의 어떤 증가가 아니라, 어느 편인가 하면 무지의 증거처럼 보인다. 우리가 하나님의 신비에 더 가까이 이끌리면 이끌릴수록, 그 신비 앞에서의 우리가 불완전함을 보다 날카롭게 인식하게 된다. 그럼으로 우리에게 필요한 것은 바로 하나님의 주도권이다. 우리가 그분에 관해 보다 많이 말해야만 하는 것이 아니라, 그분이 우리에게 말씀하지 않으시면 안 된다.[19]

관상기도의 궁극적 목적은 하나님께서 우리에게 말씀하시는 바를 경청하기 위해 굳게 닫혀 있는 창문들로 온통 장식된 나의 자아의 건축물을 허무는 것이다.

영성지도의 중요한 목적은 우리의 영혼이 하나님의 임재와 현존을 향해 조율되도록 도울 뿐 아니라 하나님의 부르심에 응답하도록 훈련하는 데 있다. 우리는 흔히 하나님의 부르심에 응답하는 것을 하나님 앞에서 무엇인가를 능동적으로 또는 행위적으로 반응하는 것이라고 생각하는 경향이 있다. 이러한 우리의 경향은 우리를 자주 죄책감과 불안감에 빠뜨리는 결과를 낳는다. 우리의 행위는 자주 불완전한 결과를 초래하기 때문이다. 이러한 경향은 또한 다양한 형태로 나타나기도 한다. 우리는 단지 하나님께 복종하지 않는 것이 두려워서 복종할 수도 있다. 나아가 우리는 죄책감 때문에 하나님께 복종할 수도 있다. 지금 복종함으로써 과거에 복종하지 않았던 일에 대해 속죄할 수도 있다고 느낄 수도 있다. 하지만 그러한 의는 우리의 영혼 속에 프로그램된 것처럼 보이는 행위를 통한 의의 여러 가지 미묘한 형태들 중 하나에 불과하다. 우리는 하나님이 나를 잘 봐 주시고 나의 간구를 잘 들어 주시도록 만들기 위해 하나님께 복종할 수 있다. 이러한 모습은 신을 달래고자 하는 인간의 근본적인 욕구를 기독교적으로 포장한 것

---

19) Herbert McCabe, OP, *God Matters* (London: Geoffrey Chapman, 1987), 20.

에 더 가깝다. 하나님이 우리에게 바라시는 응답은 그분의 사랑에 대한 의탁이다. 물론 하나님의 부르심에 우리가 능동적으로 또는 행위적으로 응답하는 것은 중요하다. 하지만 하나님의 부르심에 우리가 응답하는 것의 진정한 의미는 그의 사랑을 받아들이며, 그의 안식을 받아들이며, 그의 사랑을 즐거워하며 응답하라는 초대이다. 하나님이 기대하시는 응답은 그의 사랑에 의탁하며 안식하는 것이다.

우리가 하나님의 부르심에 응답하는 것을 행위 중심으로 쉽게 생각해 버리는 것은 하나님 앞에서 관상적 삶의 부재에서 오는 것이라 할 수 있다. 관상적 삶이란 누가복음 10:38-42에 등장하는 마리아처럼 단순히 예수님의 발 앞에 앉아서 그분을 바라보는 것이다. 그분의 사랑을 느끼는 것이다. 그분의 사랑 안에서 안식하는 것이다. 예수님을 바라보는 것은 내가 무엇을 하는지 보다는 내가 어떤 존재인지와 좀 더 관련이 있다. 하나님의 부르심에 관상적 응답은 우리가 하나님을 위해 무엇인가를 하려고 애쓰는 마음이라기보다는 그분의 사랑 안에서 마음이 쉼을 얻으며 정화되는 것에 더 가깝다.

영성지도와 예수기도

기독교 초기부터 예수님의 이름은 악을 이기는 승리의 수단으로 사용되어 왔다. 존 클리마쿠스(John Climacus)는 그의 제자들에게 예수님의 이름을 사용한 기도를 하라고 조언한다. "예수님의 이름으로 여러분의 적을 패배시키십시오. 하늘에서나 땅에서나 예수님의 이름보다 더 강력한 무기는 없기 때문입니다."[20] 우리가 호흡할 때마다 예수님의 이름을 상기하는 것, 우리의 삶 속에서 예수님을 우리의 생각과 기억 속으로 모셔 들이는 것 그리고 우리 자신을 예수님의 기억 속으로 끌고 들어가는 것은 우리의 영성

---

20) St. John Climacus, *Ladder of Divine Ascent*, Translated by Colin Luibhead (New York: Paulist Press, 1982), 21, 27.

생활을 위한 하나의 중요한 방법이다. 예수기도(Jesus prayer)는 하나님의 현존을 의식하며 살아갈 수 있도록 해준다. 테오판은 예수기도에 대해 이렇게 묘사한다.

> 예수기도를 실천하는 동안에는 정신과 주님 사이에 그 어떤 중간 이미지도 붙들고 있지 마십시오. 본질적인 부분은 하나님 안에서 사는 것이며, 이렇게 하나님 앞에서 걷는다는 것은, 여러분이 채 의식하기도 전에, 하나님이 만물 안에 계시는 것처럼 여러분 안에도 계시다는 확신을 지니고 살아간다는 뜻입니다. 여러분은 하나님께서 여러분 안의 모든 것을 다 보고 계신다는 것과 여러분 자신보다도 더 여러분을 잘 알고 계신다는 확고한 신념을 가지고 살아갑니다. 하나님께서 여러분의 내적인 존재를 다 보고 계신다고 하는 이러한 인식은 어떤 시각적인 개념이 동반되는 것이 아니라 단순한 확신이나 느낌에만 제한되어야 합니다.[21]

그리스도인이 된다는 것은 바로 하나님 의식이다. 삶 속에서 하나님의 현존을 의식하면서 살아가는 것이 그리스도인의 삶이다. 즉 내 안에 주님이 내가 주님 안에 있도록 하는 것이다. 이러한 의식이 없다면 그리스도인의 삶은 공허해 질 수밖에 없다. 영적 지도자는 피지도자가 그리스도인으로서 자기 존재의 가장 깊숙한 중심부에서 하나님의 현존을 의식하며 살아갈 수 있도록 도와주어야 한다. 예수기도가 중요한 방법이 될 수 있다.

예수기도는 본래 동방 교회의 수도자들에 의해 행해진 기도 방법이다. 4세기 이집트 수도자들은 성경의 짧은 구절들을 반복 암송하였고, 사막 교부들은 손노동을 하면서 "하나님 저를 불쌍히 여기소서"(시 50:1)와 같은 구절을 끊임없이 암송하는 기도 방법을 사용했다.[22] 그 후 예수기도는 호흡기도(respiratory prayer)라고 칭해지기도 했다. 예수기도가 구체적인 호흡법

---

21) Quoted in Igumen Chariton of Valamo, *The Art of Prayer*, Translated by E. D. Kadloubovsky and E. M. Palmer (London: Faber and Faber, 1997), 100.
22) *The Sayings of the Desert Fathers: The Alphabetical Collection*, Translated by Benedicta Ward (Collegeville, MN: Cistercian Publications, 2005), 150-151.

에 따라 행해졌기 때문이다. 호흡기도는 생명을 유지하기 위해 호흡을 지속적으로 해야 하는 것처럼 정기적이고 지속적인 기도를 말한다. 예를 들면, 숨을 들어 마시면서 "주여!" 하고, 숨을 내시면서 "나를 불쌍히 여기소서" 하는 방법이다. 예수기도가 호흡법과 관련된 기록은 13세기 그리스 전통에서 발견되지만, 널리 알려지게 된 것은 14세기 시나이 그레고리오에 의해서다.[23] 예수기도는 19세기 러시아의 한 평신도가 "쉬지 말고 기도하라"(살전 5:17)는 말씀을 실천하기 위한 방법을 연구하다가 쓴 『이름 없는 순례자』에 의해 정교회 안에서 대중화되었다. 예수기도는 원래 수도원 안에서만 행해졌던 기도이지만 점차 일반 신자들에게까지 전파되어, 가톨릭, 정교회, 성공회, 개신교의 그리스도인들에 의해서까지 행해지는 기도가 되었다. 예수기도는 일상의 삶 속에서 신앙적이고 영적 삶을 꽃 피웠던 켈트 기독교 전통에서도 발견된다.[24] 켈트 그리스도인들은 모든 삶의 일상적인 활동에서도 하나님을 인정하는 기도가 생활화 되었다. 그들의 전통에서는 불을 피우고, 잠자리를 준비하고, 바느질, 농장일, 요리 등을 하면서 행했던 짧은 예수기도와 같은 짧은 기도문을 풍부하게 가지고 있었다. 그들의 간단한 기도들은 일상의 행위 속에서 영적인 의미를 찾게 해 주었다. 이러한 그들의 영적 삶과 기도는 모든 일상의 삶을 성찬식만큼이나 신성한 의미를 지니게 했다.

예수기도는 성경에 뿌리를 두고 있다. 여리고 근처 길가에 앉아 있던 두 소경이 "주여 우리를 불쌍히 여기소서"(마 20:30)와 세리의 기도인 "하나님이여 불쌍히 여기소서 나는 죄인이로소이다"(눅 18:13) 등이다. 예수기도는 또한 영적 권세를 가진 예수님의 이름을 부르는 기도이다. 성경에서 하나님의 권세와 영광은 예수님의 이름 안에 있다고 선포한다. "하나님이 그를 지극히 높여 모든 이름 위에 뛰어난 이름을 주사 하늘에 있는 자들과 땅에

---

23) *The Sayings of the Desert Fathers: The Alphabetical Collection*, Translated by Benedicta Ward (Collegeville, MN: Cistercian Publications, 2005), 159.
24) 기독교 초기 전통 중에 하나인 켈트 기독교는 아일랜드, 스코트랜드, 웨일즈와 브리타니에서 발견된다.

있는 자들과 땅 아래 있는 자들로 모든 무릎을 예수의 이름에 꿇게 하시고 모든 입으로 예수 그리스도를 주라 시인하여 하나님 아버지께 영광을 돌리게 하셨느니라"(빌 2:9-11).

예수기도는 여러 형식으로 되어 있다. 그중에서 가장 널리 사용되는 방법은 "주 예수 그리스시요! 하나님의 아들이여! 이 죄인에게 자비를 베푸소서!" "주 예수여! 저에게 은혜를 베푸소서!"다. 예수기도는 두 부분으로 이루어져 있다. "주 예수 그리스도여!"하고 예수의 이름을 부르는 호칭부분과 "우리(죄인)에게 자비를 베푸소서!" 하고 자비를 구하는 청원부분으로 되어 있다. 예수기도의 특징은 단순하고, 짧은 기도를 반복하는 데 있다. 때문에 이 기도는 어디서나 지속적으로 드릴 수 있는 기도이다. 예수기도는 단순히 거듭 암송하는 차원을 넘어서 몸과 마음과 생각을 넘어 영적 안정을 찾을 수 있는 좋은 기도 방법이다.

예수기도를 드리는 자세는, 먼저 예수의 이름을 부르기 전에 마음속에 평화를 유지해야 한다. 단순한 마음으로 기도를 시작해야 한다. 열정적으로 크게 부르는 것보다 마음속으로 낮게 부르는 것이 좋다. 평안한 마음으로 침묵 속에서 마음을 모아서 부른다. 예수의 이름을 부르며 실제적인 것을 청하는 기도를 함께 할 수 있다. 기분에 치우치지 않고 성령의 도우심을 바라며 은혜를 사모하는 마음으로 드려야 한다. 예수의 이름을 부르는 이 기도를 사랑하는 중에도 다른 형식의 기도를 무시하거나 거부하지 않도록 해야 한다.

예수기도는 일상생활 속에서 기도할 수 있는 방법이다. 어떤 사람들은 이런 식의 기도를 헛된 반복이나 또는 주문으로 빠져버릴 위험이 있다고 하여 무시할 수도 있지만 그 의미를 잘 알고 사용하면 일상의 삶 속에서 예수께 마음을 집중할 수 있고 하나님의 임재를 의식하며 살 수 있게 해 주는 기도가 될 수 있다. 디오게네스 알렌(Diogenes Allen)은 "예수기도는 우리의 산만한 생각과 기도를 집중된 생각과 기도로 이끌어 주는 방법이다"라고 했다.[25] 예수기도는 일상생활 속에서 시행할 수 있는 기도의 형식으로 영성지도에 참여자들에게 유용하게 사용될 수 있는 방법이라 할 수 있다.

영성지도와 향심기도

향심기도는 고대 기독교의 중요한 기도 방법이었던 관상의 중요성이 재인식되면서 태동한 기도 형태이다. 향심기도는 우리 삶의 중심을 하나님의 임재에 맞추도록 돕는 단순한 방법이다. 이 기도는 고대 교회부터 16세기에 이르는 동안, 그리스도인들의 영성생활에서 중요한 역할을 해왔다. 그러나 이 기도는 문예부흥 사조가 형성된 이후에 그리스도인들에게서 관심이 쇠퇴하였다. 향심기도(centering prayer) 1970년대에 시토회 수도사들이었던 토마스 키팅(Thomas Keating), 바실 페닝턴(Basil Pennington), 윌리엄 메닝거(William Meninger)를 중심으로 관상적 형태의 기도 전통을 회복하려고 시작된 기도다.[26] 특히 14세기 영국의 익명의 저자가 쓴 『무지의 구름』이란 작품을 현대적인 감각으로 재구성하여 기독교의 관상적 전통을 새롭게 하려는 기도가 향심기도라 할 수 있다.[27] 향심기도란 우리 존재의 중심을 하나님을 향하여 간다는 의미다. 즉, 향심기도는 하나님의 현존과 그의 의지와 사랑에 전적으로 주의를 집중하는 기도이다. 향심기도는 우리의 필요를 말하는 기도가 아니라 하나님의 임재 안에 머물기를 소망하는 기도이다. 향심기도는 언어를 많이 사용하지 않고 하나님의 현존과 임재를 추구하며 순종을 지향하는 기도이다. 향심기도에서는 거룩한 단어를 선택하여 기도한다. 일반적으로 기도 단어는 아버지, 예수님, 성령님, 사랑, 긍휼, 평화, 자비, 은혜와 같이 한 단어나 짧은 성경구절이다. 향심기도는 단지

---

25) Diogenes Allen, *Spiritual Theology*, 150.
26) Thomas Keating, *Open Mind and Heart: The Contemplative Dimension of Gospel* (New York: Continuum, 1997)을 참조.
27) 토마스 키딩, 바실 페닝톤, 코마스 클라크, 『구심기도』 허성준 역 (서울: 분도출판사, 2005)을 참조.

주의를 집중(attention)하는 것이 아니라 우리 마음과 영혼을 하나님께 맡기려고 지향(intention)하는 기도이다. 이 기도는 우리의 행동(doing)을 중심에 두는 기도가 아니라 하나님 곁에 머물러 함께 존재(being)하려는 기도이다. 향심기도를 행하는 것은 그리스도와 함께 머무르는 것이 변화와 치유의 기초이자 힘이라고 믿기 때문이다.

향심기도의 방법은, 먼저 하나님의 현존과 임재와 사랑을 추구하는 마음으로 거룩한 한 단어를 선택한다. 거룩한 단어는 주님, 사랑, 예수님, 성령, 평화, 자비, 사랑 등과 같은 짧은 단어를 선택한다. 둘째, 편하게 눈을 감고 거룩한 단어를 의식 속에 떠올린다. 셋째, 거룩한 단어를 의식 속에 가볍게 떠올리면서 마음을 하나님에게로 향한다. 넷째, 기도 중에 잡심이나 분심이 일어나면 즉시 거룩한 단어로 다시 돌아간다. 마지막으로 기도가 끝나도 잠시 침묵 중에 머무른다.[28]

향심기도는 우리 안에 있는 상처와 정서적 잡초들을 제거할 수 있는 은혜의 방편이 될 수 있다. 향심기도가 영성지도에 참여하는 자들에게 줄 수 있는 열매들은, 하나님께 귀 기울이는 법을 배우고, 바쁜 일상생활 속에서도 하나님 사랑 안에서 고요함을 누리는 것이다.

영성지도와 렉시오 디비나

기독교 전통 안에는 성경을 읽는 대표적인 두 가지 방식이 있다. 하나는 정보를 얻기 위해서 읽는 방식(information)이고, 다른 하나는 우리 자신을 새롭게 하기 위하여 읽는 형성적 방식(formation)이다. 렉시오 디비나(lectio divina)는 하나님의 말씀인 성경을 머리가 아닌 순수한 마음으로 읽고, 그 말씀을 통하여 그리스도를 만나고 또 그분과의 만남을 통하여 그리스도와의 우정을 깊게 하고, 우리의 존재의 변화를 추구하는 독서방식이다.[29] 이

---

28) 토마스 키딩, 바실 페닝톤, 코마스 클라크, 『구심기도』, 22-39.
29) '렉시오 디비나'라는 말은 알렉산드리아 학파의 대표적 인물 중 한 사람인 교부

독서 방식은 우리의 눈과 생각만을 가지고 말씀을 읽는 것이 아니라, 전인격으로 성경말씀을 읽는 것을 의미한다. 이것은 단순히 말씀에 대한 지식이나 정보를 얻기 위하여 읽는 것이 아니라, 말씀을 통해 하나님을 참으로 만나고자(encounter) 하는 목적을 가진다. 말씀을 통해 하나님을 만나고, 그분과 대화하고, 그분의 임재 안에 머무르는 독서와 기도의 전 과정을 '렉시오 디비나'라고 부른다. 단, 렉시오 디비나에서 주의해야 할 것은, "먼저 알 것은 성경의 모든 예언은 사사로이 풀 것이 아니니"(벧후 1:20)라는 말씀처럼 말씀을 너무 자의적으로 해석하거나 적용하는 것을 주의해야 한다.

영성지도에서 성경읽기의 목표는 단순히 교리적인 가르침이나 이야기의 이해에 있는 것이 아니라 하나님을 만나는 것이다. 윌리엄 로는 이렇게 진술했다. "그러므로 성경은 기도의 자세로만 읽어야 한다. 성령께서 내면의 역사를 통해 성경의 진리를 우리 안에 살아 있는 실체로 만들어 주시도록 그분께 자신을 맡겨야 한다."[30] 하나님 체험을 위한 중요한 매개체는 성경이다. 성경을 통한 하나님 체험의 방법으로 기독교 전통에서 가장 중요하게 사용해 왔던 것이 렉시오 디비나다. 특별히 소그룹 영성지도에서 유용한 방법 중의 하나다. 렉시오 디비나의 문자적 의미는 '거룩한 읽기'이지만, 의미적으로는 성경묵상을 말한다. 즉 기도하는 마음으로 성경에 귀를 기울이는 방법으로 '성경을 통한 기도'와 '성경을 통해 하나님을 만나'는 방법이다. 렉시오 디비나는 성경의 짧은 단락(5-10절 정도)을 한 사람 또는 그룹에 참여한 사람들이 함께 읽는 동안, 각 사람들은 그 말씀을 경청한다. 각 사람들은 말씀을 분석하려는 생각을 내려놓고 말씀을 통해 하나님의 음성을 듣는 자세로 참여한다. 렉시오 디비나의 고전적 형식에 따르면, 먼저 참여자들은 낭독되는 말씀을 듣고 나서 침묵하며 하나님 앞에 머무른다. 침묵 중에 참여자들은 그 말씀이나 내면의 체험 속에서 그들의 주의를

오리겐(185-251)이 처음으로 '테이아 아나그노시스'(Theia Anagnosis)라는 그리스어로 표현했다. 이 단어를 라틴어로 표현하면 '렉시오 디비나'이다.

30) William Law, *The Power of the Spirit* (Fort Washington, Penn.: Christian Literature Crusade, 1971), 62.

끄는 것이 무엇인지 살핀다. 말씀을 다시 낭독한다. 말씀을 읽을 때 경청한 후 5분 정도 묵상 한 후에 특별히 와 닿은 단어나 구절 중에서 나누고 싶은 것이 있는지 묻는다. 그 내용에 대해 토론은 하지 않는다. 한 번 더 침묵 기도 시간을 가진 후에 다시 말씀을 읽는다. 이번에는 참여자들에게 이 말씀이 그들의 삶에 어떤 의미로 다가오는지 짧게 말할 기회를 준다. 마지막 네 번째 읽은 후에는 그 말씀이 어떤 실천으로 초대하시는지 나누도록 한다.

개인 렉시오 디비나

1) **준비단계**: 우선, 몸과 마음을 바르게 한다. 렉시오 디비나를 할 때 가장 기억해야 할 것은 하나님의 임재이다. 시작하기 전, 성경은 하나님이 나에게 보내신 사랑의 편지임을 상기한다. 성경 말씀을 펼치기 전 "오소서 성령님!" 하고 성령님의 도움을 청한다. 성경의 저자에게 영감을 준 성령, 그 성령 안에 계시므로 성령께서 우리의 스승이 되신다.

2) **말씀읽기**(Lectio: Reading): 손으로 성경책을 들고 읽을 곳을 편다. 눈으로는 성경말씀을 보면서 입으로는 그 말씀을 작은 소리로 천천히 읽는다. 귀로는 그 말씀을 듣는다. 여기서 읽는다는 것은 우리를 구원하는 하나님의 말씀 앞에 우리 자신을 열어 드리는 것을 의미한다. 말씀의 지식을 얻기 위해서가 아니라 말씀이 우리를 변화시키도록 우리를 말씀 앞에 드리는 것이다. 말씀을 읽다가 한 줄의 글이나 단어가 마음에 부딪혀 와 관심을 사로잡으면, 거기에 멈춰 서 그 말씀에 머문다. 그리고 그 말씀을 주의 깊게 반복해서 읽고 또 읽는다.

3) **말씀묵상**(Meditatio: Meditation): 마음에 와 닿는 그 구절에 밑줄을 그어 표시한다. 그리고 작은 소리로 천천히 반복 암송한다. 우리의 관심을 끄는 단어나 구절을 반복하는 것이다. 되새김질 한다. 주어진 말씀을 반복함으로써 말씀이 우리 내면 깊이 뿌리를 내려서 말씀과 내가 하나가 되게 한다. 그 말씀이 왜 나의 마음을 움직였는지, 그 말씀은 내게 무엇을 말하고 있

는지를 우리의 마음과 이성과 감성, 즉 우리의 전 인격을 동원하여 묵상한다. 여기서 묵상은 말씀에 대한 지적인 연구를 하는 것을 의미하는 것은 아니다.

4) **기도**(Oratio: Speech): '오라티오'(oratio)는 '말한다,' 즉 '기도한다'는 의미이다. 주어진 말씀과 그 말씀의 의미를 통해서 하나님이 오늘 나의 삶을 어떻게 인도하시는지 발견한다. 이 단계는 말씀이 나의 전 존재의 가장 깊은 곳까지 들어갈 수 있도록 나를 더욱 말씀 앞에 열어 놓는 단계이며, 주신 말씀에 대하여 나의 생각, 뜻, 결심, 느낌을 동원해서 하나님께 응답하는 단계이다. "성경을 통해서 하나님이 우리에게 말씀하시고 우리는 기도를 통해서 하나님께 말합니다."

5) **관상**(Contemplatio: Contemplation): 관상은 말씀을 통해서 우리를 찾아오신 하나님의 현존 앞에 머무르는 단계이다. 성령이 나와 하나님의 관계를 더욱 깊게 해 주시고, 인도하고 변화시킬 수 있도록 하나님의 품 안에 깊은 사랑과 평화 속에 머물러 있는 상태다.

6) **마무리 단계:** 끝마칠 때에는 하나님께 대한 감사의 기도로 마무리한다. 기도의 자리에서 일어나기 전에 고요히 감사기도와 주님의 기도를 바친다. 일어나기 전에 마음에 와 닿았던 성경 단어나 구절들 중 하나를 택하여 기억하거나 쪽지를 간직한다. 일어나면서 그 구절을 가지고 일상으로 돌아간다. 선택한 성경구절은 일상에서 끊임없이 묵상한다.

그룹 렉시오 디비나

1) **준비단계:** 마음과 내적 고요함을 유지하며 성령께서 이 모든 과정을 인도해 가시도록 도움을 구한다. 내적 고요함을 위해 조용한 음악을 사용할 수도 있다.

2) **말씀읽기**(Lectio: Reading): 인도자는 정해진 성경본문을 천천히 기도하는 마음으로 소리 내어 읽는다. 인도자는 성경본문을 다 읽은 후 1분정

도 멈췄다가 다시 반복하여 소리 내어 읽는다. 같은 방법으로 한 번 더 읽는다. 회중들은 마음을 열고 자신의 마음에 와 닿는 말씀에 주목하면서 듣는다. 각각 침묵 속에서 받은 말씀을 반복하여 마음에 되새긴다. 내가 받은 말씀 중 한 단어나 한 구절을 설명하지 않고 그룹 안에서 간단히 나눈다.

3) **말씀묵상**(Meditatio: Meditation): 인도자는 성경본문을 다시 읽는다. 침묵하면서 자신만이 알아들을 수 있는 작은 소리로 받은 말씀을 계속해서 반복해서 묵상을 한다. 또 오늘 받은 말씀이 내게 무엇을 말하는지, 왜 나에게 그 말씀이 주어졌는지, 그 말씀이 왜 그리고 어떻게 나에게 중요한지를 묵상한다.

4) **기도**(Oratio: Speech): 인도자가 성경본문을 다시 읽는다. 받은 말씀에 어떻게 응답할 것인지 5분 동안 묵상하면서 침묵기도를 드린다. 묵상에 이어 기도의 단계까지 각자가 조용히 실천한 후에 서로 필요한 기도의 제목만 간단히 나눈다.

5) **관상**(Contemplatio: Contemplation): 말씀을 주신 하나님께 감사드리며, 5분 정도 하나님의 임재를 느끼며 하나님의 품안에 안긴다.

6) **마무리 단계**: 주님의 기도나 각자의 오른쪽 사람의 응답을 돕는 기도를 드림으로 마칠 수 있다. 인도자는 공동체를 대표해서 자유롭게 감사기도를 드린다. 선택된 하나의 성경 단어나 구절을 기억하거나 쪽지에 간직한다. 선택된 구절을 가지고 각자 일상으로 돌아간다. 매일의 삶에서 선택된 성경구절을 묵상하며 살아간다.

경청적 렉시오 디비나

코린 웨어(Corinne Ware)는 렉시오 디비나의 고전적인 형식을 약간 수정하여 네 가지 방식의 성경 읽기를 통한 경청적 렉시오 디비나 방법을 다음과 같이 제시하였다.[31]

---

31) Corinne Ware, *Discover Your Spiritual Type: A Guide to Individual and Congregational Growth* (Bethesda, Md.: Alban Institute, 1995)을 참조.

1) **읽기**(Lectio: Reading): 오감을 활짝 열고 말씀을 읽으며 경청한다. 이때 말씀의 의미를 찾는 것에 너무 집착하지 않는다. 상상력을 활용하여 말씀을 경청하면서 떠오르는 이미지들을 살펴본다. 상상력을 통해 그 배경 속으로 들어간다.

2) **묵상**(Meditatio: Meditation): 이번에는 말씀을 소리 내어 읽는다. 읽는 동안 성경을 눈으로 따라 읽는다. 그리고 사고력을 활용하여 그 말씀의 의미와 중요성을 성찰한다. 왜 이 말씀이 성경에 기록되었을까 생각해 본다. 이 말씀은 무슨 뜻인가? 이 말씀은 하나님 이해에 어떤 영향을 주는가?

3) **기도**(Oratio: Speech): 이번에는 말씀을 들으면서 감정에 주의를 기울여 본다. 이때 자신의 감정을 살피고, 침묵하며 마음의 기도로 그 감정을 하나님께 올려 드린다. 또한 들은 말씀 중에서 내가 특별히 하나님께 응답하고 싶은 부분이 있으면 그 내용을 기도로 아뢴다.

4) **관상**(Comtemplatio: Contemplation): 이제 마지막으로 말씀을 읽는다. 눈을 감고 마음을 고요히 한다. 깊게 호흡하고 숨을 고르며 하나님의 말씀을 받을 준비를 한다. 이번에는 직관을 사용하여 가슴으로 말씀을 듣는다. 무엇인가 깊은 인상을 주는 부분이 있으면 잠시 거기에 머물렀다가, 다시 듣는 것에 집중한다. 특별한 생각이나 인상이 떠오르지 않아도 염려하지 않는다. 단순히 말씀과 성령께 마음을 연 상태로 머무른다. 이 경험에 대해 하나님께 감사드린 후에 눈을 뜬다.[32]

성경 읽기를 포기한 사람이나 기계적이고 형식적인 성경 읽기 방식에 지친 사람이 렉시오 디비나를 통해 성경을 묵상하는 법을 배운다면 성경의 풍부한 영적 보화를 새롭게 체험 할 수 있을 것이다. 렉시오 디비나는 간단한 훈련으로 가능하며 성경 묵상을 통해서 하나님의 음성을 들으며 영적인

---

32) 다음 내용은 필자가 담당한 대학원 영성형성 수업 후에 한 학생이 제출한 보고서의 일부분이다.
"이번 2010년 Th.D. 과정 중 '기독교 영성' 과목을 통하여 주님만 바라볼 수 있는 관상의 비밀을 새롭게 체험하게 된 감동과 감격에 감사함을 금할 길이 없습니다. 배운 바 조금이나마 실천하고자 섬기고 있는 교회 주일학교 기관에서 15명의 교사들과 '렉시오 디비나'를 해나가고 있는데 너무나 놀라운 은혜가 있음을 매 주마다 체험하고 있습니다. 다시 한 번 감사를 드리며 영석인 주의 종, 관상의 능력을 경험하는 목회자가 될 수 있도록 최선을 다하겠습니다."

힘을 재충전 할 수 있는 기회를 제공한다.[33] 현대 그리스도인들은 생활의 분주함, 소음, 산만함 등으로 인하여 영적인 삶은 갈수록 메말라 가고 있다. 이런 시대 속에 처해 있는 그리스도인들에게 렉시오 디비나는 매우 유용한 영적 길잡이가 될 수 있다.

---

[33] 다음 내용은 필자가 재직하고 있는 백석대 대학원에서 매주 목요일 학교에서 학생들과 함께 시행하고 있는 방법이다. 렉시오 디비나의 고전적 형식을 응용한 것이다. (1) 찬송이나 복음 송 중에 한 장을 함께 한다. (2) 한 사람이 되도록 짧게 대표기도를 한다. (3) 인도자가 성경본문을 선택하여 온다(너무 긴 본문을 선택하기보다는 10절 이내가 좋다). 말씀을 읽기 전에 참여자들에게 말씀의 의미 분석에 집중하기보다는 말씀을 통해 하나님의 음성을 듣는 데 초점을 두도록 제안한다. (4) 한 절씩 돌아가면서 읽은 후 3분 정도 묵상을 한다. (5) 다시 한 번 돌아가면서 1절씩 읽은 다음 5분 정도 묵상을 한 후 각자의 마음에 다가오는 내용이나 도전되는 내용(단어, 구절 등)을 설명 없이 말한다. 특별히 다가오는 내용이 없는 사람은 말을 하지 않아도 된다. (6) 다시 한 번 돌아가면서 읽고 5분정도 묵상한 후에 마음에 다가오는 말씀을 삶에 적용하여 함께 나눈다. 이때 말씀을 통해 깨닫게 하신 내용이나, 말씀을 통해 회개하게 하신 내용이나, 말씀을 통해 결단하게 하신 내용 등을 자유롭게 나눈다. (7) 함께 기도한다. 기도 내용은 오늘 나에게 주신 말씀과 함께 참여자들에게 주신 말씀을 통해 깨달은 내용이나 받은 은혜를 감사함으로, 참여자들 중에 특별한 기도 제목이 있으면 말하게 하고 함께 기도한다. 기도하는 방법은 때로는 자유롭게, 때로는 통성기도, 때로는 묵상기도를 한다.

* 참고로 성도들의 가정을 방문하여 심방예배를 드릴 때 한국교회에서 주로 행하고 있는 (1) 찬송 (2) 기도 (3) 설교 등의 순서로만 하기보다는 위의 형태로 하는 것도 좋은 방법이 될 수 있다. 물론 초신 자의 가정을 심방했을 때는 전통적인 방법이 더 좋을 수 있다.

제 3 장

영성지도와 하나님 체험
Spiritual Direction and the Experience of God

하나님 체험과 기독교

레지날드 체리의 이야기다. 그는 가난한 가정에서 태어났지만 열심히 공부하여 의대를 졸업하고 20세기 중반에는 희귀했던 예방의학으로 명성과 부를 누리던 의사였다. 하루가 다르게 늘어나는 환자수로 인하여 부와 명예로 그는 점점 교만해졌다. 자기 세계에서 군림하고 넘치는 돈으로 물질적인 풍요를 누렸지만, 공허감이 그를 엄습해 오는 것을 막을 수 없었다. 그가 말할 수 없는 공허감에 사로잡혀 있을 때, 어느 날 그가 경영하는 병원의 한 간호사가 이러한 자신을 위해 기도하고 있음을 알게 된다. 그는 자기보다 더 큰 어려운 환경에 처해있었지만 그처럼 평화로운 그녀를 보고 평화롭지 못한 자신을 되돌아보게 된다. 그 후 그는 교회에 출석하며 학창시절 기독교 대학에 다니면서 지식적으로만 배웠던 하나님을 다시 찾고 알아가기 시작했다. 그는 기도 중에 하나님을 체험하고 하나님께 헌신하기로 결심하고 병원을 새롭게 정비했다. 그 후 병원은 의료 치료와 함께 기도치유를 병행하는 병원으로 거듭났다. 체리는 현대의학의 지식을 가지고 진료실에서 환자를 위해 필요한 모든 진료를 하면서 항상 환자와 함께 기도치유를 병행하는 의사가 되었다. 그는 하나님의 초자연적 치유기적이 지금도 행해진다고 믿는 의사이다.[1] 체리의 이야기는 하나님 체험과 치유에 대해 우리에게 많은 의미를 부여하고 있다.

초대교회에서 치유는 매우 큰 역할을 했다(고전 12:9). 바이제커는 치유의 은사가 '바른 교훈'(딛 1:9)으로서, 사도적 진실성을 증명하는 데 타당한 것으로 인정된다고 지적했다. 그는 교회가 치유의 은사를 거의 전적으로 무시하는 동안 '바른 교훈'을 보존 하는 데 있어 주지주의적으로 왜곡하는 죄를 범해왔다고 주장했다.[2] 이안 램지(Ian Ramsey)는 "다른 학문 분야는 그들의 논지의 질에 의해 일차적으로 평가 받을 것이다. 반면 신학은 신비를 얼마나 잘 지적하는가에 의해 일차적으로 평가받을 것이다. 신학이 주장할 수 있거나 주장할 필요가 있는 자신의 두드러진 역할은 통찰과 신비의 대변인과 수호자로서의 역할이다"라고 하였다.[3]

현대 그리스도인들에게는 '교리적 정통성'(orthodoxy)보다는 '경험적 정통성'(orthoexperience)과 '실천적 정통성'(orthopraxis)이 더 요구되고 있다고 해도 무리한 지적은 아닐 것이다. 일찍이 칼빈은 하나님을 아는 지식이 하나님 체험과 구분되지 않음을 다음과 같이 설명하고 있다. "신학과 신앙 체험을 분리하는 이원론은 있을 수 없다. 신학은 경험이 융통성 있게 이해되고 명제들로 분명하게 진술되고 그리고 언어로 구체화되도록 하는 과정이어야 한다. 명제화와 체험이 아니라 명제화된 체험이다."[4] 또한 "하나님에 대한 지식은 하나님 개념을 다루는 것이 아니라 하나님 자신과 관계하는 것이다."[5] 신학의 궁극적인 목적은 하나님에 대한 지식이 아니라 하나님과 관계하는 것이다. 신학은 하나님 경험을 목적으로 한다. 하나님을 아는 지식과 하나님 경험 간에 균형이 있어야 한다. 하나님 체험이 결여된 신

---

1) Reginald Cherry, *Healing Prayer: God's Divine Intervention in Medicine, Faith, and Prayer* (Nashville, Tennessee: Thomas Nelson Publishers, 1999), 77-89.
2) 폴 투르니에,『폴 투르니에의 치유』정동섭, 정지훈 역 (서울: CUP, 2007), 245-246.
3) Ian T. Ramsey, *Models and Mystery* (Oxford: Oxford University Press, 1964), 61.
4) 요셉 리차드,『칼빈의 영성』한국칼빈주의연구원 편역 (서울: 기독교문화사, 1986), 253.
5) 요셉 리차드,『칼빈의 영성』, 254.

학적 지식은 생명이 없는 마른 가지에 지나지 않으며, 명백한 지적인 앎과 신학적 기준이 없는 하나님 체험은 감상적 열정에 머무를 수밖에 없다.

지나친 이성주의와 물질주의에 지친 현대인들은 영적 목마름을 경험하고 있다. 수많은 정보와 고도로 발달한 기계문명 속에서도 하나님 체험이 없으면 우리의 영혼은 채울 수 없는 공허함을 느낄 수밖에 없기 때문이다. 하지만 때로는 영적인 실재와 관계를 맺기 위해 건전하지 못한 방법을 사용하기까지 한다. 이러한 현상은 기독교가 지난 몇백 년간 이성주의의 영향으로 인해 그 풍부했던 영적 자원과 전통을 제대로 활용하지 못하고 있는 것과 무관하지 않다. 따라서 하나님 체험에 성경적이고 균형 잡힌 하나님 체험에 대한 이해가 요구되고 있다.

하나님 체험의 성경적 의미

성경에 나타난 하나님 체험을 보면, 하나님께서 자신을 계시하시는 목적과 인간의 하나님 경험은 매우 다양하게 나타나지만 공통된 특징들이 있다. 그 특징들을 다음과 같이 정리할 수 있다.[6]

첫째, 하나님께서 인간에게 자신을 계시하실 때 항상 목적이 있으셨다. 창세기 17장에 보면, 아브라함이 하나님을 알 수 있도록 하나님이 자신을 아브라함에게 계시하시는 사건이 기록되어 있다. "아브람의 구십구 세 때에 여호와께서 아브람에게 나타나서 그에게 이르시되 나는 '전능한 하나님'이라"(창 17:1). 인간적으로 희망이 사라졌다고 생각하고 있을 때, 더 이상 자식을 낳을 능력이 없는 절망의 상태에 있는 아브라함에게 나타난 하나님은 "아브람아! 나는 전능한 하나님(엘 샤다이)이라"고 선언하신다. 성경에 보면 보통 '엘로힘'이라는 말로 하나님이 설명된다. '엘로힘'은 전능한 하나님이라는 뜻이다. 그런데 창세기 17장에서는 그냥 '엘로힘'이 아니

---

[6] Howard L. Rice, *Reformed Spirituality*, 49-51; Morton Kelsey, *Dreams: A Way to Listen to God* (New York: Paulist Press, 1978), 60-9; 제네트 A. 바크, 『영성지도』, 287-291.

라 '엘 샤다이'로 기록되어 있다. '엘 샤다이'는 그냥 전능하신 정도가 아니라 그 전능하신 하나님께서 우리의 삶 속에 개입하셔서 어떤 중대한 역사를 베푸시는 것을 나타낼 때 사용하는 단어이다. 성경은 하나님께서 우리의 삶 속에 직접 개입하시기를 원하시며, 그의 전능하신 능력을 믿고 따르기를 원하심을 알 수 있다.

하나님께서는 자신을 계시하신 후 사람들의 삶에 어떤 표적이 있기를 바라셨다. 성경에서 기록하고 있는 인간의 하나님 체험은 주로 인간의 이성을 뛰어넘는 경험들이었으며, 생의 목적이 바뀌거나 하는 놀라운 변화를 가져다주는 것이었다. 야곱이 얍복강 가에서 천사들과 밤새 씨름하는 기록이 나온다. 그는 하나님과 겨루고 상처를 입는다. 이때부터 그의 이름이 이스라엘로 바뀌게 되며, 이 경험은 야곱에게 내적인 변형이 필요함을 말해주었으며, 그것을 기억하도록 절름거림이 남겨지게 되었다. 모세는 또한 시내산에서 하나님을 경험하였으며 하나님과 대면한 후 그의 얼굴에서 광채가 나는 모습으로 돌아왔다. 그는 하나님의 말씀을 이스라엘 백성에게 대변하는 중요한 역할을 담당한다. 평소와는 다른 독특하고 강한 빛이나 음성을 듣는 경험은 이들의 삶의 목적과 경로를 완전히 바꾸게 했다. 모세는 불타는 떨기나무에 근처에서 하나님을 만난 후 이스라엘 백성을 애굽에서 구해내는 사명을 감당하게 된다. 사울은 다메섹 도상에서 그리스도의 음성을 듣고 그의 사역의 목적이 바뀌었으며, 베드로는 비몽사몽간에 하나님의 비전과 음성을 듣고 이방인 선교에 대한 그의 생각이 달라진다. 하나님께서는 자신을 계시하시면서 우리에게 변화를 요구하시며, 당신의 사명을 감당하기를 바라신다.

둘째, 하나님께서는 자신의 사역을 위해 사용하시고자 하시는 사람에게 자신을 나타내셨다. 사무엘상 3장은 엘리 제사장은 하나님의 말씀을 듣지 못하는 반면 어린 사무엘이 밤중에 하나님의 음성을 듣는 사건이 상세히 기록되어 있다. "엘리 제사장이 섬길 때 하나님의 말씀이 희귀하여 이상이 흔히 보이지 않았더라"(삼상 3:1)는 말씀으로 미루어 보아 하나님께서 말씀과 비전을 주시다가도 거두시기도 하심을 알 수 있다. 사울왕의 이야기에서 이 같은 사실은 더욱 명확하게 나온다. 하나님께서 더 이상 계시하시지 않자 사울왕은 비탄에 빠진다. 다른 문화권에서도 족장들은 영적 지도자의 역할을 겸했다. 그래서 그들이 더 이상 영적 세계의 일을 볼 수 없게 되면, 그들의 임무가 다했음을 인정했다. 하나님의 계시를 들을 수 없게 되었다는 것은 하나님께서 더 이상 사울왕과 함께 하시지 않음을 의미하였다. 하나님의 인도함 없이 홀로 남겨지게 된다는 것은 사울왕에게는 비극적인 일이었기 때문에 그는 비탄에 빠질 수밖에 없었다.

셋째, 하나님 경험에는 경외의 요소가 포함되어 있다. 성경에서는 하나님을 만난 사람들의 '두려움'을 동시에 기록하고 있다. 하나님께서 자신을 나타내셨을 때, 모세는 신을 벗어야 했고 야곱은 하나님의 사자와 밤새 씨름하고 절름거림의 표적을 얻었다. 사가랴는 요한이 태어날 때까지 말을 못하였고, 사울은 아나니아의 기도를 받을 때까지 보지 못하였다. 하나님의 강한 사랑은 인간이 감당하기에는 결코 편안한 것이 아니다. 언제나 내적 평안과 경외감을 자아내는 경험을 모두 포함하고 있다.

넷째, 하나님께서는 계시를 통해 사역을 선포하시며 우리에게 두려움을 느끼게도 하시지만, 고난 중에 있는 우리를 지원하시기도 한다. 스데반이 돌에 맞아 죽게 되었을 때 하늘이 열리고 그리스도가 영광 중에 있는 것을 보았다. 삶의 여정에서 매우 어둡고 힘든 순간에 우리는 종종 하나님께서 우리를 지원하시기 위해 자신을 나타내시는 것을 경험하는데, 스데반이 이러한 경험을 한 것이다.

다섯째, 하나님께서는 자신의 사역을 위해 자신의 방식대로 인간에게 자신을 나타내셨다. 하나님 경험은 사람들이 일상적으로 일부러 찾는다고 해서 얻어지는 것이 아니다. 하나님께서는 자기 백성을 뒤로하고 광야에서 양을 치는 모세에게 가시나무 불꽃가운데서, 예수 믿는 자를 핍박하러 가는 다메섹 도상에서 사울에게 하늘로부터 내려오는 강한 불빛과 음성으로 자신을 나타내셨다. 아브라함과 모세에게는 하나님의 영으로 직접 임재하셨다. 때로 하나님은 가시나무 불꽃, 구름기둥, 불기둥, 비둘기 같은 모양으로 직접 눈으로 볼 수 있도록 임재하셨다. 하나님의 영을 직접 경험한 경우도 있으나 아브라함, 롯, 마리아, 사가랴 등은 천사와 같은 하나님의 메신저의 방문을 받았다. 하나님께서는 인간과 관계를 맺으시기 원하시며, 의사소통을 하시기 위해 이와 같이 하나님의 방식으로 다양하게 자신을 나타내셨다. 우리에게 하나님 경험에 대한 불안과 격려가 동시에 있는 이유가 여기에 있다. 물론 우리가 하나님을 만날 가능성을 높여 주는 활동들이 있으나, 우리 스스로 그러한 경험들을 만들어 내려는 노력에 대해서 주의해야 한다.

이러한 특징들은 우리가 하나님 경험을 분별하는 데 도움이 되는 항목들이다. 하지만 우리의 하나님 경험에 대한 분별을 위해 영적으로 열려 있는 신실한 친구나 영적 지도자에게 확인을 구해야 할 필요가 있다. 자신의 경험을 자기 스스로 분별하는 것은 쉽지 않으며, 때로 우리의 주관적이며 제한된 지식과 지혜로 자신의 경험을 잘못 해석하기가 쉽기 때문이다.

인간관계 경험과 하나님 체험

성경의 하나님 체험에 대한 기록들은 하나님께서 자신의 사역을 위해 자신을 특별히 계시하셨던 기록들이다. 현대 그리스도인들이 말하는 하나님 체험은 때로 매우 사적인 것이며 그 체험이 우리의 환경과 상황에 따라 매우 영향을 받는다. 그럼에도 불구하고 성경의 기록처럼 하나님을 직접 체험했다고 하는 사람들이나 학자들이 공통적으로 말하는 것은 관계성이 그 중심에 있다는 것이다. 하나님 체험은 단순한 감정이나 지적 깨달음을 넘어서 우리 영혼의 온 영역을 통해 하나님과 관계를 맺는 것이다.

하나님께서 인간과 의사소통하기 원하심을 믿는다면 우리의 하나님 체험을 하나의 신경증적 현상이라고만 말할 수 없다. 그러면 왜 하나님 체험이 그렇게 다양하게 나타나는 것일까? 왜 개별적으로 경험하는 하나님의 이미지가 그리도 다양하게 나타날까? '하나님 체험'이라고 말하는 각종 경험이 우리의 영적 성숙에 어떻게 영향을 미칠 수 있을까? 영성지도에서 다양한 하나님 체험의 문제를 어떻게 다루어야 할까? 진정한 하나님 체험과 그렇지 않은 것을 어떻게 구별할 수 있을까?

인간관계 경험이 하나님 체험에 미치는 영향

우리가 영성을 우리 자신과 이웃 그리고 하나님과의 관계성으로 이해하는 것은 우리의 인간관계 경험과 하나님 체험이 상호 밀접한 관계가 있음을 암시한다. 특히 최근의 대상관계이론은 우리의 인간관계 경험이 하나님 경험에 매우 영향을 미치고 있음을 밝히고 있다. 이 이론에 의하면 우리는 어린 시절 부모와의 관계에서 나와 분리된 바깥 세계를 보는 대상의 '모델' 혹은 '표상'을 만든다고 한다. 어린 시절 형성된 이 모델은 부모와의 관계에서 정서적, 인지적, 행위적 경험이 모두 조합되어 만들어진 것으로 일생을 두고 개인의 정서, 인지, 행위적 활동에 영향을 준다.[7] 특히 리주토(Ana-Maria Rizzuto)와 같은 학자들은 이 관계적 대상 표상은 하나님 이미지 형성에도 그대로 영향을 준다고 여긴다.[8] 부모로부터 사랑으로 돌봄을 받은 아이는 자라면서 하나님께서 자신을 사랑으로 돌보신다는 것을 쉽게 경험한다. 반면, 부모의 사랑이 충분하지 못했거나 아이의 필요에 충족되지 못했을 경우, 아이는 자라면서 언제나 돌보시고 무조건적으로 사랑하시는 하나님을 경험하는 데 어려움을 겪는다. 이와 같이 우리의 인간관계 경험, 특히 애착관계에 있는 부모와의 관계 맺는 방식은 우리의 하나님과의 관계에 매우 중요하게 영향을 미친다.

---

7) James W. Jones, *Psychoanalysis and Religion* (New Haven and London: Yale University Press, 1991), 14.
8) Ana-Maria Rizzuto, *The Birth of the Living God: A Psychoanalytic Study* (Chicago and London: University of Chicago Press, 1979), 7.

애착 이론을 바탕으로 종교 경험을 연구한 컥파트릭(Lee A. Kirkpatrick)도 어린 시절 부모와의 애착 경험을 통해 형성된 하나님 표상은 성인이 되어서도 그들의 하나님 이미지에 영향을 미친다고 하였다.[9] 그에 의하면 안정적 애착 유형을 소유한 사람은 대부분 하나님을 사랑과 자비의 하나님으로 표현하고 언제나 우리와 함께하신다고 여기며, 불안 양가형의 사람은 대부분 하나님이 때로는 자신의 일을 돌보는 것 같다가도 어떤 때는 관심이 없는 것 같다고 불안해하고, 불안 회피형의 사람은 대부분 하나님은 나에게 관심이 없고 내가 쉽게 다가갈 수 없이 멀리 있다고 여긴다. 반면 불안 애착 유형의 사람이 하나님은 사랑이시고 보호해 주시는 분이라고 경험할 수 있다. 컥파트릭은 이를 보상적 가설로 설명하는데, 이때 사람들이 하나님 경험이 인간관계에서 얻지 못한 것을 보상하고 있기 때문이라고 했다.

물론 어린 시절 부모와의 관계에서 형성된 개인적 하나님 이미지는 청소년기와 성인기가 되면서 제도적인 종교의 공적 하나님 이미지와 서로 만나 더욱 확장되어 간다.[10] 성경과 교회 공동체를 통해서 공적 하나님 개념에 익숙해질 수 있지만, 대상관계이론가들은 어린 시절의 표상이 근본적으로 변화되는 것은 아니라고 한다.[11]

하나님 표상과 초월적 하나님과의 관계

그러면 하나님 개념과 하나님 표상은 어떤 관련이 있는가? 개념으로서의 하나님은 철학적 혹은 신학적으로 초월적 하나님의 실재에 대해 연구하여 정의된 하나님으로서 그 자체로는 개인을 감동시키지 못한다.[12] 만일

---

9) Lee A. Kirkpatrick, "An Attachment-theory Approach to the Psychology of Religion," *International Journal for the Psychology of Religion*, 2 (1):16-19.
10) James Fowler, *Stages of Faith: The Psychology of Human Development and the Quest for Meaning* (New York: Harper Collins, 1995), 23-29; Friedrich Schweitzer, *Narrative and Religion: Religious Development and Education in Childhood and Adolescence*, Translated by Shoon-jae Shong (Seoul: KTSI, 2001), 256-267.
11) Ana-Maria Rizzuto, *The Birth of the Living God*, 10, 87.
12) Michael St. Clair, *Human Relationships and the Experience of God: Object Relations and*

개인이 그것에 정서적으로 감동이 되지 않고 자기의 것으로 받아들이지 못할 경우에는 그 사람에게 그것은 아무 의미도 없는 단지 하나의 기호(sign)로 남을 수밖에 없다.[13] 때로 개인이 그것을 받아들이지 못하는 정도가 아니라 하나님과의 관계 형성에 해를 끼칠 수도 있다. 반면, 표상은 개인의 인지, 정서체계에서 이미지, 감정들 그리고 기억들로 이루어진 것으로, 개인에게 역동적으로 작용을 하며 강한 정서를 불러일으킨다.[14] 때로 매우 학식이 높고 이성적인 신학자가 개인적 위기를 맞이하는 순간 어린 시절에 만났던 하나님을 찾고 있는 것에 놀라워하는 경우가 있을 수 있다. 따라서 개인이 개념적 하나님과 표상적 하나님을 통합하기 위해서는 영적으로 깊은 묵상과 성찰이 필요하며 그것들을 자신의 것으로 재형성해 나가는 체험적 작업이 필요하다.[15] 이것이 영적 지도의 중요한 역할 중의 하나라고 볼 수 있다.

종교 심리학자들의 관심의 대상은 인간이 종교 경험을 할 때 현상학적으로 어떤 특징이 있는지, 경험하는 하나님 이미지가 어떻게 형성되며 어떤 특징을 가지고 있는지 등이다. 하지만 종교 심리학적 견해로만 하나님 체험을 접근하면 인식론적 문제가 제기될 수 있다. 하나님 체험이라고 할 때 우리는 인간의 정신 체계에서 만들어 낸 하나님 표상과 초월적 하나님과의 관계를 어떻게 말할 수 있을까?

먼저, 종교 심리학적 하나님 이해는 적어도 하나님에 대한 상징적 언어를 이해하는 데 도움이 된다. 성경의 많은 기록들, 특히 시편의 기록들을 살펴보면, 하나님의 능력과 속성들 그리고 이에 대한 시편 저자의 반응이 저자가 각종 관계에서 경험한 언어들로 이루어져 있음을 알 수 있다. 물론 많은 경우 여러 상징과 비유들로 이루어져 있다. 예를 들어, 하나님을 표현하는 바람이나 불과 같은 자연적 은유들도 성경 저자가 자연과의 관계에

Religion (Mahwah, NJ, 1994), 23.
13) Friedrich Schweitzer, *Narrative and Religion*, 233-234.
14) Michael St. Clair, *Human Relationships and the Experience of God*, 23-24.
15) Michael St. Clair, *Human Relationships and the Experience of God*, 23.

서 얻은 경험을 이용하여 하나님의 심오함, 놀라움, 위대함을 표현하고 있다. 이것은 우리가 말하는 하나님 '표상' 뒤에는 '실재'의 하나님이 있음을 부인하는 것이 아니다. 오히려 이러한 다양한 상징과 비유들의 사용은 제한된 지각과 언어로는 하나님의 실체를 온전히 표현할 수 없음을 인정하는 것이다. 따라서 종교 심리학에서 말하는 하나님 경험 혹은 표상은 인간의 유한성을 인정하고 하나님의 실체 앞에서 우리가 겸손하여지고 우리를 더욱 열 수 있는 길이 될 수 있다.

한편, 하나님 체험을 우리의 제한된 경험과 언어로 설명하는 것은 또 다른 차원의 의미를 가진다. 하나님 체험을 설명하기 위해 사용된 객체화된 혹은 대상화된 이미지들은 그 나름대로 우리를 초월적 하나님의 실체를 이해할 수 있는 '다리'를 놓아준다. 하지만 하나님 체험에 있어서 더욱 중요한 것은 관계적 경험이다. 우리가 실제로 만지거나 볼 수 있는 것은 아니지만, 하나님 체험은 이를 경험한 사람들에게는, 그것이 우리의 심리 체계에 의해 채색되어 있든지 그렇지 않든지, 과거와 현재의 어려움을 극복하게 하는 위로와 힘 그리고 희망으로 존재한다. 하나님과 새로운 관계를 맺음으로 새로운 삶을 살고자 하는 변혁이다.

반면, 심리학적 접근으로만 인간의 하나님 체험을 설명할 수 있는 것은 아니다. 심리학적 접근이 인간의 하나님 체험을 이해하는 데 중요한 정보를 주지만, 인간의 심리적 체계 너머에서 실재하는 초월적 하나님 체험을 설명하기 위해서는 심리학적 접근만으로는 충분하지 않다.[16] 위에서 살펴보았듯이 개인의 하나님 체험은 때로 우리의 심리적 체계와 상황에 의해 채색될 수 있으며 항상 왜곡될 가능성이 있다. 하나님은 스스로 존재하며, 인간 경험의 일부분이나 주관적 테두리를 넘어서는 분이시다. 우리가 경험한 하나님 이미지는 초월적 실체로서의 하나님과 동일하지 않다. 따라서 하나님 체험을 이해하기 위해서는 또한 인식론적 접근이 필요하다. 신

---

[16] Moshe Spero, *Religious Objects as Psychological Structures: A Critical Integration of Object Relations Theory, Psychotherapy, and Judaism* (Chicago and London: University of Chicago Press,1992), 85.

구약성경 전체에서 초월적 하나님은 많은 신앙의 인물들에게 비전, 꿈, 음성 혹은 환상 등을 통해 자신을 계시하였음을 볼 수 있다. 또한 치유, 방언, 예언 등 각종 은사들을 통해서도 자신을 드러내셨고 지금도 이러한 방법들을 통해 일하신다. 따라서 하나님을 체험했다고 하는 사람들의 주장을 단지 환상이나 망상이라고 취급하지 말아야 할 이유가 여기에 있다. 인식론적으로 접근할 경우, 우리는 더욱 다른 사람의 하나님 체험을 섣불리 비판할 수 없다. 오히려 우리가 열린 마음으로 초월적 하나님이 우리에게 자신을 드러내실 수 있음을 겸허히 받아들일 수 있다.[17]

하나님 체험의 유형

극적이고 현상적인 하나님 체험

하나님 체험은 개인의 경험과 환경에 영향을 받는 동시에, 개인의 제한된 사고와 이해의 틀을 넘어선다. 사람들이 하나님 체험을 말할 때 그 유형과 특징이 다양하게 나타나는 이유가 여기에 있다. 하지만 사람들이 영적 체험 혹은 하나님 체험이라 말하는 것은 보통 기본적으로 크게 두 가지로 분류된다. 하나는 자기 안에서 일어나는 합일 체험이고, 다른 하나는 비전과 같은 자기 외부에서 일어나는 것이다.

합일 체험 속에서는 자신을 규정하는 것은 멈추고 인식은 개방되어 생생하게 유지된다. 합일 체험은 황홀경이나 해리(dissociation) 혹은 융합(fusion)과도 다르다. 진정한 합일체험에서는 감각들이 넓게 개방된다. 세상은 아주 명료하게 제시되지만, 자아가 세상에서 분리되는 느낌은 없다.[18] 합일

---

17) Stanley A. Leavy, "Reality in Religion and Psychoanalysis," in *Psychoanalysis and Religion*, Edited by Joseph A. Smith and Susan A. Handelman (Baltimore and London: Johns Hopkins University Press,1990), 54.
18) Gerald G. May, *Care of Mind Care of Spirit*, 28.

체험은 그 경험이 일어나는 순간에는 그것을 인식할 수 없고 단지 회상을 통해서만 규명될 수 있다. 따라서 합일 체험은 개인이 노력은 할 수 있으나 절대로 개인의 노력으로 성취되는 것이 아니다. 선물로서 주어지는 관상적 상태로 여겨질 수 있다. 모든 자기 규정이 정지되고 인식이 넓게 열려 아무것도 제외하지 않게 되는 것이 온전한 합일 체험의 근본적 특징이다.

기본적인 하나님 경험의 다른 하나는 어떤 대상을 생생하게 보고 듣고 지각하는 경험이다. 이것은 자기규정이 유지되는 특징이 있으며, 의도적 상상, 심상, 비전 등 다양한 유형이 있다.[19] 치유, 방언, 예언과 같은 그리스도인들의 은사 체험 혹은 '성령에 의해 쓰러지는' 극적인 해리나 황홀경 등도 이 유형과 관련이 있다.[20]

모든 영적 체험이 즐거움과 위안만 주는 것은 아니다. 어둠이나 공포의 성격을 지닌 것도 있다. 중요한 것은 하나님의 놀라운 능력에 대한 두려움과 떨림을 악과 대면함으로써 경험하는 두려움과 구별하는 것이다. 보통 이런 경험은 선함, 사랑, 믿음 같은 감정과 관련이 있고, 이 감정들은 지속적으로 존재하며 경험을 통해 점점 더 깊어진다. 또한 삶의 열매들을 통해 알 수 있다. 이런 체험을 분별하기 위해서는 지도자와 피지도자에게 지혜, 지식, 인내, 기도, 주의가 적절히 필요하다.

일상 속에서의 하나님 체험

한편, 기적이고 현상적인 경험으로만 하나님 체험을 이해하는 것은 온전한 이해라고 할 수 없다. 때로는 하나님 경험이 황홀하고, 시각적이거나 청각적인 극적 현상을 동반하지 않으면서도 오기 때문이다. 예를 들면, 사울처럼 극적이고 현상적인 경험을 동반하면서 회심을 경험하는 경우도 있지만, 신앙을 부모로부터 물려받은 사람들은 생의 시기 별로 점진적으로 그리고 잔잔하게 하나님을 알아가는 깊이가 더해가기도 하기 때문이다.

---

19) Gerald G. May, *Care of Mind Care of Spirit*, 31.
20) Gerald G. May, *Care of Mind Care of Spirit*, 32.

때로 은사를 경험한 사람들이 그것을 지나치게 강조함으로써 이러한 극적 경험만이 하나님을 경험하는 것으로 오해를 불러일으킬 수 있다. 물론 결혼기념일에 외식하여 맛있는 스테이크를 먹었던 경험이 때로 필요하다. 하지만 우리가 매일 그와 같이 스테이크를 먹는다면, 그것은 우리의 건강을 해칠 수 있다. 그 황홀했던 맛을 더 이상 느낄 수 없어 매일 더 자극적인 것을 찾게 된다. 또한 씨앗을 심고서 물을 너무 많이 주거나, 너무 뒤적거리면 정상적인 성장을 방해할 수 있다. 고치를 뚫고 나오려는 누에가 안타까워 고치를 잘라 주면 누에는 죽어버리고 만다. 황홀하고 극적인 경험이 너무 많으면 우리는 그것에 너무 의지하게 되며, 일상적인 삶의 중요성을 잊을 수가 있다.

하나님 체험에 있어서 초월적인 영역에만 관심을 두는 것은 성숙한 신앙의 증거가 아니다. 하나님은 우리를 매 순간 그분의 명시적 지시에 묶어 두시지 않는다. 그래서 스탠리 존스는 이렇게 말했다. "나는 기적을 믿지만 너무 많은 기적은 좋지 않다고 본다. 기적이 너무 많으면 우리는 약해지며, 자연 법칙에 순응하기보다 기적을 의지하게 되기 때문이다. 기적은 그분께서 계시다는 것을 알게 해 줄 정도면 충분하며 너무 많을 필요가 없다. 그래야 우리의 성장을 위해 하나님이 정해 두신 질서와 자신의 주도권을 의지해야 할 때 엉뚱하게 기적에 의존하지 않을 수 있다."[21] 달라스 윌라드는 영적으로 성숙한 사람들은 극적인 일이 일어날 때 가볍게 거론하지 않으며, 영적으로 덜 성숙한 사람들이 오히려 극적인 일에 몰두한다고 단호히 말했다.[22]

사실 우리는 일상적인 삶 속에서도 성스러움을 경험할 때가 많다. 우리가 극적인 황홀한 경험만을 바라고 달려가고 있는 동안은 우리에게 속삭이고 계시는 하나님의 미세한 음성을 놓칠 수 있다. 치유의 현상적인 면에 집중하다 보면, 치유하시는 중에 임재하시는 하나님의 사랑을 간과할 수 있다. 때로 우리는 아주 일반적인 사건 속에서 아주 놀라운 하나님의 임재를

---

21) E. Stanley Jones, *A Song of Ascents* (Nashville: Abingdon, 1979), 191.
22) 달라스 윌라드, 『하나님의 음성』 윤종석 역 (서울: IVP, 2002), 165.

경험할 때가 있다. 어떤 사람들은 그것을 우연의 일치라고 부르기도 하지만, 어떤 사람들은 직관적 경험으로 이해한다. 직관은 하나님께서 우리가 영적 세계를 이해하도록 부여하신 능력 중의 하나이다. 때로 경이로운 자연환경을 볼 때, 위대한 음악을 들으면서, 성경과 경건서적을 읽고 묵상하면서 하나님의 신비와 임재를 경험한다. 생명의 위협을 느끼는 전장에서, 암을 극복하면서, 출산의 경험과 새로운 생명의 탄생을 지켜보면서, 서로 사랑하고 돌보는 가족과 신앙 공동체의 아름다운 교제 속에서 우리는 하나님의 사랑과 돌보심을 경험한다. 하나님께 우리를 열어 놓고 수용적인 자세로 하나님의 임재를 받아들이면 우리는 일반적인 사건들 속에서도 하나님의 임재를 경험할 수 있다.

진정한 하나님 경험의 핵심은 그것이 어떤 형태를 지니든 하나님의 사랑 안으로 인도되며 영적 통찰이 주어지는 것이다.[23] 그 사랑의 실체는 우리가 인간관계에서 경험하는 사랑의 경험을 초월하며, 우리가 예상할 수 없는 놀라운 방식들로 표현된다. 반면, 하나님의 사랑에 대한 우리의 반응이 때때로 왜곡된 하나님 이미지에 아직도 머물러 있어 사랑이신 하나님의 속성을 온전히 믿지 못하는 경우가 있다. 때때로 하나님의 사랑을 강하고 깊게 경험하기는 하나, 그 경험이 오래 머물러 있지 않는 경우가 있다. 아마도 자아에 대한 통제권을 하나님께 모두 양도하지 못하고 우리가 가지고 있기 때문일 수 있다. 우리는 하나님의 사랑을 원하면서도 그만큼 또한 두려워한다. 우리는 무의식적으로 우리 자아에 대한 통제권을 놓지 않으려고 한다. 그럼에도 불구하고 하나님께서는 꾸준히 우리에게 사랑의 빛을 비추시며, 우리의 전심으로 그의 사랑의 빛에 거하시기를 원하신다는 것을 알 필요가 있다.

---

23) 제네트 A. 바크, 『영성지도』, 301.

하나님 체험과 영성지도

하나님 체험을 분별하는 민감성

우리의 하나님 체험을 영성지도에서 다루는 일은 매우 민감한 주의가 요구된다. 영성지도에서 다양한 영적 체험의 본성과 의미 그리고 그 체험들에 대한 적절한 반응이나 응답을 분별할 수 있도록 돕는 것이 영적 지도자의 역할이다. 우선 개인의 체험이 하나님에 관한 체험인지 혹은 하나님이 주시는 체험인지를 분별하는 것이 필요하다.[24] 개인이 가지는 하나님 표상, 즉 그가 하나님에 대해 가지는 구체적인 생각, 태도, 감정에 관심을 가질 뿐만 아니라, 그런 현상들이 일어나는 환경에도 관심을 가지는 것이 필요하다. 구체적으로 그 체험이 사랑과 빛이라는 환경에서 일어났는지, 공허와 어둠이라는 환경에서 일어났는지 고려해 볼 수 있다.[25] 이런 민감성은 침묵과 기도를 통해 개인적으로 얻어질 수 있으며, 영성지도 과정을 통해 분별력이 다듬어 질 수 있다.

고전적으로는 어떤 체험이 하나님으로부터 온 것인지, 악한 영으로부터 온 것인지, 아니면 우리 자신에게서 온 것인지를 구별해 왔다. 하지만 제랄드 메이는 어떤 체험이 하나님으로부터 온 것인지 자아로부터 온 것인지를 구별하는 데 몰두하는 것은 그다지 바람직하지 않다고 생각한다.[26] 그렇게 분별하는 과정에서 자아 대 하나님을 대조시킴으로써 하나님의 형상으로 창조된 인간의 모습을 부정하게 될 수 있고, 우리 안에서 일하시는 성령님을 너무 쉽게 분리시키는 잘못을 초래할 수 있기 때문이다.[27] 오히려 어떤 체험의 '자아적' 양상들이 영적 성장과 하나님의 뜻을 이루는 것인가 그렇지 않은가 하는 것에 관심을 쏟는 것이 더 중요하다.

---

24) Gerald G. May, *Care of Mind Care of Spirit*, 28.
25) Gerald G. May, *Care of Mind Care of Spirit*, 28.
26) Gerald G. May, *Care of Mind Care of Spirit*, 34.
27) Gerald G. May, *Care of Mind Care of Spirit*, 34.

체험의 중요성은 체험 자체의 성격에 달려 있는 것이 아니라, 그 체험에 대한 반응에 달려 있다. 즉 체험의 평가는 열매와 관련되어야 한다.[28] 어떤 체험이 정말 하나님으로부터 직접 오는 것이라면 그 진리는 우리의 삶 속에서 자연스럽게 명백해질 것이다. 체험을 분별하는 데 있어서 건전한 상식 또한 중요하다. 특정한 체험이 과도한 자기관심 혹은 몰입을 일으키는 것은 의심해 보아야 한다. 특별한 개인적 능력에 대한 확신, 자긍심 등을 촉진하는 것은 상식적으로 긍정과 확인을 받고자 하는 필요를 반영하고 있음으로 긍정적으로 볼 수 있다.

하나님 음성을 듣는 분별력

하나님의 음성을 듣는 방법은 매우 다양하다. 따라서 어떤 정형화 된 것만이 옳다고 할 수 없다. 그러나 하나님의 음성을 듣고자 할 때 우리는 분별력이 필요하다. 캄캄한 바다를 항해 하는 배에게 등대가 강한 빛으로 갈 길을 비추듯이 하나님께서 원하시는 것이 무엇인지를 분별하려고 할 때 등대와 같이 비추어 줄 기준이 필요하다. 달라스 윌라드는 이를 위해 세 가지 기준점 또는 '세 가지 빛'이라고 불리는 환경, 성령의 감화, 성경 말씀을 들었다.[29] 그는 이 세 가지가 동일한 방향을 가리킨다면 그것이 곧 하나님께서 원하시는 방향이라고 믿어도 좋다고 생각했다. 프레데릭 마이어는 하나님의 음성을 듣는 데 있어서 이 세 가지의 역할을 "환경이 성령의 내적 감화와 하나님의 말씀이 합치될 때, 우리의 일상생활의 환경은 우리에게 하나님의 뜻에 대한 무오한 지표와 같다"고 표현했다.[30]

세 개의 빛을 활용할 때 이 세 가지 기준은 상호의존적 관계에 있다.[31] 다른 두 가지가 지시하는 의미를 알지 못한 상태에서 나머지 한 가지가 지시

---
28) Gerald G. May, *Care of Mind Care of Spirit*, 35.
29) 달라스 윌라드, 『하나님의 음성』, 253.
30) Frederick B. Meyer, *The Secret of Guidance* (Chicago: Moody Press, 1997), 18.
31) 달라스 윌라드, 『하나님의 음성』, 254.

하는 의미를 안다는 것은 어렵거나 불가능한 일이다. 그러므로 환경의 메시지를 따로 읽고 성경의 메시지를 따로 읽고 성령의 메시지를 따로 읽을 수 있다는 것은 틀린 생각이다. 각기 별개로 돌아가는 세 개의 시계를 보면 시간을 좀 더 정확하게 알 수 있다는 식으로 세 빛 하나를 다른 두 빛에 기계적으로 맞춰 보아 하나님의 뜻을 확인한다는 것 역시 잘못된 것이다.

그리스도의 도에 대한 경험이 충분한 사람이라면 하나님이 개인에게 하시는 말씀을 들으려 할 때 환경과 성경과 성령의 내적 감화를 살피는 것이 필요하다는 것을 알 수 있다. 이 세 가지가 어떻게든 서로 교정의 역할을 한다. 하나님의 말씀을 들으며 사는 것은 우리 자신의 판단을 배제하는 것은 아니다.[32]

하나님의 음성을 듣는다고 해서 우리의 결정 과정이 불필요해지는 것은 아니다. 결정을 내리는 주체는 여전히 우리 자신, 즉 하나님의 음성의 영향 하에 있는 사람이다. 한 빛을 별도로 취하든 세 빛을 통틀어 취하든 그 빛 자체가 우리에게 하나님의 말씀을 해주는 것은 아니지만, 각 빛이나 세 빛 전체는 하나님의 직접적 말씀이 우리에게 주어지는 기회가 될 수 있고 대개 실제로 그렇다. 하나님의 말씀은 대부분 이렇게 주어진다.

그러면 하나님의 음성을 하나님의 음성으로 알아들을 수 있게 하는 요소는 무엇인가? 하나님의 음성의 특징은 우리의 의식에 감화를 일으키는 무게 내지 영향력과 관련된다.[33] 하나님의 의사소통은 안정되고 차분한 힘으로 우리의 가장 깊은 존재인 영혼에 영향을 미친다. 그 힘이 우리로 하여금 그분의 말씀에 동의하고 더 나아가 적극적으로 순종하고 싶은 마음이 들게 한다. 그 내용을 완전히 파악하기 전부터 동의나 순종의 마음이 생기는 경우가 많다. 하나님의 음성을 우리 자신의 무의식에서 나온 음성과 어떻게 구분할 수 있는가? 스탠리 존스는 "무의식의 음성은 나와 다투며 나를 설득하려 하지만 내면에 들려오는 하나님의 음성은 다투지 않으며 나를 설득하려 하지 않는다. 그저 말할 뿐이며 스스로 진짜임을 증명한다. 자체 내에

---

[32] 달라스 윌라드, 『하나님의 음성』, 257.
[33] 달라스 윌라드, 『하나님의 음성』, 260.

하나님의 음성이라는 느낌이 담겨 있는 것이다"라고 말했다.[34] 하나님께로부터 온 말씀의 내용은 성경에 분명히 나타난 하나님의 성품과 그분의 나라에 관한 진리에 부합하며 일치하게 되어 있다. 찰스 스탠리는 "하나님의 음성은 절대 우리에게 성경에 어긋나는 활동이나 관계에 가담할 것을 명하지 않는다"고 했다.[35]

따라서 어떤 생각이나 지각이나 기타 경험이 하나님께서 말씀하시는 것인지를 알려면 그것이 성경의 원리, 즉 기본 진리에 부합되는지를 살펴보아야 한다. 성경의 지엽적인 사건이 아니라 원리에 부합하는지를 살펴보아야 한다. 그리고 성경의 원리는 무엇보다도 예수님의 행동과 정신과 명시적 말씀을 통해 파악되어야 한다. "믿음이란 지식의 반대가 아니라 보는 것의 반대다. 은혜란 노력의 반대가 아니라 대가로 얻는 것의 반대다. 헌신을 유지시켜주는 것은 혼돈이 아니라 깨달음이다. 마땅히 알아야 할 것을 모르거나 혼란스러운 상태에 있는 사람은 행동과 사고와 감정이 불안정하고 취약해 질 수 밖에 없다."[36] 그러므로 성경을 근거로 우리를 향한 하나님의 의사소통 방식을 공부하고, 하나님의 뜻에 대해 주의 깊게 공부하는 것이 필요하다.

하나님 체험과 영성지도의 실제

데이비드 베너는 그의 책 『거룩한 사귐에 눈뜨다』에서 영성지도의 실제에 도움이 될 만 한 좋은 예를 많이 다루고 있다. 다음의 예는 그 중 인간관계 경험과 하나님 체험의 관계 그리고 영성지도에서 성경 묵상을 어떻게 잘 이용할 수 있는지에 대한 실제적 예를 잘 보여 주고 있다.[37]

---

34) E. Stanley Jones, *A Song of Ascents*, 190.
35) Charles Stanley, *How to Listen to God* (Nashville: Thomas Nelson, 1985), 51.
36) 달라스 윌라드, 『하나님의 음성』, 288.
37) 데이비드 베너, 『거룩한 사귐에 눈뜨다』, 147-150.

헬렌은 그리스도를 따르는 데 어려움을 겪고 있었다. 과거의 개인적 경험이 교회에 소속되는 것을 매우 불편하게 만들었을 뿐만 아니라 그녀가 다른 그리스도인들과 맺는 관계는 양가감정으로 가득했다. 하지만 그녀의 영적인 갈망은 뜨거웠고 하나님을 좀 더 깊이 만나고자 하는 소원 때문에 영성지도를 받기 시작했다. 예수 그리스도에 대한 그녀의 인식은 어린 시절 역기능적인 가정과 교회를 경험한 이후로 매우 부정적 감정으로 가득했다. 그녀는 때때로 성례전 속에서 그리스도를 깊이 만나고 있음을 느꼈지만, 성경을 읽을 때는 차가운 마음이 되어 버렸다. 그 이유는 그녀의 어린 시절에 성경이 은혜의 도구가 아니라 종종 공격하는 무기로 이용되었기 때문이었다.

그녀는 영적 지도자를 통해 마태복음 19:14를 읽었다. 그것은 예수님께서 제자들에게 어린아이들이 오는 것을 금하지 말라고 하신 말씀이었다. 영적 지도자는 그녀에게 예수님이 팔을 벌려 아이들을 부르시고 이어서 아이들이 몰려오는 장면을 떠올리며 그 장면 앞에 조용히 머물러 있으라고 했다. 그리고 그녀 자신도 예수님의 말씀대로 해보라고 제안했다. 그녀는 얼마 동안 눈을 감고 깊은 생각에 잠겨 조용히 앉아 있었다. 잠시 후 그녀가 조용히 흐느끼기 시작했다. 영적 지도자는 그녀의 경험을 방해하지 않았다. 얼마 후 그녀가 말했다. "이것이 정말 사실인가요? 정말로 예수님이 내 안의 상처 입은 작은 여자 아이가 그분께 가서 무릎 위에 올라앉기를 바라시나요? 이것이 정말 사실인가요?" 영적 지도자는 "그렇습니다. 그 이미지에 그저 머물러 있으십시오. 그리고 예수님이 당신에게 '어린아이들을 용납하시고 내게 오는 것을 금하지 말라. 천국이 이런 사람의 것이니라'고 말씀하시는 것을 들어 보십시오. 그분을 바라보시고 그에게 귀를 기울이십시오. 그분께서 당신에게 말씀하고 계십니다." 그녀는 소리 없이 울었다. 그녀는 잠시 후, 잔잔한 미소를 띠며 자신의 체험을 이렇게 표현했다. "만일 이분이 정말로 예수님이라면 나는 이분께 다가가는 데 아무런 어려움이 없을 것입니다. 내가 이전에 만났던 예수님은 이분과 같지 않았습니다. 그는 거칠고 판단하기를 좋아하고 저주를 퍼붓는, 내가 자라난 교회의 사람들과 비슷한 분이었습니다. 정말 이분이 진짜 예수님이시라고 믿어도 될까요?"

영성지도에서 영적 지도자는 성경 묵상의 중요성을 인식하고 잘 사용해야 한다. 헬렌의 이야기를 통해서 우리는 중요한 내용을 발견하게 된다. 그녀는 오랫동안 영적 여정을 걸어 왔지만 복음서의 예수님을 알지 못했기에 그 여정에서 진보하는 데 심각한 제약을 받고 있었다. 그녀의 하나님에 대한 생각들은 그리스도 안에서 일어난 하나님의 결정적인 계시의 빛 아래서 개혁될 필요가 있었다. 그녀는 예수님을 더 잘 알아야 할 필요가 있었다. 그녀가 복음서의 예수님께 주의를 기울이도록 도운 일은 그녀의 영적 여정을 인도하는 일에서 핵심적으로 중요한 역할을 하였다.

영성지도의 중심에는 하나님 경험이 자리하고 있다. 영성지도는 한 사람이 하나님을 경험하는 방식들과 깊이 관련되어 있다. 하나님은 우리가 단순히 교리와 의무들에 복종하기보다는 그의 사랑에 의탁하기를 바라신다. 영성지도는 단순히 인간의 심리나 내면을 다루는 심리학적인 기술이 아니라 하나님을 진정으로 알아가는 토대가 되는 영적인 경험과 관련된다. 영적 경험의 가장 중요한 길은 성경이다. 성경을 읽는 데는 다양한 방식이 있다. 사색적 또는 비묵상적 읽기는 약간의 성찰을 포함할 수 있지만 보통은 내용을 분석하고 이해하는 쪽으로 흐른다. 우리의 대부분은 이런 성경 읽기에 길들여져 있다. 성경 읽기의 목표는 우리의 삶을 사는 데 도움이 될 만한 무엇인가를 발견하기 위해서다. 묵상적 읽기는 말씀의 의미에는 초점을 다소 약하게 두고 그 배후에 있는 말씀이신 예수님께 좀 더 초점을 맞춘다. 즉 읽는 내용을 분석하거나 그로부터 어떤 교훈을 얻어내려고 하기보다는 말씀의 주인공인 예수님을 경험해 보는 것이다.

하나님과 깊은 개인적 만남으로 나아갈 수 있는 길로서 성경 묵상을 대신할 것은 없다. 하지만 성경의 주인공과 그 주인공에 대한 바른 이해와 경험으로 인도하지 않으면 진정한 영적 여정에 장애를 끼치게 된다. 성경의 계시는 우리의 상상이나 어린 시절의 경험이나 이전에 들은 종교적 가르침이 만들어 낸 하나님이 아닌, 천지의 주님이신 하나님을 만나게 함으로써 우리가 하나님을 향해 깨어 있도록 도와준다.

영적 지도자는 하나님 체험의 다양성을 인지하고 분별력을 가지고 있어야 한다. 그러나 영적 지도자가 가장 의지해야 할 것은 우리를 하나님과의 교제로 초대하는 성령의 계속적 임재이다. 하나님을 체험하도록 인도하시는 이는 성령님이시기 때문이다. 중요한 것은 하나님의 임재에 대한 느낌의 여부와 관계없이 하나님께서 임재하고 계심을 기억하는 것이 필요하다. 우리의 하나님 이해 안에 거하시면서 그 안에 제한되지 않으시는 하나님을 민감하게 찾아야 한다. 물론 하나님의 임재를 계속 기도로 추구하되 하나님은 우리가 통제할 수 있는 존재가 아님을 아는 것이 필요하다.

영적 지도자가 할 수 있는 또 다른 중요한 역할은 피지도자가 체험 자체에 격동적으로 사로잡힐 때 균형 감각을 유지하는 것이다. 어떤 경험이 아무리 극적이라 하더라도 그것은 삶의 여정을 화해로 이끄시기 위해 하나님께서 사용하시는 여러 방편 중의 하나임을 인식하는 것이 필요하다. 따라서 영적 지도자는 하나님 체험에 관한 영성지도 과정에서 자신의 경험을 믿는 것이 아니라 철저히 하나님을 신뢰해야 한다. 영적 지도자가 주의를 기울여야 할 진짜 초점은 하나님의 영과 피지도자의 하나님 체험이다.

영성지도에서 하나님 체험은 매우 중요하다. 하나님 체험은 우리의 신앙을 더욱 북돋우고 성숙하게 하는 역할을 한다. 하지만 신비하고 황홀한 경험 자체에만 머물러 있으면, 하나님께서 자신을 우리에게 계시한 목적, 즉 우리에게 사명을 주시고, 우리가 변화되기를 원하시는 것을 잊기 쉽다. 마태복음 17장에 나오는 예수님의 변화산 사건 이야기를 자세히 살펴보면 우리가 하나님 체험을 궁극적으로 어떻게 다루어야 할지를 알 수 있다.

예수께서는 제자 중 베드로와 요한 그리고 야고보를 데리고 변화산으로 가셔서 하나님 앞에 무릎을 꿇고 기도하셨다. 갑자기 기도하시던 예수님의 얼굴이 해같이 빛나고 옷이 눈이 부실 정도로 희어졌다. 그뿐만이 아니었다. 하늘에서 모세와 엘리야가 내려와 주님과 말씀을 나누는 것이었다. 황홀하고 신비스럽기 그지없는 광경이었다. 기도를 마치신 주님께서는 아무 일도 없었다는 듯 산을 내려가시려 했다. 그때 베드로가 그곳에 초막을 짓고 살기를 간청했다. 베드로에게 그 황홀한 영적 체험의 현장을 버리고 가난과 질병, 고통과 눈물뿐인 산 아래로 내려간다는 것은 무의미하다고 여긴 것이었다. 그러나 예수님께서는 베드로의 이와 같은 간청에 미동도 하지 않으셨다. 예수님께는 더불어 살아야 할 산 아래의 사람들이 있었기 때문이다. 그때 하나님의 음성이 다시 울려 퍼졌다. "이는 내 사랑하는 이들이요 내 기뻐하는 자니, 너희는 저의 말을 들으라."

　베드로와 예수님의 모습 속에서 우리가 배워야 할 것이 있다. 베드로는 황홀한 영적 체험을 하자 그만 그것에 넋이 빠져버렸다. 그러나 예수님께서는 그것이 본질이 아님을 분명히 아셨다. 우리 주님께서는 황홀한 영적 체험보다도, 어떤 신비한 체험보다도 더 소중히 여기셨던 것은 고난의 현장 속으로 들어가는 것이었다.

제 4 장

영성지도와 영혼의 성
Spiritual Direction and Interio Castle

영혼의 성과 기도의 여정

우리 시대의 정신은 합리적이며 실용적이며 이기적이다. 이런 시대 안에서 우리의 영혼은 사랑과 온기에 굶주려 있다. 영적으로 황량한 시대 속에서 우리의 기도도 우리 시대의 정신을 위한 도구로 전락할 위험성이 있다. 기도에 대한 관심을 우리 시대의 문화적인 황량함과 우리 시대의 인간의 모습과 조건에 근거해서만 설명할 수는 없다. 모든 사람의 내면 깊숙한 곳에는 영원을 사모하는 마음(전 3:11)과 영혼에 대한 갈망(시 42:1-2)이 자리 잡고 있다. 인간은 하나님에 의해 이런 영적 존재로 지음 받았다. 그러나 우리 사회는 도덕적으로 영적으로 난쟁이들이지만 기술적으로는 거인인 사람들로 가득 차 있다. 우리 시대는 엄청난 과학문명의 진보 속에서도 영혼은 갈수록 피폐해져 가고 있다. 이러한 사회는 문명이란 이름으로 수많은 현대적 우상을 우리에게 강요하고 있다. 휴스턴은 "하나님을 향한 좌절된 갈망은 다른 사물이나 사람들에 대한 갈망과 숭배로 변한다. 방향이 잘못된 사랑은 선물을 주는 사람 대신 선물을 붙들게 된다. 그 결과 우리는 현대적인 형태의 온갖 우상, 물질주의, 자아 성취, 명예욕 등에 빠진다. 그러나 기도는 우리의 애정의 방향을 다시 붙잡아 준다. 기도는 사물에 대한 사랑으로부터 하나님에 대한 사랑으로 우리를 되돌려 주는 것이다"라고 하였다.[1]

이런 시대적 상황 속에서 기독교적 정체성을 바로 세우고 영적 가치를 회복하고자 하는 운동이 바로 영성지도이다.[2] 영성지도의 목적은 하나님께서 인간을 창조하신 목적에 부응하도록 하나님의 형상을 따라 지음 받은 인간의 정체성을 회복하는 것이다. 따라서 영성지도는 인간의 당면한 문제에 초점을 맞추기보다는 하나님과의 관계회복에 초점을 맞춘다. 즉, 영성지도에서 지도자들은 그들의 피지도자들에게 어떤 형태의 지시나 지혜를 제공하는 데 목적이 있기보다는 피지도자들의 삶 가운데서 역사하시는 성령의 역사에 귀를 기울이도록 하는 데 있다. 영성지도는 피지도자가 하나님과의 관계 안에서 성장하도록 돕는 것이다. 하나님과의 관계 안에서 성장의 핵심 요소는 기도이다. 기도에 대한 연구와 이해는 영성지도에서 핵심 요소이다. 때문에 기도는 영성지도를 위한 매우 중요하고 필요한 방법이다. 기도를 통하여 인간은 자신을 통찰하고 하나님의 형상을 회복해 나갈 수 있다.

종교 심리학자 울라노브(Ulnanov)는 기도를 제일의 언어(primary speech)로 지칭했다.[3] 인간은 기도 속에서 자기의 실존적 본능과 감정과 이미지들의 언어를 가장 잘 드러내기 때문이다. 기도가 인간의 욕구로부터 출발한다는 지적은 정당하다. 칼빈은 "하늘 아버지께서는 어린이들이 어려운 근심 걱정이 있을 때마다 부모의 보호 아래로 달려가 피난처를 얻는 것같이, 우리도 어려운 일이 있을 때마다 그를 찾으라고 경고하신다"고 하였다.[4] 칼빈도 기도가 우리의 기본적인 필요에서 시작한다는 것을 부인하지

---

1) James Houston, *The Transforming Power of Prayer*, 270.
2) Eugene H. Peterson, *Subversive Spirituality*, 197을 참조.
3) Ann & Barry Ulanov, *Primary Speech: A Psychology of Prayer* (Atlanta: John Knox Press, 1982), 1-2.
4) John Calvin, *Institutes of the Christian Religion*, Translated by Ford Lewis Battles (Grand Rapids: Eerdmans, 1995), II, xx, 34.

않았다. 그럼에도 불구하고 칼빈은 기도를 단순히 인간의 본능적인 욕구 충족의 도구로만 사용하려는 유혹을 경계해야 한다고 했다.[5] 칼빈의 생각처럼 성경도 기도가 인간의 자연적 욕구와 필요에 의하여 발생한다는 것을 무시하지 않는다. 성경에서도 기도가 인간의 욕구와 관련되어 나타나고 있지만 궁극적인 본질은 하나님과의 관계임을 분명히 한다. 멀홀랜드(Mulholland)는 기도의 본질에 대해서 다음과 같이 설명한다.

> 우리의 기도는, 우리 안에서 그리고 우리를 통한 하나님의 목적을 위해 우리 자신을 포기하고 하나님께 맡기기보다는 우리 목적을 보증하기 위해 하나님의 지지를 얻으려고 한다. 하나님이 바라시는 조건대로 하나님이 우리 삶 속에 계시기를 바라기보다는 우리가 바라는 조건대로 하나님이 우리 삶 속에 계시기를 바란다. 이것이 바로 종교적 거짓 자아의 모습이다.[6]

우리는 기도를 우리가 필요하다고 믿는 결과를 내놓게 하는 것으로 생각하는 경향이 있다. 기도를 하나님과의 깊고 생명력 있는 관계 속으로 들어감 없이, 우리의 욕구를 위한 도구로 삼기 쉽다. 기도는 기능적이 아니라 관계적이다. 기도의 본질적 특성은 하나님과의 관계의 체험이지 하나님을 통해서 어떤 것을 얻기 위한 수단이 아니다.

영성지도에서 기도는 하나님의 커리큘럼이다. 기도는 우리를 변화시키고 성장시키기 위한 하나님의 방편이다. 이런 분명한 확신 속에서 피지도자의 삶의 구체적인 문제와 염려를 하나님께 기도하도록 도와주는 영적 지도자는 자신이 먼저 기도의 신비와 은혜를 진지하게 경험하고 이해해야만 한다. 영적 지도자들은 경험적 수준에서 기도의 신비와 역동성을 알아야 한다. 이에 대한 깊이 있는 통찰과 지혜를 우리는 아빌라의 테레사(Teresa of Avila)의 『영혼의 성』(The Interior Castle)에서 발견할 수 있다.[7]

---

5) John Calvin, *Institutes of the Christian Religion*, II, xx, 34.
6) M. 로버트 멀홀랜드, 『예수의 길에서 나를 만나다』 서원교 역 (서울: 살림, 2009), 87.
7) 테레사에게 영혼이란 인간이 지닌 어떤 것에 관하여 말하는 것이 아니라 인간의 본질적인 국면인 영적 본성에 관한 것이다. 즉 영적 존재로서 인간을 강조할 때 쓰는 말이다.

영혼의 성과 테레사

카르멜 수도회의 전통을 지닌 아빌라의 테레사(Teresa of Avila, 1515-1562)와 십자가의 성 요한(John of the Cross, 1542-1591)은 근대 영성지도의 전통에서 가장 빛난 업적을 남겼다. 기독교 영성지도 전통에서 기도에 대한 수많은 지혜들이 있지만 그중에서도 테레사의 기도의 여정에 대한 고전 『영혼의 성』은 특별히 영성지도를 위한 깊은 통찰을 제공해 주고 있다. 테레사는 16세기 신비주의적, 영적 작가였으며 기도의 스승으로 칭함을 받았다. 그녀는 『영혼의 성』에서 기도의 여정에 대한 종합적인 가르침을 제공하고 있다.

먼저 테레사의 생애를 간단히 살펴보면, 그녀는 1515년 이른 봄 스페인의 도시 아빌라(Avila)에서 태어났다. 아빌라는 스페인의 중부 고지, 마드리드로부터 서쪽으로 50마일 정도 떨어진 곳에 고대 성벽으로 둘러싸인 곳에 위치해 있다. 그녀의 가정은 옷감상업을 하는 부유한 가정이었다. 그녀의 할아버지는 그리스도교로 개종한 유대인이었다. 그녀의 아버지는 열두 자녀를 모두 교육시키기를 원했지만 그 당시만 해도 여자들을 위한 공교육이 전혀 없었다. 그래서 그녀의 아버지는 딸들을 집에서 읽고 쓰는 것을 배우게 했다. 테레사는 영리하고 활발하며 모험심이 강했고, 열렬한 신앙심을 지니고 있었다. 테레사는 7살 때 성자들의 생애를 읽고 깊은 감명을 받은 나머지 오빠와 함께 가출하여 순교자가 되려고 한 적도 있었다. 테레사의 어머니는 그녀가 12살이었을 때 세상을 떠난다. 그로부터 오래지 않아 테레사의 관심이 종교적 열정에서 로맨스 쪽으로 옮겨가게 된다. 이 사실을 발견한 그녀의 아버지는 그녀가 16살 되던 해에 그녀를 수녀원의 부속 학교로 보낸다. 하지만 그녀의 아버지는 딸이 수녀가 되기를 원치 않았다. 그녀의 아버지는 또한 그녀가 다시금 기도와 종교적 삶을 향한 열정 쪽으로 변해가리라고는 전혀 생각하지 않았다. 하지만 테레사는 수녀가 되기를 원했다. 테레사의 아버지는 딸이 수녀가 되는 것을 완강히 반대하였다. 수녀가 되기로 결심한 테레사는 아버지와 투쟁을 벌여야 했다. 그리고 그 갈등 때문에 그녀는 병에 걸리고 말았다. 그 결과 그녀는 결국 수녀원 부속 학교를 떠날 수밖에 없었다. 회복되기까지 2년이라는 세월이 걸렸지만 종교적 삶을 향한 소명의식은 점점 더 커져 갔다. 결국 그녀가 스무 살 되던 해에 아버지에게 자신의 결심을 이야기 하고 카르멜회의 수련 수녀가 된다. 수녀가 되고 난 뒤 2년이 되지 않아, 그녀는 다시 병에 걸린다. 그녀는 한쪽 다리의 마비 중세로 인해 3년 동안이나 심한 육체적 고통을 겪는다. 그녀가 27살이 되었을 때 기도하는 중에 기적이 일어나 자신이 완전히 회복된 것 같은 기분을 체험한다. 하지만 그녀는 지나치게 신중하고 고통스러울 정도로 자신의 결점들을 의식하는 성격으로 인해 자신에 대한 혐오감을 지나치게 발전시킨 나머지 자신은 기도할 가치조차 없는 사람이라고 여기게 된다. 이런 그녀의 성격으로 인해 그녀는 2년 동안이나 기도 생활을 포기하고 살았다. 그녀는 이 기간을 그녀의 삶에서 가장 후회한다고 고백했다. 이러한 두려움과 자기회의는 20년 동안이나 그녀를 괴롭혔다. 하지만 그녀는 이러한 회의와 두려움에서 해방을 얻는다. 그녀는 자신이 어떻게 심한 회의와 투쟁에서 해방되었는지를 설명한다. 그것은 그녀 자신의 판단이나 다른 영적 지도자들의 판단을 통해서가 아니라 바로 하나님 한 분에게만 복종한 결과였다고 고백한다. 그녀는 이러한 경험을 자기의 어떤 의지나 노력보다도 심오한 것이었다고 고백한다. 그녀는 이러한 해방의 경험은 바로 하나님의 순전한 은혜였다고 확신하였다.

테레사는 1560년 톨레로에서 프란체스코 수도회 수사였던 알칸타라의 페테르를 만나게 된다. 페테르는 신실한 기도와 헌신의 인물로서 그의 수도생활은 널리 존경받고 있었다. 페테르와 테레사는 서로를 위해 기도하며 비전을 공유하던 중 페테르는 테레사로 하여금 카르멜회의 개혁을 시작하라고 격려한다. 좀 더 단순하고 좀 더 금욕적인 생활양식으로 복귀해야 한다고 주장하던 페테르는 프란체스코 수도회의 직제 안에서 자기 나름의 개혁을 이미 시작했던 사람이었다. 당시 카르멜 수녀회의 규칙은 고독이나 내면적 기도를 엄격히 강조하지 않았다. 테레사가 몸담고 있던 아빌라의 성육신 수녀원 역시 묵상기도 같은 내면적 영적 수련은 거의 사라져 버렸다. 테레사는 1562년 개혁을 위하여 아빌라의 성 요셉 수도원을 설립한다. 그러나 그로부터 채 두 달도 되지 않아 페테르는 죽고 만다. 테레사는 작은 새 수녀원의 원장이 된다. 그녀는 그곳에서 두 권의 책을 저술한다. 『완덕의 길』(The Way of Perfection)과 『아가서의 명상록』(Meditations on the Song of Songs)이다.

테레사의 영성생활은 기도훈련과 하나님의 은총의 체험인 신비적인 측면이 잘 어우러져 있다. 테레사는 영성지도에서 자아인식의 중요성을 강조하였다. 영성생활을 통하여 주님은 각 사람에게 여러 종류의 은총을 허락하시는데, 이 은총들은 자아의 지식과 관련이 있다고 생각했다. 즉 영성생활을 위한 진보의 길은 다름 아닌 우리 자신을 아는 것이다. 그 앎이란 우리 자신의 빈곤함과 비참함을 성찰하며 우리가 가진 것이라고는 하나님께 받은 것 외에는 아무것도 없다는 것을 깨닫는 것이다. 하지만 우리에게 더 중요한 것은 우리 자신의 비참함에 몰두하도록 하는 것이 아니라 우리 자신의 상태를 알고 하나님께 나아가는 것이다. 테레사는 자아를 위한 수련에서 가장 중요한 것은 기도생활이라고 강조했다. 그녀는 그녀의 빛나는 저서 『영혼의 성』에서 기도의 삶을 통한 내적 성장상태를 단계적으로 깊이 있게 묘사할 뿐만 아니라 하나님을 향한 내면적인 경험과 인격 상태를 테레사 자신의 개인적인 경험을 통해서 비교적 객관적으로 설명해 놓았다.

테레사는 『영혼의 성』에서 영적 여정을 한 성에 있는 일곱 개의 방을 지나가는 것으로 묘사했다. 이 영적 여정의 목표는 가장 중심에 있는 방으로 들어가는 것이다. 이 영적 여정은 하나님과의 일치를 향해 성의 다양한 방들을 더욱 깊이 있게 탐험해 가면서 진행된다. 성의 가장 중심에 있는 방은 그리스도가 머무는 곳으로 우리는 거기서 그분을 직접적으로 대면하게 된다. 이러한 은유를 통해 테레사가 묘사하는 것은 기도의 여정이다. 성 내부의 방들을 통과하는 과정들은 바로 음성 기도에서 묵상기도로 그리고 관상 즉 최종적인 하나님과의 연합으로 나가는 것을 비유한다. 테레사는 『영혼의 성』에서 일곱 개의 방으로 나누어 단계적으로 설명하고 있지만, 그 단계는 단순히 직선적으로만 진행되는 것은 아니며 자유롭게 새로운 방을 들여다보기도 하고 들어갔던 방을 다시 방문하기도 하고 아래서 위로 위에서 아래로 왔다 갔다 할 수도 있다고 했다.

영혼의 성과 영적 체험

기도의 첫 번째 방에 있는 영혼들은 소유와 쾌락 그리고 사회적으로 인정받는 것에 대한 집착에 사로잡혀 있다. 이 여정에 있는 영혼들은 때때로 기도하지만 마음은 일반적으로 세속적인 집착에 빠져 있기 때문에 기도 중에도 여러 상념들로 가득 차 있다. 그들의 기도는 하나님보다는 자신에게 더 중점을 맞추는 경향이 있다. 하지만 이러한 기도의 짧은 순간들이 보다 깊은 자기 이해와 하나님과의 보다 신실한 관계를 맺고자 하는 갈망을 일깨워줌으로써 성 안으로 가는 길을 열기 시작한다. 영혼은 이 방을 떠나 새로운 방으로 들어가기 위해 옛 습성과 익숙한 세속적 관심과 태도를 고치기를 원하지만 어려움을 느낀다. 영혼 안에서 모든 죄악을 극복하고 정화하고자 하는 내면의 치열한 투쟁을 겪게 된다.[8] 이 단계에서 영혼은 허상과 죄의 특성들을 벗어나려고 하지만, 이 방 안에 있는 영혼은 허영에 들떠 있고 눈에 보이는 세상적인 것을 더 좋아하기 때문에 영혼의 세 가지 능력인 이성과 기억과 의지는 제대로 발휘를 하지 못하게 된다. 테레사는 이 방 안에 있는 영혼들은 이기적인 집착을 깨뜨려야 하기 때문에 기도에서도 영적인 맛을 구하지 말고 십자가를 끌어안으라고 권면한다. 오직 하나님만을 바라보라고 권한다. 이 방에 있는 영혼은 세상적인 것에서 벗어나지 못하고 집착되어 있기 때문에 아직 영적인 맛을 구할 때가 아니라 감각이 죽

---

8) St. Teresa of Avila, *Interior Castle*, Translated by E. Allison Peers (London: Dover, 2007), 15-19.

어야 할 여정에 있기 때문이다.[9] 이 여정에서 영혼은 세속적이고 육신적인 것을 완전히 극복하지 못하고 하나님의 부재를 경험하면서 정화의 과정을 거치게 된다. 테레사는 이런 영혼들에게 구송기도를 하면서 내면으로 들어가기를 힘쓰라고 권했다. 이러한 기도의 여정에 있는 영혼들은 고요한 분위기를 확보하고 언어를 뛰어넘는 묵상기도로 인도되어야 한다.

기도의 두 번째 방에서 영혼들은 더 많은 노력을 기울이며 기도하기 시작한다. 그러나 여전히 기도에 대한 결단력과 훈련이 부족하다. 하나님은 대개 책과 영적인 대화와 설교와 같은 외적 수단들을 통해서 그들에게 다가가신다.[10] 이 여정에서는 있는 영혼들은 여전히 영적 삶을 받아들이기에 모호한 부분이 있다. 기도에 대한 내적 저항, 게으름 그리고 기도에 집중하지 못하고 산만해지는 약점이 있음에도 불구하고 왜 기도해야 하는지 그 이유들을 알고 기도의 동기를 알기 위해서 많은 시간과 노력을 필요로 하는 단계이다.[11]

세 번째 방에서는 두 번째 방에서 노력과 고행을 통해서 옛 자아가 형성한 허상의 동굴이 깨어지며 영혼 안에 사랑의 불꽃이 침투하여 악을 정화하는 것을 경험하게 된다. 이 여정에 있는 영혼들은 기도와 자기훈련을 좋아하며, 일상적인 삶과 가족들과의 관계 등에서 균형을 잡게 된다. 이 단계에 있는 영혼들의 기도는 묵상할 때 이성과 상상력을 적극적으로 활용하는 경향이 있다. 이 단계에서 영혼들은 일반적으로 은혜와 영보다는 율법과 문자에 더 관심을 갖는 경향이 있다. 세 번째 방에 있는 영혼들은 그들 자신의 실수에 대해 지나치게 신경을 쓰는 경향이 있을 뿐만 아니라 그들이 기도하면서 어떻게 느끼는지에 대해 열중하는 경향이 있다. 그들은 또한 다른 이들에 대해 비판적인 경향이 있으며 모든 것들로부터 영향과 충격을 받는 경향이 있다.[12] 이 여정에 있는 영혼들의 모습은 외적인 종교적 가치

---

9) St. Teresa of Avila, *Interior Castle*, 31.
10) St. Teresa of Avila, *Interior Castle*, 29.
11) St. Teresa of Avila, *Interior Castle*, 29-33.
12) St. Teresa of Avila, *Interior Castle*, 41-2.

와 관심사에 방향을 맞추고 살기 때문에 자아가 대단히 지배적이다. 이 여정에 있는 영혼은 하나님의 은혜를 충분하게 맞이할 내적인 준비가 부족하기 때문에 영적인 메마름과 영적 권태기를 느끼게 된다. 그 권태기의 원인을 테레사는 겸손의 실천과 사랑의 부족에 있다고 지적한다. 테레사는 언급하기를 이 여정에 있는 영혼들은 아직 "사랑이 이성을 압도하는 단계에 미치지 못했다"고 묘사한다.[13] 또 다른 한편으로는 영혼의 메마름과 권태가 오는 것은 이 방에 있는 영혼들을 단련하기 위한 감각의 밤이다. 이 감각의 밤은 철저히 자기의 결함을 뚜렷이 봄으로써 자아인식에 이르게 하기 위함이다.[14]

영혼의 성과 감각의 밤

성의 나머지 네 방에서는 처음 세 방에서 자아 통제력이 하나님의 변형적 역사하심에 따라 이성과 상상력을 적극적으로 활용하던 기도는 감소하고 자기 존재의 핵심 깊은 곳에 존재하시는 하나님의 현존에 대한 조용한 인식에 더욱 의지하게 된다. 네 번째 방에서는 기도가 관상적인 차원으로 변화되면서 나타나는 열매인 사랑, 자유, 신뢰, 내적 기쁨, 평화가 증가되는 경험을 하게 된다.

네 번째 방에서 이성적 작용에 의지해 오던 묵상기도는 정감적이고 관상적인 기도로 넘어간다. 이성적으로 설명하기 어려운 영혼의 초월적 기쁨과 쉼이 일어나지만 불완전한 관상에 머무른다. 테레사는 불완전한 관상을 '거둠의 기도'와 '고요의 기도'로 나누어 설명한다. 거둠의 기도란 모든 영혼의 기능들을 영혼 안으로 불러들여 자기 안으로 들어가 주님과 함께하는 기도의 형태이다. 거둠의 기도에서는 감각기능들 역시 영혼 안으로 거두어 들여 내적으로 하나님을 경험한다. 물론 이 단계에서 묵상이나 인식

---

[13] St. Teresa of Avila, *Interior Castle*, 42.
[14] St. Teresa of Avila, *Interior Castle*, 43-45.

활동이 완전히 멈추어지는 것은 아니다. 묵상이나 인식활동은 계속되어야 한다.[15] 테레사는 네 번째 방에서 기도의 큰 줄기를 두 가지 물로 비유하여 설명한다. 하나는 자연적인 영혼의 능력인 지성적인 능력을 사용하는 묵상기도이고, 다른 하나는 이성의 능력을 초월한 초자연적인 관상기도다. 네 번째 방에서의 기도는 인간의 이성적 노력보다는 초자연적인 하나님의 은총으로 인한 신비적 기도가 시작되는 단계다. 하나님의 임재의식이 분명하며 영혼 안에 강력한 기쁨을 안겨다 준다. 의식의 상태는 넓어지고 충만해지며 말로 표현할 수 없는 은혜를 경험한다. 그러나 그러한 경험이 무엇인지 분명하게 인지하기 어려운 단계이다.[16] 또한 이 단계에서는 인간의 자아의 의지와 하나님의 초자연적인 능력이 이중적으로 작용한다. 초자연적인 하나님의 능력과 인간의 노력이 함께 공존하면서 하나님의 은혜를 경험하는 단계이다.[17]

다섯 번째 방에서는 일반적인 감각적 개념이나 생각으로는 이해할 수 없는 깊은 단계를 경험한다. 기억과 상상과 의지의 기능들이 점차적으로 하나님께 사로잡혀 주님과의 일치가 일어나는 기도의 단계이다.[18] 영혼은 하나님에 의해 기쁨과 풍성함을 누리게 된다. 이러한 영적 경험은 육체에까지 영향을 주어서 외적 감각이 거의 무력해져 힘을 쓰지 못하는 단계까지 이르게 된다.[19] 감각의 밤을 경험하게 된다. 이 단계에서 기도는 이성적으로나 감각적으로 이해하거나 통제할 수 없는 신비의 하나님을 경험하게 된다. 하나님의 충만한 은혜를 경험하기 때문에 인간의 감각은 빛 되신 하나님 앞에서 깜깜함을 경험하게 된다. 감각의 밤을 경험하게 된다. 모든 감각적 세계로부터 이탈한 영혼이 하나님과 합일하는 동안에는 그의 정신능력이 잠을 자게 되는 상태라고 테레사는 말했다.[20] 테레사는 이 변형의 과

---

15) St. Teresa of Avila, *Interior Castle*, 60-61.
16) St. Teresa of Avila, *Interior Castle*, 51.
17) St. Teresa of Avila, *Interior Castle*, 51-52.
18) St. Teresa of Avila, *Interior Castle*, 64-65.
19) St. Teresa of Avila, *Interior Castle*, 66-68.
20) St. Teresa of Avila, *Interior Castle*, 66-67.

정을 이전의 애벌레로서의 삶은 죽고 누에고치로 변화되는 것으로 비유했다. 영혼이 이 기도 상태에 이르면 누에고치처럼 완전히 탈바꿈을 하게 된다. 하지만 그 이후 곧바로 나방이 엄청난 시련을 경험하며 날아다니는 것처럼, 탈바꿈을 경험한 영혼은 엄청난 고독과 열망을 동시에 경험하게 된다. 왜냐하면 밖으로 나온 나방이 수많은 어려움을 감수하면서 밖에서 살아가지만 한계를 경험하듯이, 나비와 같이 탈바꿈을 경험한 영혼은 무슨 일이라도 감수하면서 하나님의 영광을 향하여 열망을 가지고 있지만 한계를 느끼기 때문이다. 캄캄한 어두움을 통과한 나방이 다시 어두움의 세계인 고치 속으로 들어갈 수는 없는 존재의 변형을 이미 경험했기 때문이다.[21] 테레사는 이러한 감각의 어두운 밤의 경험을 통하여 감각의 기능의 범위를 넘어서 사랑의 내적 눈과 함께 직접적으로 성령을 직관할 능력을 가지게 된다고 했다. 이러한 경험을 통하여 영혼은 감각적인 능력이나 다른 이성적인 능력으로는 도저히 달성할 수 없는 엄청난 내적인 변화와 평화를 경험하게 된다. 이때 우리가 가진 지성을 내려놓고 사랑의 품 안으로 순복하게 된다.[22] 지성은 기꺼이 사랑의 종이 된다. 영혼의 중심점이 자기 사랑이 아닌 하나님과 이웃 사랑으로 옮겨진다. 때문에 테레사에게 있어서 영혼이 하나님과 신비적인 합일을 이룰 때 나타나는 증거는 하나님과 이웃 사랑이다.[23]

영혼의 성과 영의 밤

테레사는 기도의 여섯 번째 방에 대한 설명을 『영혼의 성』에서 가장 많이 기록하고 있다. 그녀는 영혼이 하나님과의 온전한 일치를 이루기 전에는 옛 자아가 완전히 죽고 새로운 하나님 중심의 자아가 될 때까지 내적,

---

21) St. Teresa of Avila, *Interior Castle*, 70-75.
22) St. Teresa of Avila, *Interior Castle*, 73.
23) St. Teresa of Avila, *Interior Castle*, 75.

외적 고통이 종종 증가한다고 말한다. 테레사는 여섯 번째 방에서 겪어야 할 세 가지 종류의 시련을 말한다. 첫째는 감각의 정화를 위하여 외적 시련을 만나게 된다. 사람들로부터 공격과 동시에 다른 사람의 칭찬으로부터 비롯되는 유혹의 고통 등이다.[24] 두 번째는 실제적으로 병에 걸려 육체적 고통을 경험하기도 하는데, 이러한 육체적 고통을 주님이 당하신 고난을 경험하고 닮아가는 과정으로 이해했다.[25] 세 번째 시련은 영혼의 메마름으로부터 비롯된다. 하나님에 대한 부재, 하지만 이성적으로 어떻게 할 수 없을 만큼 무능력을 느끼며 철저히 하나님으로부터 버려짐과 같은 느낌을 경험한다.[26] 이 단계에서 하나님의 위대함과 피조물 사이의 거대한 질적인 차이를 느끼면서 하나님을 열망하는 것은 말할 수 없는 고독과 고통이 된다. 이러한 경험은 영혼에게는 밤이 된다. 영혼의 밤은 인간이 하나님과의 관계 속에서 겪게 되는 가장 고통스런 혁명이다. 하나님에 대한 전통적인 신념과 감각적인 이미지는 제거되고, 하나님과의 친밀감을 통해 하나님과 자아 사이의 경계가 해체되기 시작하는 것을 경험한다. 이러한 영혼의 밤을 통해 더 깊고 더 철저한 정화의 과정을 경험한다. 이러한 영적인 어두운 밤을 경험하면서 영혼의 기능인 지성은 하나님을 향한 믿음으로, 기억은 하나님을 바라는 소망으로, 의지는 하나님을 향한 사랑으로 변화된다. 테레사는 이 단계에서 이전에 경험했던 감각적인 친밀함과는 전혀 다른 차원의 은총을 경험하게 된다. 즉 그리스도가 자기 옆에 가까이 계시는 것을 경험하게 된다. 그것은 결코 영안으로 육안으로 무엇을 보았다기보다는 직관적인 인식이며 동시에 훨씬 맑고 선명하게 그리스도에 대해서 깨달음을 갖게 되는 현상이다.[27] 이러한 현상은 영혼에게 말로 다할 수 없는 고양된 의식과 인간의 영적인 능력이 탁월하게 강화되고 확장되어 하나님과의 일치를 이루도록 준비되는 단계이다. 테레사는 이 방에서 신비적 기도를 일

---

24) St. Teresa of Avila, *Interior Castle*, 88.
25) St. Teresa of Avila, *Interior Castle*, 89.
26) St. Teresa of Avila, *Interior Castle*, 90.
27) St. Teresa of Avila, *Interior Castle*, 110-114.

반적으로 증명하는 수많은 경험들, 즉 엑스터시, 비전, 내적 말씀, 영적 직관들 그리고 강렬한 영적 갈망들이다. 이러한 영적 현상들은 변형의 과정에서 일어나는 부산물로, 관상기도의 더 깊은 단계로 진행될 때 나타난다. 그러나 모든 사람들에게 일어나는 것은 아니다. 테레사는 만일 그 영혼이 진정한 겸손과 이웃 사랑의 모습으로 나타나지 않는다면 이러한 영적 현상들은 자기기만이나 자기과장으로 이어질 수 있음을 지적했다. 테레사의 이러한 지적은 영성지도에서 거짓된 종교적 경험들과 진실한 경험을 식별하기 위해 매우 실용적인 가치와 지침이 될 수 있다.

테레사는 영혼 변형의 과정의 정점은 성의 일곱 번째 중앙 방에서 하나님과의 깊고 지속적인 일치의 경험이다. 테레사는 이 단계를 영적인 결혼 단계로 표현한다. 그녀는 여섯 번째 방을 약혼과 같은 상태로 일곱 번째 방을 결혼과 같은 상태로 비유한다.[28] 약혼과 결혼의 합일 상태를 두 촛불과 강에 내리는 빗물을 비유하여 설명한다.[29] 영적 약혼이란 두 촛불이 순간적으로 하나의 불로 합쳐질 수 있는 상태와 같다. 이 둘을 떼어 놓는 것은 가능하다. 그러나 영적 결혼이란 강물 위에 떨어진 빗물과 같아서 둘을 떼어놓기가 쉽지 않다. 테레사는 영적 결혼인 하나님과의 일치를 "하늘에서 강이나 샘에 비가 내릴 때 그 물은 하나가 된다. 그러므로 하늘에서 내리는 비는 강물과 나뉠 수도 분리 될 수도 없다"고 설명한다.[30] 일곱 번째 방에서 하나님은 영혼의 진정한 영적 자아와 분리되지 않고 가장 깊은 주체로 현존하신다. 이러한 단계에 이른 영혼은 넘쳐흐르는 풍성한 창조성과 봉사로 세상 속에서 살아간다. 때문에 이러한 영혼은 관상과 실천을 분리할 수 없는 삶을 살게 된다. 테레사는 결론으로 경청하며 관상하는 마리아와 실천하며 행동하는 마르다가 공존하는 조화로운 영적 삶을 제시한다.[31]

---

28) St. Teresa of Avila, *Interior Castle*, 151-156.
29) St. Teresa of Avila, *Interior Castle*, 152-153.
30) St. Teresa of Avila, *Interior Castle*, 153.
31) St. Teresa of Avila, *Interior Castle*, 165-166.

영혼의 성과 영성지도

테레사는 영성지도를 위한 연구에 많은 가치를 부여한다. 그녀는 확실히 배우지 않은 고해신부들은 내 영혼에 엄청난 상처를 입혔고 진정으로 배운 이는 결코 나를 잘못 인도한 적이 없다고 했다. 테레사는 영혼의 어두운 밤을 경험하는 피지도자들을 이해하고 지도하는데 많은 실용적 지혜를 제공해 준다. 영적 여정의 변화기에 드러나는 만연한 불만족, 바른 방향 상실, 친숙한 기도의 방식의 변화 그리고 전에 경험했던 무의식적 감정과 욕구의 징후들은 영적 퇴행으로 쉽게 오해받을 수 있다. 영혼의 여정 가운데 나타나는 이러한 영혼의 어두운 밤에 대한 지혜가 없다면, 영적 지도자들은 영혼의 깊은 곳에서 일어나는 은혜로운 체험과 변화와 성장을 식별하는 데 실패할 수도 있다. 반면, 영적 지도자들의 영적 여정에 대한 더 넓고 깊은 비전은 피지도자들이 하나님과의 합일을 향하여 가는 영적 여정에서 그들과 함께 바르게 머무를 수 있도록 도와 줄 것이다. 영적 지도자들의 풍성한 비전은 또한 피지도자들이 더 풍성한 체험을 하도록 도와 줄 것이다.

제 5 장

영성지도와 영혼의 어두운 밤
Spiritual Direction and the Dark Night of the Soul

영혼의 어두운 밤과 기독교

우리는 우리의 영성생활에서 다양한 영적 주기와 단계를 경험한다. 우리의 영적 여정에서 평안과 기쁨보다는 혼란을 경험할 수 있다. 이런 여정 속에서 우리는 어두운 밤을 경험할 수 있다. 베너(Benner)는 '영혼의 어두운 밤'에 대해 다음과 같이 진술한다.

> 때로 우리는 하나님이 침묵하시는 것처럼 보이는 '영혼의 어두운 밤'을 경험하게 된다. 그러나 그때에도 우리가 하나님의 임재를 확신할 수만 있다면, 우리는 하나님의 인도를 따라 더 깊은 성장과 하나님과의 친밀함의 자리로 나아갈 수 있다. 종종 하나님의 임재가 감추어져 있는 이유는 우리가 그분을 잘못된 장소에서 찾기 때문이다. 세상 끝 날까지 우리와 함께 있기로 약속하신(마 28:20) 하나님은 때로는 우리가 인식하지 못하는 방식으로 우리와 함께하신다.[1]

성경에 등장하는 욥의 '어두운 밤'은 영혼의 등불이었던 것처럼 하나님의 침묵은 우리에게는 '어두운 밤'이지만, 영적 여정에서 '영혼의 어두운

---

1) 데이비드 베너, 『거룩한 사귐에 눈뜨다』, 137.

'밤'은 우리를 변형시키시고 더 깨끗하게 하기 위한 하나님의 '커리큘럼'이다. 빙겔이 '영혼의 어두운 밤'의 의미를 설명하면서, "빛이 숨어 있는 곳은 언제나 어둠이 가장 짙게 깔려 있는 그곳이다. 우리는 우리 삶 어느 곳에서나 대극의 역설을 발견한다"고 했다.[2] 그는 이어서 다음과 같이 진술한다.

> 신약성경에도 이에 대한 유비는 많이 있다. 왜냐하면 밤의 항해란 매우 의미심장하고 가치 있는 관념이기 때문이다. 성육신과 부활로 표상되는 예수 그리스도의 삶은 어떻게 보면 그 자체가 하나의 밤의 항해이다. 하나님 자신이 물질을 거룩하게 하시고, 그 거룩하게 하는 방법을 우리에게 가르쳐 주기 위해서 성육신하신 것 자체가 신의 입장에서 보면 이미 밤의 항해이다. 또한 예수님이 공생애를 시작하기 전에 나사렛에 은거하신 것이나, 광야에서 유혹 받으신 것, 겟세마네 동산에서의 고뇌에 찬 기도, 그의 수난, 십자가 위에서의 죽음, 무덤에 갇힘, 음부로의 하강 등 복음서와 기독교 전례에서 발견되는 이 모든 사실들과 상징은 밤의 항해를 말해 주고 있다.[3]

영적 지도자는 피지도자가 특별히 어두운 밤의 시기를 경험할 때 그의 내면의 움직임과 영적 여정을 주의 깊게 경청함으로써 도와주어야 한다. 이에 대한 깊이 있는 통찰을 우리는 십자가의 요한(John of the Cross)의 '영혼의 어두운 밤'을 통해 발견할 수 있다.

영혼의 어두운 밤과 요한

십자가의 요한은 1542년 스페인의 폰타베로스의 작은 마을에서 태어났다. 그의 아버지는 당시 옷감 상업을 하는 부유한 집안출신이었다. 하지만 요한의 아버지는 자신의 사회적 지위에 미치지 않는 가난한 직공인 여자와 결혼하자 그의 가족은 그와 의절을 하고 만다. 그리하여 요한은 가난한 가

---

2) 에르나 반 드 빙겔,『융의 심리학과 기독교영성』, 135.
3) 에르나 반 드 빙겔,『융의 심리학과 기독교영성』, 137-138.

정에서 태어났다. 게다가 요한의 아버지는 그가 태어난 지 얼마 되지 않아서 어머니와 두 동생을 남겨두고 죽는다. 남동생 하나가 영양실조로 죽고, 어머니는 메디나 델 캄포로 이사를 한다. 그곳에서 어머니는 요한을 한 교회의 고아원학교에 보낼 수 있었다. 요한은 그곳에서 학문적으로 탁월하였지만 집안 형편이 어려워 병원의 잡부로 일하며 십대를 보냈다. 요한은 그의 나이 17세 때 예수회 학교에 들어가 다시 뛰어난 재능을 발휘한다. 그가 공부하던 예수회 학교의 교육자들은 그가 자기들 집단에 합류하기를 희망했지만, 그는 좀 더 관상적인 생활양식을 소망하며 1563년 메디나 델 캄포의 카르멜회 수련 수사가 된다.

그 후 요한은 1572년 아빌라의 테레사가 최초로 세운 아빌라의 성육신 수도원에 들어가 수녀들의 고해 신부가 된다. 그곳에서 그는 많은 영성지도의 체험과 함께 여러 권의 저서를 저술하였다. 3년 후인 1575년 이탈리아 카르멜 수도회의 개혁을 반대하기 위해 초안된 어느 칙령은 요한이 그곳에 계속 머무르는 것이 불법이라는 주장을 피력한다. 그러나 교황사절은 요한에게 계속해서 성육신 수도원에 머무르라는 명령을 내린다. 요한은 자신이 온당한 권위를 지니고 있다고 여겨지는 쪽에 순종한다. 그 결과 요한은 카르멜 수도회의 범죄자가 되었다. 그 시기는 반개혁 수사들인 '순종의 수사들'이 개혁을 강력히 반대하고 나선 시기였다. 그들은 1576년 초에 요한을 체포했다가 교황 사절이 개입하자 풀어 준다. 하지만 1577년에 교황 사절이 죽자 개혁에 대한 공격은 한층 더 거세졌다. 성육신 수녀원의 55명의 수녀들은 테레사를 그곳 수녀원의 원장으로 선출했다는 이유로 제명을 당하게 된다. 이와 같은 상황 속에서 요한은 테레사의 개혁에 동참했다는 이유로 체포되어 톨레도의 수도원으로 끌려가게 된다. 그곳에서 요한은 테레사의 개혁에 동참한 사실을 부인하라는 압력에 굴복하지 않고 계속 버티다가 수도원 감옥에 감금된다. 요한이 어려운 입장에 처해 있다는 것을 알게 된 테레사는 필립왕에게 편지를 보내 왕으로 하여금 이 사건에 개입하여 요한의 생명을 몹시 걱정하고 있음을 표명해 달라고 요청하게 된다. 요한은 톨레로의 수도원에서 수많은 학대와 고통을 경험한다.

수도원 감옥에서 요한은 어느 작은 방에 홀로 감금되어 어두움 속에서 시들을 쓰기 시작한다. 처음에는 그 시들을 마음속으로 외웠다. 그러다가 나중에는 좀 더 동정심이 많은 새 간수가 필기도구를 넣어 주고 짧은 시간이었지만 밖으로 나와 몸을 펴 태양을 볼 수 있도록 해 주었다. 이런 과정 속에서 요한은 그의 첫 작품인 『영성적인 성가』(The Spiritual Canticle)를 완성한다. 요한은 칠흑 같이 어두운 어느 날 어둠을 틈타 9개월 동안의 수감생활을 끝내고 탈출을 감행한다. 그가 어떻게 감옥에서 탈출에 성공했는가에 관해서는 여러 이야기들이 있다. 어떤 이들은 기적이었다고 하고, 어떤 이들은 친구가 도와주었다고 한다. 하지만 가장 신빙성 있는 이야기는 그가 혼자서 탈출했다는 것이다. 그가 감옥의 창문을 직접 뚫고 시트로 밧줄을 만들어서 탈출했다는 것이다. 요한은 탈출 후에 맨발의 수도원으로 걸어갔다. 그곳 수녀들은 그를 비밀리에 병원으로 데려가 심각한 영양실조로 고통 받던 그를 치료받도록 도와준다. 그 후 그는 맨발의 카르멜 수도회가 좀 더 독립적으로 존재하는 남부지방으로 내려간다. 그곳에서 그는 개혁 업무를 계속 추진하며 많은 수도원과 대학들을 설립하였다.

요한은 감옥에 있는 동안 영적 체험들을 여러 편의 시로 표현해 냈는데, 특히 그의 영적 체험의 절정을 표현해 낸 시가 바로 '어두운 밤'이다. 그가 감옥에서 체험했던 것을 다른 사람에게 전하고 영적인 안내를 하기 위해서 이 시에 대한 주석서를 집필하였다. 바로 그의 유명한 저서 『카르멜 산의 등정』(Ascent of Mount Carmel)과 『영혼의 어두운 밤』(The Dark Night of the Soul)이다. 이 두 책은 영혼이 하나님과 일치로 나아가는 여정에서 경험해야 할 밤들을 단계적으로 서술해 주고 있다. 『카르멜 산의 등정』은 영혼이 하나님과의 일치의 길에 이르기 위한 '능동적인 밤'에 대해서 기술하고 있다면, 『영혼의 어두운 밤』은 '수동적인 밤'에 대해서 기술하고 있다.

영혼의 어두운 밤의 시간

요한은 영성생활에 대한 깊이 있는 통찰을 제공해 준 영적 지도자다. 그가 말하는 '영혼의 어두운 밤'은 영성생활의 깊이와 넓이와 충만함을 제공한다. 나아가 우리 시대의 그리스도인들에게 하나님 체험에 대한 깊이 있는 지혜를 제공한다. 요한에게 '어두움'이란 언어는 영성생활의 무의식적 차원이다. 우리는 보편적으로 어두움이란 단어를 인간의 삶의 여정 가운데서 겪게 되는 고난과 시련의 시간이라고 생각한다. 하지만 요한이 사용한 '어두움'이라는 스페인어 '오스쿠라'(oscura)는 현대인들이 보편적으로 인식하고 있는 개념과는 다르다. '오스쿠라'는 단순히 '컴컴함'이다. 어두움이란 밤에는 사물을 보기가 힘든 것처럼, 하나님과 인간의 가장 깊은 관계가 인간의 의식적인 깨달음으로부터 가려져 있다는 의미를 담고 있다. 또한 요한이 사용한 '어두운 밤'은 아주 역설적인 언어이다. 인간에 대한 하나님의 사랑과 은혜를 가장 역설적으로 말해주는 영적인 언어가 바로 어두운 밤이란 언어이다. 그것은 나아가 인간의 모든 상상을 초월한 영적이고 성스럽고 귀중한 의미를 담고 있다. 요한의 영혼의 어두운 밤은 궁극적인 은총으로 가득 찬 언어다.[4] 요한이 말하는 어두운 밤은 우리가 의식적이고 감각적인 차원에만 갇혀 살아가는 삶을 해방하는 과정이다. 요한은 말하기를 하나님께서 "우리를 완전하게 지켜 주시기 위하여" 우리의 의식을 어둡게 만드신다고 한다. 왜냐하면 우리는 비틀거리며 불안한 길을 가면서도 안전한 길을 가고 있다고 생각하기 때문이다. 우리의 의식은 지극히 제한되고 불안한 여정을 가면서도 안전한 여정을 하고 있다고 생각하기 때문이다. 요한은 어두운 밤은 하나님께서 우리를 돌보시는 '인도의 밤'이

---

4) 요한도 테레사와 같이 영혼이란 인간이 지닌 어떤 것에 관하여 말하는 것이 아니라 인간의 본질적 국면인 영적 본성에 관한 것이다. 즉 영적 존재로서 인간을 강조할 때 영혼이란 말을 쓰고 있다. 요한은 인간의 본질적 국면인 영적인 문제를 다룰 때 인간 대신 '영혼'이라는 용어를 사용한다. 때문에 요한이 말하는 영혼은 인간의 분리된 한 부분을 말하는 것이 아니라 인간 존재의 영적 국면을 의미한다.

요, '새벽보다 더 친절한 밤'이라고 역설했다.[5] 어두운 밤은 우리의 일반적인 생각처럼 단지 고통스런 형태로만 인간에게 다가오지 않는다. 때로는 고통스러운 경험으로도 때로는 즐거운 경험으로도 다가 올 수 있다. 어두운 밤은 고통과 즐거움을 넘어 인간에게 다가온다. 하지만 중요한 것은 때때로 우리가 고통스러운 것으로 경험하든 즐거운 것으로 경험하든 밤이 어두운 것은 우리를 보호해 주기 위해서이다. 요한에게 영혼의 어두운 밤은 보호와 사랑과 치유의 과정이다.

요한은 우리가 하나님과 일치해 가는 과정을 어두운 밤이라 불렀다. 그가 그렇게 이해한 이유는 첫째, 영혼이 영적인 여정을 할 때 세상의 모든 감각적 욕구를 끊어야 한다는 의미에서 밤이다. 이런 과정이 인간의 감성에게는 밤과 같은 것이다. 둘째는 하나님께로 나아가는 방법은 믿음 밖에 없다. 이 믿음은 이성에 비추어 볼 때 어두운 밤과 같은 것이다. 셋째는 하나님과 일치하는 그 종착점은 너무나 찬란하기에 우리 영혼에게는 캄캄한 것뿐이다. 밤은 영성생활의 정화의 과정이며 하나님과의 일치를 향한 영적인 길이다. 밝은 빛에 어두운 부분이 강하게 드러나는 것처럼, 영혼의 어두운 밤이란 "영혼의 빛이신 하나님께 가까이 가면 갈수록 그 연약함으로 인하여 캄캄한 어두움을 더 느끼며 어두움은 더 깊어지는 것과 같이, 태양에 바짝 가까이 하는 자는 제 눈의 약함으로 인하여 엄청난 빛을 감당하지 못하여 캄캄해지는 것과 같다. 한없이 무한하신 하나님의 영광스러운 빛은 인간 자연 본성의 이성을 초월하고 가까이 할수록 장님이 되고 어두워지는 것이다."[6]

---

5) St. John of the Cross, *The Dark Night of the Soul*, Translated by E. Allison Peers (New York: Dover Publications, 2003), 47-49.
6) St. John of the Cross, *The Dark Night of the Soul*, 85.

영혼의 어두운 밤과 인간

인간은 결코 자기 스스로 모든 것을 성취할 수 있는 존재가 아니다. 기독교는 이러한 인간의 실존을 향해 하나님의 은혜가 필요한 존재라고 역설한다. 하지만 이러한 인간의 실존을 향한 신앙적 진술이 내포하고 있는 것은 하나님이 우리를 마치 꼭두각시처럼 조정한다는 의미는 아니다. 은혜가 인간을 향한 하나님의 사랑의 언어라면 진정한 사랑은 조정하려 하지 않는다는 것을 알아야 한다. 하나님의 사랑은 기계적인 사랑이 아니기 때문이다. 요한의 이해에 따르면, 하나님은 긍정적으로 각각의 영혼을 존중하시며, 각 영혼에게 고유하게 필요한 수용능력을 깊이 고려하시면서 다가오신다.[7] 어두운 밤의 과정은 인간 스스로 완성시킬 수 있는 것도 아니고, 하나님 한 분이 우리 안에서 역사하시는 것도 아니다. 어두운 밤의 과정은 하나님과 인간 사이의 신비로운 동참이다.

요한은 영적 삶의 '능동적인' 차원과 '수동적인' 차원에 관하여 자주 언급한다. 그는 명상을 영적 삶의 능동적인 차원으로 관상을 영적 삶의 수동적인 차원으로 말한다.[8] 여기서 주의해야 할 것은 요한이 말한 '수동적인'과 '능동적인'이라는 용어는 오해를 불러일으키기 쉽다. 왜냐하면 우리는 보편적으로 우리가 주체적으로 행동하는 것은 능동적인 것이고 하나님이 우리 안에서 주체적으로 행동하시는 것은 수동적인 것이라고 단순하게 해석하는 경향이 있기 때문이다. 이러한 오해는 우리의 영적 삶에서 많은 혼란을 불러일으켜 왔다. 예를 들면, 영성생활에서 명상은 인간이 주체적으로 하는 것이고 관상은 하나님의 은혜로 가능하다는 식의 해석이다. 이와 비슷하게 능동적인 명상의 수련이 개인으로 하여금 하나님이 주시는 관상의 은사를 좀 더 기꺼이 받아들일 수 있도록 해준다는 가정이다. 메이(May)는 이런 오해들은 "내 안의 하나님, 하나님 안의 나"라는 헤아릴 수 없이 신

---

[7] St. John of the Cross, *The Dark Night of the Soul*, 38-40.
[8] St. John of the Cross, *Ascent of Mount Carmel*, Translated by Allison Peers (London: Burns & Oates, 1983), 56.

비롭고 친밀한 동참을 기억하지 못하기 때문에 발생하는 것이라고 역설한다.[9] 요한은 '능동적인'과 '수동적인'을 인간 경험을 설명하기 위한 하나의 방편으로 사용하였다. 이런 요한의 관점에서 보면, "영성생활의 능동적인 차원은 자기 자신의 주도, 선택 또는 노력과 같은 '느낌들'로 구성되는 반면, 수동적인 차원은 하나님에 의해 시작되고 진행되는 '것처럼 보이는 것들'이다."[10]

우리는 어떤 영적 목표를 향하여 온갖 노력을 다 해보지만 결국 그 목표에 도달하고 나서 깨닫게 되는 것은 그것은 순전한 은혜였다는 것을 알게 된다. 하나님께서 은혜와 은사를 주셨기 때문이라고 고백한다. 그럼에도 불구하고 하나님의 역사를 향한 우리의 의지로 예라고 응답하는 것은 반드시 필요하다. 요한은 신적인 은총은 하나님을 향한 영혼의 자유롭고 진실한 '응답'을 통해서만 가능하다고 했다.[11] 그는 수동적인 관상을 인간의 의지와는 전혀 관계가 없는 것처럼 생각하는 것에 대해서 다음 문장을 통해 설명한다.[12] "순전한 관상은 받는 것으로 이루어진다"(contemplacion pura consiste en recibir). 이 문장에서 '레시비어'(recibir, receive)는 전적으로 수동적으로 받는 것을 의미하는 것이 아니라 사람이 자기 집안으로 손님을 모셔 들이는 것과 같은 의미다. 이 용어는 두 팔을 벌려 환영하는 심정을 나타내는 말이다. 순전한 관상은 인간의 의지를 완전히 배제하는 것을 의미하는 것은 아니다. 그러므로 우리의 영적 삶에서 '능동적인'과 '수동적인'이란 용어들은 어떤 것이 자기 자신의 노력 때문에 발생하는 것처럼 느껴지느냐 아니면 은혜와 은사로 주어진 것처럼 보이느냐 하는 우리의 감각을 반영해 주는 용어이다. 우리의 영성생활의 실제과정은 우리의 감각과 신비로운 것을 훨씬 넘어선다.

---

9) Gerald G. May, *The Dark Night of The Soul*, 76.
10) Gerald G. May, *The Dark Night of The Soul*, 77.
11) St. John of the Cross, *Living Flame of Love*, Translated by E. Allison Peers (London: Burns & Oates, 1977), 65.
12) St. John of the Cross, *Living Flame of Love*, 77-79.

영혼의 능동적인 밤

요한은 영혼의 어두운 밤을 두 가지 영역으로 구분한다. 감각의 어두운 밤과 정신의 어두운 밤이다. 영혼은 감각의 어두운 밤에 감각적 만족에 대한 애착으로부터 자유를 얻는다. 감각의 밤은 감각적 우상으로부터 자유를 얻는 과정이다. 정신의 어두운 밤은 완고한 신념, 기억, 기대 등에 대한 애착으로부터 영혼을 해방시키는 과정이다. 정신의 어두운 밤은 우리의 내면적 애착으로부터 해방을 얻는 과정이다. 요한은 감각의 밤이란 대부분의 사람들에게 아주 일상적으로 일어나는 보편적인 것이지만, 정신의 밤은 좀 더 드물게 나타난다고 말한다.[13] 그는 감각의 밤을 사물들이 흐릿해 보이기 시작하는 황혼에 비유하고, 정신의 밤은 한 밤중에 비유한다. 그는 정신의 밤을 '믿음의 밤'이라고도 부른다. 요한은 더 나아가 감각적인 밤과 정신적인 밤을 능동적인 차원과 수동적인 차원으로 구분한다. 능동적인 차원은 또한 감각의 능동적인 밤과 정신의 능동적인 밤으로 나눈다. 기본적으로 능동적인 밤에 사람들은 자신의 영적 여정에 참여하고 있다는 것을 자각한다. 감각의 능동적인 밤은 보통 기도, 명상, 영적 일기 쓰기, 영적 수련과 같은 영적 실천들과 관련이 있다. 금식과 같은 금욕주의적 형태를 취할 수도 있고, 건전한 삶의 일부일 수도 있다. 정신의 능동적인 밤이 지니는 특징은 지성, 기억, 의지와 같은 내면적인 것에 적용되는 규율과 인내이다. 요한은 세 가지의 성경적 덕목인 믿음, 소망, 사랑이 정신을 해방시켜 주는 도구라고 말한다. 믿음은 지성을 공허하게 만들고, 소망은 기억을 자유롭게 하고, 사랑은 의지를 해방시켜 준다. 요한에 의하면, 이 덕목들의 실천은 단순히 신앙심을 깊게 하고, 소망을 강하게 하고, 사랑가운데 살아가는 것보다 훨씬 깊은 것이다. 물론 이런 시도도 다분히 하게 되겠지만, 그런 시도들이 오히려 우리의 애착을 강화시키는 도구가 될 수 있기 때문에, 그것들이 아무리 심오해 보일지라도 냉정한 태도를 지녀야 한다는 것

---

13) St. John of the Cross, *The Dark Night of the Soul*, 20.

이다.[14] 예를 들면, 어떤 사람이 옳은 일에만 목표를 두고 지나치게 완벽을 추구할 때, 강박감에 사로잡히는 사람이 될 수도 있다. 이런 사람은 사랑을 위한 자유보다는 자기 몰두 쪽으로 나아갈 수 있다. 그렇기 때문에 요한은 절제를 권한다. 확장하여 설명하면, 감각의 능동적인 밤과 정신의 능동적인 밤은 둘 다 인내의 훈련과 연관이 있으며, 자기 자신을 감각적, 지적, 정신적 만족이나 그 밖의 다른 만족들로 채우려는 일상적인 습관을 변화시키고자 하는 노력과도 연관이 있다. "두 가지의 능동적인 밤은 덧셈이 아니라 뺄셈이며, 복잡화가 아니라 단순화이며, 채우기가 아니라 비우기이며, 축적이 아니라 양도를 향한 움직임이다."[15] 요한은 능동적인 밤에 참여하는 최선의 방법은 자신의 십자가를 지고 그리스도를 본받는 것이라고 말한다. 이것은 예수 그리스도의 외면적 행동을 따르는 것뿐만 아니라 자기를 비우는 예수님의 내면적 태도와 의지를 따르는 것까지 포함한다.[16]

영혼의 수동적인 밤

요한은 영성생활의 능동적인 차원보다 수동적인 차원에 더 관심을 기울였다. 그것은 요한의 영성생활의 경험에서 기인한 것이다. 요한은 그의 삶의 여정에서 자기 자신의 자발적인 노력으로는 그리 많은 것을 성취해 낼 수 없다는 것을 경험했기 때문이다. 요한은 수동적인 차원, 즉 우리 자신의 의지를 초월하는 것처럼 보이는 것, 하나님이 우리 안에서 역사하시는 것에 훨씬 더 많은 관심을 기울였다. 요한은 그의 저서 『카르멜 산의 등정』(Ascent of Mount Carmel)에서 다음과 같이 고백한다. "우리 힘만으로는 결코 해낼 수가 없습니다. 우리는 하나님이 우리 안에 좀 더 심오하고 좀 더 긴급한 갈망을 심어 주시지 않으면 여행을 시작하는 일조차도 할 수 없습니

---

14) St. John of the Cross, *Ascent of Mount Carmel*, 79-108.
15) Gerald G. May, *The Dark Night of The Soul*, 83.
16) St. John of the Cross, *Ascent of Mount Carmel*, 75-79.

다. 모든 것의 어두움 속에 거할 수 있는 용기를 얻기 위해서는 좀 더 많은 은총이 필요합니다. 그래서 수동적인 밤이 다가오는 것입니다."[17]

우리는 우리의 삶의 여정에서 우리 스스로 모든 것을 성취 할 수 있는 것처럼 생각하고 행동하고 노력한다. 우리는 이러한 삶의 여정 속에서 자기중심적인 노력과 의지라는 중독에 사로잡히게 된다. 우리는 평생에 걸쳐 자기 개선의 실패를 뒤로 하고 여전히 노력한다. 물론 우리의 삶의 여정에서 노력하는 삶은 중요하고 우리의 노력이 어느 정도 성공을 거둔 때도 있지만 우리의 삶을 돌이켜보면 우리 스스로 모든 것을 성취할 수 없었다는 것을 깨닫게 된다. 우리는 본성적으로 우리 자신의 자발적인 노력을 통하여 모든 일에 만족을 누리려고 한다. 우리는 우리 자신의 노력을 완전히 포기할 정도로 지쳐버릴 때까지는 절대로 우리 자신의 의지와 노력을 포기하지 않는다. 우리의 삶은 우리 자신의 감각적인 의지에 너무도 완고하게 사로 잡혀 있기 때문이다. 우리의 의지는 때때로 목숨보다도 강하다. 하지만 우리의 이러한 실존은 고통과 아픔을 겪게 되지만 절망의 숲으로 들어가는 과정이 아니라 하나님의 은혜를 경험할 수 있는 영혼의 수동적인 밤이 된다는 것에 핵심이 있다. 즉, 우리의 거듭된 실패 그 폐허 위로 하나님의 은혜가 흐르고, 우리 의지로는 이룰 수 없는 것을 이루게 하고, 우리 힘으로는 결코 갈 수 없는 곳까지 우리를 이끌어 주는 것은 바로 수동적인 밤 동안이다. 때문에 수동적인 밤이 진행되는 동안에 우리의 감각적인 삶은 고난과 아픔이 뚜렷하게 드러날 수 있다.

감각의 수동적인 밤

감각의 수동적인 밤 동안에 하나님은 우리가 소유와 관계와 감정과 행동으로부터 만들어 낸 우상들로부터 우리 자신을 해방시킨다. 이런 해방이 우리에게 뚜렷하게 일어나는 것은 아니다. 어떤 때는 내적인 형태로, 어떤

---

17) St. John of the Cross, *Ascent of Mount Carmel*, 60-61.

때는 우리가 집착하고 있는 무엇인가가 우리에게서 떨어져 나가는 듯한 느낌을 통해서 일어나기도 한다. 감각의 수동적인 밤의 과정은 덧셈보다도 뺄셈에 속한다. 즉 감각의 수동적인 밤에는 우리의 영적 활동에도 변화를 가져온다. 위로와 평화로 가득 찼던 기도와 기쁨과 감사로 충만했던 찬양과 경배가 공허하고 메말라 보일 수 있다. 능동적인 활동들로부터 얻었던 충족감이 약화될 수도 있고, 이런 활동들을 계속 유지하기가 힘이 들 수도 있다. 감각의 수동적인 밤에 사람들은 자신이 지금 겪고 있는 변화가 자기를 좀 더 많은 자유와 사랑으로 이끌어 주고 있다는 사실을 이해하지 못하는 경우가 많다. 가장 일반적으로 보이는 반응은 자기 죄책과 불신이다. 왜냐하면 우리는 우리의 삶의 여정 속에서 우리 자신의 영적인 생활을 책임져야 한다고 생각하기 때문에, 우리가 가장 먼저 보이는 반응은 "내가 무엇인가를 잘못하고 있는 것은 아닌지?"이다. 불안과 혼란스러움과 뒤섞인 이 자기 죄책과 불신은 감각의 수동적인 밤에 흔히 발생하는 현상이기도 하다. 하지만 반드시 불안과 불신의 형태로만 나타나는 것은 아니다. 어떤 측면에서는 즐거운 형태로 나타날 수도 있다. 그러나 중요한 것은 그것이 즐거운 경험으로 나타나든 불안한 경험으로 나타나든 감각의 수동적인 밤에 나타나는 모든 경험들은 뺄셈과 연루되어 있다. 우리가 만든 감각적인 우상들이 상실되는 경험으로 인하여 어느 정도 공허감을 느끼게 되어 있다.

정신의 수동적인 밤

정신의 수동적인 밤의 차원은 하나님과의 관계에 대한 우리의 습관적인 감각과 관련된 것이다. 하나님과의 관계에서 우리의 습관적인 감각은 우리의 수많은 경험과 관련하여 형성한다. 대부분의 인간은 초기의 인간관계 안에서 하나님과의 관계에 대한 기초적인 작업이 이루어진다. 리주토(Rizzuto)에 따르면, 인간은 초기 아동기에 자기의 이미지들뿐만 아니라 하나님의 이미지들이 발달한다는 사실을 지적한다.[18] 물론 하나님 이미지는 후에 교회 공동체와 기독교 전통과의 만남을 통해 더욱 확장되고 변형될 수 있지만, 리주토의 지적이 타당하다면, 우리의 하나님 이미지는 자기 경험과 의지를 반영하게 된다. 우리의 감각 활동은 지극히 제한적이고 왜곡될 위험이 있다는 차원에서 우리가 가지고 있는 수많은 이미지들은 불완전하다. 하지만 우리는 자기의 경험에 의해 형성된 이미지들을 보편화시키는 경향이 있다. 우리의 하나님 이미지도 우리 자신의 습관적인 감각활동과 경험에 자주 종속된다. 분명히 하나님은 우리의 감각활동을 뛰어넘는다. 습관적인 하나님 감각과 이미지는 어두운 밤 동안에 변화를 경험한다. 우리는 진짜 하나님보다는 하나님에 관한 우리의 이미지와 느낌을 우상화시켜 놓고서 그것들 자체에 더 많은 의미를 부여하는 경우가 많다. 예를 들면, 어떤 사람들은 하나님에 대해서 심판의 이미지를 지니고 있다. 어떤 사람들은 하나님은 절대적으로 우리를 통제하신다고 느낀다. 이와 반대로 어떤 사람들은 하나님은 우리에게 자유를 주어 노력하는 만큼 거두게 하신다고 생각한다. 어떤 형태를 취하든지 간에 하나님의 실재에 대한 우리의 개방성을 제한하는 것임에 틀림없다.

정신의 수동적인 밤은 우리가 하나님의 존재를 좀 더 하나님의 뜻대로 받아들일 수 있도록 도와준다. 그럼에도 불구하고 이 과정은 우리의 신앙의 토대까지 뒤흔들리는 것 같은 느낌을 받을 때가 있다. 중요한 것은 하나님과 깊은 사랑에 빠진 자는 그리고 "다른 아무 피조물이라도 우리를 우리 주 예수 안에 있는 하나님의 사랑에서 끊을 수 없는 자"(롬 8:39)는 하나님의 존재에 대한 습관적인 감각을 상실하게 될 경우, 인간적인 사랑을 상실한 것보다 훨씬 더 고통스러운 느낌을 받게 된다. 사랑을 향하여 왜곡되고 제한된 습관을 버리고 새로운 개방의 길을 가는 것은 고통스러운 것이다. 삶의 여정에서 영성생활이 뿌리째 흔들리는 고통스런 느낌을 받을 때, 지금 진행되고 있는 일들은 사실은 해방의 은혜로운 과정이며, 제한된 습

---

18) Ana-Maria Rizzuto, *The Birth of the Living God*을 참조.

관을 버리고 자유와 사랑을 향한 새로운 개방의 여지를 만들어 가는 과정임이 좀처럼 믿어지지 않는다. 하지만 분명한 것은 이런 과정에서 자신이 잃은 것은 하나님이 아니라 단지 자신의 습관적인 감각의 하나님이다. "우리는 자신의 하나님에 관한 느낌에 너무 집착한 나머지, 그것들을 하나님과 동일시해 버리기 쉽다. 우리는 이 느낌이 단지 신적인 존재에 관하여 우리에게 들려주는 여러 가지 이야기들 가운데 하나라는 사실을 자주 망각해 버리는 경향이 있다. 그것들은 단지 메신저일 뿐이다. 그럼에도 불구하고, 우리는 그것을 하나님인 것처럼 받아들이고, 급기야는 우리 자신의 느낌을 숭배하게 된다. 이것은 아마도 영성생활에서 가장 보편적인 우상숭배일 것이다."[19] 정신의 수동적인 밤은 신념과 이해와 꿈과 기대에 대한 완고한 집착으로부터 그리고 습관이고 강박적인 사랑을 베풀고 올바르게 행동하려는 집착으로부터 자유롭게 해준다. 정신의 수동적인 밤에 가장 보편적인 변화는 관계의 변화이다. 즉 자신이 하나님으로부터, 다른 사람으로부터 그리고 하나님의 창조물인 자연으로부터 분리된 존재가 아니라는 믿음이다.

영혼의 어두운 밤에서 밤 시간은 단지 직선적이고 순서적인 발달과정이 아니라 실제 영성생활에서 밤 시간은 자주 겹치고, 뒤섞이고, 처음으로 되돌아가기도 한다. 다양한 차원의 밤이 언제나 우리 삶 속에 공존한다. 영혼의 어두운 밤은 우리의 영성생활을 특징짓는 지속적이고도 입체적이고도 심오한 신비스런 과정이다. 영혼의 어두운 밤은 우리의 자유를 확대시키는 과정이다. 우리는 하나님이 아닌 수많은 우상에 사로잡혀 있기 때문이다. 그러나 자유는 결코 그 자체가 목적이 아니다. 그것은 그저 어떤 것으로부터 자유인 소극적 자유가 아니다. 그것은 동시에 어떤 것을 위한 적극적 자유이기도 하다. 영성생활에서 자유란 바로 사랑을 가리키는 것이다. 요한은 영혼의 감각적인 차원과 정신적 차원 사이의 위대한 조화와 더불어 하나님께 이렇게 고백한다. "주께서 원하시는 것을 저도 원합니다. 주께서

---

19) Gerald G. May, *The Dark Night of The Soul*, 93.

원하시지 않는 것은 저도 원치 않으며, 원할 수도 없고, 그런 것은 마음에 품지도 않을 것입니다."[20] 예수 그리스도의 가르침에 비추어 볼 때, 영성생활은 두 가지의 위대한 명령, 곧 하나님을 사랑하고 이웃을 사랑하는 것이다. 버나드(St. Bernard of Clairvaux)에 따르면, 우리의 삶은 보통 우리 자신의 의지에 따라 만족감과 성취감을 추구하는 데서부터 출발한다고 한다. 그리고 이것을 가리켜 그는 "자기 자신을 위한 사랑"이라고 칭했다. 그러나 삶이 우리에게 이것은 결코 효과가 없다는 사실을 가르쳐 주면, 우리는 그제야 하나님께로 고개를 돌려 은총을 통하여 주어지는 위로를 추구하게 된다. 버나드는 이것을 가리켜 "자기 자신을 위한 하나님 사랑"이라고 했다. 그러다가 결국에 가서 우리는 우리 자신이 하나님의 위로가 아니라 위로를 주시는 하나님 그 자체를 사랑하게 되었음을 깨닫게 된다. 버나드는 이러한 사랑을 "하나님을 위한 하나님 사랑"이라고 불렀다. 버나드는 이러한 사랑의 분위기 속에서 우리가 마침내 우리 자신이 얼마나 사랑스러운 존재인가를 깨닫기 시작한다고 말한다. 그리고 이러한 사랑을 "하나님을 위한 자기 사랑"이라고 칭했다.[21]

결국 영혼의 어두운 밤은 우리의 삶에서 영혼보다 아름답고 사랑스러운 것이 없다는 것을 발견하게 하고, 하나님의 실재에 대한 우리의 신뢰감과 사랑을 위한 자유를 회복하는 과정이다. 이러한 회복은 궁극적으로 우리 안에서 관상적인 변화를 불러일으킨다. 요한은 우리 안에서 일어나는 관상적인 변화를 지성은 믿음으로 의지는 사랑으로 기억은 희망으로 변화하는 것으로 보았다. 메이는 이러한 요한의 비전을 승화시켜 다음과 같이 서술한다.

> 정말 관상적으로 변형된 상태의 믿음과 희망과 사랑은 어떤 특별한 목적을 위하여 서로 한 데 묶이지 않는다. 그것들은 아무런 목적도 없다. 관상적인 믿음은 하나님이 존재하신다는 믿음, 삶이 본질적으로 선하다는 믿음 또는 이것이

---

20) St. John of the Cross, *Living Flame of Love*, 139-140.
21) Bernard of Clairvaux, *On Loving God*, chapter 8-10, quoted in Gerald G. May, *The Dark Night of The Soul*, 99-100.

나 저것 중에 하나가 사실이라는 믿음이 결코 아니다. 그런 것들은 신념이지, 결코 믿음이 아니다. 믿음은 요한의 말처럼 특별한 목적이 전혀 없는, 완전히 열린 존재 방식이다. 관상적인 믿음은 호흡 하나 하나를 따뜻하게 데워주고 밝게 비추어 주는 선의 지속적인 불길에 좀 더 가깝다. 관상적인 사랑은 우리의 이해를 완전히 초월한다. 그것은 다른 것들을 모두 다 배제하고 어느 것 한 가지만 사랑하는 것이 결코 아니다. 그런 것은 차라리 애착이라고 봐야 한다. 진정한 사랑은 우리가 속해 있는 무한한 존재 방식과도 같다. 의지력이 솟아 나오고, 심장이 박동할 때마다 끊임없이 예라는 대답이 반복되는 그런 존재 방식이다. 그리고 관상적인 희망, 곧 변형된 희망도 철저하게 개방적이고 자유롭다. 그것은 평화나 정의나 치유에 대한 희망이 아니다. 그런 것 역시 애착에 속하는 것일 수 있다. 그것은 순전히 있는 그대로의 희망이며, 탁 트인 전망에 대한 꾸밈없는 에너지다.[22]

관상적인 믿음과 희망과 사랑은 오직 욕망뿐인 우리의 삶에 고통과 상처의 밤을 안겨준다. 하지만 우리가 관상적인 삶을 중시할 때 하나님은 우리가 고통 받고 상처 받을 때 같이 고통 받으시며 상처받으시는 상처입은 치유자가 되신다. 하나님은 우리의 고통과 상처 안에서 현존하신다. 결국 영혼의 어두운 밤은 우리를 관상의 삶으로 인도한다.

영혼의 밤의 신호와 영성지도

요한은 변화를 암시해 주는 경험들을 인지하지 못하거나 오해해 버리는 사람들에 대한 자비로 가득 차 있었다. 왜냐하면 어두운 밤의 모호함 때문이다. "어두운 밤의 가장 큰 역설은 아마도 그것이 너무나 모호하고 신비로운 것이어서 우리의 힘으로는 도저히 그것을 제대로 파악하기가 힘들다는 사실이다."[23] 요한은 어두운 밤의 모호함과 혼동을 잘 극복할 수 있도록

---

22) Gerald G. May, *The Dark Night of The Soul*, 191-192.
23) Gerald G. May, *The Dark Night of The Soul*, 133.

도와주기 위해서 진정한 어두운 밤의 경험과 그 밖의 잠재적인 원인들인 죄와 결함, 연약함, 욕망, 부족, 우울증과 신체적 질병을 서로 구별할 수 있는 세 가지 신호에 관하여 설명한다.[24]

첫째 신호 또는 증거는 기도와 삶 속에서 지속적이고 만연된 건조함과 불만족에 대한 경험이다. 이런 경험은 예전의 이성적이고 논리적인 방식의 기도는 이제 피상적이고 공허하며 혼란스럽게 느껴진다. 하나님의 영은 깊은 내적 단계에 여전히 살아계시며 역사하시지만 이 여정에 있는 사람은 하나님의 현존의 더 깊은 차원에 대해 영적으로 조율하지 못하고 어두움을 경험하게 된다. 이와 같은 경험은 그동안 습관적인 감각과 의지에 의해 우리의 지성과 감각이 너무나도 무디어져 하나님이 제공해 주시는 심오한 지혜와 신비를 알아채지 못하기 때문이다. 요한은 어두운 밤에 나타나는 이러한 무미건조함의 경험을 죄와 결함 때문에 발생하는 것 사이를 구별해 주는 증거라고 했다. 후자의 경우, 사람들은 보통 다른 것들 속에서 어느 정도의 만족감을 누릴 수 있고 어느 정도의 시간이 흐르면 다시 예전 방식으로 되돌아 갈 수 있다. 하지만 어두운 밤에는 예전 방식들이 모두 공허해 보일 뿐만 아니라, 똑같은 방식으로 다시 기도하거나 삶을 이어갈 수 없다는 것을 발견하게 된다.

둘째 신호 또는 증거는 예전의 기도 방식에 대한 욕망이 저하되는 현상이 나타난다. 한동안 과거의 익숙한 기도의 방법들에 더 많은 노력을 기울여보지만 결국은 이러한 시도들은 무모한 것임을 알고, 예전에 이성과 상상력과 의지를 중점적으로 사용하는 기도생활을 넘어서려는 노력을 하게 된다. 이러한 경험은 타락하는 것처럼 느껴질 수 있다. 왜냐하면 이러한 경험은 마치 하나님을 배반하고 자신의 영적 삶이 퇴보하고 있는 것처럼 여겨지기 때문이다. 하지만 요한에 따르면, 이와 같은 경험은 영적인 열정이 떨어져서 기인한 것이 아니라는 사실을 암시해 주는 중요한 신호이다. 이

---

24) St. John of the Cross, *The Collected Works of St. John of the Cross*, Translated by. Kieran Kavanaugh and Otilio Rodriguez (Washington D.C.: ICS Publications, 1979), 140-141, 313-316.

러한 여정은 결코 하나님을 잃어버리는 것이 아니기 때문이다. 다만 커다란 고통과 슬픔을 갖고서 하나님을 기억하고 있는 것이다. 이러한 슬픔과 고통은 그저 우울증과 같은 침울함이나 그 밖의 어떤 기분에서 기인한 것만은 아니다.

셋째 가장 확실한 신호 또는 증거는 "내적인 조용한 평안함 가운데서 하나님의 사랑스러움을 인식하며 그 안에 혼자 머무르길 원한다는 것이다."[25] 어두운 밤을 경험하는 과정에 있는 사람들은 그저 하나님과 함께하며 이성적 사고와 걱정과 노력을 내려놓고 하나님의 사랑 안에서 쉬기를 원한다. 영성생활과 관련된 어떤 규범적인 훈련이나 행동 없이도 내적인 평화와 고요함 속에서 하나님에 대한 사랑어린 인식 가운데 홀로 머무르고 싶은 열망이 일어난다. 요한은 이 세 번째 신호가 어두운 밤의 가장 확실한 신호라고 했다.

요한의 어두운 밤에 대한 증거 분석은 우리의 영성생활에 깊은 통찰을 제공해 준다. 우리의 영적 삶 가운데 예전의 기도의 방식이 우리에게 하나님의 현존감을 더 제공해 주었지만, 어느 날 갑자기 우리의 기도생활 가운데서 그와 같은 현존감이 사라져 버린 것 같은 느낌이 들 때 우리는 당황하게 된다. 그리고 다른 형태의 기도나 명상을 시도해 보아도 만족을 얻지 못하게 되면 하나님께 분노를 터뜨릴 수 있다. 더 성실하게 기도해 보아도 하나님은 아무 반응이 없다고 느낄 때 우리는 혼란에 빠지게 된다.[26] 우리는 이런 경험을 예레미야와 하나님의 관계에서 볼 수 있다. 하나님은 예레미야에서 "너희는 내게 부르짖으며 와서 내게 기도하면 내가 너희를 들을 것이요 너희가 전심으로 나를 찾으면 나를 만나리라"(렘 29:12-13). 그러나 예레미야는 "여호와여 주께서 나를 권유하심으로 내가 그 권유를 받았사오며 주께서 나보다 강하사 이기셨으므로 내가 조롱거리가 되니 사람마다 종

---

25) St. John of the Cross, *The Collected Works of St. John of the Cross*, 141.
26) 메이는 우리의 이러한 현상적 실존을 기능적 무신론(functional atheism)과 관련시켜 설명한다. 즉, 메이는 하나님을 우리의 지성과 의지로만 이해하고 우리 자신의 노력에 따른 자발적 성취만이 유일한 희망이라는 확신을 가지고 살아가는 삶을 기능적 무신론으로 규정했다. Gerald G. May, *The Dark Night of The Soul*, 130.

일토록 나를 조롱하나이다"(렘 20:7). 우리의 영적 여정 가운데서도 예레미야와 같은 경험을 종종 하게 된다. 요한은 이러한 우리의 경험에 대해 아주 중요한 내용을 전해준다. 이런 우리의 경험 속에서 사라지는 것은 하나님 자체가 아니라 단지 하나님에 관한 우리의 개념, 이미지, 감각일 뿐이다. 이러한 경험은 우리에게서 개념과 이미지와 감각으로부터 형성된 신적 우상들에 대한 애착을 제거해 주며 나아가 진정한 하나님을 인식할 수 있도록 해준다.[27] 또한 이러한 경험은 하나님께서 우리의 영혼을 버리시기 위함이 아니라 영혼이 지혜와 연합할 수 있도록 준비시키기 위한 것이다.

어두운 밤 동안에 나타나는 신호들은 우리의 재능들을 전체적으로 격려해 주고 다듬어 주는 것이다. 요한은 이것은 다가올 관상의 은사를 맞이할 준비의 과정으로 이해했다. 우리들 대다수는 마치 내성을 경험하는 중독자들처럼 더 많은 만족감을 누리기 위하여 점점 더 강력한 자극을 필요로 하고 있음을 깨닫게 된다.[28] 중요한 사실은 요한은 이러한 부절제 또는 중독을 우리의 억누르기 힘든 하나님 추구로 규정한다는 점이다. 우리는 궁극적인 만족을 찾기 위하여 쉬지 않고 노력하지만 우리 자신도 모르는 사이에 잘못된 길에 들어서게 된다. 하나님의 선하신 것들을 우상으로 섬기게 된다.[29] 어두운 밤이 우리의 우상을 무너뜨리기 시작할 때에야 자기 자신이 너무 무디어져 있고, 진정한 하나님이 아닌 우리 욕망과 애착이 만들어낸 우상을 섬기고 있다는 것을 발견하게 된다.[30]

영혼의 어두운 밤과 영성지도

요한은 영적 지도자는 지식과 분별력이 있어야 하며 관상적인 경험이 있

---

27) St. John of the Cross, *The Dark Night of the Soul*, 38-40.
28) Gerald G. May, *The Dark Night of The Soul*, 151.
29) Gerald G. May, *The Dark Night of The Soul*, 151.
30) Gerald G. May, *The Dark Night of The Soul*, 151.

어야 한다고 했다.³¹⁾ 여기서 지식이란 단순히 학문적인 지식이 아니라 내적으로 스며든 경험적인 지식을 의미한다. 요한은 경험을 가장 중요한 우선순위에 두었다. 영적 지도자는 자신의 영적 성장에 대한 헌신적인 삶의 경험이 없으면 성령의 역사에 대한 인식을 할 수 없으며 그러한 지도자는 소경과 같은 사람이다. 요한은 영적 지도자는 성경적인 관점에서 학문을 폭넓게 하고 동시에 기도생활을 직접 경험한 사람이어야 한다고 강조했다. 피지도자는 이런 영적 지도자를 찾아서 영성지도에 참여해야 한다고 당부했다. 하지만 요한은 이런 두 가지 특성을 골고루 갖춘 지도자를 찾아내기가 어렵다는 것을 인정한다. 때문에 필요한 경우 두 사람 이상의 지도자와 의논해 보라고 권했다. 요한은 영적 지도자가 범하기 쉬운 가장 일반적인 실수는 하나님이 한 영혼 안에서 베푸시는 역사를 간섭하는 것이라고 여겼다.³²⁾ 요한은 영적 지도자들 가운데 동료 또는 피지도자들에게 알맞은 것이 무엇인지를 잘 안다고 생각하는 지도자들 그리고 그것을 밝혀낼 수 있다고 생각하는 그런 영적 지도자를 가리켜 '눈먼 안내자'라고 했다.³³⁾ 이것은 현대 영적 지도자들을 위한 비판적 지혜를 제공해 준다. 현대 심리학의 공헌은 이루 말할 수 없을 정도로 방대하고 우리 인간의 삶에 지혜를 제공해 주고 있다. 하지만 "심리학에 관한 우리의 지식은 스스로의 영성생활을 분석하고 통제하고자 할 정도로 엄청난 도구 상자를 우리 손에 쥐어 주었다. 우리는 영성지도에서 벗어나 심리치료의 가면무도회로 나아가고픈 유혹을 물리치기가 쉽지 않다. 그러므로 중요한 것은 영적 지도자들이 자기 자신의 일이 아니라 하나님의 일에 동참하고 있음을 언제나 염두 해 두어야 한다."³⁴⁾

요한은 영적 지도자들이 범하기 쉬운 일반적이고 잘못된 실수를 설명하였다. 그는 영혼의 변화를 일으키는 창시자이자 원동력은 어두운 밤을 경험하고 있는 사람도 아니고 지도자도 아니고 오직 하나님뿐이라는 사실을 강

---

31) St. John of the Cross, *Living Flame of Love*, 75-76.
32) St. John of the Cross, *Living Flame of Love*, 74.
33) St. John of the Cross, *Living Flame of Love*, 74-75.
34) Gerald G. May, *The Dark Night of The Soul*, 170.

조한다.[35] 영성지도 과정에서 피지도자의 어두운 밤의 경험은 때로 견딜 수 없는 불안과 고통으로 다가오기 때문에 예전의 삶의 방식으로 되돌아가기 위해서 자신의 의지력과 헌신을 새롭게 하고 싶어한다. 영적 지도자는 자칫 피지도자의 이러한 갈망과 쉽사리 결탁하게 된다. 그러므로 영적 지도자는 피지도자의 문제를 규정하고 해결하려는 유혹을 자제할 필요가 있다.

어두운 밤 동안에는 영적 생활이 종종 퇴보처럼 여겨지기도 하고, 삶이 점점 더 소극적인 모습으로 변화하는 경험을 한다. 영혼의 침체를 경험하게 된다. 하지만 어두운 밤에 영혼은 퇴보처럼 느껴지지만 실은 "침체나 퇴보로 보이는 것은 사실 비밀스런 의지력, 하나님이 그 사람의 마음속에서 행하실 일에 대하여 예라고 대답하는 것의 외면적인 모습일 수가 있다."[36] 영혼의 어두운 밤은 우리의 습관적인 감각에 의해 형성된 우상들에서 벗어나 기도와 자유로 전환하는 과정이다. 때문에 영적 지도자는 피지도자의 어두운 밤이 점점 깊어질수록 자신의 지식이나 인식에 의지하여 그의 경험의 본질을 결정하지 않도록 도와주어야 한다.[37]

---

35) St. John of the Cross, *Living Flame of Love*, 75.
36) Gerald G. May, *The Dark Night of The Soul*, 172.
37) St. John of the Cross, *The Dark Night of the Soul*, 21-25.

Spirituality & Counseling

제 6 장

영성지도와 영적 분별
Spiritual Direction and Spiritual Discernment

영적 분별과 기독교

　모든 영성지도의 만남들은 분별의 측면을 담고 있다. 왜냐하면 영성지도에서는 하나님의 음성을 다른 것들로부터 구별해 내는 것이 필요하기 때문이다. 영의 세계에는 선한 영도 있고 악한 영도 있다. 때문에 영적 체험에도 참된 체험이 있는 반면 거짓된 체험도 있기 마련이다. 그러므로 영분별은 필수적인 것이다. 또한 영적 체험에는 다양한 요소들이 복잡하게 얽혀 있다. 인간의 관계 경험과 하나님 체험의 관계성으로부터 초월적인 문제와 이성의 역할에 이르기까지 다양하다.

　기독교 전통은 영들의 분별과 영적 체험에 대한 문제는 영성지도의 주요 요소로 간주한다. 구약성경에서 사울은 선한 영(삼상 11:6)과 악한 영(삼상 16:14-23)에 의해 영향을 받는다. 모세에게는 이스라엘 백성을 인도할 수 있도록 영이 주어진다(민 11:17, 25). 하나님은 애굽에 혼동의 영을 보내신다(사 19:14). 예레미야에는 참 예언과 거짓 예언을 식별하라는 명령도 내려진다(렘 23:28). 신약성경에서 사도 요한은 우리에게 진짜로 하나님의 영이 맞는지 그 영을 시험해보라고 가르치며, 진리의 영과 거짓의 영을 구별하기 위한 지침들을 제시해 준다(요일 4:1-6). 사도 바울 역시 영분별을 성령의 은사 속에 넣는다(고전 12:10).

　기독교 전통에서 영분별과 영적 체험에 대한 분별은 오리겐 시대부터 예루살렘의 키릴, 어거스틴, 클레르보의 버나드, 성 빅터의 리차드 그리고 토마스 아 캠피스에 이르기까지 반복적으로 나타났다.

　기독교의 분별 전통에 따르면, 하나님의 인도하심을 감지하여 따를 때 우리는 평안, 위안, 고요함을 경험하게 된다는 견해가 일반적이다. 그러나 평안 그 자체는 우리가 하나님의 인도에 따라 가고 있다는 것을 확증해 주는 충분한 증거가 되지 못한다.[1] 고의적으로 하나님으로부터 멀어지고 있는 사람들도 적어도 일정 기간 동안은 거짓 평안을 경험할 수 있다. 성경의 원리에 반대되는 가치들과 행동들을 선택한 후에도 평안을 느낀다면, 그것은 거짓 평안이다.[2] 하나님의 뜻에 관한 분별과 영적 체험에 관한 분별은 어떤 공식을 따르는 것이 아니다. 왜냐하면 거기에는 다양한 요소와 역동성이 존재하기 때문이다. 그것은 또한 하나님과의 관계와 하나님과 함께해온 개인적 역사로부터 흘러나오는 것이기 때문이다. 그럼에도 불구하고 영적 체험의 분별에 대한 건전한 이해와 방법들은 필요하다. 예를 들면, 어떤 영적 체험이 성경적 가치와 영혼을 황폐하게 한다면 명백히 그 가치를 의심해 볼 필요가 있기 때문이다. 아마도 이 문제를 누구보다도 깊이 고민하며 파악한 인물 중 하나는 로욜라의 이냐시오(Ignatius of Loyola)일 것이다. 특별히 이냐시오의 영적 분별이 우리에게 깊은 의미와 통찰을 제공해 주는 것은 단지 신학적인 이론에서 기인한 것이 아니라 성경의 빛과 함께 그의 실제적인 삶과 경험에 의해 형성되었다는 점이다.[3]

---

1) 제네트 A. 바크, 『영성지도』, 422-423.
2) 제네트 A. 바크, 『영성지도』, 423.
3) 이냐시오는 철저하게 자아성찰과 고해성사를 하고, 만레사에서 신비적인 체험을 하고 영적 수련을 했지만 지속적인 평화를 얻을 수 없었다. 죄에 대한 기억이 그를 괴롭혔고, 죄의 용서까지도 의심하게 된다. 그는 영혼의 메마름뿐만 아니라 영적인 혐오감까지 느끼면서 자살의 유혹을 받기도 하였다. 그는 그럴수록 더욱 고행과 기도와 영적 수련에 박차를 가했지만 영혼의 갈등과 항전은 계속되었다. 그러는 동안 이냐시오는 하나님과 대화하기를 배우기 시작한다. 이냐시오는 하나님이 내리시는 가르침을 통해 영들의 다양성에 관해

영적 분별과 이냐시오

이냐시오는 1491년 스페인 카스틸 왕국의 로욜라(Loyola)에서 바스크 귀족 가문에서 13남매 중 막내로 태어났다. 이냐시오가 태어난 로욜라 가문은 대대로 스페인 국왕에 충성하는 기사의 가문이었다. 이냐시오 자신도 1507년부터 1517년까지 스페인 왕실 재무상의 시중을 들었다. 그 후에 나바라 지역의 태수인 나헤라(Najera) 공작의 군대에 입대하였다. 청년시절 이냐시오의 꿈은 기사로서 높은 무공을 세워 왕가의 귀부인에게 봉사하며 그의 인정을 받는 것이었다. 그러나 이냐시오의 이러한 꿈은 예기치 않은 전쟁과 부상으로 인하여 물거품이 되고 만다. 1521년 봄 프랑스군은 피레네 산맥의 연한 나바라의 팜플로나 성을 공격하였다. 이냐시오는 수비대의 선봉에 서서 전투하다가 프랑스군의 포격에 오른쪽 다리에 관통상을 입고 로욜라 성으로 돌아가게 된다. 그가 큰 부상을 당해 다리를 절단할 위기에 처했을 때 그의 나이는 26세였다. 두 번의 수술로 오른쪽 다리를 절게 된다. 다리 관통상으로 6개월간의 투병 생활을 하는 동안 이냐시오는 『그리스도의 생애』와 『성인들의 열전』을 읽게 되었다. 두 권의 책은 이냐시오의 생애를 바꾸는 중요한 계기를 마련해 주었다. 이 책을 읽고 묵상하면서 이냐시오는 세상적인 성공과 명예를 버리고 그리스도를 따르기로 결심하였다.

이냐시오는 1552년 건강이 회복되자 병상에서 결심했던 속죄를 위한 고행으로서 예루살렘 성지순례를 떠났다. 중세시대의 사람들에게 성지순례란 즐거운 여행이라기보다는 먼 길을 걸어야 하는 고단한 일이었다. 그들에게 성지순례란 신앙의 열심과 속죄를 표현하는 길이었다. 이냐시오는 몬세라트를 거쳐 만레사에 이르렀다. 이냐시오는 만레사에서 약 열 달간 (1522년 3월-1523년 초) 은둔생활을 하였다. 만레사에 머무르는 동안 이냐시오는 주로 성 오누프리우스의 삶을 모범삼아 외모에는 신경을 쓰지 않고

경험을 하게 된다. 그는 자신의 살아 있는 경험과 하나님에 대한 경험적인 지식을 통하여 영적 분별에 대한 통찰을 이끌어 낸다. St. Ignatius of Loyola, *The Spiritual Exercises*, Translated by A. Mottola (New York: Bantam Doubleday Dell, 1988), 58-63.

오로지 기도하고 단식하고 구걸하면서 지냈다. 이냐시오는 하루에 세 번 자신의 죄를 돌아보며 마음을 성찰하며 깊은 마음의 평화와 행복을 맛보기도 했다. 그는 여러 영적 경험들을 통하여 양심과 죄책감과 절망감을 맛보며 영적인 다양한 현상들을 배워가게 되었다. 만레사에서 이냐시오는 아주 중요한 경험을 한다. 까르도넬 강가에서의 성삼위 하나님의 현시체험이다. 이냐시오에게 이 체험은 모든 것을 새롭게 인식하는 계기가 되었다. 그는 이 체험으로 하나님의 현존에 대한 확신을 얻게 된다. 이 체험을 통해 받은 은혜와 깨달음은 그의 생애에서 그 무엇보다도 귀하고 큰 것이었다고 고백하였다. 이러한 체험 후에 이냐시오는 만레사를 떠나 예루살렘으로 성지순례를 떠났다. 기나긴 여정과 흑사병의 위험을 무릅쓰고 그는 예루살렘에 도착하여 많은 감동을 받았다. 이냐시오는 성지에 남아 있기를 원했지만, 성지 관구장이 허락하지 않아서 부득이 예루살렘을 떠나지 않을 수 없었다. 스페인으로 돌아온 그는 사람들의 구원과 성숙을 위해 먼저 공부하기로 하고 33세에 바르셀로나의 학교에서 라틴어 문법 공부를 시작했다. 그 후 알칼라대학과 살라망카대학에서 공부하였다.

그 후 이냐시오는 신학을 공부하기 위해 1528년 파리로 갔다. 이냐시오는 약 7년간 파리에 머물면서 라틴어와 철학 그리고 도미니코회 사제의 지도하에 신학을 공부했다. 이냐시오는 몽테귀(de Montaigu)대학에서 먼저 공부하였다. 몽테규대학은 비슷한 시기에 칼빈도 공부한 곳이다. 그 후 이냐시오는 좀 더 인문적인 교육을 받으러 성 발바라대학으로 갔다. 이 대학에서 이냐시오는 두 사람을 만나게 된다. 파브르와 프란체스코 하비에르이다. 후에 두 사람은 최초의 예수회 회원이 되었다. 이냐시오는 디에고 라이네스, 알퐁스 살메론 등과 함께 7인 동지회를 만들었다. 1534년 8월 15일에 이 일곱 사람은 청빈, 정결, 예루살렘 순례의 비전을 세우고 함께 하나님의 영광과 사람들의 영혼 구원을 위해 함께 일하기로 서원한다. 이 서원은 파리 몽마르트 언덕에 있는 작은 성당에서 이루어졌다. 따라서 이것을 몽마르트의 서원이라 부르며 이후에 예수회로 발전하는 기틀이 되었다.

이냐시오는 여섯 명의 동료들과 함께 1537년 6월 24일에 사제가 된다. 이들은 자기들의 모임을 예수회라고 칭한다. 1537년 11월말 이냐시오는 두 명의 동지와 함께 로마로 가기 위해 여행을 떠난다. 로마로 가는 도중 라 스토르타(La Storta)라는 성당에 들어가 기도하던 중 이냐시오는 성부 하나님과 십자가를 지고 가시는 예수 그리스도를 보게 되었다. 그들은 이 경험으로 그들의 모임을 예수회라고 부르는 것이 바른 것이라는 확신과 함께 그들의 소명을 확신하는 계기가 되었다.

예수회는 1540년 9월 27일에 바오르 3세의 교서에 의해 정식으로 탄생한다. 예수회는 인도, 중국, 일본 그리고 브라질 등 세계 각지로 선교사를 파견하였다. 이냐시오는 1545년 스페인의 소도시 간디아에 청년의 교육을 위하여 예수회 최초의 대학을 세웠다. 또한 1547년부터 예수회 회헌을 만들기 시작하여 1550년 완성하였다. 이냐시오는 로마에 머물러 있으면서 새롭게 시작되는 교육, 해외선교, 외교 사절 파견, 수도회 쇄신 등으로 바쁘게 지냈다. 이냐시오는 예수회 회원들에게 아버지와 같은 존재였다. 이냐시오는 예수회의 총장이 된 지 15년이 지난 1556년 7월 31일에 숨을 거두었다.

이냐시오의 주 저작은 무엇보다도 『영성수련』(Spiritual Exercises)이다. 『영성수련』의 목적은 영적 자유에 대한 기록이다. 사람으로 하여금 올바른 그리스도적 인생관을 파악하게 하여, 그리스도를 따름으로써 자기를 성화하는 동시에, 하나님의 나라를 건설하는 데에 동참하게 하는 것이다. 즉 『영성수련』 그리스도교적 주요 원리를 총괄한, 실천적이고 수덕적인 신비신학이라 말할 수 있다. 『영성수련』은 1522년부터 1535년 사이에 여러 차례 증보된 것으로 이냐시오의 만레사 성에서의 체험, 카르도넬 강가에서의 신비체험, 파리에서의 유학 경험 그리고 당시 교회의 상황과 피정 지도자로서의 그의 모든 체험과 연구한 내용들로 이루어져 있다. 『영성수련』은 실제적 영성훈련을 위한 안내서이며 지침서이다.

이냐시오의 『영성수련』은 영적 지도자를 위한 안내를 포함하여 두 개의 긴 부분으로 이루어져 있다. 하나는 영분별을 위한 규칙, 곧 영혼 속의 영의 여러 동향들을 설명하였다. 영분별에는 두 가지 규칙이 있다. 하나는 시험과 황량함에 대해서 다룬다. 다른 하나는 하나님의 영감을 불어 넣어 주신 생각이나 몸짓을 악마의 속임수와 구별해 내는 방법에 대해서 다루고 있다. 이냐시오는 영분별을 영성지도의 중심적인 요소로 보았다. 특별히 그는 선한 영과 악한 영을 분별할 수 있는 지침들을 제시했다. 이냐시오는 "양심에 보편적인 검토"에서 마음속의 생각에는 세 가지 종류가 있다고 하였다. 하나는 전적으로 내 자신의 생각으로 전적으로 내 자신의 자유로운 의지로부터 발생하는 것이다. 다른 두 개는 외부로부터 발생한다. 하나는 선한 영으로부터 비롯되는 생각과 다른 하나는 악한 영으로부터 비롯되는 생각이다.[4] 이냐시오의 영성지도의 목적은 선한 영과 악한 영의 행위로 말미암아 생겨난 생각들과 여러 가지 방해물에 대해서 파악하는 것이다.

영적 분별의 세 요소

우리의 영적 체험은 우리의 영과 머리와 가슴 등이 각자 자기 나름의 역할과 함께 수많은 체험을 한다. 영적 체험에 대한 심리적 반작용도 있고, 영적 체험이지만 기본적인 심리적인 변화로 오해 되는 것도 있고, 영적 체험을 가장한 심리적인 현상들도 있다. 때문에 영적 체험에 대한 바른 분별을 위한 지혜가 필요하다. 이냐시오는 영적 분별력을 위한 지혜를 제공해 준다. 이냐시오가 제시한 하나님의 뜻을 분별하기 위한 영적 분별의 요소로는 초자연적 영향(preternatural influence), 지적 작용의 과정(process of intellection), 정서적 이끌림(attraction of affectivity)이다. 이 세 가지 요소는 영적 식별에서 필수불가결한 요소들이다. 이중 어느 하나도 다른 둘을 완전히 배제한 채로 배타적으로 우리에게 작용하지는 않는다.

첫째 경우는 하나님의 직접적인 인도와 관련된 것이다. 이 경우에는 하

---
4) St. Ignatius of Loyola, *The Spiritual Exercises*, 32.

나님께서 직접적으로 우리의 영혼을 움직이셔서 우리가 조금도 의심이나 주저함 없이 하나님이 보여 주신 뜻을 실행하게 된다. 사도 바울이나 마태가 그리스도의 부르심에 응답하여 조금도 주저함 없이 하나님이 보여 주신 그리스도를 따랐던 경우다. 이냐시오는 그리스도인의 일상의 삶에서 이런 경우는 흔치 않은 경우라고 말한다.[5]

둘째 경우는 이성을 사용하는 방법이다. 이 방법은 우리의 영혼이 내적 평안을 유지하고 있을 때 사용하는 것이다. 내적 평안이란 영적 위안이나 고독을 야기하는 서로 다른 영들에 의한 어떠한 마음의 동요도 존재하지 않은 상태를 의미한다. 이성을 사용한 분석 방법은 여섯 단계로 이루어져 있다.[6] 첫째 단계는 하나님의 뜻을 분별할 대상을 우리의 마음 앞에 놓고 성찰하는 것이다. 둘째 단계는 우리의 마음이 부적절한 집착으로부터 자유를 유지하도록 하는 것이다. 셋째 단계는 하나님 나라와 영광에 합당한 것을 알아내기 위해 우리의 지성을 밝게 하여 주시기를 간구하는 것이다. 넷째 단계는 검토의 과정이다. 어떤 특별한 결정의 장점과 단점을 자세히 기록하여 비교 검토하는 것이다. 여기서 장단점의 기준은 하나님 나라와 영광이다. 다섯째 단계에서는 장단점을 분석한 결과들을 심사숙고한 후에 보다 하나님 나라의 가치와 영광을 드러내는 방안을 하나님의 뜻으로 선택한다. 마지막 단계에서는 우리가 선택한 것을 기도 가운데 하나님의 승인 또는 확증을 위해 간구해야 한다.

세 번째 경우는 서로 다른 영들의 작용에 의해 야기된 마음의 움직임, 특별히 마음의 정서적 움직임인 영적 위안(consolation)과 영적 고독(desolation)이 나타날 때이다. 이냐시오에 의하면 우리의 마음은 서로 다른 영들의 전쟁터이다. 우리의 마음 안에서 영들이 작용할 때, 영들은 반드시 우리 내면에 어떤 움직임들을 남기게 된다. 그 내면의 움직임들은 정서적 느낌을 동반하게 된다. 여기서 중요한 것은 내면의 움직임들이 포함하고 있는 생각과 정서가 도덕적으로 옳은 것인가라는 것이 아니다. 핵심은 정서가 동반

---

5) St. Ignatius of Loyola, *The Spiritual Exercises*, 175.
6) St. Ignatius of Loyola, *The Spiritual Exercises*, 179-183.

된 그 움직임들의 근원을 알아내는 데 있다. 그 근원이 하나님과 선한 영인지 아니면 악한 영인지를 알아내는 것이 두 번째 경우의 영적 분별이다. 서로 다른 영들의 작용에 의해 발생하는 내적 정서들 중에서도 영적 위안과 영적 고독이 하나님의 뜻을 발견하는 데 가장 중요한 요소이다. 이냐시오에게 영적 위안은 "믿음, 소망, 사랑 그리고 모든 내적 기쁨"을 그 안에 포함한다.[7] 뿐만 아니라 우리를 하나님의 사랑으로 이끌어 가는 눈물은 영적 위안의 표식이다. 그러나 영적 고독은 "영혼의 어두움, 영혼의 혼돈, 땅의 것을 추구하고자 하는 충동, 영혼의 불안함" 등을 야기하는 내적 움직임이다.[8] 영적 고독은 우리를 믿음과 소망과 사랑의 결핍, 게으름, 나태, 하나님과의 분리의식으로 인도해 간다.[9]

영적 분별과 선한 영과 악한 영

이냐시오는 내면의 움직임의 근원을 알아내기 위해서는 선한 영과 악한 영의 특징들을 이해할 것을 제안한다.[10] 먼저 선한 영은 죄악을 따라 살아가고 있는 영혼에게는 양심의 가책과 후회를 일으킨다. 반면 하나님의 뜻과 일치된 삶을 살고자 원하는 영혼에게는 용기와 힘, 위로, 눈물, 영감, 평안 등을 제공한다. 따라서 하나님의 뜻을 식별하여 그 뜻에 따라 삶을 살고자 원하는 그리스도인들에게 하나님의 선한 영이 제공하는 정서들을 체험하는 형태로 드러난다.[11] 그러나 악한 영의 특징은 선한 영의 특징과 정반대이다. 악한 영의 전략과 전술은 우리의 영적 성숙의 단계에 따라 달라진다. 먼저 죄악 가운데 살아가는 영혼이다. 악한 영은 이런 영혼에게 감각적인 쾌락과 만족감을 제공한다. 악한 영은 이러한 상태에 있는 영혼을 더욱

---

7) St. Ignatius of Loyola, *The Spiritual Exercises*, 316.
8) St. Ignatius of Loyola, *The Spiritual Exercises*, 316.
9) St. Ignatius of Loyola, *The Spiritual Exercises*, 316.
10) St. Ignatius of Loyola, *The Spiritual Exercises*, 314.
11) St. Ignatius of Loyola, *The Spiritual Exercises*, 314, 315.

더 죄에 탐닉하도록 이끌어 간다. 여기서 악한 영이 제공하는 즐거움과 만족감은 영적 위안처럼 느껴지지만 사실은 영적 메마름이요, 황폐다. 또 다른 경우는 죄악 된 생활에서 벗어나서 하나님의 뜻에 따라 살아가고자 소망하지만 영적으로 미숙한 영혼이다. 악한 영은 이런 영혼에게 근심과 슬픔을 동반한 고통, 장애물을 제공하여 영혼이 성숙하지 못하도록 방해한다.

이냐시오는 우리 영혼이 용감하게 우리 내면에 내려가서 우리의 내적인 삶을 하나하나 살펴보라고 권유한다. 우리가 그렇게 할 경우 우리는 우리 내면에 있는 가장 섬세한 생명의 뿌리를 발견할 수 있을 것이며, 악의 가장 내밀한 실체를 발견할 수 있기 때문이다. 이냐시오는 영은 인간의 지성과 의지와 전혀 다르지만 우리의 영혼의 중요한 기능인 지성과 의지를 가장 중요한 도구로 삼는다고 했다. 지성과 의지에서 발생하는 선한 영과 악한 영의 표시를 다음과 같이 구분할 수 있다.[12]

	선한 영의 표시	악한 영의 표시
의지	내적인 평화	불안
	참 겸손	거짓 겸손
	하나님에 대한 신앙	절망에 대한 확신
	유동적인 의지	마음의 완고함
	올바른 의도	교활한 의도
	고통속의 인내	고통을 못 참음
	내면의 고된 수련	고난에 대한 반항
	단순함과 성실함	이중성과 위선
	영의 자유	세상에 속박된 영혼
	그리스도를 열심히 본받음	그리스도로부터 소외감
	자비	지독한 집착
지성	참	거짓
	쓸데없는 일에 무관심	헛된 일에 몰두
	지성의 등불	어두움 또는 현혹시키는 상상 속의 빛
	지성을 다루기 쉬움	완고한 의견
	신중함	부절제와 과장
	겸손한 생각	자만과 허영심

---

12) Kenneth Leech, *Soul Friend*, 129-132.

이냐시오는 영은 인간의 지성과 의지 안에서 경험되고, 인간으로 하여금 어떤 행동을 취하게 만들지만, 지도가 다르면 그 결과도 다르다고 주장한다. 따라서 이냐시오는 악한 세력을 확인하고, 그 세력과의 싸움은 영성지도의 본질적인 부분이며 사탄의 속임수를 밝혀내고 악하고 거짓된 영으로부터 영혼을 보호하는 것이다. 영적 지도자는 다양한 영들에 따라 주입된 여러 가지 유혹에 대해서 잘 파악하고 있을 때에만 자신의 임무를 수행할 수 있다고 했다.[13] 이냐시오는 악한 영의 위장 공격에 맞설 수 있는 방법은 영적 지도자에게 자신의 문을 여는 것이라고 말한다.

> 적은 남에게 알려지기를 원치 않고 다만 숨어 있기만을 바라는 가짜 애인처럼 행동한다…인간적인 본성의 적이 오직 속임수와 계교만으로 공정한 영혼을 충동질하고자 한다면 당연히 자신의 속임수와 계교를 비밀에 부치고 싶어 할 것이다. 만일 영적 상담가나 또는 그것들을 아주 잘 아는 영적인 사람에게 들키게 될 경우, 적은 굉장히 불쾌해 할 것이다. 일단 자신의 명백한 속임수가 밝혀지고 나면 절대로 사악한 계획이 성공할 수 없다는 사실을 잘 알고 있기 때문이다.[14]

그러므로 악한 영의 계략을 꿰뚫어 볼 수 있는 능력은 영적 지도자에게 중요한 과업이다. 선한 영과 악한 영 또는 참 영과 거짓 영 사이를 판단할 수 있는 것은 기독교 영성지도에서 가장 중요한 것이다.

영적 분별과 위안

신적인 위안

이냐시오에 의하면 악신이 흉내낼 수도 일으킬 수도 없는 영적 위안이 있다. 그것은 '원인 없는 위안'(consolation without cause)이다. '원인 없는 위

---

13) St. Ignatius of Loyola, *The Spiritual Exercises*, 17.
14) St. Ignatius of Loyola, *The Spiritual Exercises*, 32.

안'이란 우리의 지성과 의지를 초월하여 경험되는 위안이다. 인간은 감각적인 존재이기 때문에 감각적인 이유를 통해서 영적 위안을 경험한다. 원인 없는 위안은 영적 경험이나 감각적인 기억이나 경험과 관련 없이 발생하는 위안이다. 그것은 우리의 생각과 상상력과 이미지들과 상관없이 주어지는 위안이다. 원인 없는 위안에는 기쁨, 평안, 믿음, 소망, 사랑이 향상되는 특징이 있다.[15] 원인 없는 영적 위안은 마치 경건한 사람이 오해를 받고 비판을 받을 경우와 성실한 기도의 사람이 메마른 경험을 할 때도 그 내면에는 혼란과 불안이 없다. 감각적이고 외부적인 조건이 원인이 없이 오직 하나님으로부터 오는 위안이기 때문에 '초월적 위안' 또는 '신적인 위안'이라고도 할 수 있다. '이유 없는 위안'은 요한의 말처럼 영혼의 어두운 밤을 경험하는 것과 같은 것이다. 즉 아무런 훈련이나 행동 없이 내면적인 평화와 고요함 속에서 하나님에 관한 사랑어린 인식 가운데 머무르고 싶은 상태와도 같다.[16] 이러한 위안은 고전적인 의미로 말하면 선물로 주어지는 '주입적'(infused) 관상의 체험과 같은 것이다. 이유 없는 위안은 무념적 관상 경험과 같은 유형으로 모든 지각되는 지성적이고 감각적인 표현들을 초월하여 경험되는 위안이다.

 우리 영혼이 영적 위안을 경험하고 있을 때 반드시 해야 할 것은 두 가지이다. 하나는 영적 고독이 찾아올 때 어떻게 행동할 것인가를 생각해야 한다. 그때를 대비하여 힘을 비축해 두라는 것이다. 다른 하나는 가능한 최대로 겸손하라는 것이다. 영적 고독을 경험했던 때의 자신의 모습이 어떠했는지를 떠올려 보며 지금의 영적 위안은 전적으로 하나님의 은혜이지 나의 영적 탁월성 때문에 주어진 것이 아니라는 것을 기억하며 겸손해야 한다는 것이다.[17]

---

15) St. Ignatius of Loyola, *The Spiritual Exercises*, 316.
16) Gerald G. May, *The Dark Night of The Soul*, 178-179.
17) St. Ignatius of Loyola, *The Spiritual Exercises*, 323-324.

사단적인 위안

위안에는 초감각적인 초월적 위안도 있지만 '원인 있는 위안'(consolation with cause)도 있다. 이것은 근본적으로 어떤 원인에 의해 발생하는 위안이다. 이 위안의 근원은 선한 영과 악한 영 모두가 될 수 있다. 때문에 이러한 위안은 주의 깊은 분별이 요구된다. 여기서 중요한 것은 악한 영도 위안을 줄 수 있다는 것이다. 하지만 그 목적은 다르다는 것이다. 악한 영은 처음에는 광명의 천사와 같이 가장하여 위로를 주다가 결국은 하나님으로부터 멀어지게 하고 영적 황폐함을 경험하게 한다.[18] 악신이 주는 이러한 위안은 처음에는 좋은 것으로 시작하다가 악으로 끝나게 하고, 좋은 명분을 가지고 다가오다가 점점 하나님으로부터 멀어지게 하는 위로는 악한 영으로부터 비롯되기 때문에 거짓 위안이다. 때문에 악한 영에 의한 위안은 '사단적인 위안'이라 할 수 있다. 선한 영은 우리의 영혼의 진보를 위해서 영적 위안을 주지만, 악한 영은 우리의 영혼이 바른 길을 벗어나 그의 악한 의도에 따르도록 하기 위해 영적 위안을 준다. 이냐시오는 이러한 빛의 천사를 가장한 악한 영의 유혹의 덫에 빠지지 않기 위한 방법으로 우리 사고의 전 과정을 심중히 살피라고 제안한다. 우리의 생각의 전개 과정을 통하여 정서적 상태가 어떻게 변화되어 왔는지를 주의 깊게 관찰하라는 것이다. 우리의 생각의 과정이 우리에게 영적 고독과 메마름을 가져다주었다면 우리의 사고가 빛의 천사를 가장한 악한 영의 덫에 영향을 받았다는 증거다. 이냐시오는 인간 본성의 악한 영의 활동이 탐지되면 사고의 전 과정을 즉시 성찰해 보라고 제안한다. 그러나 전 과정이 선하게 진행되었다면 그 사고들은 선한 영으로부터 나온 것이며, 그 사고들이 하나님의 뜻과 일치한다는 것을 의미하게 된다.[19]

---

18) St. Ignatius of Loyola, *The Spiritual Exercises*, 313-332.
19) St. Ignatius of Loyola, *The Spiritual Exercises*, 336.

영적 분별과 고독

창세기 2장에 "주 하나님이 땅의 흙으로 사람을 지으시고 그의 코에 생명의 기운을 불어넣으시니 사람이 생령(생명체)가 되었다"(창 2:7)고 기록한다. 몇 구절 뒤 하나님은 "남자가 혼자 있는 것이 좋지 않으니"(창 2:18)라고 말씀한다. '혼자 있는 것'이라고 번역된 히브리어 '레바드'(lebad)는 분리나 소외, 불안전한 느낌, 심지어 고독한 사람은 완전할 수 없다는 뜻까지도 함축하고 있다. 이 단어는 반드시 있어야 하는 대상이나 사람에게서 분리되는 것을 암시한다. 우리는 우리가 처한 환경 속에서 삶과 사랑을 나누는 다른 사람, 우리가 섬기는 하나님과 가족, 공동체와 바른 관계를 맺을 때에만 참되게 살아갈 수 있다는 것이 성경의 가르침이다. 고독은 하나님의 형상으로 창조된 우리 인간의 본질적인 특성은 될 수 없다. 하지만 우리가 겪는 고독에는 많은 영적인 의미가 내포되어 있다. 실제로 기독교 전통에서 사막의 교부들은 고독을 영적 성숙의 기회로 삼기도 했다. 이냐시오는 우리가 겪는 고독의 문제를 영적인 체험의 문제와 관련시켜 설명한다.

이냐시오는 고독의 원인들과 고독 중에 해야 할 일을 설명한다.[20] 이냐시오는 고독의 주된 원인들을 세 가지로 설명한다. 첫째는 우리 자신에 의한 고독이고, 둘째는 하나님의 시험에 의한 고독이고, 셋째는 하나님에 의한 '수동적인 정화'를 위한 고독이다. 첫째 경우는 경건의 훈련을 게을리 한 나태함 때문이다. 우리 자신에 의한 고독은 우리가 하나님의 은총에 대해 소홀이 여긴 결과로 발생했기 때문에 하나님의 은총에 적극적으로 참여함으로 극복할 수 있다. 둘째와 셋째 경우는 우리의 영적인 삶과 무관하게 하나님이 우리를 연단시키기 위해서 주는 고독이다.[21] 둘째 경우는 하나님께서는 우리가 영적 위안이 없는 동안에도 하나님을 섬기는 일에 얼마나 진보를 이루는지를 보고자 하신다. 세 번째 경우는 우리 자신의 참된 자기 이해와 우리의 영적 상태의 현주소를 알게 하기 위해서이다. 이를 통해 참

---

20) St. Ignatius of Loyola, *The Spiritual Exercises*, 322.
21) St. Ignatius of Loyola, *The Spiritual Exercises*, 321-322.

된 영적 성숙은 오직 하나님의 은혜에 의해서만 가능하다는 것을 알게 될 뿐만 아니라 우리의 영혼은 겸비해진다.

물론 이 세 요소 외에도 악한 영에서 오는 고독도 있다. 마귀에게서 오는 고독이 있다. 우리가 마귀에게 시험(유혹)을 받을 때 고난뿐만 아니라 고독 같은 정서적 메마름을 경험하게 된다.[22] 이냐시오가 말하는 고독과 황량과 같은 정서적 메마름은 영혼의 어두운 밤과 같은 것이다. 우리를 교육하고 정화하기 위한 고독이요 황량이다. 때문에 여기에는 큰 유익이 있다. 특별히 수동적인 정화를 위한 고독과 황량은 더욱 그렇다. 십자가의 요한은 우리가 영적 정화의 과정을 겪을 때 어두운 밤을 경험한다고 했다. 어두운 밤은 얼마든지 고독과 정서적 메마름 같은 것을 경험할 수 있다고 했다. 그는 영혼의 어두운 밤을 우울증과 관련하여 설명하기도 했다. 비록 대부분의 어두운 밤의 경험들이 해방감을 제공해 주지만, 경우에 따라서는 어두운 밤도 상실과 연루되고 상실은 슬픔과 고독과 정서적 메마름에 연루될 수

---

22) 성경에서 시험이라는 단어가 자주 등장한다. 성경에서 시험이란 말은 크게 세 가지 의미로 쓰이고 있다. 먼저 야고보서 1:13에 보면 "사람이 시험을 받을 때에 내가 하나님께 시험을 받는다 하지 말지니 하나님은 악에게 시험을 받지도 아니하시고 친히 아무도 시험하지 아니하시니라"라고 했다. 창세기 22:1에 보면 "그 일 후에 하나님이 아브라함을 시험하시려고 그를 부르시되 아브라함아 하시니 그가 가로되 내가 여기 있나이다"라고 했다. 야고보서에서는 하나님은 아무도 시험하지 않으신다고 했는데 창세기 22장에서는 하나님께서 아브라함을 시험했다고 했다. 우리가 한글성경을 보면 이 두 말씀이 모순되는 것처럼 보이지만, 성경 원문이나 영어성경을 보면 이 '시험'이라는 단어가 다르게 쓰이고 있다. 하나님께서 아무도 시험치 않으신다 할 때의 시험이라는 단어는 영어로 '템퓨테이션'(temptation, 유혹)이다. 하나님께서는 아무도 유혹하시거나 미혹하지 않는다는 뜻이다. 그런데 창세기 22:1에서 하나님이 아브라함을 시험했다는 말은 영어로 '테스트'(test)이다. 하나님께서는 때때로 그의 사랑하는 자들을 시험하신다. 그 시험이 우리에게는 고독과 시련으로 다가온다. 야고보서 1:14-15에 "시험을 받는 것은 자기 욕심에 끌려 미혹됨이니 욕심이 잉태한즉 죄를 낳고 죄가 장성한즉 사망을 낳느니라"라고 하였다. 시험을 당하는 것은 각각 자기의 욕심 때문이다. 여기서 '시험'이라는 말은 영어로 '템퓨테이션'(temptation)이다. 때문에 여기서 시험에 빠진다는 것은 자기 욕심 때문에 유혹이나 미혹에 넘어지는 시험을 의미한다. 시험은 크게 세 가지 유형으로 구분된다. 첫째는 하나님이 주시는 시험(test)이다. 요셉과 다니엘이 대표적인 경우다. 둘째는 사단 마귀로 말미암는 유혹(temptation)이다. 물론 시험이라는 말로 번역할 수도 있다. 예수님과 욥이 대표적인 경우다. 셋째는 자기 자신으로 말미암은 시험(test, temptation)이다. 유다 등이 대표적인 경우다. 물론 둘째와 셋째 유형의 시험은 서로 상호작용하는 경우가 많다.

있고, 이러한 것들은 일시적으로 우울증과 연결 될 수 있다고 설명했다.[23]

이냐시오는 우리의 영혼이 영적 고독을 경험하고 있을 때 해야 할 것이 무엇인지를 아는 것이 영적 분별에서 중요하다고 말한다.[24] 해야 할 것은 세 가지다. 먼저, 고독을 경험 할 때 악한 영의 유혹을 대적하라는 것이다. 악한 영은 피하는 것이 아니라 대적해야 하기 때문이다. 영적 고독을 경험하고 있을 때 악한 영은 기도시간을 줄이도록 유혹한다. 이 유혹에 반격하여 오히려 기도와 참회에 더욱 많은 시간을 가지라고 했다. 두 번째는 기억하라는 것이다. 영적 고독의 순간에도 하나님께서 이미 우리 안에 악한 영의 유혹에 대항하여 싸울 수 있는 일반적인 은총의 힘을 주셨다는 것을 기억해야 한다. 마지막으로 인내하라는 것이다. 영적 위안이 다시 찾아 올 것이라는 사실을 떠올리며 영적 고독의 기간 동안 끈기 있게 인내하라는 것이다. 이냐시오는 특별히 고독을 깊이 겪고 있을 때 어떠한 결정도 내려서는 안 된다고 제안한다.[25] 우리가 고독에 처해 있을 때에는 하나님으로부터 멀어지고자 하는 충동을 받을 수 있기 때문이다. 이때는 기도생활과 자기 성찰을 늦추고자 하는 유혹이 일어 날 수 있기 때문이다.

영적 분별의 지침과 영성지도

이냐시오는 참된 분별을 위해 개발해야 할 요소로 내적 자유, 지식, 상상력, 인내 그리고 행동하는 용기에 관해서 다음과 같이 기술했다.[26]

첫째는 내적 자유를 개발해야 한다. 내적 자유를 위해서는 부와 명예와 교만에 의해 흔들리지 말아야 한다. 내적 자유의 결핍은 삶을 하나님 중심

---

23) St. John of the Cross, *Living Flame of Love*, commentary on stanza 4; 어두운 밤과 고독과 우울증의 관계에 대한 보다 더 깊은 통찰을 위해서는 Gerald G. May, *Care of Mind Care of Spirit*, 131-143을 참조.
24) St. Ignatius of Loyola, *The Spiritual Exercises*, 314. 318-321.
25) St. Ignatius of Loyola, *The Spiritual Exercises*, 314.
26) 제네트 A. 바크, 『영성지도』, 415-16; Wilkie Au, *By Way of the Heart: Toward a Holistic Christian Spirituality* (New York: Paulist Press, 1989), 76-78.

이 아니라 우리 중심으로 살아가게 만든다. 자기중심의 경향성은 참된 분별을 방해한다.

둘째는 지식이다. 우리 자신, 우리의 가장 깊은 바람 그리고 우리의 개인적 은혜와 유혹의 역사를 아는 것은 분별을 위한 핵심적인 배경을 제공해 준다. 교육을 통한 지식은 우리가 비판적으로 사고할 수 있도록, 복잡성을 인식할 수 있도록, 구조와 체계를 이해할 수 있도록 도와준다. 하나님께서 우리가 어떤 존재가 되기를, 우리가 어떤 일을 하기를 원하시는지에 관한 구체적인 지식이 필요하다.

셋째는 상상력이다. 분별의 과정은 우리가 쉼을 갖고 재충전되었을 때 더욱 생동감을 띨 수 있다. 왜냐하면 그럴 때 우리는 새로운 가능성들을 상상할 수 있게 되기 때문이다. 새로운 가능성들을 상상할 수 없을 때 우리는 참으로 곤경에 처하게 된다.

넷째는 인내이다. 하나님을 기다리는 것은 어렵다. 성실하게 우리 자신의 발달 과정을 기다리는 것은 어렵다. 우리는 즉각적으로 손에 넣을 수 있는 것에 안주하려는 유혹에 빠지기가 쉽다. 우리는 또한 삶의 얽힌 실타래들이 풀어질 때를 기다리거나 삶의 전환기에 속해 있음을 인식하면서 기다리는 대신에 억지로 안을 짜내려는 유혹에 빠지기 쉽다.

다섯째는 행동하는 용기이다. 하나님의 뜻이 분명하게 여겨질 때조차도 우리의 결정을 인정하지 않거나 지지하지 않는 사람들이 있을 수 있다. 우리는 그 결정의 열매를 살펴봄으로써, 분별의 결론을 확인할 필요가 있다. 우리가 행동을 시작함에 따라 무슨 일이 발생하는가? 계속해서 기도하는 것이 중요하다.

테레사는 영적 분별에서도 지식이 덜 강조되어서는 안 된다고 말했다. "모든 그리스도인은 가능한 한 학식이 있는 사람에게 조언을 구해야 한다. 좀 더 학식이 많은 사람일수록 좀 더 나은 조언을 해줄 수 있다. 내 견해는 언제나 그래왔으며 앞으로도 변함이 없을 것이다. 기도의 길을 걷고 있는 사람에게 좀 더 많은 학식이 필요하다. 그리고 더 영적인 사람일수록 학식에 대한 필요성이 더 크다."[27] 그녀는 심지어 "전혀 '영적이지 않아도' 충분한 지식을 가진 사람이, '영적이지만' 지식이 없는 사람보다 더 나은 영적 지도자가 될 수 있다고 말하기도 했다."[28] 물론 테레사의 이러한 표현은 아주 역설적인 의미이다. 영적인 것을 추구하면서 지식을 무시하는 태도를 취해서는 안 된다는 것을 강조한 것이다. 즉 영적 지도자가 영적으로 바른 분별을 하려면 더 깊은 차원의 영적 지식이 요구된다는 것이다.[29] 왜냐하면 분별은 매우 복잡하고 역동적인 주제이기 때문이다. 영적 분별에는 주목해야 할 중요한 요소들이 있다.[30] 첫째는 예수 그리스도의 삶과 부합되어야 한다. 둘째는 성경적 가르침과 가치들과 일치해야 한다. 셋째는 우리의 개인적 역사와 현재 지닌 하나님과의 관계에 부합되어야 한다. 넷째는 다양한 관계들과 상황들을 통해 우리 안에 맺힌 성령의 열매가 있어야 한다. 다섯째는 하나님의 요청이라고 믿는 것에 대한 개방적 태도다. 여섯째는 내면 중심에 자리 잡은 평안의 느낌 등이다. 메이는 나아가 분별의 신비를 지적하면서 "분별은 이름을 붙이는 것보다는 사물의 본성에 날카로운 통찰을 불어넣는 것과 관련 있다"고 지적한다.[31] 그는 계속적으로 분별은 "객관화하기에는 너무 신비한 영적인 움직임에 대한 감각들로 이루어진다. 본질적으로 진단은 신비를 깨뜨리기 위해 해결책을 찾아 나서지만, 분별은 하나님의 뜻을 따라 신비에 반응하기 위해 신비에 대한 체험들을 구별하려 한다"고 했다.[32] 영적 지도자는 분별을 위해서 폭넓은 지식과 직관, 기도와 겸손 그리고 하나님의 신비에 열린 자세가 있어야 한다.

---

27) St. Teresa of Avila, *The Life of Saint Teresa of Avila*, Translated by J. Cohen (London: Penguin Classics, 2004), 13.
28) Geral G. May, *Care of Mind care of Spirit*, 126.
29) 테레사는 기도생활과 독서의 관계를 설명한다. 기도하면서 독서하는 것을 좋지 않게 생각하는 지도자들에 대해서 비판적인 자세를 취한다. 그녀는 자신의 경험을 통해서 기도할 때도 책의 도움이 반드시 필요하다고 강조했다. St. Teresa of Avila, *The Life of Saint Teresa of Avila*, 4:8-9.
30) 제네트 A. 바크, 『영성지도』, 420.
31) Geral G. May, *Care of Mind care of Spirit*, 126.
32) Geral G. May, *Care of Mind care of Spirit*, 126.

Spirituality & Counseling

제 7 장

영성지도와 영혼의 사회성
Spiritual Direction and Sociability of the Soul

영혼의 사회성과 기독교

　기독교 전통에서 대부분의 영적 지도자들은 영혼의 기능을 지성, 감성, 의지 등과 같은 내적 차원으로 이해하였다. 보나벤투라(Bonaventure)는 영혼의 기능을 감각, 상상력, 사고력, 이해력, 지력 그리고 마음으로 이해했다.[1] 물론 보나벤투라는 영혼의 순례를 창조세계와 연결시켜 세상을 관상하는 것을 중요하게 여겼지만, 영혼의 기능을 인간의 내면의 차원으로만 한정했다. 그러나 달라스 윌라드(Dallas Willard)는 인간의 구조적 요소를 지성, 감정, 의지, 몸, 사회성, 영혼으로 구분한다. 그의 인간 이해는 전통적인 인간 이해를 뛰어넘고 있다. 왜냐하면 전통적인 인간 이해에서는 인간의 구조적 요소를 지성, 감성, 의지, 몸의 차원으로 구분했다. 하지만 윌라드는 '더불어 살아가는 존재'(social being)로서 인간의 사회성을 인간의 구조적 요소에 포함시켰다. 그는 이러한 인간 이해와 함께 영혼은 다른 다섯 가지 요소, 즉 지성, 감성, 의지, 몸, 사회성을 아우르고 통합하는 동력적인 역

---

1) Bonaventure, *The Soul's Journey into Go: The Tree of Life; The Life of St. Francis*, Translated by Ewert Cousins (New York: Paulist Press, 1978), 27-28.

할을 한다고 하였다.[2] 영혼의 사회성을 간파한 인간 이해라 할 수 있다. 인간은 내면적인 차원(지성, 감성, 의지)과 외면적인 차원(몸)만을 지니고 있을 뿐만 아니라 사회적 차원(사회성)도 지니고 있는 존재다. 영혼은 사회성을 지니고 있다. 영혼의 사회성을 무시할 때 우리의 영혼은 절름발이와 같은 모습이 된다.

우리는 기독교의 성자와 불교의 성자에 대한 체스터톤(Chesterton)의 풍자에서 중요한 진리의 일부를 발견할 수 있다. "불교의 성자는 잘 다듬어진 용모를 가지고 눈을 감거나 그의 배꼽을 응시한 채 고요히 앉아 있다. 기독교 성자는 몸은 야위었지만 그의 눈은 주위 세상을 향하여 생생하게 살아있다."[3] 멀홀랜드는 "우리의 존재 깊숙이 거하시는 그리스도의 임재는 우리가 일상생활의 모든 사건 속에서 그리스도 안에서 살 때에 우리 삶의 중요한 실재가 되어야 한다. 우리는 단지 하나님의 뜻을 행하는 것이 아니라 모든 사건에서 하나님의 뜻이 되어야 한다"고 말한다.[4] 영성지도는 우리를 그리스도의 형상으로 변화시키는 하나님의 은혜의 수단이 되는 균형 잡힌 통전적 실천이 되어야 한다.[5] 후크마(Anthony Hoekema)는 '성화의 사회성'을 강조하면서 언급하기를, "성화는 단지 성도 개개인에게만 관계되는 것으로 생각된다. 그러나 이러한 생각은 심각한 착오이다. 성화는 중요한 사회적 공동체적 측면을 가진다. 무엇보다도 먼저 우리는 단순히 개체적으로 성화되는 것뿐만 아니라 그리스도의 지체의 일원으로서 성화된다는 사실을 기억해야 한다"고 역설했다.[6]

성화는 개인이 거룩하게 되는 것 이상의 의미를 가진다. 알버트 볼터즈(Albert Wolters)는 '창조복원'이란 관점에서 "성화는 성령이 하나님의 백성 안에서와 백성을 통해서 창조물을 죄에서 거룩하게 하시는 과정"으로 정

---

2) Dallas Willard, *Renovation of The Heart: Puting On The Character Of Christ* (Colorado Springs: NAVpress, 2002), 31-39.
3) G. K. Chesterton, *Orthodoxy* (New York: Dover Publications, 2004), 131.
4) M. 로버트 멀홀랜드, 『예수의 길에서 나를 만나다』, 260.
5) 최창국, "영성과 하나님의 프락시스," 『성경과 신학』, 49 (2009): 142-144 참조.
6) 안토니 A. 후크마, 『개혁주의 구원론』, 류호준 역 (서울: CLC, 2003), 377.

의하고, "거룩하신 성령은 내면적인 사역을 통하여 사업, 예술, 정치와 같은 여러 방면에 성질상 변화가 일어나도록 하시므로 거룩이 우리의 창조적인 생활에 침투하도록 역사하신다"고 하였다.[7] 성화는 개인적일 뿐만 아니라 사회적 측면을 가진다. 진정한 성화는 사회적 관심 없이 완성되지 않는다. 후크마는 성화의 사회적 측면을 다음과 같이 묘사한다.

> 성화의 성장은 환경에 대한 관심을 요구한다. 즉 공기오염, 수질 오염, 토질의 무책임한 사용, 책임성 있는 벌목 등의 반대에 우리의 영향력을 사용해야 한다. 성화는 세계의 빈곤에 대하여 책임의식을 가지는 것이며 인류복지의 향상을 위한 사업에도 관계가 있다. 나아가 성화는 아편에 대한 투쟁, 약물중독 그리고 알콜 중독자의 회복에도 연관됨을 의미한다. 또한 보다 나은 감방시설, 죄악을 감소시키는 데 목적을 둔 프로그램에 관심을 가져야 한다. 성화는 세계평화와 군비경쟁의 중지를 위한 계속적인 노력을 의미한다. 이런 모든 관심은 우리 성화의 한 양상이다.[8]

후크마가 지적한 성화의 양상들은 그리스도인의 신앙과 영성지도에 많은 의미를 던져준다. 영성지도의 목적을 단지 내적인 차원으로만 제한 할 수 없다. 달라스는 "믿음이란 단지 용서만을 보장하고, 정상적인 인간의 생존의 과정인 행위의 세계와 전혀 관계가 없는 내적인 정신적 행위라고 간주하는 신앙관과 정반대"라고 지적하면서, "신약성경의 신앙은 로마서 10:17에서 보는 것처럼 하나님의 말씀이 영혼에 영향을 줌으로써 생겨나는 분명한 생명력이며 우리의 육체 및 그것의 사회적, 정치적 환경을 포함한 우리의 모든 실존의 국면들에 결정적인 영향력을 행사한다"고 하였다.[9] 아브라함 카이퍼(Abraham Kuyper)는 "칼빈주의는 신자로 하여금 하나님의 직전에 세우는 것을 그 특징으로 하는 것이지만 그것은 단지 교회에서 뿐만이 아니라 그의 개인, 가정, 사회 및 정치생활에 있어서도 그러한 것이

---

7) Albert M. Wolters, *Creation Regained* (Grand Rapids: Eerdmans, 1985), 74.
8) 안토니 A. 후크마, 『개혁주의 구원론』, 381.
9) Dallas Willard, *The Spirit of the Disciplines*, 41.

다"라고 피력하였다.¹⁰⁾ 종교개혁자들이 추구했던 정신과 복음에 신실하다는 말은 세상으로부터 도피가 아니라 일상의 삶 속에서도 기독교 신앙을 좇아 소명을 감당하는 것이었다. 종교개혁자들의 이러한 정신은 영성지도에서 사회성의 중요성을 일깨워 준다." 리치(Leech)의 지적처럼 "영성지도는 하나님 나라의 영토 안에서 하나님의 역사의 자유로운 지대 안에서 벌어지는 활동"이기 때문이다.¹¹⁾ 아마도 기독교 역사에서 칼빈처럼 영혼의 사회성을 강조했던 인물도 드물 것이다.

영혼의 사회성과 칼빈

존 칼빈(John Calvin)은 1509년 7월 10일 프랑스 북부에 있는 노용(Noyon)이라는 작은 도시에서 출생했다. 그의 아버지 제라르(Gerard Calvin)는 사공의 아들로서 평민 출신이었지만 후에는 시청 서기를 거쳐 교구 성직자의 사업 담당자가 됨으로써 시민 계급으로 신분이 상승한 사람이었다. 그의 어머니 잔느 르 프랑(Jeanne Le Franc)은 당시 노용시 의회원의 딸로서 신앙심이 돈독했지만 안타깝게도 그만 젊은 나이에 요절하였다. 칼빈은 고향 학교인 카페트 학교(College des Capetes)에 오래 다니지 않고 1523년에 파리로 가서 라 마르슈 학교(College de la Marche)에 등록했다. 그리고 이곳에서 공부하다가 중세 수도원의 엄격한 규율에 따라 교육하는 몽테규 대학(college de la Montaigu)으로 옮겼다. 몽테규 대학의 학장인 장 스단동은 공동생활 형제단을 창시한 제라드 후르테의 정신과 목적에 영향을 입었고 엄격한 수도원적인 생활을 강조했다고 한다. 몽테규 대학의 학장인 장 스단동(Jean Standonck)은 엄격하기로 유명한 공동생활형제단의 창설자인 제라드 후르테(Gerard Groote)의 영향을 받은 사람으로서 대학생활을 매우 엄격하게 관리했다. 칼빈은 1528년부터 문학석사 학위를 획득하기 위해서 4-5

---

10) 아브라함 카이퍼, 『칼빈주의』 박영남 역 (서울: 세종문화사, 1988), 95.
11) Kenneth Leech, *Soul Friend*, 190.

년을 보냈으며, 철학과 변증법도 배웠다.

칼빈의 아버지는 처음에는 칼빈을 성직자로 키우기 위해 무척 노력했지만 갑자기 마음을 바꿔서 법학을 공부하도록 했다. 그 이유로는 흔히 칼빈의 아버지 제라르가 재정문제로 교회 참사회와의 사이가 벌어졌기 때문이라고 하지만, 칼빈의 자서전적인 시편 주석의 서론을 읽어보면 법학을 하는 자에게 법학이 부를 가져다준다는 사실을 아버지가 알게 되었기 때문이라고 했다. 칼빈은 아버지 명령에 순종하여 당시의 유명한 오르레앙 대학(University of Orleans)에서 법학을 공부하기 위하여 또다시 진학의 길에 오르게 되었다. 칼빈은 1531년 봄에 법학사를 획득했다. 1531년 5월 26일 아버지 제라르는 결국 참사회로부터 파문을 당했고 그 후 얼마 되지 않아 세상을 떠났다.

칼빈은 1533년경 그의 나이 24세쯤 되었을 때 갑작스러운 회심의 체험을 했다. 하지만 그 체험이 어떤 것이었는지는 구체적으로 밝히지 않았다. 칼빈은 자신의 회심에 대해 '갑작스러운' 혹은 '예기치 않은' 회심에 의해 하나님이 유순하게 했다고 기록할 뿐이다. 회심체험은 칼빈으로 하여금 하나님에 대한 지식의 맛을 알고 하나님을 더욱 사랑하고자 하는 마음으로 불타게 했다. 칼빈은 철저히 말씀을 순종하고 열심히 연구함으로 하나님을 알고자 했다. 칼빈의 회심은 그의 경건한 삶의 시작이었다.

칼빈이 회심체험을 할 무렵 프랑스에서는 개신교에 대한 박해가 진행되고 있었다. 1534년 10월 17, 18일 밤에 성찬을 반대하는 과격한 벽보가 파리 전체에 붙여졌으며 심지어 왕의 침실 문에도 붙여졌던 유명한 벽보사건이 벌어졌다. 칼빈은 프랑스에서 신교도들에 대한 박해가 점점 심해져 가는 것을 보고 프랑스의 스트라스부르그에 가서 부처(Bucer)를 만난 다음 바젤로 가게 된다. 그는 그곳에서 여러 중요한 인물들과 만나고 연구생활을 계속하여 1536년에는 그의 불후의 걸작인 『기독교 강요』(Institutes of the Christian Religion) 제1판을 출한한다. 그의 나이 26세의 일이다. 이 책은 사변적인 신학서적이라기보다는 실제적인 신앙생활의 길잡이라고 할 수 있다. 칼빈은 그의 저서에서 하나님을 아는 지식과 인간을 아는 지식을 중요하게 다루었다. 그는 이 두 가지 지식은 뗄 수 없는 관계에 있다고 강조했다. "자기를 모르면 하나님을 알 수 없고 하나님을 모르면 자신을 알 수 없다."[12] 이사야 선지자가 하나님의 영광을 본 후 자기 자신에 관하여 알았듯이 하나님을 알아야 자신을 알 수 있다. 하나님을 아는 지식과 자기를 아는 지식은 동시에 일어난다. 칼빈에게 하나님을 안다는 것은 하나님의 존재를 지식적으로 인식하는 데 그치지 않고 하나님의 영광을 위해서 무엇을 해야 하는지를 아는 것이다. 그는 종교적 경건이 없이는 이와 같은 하나님 지식을 얻을 수 없다고 했다. 경건한 사람은 하나님을 경외하고 묵상한다. 경건한 사람은 모든 일에 있어서 하나님의 권위와 영광을 높이며 그의 명령을 순종한다. 경건은 하나님을 영화롭게 하고 사랑을 실천하는 삶이다. 보우스마(Bouwsma)는 칼빈의 경건은 사회로부터 분리된 경건을 추구하였던 수도원적 경건으로부터 분리시키고자 하였다고 하였다.[13] 칼빈의 경건은 하나님과의 관계로부터 시작하였지만 그의 경건은 또한 사회적 삶을 증진시키고자하는 강한 열망에서 비롯되었다고 지적한다. 그러므로 보우스마는 "칼빈의 경건은 사회적이며 포용적이다"라고 강조했다.[14] 우리가 칼빈의 신학과 신앙과 삶을 이야기 하면서 기억해야 할 것은, 그는 아주 복합적 세기 속에서 역동적인 삶을 살았다는 것이다. 그는 때로는 깊은 신학적 고민을, 때로는 깊은 신앙적 고민을, 때로는 삶과 일상에 대한 고민을, 때로는 경건에 대한 고민을, 때로는 정치에 대한 고민을, 때로는 교육에 대한 고민을, 때로는 시대를 고민했다. 이러한 칼빈에 대해 보우스마는 "칼빈은

---

12) John Calvin, *Institutes of the Christian Religion*, I, i.
13) 수도원적 경건에 대한 일반적 인식은 사회로부터 분리된 경건으로 이해하는 경향이 있지만, 토마스 머튼은 수도원적 운동은 성육신이나 평범한 삶으로부터 도피하는 것이 아니라 오히려 세계 구원에 동참하는 특별한 방식이었다고 지적했다. 그는 "현실적으로 수도사가 세계를 포기하는 경우는 오로지 내면의 깊숙한 곳으로부터 흘러나오는 가장 심원하면서도 가장 간과하기 쉬운 음성에 좀 더 의도적으로 귀 기울이기 위해서 일 뿐이다." Thomas Merton, *Contemplative Prayer*, (London: DLT, 2005), 25.
14) W. J. 보우스마, "존 칼빈의 영성," 김성재 편, 『성령과 영성』 (서울: 한국신학연구소, 1999), 476.

복합적 세기를 산 복합적 인물이어서 자기 자신이 처한 그 상황에 따라서 그는 종종 자신의 입장을 다르게 표현 하였다"라고 썼다.[15] 그의 신학은 결코 삶의 경건과 동떨어진 것이 아니었다.

영혼의 사회성과 경건

칼빈은 『기독교 강요』의 기록 목적을 '지고한 경건성'(summan pietatis)이라고 하였다. "나의 의도는 종교에 흥미를 느끼고 있는 사람들이 참된 경건을 훈련받게 할 기초적 원리를 제공하려는 것뿐이다"라고 하였다.[16] 칼빈에게 경건은 하나님을 향한 인간의 바른 태도, 진정한 지식과 진정한 예배를 포함한 포괄적인 용어다. 경건은 "1536년 판 『기독교 강요』의 마지막 단어이기도 하다. 칼빈에게 그리스도인들의 삶은 계속적인 경건의 실천이다."[17] 칼빈은 경건을 일차적으로 하나님과의 관계성 속에서 이해한다.

칼빈에게 경건은 영혼의 질서를 회복하는 것과 같은 것이다. 영혼의 질서는 하나님께 의존되어진 질서다. 하지만 인간이 하나님께 의존하기보다는 자신에게 의존함으로써 하나님께서 주신 질서의 파괴를 부른다. 구속의 목적은 이 잃어버린 질서를 인간 안에서 회복하는 것이다. 먼저 영혼의 질서를 회복하는 것이 구원의 목적 중의 하나이다. 칼빈은 성화를 하나님께서 원하시는 질서를 회복하는 것으로 이해한다. 이런 맥락에서 칼빈은 그리스도인의 삶을 두 방향으로 설명한다. 경건과 의 곧 이웃 사랑으로 설명했다.[18] "인간은 그의 동료 피조물들과 더불어 질서 있는 환경 속에서 관계를 맺고 살았다."[19] 하지만 하나님과의 관계의 질서가 파괴됨으로 동료

---

15) W. J. 보우스마, "존 칼빈의 영성," 493.
16) 요셉 리차드, 『칼빈의 영성』, 134에서 인용.
17) 요셉 리차드, 『칼빈의 영성』, 138.
18) John Calvin, *Calvin's Bible Commentaries: Luke* (Charleston, South Carolina: Forgotten Books, 2007), 2:25.
19) John Calvin, *Calvin's Bible Commentaries: Luke*, 17:11.

와의 관계의 질서도 영향을 받았다. 영혼의 질서의 파괴는 바로 사회 질서의 파괴를 가져왔다. 칼빈에게 영혼의 질서와 사회 질서는 분리 될 수 없는 관계다. 칼빈은 하나님과의 관계 안에서 형성된 영혼의 질서를 인간의 모든 삶과 이웃을 위한 봉사의 힘의 원동력으로 보았다. 이는 데오도르 로작(Theodore Roszak)이 지적했듯이 "우리는 이제 영혼의 운명이 곧 사회적 질서의 운명이라는 것, 만일 우리 안의 영이 말라비틀어지면 우리 주변에 세워 놓은 온 세계 역시 말라비틀어지고 말 것이라는 사실을 인정"하는 것이다.[20] 칼빈은 영혼의 질서의 재수립은 인간 자신뿐만 아니라 사회 내에서도 이루어져야 한다고 확신했다. 칼빈은 이러한 임무의 차원을 하나님 나라의 통치를 지상에 수립하는 것이라고 표현했다. 칼빈은 인간의 내면성과 외면성 그리고 개인적 변화와 공동체 변화가 서로 균형을 이루어야 하는 것으로 보았다. 칼빈은 그리스도인 개인의 거룩성과 사회성을 분리시키지 않았다.

칼빈의 경건은 철저하게 하나님과의 인격적인 관계에 기초를 두고 있다. 그렇지 않으면 우리는 하나님보다는 창조세계 자체를 숭배하는 길로 빠질 수 있기 때문이다. 칼빈의 경건은 하나님 중심적이지만 또한 타자를 향한 외향적 움직임을 내포하고 있다. 그것은 이웃에게 하는 사랑과 정의로운 관계성도 요구한다. 경건은 다른 사람들을 사랑하는 관계 안에서 하나님과의 관계를 표현한다. 참된 경건은 하나님을 사랑하는 표현 없이는 존재할 수 없다. 칼빈은 다음과 같이 말한다.

> 하나님의 경건은 형제 사랑보다 더 높은 위치를 차지한다. 따라서 두 번째 계명을 주목하기보다는 하나님 앞에서는 첫 번째 계명을 주목하는 것이 더욱 가치가 있다. 왜냐하면 하나님 자신을 볼 수 없듯이 경건은 사람의 눈에 감추어져 있다. 그리고 경건의 표현이 의식의 목적임에도 불구하고, 의식은 경건의 실존을 분명하게 증명하지 못한다. 위선자들보다 의식에 더 열심 있고 규칙적인 자들이 없다는 것은 너무나 흔히 있는 일이다. 그러므로 하나님은 우리를 훈련시키

---

20) Theodore Roszak, *Where the Wasteland Ends* (Berkeley: Celestial Arts, 1989), 22-23.

기 위해서 명령한 형제 사랑으로 자신에 대한 우리의 사랑을 시험하시는 방법을 선택하셨다.[21]

칼빈은 이웃사랑을 경건의 표시로 이해했다. 참된 경건은 인간을 향한 하나님의 실제적 사랑에서 발견된다. 우리의 이웃사랑은 하나님 사랑의 외적인 표시이다. 참된 그리스도인은 홀로 옳은 길을 걷는 데만 만족하지 않고 온 세상을 구원의 길로 인도하는 데 노력한다. 칼빈의 경건은 세상에서의 하나님을 향한 봉사의 경건이다. 칼빈이 개인주의적이라는 견해는 상당히 왜곡된 것이다. 칼빈은 "하나님이 우리에게 그의 손을 내미는 것은, 우리 각자를 그 자신이 정해 놓은 길로 인도하려는 것이 아니라 우리가 다른 사람들을 도와서 그들이 영적으로 전진하게 하도록 하기 위함이다"고 밝혔다.[22] 칼빈이 때로 세상에 대한 부정적 태도를 가진 것처럼 보이지만, 그것은 이 세상을 미워하고 부정하기 위한 것이 아니었다. 이 세상에서의 삶은 다만 순례일 뿐이라는 의미에서의 부정이다. 그런 부정은 세상에 대한 미움이 아니다. 왜냐하면 그에게 창조된 모든 것은 하나님의 작품이었기 때문이다.

칼빈에게 이웃에 대한 봉사와 세상 속에서 건강한 삶은 경건의 궁극적 표현이다. 그는 경건한 삶의 자리를 무엇보다도 먼저 사회 안에 둔다. 칼빈은 "사회에 유익한 삶보다 더 하나님 앞에서 칭찬받을 만한 삶은 없다"고 말하면서 이렇게 진술한다. "일상적 삶으로부터 멀리 떨어진 독신생활과 철학적 삶을 우리가 아무리 많이 동경한다 하더라도, 현명하고 사려 깊은 사람은 일상적 삶을 아는 사람들과 인간관계에서 주어지는 의무를 잘 실행하는 사람들은 훨씬 더 잘 훈련되었으며, 교회의 법칙에도 잘 적응한다는 사실을 그들 자신의 경험으로부터 배워왔다."[23] 칼빈은 사회 경험으로 말

---

21) John Calvin, *Calvin's Bible Commentaries: Galatians* (Charleston, South Carolina: Forgotten Books, 2007), 5:14.
22) John Calvin, *Calvin's New Testament Commentaries: The Acts of the Apostles* (Grand Rapids: Eerdmans, 1996), 19:23-24.
23) W. J. 보우스마, "존 칼빈의 영성," 489에서 인용.

미암아 교회의 봉사에 익숙한 사람들을 환영했다. 영적 삶과 사회적 삶을 이원론적으로 보지 않고 통합적인 관계로 보았던 것이다. 영혼의 힘을 사회적 삶의 원동력으로 보았을 뿐만 아니라 사회적 경험을 영적 삶을 강화시키는 것으로 본 것이다.

칼빈에게 영적인 삶은 하나님을 봄에서 그 절정에 이른다. 하지만 그 봄이 깊어지면 질수록 세상에 대한 봄을 더 깊게 한다. 나아가 삶을 더 많이 사랑하도록 하는 봄이다. 이것은 칼빈의 가르침에 깊이 배어있다. "우리가 더 많은 지식을 가지면 가질수록 우리는 더 많이 사랑해야 한다." 그러는 동안에 우리는 "우리를 향한 평화롭고도 고요하고도 은혜로운 하나님의 얼굴"의 의미를 더 생생하고 더 깨끗하고 더 충만하게 경험할 것이다.[24]

영혼의 사회성과 기도

칼빈은 기도가 그리스도인의 삶의 중심에 있다고 믿었다. 그는 기독교 강요에서 기도에 대해 가장 많이 썼다. 칼빈은 겸손한 자의 제일 기본적 실천은 기도라고 했다.[25] 칼빈은 그리스도인의 영적 생활로서 기도의 중요성을 강조했다. 하나님과의 깊은 관계를 유지하는 데는 기도가 중심 역할을 하기 때문이다. 칼빈에 따르면, 기도는 우리 영혼의 하나님에 대한 감사와 사랑의 내면적 표현이며, 동시에 하나님께서 주시기로 약속하신 것을 받아들이는 것이며, 하나님과의 연합을 위한 대화이다. 이것은 곧 기도가 우리 자신의 의지와 성취가 아니라 하나님의 뜻의 성취에 있음을 의미한다. 하지만 기도가 세상을 등지는 행위가 될 수 있음을 하워드 라이스(Howard Rice)는 지적한다.

---

24) John Calvin, *Institutes of the Christian Religion*, III, ii, 19.
25) John Calvin, *1 and 2 Timothy and Titus* (Essex: Crossway Books, 1998), 1 Timothy, 2:1-2.

> 그리스도인들은 타락한 세상과의 접촉에서 탈출할 수 있는 수단으로 그리스도와 함께하는 자신들의 내적 여행에 집중할 수 있다. 사람들은 기도를 통해 하나님과의 평화를 구할 수 있었으며, 이러한 삶의 방식은 혼자서 주님과 함께하고, 영혼을 살찌우며, 믿음을 심화시키고, 이러한 관계의 힘은 무엇인가 즐겁고 힘 있는 것으로 느끼는 방법일 수 있다.[26]

우리는 세상의 수많은 소리에 지쳐있다. 세상의 소리에 지친 우리는 세상의 소리를 잠시 뒤로 하고 하나님의 음성을 듣기를 원한다. 기도는 우리가 세상의 소리에 의해 지배된 의식과 삶을 내려놓고 하나님의 음성을 듣는 시간이다. 기도는 세상의 소리에 잠식된 우리를 정화하는 시간이요 변혁하는 시간이다. 이러한 의미에서 듣는 기도는 급진적인 행동이다. 기도는 이 세상 속에서 하나님과 사귐을 통해 그의 지혜와 힘을 얻는 방편이다. 기도는 성령의 학교에서 사회성을 배우는 방법이다. 섭리에 관한 칼빈의 가르침에서 우리는 이와 비슷한 지혜를 발견할 수 있다. 섭리는 분명하게 하나님의 힘의 표현이다. 그러나 섭리는 세상, 특히 인간을 위한 하나님의 끊임없는 관심과 활동이다. 하나님의 섭리는 우리를 그의 힘으로 간섭하기 위한 방법이 아니라 우리와 교제하기 위한 하나님의 방법이다. 그러므로 하나님의 섭리는 하나님의 사회성을 반영해 준다. 섭리는 하나님의 은혜의 방법이다. 칼빈은 섭리를 우리에게 용기를 주시기 위한 은혜의 수단으로 보았다. "여기 견고함과 확신에 대한 우리의 유일한 근거가 있다. 우리들에게 모든 두려움을 몰아내고, 그렇게 많은 위협과 함정과 도덕적 투쟁들 가운데서 우리를 승리하게 하시려고 아버지께서 그의 손에 맡기신 모든 것이 안전할 것이라고 약속하신 것이다."[27] 기도의 궁극적 목적은 하나님과 우리의 대화이다. 존 크리소스톰과 찰스 핫지는 기도의 사회성을 이렇게 말한다. "기도는 단순히 간구가 아니라 하나님과의 대화이다." 기도를 통한 대화에서 우리는 단순히 하나님으로부터 무엇인가 얻기를 구하는

---

26) Howard L. Rice, *Reformed Spirituality*, 158.
27) John Calvin, *Institutes of the Christian Religion*, III, xxi, 1.

것이 아니라 하나님과 어떤 관계를 가지는 것이다. 기도만큼 사회성을 반영해 주는 것도 없다. 영혼의 사회성을 가장 분명하게 반영해 주는 것이 기도다. 칼빈은 기도의 목적에 대해 이렇게 썼다. "그리스도께서는 끊을 수 없는 교제의 유대로 우리와 꼭 붙어 계실 뿐만 아니라 날마다 놀라운 교통에 의해 더욱더 우리와 한 몸이 되시며, 우리와 완전히 하나가 되실 때까지 그렇게 하신다."[28] 그는 기도의 목적을 "항상 하나님을 찾고 사랑하며 섬기겠다는 소원과 열의가 우리 마음에 언제나 일어나게 하기 위해서이다"라고 했다.[29] 칼빈에게 기도의 궁극적인 목표는 하나님을 변화시키기 위한 수단이 아니라 하나님과 사랑스런 대화의 방편이었다. 결국 칼빈에게 기도란 사회적인 활동이다.

그러나 우리가 기억해야 할 것이 있다. 그것은 보다 성숙한 기도가 보다 훌륭한 기도라고 말할 수 없다는 것이다. 칼빈도 본능적 필요를 구하는 기도를 결코 정죄하지 않았다. 우리는 하나님과 보다 더 성숙한 교제를 위하여 보다 더 성숙한 기도생활을 추구해야 한다. 그러나 우리가 어떤 유형의 기도를 사랑하더라도 그것은 하나님의 은총 밖에 있는 것이 아님을 잊어서는 안 된다.[30] 사이몬 찬(Simon Chan)은 기도에 대해서 이렇게 진술하였다.

---

28) John Calvin, *Institutes of the Christian Religion*, III, ii, 24.
29) John Calvin, *Institutes of the Christian Religion*, III, xx, 3.
30) 하나님은 우리에게 마음을 다하고 목숨을 다하고 힘을 다할 뿐만 아니라 뜻(생각, 지성)을 다하여 하나님을 사랑하라고 명하셨다(막 12:30). 은혜란 노력의 반대가 아니라 대가로 얻는 것의 반대이다. 그러므로 성숙한 기도를 추구하는 것은 포괄적인 의미에서 하나님의 뜻이라고 말할 수 있다. 그러나 우리가 기도의 가치를 우리의 기능적인 행위에 의존하여 평가하면, 우리의 기도는 율법주의의 도구가 될 수 있다. 윌라드는 율법주의의 미신적 성향을 이렇게 지적한다. "인간의 외면적 행동 규율에 부합되는 가시적 행위를 통해 의롭게 되고 하나님을 기쁘시게 하며 복 받는 자가 된다는 것은 율법주의의 주장이다. 예수님은 율법주의를 "서기관과 바리새인의 의"(마 5:20)라고 부른다. 율법주의와 미신과 마술은 사람과 사건에 대한 통제를 강조한다는 점에서 서로 밀접한 관련이 있다. 율법주의자들은 미신적 행위에 빠질 수밖에 없다. 율법으로 삶을 통제한다는 목적 하에 삶의 순리적 연결고리를 외면하기 때문이다. 그들은 마음과 영혼의 실체를 간과하는데, 마음과 영혼이야말로 정작 삶이 흘러나오는 곳이다. 그래서 예수님은 진정 생명에 들어가려면 서기관과 바리새인보다 나아야 한다고 우리에게 말씀하신다. 생명이란 율법에서 나온 것이 아니다(갈 3:21). 율법은 삶을 제대로 묘사하거나 인도할 수 없다. 율법은 글자다. "의문은 죽이는 것이요 영은 살리는 것(고후 3:6)이다. 율법주의자들은 갈수록 한낱 상징적 행동에

기도와 함께 우리는 현실에 대한 더 큰 비전을 필요로 한다. 우리는 세상의 상황을 우리의 의식적인 사고와 기도 안으로 가져올 필요가 있다. 우리의 비전이 좁고, '영적인' 문제들에 지나치게 국한되어 있다면, 우리의 기도는 좁은 관심 분야 주위를 맴도는 경향이 있다. 어떤 사람들은 열심히 기도할지라도, 그들의 기도에 사회적, 정치적 세계는 등장하지 않는다. 그러나 그러한 사람들의 기도가 진실하지 않거나 진지하지 않다고 생각해서는 안 된다. 변화가 주로 자신들과 관련되어 있기는 하지만, 그들도 자신의 작은 방식으로 변화를 초래하고 있다. 우리는 사회 참여 이론을 통해 어떤 사람의 영적 생활을 평가하는 것을 주의해야 한다. 이 사람들은 그들의 한계 내에서 하나님이 받으실 만한 제사를 드리고 있다. 하나님의 사람들이 기도하는 한, 세상에 희망이 있다.[31]

어떤 유형의 기도이든 기도를 단순히 개인적인 차원으로만 이해하는 것은 잘못이다. 우리가 기도를 개인적인 차원으로 생각하고 있을지라도 기도는 사회적이고 우주적인 영향력을 가지고 있다. 기도는 아주 사회적인 행동이다. 예수님이 제자들에게 "주의 나라가 임하옵시며"라고 기도하라고 가르쳤을 때, 예수님은 궁극적으로 지상에서의 하나님의 통치는 기도하는 사람들, 즉 하나님이 우주의 주인이심을 인정하며 사는 사람들을 통해서 성취된다는 것을 보여 주셨다.

영혼의 사회성과 영성지도

칼빈은 은혜의 수단으로써 훈련을 중요하게 여겼다. 은혜는 값없이 주어지는 선물이지만, 그 은혜에 우리가 반응하는 것이 필요하다. 헨리 스코우갈(Henry Scougal)은 영적 생활에 관한 그의 저서 『인간의 영혼 속에서의 하

더 빠져들 수밖에 없다. 그들은 그 행동이 자신이 바라는 좋은 결과를 가져다주리라고 미신적으로 생각한다. 잘 알려진 바와 같이 마술이나 미신은 매사를 '똑바로' 하는 데 절대적인 강조점을 둔다. 이것이 바로 율법주의의 본질이다." 달라스 윌라드, 『하나님의 음성』, 205-206.
31) 사이몬 찬, 『영성신학』, 김병오 역 (서울: IVP, 2002), 268-269.

나님의 생명』(The Life of God in the Soul of Man)에서 하나님께서 우리에게 값없이 주신 은혜에 대한 반응의 중요성을 이렇게 말한다.

> 은혜의 씨와 하늘의 이슬을 받을 준비를 더 잘하기 위해서는, 하나님께서 우리에게 주신 땅을 갈고, 김을 매고, 가시나무를 뽑아내야만 한다. 하나님께서는 우리가 구하지 않을 때도 우리를 사랑하는 것은 사실이다…그러나 분명히 이것은 하나님의 일반적인 방법이 아니다…비록 하나님께서는 방법에 얽매이시지는 않지만, 우리로 하여금 방법들을 사용하게 하신다.[32]

훈련은 우리를 돌보시기 위한 하나님의 은혜의 방편이다. 칼빈은 은혜의 방편인 훈련을 중요하게 여겼다. "우리는 너무 연약하기 때문에 여러 가지 도움들에 의해 지탱되어야만 하며, 우리는 너무나 나태하기 때문에 자극을 받을 필요가 있다."[33] 칼빈이 기도를 강조한 이유도 이런 의미를 담고 있다.[34] 칼빈은 은혜를 하나님께서 우리의 약함을 채워 주시는 수단으로 이해했다. 그는 모든 은혜의 수단들의 목적은 "우리로 하여금 하나님과 연합하게 되는 것이다"라고 했다.[35]

우리는 자신과 하나님의 은혜를 의지하려는 의지 사이에서 방황한다. 이는 우리에게 보편적인 것이다. 한편으로는 고난까지도 헤쳐 가면서 하나님의 뜻을 따르려는 선에 대한 의지와 다른 한편에서는 그리스도께 충성하려는 우리의 열망 사이의 싸움은 일평생 계속된다.[36] 이는 구원받은 우리에게 일생 동안 끊임없이 계속되는 돌봄과 훈련이 필요하다는 증거이다.

---

32) Henry Scougal, *The Life of God in the Soul of Man* (Philadelphia: Westminster Press, 1984), 68.
33) John Calvin, *Institutes of the Christian Religion*, III, xx, 50.
34) 칼빈은 영혼을 돌보는 은혜의 방편으로 기도를 강조했다. 그는 기도의 삶을 더욱 뜨겁게 하기 위하여 묵상도 필요하다고 보았다. 묵상은 하나님께 대한 깊은 사색과 관조를 요구하는데, 이 훈련을 위하여서는 하나님의 말씀에 대한 묵상이 좋은 수단이 된다고 보았다. 특별히 그리스도의 고난, 죽음, 부활이 묵상의 좋은 주제라고 말했다. John Calvin, *Institutes of the Christian Religion*, III, xx, 33.
35) John Calvin, *Commentaries: The Book of Psalms* (Grand Rapids: Baker Book House, 1984), 24:7-8.
36) John Calvin, *Institutes of the Christian Religion*, III, viii, 10.

칼빈은 영혼의 돌봄을 중요하게 여겼다. 그가 교회를 어머니로 불렀던 것은 돌봄 사역을 중요하게 여겼음을 말해준다. 그는 교회를 영혼을 돌보는 어머니로 묘사했다. "가시적인 교회에 대한 대화는 우리의 선한 목적이 되기 때문에, 단 하나의 '어머니'라는 교회에 대한 호칭이 얼마나 유용하고 또 필연적인가를 알아야 한다. 왜냐하면 그분이 우리를 잉태하고 낳아주시고 가슴에서 양육하여 주는 어머니, 즉 우리가 육체의 옷을 벗고 천사같이 되지 않는 한 어머니(교회)의 공급과 돌보심이 없이는 생명으로 들어가는 다른 수단이 없기 때문이다."[37] 교회는 개인들의 모임이 아니라 영혼을 돌보는 공동체다.

칼빈은 영성지도에서 개인의 내면 발달뿐 아니라 영혼의 사회성에도 깊은 관심을 가졌다. 그는 세상 속에서 이웃에 대한 봉사와 건강한 삶을 통해 하나님을 경험하는 것을 중요하게 여겼다. 영성지도에서 피지도자의 하나님 경험을 사회적 삶의 원동력으로 보았을 뿐만 아니라 건강한 사회적 삶을 하나님과의 관계를 말해 주는 외적 표현으로 보았다. 칼빈은 사회적 약자나 병자들을 방문할 때는 큰 관심을 기울였다. 누구든지 목사에게 알리지 않은 채 3일 동안 침대에 계속 누워 있어서는 안 된다고 하기도 했다. 그는 병자들 뿐 아니라 가난한 사람들을 돌보는 일을 중요하게 여겼다. 그는 빈민구제와 자선에 대한 관심은 종교개혁 기간 내내 계속해서 중요하게 강조했다. 칼빈의 영향으로 개혁주의 영성지도는 인간 자신의 내면 발달에만 몰두하는 것을 거부한다. 개혁주의 영성지도는 부모나 배우자나 자녀들과의 관계, 육체적 건강, 교용 그리고 금전적인 문제들까지 취급한다. "이런 문제들은 하나님과의 관계에 있어서 성장과 연결되어 있다. 다른 모든 것들도 이러한 관점에서 관찰되고 다루어야 할 필요가 있다."[38] 그리스도 예수 안에 계셨던 하나님에게는 어떤 인간도 남이 아니었듯이, 칼빈에게도 사랑의 대상은 우리가 알고 우리 눈으로 보는 사람들을 넘어서는 것이었다. 그는 다음과 같이 말한다.

---

37) John Calvin, *Institutes of the Christian Religion*, IV, i. 4.
38) Howard L. Rice, *Reformed Spirituality*, 144.

우리는 거울을 보듯이 가난하고 무시당하는 사람들, 스스로 도저히 도울 수 없는 사람들 그리고 무거운 짐을 지고 신음하는 사람들, 비록 이들이 우리에게 전혀 낯선 사람일지라도 이들에게서 우리 자신의 얼굴을 보지 않을 수 없습니다. 무어인(Moor)이나 야만인을 다룰 때에 그들이 인간이라는 바로 그 사실 때문에, 그들에게는 우리가 그들을 우리의 형제와 이웃으로 볼 수 있는 모습이 있습니다.[39]

그러므로 칼빈의 영성지도는 우리의 사회성과 밀접하게 연관되어 있다. 영성지도는 영적 지도자와 피지도자가 그리스도 안에 계시된 하나님의 성품에 참여하는 것이다. 하나님의 성품은 그리스도의 성육신 안에서 가장 깊게 드러난다. 그리스도의 성육신은 세상을 멀리하는 것이 아니라 세상 속에서 하나님의 성품을 실현하는 것이다. 육체적 세계를 멀리하는 것이 아니다. 그리스도 안에 계시된 하나님의 성품에 참여하는 것은 이웃을 더 많이 사랑하고, 더 많이 용서하고, 더 많은 관심을 갖는 것이다. 칼빈에게 특별히 가난한 사람들에 대한 배려와 관심은 하나님의 성품에 참여하는 삶의 궁극적 표현이었다. 칼빈은 "하나님께서 당신의 은혜를 가난한 자들에게와 마찬가지로 부자들에게도 부으심에도 불구하고, 그분의 뜻은 강한 자들이 아니라 스스로 자랑하지 않는 법을 배우고, 무시당하는 자들이 그들의 모든 존재를 하나님의 자비에 맡기며, 이 둘 모두가 온화함과 겸손을 훈련받을 수 있도록 부자들보다는 가난한 자들을 선호하는 것이다"라고 하였다. 칼빈의 영성지도 방법은 하나님과의 직접적인 기도를 통해서도 이루어지지만 하나님의 성품을 알고 세상 속에서 그 성품을 실현하도록 돕는 것이다. 그러므로 칼빈의 영성지도는 피지도자가 자신에게 묶여 있는 자아몰입으로부터 하나님이 지으신 세상 속으로 적극적으로 나아가도록 돕는 것과 밀접하게 연결되어 있다.

종교개혁 이후 개신교에서는 '영성지도'가 권위적인 사제주의와 밀접한

---

[39] John Calvin, "Sermon on Galatians 6:9-11," quoted in Ronald S. Wallace, *Calvin's Doctrine of the Christian Life* (Portland: Geneva Divinity School Press, 1982), 150.

관계성이 있다는 의혹을 불러일으켜 위축되는 현상이 있었지만, 나름대로의 개인적인 영성지도의 전통이 있었다. 특별히 칼빈에게서 영성지도의 대표적인 예를 볼 수 있다. 칼빈은 많은 편지를 통하여 지속적인 영성지도를 주고받았다. 칼빈의 영성지도를 보여주는 한 예로 까니 부인(Madam de Cany)에게 보낸 편지를 들 수 있다. "우리가 더욱 자주 대화를 나눌 수는 없지만 이렇게 멀리 떨어져 있는 것을 하나님께서 기뻐하시는 것을 볼 때, 부인께서는 제가 보낸 편지를 부인의 구원을 증진시키기를 바라는 제 진심의 표현으로 받아 주시기를 바랍니다."[40] 이 편지는 칼빈이 까니 부인을 영적으로 인도하기 위해 편지를 활용했다는 것을 보여준다.

칼빈은 또한 편지를 통하여 자기 자신에게 필요한 영성지도를 요청하기도 하였다. 그가 영성지도를 구하는 대상으로는 주로 윌리암 파렐(William Farel)이나 마틴 부처(Martin Bucer)였다. 그는 자신의 문제와 슬픔을 편지를 통해서 파렐에게 쏟아 놓으면서 위로와 인도를 구했다. "꾸오롤(Courault)의 죽음은 저를 너무 짓누르고 있어 제 슬픔을 이루 다 말할 수가 없습니다. 깨어있는 것이 저에게는 익숙해 있는 일이기는 하지만, 그것으로 인해서 괴롭힘을 받고 있습니다. 그리고 밤새도록 우울한 생각 때문에 매우 지쳐 있습니다."[41] 칼빈은 자신의 문제를 가지고 직접 만나 조언을 듣고 싶었지만 만날 기회가 없었기에 아쉬운 마음으로 편지를 통해 영성지도를 구했던 것이다. 그의 개인편지를 들여다보면 공개적으로 드러나지 않은 그의 번뇌나 내적 고통을 얼마든지 엿볼 수 있다. 칼빈은 자신의 아내가 죽었을 때 슬픔에서 벗어나기 위해서 몸부림을 치기도 하였다. "저는 제가 할 수 있는 한 슬픔을 억누르려고 하고 있습니다. 친구들도 제게 대한 의무에 열심하고 있습니다. 진실로 그들이 저에게 유익이 되고 그들 자신에게 유익이 되었으면 합니다. 그러나 그들의 관심에 의해서 제가 얼마나 큰 힘을 얻

---

40) John Calvin, *The Letters of John Calvin*, 202, quoted in Howard L. Rice, *Reformed Spirituality*, 135.

41) John Calvin, *The Letters of John Calvin*, 99-100, quoted in Howard L. Rice, *Reformed Spirituality*, 135-136.

고 있는가는 아무도 말할 수 없습니다. 그러나 선생님은 제 마음이 얼마나 연약한지를 잘 알고 있을 것입니다."[42] 칼빈은 바쁜 삶 속에서도 영성지도를 통해 영혼을 돌보는 일을 게을리 하지 않았다. 편지를 통한 칼빈의 영성지도에서 볼 수 있는 것은, 그에게는 영적 지도자라는 용어보다는 '영적 친구'(spiritual friend)와 '영혼의 친구'(soul friend)라는 용어가 더 자연스럽게 느껴진다.

영적 지도자는 궁극적으로 피지도자가 바라보아야 할 진정한 대상이 누구인가를 안내해 주는 자다. 피지도자는 영적 지도자의 음성이 아니라 지도자를 통하여 주님의 음성을 들어야 한다. 왜냐하면 칼빈은 우리가 그리스도를 더 잘 알면 알수록, 그의 은혜와 능력이 우리의 심령 속에서 더욱 힘차게 역사할 것을 확신했기 때문이다. 그는 영적 지도자는 객관적인 입장에서 자신이 그리스도의 도구로 쓰임 받고 있다고 인식하는 것이 중요하다고 했다. 영적 지도자는 피지도자를 하나님과 그의 말씀 앞으로 인도하는 것이다. 칼빈은 말하기를 "죄를 깨닫고 고통과 상처를 받은 사람들만이 하나님의 자비를 진심으로 빌 수 있다"고 했다.[43] 때문에 영적 지도자는 영성지도 과정에서 피지도자로 하여금 인간의 근본적인 문제인 죄에 대해 성찰하도록 도와주어야 한다고 강조했다. 칼빈의 영성지도는 일종의 어떤 심리적인 방법과 기술을 사용하여 인위적으로 인간의 마음을 열려는 인간적인 방법을 원치 아니었다. 그의 영성지도 방식은 전적으로 하나님의 현존과 주권의 역사를 의지하고 순종하는 영적 방식이었다.

---

42) John Calvin, *The Letters of John Calvin*, 216, quoted in Howard L. Rice, *Reformed Spirituality*, 136.
43) John Calvin, *Institutes of the Christian Religion*, III, iv, 3.

제 8 장

영성지도와 꿈
Spiritual Direction and Dreams

꿈과 인간

모든 인간은 꿈을 꾼다. 현대 뇌신경학자들에 따르면, 사람은 하루에 잠 속에서 보통 작게는 15분에서 길게는 90분가량 꿈을 꾼다고 한다. 하룻밤 사이에 5-7번 가량의 꿈을 꾸게 된다고 한다.[1] 우리가 꿈을 꾸지 않았다고 생각하는 것은 꿈을 기억하지 못하기 때문이다. 꿈은 우리의 의식이 쉬고 있을 때 무의식 속에서 발생한다. 인간은 꿈을 피할 수 없는 존재다. 인간은 자기 꿈을 조정할 수 있는 존재가 아니다. 대부분의 꿈은 무의식에서 발생하기 때문이다. 뇌신경학자들은 가장 길고 중요한 꿈은 보통 잠에서 깨어나기 직전에 가장 많이 발생하는데, 이때 눈동자가 가장 빠르게 움직이는 것이 포착된다고 한다. 어떤 경우는 꿈꾸는 사람이 막 깨어나려고 하는 단계에서 마비 혹은 무력감을 느끼게 되어 그 꿈을 기억하지 못하게 되는 경우도 있다고 한다. 한 가지 흥미 있는 것은 만일 꿈을 꾸게 되는 시간에 잠을 깨게 하여 꿈을 꿀 수 없게 되면 정신적으로 혼란을 일으키게 된다는 연구결과도 있다. 뇌신경학자들은 꿈이 인간의 정신적 육체적 건강에도

---

1) Morton Kelsey, *Dreams: A Way to Listen to God* (New York: Paulist Press, 1987), 32-33.

중요한 역할을 하는 것으로 보고하고 있다. 인간은 꿈을 피할 수 없는 존재다. 꿈은 인간의 삶 속에서 항상 자리하고 있다. 꿈은 우리 인간에게 다양한 의미로 이해되고 있다. 때로는 인간의 욕구의 현상으로, 때로는 심리적인 현상으로, 때로는 영적인 현상으로, 때로는 삶의 의미를 해석하는 자료로 이해되기도 한다.

성경에서도 인간의 꿈 이야기는 자주 등장한다. 복음서는 예수님의 생애와 관련된 꿈을 기록하고 있다. 요셉의 꿈에 주의 천사가 나타나 그와 정혼한 마리아가 성령으로 잉태됨을 알리며 마리아를 아내로 데려오기를 두려워하지 말라(마 1:20)는 내용과 예수님의 탄생을 경배하러 온 박사들은 꿈에 헤롯왕에게 돌아가지 말라는 지시를 받는다(마 2:12). 빌라도가 예수님을 군중들의 손에 내어 주기 전 날 밤 그의 아내는 꿈속에서 남편이 예수님과 관련된 송사에 관련되지 말아야 한다는 것을 경고 받는다.

성경에서 꿈과 관련해서 발견되는 중요한 사실은 요셉과 다니엘처럼 하나님을 경외하고 영적 세계에 열려 있는 사람들에게 꿈 해석능력을 주셨다는 것이다. 요셉의 이야기는 꿈과 꿈의 해석을 빼고는 이해하기 어려울 정도이다. 꿈 때문에 애굽의 종으로 팔려가기도 하고 꿈 때문에 감옥에서 나오기도 한다. 요셉은 꿈의 "해석은 하나님께 속한 것이 아닌가?"(창 40:8)라고 말하기도 한다. 다니엘은 낯선 땅에서 왕의 꿈을 해석함으로써 높임을 받게 된다. 느부갓네살 왕은 꿈을 꾸었지만 그 내용을 기억해 낼 수 없었다. 다니엘은 왕이 잊어버린 꿈을 기억해내고 그것을 해석하였다. 느부갓네살 왕 당시 그 자신도 그의 신하들도 그의 꿈을 해석하지 못했지만 영적 세계에 민감했던 다니엘은 왕의 꿈을 해석할 수 있었다.

성경에서 꿈은 요셉과 박사들에게 아기예수의 생명의 위협을 알리는 급박한 일을 위해서는 직설법적 형태로 나타나기도 하지만 간접적인 형태로 나타나기도 한다. 바울은 꿈속에서 자신을 부르는 마게도니아인을 만나고 선교여행의 행로를 바꾸게 된다. 이 일은 기독교가 유럽으로 먼저 전파되게 되는 중요한 계기가 되었다. 꿈은 때로 명백하게 나타나지만, 느부갓네살왕의 꿈처럼 주로 해석을 요하는 상징으로 나타나기도 한다. 성경에서 꿈은 비전, 환상, 천사의 출연 등과 크게 구분 없이 하나님께서 인간에게 자신의 뜻을 알리는 방법들 중의 하나로 나타나고 있다. 성경에서 꿈은 인간을 돌보시는 하나님의 은혜의 방편으로 등장한다.

꿈과 기독교

꿈은 기독교 역사에서도 중요한 관심의 대상이었다. 초대교회 교부들과 기독교 역사에 중요한 영향을 끼친 학자들도 꿈에 많은 관심을 가지고 영적 삶을 위한 중요한 방편으로 여겼다. 제3세기 알렉산드리아의 오리겐(Origen)은 성경적 관찰을 통해서 꿈을 하나님의 계시의 한 방편으로 보았다. 북아프리카의 유명한 사상가 터툴리안(Tertullian)은 꿈을 매우 중요하게 여겼다. 그는 그의 책 『아니마』(The Anima)에서 꿈에 대해 기록하고 있다. 그는 아이들이 꿈을 꿀 때 눈동자가 빠르게 움직이는 것을 관찰해 냈다. 현대 과학자들에 의해 최근에야 발견된 것을 터툴리안은 이미 3세기에 관심을 가지고 관찰하여 기록했다. 터툴리안은 꿈은 하나님께서 사람에게 자신의 뜻을 알리는 가장 평범한 방법이라고 여겼다.

기독교 역사에서 콘스탄틴 대제가 기독교를 공인한 313년은 매우 중요한 해이다. 콘스탄틴 대제가 312년, 기독교가 공인되기 한해 전, 어느 날 한 비전을 본다. 하늘에 헬라어로 카이(X: Chi)와 로(P: Rho)라는 글자였다. 그는 그 의미가 무엇인지 알 수가 없었다. 밤에 꿈에서 그는 그리스도가 그 상징을 손에 들고 있는 것을 본다. 이 경험으로 인해 그는 기독교로 회심하였고, 300여 년간의 그리스도인들을 향한 긴 박해를 끝냈다. 이 상징은 그의 군사들의 방패에 새겨지게 되었고 그 후로

⟨Chi Rho⟩

1453년까지 헬라 왕국의 상징이 되었다.

동방교회는 영적으로 충만하고 사람들에게 존경받는 영적 지도자들이 많았는데, 그들도 꿈을 하나님께서 자신의 뜻을 인간에게 알리는 중요한 방법들 가운데 하나로 여겼다. 이들 가운데 시네시우스 싸이린(Synesius Cyrene)은 415년 꿈에 관한 연구에서, 꿈을 자아가 하나님과 영적 세계에 열리는 것으로 묘사했다.

꿈에 대한 풍부한 전통을 가졌던 기독교가 꿈과 같은 영적 세계에 대해 덜 민감하게 된 것은 아리스토텔레스의 사상에 근원을 두고 있는 서양의 이성주의의 영향이라고 볼 수 있다. 플라톤은 이성 외에 '신성한 열정'(Divine Madness)이라고 부른 예언, 치유, 예술적 열정, 사랑의 열정 등도 앎의 방식으로 여긴 반면, 아리스토텔레스는 인간은 이성과 감각 경험을 통해서만 진정한 앎을 얻을 수 있다고 믿었다.[2]

제6세기 그레고리 시대부터 그리스도인들은 점차 꿈 해석의 중요성과 가치를 의심하기 시작하기 시작했으나, 1200년까지는 기독교 학자와 철학자들은 비전과 꿈의 중요성을 무시하지 않았다. 그러나 제13세기 아리스토텔레스의 사상에 영향을 받은 토마스 아퀴나스 때부터 기독교는 꿈 해석에 대한 관심이 쇠퇴하기 시작했다. 토마스 아퀴나스는 사람이 과식을 하게 되면 간에 나쁜 영향을 주게 되고 그 결과 뇌에 자극적인 액체(humors)를 보냄으로 나쁜 꿈을 꾸게 된다고 생각했다. 꿈을 하나의 생리적인 현상으로 이해한 것이다.[3] 이것은 또한 인간이 물리적인 세계 외의 것은 다룰 수 없다는 견해를 교회가 받아들였기 때문이다.[4]

17세기의 대표적 이성주의 사상가였던 데카르트는 꿈은 애플파이를 너무 많이 먹었다는 신호 외에는 아무 의미가 없는 것이라고 여겼다. 인간의 행동에 대해 오직 이성적 접근을 했던 데카르트의 이러한 논리로 인하여 꿈은 설 자리가 없게 된 것이다. 겉으로 보이는 혹은 실험되는 것에만 관심

---

2) Morton Kelsey, *Dreams*, 22.
3) Morton Kelsey, *Dreams*, 60.
4) Morton Kelsey, *Dreams*, 22.

을 가지는 물질주의로 인하여 꿈이 무시되었다. 이러한 사상은 기독교에 그대로 영향을 주어 기독교 전통에서 꿈에 대한 관심이 점차 자취를 감추게 되었다.[5]

이성주의가 기독교 사상에 영향을 미치도록 근원을 제공한 토마스 아퀴나스 이래로 기독교는 꿈에 대한 관심이 점차 사라지게 되었다. 이때 프로이드(Sigmund Freud)를 위시한 정신분석학자들은 꿈과 무의식에 관심을 갖게 되었다. 이들의 연구와 관심은 기독교와 일반 학문 모두에 긍정적으로든 부정적으로든 큰 반향을 불러 일으켰다. 특별히 인간의 정신세계에 대한 깊은 통찰을 통하여 많은 질문과 도전을 제공해 주었다. 동시에 의식을 초월하는 세계에 대한 새로운 관심을 불러 일으켰다. 프로이드와는 달리 융(C. G. Jung)은 모든 정신적인 문제에서 종교적 경험과 같은 영적 세계의 중요함을 역설했다.

꿈과 정신분석학

정신분석학은 꿈과 무의식에 관한 놀라운 분량의 정보를 제공하고 있다. 기독교 교회가 꿈에 대해 침묵하고 있는 사이에 정신분석학은 꿈과 무의식에 대해 깊은 관심을 가졌다. 프로이드가 꿈과 무의식의 세계를 부정적으로 본 반면, 융은 원형과 집단적 무의식의 개념을 도입하여 꿈과 무의식의 긍정적인 면을 강조하였다. 이러한 이유로 기독교 영적 지도자들은 프로이드 보다는 융의 이론으로부터 더 많은 지혜를 얻고 있다.

---

5) 사르트르(Jean-Paul Sartre)로 대표되는 실존주의는 무의식은 탐구가 가능한 영역이 아니라고 여겨 꿈에 대해 주의를 기울이지 않았다. 불트만(Rudolf Bultmann) 역시 비판 없이 이 견해를 받아들였으며 이것은 현대 기독교 신학에서 꿈에 주의를 기울이지 않는 결과를 초래하게 되었다.

프로이드의 꿈 이해

원본능, 자아, 초자아의 역할

프로이드의 꿈과 무의식에 관한 이해를 위해서는 프로이드가 말하는 인간의 정신을 구성하는 요소들 즉 자아(ego), 초자아(superego) 그리고 원본능(id)의 역할과 이들간의 관계를 이해하는 것이 필요하다.[6]

프로이드는 원본능을 '쾌락의 원리'라고 불렀는데, 원본능은 언제나 쾌락을 추구하기 때문이다. 초자아는 보통 '양심'이라고 부르는 것에 상응한다. 프로이드는 이것을 '도덕적 원리'라고 말했다. 그러나 프로이드는 초자아가 사회적인 기원을 가지는 것으로 보았다. 초자아는 사회적 가치와 이상-규범들-뿐 아니라 제지와 금기를 보여 준다. 이러한 규범들은 제일 먼저 부모에 의해서 그리고 나중에는 권위 있는 인물들에 의해서 어린이에게 소개된다. 이러한 사회적 압력들이 어린이에게 내면화되어 그의 개별적인 성격이나 정신의 일부로서 기능하기 시작한다.

원본능과 초자아는 서로 추구하는 것이 다르기 때문에 이들 간에 긴장이 있을 수 있다. 원본능이 요구하는 것을 초자아가 제지할 수 있는데, 그 결과로 자기의 심층에는 갈등과 긴장이 존재한다. 원본능과 초자아의 경쟁적인 요구들 사이에서 긴장을 풀어주고, 조정자의 역할을 하는 것은 자아의 몫이다. 자아는 의식적인 자기다.

프로이드는 자아를 '현실원리'라고 불렀는데, 그것은 외적인 현실을 고려하는 일을 담당하기 때문이다. 그러므로 자아는 원본능이 요구하는 것, 초자아가 요구하는 것 그리고 외부세계가 요구하는 것 사이에서 균형을 유지시켜 주는 무거운 임무를 수행한다. 자아가 원본능과 초자아 둘 모두의 요구들과 우리에 대한 외부세계의 요구들을 충족시키고, 정신의 평화와 질서를 유지하며, 개개인의 성공적 삶이나 충만한 삶을 보장하는 것은 거의 불가능하다. 그 이유는 프로이드가 말한 것처럼 대부분의 사람들은 어느 정

---

6) 프로이드의 꿈 이해를 위해 Sigmund Freud, *The Interpretation of Dreams* (Ware: Wordsworth Editions Ltd., 1997) 참조.

도 신경증에 걸려 있기 때문이다. 다른 말로 하면, 우리들 대부분은 어느 정도 내적인 조화나 심리적인 균형이 결핍되어 있기 때문이다.

꿈의 의미

프로이드에 의하면, 꿈에서 원본능(본능과 욕구)은 자아(의식적인 부분)와 의사소통을 하려고 애쓴다. 잠을 자는 동안 자아는 긴장을 풀고 임무에서 벗어난다. 이때 의식 세계로부터 오는 저항이 낮아지고 무의식의 내용들이 자기를 표현하기 시작한다. 꿈은 이러한 무의식의 표현들이라고 볼 수 있다.

원본능뿐만 아니라 초자아도 주로 무의식 차원에서 작용한다. 그러므로 초자아는 사람이 잠을 잘 때에도 여전히 임무를 수행한다. 따라서 만약 원본능이 자아에게 말하고자 하는 것이 초자아에서 실체화된 도덕적/사회적 가치관과 충돌하게 되면, 초자아는 원본능이 의식세계에 보내는 메시지를 방해하고 검열한다. 그 결과 무의식으로부터 나오는 메시지는 단지 위장되고 왜곡된 형태로만 의식세계에 도달하게 된다.

프로이드는 꿈의 '드러난 내용'과 '숨겨진 내용'을 구별했다. 꿈의 드러난 내용이란, 실제로 꾼 꿈이다. 즉 꿈 이야기를 구성하는 인물, 장면 그리고 사건이다. 꿈의 숨겨진 내용은 그 꿈에 나에게 말하려고 하는 것, 즉 그 꿈의 메시지나 의미이다. 꿈은 무의식으로부터 온 메시지들이다. 그것은 무의식에 대해 의식적으로 유의해야 한다는 것을 말해 주는 것이다.

프로이드는 거의 모든 신경증, 즉 정신적 불균형이나 갈등들이 성욕의 좌절에서 기인한다고 생각했다. 프로이드에 의하면 성적 충동은 인간의 모든 충동들 가운데 가장 강력하고 가장 완고한 것 가운데 하나이다. 다른 한편으로 그것은 사회로부터 가장 강력하게 금기 시 되어 왔다. 그러므로 프로이드는 우리에게 있어서 좌절과 갈등의 경험이 가장 많이 일어나는 곳은 성의 영역이라고 판단했다. 프로이드는 꿈의 드러난 내용이 전혀 성적인 것을 수반하지 않은 것으로 여겨지더라도, 그 꿈의 의미는 성적인 것이라고 이해했다. 꿈들이 원본능의 표현과 신경증의 증상으로 보여 지는 한, 대부분의 꿈들은 당연히 성적인 견지에서 해석되어야 한다는 것이다. 한편 프로이드는 어떤 꿈들은 성적인 의미를 갖고 있지 않다는 점을 인정했다. 그는 또한 꿈의 한 상징이 단 하나의 의미만을 가질 수 있다고 생각하는 것에 대해서 경고했다.

프로이드는 꿈의 대부분이 실제로는 왜곡되거나 위장된 원망성취들이었다고 믿었다. 꿈의 드러난 내용, 즉 괴로움을 주는 내용은 내부의 검열자(초자아)에 의하여 강행된 억압된 욕구의 위장이다. 그러므로 불안은 위장된 원망이고 꿈은 억압되거나 억제된 원망의 위장된 성취들이라고 여겼다. 그래서 프로이드는 지나치게 발달된 지배적인 초자아는 바람직한 것이 아니라고 여겼다. 초자아가 강해질수록, 그 사람이 계속해서 억제하거나 억압하려고 하는 본능적 욕구들도 더욱 강해지기 때문이다.

꿈의 재료와 원천

꿈의 다양한 소재들-사람, 사물, 장면, 사건, 이름 등-은 대개 자기가 최근에 의식 상태에서 경험한 것들로부터 그리고 주로 전날의 사건들로부터 온다. 또한 많은 꿈들은 꿈꾸는 사람이 아주 먼 옛날에 경험한 것으로부터 나온 소재들을 포함한다. 경우에 따라서는 꿈의 소재들이 꿈꾸는 사람의 경험 밖에서 온 것들도 있다.

프로이드는 거의 모든 정신적 갈등들 그리고 그것들을 표현하는 꿈들의 원천은 초기 아동기까지 거슬러 올라간다고 주장한다. 프로이드에게 있어서 성인이 꾸는 꿈들은 초기 아동기(5-6세)의 사건들과 경험들로부터 파생되는 것으로서 이때에 억압된 정서들은 사라지지 않고 무의식 속에 남아 있게 된다. 그리고 그 경험들은 성인이 되어서 취하는 태도들과 행동, 긴장, 폭발적인 분노 등을 이해하는데 필요한 단서가 된다.

프로이드가 초기 아동기를 강조하는 것에 반대하는 비프로이드학파나 신프로이드학파들은 어떤 신경증은 그 발병의 원인이 초기 아동기에만 국한되지 않는다고 본다. 가령 청소년기와 그 이후에 사람들에게 영향을 끼치는 문화적인 요인들(예를 들면, 사회적인 금기나 종교적인 금기들) 또는 청소년기나 그 후에 개인적으로 경험한 것들도 신경증의 원인이 될 수 있기 때문이다.

한편, 프로이드는 초기 아동기에 처음 생긴 신경증은 성인의 어떤 경험이 그것을 폭발시킬 때까지 잠복한 채 남아 있다고 했다. 프로이드에 따르면, 신경증은 억압된 욕구나 정서를 부적절하고 왜곡되게 그리고 만족스럽지 못하게 표현하는 하나의 방법이다. 꿈이란 그런 왜곡된, 즉 위장된 표현의 한 형태이다. 그러므로 꿈에 유의하는 것은 내가 가지고 있는 모든 억압된 욕구들이나 정서들에 유의하는 것을 의미한다.

프로이드의 꿈 해석은 사회적으로 많은 반향을 일으켰다. 그의 이론을 따르는 사람들이 있는 가하면, 꿈이 억압된 욕구의 분출이라는 그의 견해에 반대하는 사람들도 있었다. 그의 제자였지만 후에 결별한 융은 프로이드가 모든 정신장애의 근본 원인은 성에 있고, 따라서 성은 모든 꿈의 의미를 풀어내는 유일한 열쇠라는 점을 강조하는 것에 반대하였다. 융은 프로이드가 무의식을 억압된 욕망들과 이루어지지 못한 성욕들과 위험하거나 잘못된 본능의 창고라고 여긴 것에 동의하지 않았다. 융은 특별히 프로이드가 자신의 꿈과 무의식에 관한 이론에 대한 권위를 매우 중요시 여겼고, 그것을 거의 종교처럼 절대적 가치로 여기고 있는 것을 발견하고 그와 갈라서게 되었다.[7] 융은 꿈과 무의식의 긍정적 역할을 제안하였을 뿐만 아니라 원형 혹은 집단 무의식이라는 개념을 사용하여 인간에게 기본적으로 실재하는 종교적 혹은 영적 세계에 대해 관심을 가졌다. 이러한 면 때문에 기독교는 프로이드 보다는 융의 이론에 더욱 관심을 가지게 되었다.

---

7) C. G. Jung, *Memories, Dreams, Reflections*, Translated by Richard and Clara Winston (London: Fontana Press, 1995), 182.

융의 꿈 이해

의식과 무의식의 역할

융에 의하면, 자아 가운데 무의식은 의식보다 더 많은 부분을 차지한다. 무의식은 물 밑에 있는 보이지 않는 거대한 얼음덩어리와 같다. 반면에 의식은 밖으로 노출된 부분에 불과하다. 이러한 무의식 속에 기억, 그림자, 잠재력이 숨어 있다. 기억은 우리의 모든 경험과 그 의미를 간직하고 있다. 우리가 위기를 만났을 때 반응했던 행동습관, 우리의 삶에서 여러 가지로 작용해 온 다양한 자아 이미지들 그리고 아직도 해결되지 못한 갈등들이 이 개인적인 무의식 깊은 곳에 놓여 있다. 이러한 기억들이 해결과 변화와 통합을 바라고 의식 밖으로 나오는 것이다. 기억은 자아가 실존적 물음으로부터 만든 이야기를 간직하고 있다. 이 이야기는 삶의 단계마다 지속적으로 정체성을 제공한다. 특별한 경우에 자아는 이 이야기를 불러들이기도 하고, 이야기의 일부분과 관계를 맺기도 하고, 나아가 이야기를 통해 타자와 관계를 맺기도 한다. 이야기는 의식적으로나 무의식적으로나 변함없는 자의식을 제공한다. 그림자(shadow) 역시 무의식 속에 숨어 있다. 융에게는 그림자에 관해 설명하는 몇 가지 방법이 있다. 그림자는 지배적인 기능과는 반대되는 면이다. 그것은 우리를 혼란시키거나 당황하게 만드는 일부 성격의 약하고 덜 발달된 부분이다. 그것은 때로 파괴적인 힘으로 의식 밖으로 나온다. 그림자는 우리 자신에게서 소홀히 되거나 분리된 부분이며, 우리가 의식하고 있지 못하는 부분이다.

융이 프로이드와 결별하게 된 이유는 무의식에 대한 이해를 달리하게 되면서 이다. 프로이드가 정신적 문제들이 억눌린 결과 무의식에 모이게 된다고 본 반면, 융은 무의식을 정신적인 문제들의 원인들뿐만 아니라 병에 대한 치료방법도 보여줄 수 있다고 믿었다.[8] 무의식은 최대한으로 우리의 안녕을 추구하고, 인격발달을 목표로 한다.[9] 융에게 있어서 무의식은 단지

---

8) C. G. Jung, *Memories, Dreams, Reflections*, 238.
9) 김성민, 『융의 심리학과 종교』 (파주: 동명사, 1988), 91-92.

식욕, 성욕 그리고 생존 욕구를 중심으로 하는 본능의 덩어리가 아니었다. 삶의 의미에 대한 비밀을 포함하는 훨씬 폭넓은 것이었다. 따라서 융은 만일 우리가 무의식에 대해 충분히 수용적이기만 하다면, 무의식은 그 비밀을 우리의 꿈으로 나타낼 것이라고 믿었다.

융에 의하면, 무의식이 가진 아주 중요한 특징들 가운데 하나는 편향적인 의식세계를 균형 있게 만드는 것이다. 물리적 실재 세계에서 의식하지 못하는 자아의 모습은 꿈을 통해 표출되기도 하는데, 무의식적인 부분을 의식 속으로 끌어 들여옴으로 우리의 자아를 통합할 수 있다는 것이다. 많은 정신적 문제들이 의식과 무의식을 제대로 통합하지 못하는 데서 오므로, 이들을 잘 통합할 수 있다면 정신적 문제들을 치료할 수도 있다고 믿었다.[10] 그에 의하면 꿈은 무의식이 의식으로 들어가는 통로이다.

이성주의의 영향으로 인간은 의식의 역할을 극대화 시킨 반면, 무의식에 대한 관심의 결여로 극단적인 물질주의나 편협한 과학만능주의 그리고 과격한 합리주의 등을 초래하게 되었다. 의식과 무의식의 분열은 현대 문명의 독소적 요소 가운데 하나이다. 우리가 인지하지 못하지만, 인간 의식은 무의식에 그 뿌리를 두고 있기 때문이다. 융 심리학자 빙겔은 이러한 점을 "우리가 무의식과의 접촉을 그만 둘 때, 우리의 정신은 불구가 되고, 인간 정신 가운데서 가장 중요한 부분을 상실하게 된다"고 역설했다.[11] 현대인들이 물질적으로는 풍부할 지라도 정신적으로는 매우 궁핍하고 메말라 있는 이유 중의 하나는 바로 무의식의 차원을 무시하거나 이에 대해 무지하기 때문이다.

융은 프로이드가 무의식은 의식의 부정적인 측면을 내포하는 것에 불과하다고 생각하는 것에 동의하지 않았다. 융은 인간의 무의식은 인간 존재의 어두운 측면을 담고 있기는 하지만, 인간 존재의 긍정적인 힘까지도 내포하고 있다고 믿었다. 그에 의하면, 무의식에는 인간의 창조능력도 포함되어 있다. 인간의 진정한 가치와 가장 선한 가능성이 내포되어 있다. 인간

---

10) C. G. Jung, *Memories, Dreams, Reflections*, 166-167.
11) 에르나 반 드 빙겔, 『융의 심리학과 기독교 영성』, 18.

의 의식은 시간과 공간 속에 갇혀 있으며, 유한하고 피상적이다. 그러나 무의식은 그 경계가 무한하며, 보편적이다. 무의식은 의식의 원천이며 기반이 된다.

개인 무의식과 집단 무의식

융은 무의식 세계의 더욱 표면적인 층과 더욱 심원한 층을 구별하고, 그것들을 각각 '개인 무의식'과 '집단 무의식'이라고 불렀다. 융의 시대에 이르기까지 심리학자들은 무의식의 한 영역 밖에는 알지 못했다. 인간의 의식이 망각했거나 억압해버린 영역과 그 밖에 그와 비슷한 영역들만 알고 있었다. 이 영역은 한 사람의 개인적인 삶과 연결되어 있는 영역으로서 한 사람의 가족사의 범위에 한정된다. 그래서 융은 이 무의식을 개인 무의식이라고 불렀다. 프로이드는 이 영역을 전의식이라고 불렀다. 개인 무의식은 개인적인 자아 또는 사회적인 자아의 영역을 벗어나지 않는다. 개인 무의식은 의식으로부터 억압되고 거부된 것들로 이루어져 있다. 그러므로 그것은 개인의 경험이 일생 동안 축적된 것이다.

한편 집단 무의식은 개인보다 그리고 의식보다 더욱 오래된 것이다. 집단 무의식은 인류의 변화 발전을 통해 물려받은 모든 정신적 유산이 개인의 뇌의 구조 안에 보편적 감정과 본능으로 축적된 것을 말한다. 따라서 집단 무의식은 개인의 과거만을 담고 있는 것이 아니라 모든 사람들의 보편적인 과거나 미래를 담고 있다. 집단 무의식 덕분에 개인은 시간과 공간을 초월해서 이 보편적인 세계와 접할 수가 있다.[12] 집단 무의식의 발견은 융이 프로이드와 결별하게 되는 결과를 초래했다.[13] 프로이드는 인간 자신을 단순한 본능에 반응하는 현상적 존재로 여김으로 무의식 안에 있는 본능만 보았을 뿐 영혼이 그 안에 있음을 간과했다.

---

12) 에르나 반 드 빙겔, 『융의 심리학과 기독교 영성』, 22.
13) C. G. Jung, *Memories, Dreams, Reflections*, 182.

꿈과 원형 심상들

융에 의하면 우리는 모두 집단 무의식에 참여한다. 집단 무의식은 원형들(archetypes)을 포함하고 있는 인류의 유산이다. 원형은 모든 인간들이 공통적으로 가지는 하나의 유형화된 경향성 혹은 기본적 인격요소라고 볼 수 있다.[14] 원형은 관념이 아니라 유전적으로 물려받은 원초적이며 본질적인 힘이다. 그것은 형태를 형성하는 능력을 지니고 있다. 하나의 잠재적인 능력이다. 융은 우리의 신체기관이 인간발달의 긴 과정의 결과이듯이, 원형은 인간의 시원에서부터 있었던 인간의 정신적이고 육체적인 전체성 체험의 결과 생겨난 산물이다. 융에게 있어서 집단무의식은 인간의 발달 과정을 통해서 유전적으로 전해지는 이 강력하고 영적인 실체를 담고 있는 그릇이다. 이 실체는 각 개인의 존재 구조 속에 계속해서 새롭게 재생된다.[15]

융은 생의 전반기의 꿈들의 대부분은 자신의 개인 무의식으로부터 온 것으로 생각했다. 그러나 꿈들이 원형 심상들을 포함하고 있다면 그러한 꿈들은 집단 무의식으로부터 나온 것으로 생각했다.[16] 융이 말하는 원형 심상들은 '본능의 자아상'이다. 원형들은 본능적인 힘들이요, 본능적인 행동전략이거나 행동방법이다. 원형 심상들은 이러한 본능적인 것들이 꿈에서 그 자체를 보여주는 데 사용되는 상징들이다. 원형 심상들은 상징들을 포함하는데 하나님, 죽음과 부활, 천사와 악마 등 다양하게 나타난다. 원형 심상들은 개인 무의식 보다 더 오래 된 것들로 집단 무의식에 속한다.

꿈 해석 연구에 있어서, 융은 젊은 사람들과 나이든 사람들을 구별했다. 그는 대략 35세까지의 사람들에게는 프로이드 학파의 해석으로 충분 할 수 있지만, 35세 이상의 사람들에게는 프로이드 학파의 해석으로 충분하지 못할 것이라고 생각했다. 이러한 구별은 너무 엄격하게 또는 너무 협의적으로 적용해서는 안 된다. 하지만 인생의 전반기에 속한 대부분의 사람

---

14) C. G. Jung, *Memories, Dreams, Reflections*, 160.
15) C. G. Jung, *Probleme der Gegenwart*, 175, 에르나 반 드 빙겔, 『융의 심리학과 기독교 영성』, 23에서 인용.
16) C. G. Jung, *Memories, Dreams, Reflections*, 274.

들이 일반적으로 외적인 것들에 마음에 사로 잡혀 있으나, 인생 후반기에 속한 사람들은 궁극적인 생의 목적과 의미들을 살펴보기 시작하는 경향이 있다. 이러한 이유들 때문에 융은 동일한 꿈의 상징은 꿈을 꾸는 사람이 생의 전반기에 속해 있느냐 아니면 후반기에 속해 있느냐에 따라 다른 의미 또는 의미의 다른 측면을 가질 수 있다고 말한다. 융은 생의 후반기의 속한 자신의 환자들 대부분이 고통을 겪는 원인은 기본적으로 종교의 부재에 있다는 결론을 내렸다. 프로이드에게 있어서 종교는 하나의 신경증이었다. 그러나 융에게 있어서 종교는 치료법이었고, 정신적인 문제를 가진 사람을 치료하기 위한 근원적인 방법이었다.

꿈과 상징

프로이드는 꿈의 이미지들을 단지 해독되어야 하는 뒤엉킨 암호들이라고 여겼다. 그는 꿈의 이미지들은 정말로 살아있거나 자발적인 것이 아니라 제대로 이해될 수 없는 인간 존재의 깊음을 반영하는 것일 뿐이라고 생각했다.[17] 반면, 융은 꿈은 상징이라는 풍성한 언어를 통해 명백하게 말한다고 믿었다. 현대인들의 대부분의 문제는 상징으로 생각하는 방법을 잊은 데서 온다. 융은 우리가 상징에 주의를 기울임으로 접근할 수 있게 된 새 영역은 우리의 의식적 관점에 균형을 가져오게 된다고 하였다.[18]

꿈이란 무의식의 표현으로서 상징주의의 일부를 이루고 있다. 우리가 집단 무의식을 통해서 인류의 원초적이며 원형적인 상징에 도달하여 인간 정신의 원천에 도달 할 수 있게 된 것은 융의 가장 위대한 발견 가운데 하나이다.[19] 인간의 심리는 신체적으로도 여러 가지 다른 방식으로 자신의 의사를 표현하고 있지만, 특별히 상징이라고 하는 언어를 모국어로 하고 있다. 따라서 우리가 그 상징 언어를 무시한다면 정신치료를 할 수가 없게 된

---

17) Morton Kelsey, *Dreams*, 31-32.
18) Morton Kelsey, *Dreams*, 32.
19) 에르나 반 드 빙겔, 『융의 심리학과 기독교 영성』, 31.

다. 융은 상징을 가리켜서 "영혼의 기관"이라고 불렀다.[20] 우리는 사물을 인식할 때, 어떤 것을 있는 그대로 보기도 하지만 그 안에 들어 있는 내면적 의미 혹은 비밀을 인식하기도 한다. 상징 언어는 바로 이러한 숨어 있는 비밀을 더욱 깊이 알게 하고 풍부하게 하는 중요한 역할을 한다. 융은 꿈을 무의식의 상징 언어로 표현하고 있는 것임을 밝힘으로써 인류의 정신세계에 중요한 공헌을 했다. 무의식은 꿈을 통해서 상징적인 언어를 가지고 의식과 만나려고 하고, 의식을 도와주려 한다. 꿈은 헤아릴 수 없는 가치를 가지고 있는 인간의 내적 안내자로서, 인간이 가지고 있는 중요한 보물 가운데 하나이다.[21]

꿈의 성격과 구조

융이 이해하는 꿈의 성격과 구조를 살펴보면 다음과 같다.[22] 첫째, 꿈의 자율성이다. 꿈은 다양한 이미지들, 사람들, 상징들과 드라마들로 채워져 있는데, 이러한 것들은 의식의 통제를 초월한다. 꿈은 자율성을 가지고 있어 그 나름의 법칙에 따른다. 꿈이 말하고자 하는 본질을 알아내기 위해서는 상징적 언어와 이미지들을 읽을 수 있도록 열려 있어야 한다. 각각의 꿈은 모두 독특하고 자발적인 산물이며, 원형적 꿈의 상징조차도 꿈을 꾼 사람과 또한 그의 상황에 따라 상당히 다를 수 있다.

둘째, 꿈의 보완성이다. 우리가 의식하지 못한 정보를 떠올리거나, 문제들에 대한 예상하지 못한 해결책을 넌지시 알리거나, 어떤 상황에 대한 새로운 조명을 보여주거나 혹은 꿈꾸는 자신이 인식하지 못하고 있는 자신의 일부분을 보여줌으로써, 꿈은 의식세계를 보완할 수 있다. '그림자', 아니마, 아니무스와 같은 원형적 인물들의 경우도 우리의 의식 세계를 보완하는 것들이다. '그림자'(the shadow)는 우리가 의식하지 못하는 우리 인격의

---

[20] 에르나 반 드 빙겔, 『융의 심리학과 기독교 영성』, 32.
[21] 에르나 반 드 빙겔, 『융의 심리학과 기독교 영성』, 31.
[22] John A. Sanford, *Dreams: God's Forgotten Language* (New York: Crossroad, 1982), 120-153.

어두운 부분이다. 그것이 어떤 것이든지 우리가 대면하기 두려운 혹은 대면하기 싫은 우리의 일부분 일 수 있다. 남성의 꿈에 나타나는 낯선 여성은 남성의 무의식에 존재하는 여성성(아니마)을, 여성의 꿈에 나타나는 낯선 남성은 여성의 무의식에 존재하는 남성성(아니무스)을 보여 주는 것이다. 우리가 이 그림자를 의식적으로 인지하게 되고, 자신의 무의식에 내재하는 반대의 성을 인지하게 되면, 우리 인격에 긍정적 가치를 더하게 되며, 우리 인격의 조화를 이루어 인격발달에 도움을 줄 수 있다.

셋째, 꿈에 나타나는 인물들의 중요성이다. 꿈에는 다양한 인물들이 나타나고, 다양한 상황이 전개된다. 거의 모든 경우, 일반적으로 그것은 꿈꾸는 사람 자신에 관한 것이고 자신의 문제이고 자기 자신과 자신의 세계와의 관계에 관한 것이다.

넷째, 꿈의 차원이다. 어떤 꿈이 개인적 차원의 꿈인지 집단적 차원의 꿈인지를 쉽게 구분할 수 있는 것은 아니다. 개인적 차원의 꿈은 어린 시절에 겪었던 것들 중 잊고 있거나 혹은 억압해 놓고 있는 것들로서 개인의 기억, 느낌, 충동, 인상 등과 관련되어 있다. 반면 집단적 차원의 꿈은 인류가 공통으로 가지는 기본적 충동과 가능성들을 담고 있다. 과거로부터 인류가 공통적으로 소유하고 있는 원시적인 의식(consciousness)들은 집단적 무의식이라는 형태로 우리 안에 계속 거주하고 있으며, 죽음과 같은 중요한 상황에 이러한 형태를 대면하게 된다.

융이 이해한 꿈의 성격과 구조는 꿈 해석 시 기본적으로 고려해야 할 점들을 말해 준다.[23] 우선적으로, 꿈을 꾼 사람의 의식적 상황을 아는 것이 중요하다. 꿈을 꾼 사람은 어떤 사람인가? 나이와 상황은 어떠한가? 당장 그의 삶에 당면하고 있는 문제는 무엇인가? 직업은 무엇인가? 특정한 꿈을 꾼 날에 그에게 무슨 일이 일어났는가? 꿈은 그 꿈을 꾼 사람의 삶의 정황 속에서만 이해될 수 있다. 꿈속에 나타난 자료들에 대한 정보는 꿈을 꾼 사람과의 연관성 속에서 찾아야 한다. 어떤 인물이나 상징에 대해 꿈을 꾼 사

---

23) John A. Sanford, *Dreams*, 140-142.

람이 어떤 느낌을 갖는지가 중요한 정보를 제공할 수 있다. 꿈 해석은 반드시 꿈을 꾼 사람의 개인적 경험을 통해 이루어져야 한다. 꿈 해석을 훈련받은 전문가의 도움을 받을 수는 있으나, 가장 중요한 것은 꿈을 꾼 당사자가 자신을 통찰하는 앎이다. 때로 단일의 꿈은 여러 꿈 중의 하나일 수 있으므로, 여러 개의 꿈을 함께 살펴볼 필요가 있다. 한 달 후에 꾼 꿈을 통해 그 전의 꿈의 의미를 완전히 이해하게 될 수도 있다. 한편, 융에 의하면, 원형적 형태의 꿈은 개인적 차원에 속한 정보로 해석이 가능하지 않을 수 있다. 그는 이러한 개인적 차원을 초월하는 꿈의 해석은 보편적 의미들을 담고 있는 종교 혹은 신화들과 비교해 보는 것이 필요하다고 여겼다.

꿈의 주체와 역할

꿈은 인간 자신의 심리적 사회적 영적 상태를 말해 주는 중요한 통로이다. 꿈은 인간의 실존적 현상이다. 꿈은 인간의 생리적인 차원을 넘어서 발생하는 무의식의 세계와 깊이 관련되어 있다. 꿈은 또한 비 물리적 실재 혹은 영적 세계를 경험하는 다양한 형태 중의 하나이기도 하다. 그러나 13세기 이후부터 서양의 이성주의와 물질주의의 영향을 받은 기독교는 점차 꿈의 세계를 무시하기 시작하였고 현대에 와서는 꿈은 오히려 기독교에서 암묵적으로 언급하지 않는 경향이 자리를 잡고 있다. 이러한 이유로 기독교는 꿈을 다루는 것을 그다지 긍정적으로 보지 않는 경향이 있다. 하지만 꿈 해석에 대한 작업은 기독교의 전통에서 벗어나는 것이 아닐 뿐만 아니라 삶의 지혜와 영적인 의미들을 발견해 낼 수 있는 통로이기도 하다.

분명한 것은 기독교 영성지도에서 꿈을 다룰 때 융과 같은 정신분석학자들의 꿈 이해와 해석을 그대로 따르거나 또는 모든 꿈을 하나님의 계시로 여기는 일은 문제를 일으킬 수 있다. 꿈은 우리가 무의식 세계의 비밀을 알 수 있는 매우 중요한 방법이기는 하지만 유일한 길은 아니다. 또한 상징의 기능이 집단 무의식과 같은 인류의 보편적 의미와 존재를 알려 준다고 할지라도, 진리와 관련된 어떤 것들은 우리의 노력으로 얻을 수 없는 것들이 있다. 초월적인 혹은 성스러운 영역에 속하는 것과 같은 오직 하나님의 선물로만 얻을 수 있는 것들이 있다. 상징이 우리 인간 존재의 가장 깊은 차원과 관련을 맺고 있어 우리를 무의식의 세계를 이해할 수 있도록 도울 수 있음에도 불구하고, 무의식 속에 도사리고 있는 양가적인 면을 생각하고 꿈과 상징 언어를 분석하는 데 있어서 유의해야 할 필요가 있다. 또한 융이 접근한 것처럼 무의식은 인간의 영혼은 물론 신과도 내면적으로 아주 밀접하게 연관되어 있다. 하지만 무의식과 영혼을 동일시하는 데는 위험이 따른다. 무의식이 인간의 영혼을 모두 다 드러내고 있다고 볼 수 없기 때문이다. 그러므로 정신분석학의 지혜를 비평적으로 수용하면서 꿈 해석에 대한 기독교 전통을 영성지도에 적용할 수 있도록 꿈을 신중하게 다루는 작업이 필요하다.

중요한 것은 꿈이 인간의 무의식의 현상이라면 인간에게는 의식의 세계만 있지 않고 의식을 넘어선 차원도 있다는 것을 증명해 준다. 하지만 인간은 자기가 의식할 수 없는 것에 대해서는 인정하지 않으려고 한다. 현대인들은 눈으로 볼 수 있는 실재 세계에 근거하지 않거나 오감으로 느끼지 못하는 것은 받아들이려 하지 않는 경향이 많다. 꿈은 우리에게 우리가 의식하고 느낄 수 없는 차원도 분명히 있다는 것을 알려준다. 여기에는 많은 의미들이 내포되어 있다. 우리의 의식은 우리의 의식을 넘어선 세계를(예를 들면 영의 세계) 부인할지라도 우리의 무의식의 세계는 의식의 차원을 넘어선 어떤 세계를 인정하고 있는 것이다. 프로이드는 꿈은 인간의 억압된 욕구가 무의식이라는 세계를 통해 표출되는 현상으로 보고 무의식을 인간의 억압된 욕구의 쓰레기 통으로 보았지만, 융은 무의식을 욕구 분출의 창으로만 보지 않고 인간의 정신의 깊은 차원으로 보았다. 무의식의 관점에서 볼 때, 우리가 하나님을 의식하지 못한다고 해서 하나님이 존재하지 않는 것은 아니다. 우리가 모든 것을 우리의 의식만을 가지고 어떤 존재를 인정하고 평가한다면 우리 스스로 우리의 존재의 중요한 차원을 부인하는 것과 같다. 정리하면, 꿈이 무의식의 현상이라고 할 때 우리 인간에게는 의식을 넘어선 국면이 있다는 것을 분명하게 말해준다. 이는 우리에게 영적이고 종교적인 의미를 제공해 준다. 꿈은 이성주의의 한계를 인정하고 의식 세계를 넘어선 초월적 차원으로 안내하는 역할을 해준다. 꿈을 단지 생물학적 차원으로만 간주해 버린다면 그것은 너무나 단순한 일이 아닐 수 없다. 우리는 이성으로만 살지 않는다. 우리 이성은 많은 한계성을 가지고 있다.

꿈이 억압된 욕구를 분출하는 현상이라면, 꿈은 우리의 삶을 점검할 수 있는 동기를 제공해 주는 매개체가 될 수 있다. 우리는 본능적으로 욕구를 추구하는 존재다. 우리의 욕구는 끝이 없다. 프로이드는 꿈을 억압된 욕구의 현상과 관련시켰다. 꿈은 우리의 원본능(본능과 욕구)과 초자아 갈등으로 인해 발생한다. 원본능이 본능적 욕구를 추구할 때 초자아가 그것을 억누르며 갈등할 때, 자아는 원본능과 초자아의 갈등을 조정하게 된다. 하지만 자아는 우리가 잠을 자는 동안 긴장을 풀고 임무에서 벗어난다. 인간의 욕구가 초자아의 저항을 받다가 인간이 잠을 잘 때 자아가 쉬고 있는 동안 인간의 욕구가 무의식 차원에서 작용하는 과정에서 꿈이 발생하게 된다. 꿈이 인간의 욕구 충족의 대한 저항의 현상이라면 꿈은 우리의 삶을 점검하게 하는 매개체가 되는 것이다. 꿈은 도덕적인 삶을 점검하게 하는 매개체로서 역할을 할 수 있다.

꿈 해석에서 기억해야 할 것은 악한 영의 세계를 인정할 때 꿈은 악한 영의 세력과 관계된 현상일 수 있다는 것이다. 성경은 분명히 악한 영의 세계를 말한다. 때문에 꿈은 악한 영의 세계와 관계되어 발생할 수 있다. 또한 악한 영이 가면을 쓰고 꿈속에 나타날 수도 있다. 이때 꿈은 해석과 분별이 요구 된다. 이때 기억해야 할 것은 이러한 꿈은 결정론적으로 접근해서는 안 되고 반드시 신앙적 접근을 해야 한다. 이러한 꿈의 상징적인 의미를 주의 깊게 다루면서 영적인 지혜와 깨우침을 얻도록 해야 한다. 이때 악한 영의 역사에 집중하기보다는 하나님의 인도하심에 더 귀를 기울여야 한다.

꿈이 악한 영과 관련되어 발생할 때도 우리의 영적 분별력을 길러주는 매개체로 활용하는 지혜가 필요하다.

꿈은 하나님의 역사일 수 있다. 우리는 심리적 존재요 사회적 존재요 영적 존재다. 하나님은 우리를 그런 존재로 창조하셨다. 그러므로 우리는 꿈을 통해서도 영적 경험을 할 수 있다. 꿈은 하나님의 음성을 듣는 통로가 될 수 있다는 것을 인정해야 한다. 특별히 하나님이 우리에게 의식 세계만 선물로 주신 것이 아니라 무의식의 세계도 주셨다는 것을 인정한다면, 하나님은 우리의 의식세계를 통해서 우리와 소통하실 수 있지만 무의식 세계를 통해서 소통하실 수 있다. 우리는 너무나도 습관적으로 감각적 의식에 사로잡혀 있다. 하지만 우리에게는 의식을 넘어선 차원이 분명히 있다.

꿈의 세계를 묵상하면 삶에 통찰을 가져다주기도 한다. 꿈은 내적 세계의 실재의 한 부분을 밝혀주기 때문에, 꿈을 제대로 이해하게 되면 그것은 우리를 내적 탐구로 이끌 수 있다. 하나님은 하나님께서 창조하신 모든 물질적, 영적 세계를 발견하는 한 방편으로 꿈을 우리에게 주신다. 꿈을 진지하게 대할 때, 꿈을 우리에게 주신 하나님께서 우리가 꿈을 통해 자신의 모습을 볼 수 있도록 도우신다. 꿈을 진지하게 대할 때 우리는 영적 세계를 더 깊이 이해할 수 있다. 꿈은 이처럼 우리에게 많은 의미를 제공해 준다.

꿈과 영성지도

영성지도에서 꿈의 중요성

영성지도는 우리의 영혼이 하나님을 바라고 하나님의 현존을 경험하도록 돕는 일이다. 하나님께서 꿈을 통해 우리와 소통하실 수 있다는 것을 인정한다면, 꿈은 영성지도에서 중요한 요소가 될 수 있다.

첫째, 꿈은 하나님의 은사로 환영할 수 있다. 꿈을 하나님의 은사로 환영해야 한다는 의미는 꿈의 원천과 관련해서 살펴볼 수 있다. 우리가 하나님의 주권을 인정하고, 하나님께서 우리의 의식과 무의식을 만드시고 우리와 의사소통을 하시기를 원하신다는 것을 인정한다면, 꿈을 통해서도 우리에게 말씀하신다는 것을 알 수 있다. 물론 하나님께서 말씀, 성례전, 기도 등과 같은 방법을 통해서 우리와 주로 소통하시지만 꿈도 하나의 방편이 될 수 있다. 영적 지도자가 할 수 있는 일은 꿈의 내용을 들어 주고, 함께 탐구하며, 그 사람이 그 꿈을 통해 하나님께서 말씀하시고자 하는 것이 무엇인지 묵상하도록 지원하는 것이다.[24]

둘째, 꿈은 확고한 답변, 충고, 예언적 계시라기보다는 질문을 제공하는 것으로 보아야 한다. 꿈에 누가 죽음에 이르는 것을 보았다고 하여 바로 달려가서 그 사람에게 그것을 알리는 것은 아마도 어리석은 일일 것이다. 꿈을 무시하는 것만큼이나 꿈을 미신적으로 믿는 것도 바른 방법이라고 볼 수 없다. 꿈의 가장 중요한 기능 중의 하나는 우리가 평소에 의식하지 못하고 있던 부분을 우리에게 보여 줌으로써 우리의 의식적 태도를 보완하는 것이다. 꿈은 또한 좀처럼 우리가 알거나 다룰 수 있는 것 이상의 것을 드러내지 않는다. 이것이 꿈과 최면의 가장 큰 차이점이다. 꿈에서 얻은 것들을 다루면서 상처를 입는 사람은 거의 없다. 흥미 있는 것은 꿈은 항상 대인관계를 북돋우고 사랑 없는 혹은 이기적인 태도를 간접적으로 지적한다. 따라서 꿈이 우리에게 '내가 직면한 내면의 문제가 무엇인가' '내가 두려워하는 사람은 누구인가' 혹은 '내 삶에서 지금 내가 놓치고 있는 것은 무엇인가'와 같은 질문을 하는 것으로 보는 것이 옳다. 때문에 영적 지도자는 피지도자의 꿈을 통해 자기의 내면을 살피고 하나님 앞에서 자기를 성찰하는 기회로 삼도록 도와주어야 한다.[25]

셋째, 꿈은 대부분 비유처럼 생각하고 다루어야 한다. 비유는 상징적 의미로 내용을 전달한다. 꿈도 비유처럼 어떤 주제를 말하고자 다양한 상징들을 사용한다. 꿈을 비유처럼 여기고 다룬다는 것은 꿈속의 상징들을 문

---

24) 데이비드 베너, 『영혼 돌봄의 이해』, 186-187.
25) 데이비드 베너, 『영혼 돌봄의 이해』, 191.

자적으로 해석하는 실수를 하지 않도록 막아줄 수 있다. 또한 꿈을 비유처럼 여긴다고 하여 꿈이 해독해야 할 어떤 암호처럼 우리를 곤경에 빠뜨리게 하는 것은 아니다. 꿈은 비유와 같이 그것이 제공하는 의미는 확실하고 쉽게 주의를 기울일 수 있을 만큼 단순하다. 단지 꿈은 그 동안 의식하지 못했던 자신에 대한 중요한 정보를 제공하고 그것을 깊이 생각해 보게 하는 것으로 보면 된다.[26]

넷째, 꿈이 말하려고 하는 것에 주의를 기울이는 방법을 알 필요가 있다. 우선적으로 잠에서 깬 후 바로 꿈, 생각, 느낌들을 계속 기록하는 것이 매우 중요하다. 그것은 개인의 영적 삶의 기록을 제공하고 그 중요성을 내포하기 때문이다. 그리고 반복되는 꿈에 주의를 기울여야 한다.[27] 어떤 꿈들은 그 전의 꿈들과 연장선상에서 보면, 그 의미를 바로 깨달을 수 있다. 또한 비슷한 내용의 꿈이 반복적으로 나타나는 것은 우리의 관심을 더욱 불러일으키기 위함임을 아는 것도 도움이 될 수 있다. 마치 주의를 기울이라고 말하는 것처럼 반복 되는 꿈은 보통 중요한 것이다. 또한 꿈이 마치 연극이나 영화인 것처럼 귀 기울여 듣는 것이 필요하다.[28] 꿈은 우리 자신의 부분들을 여러 배우들이 맡아 표현하는 연극처럼 여겨질 수 있다. 연극을 볼 때, 그 흐름의 전개와 발전을 보면 보통 해결과 결론을 이해할 수 있는 것과 같이, 긴 꿈의 전개를 따라가다 보면 우리 영혼에 무엇인가 교훈을 주는 것을 알 수 있다. 꿈을 이해할 수 있게 되면, 우리 삶에 있는 어떤 문제들이 있는지 또한 어느 길로 가야 할지를 종종 깨닫게 된다. 이를 위해서는 역시 상징들을 이해해야 한다.[29] 그것은 거의 새 언어를 배우는 것과 같다. 성경을 묵상하듯이, 상징이 무엇을 표현하고 있는지 깨달으려고 묵상하는 것이 도움이 될 수 있다.[30]

다섯째, 꿈속의 사람과 사물은 거의 대부분 알려지지 않은 자기 자신의

---

26) 데이비드 베너, 『영혼 돌봄의 이해』, 191-192.
27) Morton Kelsey, *Dreams*, 48; 데이비드 베너, 『영혼 돌봄의 이해』, 192.
28) 데이비드 베너, 『영혼 돌봄의 이해』, 191; Morton Kelsey, *Dreams*, 49.
29) C. G. Jung, *Memories, Dreams, Reflections*, 235, 367.
30) Morton Kelsey, *Dreams*, 49.

한 부분을 나타내고 있는 것이다.[31] 다른 사람과 싸우는 꿈을 꾸는 경우, 보통 아직 인식하지 못하고 있던 성격의 또 다른 자신과 싸우는 것일 수 있다. 자기 자신의 성격과 경향과 같은 내적 이미지들에 익숙할 필요가 있다. 이를 위해서는 우선 자신의 꿈을 신중하게 여기는 태도가 중요하다.[32] 자신의 꿈에 더 깊은 관심을 보일수록 꿈은 더욱 우리에게 관심을 줄 것이기 때문이다. 만일 무의식의 영역에서 작용하는 어떤 힘이 우리에게 말하고자 한다는 것을 신중하게 믿는다면 꿈에 관심을 보이게 될 것이고, 꿈은 우리에게 말하기 시작할 것이다. 그 후 꿈의 내용과 자신의 당면 문제 혹은 성격 등과의 연결점을 찾아보아야 한다. 꿈의 특정한 이미지나 내용과 내가 억눌러 놓고 있는 어떤 것과 관련이 있는지를 찾아보는 것이다. 그러면 꿈은 우리가 어떻게 다른 사람들과 관계맺는지를 보여 줄 수 있고, 가족을 포함한 모든 다른 사람들에 대한 우리의 태도를 개선할 수 있도록 도울 수 있다. 그러므로 꿈속의 이미지를 주의 깊게 관찰하면 자기 통합과 영적 성숙을 위한 중요한 정보를 얻을 수 있다.[33]

끝으로 중요한 것은 꿈 해석은 다른 은사와 마찬가지로 분별의 은사가 요구된다. 꿈을 단지 영적인 의미로만 해석하는 것은 많은 문제를 가져 올 수 있다. 모든 꿈을 하나님의 직접적인 계시로 생각하려는 것은 잘못이다. 꿈을 미성숙하게 다룸으로써 문제를 일으킬 수 있다. 예를 들면, 모든 돼지 꿈을 행운을 갖다 주는 꿈으로 해석하는 경우다. 모든 돼지꿈이 행운을 의미하는 것은 아니다. 또 하나의 중요한 원리는 꿈속에 등장하는 여러 인물들은 실제 인물로 여겨서는 안 된다는 것이다. 꿈속에 등장하는 대부분의 인물들은 자기 자신의 여러 모습을 반영해 주는 것이다. 꿈은 다른 사람의 문제가 아니라 자신의 문제와 관련해서 자주 발생한다. 특히 자신이 억눌러 놓은 문제가 통합을 필요로 하거나 하나님의 은총이 필요한 자아의 한

---

31) 데이비드 베너, 『영혼 돌봄의 이해』, 193-194.
32) Morton Kelsey, *Dreams*, 46.
33) Morton Kelsey, *Dreams*, 45.

부분을 나타내는 경우가 많다.[34] 꿈은 자기 자신을 하나님 앞에서 점검할 수 있는 중요한 매개체이다. 영적 지도자는 피지도자의 꿈의 문제를 해결하려고 하기보다는 꿈을 통하여 발견한 것을 가지고 하나님께 나아가도록 영적 동반자 역할만을 수행해야 한다.

영성지도에서 꿈을 다루는 방법

우리는 하나님의 형상을 가진 놀라운 피조물이지만, 우리의 진정한 근원의 뿌리는 창조주임을 기억하는 것이 영적 지도자의 가장 기본적이고 중요한 역할이다. 많은 사람들은 무의식이 존재의 가장 깊고 근원적인 수준을 들어낸다고 믿고 있다. 하지만 정신분석에서 말하는 무의식이 영적 존재로서의 영혼의 문제를 모두 다 드러내고 있다고 볼 수는 없다. 우리가 영적인 일을 인식하려 한다면 좀 더 깊은 차원이 있음을 간과하지 말아야 한다. 영적 차원은 단지 더 깊을 뿐만 아니라 초월적이라는 데 그 차이점이 있다.[35] 그것은 더 이상 우리의 개인적 정신이나 집단적 정신의 문제가 아니다. 그것은 우리 너머에 존재하는 우리 존재가 뿌리 내린 그 토대를 반영해 준다. 우리가 이런 실재의 초월적인 차원을 충분히 인식하게 되면, 정신의 깊이를 헤아리는 일이 하나님께 나아가는 주된 통로가 되어야 할 필요는 없다는 것을 깨달을 수 있다. 그것도 하나의 중요한 방향이 될 수는 있겠지만, 많은 가능성 중의 하나일 뿐이다. 자기 이해가 거룩함에 대한 감각을 키워나가는 데 도움이 되는 것은 분명하지만, 거룩함이 우리 자신 내에서만 발견되는 것은 결코 아니다.

또한 꿈과 무의식에 대해 긍정적으로 접근한다고 하여, 꿈과 무의식이 영혼의 모든 문제를 해결해 주는 것처럼 여기는 것은 옳지 않다. 인간의 영혼의 문제는 하나님과의 관계를 회복하는 데 그 시작과 끝이 있다. 따라서 하나님과의 관계를 멀리하게 하는 것들은 그것이 무엇이든지 우리의 영적

---

34) Morton Kelsey, *Dreams*, 53.
35) Gerald G. May, *Care of Mind Care of Spirit*, 44.

성장을 방해하는 것이다. 예를 들면, 두려움과 저항은 무의식적인 수준에서 일어나며, 꿈을 통해 표출된다. 두려움과 저항은 영적 성장을 방해하는 중요한 요소들 중의 하나이다.[36] 영적 지도자는 피지도자의 영적인 깨달음을 가로막는 저항이나 방어의 체험을 인식으로 끌어내고, 파악하도록 도와야 한다. 영적 성숙을 가로막는 무의식적인 정신역동을 밝혀내도록 도와야 한다. 정신분석학적인 지식이 영적 지도자에게 큰 도움이 되겠지만, 중요한 것은 영적 지도자가 하나님을 향하고 하나님께 주목할 수 있는 은혜로운 역량이다. 영적 지도자 스스로가 가진 문제 해결에 대한 관심 때문에 피지도자의 전체 삶의 과정에서 하나님이 요구하시는 것들에 대한 인식이 가려져서는 안 된다.[37]

다른 하나는, 영적 지도자는 피지도자가 꿈에 대해 얼마나 주의를 기울여야 하며 스스로의 꿈을 분석하도록 어느 정도까지 격려해야 할지에 대해, 신중하게 기도하는 가운데 분별력을 가지고 개개인을 고려하며 결정을 내릴 필요가 있다. 어떤 이들은 내면의 정신세계에 대하여 특별한 흥미와 호기심을 느끼고 꿈을 탐구하는 데 수반되는 자기 몰두의 위험을 감수하려 한다. 한편 아주 약한 자기방어력을 지닌 사람들은 너무 많은 무의식적 상징에 직면함으로써 심리적인 보상 작용을 상실할 수도 있다. 또한 고도로 방어적이라서 스스로의 내면세계로부터 분리되어 버린 어떤 사람들은 꿈 탐구를 통해 큰 도움을 받을 수도 있다. 꿈이 영적 분별의 아주 특별한 도구가 될 수도 있고 그렇지 않을 수도 있으므로 우리는 꿈에 대해 언제, 어떻게, 얼마나 초점을 두어야 할지 분별할 필요가 있다.

끝으로, 균형감각을 유지하면서 영성지도 중에 꿈에 대해 주의를 기울이고 그것을 지도 관계 안에서 자유롭게 의논할 수 있는 것이 중요하다. 하나님은 우리를 다양한 방식으로 움직이신다. 우리는 하나님의 이러한 다양한 방식에 열려 있고 수용적일 필요가 있으며, 관심이 한쪽에 치우쳐 다른 것들이 가려지게 해서는 안 된다. 대부분의 일반적인 방법들은 꿈의 상징

---

36) Gerald G. May, *Care of Mind Care of Spirit*, 48.
37) Gerald G. May, *Care of Mind Care of Spirit*, 48.

적인 내용과 그것과 일상생활 및 영적 성장의 관련성에 초점을 둔다.

영성지도에서 꿈 해석의 기술

영성지도에서 피지도자가 자신의 꿈의 의미가 무엇인지, 하나님께서 꿈을 통해 무엇을 말씀하시고자 하는지 귀 기울여 듣도록 돕는 것이 영적 지도자의 역할이다. 데이비드 베너는 이것을 좀 더 구체적이고 실제적으로 서술하고 있다.[38]

1) 꿈에서 깬 후 바로 꿈의 내용을 적는다. 잠자기 전에 펜과 노트를 옆에 준비해 놓는다. 잠에서 깨어난 후 5분 안에 상당한 부분을 잊어버리기 때문에 바로 적어 내려가는 것이 필요하다. 구두점이나 철자 등에 신경 쓰지 말고 기억나는 대로 모든 것을 기록한다. 꿈에서 경험한 감각, 상상, 행동, 생각, 대화, 감정, 성격, 태도, 색감, 소리 등을 그대로 기록한다. 꿈을 꾼 날짜도 기록한다. 꿈에서 깨어난 후의 반응도 기록한다. 꿈에 대해 일어나는 질문들, 꿈에 대한 의식적 느낌, 첫 번째 떠오르는 연상, 최초의 반응 등을 기술한다.

2) 꿈에 제목을 부여하고 꿈의 주제와 영향, 꿈에 대한 질문을 적어본다. 그림의 제목을 붙이듯이 꿈의 제목을 정한다. 꿈 자체에서 찾을 수 있는 제목이어야 한다. 그 다음 꿈에서 제일 중요하게 여기는 것이 무엇인가를 질문하여 주제를 적는다. 여러 주제가 있다면 목록을 작성하고 순서대로 목록을 숙고하면 하나의 전체적인 주제를 얻을 수 있을 것이다. 모든 주제목록을 가지고 있더라도 전체적인 주제를 정하는 데 하나님의 도움을 구하도록 한다. 꿈에서 표현된 영향을 기록하기 위해서는 꿈속에서 자신이라고 규정할 수 있는 내가 느끼는 특별한 감정의 특성과 다른 특성으로 행동하고 경험되는 다른 감정, 꿈에서 깨어난 후의 감정 등을 적는다. 마지막으로 꿈이 자신에게 묻고 있는 것이 무엇인지를 적는다. 친구가 나에게 의미

---

38) 데이비드 베너, 『영혼 돌봄의 이해』, 195-205.

있는 질문을 묻는 것처럼 꿈을 통해 듣는 것을 말한다. 꿈이 의미하는 바가 무엇인지, 무엇을 묻고자 하는지를 하나님께 간구하도록 한다.

3) 기도, 성경공부, 묵상을 통해 꿈에서 질문하는 것을 상고하도록 한다. 꿈에서 질문하고 있는 것을 기도나 성경공부 혹은 묵상을 통해 상고해 보면 풍성한 자료를 얻을 수 있다. 가깝고 친근한 친구와 함께 꿈에서 질문하고 있는 것을 토론해 보면 그 전에 희미했던 것들도 명백해질 수 있다.

베너는 앞에서 설명한 세 가지 기본적인 기술들에 익숙해지고 난 후 다음에 서술할 발전된 기술들을 사용하도록 권하고 있다. 왜냐하면, 꿈의 전체적이고 기초적인 의미를 파악하기 전에 다음 단계로 넘어가면, 꿈의 세부적 이미지에 집중하다가 오히려 꿈의 전체적 의미를 잃거나 손상시킬 수 있기 때문이다.

4) 꿈에 나타나는 세부 사항에 주의를 기울이고 중요한 상징에 따른 연상을 기록한다. 꿈에 나타난 상징의 세부사항을 자세하게 서술하고 그에 따른 연상을 기록하는 것이다. 이것은 단순한 서술 작업이지 해석 작업이 아니다. 여기서 중요한 것은 꿈의 주요 상징에 주의를 기울이고 나와 연계를 이루는 것이 무엇인지 연상할 수 있도록 마음을 여는 것이다.

5) 꿈 자아에 주의를 기울인다. 꿈에 나타난 자아의 한 부분은 매우 중요한 자아이다. 꿈 자아는 때로 나이, 성별, 인종이 다른 사람의 모습으로 혹은 동물이나 식물의 모습으로 나타날 수도 있다. 그러나 이렇게 위장 되어 있어도 꿈꾸는 사람은 그것이 자신임을 알 수 있다. 꿈 자아의 태도, 선택, 행동 그리고 반응을 자세히 연구하는 것은 내면세계의 상태를 이해하고 영적 성장을 가져다 준다.

6) 꿈 자아와 상상의 대화를 시도한다. 마치 다른 사람과 대화를 하듯이 꿈 자아와 대화를 하는 것이다. 약간의 상상력이 필요하되 그 가능성을 무시하지 않고 붙잡는 것을 의미한다. 야곱이 얍복강 가에서 하나님과 씨름하는 환상은 꿈 자아와의 상상의 대화에 중요한 시사점을 제공한다. 하나님과 야곱의 상호작용이 나타나고, 야곱은 집요하게 구함으로 하나님으로

부터 새 이름을 얻게 된다. 꿈에서 왜 그렇게 행하였는지를 집요하게 묻고 대답을 듣는 것이다.

베너는 이러한 작업들이 기계적으로 되지 않도록 하며, 자신의 가장 깊은 자아를 만나는 작업이므로 성령의 인도를 받는 것이 필요하다고 지적한다. 꿈을 분석을 한다기보다는 깨어 있는 자아와 꿈속의 자아의 만남으로 보고 서로 알아갈 수 있는 기회를 준다고 여기는 것이 필요하다. 이러한 과정은 다른 사람과의 대화 과정에서 더욱 쉽게 이루어 질 수 있다. 영적 지도자가 꿈을 다룸에 있어서 이와 같이 성령의 인도를 구하며 한 영혼을 돌보고 그의 영적 여정의 대화 동반자로서 임하는 것이 중요하다. 이것이 영적 지도자의 놀랍고도 풍성한 역할이다.

제 II부 상담이론

제1장 상담과 인간: 내담자

제2장 상담과 성경: 상담자

제3장 상담과 목회돌봄

제4장 권면적 상담

제5장 성경적 상담

제6장 이야기 상담

제7장 예수의 상담

제8장 해결중심 상담의 원리와 목표

제9장 해결중심 상담의 실제

제10장 해결중심 상담 윤리

Spirituality & Counseling

제 1 장

상담과 인간: 내담자
Counseling and Human: Counselee

인간 이해

　기독교 상담에 있어서 가장 먼저 이해해야 할 문제는 '인간은 누구인가,' '왜 인간은 많은 문제들을 안고 살아가는가,' '어떻게 이 문제들을 해결할 것인가'를 고려하는 것이라고 할 수 있다. 중요한 것은 인간의 본성을 어떻게 이해하느냐에 따라 상담의 원리와 접근방법에 지대한 영향을 미친다는 것이다. 예를 들면, '행동주의'(behaviorism)에 기초한 상담은 인간을 그들의 행동패턴들을 모아 놓은 것으로 보려는 경향이 있다. 행동주의는 인간에 대해서 알 수 있는 것이 무엇이건 행동의 관찰에서 와야 하며 인간행동은 환경의 산물이라는 입장을 취한다. 행동주의는 환경이 인간을 통제하고 지배하는 것으로 여긴다. 행동주의는 모든 인간의 행동에는 분명한 원인이 있다고 보기 때문에 도덕주의에 빠지기 쉽다. '진화론'(evolutionism)적 인간관에 기초한 상담은 생물학적인 본능의 우위를 강조함으로써 전인적 변화에 대한 소망이라고는 거의 없는 비관적인 입장에 이를 수 있다. 진화론적 인간관은 사람에게 고유하게 발달된 신경체계를 인정하지만, 근본적으로 다른 동물과 다른 것이 없는 동일한 체계를 갖는 동물에 속하는 것으로 본다. 인간의 의식 작용은 창조적으로 주어진 것이 아니라, 진화의 과정에서 생명과 에너지의 집중적인 종합의 현상이라고 한다. 다윈(Charles Darwin)에 의하면, 생존경쟁에 있는 생물의 세계에서 새로운 세대가 구세대를 거울처럼 닮는 복사판이 아니라, 유기적인 형태의 변화가 조금씩 이루어진다. 변화가 그의 생존의 유익한 것임을 입증해 주는 동물은 훨씬 많이 살아남고, 변화가 생존에 방해가 되는 동물은 몰락한다. 그래서 항상 적응을 가장 잘하는 자만이 살아남으며 번식을 하고 또한 점차적으로 새롭고 고등한 종들이 발생한다는 것이다. '유물론'(materialism)은 인간을 포함해서 인간의 모든 문화적 작용은, 물질의 상황 여건에 따라 결정된다고 본다. 초월성이나 영적인 요소는 궁극적으로 중요하지 않다. 물질적 생활의 방식은 사회적, 정치적, 정신적인 생활과정 일반을 제약한다. '실용주의'(pragmatism)는 인간의 정신은 단지 삶을 위해 봉사하는 기관이다. 실용주의가 말하는 인간의 정신은 완전히 삶에서 자라나며 삶에 의해서 그의 방향이 결정된다. 그러므로 정신은 자기 자체 안에 그 목적을 지니고 있지 않다는 것이다. 이는 기본적으로 자연주의적 인간관이다. '영적 환원주의'(spiritualistic reductionism)에 기초한 사람들은 상담에서 인간의 문제의 모든 원인을 영적으로 해석하려는 경향을 갖는다. '인본주의'(humanism)와 '실존주의'(existentialism) 이론은 좀더 낙관적이어서 발전과 성숙을 향한 개인의 개성과 능력을 강조한다. 이러한 인간관들은 엄밀한 의미에서 모두 환원주의(reductionism)적이라 할 수 있다.

이제 우리가 도우려는 사람들을 어떻게 이해해야 하는지 성경에 비추어 논의해 보자. 인간 본성과 구조에 있어서 몇 가지 핵심적인 요소들을 살펴보는 것이 필요하다.

인간의 실존

성경적인 관점에서 인간은 첫째, 하나님의 형상을 따라 지음 받은 피조물이다. 따라서 인간은 하나님이 귀하게 여기는 가치 있는 존재가 된다. 이는 인간이 자기 자신이나 다른 사람을 존중하고 소중히 여겨야 한다는 것을 함의한다. 둘째, 모든 인간은 타락을 했다는 것이다. 그러므로 인간에게는 그들의 성장과 다른 사람과의 교류에 영향을 주는 한계, 결점, 해로운 태도가 있다. 셋째, 모든 인간은 하나님의 자녀 또는 잠재적인 자녀이다. 이 잠재성은 그리스도 안에서 구체화되었다. 넷째, 인간은 변화하고 성장할 수 있다. 기독교의 시각은 성령의 역사를 통해 인간의 파괴적인 특성과 태도는 매일 매일의 성화를 통해 수정되고 개선될 수 있다고 제시한다. 다섯째, 인간은 자신의 행동, 죄, 하나님에 대한 응답에 대해 하나님 앞에서 책임을 지는 존재이다.

성경은 인간의 실존을 기본적으로 창조와 타락이라는 두 관계성 속에서 말하고 있다. 우리 인간들은 하나님의 형상으로 만들어진 피조물이라는 존엄성과, 그의 심판 아래 놓여있는 죄인들이라는 부패성을 모두 지니고 있다. 전자는 우리에게 소망을 주나 후자는 우리의 기대에 제한을 가한다. 이러한 인간 이해는 기독교적 독특성이면서 '파라독스'이다. 역설적 존재인 인간은 하나님과 같이 행동할 수 있지만 또한 결국은 동물의 수준에까지 내려갈 수 있는 것이다. 인간은 생각하고 사고하고 창조하고 예배할 수 있고 또한 악을 선택하고 우리 자신을 예배하고 다른 사람을 파괴하고 미워할 수 있다. "우리 인간은 예배당을 건축하고 또 거기에 폭탄을 투하한다. 우리는 병든 환자를 위하여 훌륭한 의료 기구를 개발하고 또 똑같은 공학으로 우리는 다른 노선을 취하는 정치적 적을 고문하는데 사용한다. 이것이 인간, 즉 땅의 먼지와 하나님의 호흡, 치욕과 영광 사이에서 방황하고 있는 파라독스이다."[1]

---

1) John Stott, *Issues Facing Christians Today: New Perspectives on Social and Moral Dilemmas* (London: Harper Collins Publishers, 1990), 38.

하나님의 형상으로서 인간

인간의 본성에 관한 최초의 기록은 창세기 1:27-28에서 확인할 수 있다. (1) 하나님이 자기 형상 곧 하나님의 형상대로 사람을 창조하시되, (2) 남자와 여자를 창조하시고, (3) 하나님이 그들에게 복을 주시며 그들에게 이르시되 생육하고 번성하여 땅에 충만하라고 하셨다. 그리스도인들은 '하나님의 형상'으로서 인간을 이해한다. 하지만 '형상'이라고 하는 말의 적절한 의미에 관해서는 상당한 논쟁이 있다. 어떤 이들은 하나님의 형상을 대부분 우리가 소유하고 있는 능력을 뜻하는 것으로 이해하였다. 그것은 다른 동물들은 소유하고 있지 않는 사고하는 이성적 능력, 언어로 의사소통하는 능력 등이다. 의심할 필요 없이 이 모든 능력들과 다른 능력들은 인간을 성숙하게 하고, 건강하게 표현하기 위해 인간이 필요로 하는 요소들이다.

'형상'에 대하여 또 다른 접근 방법이 있는데, 능력과 가능성은 좀 덜 강조하고 '관계'를 보다 더 강조하는 입장이다. 데이빗 클라인즈(David Clines)는 이것을 인간이 하나님의 형상을 지녔다는 사실이 내포된 '관계에로의 소명'으로 보았다.[2] 이러한 접근의 배경에는 인간의 본성을 하나님의 빛 아래에서 보아야 하는데 인간의 본성을 반영하는 하나님의 본성 자체가 관계 속에 존재하는 인격으로 보기 때문이다. 창세기 1:26-28에서 우리는 모든 사람을 하나님의 형상의 본질적인 부분인 관계성 속으로 부르시는, 아버지와 아들과 성령의 관계성 안에 계신 하나님을 본다. 알리스터 맥파든(Alistair McFadyen)은 삼위일체 하나님을 '상호관계성 안에 존재하는 인격'으로 보았다. 그는 "삼위일체 속에 있는 개인의 정체성에 관한 용어는 단지 독특한 개인만을 의미하는 것이 아니고, 삼위일체 각 인격과의 사이에 이루어진 특이한 관계 형태를 의미한다. 성부, 성자, 성령은 단순히 관계의 양태가 아니고 또한 절대적으로 분리되어 독립된 개인만도 아니라, 관계 속에 존재하는 인격들 그리고 관계를 통해서만 존재하는 인격들이다. 인격들

---

2) David Clines, "A Biblical Doctrine of Man," *The Journal of the Christian Brethren Research Fellowship* 28 (1976), 24.

은 그들이 다른 위격들을 위하여 존재할 때만 존재한다"라고 말하였다.[3] 하나님이 관계 속에 존재하는 인격이라면, 하나님의 형상으로 창조된 인간도 '관계 속에 있는 인간'으로 생각하도록 열어준다. 왜냐하면 우리가 인간의 본성을 그분의 빛 아래서만 이해해야 하기 때문이다. 인간의 정체성은 하나님과 관계, 인간 동료와의 상호관계, 자연과의 관계 속에서 살아가도록 창조된 것이다. 인간의 정체성은 이러한 관계로부터 더불어 사는 공동체로부터만 생겨날 수 있다.

신학적 관점에서 인간을 이해하는 근본적인 것은, 인간 존재는 필연적으로 관계 속에 있다는 것이다. 이러한 의미에서 "우리 안에 있는 하나님의 형상을 반영한다는 것은 하나의 선물일 뿐만 아니라 하나의 과제이다."[4] 우리를 창조하신 하나님이 관계 속에 있는 인격이라면 우리의 과제는 우리가 서로 인격적 관계를 형성하는 것이다. 우리의 과제는 하나님의 공동체 안에서 인간들 사이에서 우리가 맺는 관계가 하나님의 성품의 특징들을 나타내는 요소들을 가지게 하는 것이며, 그때 우리는 하나님의 공동체 안에서 하나님을 드러내게 되는 것이다. 이것은 인간 존재의 과제이며 한편으로는 목적이기도 하다. "이러한 관점에서 우리는 기독교적 돌봄 사역과 상담은 인간이 서로서로의 기능을 이루는 길을 가로막는 장애물, 인간의 인격적 교통을 파괴하는 장애물, 하나님의 형상을 왜곡하는 장애물들을 제거하도록 돕는 행위로서 이해될 수 있다고 볼 수 있다."[5]

존 스토트(John Stott)는 하나님의 형상의 의미를 다음 세 가지 관계에서 설명하였다.[6] 첫 번째는, 하나님과 우리의 관계이다. 인간은 하나님을 닮았으며 하나님의 뜻에 의해서 하나님의 형상을 따라 창조되었다. 하나님의 형상은 이성적, 도덕적 그리고 영적인 자질을 포함하는데, 이것은 우리

---

[3] Alistair McFayden, *The Call to Personhood* (Cambridge: Cambridge University Press, 1991)를 참조.
[4] Francis Bridger, and David Atkinson, *Counseling in Context: Developing A Theological Framework* (London: DLT, 1998), 146.
[5] Francis Bridger, and David Atkinson, *Counseling in Context*, 147.
[6] John Stott, *Issues Facing Christians Today*, 154-156.

를 동물로부터 구별되어서 하나님과 관계를 맺게 한다. 그 결과로써 우리는 말씀 또는 복음을 가르치는 자들로부터 하나님께 대하여 배울 수 있고, 하나님을 알고 사랑하며 섬길 수 있고 겸손한 마음으로 하나님을 의지하며 살 수 있고 그의 뜻을 이해하고 그의 명령에 순종할 수 있다. 우리가 인간의 권리라고 부르는 것은 우리가 하나님과 관계에 있어서 첫 번째 항목으로 나타난다.

인간의 두 번째 독특한 능력은 인간의 상호관계에 대한 관심이다. 인간을 지으신 하나님은 영원히 구별되는 세 분의 인격으로 형성된 한 하나님으로서의 사회적 존재이다. 하나님께서는 "우리의 형상을 따라 우리의 모양대로 우리가 사람을 만들고", "사람이 독처하는 것이 좋지 못하니"라고 말씀하셨다. 그러므로 하나님께서는 남자와 여자를 지으셨고, 그들에게 생육하여 번성하라고 말씀하셨다. 성별은 하나님이 지으신 것이요, 결혼은 하나님의 제도이며, 인간의 결합은 그의 목적이다. 그러므로 우리가 성, 결혼, 가족의 신성함이라고 부르는 모든 인간의 자유와 평화적인 집회의 권리와 나이, 성별, 인종, 지위에 관계 없이 존경을 받을 권리는 인간의 상호관계에 있어서 중요한 차원이다.

세 번째 특성은 하나님의 피조물과 땅에 대한 인간의 관계이다. 하나님께서는 우리에게 땅을 정복하고 경작하며 그 피조물을 다스리라는 명령과 함께 다스리는 권리를 주셨다. 그러므로 우리가 일하는 권리, 쉬는 권리, 지구의 자원을 공유하는 권리, 의식주에 대한 권리, 생명과 건강을 보호하는 권리라고 부르는 모든 인간권리는 궁핍과 기아와 질병으로부터의 자유와 함께 땅에 대한 우리의 관계에 있어서 중요한 항목이다.

또한 중요한 것은 하나님의 형상은 우리 인간의 모든 국면에 깊이 새겨져있다는 것이다. 창세기 2:7에서 사람은 하나님이 주신 '생기'로 힘을 얻어 '생령'이 되었다고 말한다. 이 생기는 단지 영적인 국면에만 반영되는 것이 아니라 인간의 모든 국면들, 즉, 영, 정신, 이성, 감성, 몸, 관계의 모든 면에 스며있다. 신약성경에서 **프쉬케**(psyche), **프뉴마**(pneuma), **소마**(soma)같은 헬라어 단어들은 보통 전인의 여러 국면들을 지칭하는 것이다. 데이빗 스테이시(David Stacey)는 이런 단어들 속에 들어있는 인간성에 대한 성경적인 관점을 다음과 같이 요약하였다. "히브리인들은 인간을 대조되는 요소들의 조합이 아니라, 여러 다른 국면들 속에서 발견될 수 있는 '하나의 통일체'로 보았다. 각 국면들 뒤에는 전인이 있었다."[7] 인간의 여러 국면은 통전성의 관점에서 이해되어져야 한다.

타락한 존재로서 인간

상담자의 인간 이해는 또한 인간은 죄로 말미암아 어리석게 사유하는 존재임을 잊지 말아야한다. 제이 아담스에 따르면 인간이 환경을 지배하도록 지음 받았으나 죄로 인하여 환경의 지배를 받게 되었으며, 따라서 환경을 지배하는 인간으로 회복시켜 하나님의 형상을 반영하도록 해야 한다는 것이다. 그는 인간의 모든 문제가 죄와 연관되어 있으며, 관계 속에서 혹은 사회 구조 속에서 나오는 모든 문제 혹은 병, 정신병 자체도 그 근원은 죄라고 하고 있다. 따라서 인간이 죄를 고백함으로써 치유는 시작되며 이는 절망을 주는 것이 아니라 희망을 주는 것이라고 말하고 있다.[8]

하워드 클라인벨(Howard Clinebell)은 인간은 죄로 인하여 하나님으로부터 소외(창 3장)되었으며, 이로 인해 성장이 봉쇄되었고 내적 불구 상태를 가져오게 되었다고 말한다. 따라서 인간은 비효율적 그리고 유해하게 하는 한계성을 갖게 되었다고 말한다.[9]

여기에서 주의해야 할 것은, 인간은 죄성을 지닌 존재로서 쉽게 과오를 범하고 자주 문제의 원인자가 되지만, 인간의 과오나 문제가 율법주의와 도덕주의로 판단되어서는 안 된다. 우리가 기억해야 할 것은 사람과 문제

---

7) David Stacey, *The Pauline View of Man* (London: Macmillan, 1956), 222.
8) Jay E. Adams, *The Christian Counselor's Manual: The Practice of Nouthetic Counseling* (Grand Rapids: Baker Book House, 1981), 117-140.
9) Howard Clinebell, *Basic Types of Pastoral Care and Counseling: Resources for the Ministry of Helping & Growth* (London: SCM, 1984), 52-55.

를 동일시하는 경향이 우리에게는 있다는 것이다. 하지만 문제는 문제이며 사람들은 문제 그 자체가 아니라는 것이다. 우리가 사람과 문제를 동일시 할 때 율법주의적이고 도덕주의적 판단에 빠질 수 있다. 정죄의 공간을 크게 하고 치료의 공간을 너무 작게 만들어서는 안 된다. 물론 기독교 신앙은 인간이 책임 있는 도덕적 행위자로서-옳고 그름, 선과 악 사이에서 선택하여야 하는 세계 속에서 살고 있으며, 비록 그 선택들이 필연적으로 연약함 가운데 이뤄졌다 하더라도-선택에 대한 책임을 간과하는 것은 아니다. 하지만 인간의 잘못이나 과오의 문제를 단지 인과응보적으로 판단하는 것을 경계해야 한다.

부가적으로 타락한 존재로서의 인간 이해는 죄와 '전적 타락'의 관련성에 대한 문제를 야기한다. 죄가 타락한 인간에게 불가피하다는 견해이다. 즉, 불가피한 도덕적 딜레마는 우리의 타락한 상황의 연장이라고 여길 수 있다. 그렇지만 이러한 주장은 타락에 대한 오해에 기초하고 있다. 전적인 타락은 죄가 불가피하다는 것을 의미하지 않는다. 이것은 "시험 당할 즈음에 또한 피할 길을 내사 너희로 능히 감당하게 하시느니라"(고전 10:13)는 성경 구절과 모순된다. 인간의 타락으로 말미암아 죄를 지을 것이라는 불가항력적인 사실을 의미하지만, 그가 반드시 죄를 지어야 한다는 것을 의미하지는 않는다. 타락한 인간은 혼자 힘만으로는 죄를 지을 수밖에 없지만, 하나님의 은총에 의존하면 죄를 피할 수 있다. 우리가 하나님의 은총에 의존하면 죄를 짓지 않을 수 있는 것이다.

인간의 가치: 구속

인간 이해에 있어서 중요한 것은 그리스도 예수 안에서 은혜 아래 있는 인간이다. 그리스도인은 구속의 가치를 지닌다. 그것은 하나님께서 그의 독생자의 속죄를 통하여 크나큰 대가를 지불함으로써 우리를 구속하고 재창조하셨다는 사실이다. 하나님의 구속의 대가는 인간의 가치에 대한 생각을 강조한다. 윌리암 템플(William Temple)은 이러한 사실을 다음과 같이 표현하였다.

> 하나님께 대한 믿음의 근거가 없이는 인간의 권리란 있을 수 없다. 그러나 만일 하나님께서 실존하시며, 모든 사람이 그의 자녀라면, 이것으로서 모든 사람은 가치를 지닌다. 하나님께 있어서 나의 가치가 곧 나의 가치다. 그런데 그리스도께서 나를 위하여 죽으셨다면, 그것은 놀라운 가치다. 그러므로 우리들 각자에게 그의 가장 높은 가치를 주는 것은 모든 사람에게 동일한 가치를 준다. 무엇보다도 중요한 것은 우리가 동등하다는 것이다.[10]

그러므로 우리의 가치는 우리에 대한 하나님의 속죄로 말미암은 가치이다. 하지만 여기서 중요한 것은, 하나님의 사랑으로 인한 인간의 가치와 권리는 우리가 모든 것을 자유롭게 할 수 있는 무제한의 권리는 아니다. 그것은 하나님께서 정하신 한도 내에서 만들어진 인간의 권리에 대응해서 제한되어 있다. 때문에 하나님의 속죄사건으로 말미암은 인간의 권리는 우리가 모순된 행위를 함으로써가 아니라, 하나님의 은혜로 말미암아 주어진 인간의 권한의 궁극적 목적은 봉사하는 데서 찾아야 한다.

결론적으로 인간은 비록 죄성을 지녔지만 하나님 앞에서 가치 있는 존재이다. 상담자가 가져야할 기본적인 원칙은 인간은 존엄한 존재라는 것을 기억해야 한다. 인간의 존엄을 간과하거나 무시하는 상담은 내담자를 더욱 고통과 불행으로 추락하게 만든다. 사실 인간은 타락하여 하나님을 향한 모든 특권을 상실했다. 그러나 하나님의 궁극적 목적은 인간을 살리고 구원하시기 위하여 부르셨다. 비록 인간이 죄악 가운데서 산다 할지라도 인간을 향하신 하나님의 뜻은 기어이 성취되며 그것을 유지하시며 보호하신다. 그리스도인들은 하나님은 인간의 창조주인 동시에 인간을 존속하며 보호하시는 분으로 믿는다. 인간의 생명의 존엄한 가치를 지키는 것이 바로

---

10) William Temple, *Citizen and Churchman* (London: Eyre & Spottiswood, 1941), 74-75, quoted in John Stott, *Issues Facing Christians Today*, 156.

하나님의 명령에 순종하는 것이다. "무릇 사람의 피를 흘리면 사람이 그 피를 흘릴 것이니 이는 하나님이 자기 형상대로 사람을 지었음이니라"(창 9:6)고 하셨다. 인간 생명의 존엄한 가치가 하나님의 형상에 있다. 그러므로 인간은 누구나가 하나님 앞에 존엄한 존재이다. 생명의 존엄성은 인간이 창안한 형이상학적 이론이 아니라 바로 하나님께 있음을 강력하게 주장하는 것이 기독교의 가르침이다.

통전적 인간

부분인가 국면인가?

우리가 기독교적 인간 이해를 위해 '하나님의 형상'을 연구할 때, 여기에서 '형상'은 단지 영적이고 정신적인 면만을 의미하지 않는다. 이 형상은 전인적이고 통전적인 인간의 특성을 의미하고 있음을 알아야 한다. 여기에서 '형상'이란 단어는 인간의 특성을 설명해 주는 아이디어(idea)라기보다는 이미지(image)를 반영하는 단어이다. 즉, 인간의 전인적인 이미지가 하나님의 형상으로 설명되고 있는 것이다. 때문에 하나님의 형상을 잘못 이해하게 되면 이원론의 위험성에 노출된다. 기독교 전통 안에서 하나님의 형상은 희랍 철학의 영향으로 말미암아 인간의 영적이고 정신적인 부분에만 국한함으로써 우리의 육체는 하나님의 형상을 반영하고 있지 않음으로 종종 인식되어져 왔다.[11] 기독교적 인간 이해는 결코 이원론적이지 않다. 기독교

---

11) 특별히 서구문화의 가치관은 과거로 거슬러 올라가보면 신플라톤주의에 의해 그들의 가치관이 형성되었음을 알 수 있다. 플라톤주의와 신플라톤주의는 이원론적 세계관에 기초하고 있다. 기독교가 서구 세계에서 꽃을 피울 때 서구의 이원론적 결합은 피할 수 없었다. 그러므로 히브리적 세계관과 희랍적 세계관의 특성을 바르게 구분하고 이해할 필요가 있다. 히브리적 세계관은 통전성 위에 기초하고 있다. 그리고 초기 기독교는 영지주의의 세계관과 관련을 갖고 있다. 초기 기독교 시대에 기독교의 변방에서는 고대 히브리와 이집트 그리고 지중해 동부 연안 문화의 영향을 받은 일련의 종교 운동이 일어났다. 이 종교 운동은 오늘날 영지주의(Gnosticism)로 알려져 있다. 영지주의라는

전통 안에 스며든 이원론의 영향에 의해 기독교 신학과 인간 이해를 왜곡시키는 결과를 초래했다.

인간은 하나님에 의해 창조되어질 때 다양한 국면 또는 요소를 하나님으로부터 선물로 받았다. 육체, 감정, 정신, 영 등 이러한 부분들은 인간됨에 있어서 필수적인 국면들이다. 육체 없는 정신을 상상할 수 있겠는가. 영 없는 인간 육체를 상상해 보라. 그러나 여기에서 중요한 한 가지 원리가 있다. 인간은 결코 기계나 컴퓨터처럼 부분의 조합이 아니라는 것이다. 즉 여기서 인간이 전인적으로 이해되어져야 한다는 의미는 '부분'(part)의 종합이 아니라 인간 그 자체가 전인적인 존재로서 여러 '국면'(aspect)들을 가지고 있다는 것이다. 그러므로 인간이 영적이다 할 때 그것은 인간의 한 '국면'을 의미하는 것이지 '부분'을 의미하는 것은 아니다. 인간의 구성 국면은 구분은 되지만 분리되지는 않는다. 영적인 것, 정신적인 것, 육체적인 것은 인간의 한 국면들로서 인간됨의 필수적인 양상들에 속한다. 이렇게 인간을 이해하게 될 때 인간의 어느 국면은 더 고상하고 어떤 국면은 덜 고상하다고 말할 수 없게 된다. 더 나아가 육체, 감정, 정신, 영 등은 인간의 한 현상 또는 국면들로서 서로가 나누어 질 수도 떨어질 수도 없는 관계성 속에 있는 것이다. 이러한 국면들은 삼위일체론적이어야 한다. 마치 삼위 하나님이 나누어 질 수 없는 관계로서 일체적이듯 말이다. 인간은 이러한 의미에서 통전적 구조 안에 있는 것이다.

통전성이라는 개념은 인간 존재가 온전하거나 완전하다는 것을 말하는 것은 아니다. 인간이 통전적 존재라는 것은 오히려 인간이 여러 다양한 국

명칭은 이들이 영지자, 즉 "지식을 가진 사람"이 되고자 했던 데서 붙여진 것이다. 그리스어로 그노시스(gnosis)는 지식을 뜻한다. 영지주의의 사상은 한편으론 기독교에 뿌리를 두고 있지만, 다른 한편으로 기독교가 자신의 신앙을 체계화하는 동기를 촉발하기도 했다. 종교철학자 니니안 스마튼(Ninian Smart)의 주장에 따르면 "사실 기독교 신학의 많은 부분은 영지주의를 이단(heresy)으로 규정하는 과정에서 반대 급부로 형성된 것이다. 한편 영지주의는 아우구스티누스가 활동하던 시기(4-5세기)에 중동 지방에서 크게 유행했던 마니교(Manicheism)에도 영향을 끼쳤다. 마니교는 세상의 본질이 악하다는 사실을 강조하면서 육체로부터 해방하기 위해서는 완전성을 추구해야 한다고 주장했다." 니니안 스마트, 『종교와 세계관』 김윤성 역 (서울: 이학사, 2000), 77-78.

면을 가지고 있다는 것이다. 이러한 여러 다양한 국면을 통전적으로 이해하지 않고는 우리는 인간을 바르게 말할 수도 이해할 수도 없다는 것을 지적하는 것이다.[12] 예를 들어, 생물학적 국면에서 인간을 수많은 다른 기관들과 과정들이 더불어 기능하며 살아있는 유기체라고 볼 수 있다. 화학적 국면에서는 인간의 몸을 화학적 성질로 묘사할 수 있다. 윤리적 국면에서 인간은 선과 악 또는 옳고 그름을 판단하는 기능을 가지고 있다. 인간은 감정, 생각의 심리학적인 국면에서 그 자신을 생각할 수 있다.

통전적 구조 안에 있는 인간

달라스 윌라드(Dallas Willard)는 "인간의 자아는 신비가 아니다"라고 강조한다.[13] 그는 인간을 6가지 구조적 차원으로 이해한다.

첫째, 지성 또는 생각은 사고 능력을 말한다. 그는 이 능력에 단지 과학적이거나 철학적 사고만이 아니라 일상적 생각에서부터 상상을 통한 예술 이해와 하나님의 계시를 깨닫는 것도 포함시킨다. 즉 생각을 좁은 의미의 이성적 사고에 국한시키는 이성주의를 비판한다. 대신 그는 생각이 과학, 예술, 신앙 등 모든 인간 행위의 기초라고 여긴다.[14]

둘째, 감정은 우리로 하여금 무엇에 끌리거나 혐오하게 만드는 동인이다. 그것은 생각의 대상을 좋아하거나 싫어하게 하는 힘이다. 감정과 생각이 늘 함께 움직이며 상호의존적이라고 여겼다. 생각이 없이 감정이 있을 수 없지만, 그것은 반드시 끌리거나 부정적 느낌을 수반한다는 것이다. 무관심을 낮은 감정의 소산으로 이해한다. 대개는 생각이 감정을 통제하기보다는 그것에 끌려 다니는 것을 문제로 이해하였다.[15]

셋째, 새로운 일을 일으키는 인간의 기능인 의지 또는 마음이다. 그것은

---

12) Francis Bridger, and David Atkinson, *Counseling in Context,* 147.
13) Dallas Willard, *Renovation of The Heart: Puting On The Character Of Christ* (Colorado Springs: NAVpress, 2002), 31.
14) Dallas Willard, *Renovation of The Heart,* 31-32, 95-116.
15) Dallas Willard, *Renovation of The Heart,* 32-35, 117-140.

인간이 자유와 창의력을 가지고 있어 가능하다. 선과 악은 단지 외부에서 강제되는 것으로 이해하기보다는 인간의 내면의 산물로 보았다. 생각과 감정이 분리될 수 없듯이 의지도 이 둘과 밀접하게 얽혀있다고 했다. 의지의 선택을 위해서는 생각과 감정 없이 될 수 없기 때문이다. 그러나 생각과 감정과 의지를 분간해서 이야기하는 것은 단지 논리적인 분석을 위한 것만은 아니다. 이는 능동적으로 마음을 혁신하기 위해서는 이 세 기능의 고유한 성격을 이해하는 것이 중요하기 때문이다.[16] 파커 팔머(Parker Palmer)에 따르면, 대부분의 사람들은 지성(mind)의 눈에 의존해서 실재에 대한 이미지를 형성한다. 그러나 그는 실재에 대한 이미지 형성에 있어서 또 하나의 눈, 즉 지성의 눈, 보지 못하는 실재를 볼 수 있는 마음(heart)의 눈의 중요성을 지적한다. 그는 대안적 시각으로 '온전한 시각'(whole-sight), 즉 '두 눈이 하나가 되어 바라보듯이' 지성과 마음이 하나가 되어 세계를 보는 시각이 필요하다고 하였다. 우리는 지성의 눈으로 사실과 이성의 세계를 본다. 하지만 그는 "지성의 시각은 마음을 배척하나, 마음의 시각은 지성을 포용할 수 있다"라고 지적하면서 마음의 영역의 중요성을 지적하였다.[17]

넷째, 인간의 몸은 구체적으로 우리가 살아가는 실체이다. 인간은 생각이나 의지로만 살지 않는다. 오히려 인간은 몸에 배인 습관을 따라 움직이는 경우가 많다. 따라서 인간의 혁신에 몸의 변화가 빠질 수 없다.[18] 복음서에 있는 수많은 치유 기적들은 육체적으로 건강해지는 것에 관심을 갖고 있는 것을 볼 수 있다. 예수께서는 문둥병자를 만지시고, 눈먼 자를 고치시며, 귀먹은 자의 귀를 여시고, 혈루증 앓는 여자를 도와주시고, 손 마른 자를 고치셨다. 십자가 위에서 부서진 것은 예수의 몸이었다. 예수 그리스도의 수난은 신체적 국면을 포함해야 했다. 예수의 수난이라는 몸의 언어는 하나님의 신적인 의미를 강화시켰다. 예수의 몸의 언어로부터 하나님의 실

---

16) Dallas Willard, *Renovation of The Heart*, 33-35, 141-158.
17) Parker J. Palmer, *To Know As We Are Known: Education as a Spiritual Journey* (New York: Harper Collins, 1993), 24.
18) Dallas Willard, *Renovation of The Heart*, 35-36, 159-178.

제적 사랑은 증거되어졌다. 예수의 몸의 부활은 그분을 어떤 식으로든 보다 더 순수하게 영적이고 보다 덜 육체적인 것으로 만드는 것이 아니었다. 그와 반대로 예수의 부활로 말미암아 이전보다 더욱 명백히 그리고 구체적으로 사람들 사이에 새로운 친교의 중심에 계셨다. 성경은 우리에게 증언한다. 몸의 부활이 없다면 우리는 불쌍한 사람이라는 것이다. 예수께서 인간의 몸을 입으시고 이 땅에 오신 것은 우리에게는 축복이었다.

다섯째, 인간은 더불어 살아가는 존재(social being)이므로 다른 사람과의 관계 역시 인간의 일부라고 이해하였다. 인간은 하나님과 이웃과 바른 관계 속에 있을 때에만 본래 의도된 삶을 바르게 살 수 있다. 물론 다른 사람과의 관계는 개인적인 것만이 아니라 사회적인 정황(social context)도 포함된다. 특히 그리스도인은 자신이 속한 공동체의 한 몸의 일부를 이루는 교회 생활도 이 관계의 중요한 일부임을 깨달아야 한다. 물론 자연 만물과의 바른 관계도 중요하다. 이 모든 관계의 혁신 없는 신앙과 영성 개발은 온전한 것이라 할 수 없다.[19]

여섯째, 영혼은 모든 인간의 다섯 요소가 통합되어 하나의 삶을 이루는 동력적 차원이라고 하였다. 영혼은 위의 모든 요소를 아우르고 통합하는 역할을 한다.[20] 기독교 인간관은 몸, 감정, 정신, 영, 의지, 관계, 환경 등 모든 것을 고려하는 통전적 접근 방법을 취한다.

윌라드의 인간관의 가장 중요한 특징은 몸과 마음을 비롯한 모든 인간의 요소들이 영혼에서 통합되어 하나의 통일적 자기를 이루는 통전적 인간에 대한 강조이다. 이런 관점에서 그는 이성과 감정과 의지가 분리되거나 대립되는 것이 아니라 몸과 더불어 하나의 영혼으로 통전되어 있는 통전적 인간관을 지향한다.[21] 누가복음 2:52에서도 "예수는 그 지혜와 그 키가

---

19) Dallas Willard, *Renovation of The Heart*, 36-37, 179-198.
20) Dallas Willard, *Renovation of The Heart*, 37-39, 199-216.
21) Dallas Willard, *Renovation of The Heart*, 38-42. 특별히 파울러의 괄목할 만한 임상적 연구인 그의 신앙의 발달단계(stages of faith) 이론을 통해서 그는 인간을 통전적 존재로 보았으며, 신앙은 인간의 심리적 그리고 신체적 발달과정으로부터 분리되지 않는다는 점을 지적하였다. 물론 신앙이 전적으로 인간의 육체적 발달과 비례하는 것은 아니다(James Fowler, *Stages of Faith*를 참조).

자라가며 하나님과 사람에게 더 사랑스러워 가시더라"고 하였다. 이 통전적 인간관은 철학적으로 인간을 이성이나 감정, 의지로 축소하는 환원주의(reductionism)에 대한 비판에 그치지 않는다. 정신과 육체를 이원론적으로 구분하는 인간관에 대한 비판도 포함하고 있다. 즉 이른바 육체와 영혼을 분리하는 이분법이나 영과 혼을 분리하는 삼분법의 문제도 지적하고 있다. 이러한 이분법적 관점이 영을 무조건 선하게 여기고 육체를 죄의 근원으로 보는 결과를 초래하기도 하였다. 윌라드는 인간 이해는 인간이 영적인 동시에 육체와 사회적인 관계를 가진 통전적인 것에 강조점을 두고 있다. 그는 영적인 것을 중요시하지만 영과 육을 분리하는 이원론은 반대한다.[22]

윌라드에 따르면 영혼은 인간의 존재에 대한 가장 포괄적인 표현이다. 그가 이를 영혼이라고 부르는 것은 인간의 본질이 일차적으로 육체나 사회적인 것이기보다는 영적임을 강조하기 위함이다. 영적인 면의 가장 중요한 내용은 하나님과의 관계에 있다. 이 관계는 경외와 거부의 방향을 가지고 있다. 즉 인간은 영적인 차원에서 하나님과 동행하거나 그를 거부하고 우상과 더불어 살아가는 것이다. 그는 하나님을 거부하고 물질적이며 육체적인 것만을 하나님으로 삼고 살아가는 현대인들은 말할 수 없는 영적 갈등을 느낀다고 하였다.[23]

윌라드의 또 하나의 중요한 강조점은 인간은 형성되어가는 존재라는 점을 강조한다.[24] 인간은 단지 타고나는 성품만이 아니라 여러 가지 후천적 요인에 의해 형성되는 역동적인 존재이다. 인간이 형성되는 존재라는 사실은 다시 형성될 수 있는 희망을 내포하는 것이다. 즉 혁신이 가능하다는 것이다. 그리스도인에게 있어 이 혁신 또는 성화는 성령의 주도적인 역사에 전인적으로 순종함으로써 이루어지는 과정이다. 그에게 있어서 이 혁신은 은혜에 응답하는 역동적인 과정이다. 때문에 인간에게는 희망과 비전이 있는 것이다. 그리스도인은 패배주의적 시각을 가지고 살아서는 안 된다. 윌

---

[22] Dallas Willard, *Renovation of The Heart*, 36-37.
[23] Dallas Willard, *Renovation of The Heart*, 37-42.
[24] Dallas Willard, *Renovation of The Heart*, 19-20.

라드는 그리스도인들에게 인간 성화 또는 혁신의 가능성을 잃지 않도록 격려해 준다. 그는 인간이 형성되고 재형성되는 존재라는 점을 강조한다. 그가 말하는 형성되어가는 존재로서 인간은 통전적 변화를 의미한다. 즉 그것은 생각과 감정과 의지와 몸의 습관이나 대인관계의 변화까지 포함한 전인적인 변화의 가능성이다.[25]

윌라드의 관점에 비추어볼 때, 인간에 대한 바른 이해가 목회돌봄이나 상담 현장에서 성도들의 바른 변화를 일으키는 데 중요한 역할을 한다는 것이다. 그리스도인들 또는 목회자들이 상담을 하는 것도 인간이 그리스도 안에서 변할 수 있다는 희망이 있기 때문에 가능한 것이다. 때문에 목회상담자들은 내담자들에게 그리스도께서 주시고자하는 희망을 이야기하고 그들로 하여금 그리스도 안에서 희망의 사람이 되도록 돕는 것이다.

환원주의

모든 문제들은 심미적(생물학적, 심리적), 관계적이고 영적인 요인들을 가지고 있다. 상담자는 내담자의 문제를 진단함에 있어서 이원론적이고 환원주의적 이해를 주의해야 한다.[26] 인간의 문제는 통전적 이해를 요한다. 몸

---

25) Dallas Willard, *Renovation of The Heart*, 19-20, 77-79, 224-226.
26) 세 가지 주요한 형태의 환원주의: "유물론"(materialism)은 인간 본성에 대한 모든 것이 물질세계의 몇 가지 측면으로 환원될 수 있다는 신념이다. 유물론적 환원주의는 모든 실체를 부동의 원자들로 환원한 데모크리투스(Democritus)의 고대 자연주의에서부터 지성을 대뇌의 화학작용과 동일시하는 현대(왜곡된 모든 사고는 왜곡된 분자로 인한 것이다)에 이르기까지 많은 형태가 있다. 심리주의(psychologism)는 심리적 차원에서 궁극적 설명을 추구한다. 인간 본성에 대한 프로이드의 이론이 고전적인 예이다. 인간은 '단지' 본능에 따라 움직이는, 혹은 더 정확하게 말해 에고에게서 불안한 휴식을 발견한 이드와 슈퍼에고의 상충하는 요구들에 따라 움직이는 존재에 지나지 않는다…영적인 문제도 예외 없이 심리적인 것으로 이해된다. 귀신에 사로잡히는 것은 정신분열증에 불과하다. 회심은 유아적 의존심일 뿐이며 기도는 자기 암시이고, 죄는 중독에 지나지 않는다. 그리스도인들도 가끔 모든 문제를 영적으로 설명함으로써 영적인 환원주의(spiritualistic reductionism)에 빠진다. 모든 것을 '영적 전쟁'으로 보는 학파에 이 환원주의에 대한 책임이 어느 정도 있다. 우울증은 '우울의 영' 때문에 생겨나고, 습관적 거짓말은 '거짓의 영'에 사로잡혀 있기에 일어나고, 육체의 병은 '신앙의 부족' 때문에 생긴다." 사이몬 찬, 『영성신학』김병오 역 (서울: IVP, 2002), 81.

과 마음과 영은 사람이 경험하고 있는 어떤 문제에 있어서도 고려되어야 한다. 사람의 영적인 부분을 고려하지 않고 몸과 마음과 같은 어떤 한 가지만을 중요시하는 것은 전인을 다루는 데 있어서 온전한 방법이 아니다. 모든 인간의 문제는 심미적, 관계적, 영적인 요소로부터 기인한다는 것을 기억해야 한다. 어떤 때는 이중에 하나가 가장 두드러지기도 하고 중점적으로 다루어야할 부분이기도 하지만 각각 다른 요인에 의해서 영향을 받는다.

예를 들어서 우울증은 육체적인 원인으로부터 기인하기도 한다. 우울증은 질병이나 다른 육체적인 기능부전에 대한 생체화학적 반응으로 말미암기도 한다. 다른 우울증은 사랑하는 사람을 잃거나 자기 직업에 대한 불안정으로부터 오는 경우도 있다. 우울증은 죄로부터 올 수도 있다. 그러나 우울증은 복합적 요인으로부터 기인하기도 한다. 때문에 현명한 기독 상담자는 개인적인 죄가 우울증의 중요한 원인이라는 것을 안다. 하지만 이러한 문제에 대한 해결책은 오로지 영적 문제로만 볼 수는 없는 것이다. 때로는 우울증의 육체적인 원인들을 드러내고 다루어야 할 필요가 있기도 하다. 때로는 상담자가 내담자로 하여금 그의 심리적 스트레스를 대처할 수 있도록 도와주어야 할 필요가 있다. 상담자들은 인간의 문제를 영적, 관계적, 심미적인 관점으로 볼 수 있어야 한다. 통전적인 관점 안에서 각 요소들을 볼 수 있어야 한다.

우리는 하나님과 인간에 관한 환원주의적이고 왜곡된 지식과 삶을 주의해야 한다. 먼저 우리의 영적 차원을 간과하거나 무시하게 될 때 우리는 환원주의에 노출되게 된다. 인간의 삶은 생물학적 국면과 도덕적이고 윤리적 국면 없이 불가능하지만 도덕적이고 윤리적 차원에 머물지 아니하고 성령 안에서 그 차원들을 초월할 수 있는 영적 국면의 중요성을 간과해서는 결코 안 된다. 이는 창조물 가운데 인간의 정체성을 구별해 주는 가장 중요한 요인이다. 하지만 영적 국면과 다른 국면의 관계들을 등급화 해서는 안 된다. 이들의 관계는 우선성의 문제이지 등급의 문제는 아니다. 시드니 에

반스(Sydney Evans)는 우리의 영성이 관계적 구조와 특성 속에 있음을 지적하고 있다. "영성은 우리 그리스도인들이 자기 자신과의 바른 관계성을 깨닫게 할 뿐만 아니라 다른 사람들과 바른 관계성을 갖도록 한다. 그러나 중요한 것은 이 둘은 하나님과 우리 자신의 관계의 정도에 의존되어진다" (Spirituality recognizes the way we are with ourselves and the way we are with other people. But above all it depends on the way we are with God).[27] 에반스의 견해 안에서 우리자신과 다른 사람의 관계들이 하나님과의 관계에 의존한다는 의미가 관계의 등급화를 말하는 것은 아니다. 나 자신과, 다른 사람과 하나님과의 관계가 바른 영성 안에서는 서로 나누이지 아니하고 뗄 수 없는 관계성 속에 있음을 주장한다고 보아야 더 옳다. 다시 말하면, 영성 안에서 관계를 등급화 시킬 때 우리의 영성이 하나님 앞에서 우리의 책임을 회피하도록 하는 위험에 노출될 수 있기 때문이다. 즉, 영성 안에서 우리의 관계가 하나님과 바른 관계에 의존한다는 이 말이 다른 사람과 바르지 못한 우리의 관계를 정당화 시키는 쪽으로 이해되어질 가능성이 있다. 소위 하나님과 바른 관계만 가지면 모든 관계는 자동적으로 해결된다는 식의 사고를 뒷받침하는 의미가 아니다. 인간의 책임이나 의무를 간과할 위험성에 노출될 수 있다.

다음으로는 인간의 영성적 국면을 심리화(가짜 영성, 가짜 성령주의)시킬 때 환원주의에 빠지게 된다. 영성은 인간의 주관성의 관점에서 분석할 때, 주체의 변형으로 인하여 신학적 함축들은 사라지게 된다. 즉, 인간 자의식에 의존하는 영성은 하나님과의 관계를 상실하게 된다. 그러므로 영성은 하나님과의 생동적 관계라는 맥락에서 인간 성숙 또는 성장의 복잡한 신비와 관련되어 있다.[28]

또한 영성을 우리의 육체성 등과 대비되는 것으로 여기거나 간주해서는

---

27) Trevor Willmott, "Spirituality and Appraisal," in Kevin Esatell, ed., *Appointed for Growth: A Handbook of Ministry Development and Appraisal* (London: Mowbray, 1994), 116.

28) Philip Sheldrake, *Spirituality and History: Questions of Interpretation and Method* (London: SPCK, 1995), 50.

안 된다. 우리가 성령 안에서 있을 때 우리의 모든 영역이 궁극적으로 충만해지는 것이다. 그러므로 기독교 영성은 어떠한 이원론적 이해도 거부한다. 그것은 전인적이고 통전적 이해를 기본원리로 한다.

마지막으로 인간의 삶은 관계적이요 공동체적이다. 케네스 리치(Kenneth Leech)는 관계적 인간 이해가 아닌 개인주의적 인간 이해는 전통적인 기독교 인간 이해가 아님을 '영성'이란 개념이해를 통하여 유용한 근거를 제공하고 있다. 그 근거로 'private'(사적인, 개인주의적) 단어의 근원은 'privatio'로 'robbery'(강도〈행위〉, 약탈)에서 왔음을 설명하고 있다(In fact in traditional Christian understanding, there can be no 'private' spirituality. The word 'private,' with its origins in privatio, robbery, is not a Christian word at all. Nor does individualism find any place within the spiritual climate of the Scriptures).[29] 인간의 삶은 관계적이고 공동체적 삶 안에서 진정한 자기 정체성을 갖는 것이다. 이와 같은 요소들을 고려하지 않는 기독교 인간 이해는 환원주의적이요 하나님과 인간에 관한 변형된 또는 왜곡된 지식과 삶으로 안내할 위험성이 있다.

프랑스의 기독교 지성인인 자크 엘륄(Jacques Ellul)은 진리의 통전성을 잃어버린 인간의 딜레마를 여러 각도에서 잘 지적해 준다.[30] 예를 들어 우리가 자유와 사랑을 말할 때에도, 하나님을 중심에 둘 때, 이 둘은 상충하지 않고 조화를 이루게 된다. 그러나 통전성을 잃어버릴 때 인간은 사랑 없는 자유, 곧 하나님이나 동료 인간에 대한 아무런 책임도 헌신도 없는 방종의 자유를 가지게 되거나, 나아가서 자신의 육체적 자유와 만족을 위하여 상대를 예속화하는 사디즘(sadism)적 행위를 낳기도 한다. 엘륄이 말하는 통전성은 하나님을 중심으로 한 모든 의미 있는 것들의 통전성을 말하며, 더 나아가서 하나님의 형상으로서의 한 인격성의 통전성 또 그 각각의 인격체의 주체성을 전제로 한 책임 있는 상호성, 그 인격체가 주체로 참여하는 말과 행위의 일체성 등을 포함한다. 엘륄에 따르면 한 인격체의 통전성의 관

---

29) Kenneth Leech, *The Eye of the Storm: Spiritual Resources for the Pursuit of Justice* (London: DLT, 1997), 5.
30) Jacques Ellul, *What I Believe* (Grand Rapids: Eerdmans, 1989), 71-73.

계성에서 이해할 때 인간에 대한 오늘날의 파편적 이해를 극복해 갈 수 있다. 엘륄에 의하면 통전적 인간은 예수님을 주로 고백할 때, 그것은 예수님에 대한 진술로만 그치지 않고 그는 이 속에서 그를 그분의 종으로 보는 자기 이해와 삶의 자세가 포함된다. 엘륄이 말하는 통전성은 결국 포스트모더니즘(postmodernism)적 개인주의와 상대주의의 맹점을 지적하는 것이라 할 수 있다. 포스트모던적 인간의 특징은 자신에게 옳은 것만을 진리로 삼고 살아가는 사람이다.

통전적 관계 안에 있는 인간

인간의 삶은 하나님과 자기 자신과 이웃들 그리고 자연세계와의 관계에 있어서 통전적이다. 그러므로 인간의 각 차원들이 서로 분리되어질 수 없는 통전성 안에 있는 것이다. 인간의 삶은 생물학적 국면(biological aspect), 도덕적 국면(moral aspect), 영적 국면(spiritual aspect)의 통전적 관계성 안에 있다. 그리스도인들의 영성이 성숙되면 윤리성과 생물학적(심미적) 국면이 강화된다. 어느 한쪽이 성숙되면 다른 한쪽도 반드시 성숙된다. 어느 한 국면이 강화되면 다른 국면도 강화되는 것이다. 이들의 관계는 통전성 안에 있는 것이다. 영적으로 성숙한 사람이 되면 될수록 사회로부터 이방인이 되지 않고 보다 더 성숙한 윤리적인 사람, 충실한 사회인이 되는 것이다.

바울은 그의 서신에서 인간의 영적 차원을 물질적인 차원이나 인간의 육체와 대조되는 것으로 묘사하기보다는 통전적인 존재로서 성령의 임재와 능력에 따라 살아가는 사람과 육신적 삶을 추구하는 사람을 구별하고 있다(고전 2:14-15). 그는 결코 인간의 심미적 차원이나 사회적 차원을 간과하거나 무시하지 않았다. 바울은 성령 안에서 영적인 삶의 중요성을 강조하고 있는 것이다. 그렇다면 영적인 사람이란 어떤 특성을 가지며, 영적인 삶이란 도대체 무엇을 의미하는 것일까? 간단하게 설명하면, 영적인 사람은 생물학적이고 도덕적 기준에 의하여 삶을 사는 사람이 성령에 의하여 사랑의 삶이 그의 기준이 된다는 점이다. 여기에서 주의해야 할 것은 영적인 사람이 도덕적 삶과는 무관하다는 말은 아니다. 영적인 사람도 도덕적 삶을 충실히 이루어야 한다. 단지 도덕적 삶의 상태에 머무르지 않는다. 도덕적인 사람의 기본적인 삶의 표준은 옳으냐(right) 그르냐(wrong) 선이냐(good) 악이냐(bad)에 따라 삶의 가치를 판단하는 것이다. 그러나 영적인 사람의 삶의 기준은 도덕적 표준을 뛰어 넘어 삶을 살아가는 사람이다. 즉, 성령 안에서 사랑이 그의 삶의 표준이 되는 사람이다. 누군가 우리에게 악을 행할지라도 악을 악으로 갚지 아니하고 사랑으로 대할 수 있는 능력을 성령으로부터 공급 받아 성령의 눈으로 사랑의 눈으로 그를 대할 수 있는 사람이다. 성경은 우리에게 분명히 가르치고 있다. "너희가 너희를 사랑하는 자만 사랑하면 세상 사람들과 다를 바가 없다." 영적인 사람은 사랑의 사람이요 성령 하나님 안에서 최상의 삶을 실현하기 위해 힘쓰는 사람이다. 때문에 영적인 사람이란 단지 그리스도인들의 정체성을 표현해 주는 상징이 아니라 실천적으로 성령 안에서 사랑의 삶을 구현하는 사람을 가리키는 것이다.

다음 그림을 통해서 영적 삶의 통전적 구조를 구체적으로 설명해 보자.

통전적 구조 (Holistic Structure)

우리 그리스도인들이 일반적으로 잘못 이해하는 것 중에 하나가 영적인 삶에 대한 부분이다. 위의 그림에서 영적인 영역은 생물학적(또는 심미적) 국면부터 영적인 국면까지의 영역이다. 단지 영적 영역만을 가리키지 않는다. 영적인 사람은 건강한 육체 그리고 생물학적 삶의 단계를 결코 등한시 하지 않는다. 영적인 사람은 우리의 육체가 하나님께로부터 온 선물임을 알고 건강하게 관리해야 한다. 배고프면 먹고 싶고 졸리면 자고 싶고 결혼을 하면 성을 즐긴다. 그러나 중요한 것은 영적인 사람은 이 생물학적 또는 심미적 단계에 머물기를 거부한다. 그리고 사람은 도덕적이고 윤리적인 삶을 추구한다. 다시 말하면, 배고프지만 상황에 따라 참을 수 있는 능력, 졸리지만 참으며 공부할 수 있고 남의 의견을 존중하는 삶 등 사람은 생물학적이고 본능적인 것들을 극복하고 윤리적인 삶을 추구하는 국면을 갖고 있다. 그러나 궁극적으로 도덕적이고 윤리적인 사람의 삶의 표준은 선(good)과 악(bad) 그리고 옳음(right)과 그름(wrong)이다. 그러나 영적인 사람은 도덕적이고 윤리적인 삶의 수준의 삶에 만족하거나 멈추지 아니하고 성령 안에서 사랑의 삶을 구현하는 사람이다. 그러므로 영적인 영역은 위의 표에서 단지 영적 영역 그 자체만을 의미하는 것이 아니라 생물학적 또는 심미적인 영역과 윤리적인 영역을 반드시 포함하는 것이다. 영적인 사람은 우리의 육체성, 윤리성 그리고 영성을 이원론적으로 나누지 않고 통전적으로 이해한다.

우리의 건강한 육체 없이 하나님의 아름다운 세계를 거닐 수 있을까? 우리의 건강한 마음과 이성 없이 우리들의 이웃에게 사랑을 실천할 수 있을까? 그러나 우리에게는 한계성이 있지 않는가? 건강한 삶도 남을 위한 윤리적 삶도 하나님의 도움이 없다면 가능할까? 아주 미세한 바이러스 하나만으로도 우리의 육체는 힘을 잃지 않은가? 우리에게는 근본적으로 이기적이고 선과 사랑을 추구하기보다는 불의와 악을 행하는 습성들이 있지 않은가? 그러므로 영적인 사람, 즉 자기 인간성에 머물지 아니하고 하나님의 품으로 자기를 초월시키는 사람이야말로 행복한 사람들이 아닐까? 영적 삶은 성령과 사랑 안에서 우리의 초월적 차원에 속한다.

인간 이야기 시제와 상담

인간의 문제는 과거, 현재 그리고 미래라는 구조 안에서 이해되어져야 한다. 상담자는 내담자를 분석할 때 내담자의 삶의 시제를 통전적으로 분석할 수 있어야 한다. 상담자가 내담자의 문제를 현재 시제 안에서만 볼 때 내담자의 문제를 피상적으로 이해할 수 있으며 또한 내담자를 효과적으로 도울 수 없게 된다. 인간의 삶은 결코 과거 없이 현재가 있을 수 없으며 현재의 문제는 고정되어 있는 것이 아니라 움직이고 있기 때문에 미래를 수반하는 것이다. 상담자 개인의 핵심 이야기가 과거, 현재, 미래라는 인간의 시간성의 세 가지 차원을 모두 포함한다는 인식을 포용하는 신학적 인류학에 뿌리를 두어야 한다. 사람들의 이야기 형성은 시간 의식의 과거, 현재, 미래의 세 가지 차원을 모두 포함한다. "이야기 구성이라는 개념은 인간이 어떻게 그들의 정체감을 확립하고 완성하는지에 대한 설명이 반드시 필요한 개념이다. 그것은 자기의식은 과거의 경험과 미래의 예상을 끊임 없이 균형 있게 유지시켜야 하기 때문이다. 개인의 정체감은 오로지 과거의 이야기나, 정체감의 의식적 연속성을 형성하는 경험의 역사와 구성 과정에 있는 현재의 이야기만으로 이루어져 있는 것이 결코 아니다. 개성은 미래의 이야기, 곧 개인의 정체감을 형성하는 핵심 이야기는 예전의 경험뿐만 아니라 미래의 예측에 따라서 만들어지기도 한다."[31]

인간 이야기의 과거시제

상담을 할 때, 때로는 어떤 영향력이 내담자의 이야기와 경험을 형성했는지 더 잘 이해하기 위해서 내담자의 배경을 들어보는 것이 유익한 경우가 있다.[32] 자기 인식은 어디선가 모르게 튀어 나오는 것이 아니라 개인의

---

31) Andrew D. Lester, *Hope in Pastoral Care and Counselling* (Louisville: Westminster John Knox Press, 1995), 64.
32) 사람의 정서적 유형과 인격형성은 아동기의 경험과 긴밀히 관련되어 있다. 한 개인의

역사에 뿌리를 두고 있기 때문이다.[33] 인간의 신념이나 행위는 어린 시절에 겪었던 경험에 영향을 받고 형성되기 때문에 사람들이 겪고 있는 고난과 상처의 이야기와 경험을 구체적으로 규명하면 그들이 지니고 있는 문제를 바르게 인식하는 데 도움이 되는 경우가 많다. 때문에 상담자는 내담자와 더불어 내담자의 과거 이야기를 진지하게 경청하는 것이 필요하다.

상담자가 내담자들의 과거시제를 상담의 영역 안에서 활용할 때, 내담자들이 과거시제를 이야기하는 특성을 안다면 더 효과적으로 사용할 수 있다. 상담자는 내담자가 자기의 여러 가지 이유 때문에 과거를 무시하고 잊어버리고 의도적으로 억압할 수도 있다는 사실을 알아야 한다. 이러한 내담자의 경우 '잊어버린' 과거시제의 이야기 때문에 자신의 이야기를 현재의 시제로 재구성하는데 어려움을 겪을 수 있다. 정체성은 일관성 있는 자기 이야기로 회상되고 조직되고 연결되어야 할 필요가 있는 과거 이야기에 뿌리를 내리고 있다. 따라서 이들에게는 과거 이야기를 표면화시키는 것 자체가 현재의 문제를 치유하는 첫걸음이 될 수 있다. 어떤 내담자들은 이야기의 시제가 현재시제보다는 과거시제에 치중되어 있는 것을 많이 볼 수 있다. 이러한 내담자들은 과거의 행복하고 아름다웠던 경험을 통하여 현재의 상처와 아픔을 회피하거나 보상 받으려는 경우가 종종 있다. 하지만 그

어린 시절의 경험은 평생의 여러 습관들과 정서와 행위에 영향을 미친다. 이는 임상적으로 증명된 개념이다. 에릭 에릭슨(Eric Erikson)은 특별히 유아기 시절의 신뢰의 경험이 어른이 되어서도 좀더 희망적으로 느끼고 행동한다고 결론하였다. Eric H. Erikson, Insight and Responsibility [New York: W. W. Norton & Co, 1964], 116-117. 에릭슨은 생후 18개월 동안의 기간의 심리 사회학적 영향이 평생 동안 영향을 끼친다고 보았다. 때문에 이 기간 동안에 불신보다는 신뢰를 받고 자란 사람이 대체로 희망의 사람이 된다고 하였다. 의심과 불신의 경향이 짙은 사람들은 희망을 품게 되기가 훨씬 더 어렵다. 사랑 속에서 양육된(안아 주고, 어루만짐을 많이 해주고, 포옹해 주는) 아이들은 나중에 하나님과 다른 사람에 대한 신뢰감을 발달시키게 되고 이런 아이들은 자기 자신에 대해서 부정적으로 사고하기보다는 긍정적으로 사고하고 신뢰하게 된다. 그것은 자기 자신이 인정받고 사랑받는다는 사실을 인식할 수 있기 때문이다. 다른 사람과 자기 자신에 대한 그러한 신뢰는 살아계셔서 그들을 보호하시고 그들에게 일어난 일들에 관심을 기울이시는 하나님에 대한 믿음의 큰 자원이 된다. 이 아이들은 창조주 하나님이 신실하신 분이라는 것과 하나님께서 자기를 사랑하신다는 것을 더 확고하게 믿게 되는 경향이 더 많다.

33) Andrew D. Lester, *Hope in Pastoral Care and Counselling*, 65.

과거 이야기는 실지로 존재하지 않았던 아니면 아주 희박한 기억을 내담자가 아름답게 이상화시킨 하나의 '이야기'일 수도 있다. 사실 우리의 과거의 경험은 우리의 인식체계 안에서 재구성된다. 그래서 때로는 우리가 기억하고 싶지 않은 것은 실지로 우리의 기억 속에서 거의 사라질 수 있다. 한편 좋은 경험이든지 험악한 경험이든지 그것이 몇 번은 아니지만 강렬한 경험이었다면 우리의 과거시제 속에 생생하게 살아있는 것이다. 또 내담자의 과거 이야기는 내담자의 현재 이야기와 경험을 바탕으로 재구성된다. 물론 부정적 이야기로 재구성되기도 하고 때로는 긍정적 이야기로 재구성되기도 한다. 성경에 보면 이스라엘 백성들은 그들의 조상들의 신앙이야기와 경험들-하나님 앞에서 행한 선과 죄악-을 회상하고 기억함으로 회개하기도 하고 그들의 신앙과 삶을 재구성하는 것을 볼 수 있다. 그러므로 과거시제의 이야기를 하는 것을 단지 과거지향적인 것으로만 여기는 부정적 이미지를 극복할 필요가 있다. 상담자는 내담자의 과거 이야기와 경험이 상담과정에서 문제해결을 위해 중요하고도 긍정적 요소로 작용할 수 있다는 것을 간과해서는 안 된다. 특히 내담자의 현재 이야기에 돌출구가 보이지 않을 만큼 꽉 막히고 희망을 찾을 수 없을 때 유용할 수 있다. 과거시제로 상담을 접근함으로써 행복했던 과거를 회상하게 함으로써 그것이 현재에도 실재할 수 있으며, 그러기 위해서는 어떻게 해야 할 것인가를 제시할 때는 매우 유용하다.

반면, 과거를 살핀다는 개념은 내담자의 현재 행동에 대한 책임이 그 사람에게서 그의 부모나 다른 사람들에게로 옮겨지는 책임전가의 소지를 줄 수 있다고 지적하는 상담자들이 있다. 제이 아담스는 그의 책 『권면적 상담』(Competent to Counsel)에서 이러한 경우를 아나 러셀(Anna Russell)의 노래를 통해 풍자하고 있다.

    나는 정신과의사에게 정신분석을 받으러 갔네
      왜 내가 고양이를 죽이고 내 남편의 눈을 멍들게 했는지 알아내기 위하여
      의사는 무엇인가를 찾으려고 솜털처럼 부드러운 카우치에 나를 눕혔네

여기 그가 나의 잠재의식에서 끌어낸 것이 있네
내 나이 한 살 때 엄마는 내 인형을 트렁크 속에 감췄네
그래서 자연히 나는 항상 술 취한다네
내 나이 두 살 때 어느 날 아버지가 하녀에게 키스하는 것을 보았네
이것이 내가 지금 도벽으로 고생하는 이유라네
내 나이 세 살 때는 형제들을 사랑하고 미워하는 상반된 감정에 빠졌네
그래서 나는 내 사랑하는 모든 사람들을 괴롭히게 되었다네
그러나 나는 행복하네, 지금 나는 이것을 배웠네
내 모든 잘못은 남의 잘못이라는 것을.[34]

인간은 그가 지닌 죄성으로 말미암아 근본적으로 자기의 책임을 전가하는 습성이 있다. 이렇게 되면 사람들은 성숙하고 경건한 방법으로 자신의 삶을 주장하라는 권고를 필요로 하는 책임 있는 주체라기보다 과거의 속박을 깨고 거기에서 벗어나야 하는 희생자로 여겨질 수 있다. 인간은 과거의 상처와 고통 경험을 치유하기 위해 하나님께로 돌아가야 하는데도 그것을 거부하고 과거의 자기 이야기와 경험에 매이는 것은 책임 있는 존재로 살아가는 것이 아님을 분명히 해야 한다. 왜냐하면, 인간이 형성한 현재의 모습은 단지 과거의 부모나 다른 관련된 사람들에게서 어떤 대접을 받았는가에 대한 필연적인 결과만은 아니기 때문이다. 그것은 오히려 인간 스스로가 자신의 방식대로 이 세상을 살아 나가기 위한 토대를 제공 받기 위해 그가 스스로 선택한 것이기도 하다. 제이 아담스는 "사람들이 과거에 초점을 맞추는 한 변화는 일어나지 않는다. 왜냐하면 아무도 과거를 변화시킬 수는 없기 때문이다. 취급해야 할 필요가 있는 것은 과거가 아니다. 실제로 과거는 더 이상 존재하지 않는다. 변화할 필요가 있는 것은 그의 과거가 아니다. 바로 내담자 자신의 현재가 변화되어야만 한다"[35]고 강조했다. 상담은 궁극적으로 치유와 변화를 목표로 하는데, 그 변화란 단지 현재의 환경을 변화시키는데 있기보다는 내담자의 마음과 태도를 새롭게 하는데 달려있

---

34) Jay E. Adams, *Competent to Counsel* (Grand Rapids: Baker Book House, 1970), 8.
35) Jay E. Adams, *The Christian Counselor's Manual*, 172-173.

다. 과거의 상처나 고통의 기억을 치유하고 현재 상황을 재구성하려는 것만으로는 문제가 무엇인지 밝히지 못하는 경우가 많다. 인간의 상처와 고통의 문제는 그의 과거의 이야기와 경험보다는 그의 현재 이야기가 더 많이 관계되는 경우가 많다. 그리고 인간의 상처와 고난은 하나님과 상관 없이 삶을 영위하려는 인간의 노력의 일부이기 때문에, 이에 대한 치유는 삶이 하나님과 바른 관계 없이 존재할 수 있다는 생각을 회개하고 하나님의 말씀에 의존하여 삶의 방향을 재조정하는 것에 목표를 두어야 한다.

인간 이야기의 현재시제

카렌 호니(Karen Horney)는 어린 시절의 경험이 현재 어른의 행동과 많은 관계가 있다고 생각하지만, 그럼에도 불구하고 인간의 응답성을 과거의 유아적 경험에서 생겨나는 것으로 간주하지 않고 현재의 문화적 상황에서 일어나는 것으로 본다.[36] 예를 들면, 인간의 불안의 근본적인 원인은 그가 현재 처한 소외, 적대감, 두려움의 느낌에서 그리고 자신감이 없을 때 생겨난다고 하였다.[37] 호니의 이론에 따르면, 인간의 문제의 근본적인 원인은 과거의 경험에 있기보다는 그가 처한 상황과 문화에 의해 형성된다는 것이다. 또한 고든 알포트(Gordon Allport)는 지적하기를 성숙한 인간의 뚜렷한 특징은 전가성이나 회피성에 있지 않고 책임성에 있다고 말한다. "개인적 책임성이란 측면이 정상인을 대표하는 특질이다. 왜냐하면 책임성이야 말로 미래의 상징적인 이미지를 마음속에 두고 만족을 보류하며 스스로 최선을 다한다는 행위원칙의 개념과 모순됨 없이 행동을 취할 가능성에서 우러나오는 뚜렷한 능력이기 때문이다. 마찬가지로 사회적 책임성 역시 정상인의 특질인데, 그것은 이러한 모든 상징적인 능력들이 신뢰 또는 이타주의라는 독특한 요소와 상호작용을 하는데서 생기는 것이다."[38] 알포트에게

---

36) Karen Horney, *New Ways in Psychoanalysis* (New York: Norton, 1937), 32-33.
37) Karen Horney, *New Ways in Psychoanalysis*, 173-175.
38) Gordon Allport, *Personality and Social Encounter* (Boston: Beacon Press, 1960), 158.

정상적이고 성숙한 인간은 책임적 자아를 지닌 존재이다. 나아가 책임적 자아를 강조한 리차드 니버(Richard Niebuhr)는 "나는 인간이 존재하고 활동한다는 것 그리고 하나님 안에 존재의 기반을 가지고 있으며, 바로 이러한 하나님과의 관계야말로 인간의 가장 기초적인 관계라는 것을 믿는다. 이것은 결론이 아니라 출발점이다"라고 하였다.[39]

성경은 일관성 있게 인간을 책임 있는 존재로 말한다. 한 개인이 행한 일의 책임을 자발적인 선택 이외의 다른 어떤 것에 돌리는 것은 궁극적으로 비성경적인 것이다. 책임이라는 것에 대해 성경적 견해를 갖기 위해서는 우리로 하여금 그렇게 만드는 원인의 관점에서 설명한다면, 인간의 책임성은 부인되며 결정론(determinism)에 빠지게 된다. 인과모델의 결정론을 피하기 위해서는 인간을 어떤 목표를 가지고 자기가 속한 세상에서 활동하는 존재로 생각해야 한다. 행동의 동기는 행동을 주도하는 과거의 영향에서가 아니라, '인격의 목적론'을 이해함으로써 다루어져야 한다. 결정론적 견해를 지지하는 상담자들은 내담자의 상태는 그의 과거 경험 속에서 그로 하여금 행동하게 만드는 원인들에 치중한다. 그러나 그러한 생각은 인간의 자신의 의지 작용이 아닌 결정론을 인간 행동의 궁극적인 이유로 제시한 것에 지나지 않는다. 목적론적 관점을 지닌 상담자들은 내담자를 하나님의 형상을 지닌 자, 즉 어떤 행동을 할 것인지 그리고 왜 그러한 행동을 할 것인지를 선택하는 책임적 자아로 대한다.

바울이 "그리스도와 함께 십자가에 못 박혔다"(갈 2:20)는 고백은 바울의 삶 속에서 그의 행위에 대한 책임을 회피하거나 책임이 제거되었다는 의미가 아니라 어떠한 희생을 치르더라도 그리스도를 따르려고 결심했다는 사실을 의미한다. 삶이 고통스럽고 좌절감을 느낄 때, 예수 안에서 하나님을 향해서 나아갈 수 있는 자신의 내적 자유를 인식함과 동시에 어떠한 상황 안에서도 책임 있는 성숙한 제자의 삶을 살겠다는 신앙고백이다. 인간의 고통과 좌절은 궁극적으로 자기의 죄된 삶의 유형과 스스로의 힘으로 상황

---

[39] Richard Niebuhr, *The Responsible Self* (New York: Harper, 1963), 44.

을 해결 또는 통제하기를 고집하는 타락한 자에게는 적이 될 수 있으나, 구속 받은 사람에게는 선택에 대한 책임의 자유를 누리기 위한 기회가 된다.

인간 이야기의 현재시제는 인간의 인성, 상처, 고통, 슬픔, 기쁨 등 이 모든 국면들은 근본적으로 과거 어린시절의 경험으로 돌리기보다는 본인의 현재적 삶 안에서 강력한 자기 책임성을 수반한다는 것에 그 초점이 있다. 물론 인간의 이야기와 경험은 그의 환경이라는 변수에 영향을 받기 마련이다. 현재의 행동에 영향을 주는 환경은 항상 현재 시제로 보임에도 불구하고 과거와 현재, 미래가 모두 함축되어 있다. 왜냐하면, 인간과 그의 환경을 언급하지 않은 채 행동, 문제 등을 떼어내어 말한다는 것은 불가능하기 때문이다. 따라서 인간이 처한 문제나 그의 현재의 행동을 서술하기 위해서는 인간의 경험, 목적, 욕구, 소망, 가치 등을 포함해서 전인적인 또는 통전적인 인간에 대한 관찰과 앎이 요구된다. 그러므로 상담자가 내담자의 문제를 진단하기 위해서는 전인적인 또는 통전적인 인간 존재의 이야기와 경험을 이해할 때 보다 더 효과적인 상담이 가능하다 하겠다.

인간 이야기의 미래시제

인간 이야기를 과거와 현재에만 국한시키는 것도 바람직한 이야기 구성이라 할 수 없지만, 동시에 과거와 현재의 이야기로부터 미래 이야기를 따로 떼어 내어 내는 것 또한 사람들의 핵심 이야기를 손상시킬 수 있다. 인간의 미래시제 이야기는 자칫 잘못하면 피상적이고 허상으로 인도될 수 있음을 잊어서는 안 된다.

이러한 전제하에 인간 이야기의 미래시제의 중요성을 살펴보면, 인간의 미래 이야기에 주의를 기울이지 않는 상담 전략은 덜 효과적이라는 것을 상담자는 기억해야 한다. 상담자는 사람들의 과거와 현재의 이야기뿐만 아니라 미래의 이야기까지 모두 알게 될 때 비로소 사람들에게 양질의 상담을 제공할 수가 있는 것이다. 유능한 상담자는 내담자가 자신의 과거를 회상할 수 있도록 배려하거나 도와주어야 하지만 또 한편으로는 그가 미래와 직면하고 가능성을 실현하기를 거부하거나 그럴만한 능력이 없기 때문에 느끼게 되는 절망에도 주의를 기울여야 한다.[40] 상담자는 내담자들이 그들의 미래 이야기를 성경 안에서 탐구하고 평가하도록 도와주고 인도하는 일의 중요성을 망각하거나 과소평가해서는 안 된다.

여기에서 중요하게 제기되는 다른 측면의 문제는, 우리는 위기로 인식되는 문제는 항상 그 사람의 미래 이야기에 영향을 미치고 또 그로부터 영향을 받는다는 점을 인식해야 한다. 과거나 현재의 경험이나 사건 때문에 미래가 어떻게 위협을 받게 되었는지 또는 이미 어떻게 변경되었는지를 알지 못한다면 그 어떤 상처와 고통의 경험도 완벽하게 이해할 수 없다.[41] 시간 의식의 미래 국면이 파괴된 사실을 알고 나면 고통의 원인도 더 잘 이해하게 되고 또 상담 중재의 초점을 어디에 맞추어야 하는지도 더 잘 알 수 있게 된다.[42] 상담은 내담자의 상실되거나 파괴된 미래 이야기에 관심을 집중시켜야 한다. "미래 이야기가 방해를 받게 되면, 소망의 과정 또한 절망에 빠지기 쉬워진다."[43] 여기서 중요한 것은 "우리의 시간 의식 가운데 이 미래의 차원이 바로 소망과 절망의 발판이라는 것이다. 인간은 이러한 예측적 의식의 영역에서 걱정, 두려움, 불안, 공포를 경험하게 된다. 우리 이야기의 미래 시제는 가능성의 문제이다."[44] 상담자가 항상 잊지 말아야 할 것은 내담자에게서 미래 이야기가 파괴될 때 직면하게 될 위협을 염두에 두고 하나님의 미래 이야기에 참여하도록 도와야 한다(시 62:5-7; 사 40:31).

인간 이야기와 하나님의 주권

하지만 우리는 인간 이야기 시제 속에서 하나님께서 주권적으로 일하고

---

40) Andrew D. Lester, *Hope in Pastoral Care and Counselling*, 79.
41) Andrew D. Lester, *Hope in Pastoral Care and Counselling*, 43-44.
42) Andrew D. Lester, *Hope in Pastoral Care and Counselling*, 44.
43) Andrew D. Lester, *Hope in Pastoral Care and Counselling*, 44.
44) Andrew D. Lester, *Hope in Pastoral Care and Counselling*, 57.

계시는 분이심을 잊어서는 안 된다. 인간의 창조주는 하나님이시기 때문에, 우리 인간의 이야기의 주권자는 하나님이심을 인정하는 것이 상담자와 내담자에게 반드시 필요한 것이다. 우리는 성경에 나타난 요셉의 이야기를 통하여 지혜를 얻을 수 있다.

요셉 이야기 속에서 하나님의 주권과 역사하심의 신비를 말해 주고 있다. 창세기 45:3-4에서 요셉은 형제들에게 자신을 알린다. 그러나 형제들은 그 앞에서 놀라 아무 대답도 하지 않는다(3절). 이 놀람의 이유는 과거에 희생시켰던 요셉이 그들 앞에 서 있었기 때문이다. 즉, 그들의 죄책이 드러났기 때문이다. 놀란 형제들에 대해 요셉은 "근심하지 말라"고 위로한다. 하나님은 악한 의도를 이용하여 선한 목적을 이루셨다. 인간적 죄책의 모든 갈등과 상처를 은혜롭게 종결지으시려는 하나님의 신비하고 주권적 손길을 분명히 지적한다(5절). 이러한 내용은 창세기 50:20의 결론적 부분에서 다시 언급된다. 창세기 50:15-21의 요셉 이야기에서 형제들의 죄책의 문제를 다시 이야기하고 있다. 요셉의 말은 이야기의 의미의 중심에 놓인다. "당신들은 나를 해하려 하였으나 하나님은 그것을 선으로 바꾸어 오늘과 같이 만민의 생명을 구원하게 하시려 하셨나니"(20절)라는 고백이다. 하나님은 전체 역사를 놀랍게 인도하시는 가운데 이미 판결을 내리셨다.

요셉의 이야기 속에서 이야기의 주인공은 하나님이심을 보여준다. 하나님은 인간들의 이야기의 주권자이심을 볼 수 있다. 하나님은 요셉의 형제들의 죄악된 행위, 악까지도 자신의 구원 행동 속에 포함시키셨다. 하나님은 그들에게 큰 구원(창 45:7)을 베푸셨고, 그럼으로써 그들을 의롭게 여기셨다. 만약 요셉이 형제들을 정죄하면 하나님이 이미 내리신 판결과 별도의 판결을 내리게 되어 그는 "하나님을 대신"(창 50:20)하게 되는 것이다.

결국 인간이야기의 시제 속에서 하나님의 주권을 이야기하는 것을 놓치지 말아야 할 이유는 우리 인간의 이야기를 우리 자신의 이야기 위에다만 놓을 때는 불안할 수밖에 없는 것이다. 우리의 이야기 속에서 하나님의 은총을 위한 공간을 너무 작게 만들고, 인간 의지를 위한 공간을 너무 크게 만들어서는 안 된다. 인간 이야기의 구조는 때로는 인과응보적이고 때로는 모순적이다. 하지만 하나님의 은총의 구조는 인과응보적 구조와 모순적 구조를 뛰어넘어 삶을 승화시키는 구조이다. 하나님의 은총의 구조는 공의를 무시하지 않는다. 즉, 존재하는 모든 것들의 관계 속에서 잘못된 것을 정직하게 인정한다. 그러나 그 잘못이 회복된 관계를 영위해 가는데 있어서 언제까지나 존속하도록 허용하는 것을 거부하는 구조이다.

  은총의 구조는 그 잘못을 창조적으로 사용하여 미래를 위하여 오히려 새로운 무엇을 형성한다. 그것은 보복의 법을 넘고, 상처와 원한의 감정을 넘어선다. 그것은 모든 율법주의와 도덕주의 그리고 행동주의를 넘어서 사랑과 은총으로 진입한다. 때문에 하나님의 은총의 구조에서는 배신과 잘못이 저질러지고 사람들에게 상처를 입히는 타락한 세상 속에서도 다른 사람의 가치와 존엄을 인정하는 하나의 길이다. 하나님의 은총의 구조는 우리를 이상화하는 것을 분쇄시킨다. 그것은 우리들의 이야기가 완전하지 않다는 것을 알게 하고 또한 완전히 구속 받을 수 없는 것도 아니라는 것을 깨닫게 한다. 창조되었으나 타락되었고, 선하고 악하며, 악마도 천사도 아닌 인간의 조건에 있다는 것을 인정하게 한다. 은총의 구조는 우리들의 이야기가 용서의 구조로 가도록 설득하고 도전한다. 즉, 우리가 그러하듯이, 실수를 저지르기도 하고, 악한 행동을 때로는 더 좋아한다는 것을 정직하게 인정하게 한다. 은총의 구조는 결국 용서하고 치유하도록 우리를 이끈다. 우리는 하나님으로부터 이 은총의 구조를 배워야 한다. 이것은 우리들의 이야기 속에서 하나님의 주권을 인정하는 것이다. 하나님의 은총의 이야기 구조에다 우리의 이야기 시제를 올려놓을 때 우리는 우리 이야기의 과거 위에다 미래를 창조적으로 건설하는 것이 가능한 것이다. 나아가 그것은 우리로 하여금 '너는 잘못 했어,' '너 때문이야,' '너의 과거 때문이야,' 그러므로 '너는 보상해야 돼,' '나는 책임이 없어'라는 견딜 수 없는 '보복의 법칙'과 '책임전가의 법칙'에 따라 사는 것이 아니라, 하나님의 은총의 신선한 공기 속에서 살아가는 법을 배우는 것이다.

제 2 장

상담과 성경: 상담자
Counseling and The Bible: Counselor

성경에서의 상담

오늘날 우리가 사용하고 있는 '상담'이라는 용어는 사람에 따라 다르게 이해되어지고 있을 뿐만 아니라 다른 목적을 위하여 사용되어지고 있다. 때문에 성경에서 상담을 어떻게 이해하고 있는가를 살펴보기 전에 우리가 사용하여 오고 있는 상담이라는 단어를 설명해야 할 필요가 있다.

성경에 나타난 상담 용어는 오랜 세월의 종교적 유래를 갖고 있다. 구약 성경 시편 1:1과 이사야 9:6에 상담을 의미하는 용어들이 나온다. 시편 1:1의 '악인의 꾀'에서 '꾀'라는 단어는 영어 성경에 보면 '상담'(counsel)이란 뜻이다. 이사야 9:6에서 '기묘자,' '모사'는 '탁월한 상담자'란 뜻이다. "이는 한 아기가 우리에게 났고 한 아들을 우리에게 주신바 되었는데 그 어깨에는 정사를 메었고 그 이름은 기묘자라 모사라 전능하신 하나님이라 영존하시는 아버지라 평강의 왕이라 할 것임이니라"(For to us a child is born, to us a son is given, and the government will be on his shoulders, Wonderful Counselor, Mighty God, Everlasting Father, Prince of Peace. NIV). 이 구절은 그리스도의 성품과 사역을 나타내는 것으로서 특히 '기묘자,' '모사'라는 단어는 그리스도의 상담

사역적 국면을 묘사한다. 즉 '기묘자,' '모사'란 '탁월하게 상담 또는 조언하는 사람'이란 뜻이다.

구약성경에서는 '기묘자,' '모사'(counselor)들은 때때로 왕에게 신적인 지혜를 말하고, 잠언의 여러 부분들이 명백하게 말하고 있듯이 정치적인 문제에 대하여 관여하는 자들이었다. '지혜자'는 지혜문학-예를 들어 전도서, 잠언 그리고 욥기-을 발전시킨 종교적 현인들이었다. 이들의 가르침의 대부분은 사람들을 도와서 그들의 삶을 의미 있게 하고, 좌절과 이 세상에서 사는 고통을 대처하기 위하여 마련되었다. 구약성경에서 여러 종류의 지혜로운 안내자들은 삶에 대하여 신적인 관점으로 영향을 주었으며, 사회 속에서 하나님의 정의를 수립하기 위하여 여러 노력을 하였으며, 개인적인 삶에서는 바른 윤리적 삶을 촉진하였다.[1]

또한 신약성경에서 상담이란 뜻을 가장 명확하게 보여 주는 것은 요한복음 14:16이다. "내가 아버지께 구하겠으니 그가 또 다른 **보혜사**를 너희에게 주사 영원토록 너희와 함께 있게 하시리니"(I will ask another Counselor to be with you forever. NIV). 예수께서 제자들에게 다른 '보혜사'(상담자) 즉 성령을 보내시겠다고 하셨는데 이것은 성령의 상담활동을 구체적으로 교훈하는 말씀이다. 요한복음에 나오는 **파라클레토스**(parakletos)는 '상담자'(counselor) 또는 '돕는자'(helper), '옹호자'(advocate), '중재자'(intercessor) 등으로 번역된다.[2]

신약성경에서는 "성령이 또 다른 '보혜사'(Counselor)로 불리우고 있다"(요 14:16, 26; 15:26). 그리고 성령으로 사용되고 있는 '파라클레테'(Paraklete)라는 용어는 '더불어 같이 오는'(coming alongside) 그리고 '단지 거기에 존재하는'(just being there)이라는 의미에서부터 '권면'(confrontation) 그리고 '경고'(warning)에 이르기까지 넓은 사역을 의미하고 있다. 신약성경에서 '파라클에시스'(paraklesis)라는 용어는 공감, 청취, 권고, 격려 그리고 안내를 포함하

---

1) Francis Bridger and David Atkinson, *Counseling in Context*, 124.
2) Walter W. Wessel, *Baker's Dictionary of Practical Theology* (Grand Rapids: Baker Book House, 1960), 30.

고 있다."³⁾ 그러므로 성경적 의미에서 '상담'이라는 단어는 아주 넓은 범위의 사역적 국면을 포함하고 있었다.

성경에서는 '상담자'(counselor)의 사역적 이해에 도움이 될 은유들이 많이 발견된다. 선지자, 제사장, 지혜자, 목자, 왕 등이다. 선지자는 하나님께로부터 개인적 부르심을 받고 하나님의 직접적인 말씀의 근거로 사역하였다. 제사장은 그들 사역의 근거를 토라의 권위와 율법의 명령에 두고 사역하였으며, 지혜자는 하나님과의 관계 안에서 율법과 전통을 원칙으로 삼아 체험과 관찰을 통해 발견한 것을 삶에 적용하는 사역을 하였다. 선지자적인 말과 제사장적인 중재와 교훈적인 지혜를 통해서 돌보고 위로하라는 하나님의 부르심이 목자라는 주제가 있다.

통전적 상담 모델과 성경사용

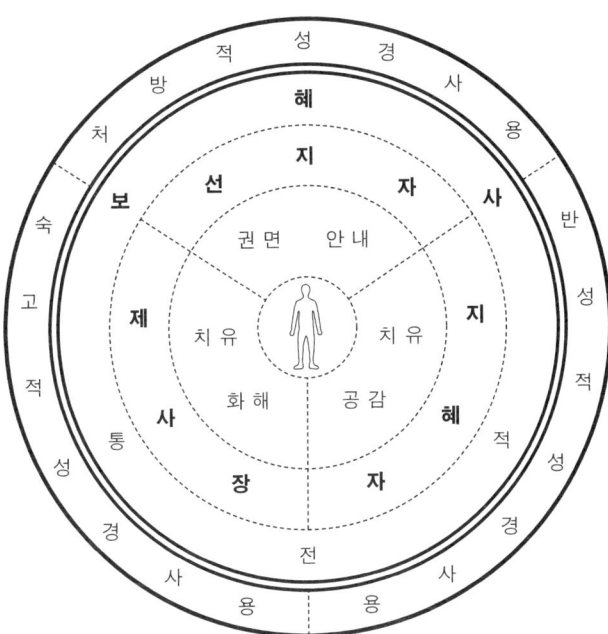

---
3) Francis Bridger, and David Atkinson, *Counseling in Context*, 124-125.

선지자적 기능

선지자에게는 하나님의 말씀과 뜻을 분명하게 하는 선포 사역이 있다. 선지자의 소명은 한편으로는 개인과 공동체와 국가에 대해 심판을 경고하고, 다른 한편으로는 회복과 갱신의 약속을 제시하는 것이었다. 게다가 선지자들의 기능은 하나님의 말씀으로 사람들의 잘못된 사고와 행동의 패턴들을 말하고, 그 결과 회개하고 순종하는 삶을 살도록 하는 데 있었다. 상담의 기능은 이런 선지자적 국면을 지닌다. 돈 브라우닝(Don Browning)이 설득력을 갖고 주장하였듯이, 우리들의 모든 상담사역은 특별한 삶의 도덕적 상황 속에 놓여 있는 것이다.[4] 상담 사역 속에서, 우리는 하나님의 성품이라고 하는 주어진 도덕적 틀과 그리고 그의 백성은 그의 품성의 빛 안에서 살아야 한다는 것을 강조하는 것이다. 이것이 하나님께서 우리를 위하여 그리고 실로 우리들이 가장 잘 되게 하기 위하여 원하시는 선한 삶이다.

상담의 선지자적 접근법은 내담자의 문제를 삶의 역기능적인 현상으로 보거나 치료적인 과정으로 보지 않는다. 그 대신에 내담자의 문제들에 대한 합리적인 성경적 진단을 하고 처방하여 성경적으로 행동하도록 돕는 성화의 과정으로 본다. 상담은 내담자의 올바른 사고와 올바른 행동의 중요성을 강조한다. 선지자적 요소가 강한 상담 접근법은 성경을 '처방적으로' (prescriptively) 사용하는 경향을 보인다. 내담자에게 어떤 진단이 내려지고 그에 대한 치료책이 처방된다. 예를 들면, 우울증과 불안으로 가득한 내담자에게 진단을 내리고 말씀으로 처방한다. "내 영혼아 네가 어찌하여 낙망하여 내 속에서 불안하여 하는고 너는 하나님을 바라라 나는 내 얼굴을 도우시는 내 하나님을 오히려 찬송하리로다"(시 42:11).

구약성경에 정통하시고 그것으로부터 많은 것을 인용하셨던 예수님께서도 이런 방법을 자주 사용하셨다. 때문에 선지자적 요소가 강한 상담은 성경에 충실한 접근법을 강조한다. 이런 접근법은 상담자들이 내담자의 문

---

[4] Don Browning, *The Moral Context of Pastoral Care* (Philadelphia: Westminster, 1976)를 참조.

제를 성경적으로 진단하고 성경을 통한 권면과 적용하는 것을 가장 중요한 역할로 이해한다.

이 접근법에 충실하고자 하는 이들의 또 하나의 특징은, 상담자를 성령에 의해 인도되고 감동되어서 권면하고 훈계하는 사람으로 이해한다는 것이다. 그러므로 상담자는 성경에 충실하고 성령의 격려와 하나님의 자비로운 돌봄에 대한 소망을 향해 열려 있어야 한다. 이것은 상담자가 다른 사람들을 인도할 뿐만 아니라 하나님의 인도를 받는 것, 권위를 발휘할 뿐만 아니라 주님의 권위에 순종하는 것, 도전하고 맞설 뿐만 아니라 소망을 가져다 주는 자가 되는 것을 포함한다.

이 상담법은 신약성경에서 항상 그리스도인의 교제라는 맥락에서 사용되는 동사 **뉴테테오**(noutheteo, 권면하다, 훈계하다, 충고하다)와 그 단어의 명사형인 **뉴테시아**(nouthesis)에 의해 표현된 개념들에 초점을 맞춘다. 여기에서 우리는 서로 권하라는 명령(롬 15:14), 과거의 죄로부터 배우고(고전 10:11) 교회 지도자가 권하는 것에 순종해야 할 필요(롬 15:14; 고전 4:14; 살전 5:12; 살후 3:15) 그리고 그리스도인의 성숙을 지향하는 성장에서 권면과 가르침의 관계(골 1:28; 3:16) 등을 떠올린다.

특별히 이런 요소를 강조하는 중요한 예가 제이 아담스(Adams)의 '권면적 상담'이다. 아담스는 상담의 초점은 내담자의 구체적인 행동의 변화에 두고 있다.[5] 그는 에베소서 4:22-24에서 "옛 사람을 벗어 버리고…새 사람을 입으라"에 강조점을 두고 상담이란 죄악된 옛 사람을 벗어버리고 거룩한 새 사람을 입는 과정을 도와주는 사역이라고 생각하였다. 때문에 상담의 목적은 사람을 죄악된 삶의 유형에서 벗어나 새로운 삶의 유형으로 변화시켜주는 과정으로 이해했다. 아담스의 상담의 원리는 기본적으로 다음과 같이 요약될 수 있다. 모든 문제는 죄로 말미암는다. 문제에 대한 답은 성경이 모두 가지고 있다.[6]

이러한 상담은 연역적 접근법을 취한다. 즉 인간의 모든 문제는 죄의 영

---

5) Jay E. Adams, *The Christian Counselor's Manual*, 18장을 참조.
6) Jay E. Adams, *The Christian Counselor's Manual*, 1장과 14장을 참조.

향이라고 단정하고 일반화 시키는 경향이다. 그 문제에 대한 답은 성경에 다 제시되어 있다는 생각이다. 때문에 내담자의 문제에서 심리적인 분석 등은 이차적인 것이다. 예를 들어, 다양한 심리학적 요인이 열등감으로 느끼는 경험까지는 인정하지만 그 원인과 해결 방법이 다르다. 일반적으로 또는 심리학적으로 열등감은 충족되지 못한 욕구에서 출발한다고 본다. 하지만 연역적 접근에서는 낮은 열등감에 대한 궁극적 해결의 방법은 그가 원하는 바를 성취하는 것이나 주위 사람들로부터 인정 받는 것이나 하나님으로부터 사랑을 받는 것이라고 하는 정서적 또는 심리적 요인에 두지 않는다. 이 연역적 상담의 특징은 성경을 통해서 내담자의 문제의 원인과 그 해결책을 찾도록 추구하는 것이다. 열등감의 문제는 인간의 죄로 말미암은 욕구에 비롯된다고 본다. 이러한 욕구들이 우상이 되어 마음을 사로잡고 채워질 수 없는 심리적인 갈망을 만들게 된다는 것이다. 이러한 욕구들이 거부되거나 충족되지 못할 때 좌절하게 되고 열등감을 형성하게 된다. 때문에 인간의 마음속에 인간이 원하는 욕구가 채워져야 인간이 행복해질 수 있다는 심리적인 욕구가 깨어져야 비로소 하나님은 인간은 열등감에서 자유할 수 있다는 것이다.[7]

이러한 아담스의 '권면적 상담'은 상담 2세대들인 웰치(Edward Welch)나 파울리슨(David Powlison)에 의해 성경적 상담으로 개칭되었으며 약간의 변화를 하고 있다. 예를 들어, 아담스가 성경적 변화의 행동적인 측면을 강조하였다면, 웰치와 파울리슨은 마음의 변화를 강조한다. 즉 같은 에베소서 4:22-24에서 아담스가 옛 사람을 벗고 새 사람을 입는 과정을 강조하였다면 웰치와 파울리슨은 23절의 "마음의 변화를 받아"에 중점을 둔다. 행동적인 변화의 근원은 마음에 있다는 것이다. 이러한 변화는 성경적 상담을 너무 단순화 시키고 형식적이고 율법적이라는 지적을 극복하고 인간의 심리를 성경적으로 이해하려는 노력이라 할 수 있다. 헐리(James Hurley)와 베

---

7) Edward Welch, and David Powlison, "Every Common Bush Afire with God: The Scripture's Constitutive Role for Counseling," *Journal of Psychology and Christianity* 16 (1997): 304-305.

리(James Berry)는 웰치와 파울리슨의 성경적 상담에 대한 견해를 평가하면서, 성경적 상담이 성경의 확고한 권위를 인정하고 성경에 입각한 상담 방법론을 세우는데 공헌한 점은 훌륭하지만 자신들이 보는 성경적 적용만이 절대적이라고 여기는 경향에 대해서 지적하였다.[8] 웰치와 파울리슨은 이러한 평가에 대해 다음과 같이 반성적인 반응을 하였다. 첫째로, 성경적 상담이 너무 방어적이고 논쟁적인 자세를 취한 점이다. 자신들이 동의하지 않는 관점에 대해서 동료로 대하기보다는 적으로 생각하면서 너무 강하게 비난하고 공격하는 경우가 많았다. 이러한 자세는 성경적 상담을 발전시키기 보다는 고립시킬 수 있는 위험이 있다. 그리고 성경적 상담을 토대로 기독교 상담을 발전시키고자하는 성경적 상담의 의도를 전달하는 과정에서 지나치게 논쟁적이었다.

둘째로, 복잡한 상담의 상황을 다루는 데 있어서 너무 단순화하였다. 그 이유 중 하나가 상담의 과정을 충분히 설명하지 않았기 때문이다. 예를 들어, 아담스는 나름대로 균형 있는 상담을 말하고 있지만 문제에 대한 권면, 훈계, 직면 등이 강하게 표현되면서 균형을 잃은 측면이 있다는 것이다.[9] 때문에 선지자적 성경 상담자들은 자칫 하나님의 말씀을 무분별하고 율법적으로 다룸으로써 고통 중에 있는 내담자들에게 상처와 아픔을 줄 수 있음을 기억해야 한다. 그리고 이런 선지자적 성경 상담이 앞으로 지속적인 발전을 하기 위해서는 자신의 고유적 관점과 방법론을 유지하면서 다른 기독교 상담 견해들과 열린 관계를 유지할 필요가 있다고 본다.

결론적으로 선지자적 상담이 곤경에 처한 사람을 하나님의 말씀으로 권면하는 것은 필요하다. 성경이 분별 있게 사용된 경우 적절한 권고와 훈계는 건설적인 역할을 할 수 있다. 성경적 지침에 따라 사고와 패턴을 변화시켜야 할 필요성을 강조하는 선지자적 성경 상담가들이 성령의 인도하심과 능력 주심에 따라 내담자에 대한 긍휼과 예민함을 지니고 상담할 때, 하나

---

[8] James Hurley, and James T. Berry, "Response to Welch & David Powlison," *Journal of Psychology and Christianity 16* (1997), 239-241.

[9] Edward Welch and David Powlison, "Every Common Bush Afire with God," 320.

님의 말씀은 도전하고 회복시키는 사역을 가장 효과적으로 수행할 수 있다.

제사장적 기능

구약에서 제사장들은 다양한 중재자적 기능을 가진 오랜 전통을 지닌 집단이었다. 제사장의 사역은 사람과 하나님을 만나게 하는 중재적이고 화해적인 사역이었다. 상담에서 화해하게 하고 치료하는 차원은 중요한 국면이다. 상담자가 사람들의 삶 속에서 하나님의 화해시키시고 거룩하게 하시는 사역에 대한 특별한 강조점을 발견하는 것은 바로 이 영역에서다. 제사장적 상담의 특징은 하나님과의 관계가 가장 중요한 위치를 차지한다. 이러한 기능은 영적 지도의 특성을 가지고 있다.[10] 제사장적인 기능을 가장 충실하게 반영하는 상담 사역은 상담자와 영적 지도자의 중재, 화해, 중보, 촉구 등을 포함한다.[11]

선지자적 상담의 목표가 성경적 관점에 기초한 내담자의 사고와 행동의 변화를 가져오는 측면에 강조를 두고, 지혜자적 상담은 내담자를 어떻게 효과적으로 치유할 것인가에 주안점을 두지만 제사장적 상담은 영적 여행을 강조한다. 내담자를 위한 변화 모델은 항상 그리스도를 닮는 것이다. 상담과 영적 지도 안에 있는-그 안에서 돕는 자와 도움을 받는 자는 '화해의 사역'에서 동반자가 된다. '제사장적' 요소에 의해 고무될 수 있다(고후 5:17-19).[12]

상담에서 성경을 처방적이고, 통찰적인 방식으로 사용하기도 하지만, 이 접근법에서는 특별히 성경을 '숙고적 또는 묵상적 방식으로 사용'

---

10) 영적 지도 또는 인도에 대한 보다 더 구체적인 연구를 위해서는, Gordon Jeff, *Spiritual Direction for Every Christian* (London: SPCK, 1987); Kenneth Leech, *Soul Friend: A Study of Spirituality* (London: DLT, 1994); Kenneth Leech, *Spirituality and Pastoral Care* (London: Sheldon Press, 1986); Kenneth Leech, *The Eye of the Storm* 등을 참조.
11) Roger Hurding, *The Bible and Counseling* (London: Hodder & Stoughton, 1992), 166.
12) Roger Hurding, *The Bible and Counseling*, 166.

(contemplative use)한다.[13] 예를 들어, 내담자가 요셉을 가장 좋아한다면, 그것은 내담자의 태도에 많은 빛을 던져준다. 우리는 그가 집안의 막내 요셉이 형들보다 큰 능력을 갖고 있다는 것을 매력적으로 생각하고 있음을 알게 될 수 있다. 역으로, 만약 내담자가 룻을 싫어한다면, 우리는 내담자가 룻이 시어머니에게 복종하는 것에 대해 분노하는 것을 통해 그녀가 나이 많은 여성들에 대해 갖는 분노의 뿌리를 발견하게 될 수도 있다.[14] 하지만 상담과정에서 성경을 숙고적으로 사용함에 있어서 상담자가 지나치게 자기 주관적 관점에 따라 성경을 사용할 위험성이 있음을 알아야 한다. 더 나아가 우리는 성경을 묵상적으로 다루는 이런 방법들이 우리 모두에게 또는 모든 상황에 항상 적합하지는 않다는 것을 지적할 필요가 있다. 우리 각자가 독특한 얼굴과 인격과 기질을 갖고 있듯이 상담사역에서 내담자의 문제가 너무 다양하고 복잡하게 얽혀져 있기 때문에 성경을 사용하는 방법이 다양할 수 있음을 인정해야 하며 또한 상담의 기능도 다양할 수 있음을 인정해야 한다.[15] 때문에 어떤 사람들에게는 성경 본문을 처방적으로 사용하는 예리한 접근법이 더 필요하고, 어떤 사람들에게는 성령께서 통찰과 치유를 주시기 위해서 기록된 말씀을 통하여 말씀하시는 반성적이고 통찰적인 방법이 필요하다.

상담을 하면서 우리는 하나님의 말씀이 성령에 의해 생기를 얻고 능력을 부여 받지 못하면, 그것은 생명력이 없고 효과적이지도 않다는 것을 알아야 한다. 로저 허딩은 다음과 같이 진술하였다.

> 상담의 각 분야는 성경을 사용하는 특정한 방식에 의해서 뿐만 아니라, 성령의 변화시키시는 사역의 독특한 측면들에 의해 구별된다. 성령께서는 '선지자적 상담'에서 말씀을 통해 죄를 확인시켜 주시고, 내담자로 하여금 회개하고 성경적 원리를 따라서 새로운 사고와 행동 방식으로 살 수 있게 해 주신다. 성령께서는 다양한 내담자의 전 삶의 시제 속에서 어떻게 역사하셨는가를 기도하는

---

13) Roger Hurding, *The Bible and Counseling*, 166-167.
14) Roger Hurding, *The Bible and Counseling*, 167.
15) Roger Hurding, *The Bible and Counseling*, 172.

마음으로 경청하는 내담자에게 성경을 조명해 주시고, 그분의 지혜와 지식과 치유의 은사를 통해서 내적 치유와 평화를 가져다 주신다. 말씀과 성령은 '목회상담'에서 상담관계를 통하여 성장을 방해하는 것들을 제거하고 내담자가 성숙하도록 자극하면서 삶을 촉진시키고, 설득하고, 형성하기 위해 협력한다. 마지막으로, 성령께서는 '영적 인도'에서 내담자가 성경을 묵상할 때 그의 영성을 자극하시고 그리스도를 닮아 가는 여정에서 분별력과 지침을 주신다.[16]

성경적 상담의 독특성은 상담과정에서 성령께서 사람의 변화에 주체적으로 참여하신다는 것이다. 이러한 독특성을 기반으로 아담스는 "상담은 성령의 사역"이라고 하였다. 예수 그리스도께서는 그의 백성들에게 또 다른 '보혜사'이신 성령을 보내서서(요 14:16-17) 우리를 돌보고 변화시키기는 사역을 하게 하셨다. 사람을 변화시켜서 하나님과의 생동적인 관계를 가지고 살아가게 할 뿐 아니라 그분의 영광을 위해서 살게 하는 것을 목적으로 하는 상담은 사람을 변화시킴에 있어서 성령의 역사가 필요하다. 그러므로 그리스도인들은 성령과 하나님의 말씀을 떠나서는 상담할 수 없다.

상담에는 선지자적 기능이 있다. 구약성경에서 선지자들이 했던 것처럼 상담자는 내담자들에게 그들의 죄된 행동과 잘못을 하나님의 말씀에 비추어 권면하고 잘못을 지적하는 역할을 한다. 그러나 상담의 선지자적 기능은 상담의 제사장적 기능과 모순되는 것처럼 보인다. 왜냐하면 선지자적 상담의 특징은 권면하고 죄를 지적하지만, 제사장적 상담의 특징은 위로하고 격려하는데 있기 때문이다. 제사장적 기능은 마태복음 11:28-29에 나오듯, 수고하고 무거운 짐진 자들에게 평안을 주는 '모성적' 또는 '치유적' 상담의 역할을 한다. 하지만 선지자적 기능은 예수가 세상에 온 것이 평화를 주려 함이 아니라 검을 주러왔다는 마태복음 10:34-36 말씀처럼 '부성적' 또는 '처방적' 상담의 역할에서 드러난다. 이처럼 제사장적 상담은 주로 위로를 강조하는 반면, 예언자적 상담은 권면과 아울러 바른 삶을 강조한다. 하지만 기독교 상담에서 모성적 상담과 부성적 상담으로 이원론적으로 분리

---

16) Roger Hurding, *The Bible and Counseling*, 172.

되어서도 안 되고, 분리될 수도 없다. 성경에 나오는 하나님은 위로와 평강의 하나님인 동시에 때로는 도전과 죄악은 꾸짖는 하나님이시다. 이사야 66장에는 하나님의 '모성성'과 '부성성'이 나란히 묘사되고 있다. 7-14절을 보면 '임신,' '해산,' '젖'과 같은 모성을 상징하는 단어들이 하나님과 이스라엘의 관계를 은유하는 말로 나타나 있고, 15-17절에는 온 세상을 불로, 칼로 심판하는 부성적인 하나님의 모습이 그려진다. 일생 동안 복음의 선한 싸움을 싸운 사도 바울의 경우를 보면 하나님의 위로를 누구보다도 깊이 체험한 것이(고후 1:3-24) 오히려 죄와 악에 대항하는 힘이 되었음을 알 수 있다(딤후 4:6-7).

상담의 기능을 내담자의 감정을 위로하고 격려하고 화해를 강조하는 역할로만 이해할 때 역기능을 부를 수도 있다. 좌절과 박탈 고통에 처해 있는 사람들에게 무조건 위로만 제공함으로써 오히려 그들을 무력하게 만들고 운명론자들이 되게 할 수 있다. 좌절과 박탈과 고통의 근본 원인은 다루지 않고 증상만 다루어, 고통에 대한 진통제 역할만 할 수 있다. 반면 상담의 기능을 지나치게 내담자의 잘못된 사고와 행위에만 치중하여 권면하고 비판할 때 여기에서도 역기능이 초래될 수 있다. 즉 선지자적 요구가 너무 비현실적이어서 유토피아주의로 흐를 때 실제문제를 해결하지 못하고 도리어 지장이 될 수 있고 더 큰 아픔을 줄 수도 있다. 그러므로 상담의 제사장적 기능과 선지자적 기능을 상호보완적 관계로 보아야 한다.

지혜자적 기능

우리는 성경에 나타난 '지혜자'에게서 상담의 기능을 발견할 수 있다. 지혜자는 그 지혜를 다른 사람들과 나눌 책임이 있었다. 이는 실행 가능한 계획을 개발하는 것과 성공적인 삶을 위해 조언하는 것이 그들의 과업이었다

(렘 18:18). 욥기, 시편, 잠언, 전도서와 같은 정경을 포함하는 지혜서는 성공적인 삶을 위한 조언과 인생의 좌절과 신비에 대한 심오한 묵상으로 이루어져 있다. 물론 궁극적으로 참된 지혜는 오직 하나님 한 분께만 속해 있다. 성경에서 주는 전체적 의미의 지혜는 그 원천, 즉 하나님과의 관계를 통해서만 이해할 수 있는 것이다. 성경의 지혜자는 참된 하나님과 관계를 강조하고 이를 "여호와를 경외하는"(잠 1:7) 것으로 표현하고 있다. 때문에 여호와를 경외하는 것이 지혜문서의 핵심적인 개념이고 신학적 원리이며 삶의 목적으로 가르치고 있다. 지혜문서에서는 여호와를 경외하는 것이 인생의 도덕적 이상과 동일시 되었다.[17] 이는 또한 신앙의 응답, 순종 그리고 예배 이상의 의미였다.

그것은 창조된 세계를 이해하는 데 필수적인 관문과도 같은 것이었다.[18] 데이빗 허바드(David Hubbard)는 지혜에 대한 설명에서 유용한 정보를 제공하였다.

> 전체적인 지혜의 의미는 오직 하나님께만 속한 것이다(욥 12:13 하; 사 31:2; 단 2:20-30). 하나님의 지혜는 삶 전체에 퍼져있는 지식의 완전함뿐만 아니라 (욥 10:4, 26:6; 잠 5:21) 하나님의 계획하시고 있는 강력한 충족을 또한 포함하고 있다…우주(잠 3:19상; 8:22-31; 렘 10:12)와 인간(욥 10:8하; 시 104:24; 잠 14:31, 22:2)은 그분의 창조적인 지혜의 산물이다. 자연적이고(사 28:23-29) 역사적인(사 31:2) 과정들이 그분의 지혜에 의해 다스려졌다. 그리고 그 지혜는 선과 악을 분별하는 확실한 판단력을 지녔고, 의인과 악인이 받을 상과 벌의 기초였다(시 1, 37, 72편; 잠 10:3; 11:14; 12:2). 이러한 지혜를 우리는 측량할 수 없다(욥 28:23, 28). 심지어 자연적으로 얻은 지혜나 경험으로 얻은 지혜도 하나님의 선물이다. 왜냐하면 하나님의 창조적 활동이 그러한 지혜를 가능하게 하기 때문이다.[19]

---

17) Roland E. Murphy, "The Kerygma of the Book of Proves," *Interpretation* 20 (1966), 12.
18) Walter Zimmerli, "The Place and Limit of Wisdom in Framework of the Old Testament Theology," *Scottish Journal of Theology* 17 (1964), 146-158.
19) David H. Hubbard, "Wisdom," in J. D. Douglas, *The New Bible Dictionary* (Grand Rapids: Eerdmans, 1962), 1333.

지혜에 대한 이러한 구약적 의미는 상담사역에서 어떠한 의미를 내포하는가? 하나님의 말씀과 관계 없는 지혜는 완전하지 못하다는 것이다. 최상의 상담은 하나님을 그 원천으로 하는 '하나님 중심'의 상담이다. 구약의 지혜자는 하나님의 말씀으로 모든 분야를 통합하는 자들이었다. 다음으로 지혜자들은 그들에게 주어진 지혜를 사람들이 살고 있는 곳에서 그들에게 전할 수 있도록 상황화할 필요가 있었다. 마지막으로 성경에 나타난 지혜자는 여러 가지 형태로 나타난 삶의 지혜를 인간의 관찰과 경험에 근거하여 제공되기 때문에 일반계시에서 추론되어진 것으로 보는 것이다. 지혜자는 모든 자연의 질서와 현상을 근본적으로 주도하는 이 질서를 연구하였고 자연과 인간의 삶을 관찰하고 묵상하여 지혜의 원리로 삼았던 것을 보게 된다. 즉 지혜자는 실제 인간의 삶의 과정에서 일관성과 유형을 찾고, 다양한 자연과 사회 현상 속에서도 규칙성과 질서를 발견하여 그 연관 관계를 세워보고자 노력하였다.[20] 특히 욥기, 시편, 잠언, 전도서와 같은 정경을 포함하는 지혜문학은 피조물들의 삶의 법도를 위한 조언과 인생의 좌절과 신비와 역설에 대한 심오한 말씀으로 이뤄진 총서이다. 잠언 기자는 "여호와께서는 지혜로 땅을 세우셨으며 명철로 하늘을 굳게 하셨고 그 지식으로 해양이 갈라지게 하셨으며 공중에서 이슬이 내리게 하셨느니라"(잠 3:19-20)라고 표현하고 있다. 더 나아가 지혜자는 하나님의 창조사역에 함께 동참해서 원인과 결과와 씨 뿌리는 것과 거두는 것의 근원이 되고 있음을 증거하고 있다(잠 8:2-31). 지혜자의 증거에 따르면, 하나님의 지혜는 자연의 인과 법칙, 규칙들, 자연 질서의 전반적 구조를 만들어 장인으로서 역할을 하고 있다.[21] 고든 웬함(Gordon Wenham)에 따르면, 하나님께서 하나님의 말씀으로 사람들을 인도하시는 것과 같이 하늘과 땅에 내재된 하나님의 규정

---

20) Leo G. Perdue, "Cosmology and the Social Order in the Wisdom Tradition," in J. G. Grammie. and L. G. Perdue, eds., *The Sage in Israel and the Ancient Near East* (Winona Lake: Eisenbrauns, 1990), 461; James L. Crenshaw, "Prolegomenon," in J. L. Crenshaw, ed., *Studies in Ancient Israel Wisdom Tradition* (New York: KTAV, 1976)을 참조.

21) Derek Kinder, *Tyndale Old Testament Commentary Series: Proverbs* (Downers Grove: InterVarsity Press, 1987), 79.

이 온 우주를 인도하고 있다는 것을 알 수 있다(렘 33:20-21, 25; 31:35-36; 출 12:17; 민 19:2; 31:31).[22] 지혜자는 우주에 내재된 하나님의 규정과 지혜를 관찰과 체험을 통해 어떤 행동은 선한 결과를 가져오게 하고 어떤 행동은 악한 결과를 가져오게 하는 것인지에 대한 도덕적 질서를 강조한다.[23]

특별히 구약성경에 나타난 지혜자는 여호와 안에서 복되고 질서 있는 삶을 누리며 사는 데 있어서 필요한 지혜의 원천으로서 두 가지 요소를 이야기하고 있다. 첫째는, 피조물들의 삶의 원리와 특별히 구원의 길을 보여 주는 하나님의 말씀이 정경의 형태로 나타난 특별계시이다. 둘째는, 지혜자는 하나님이 부여하신 우주 또는 세상 만물 안에 내재된 법칙과 원리가 있음을 분별하고 이를 자원으로 삼았다(시 19:1-4). 칼빈은 이 둘의 관계에 대해서 유용한 견해를 제공해 주고 있다. 칼빈에게 있어서 그의 신학의 기초는 성경이요, 하나님의 말씀은 그의 모든 사상의 기초가 된다. 칼빈은 성경의 가치를 『기독교 강요』에서 밝히고 있다. 인간의 정신은 무력함으로 하나님의 거룩한 말씀의 도움 없이는 어떠한 하나님의 지식에도 도달할 수 없다.[24] 만일 참다운 종교를 조금이라도 알고자 한다면 먼저 하늘의 교훈을 받아야 하며 또한 누구든지 성경의 제자가 되지 아니하고서는 정당하고 건전한 교리의 가장 작은 조각도 가질 수 없다는 것을 원칙으로 삼아야 한다.[25] 성경은 성령의 학교이다. 그 안에는 알아서 유용하고 필요한 것은 하나도 빠짐없이 기록되어 있고, 알아야 할 중요한 것 외에는 아무것도 가르쳐 주지 않는다.[26] 칼빈은 이러한 확신 속에서 하나님께서는 인간에게 일반은총과 특별은총을 주셨다고 하였다. 칼빈은 '영적 영역'과 '자연적 영역'을 완전히 둘로 나누어 버리는 이원론(dualism)의 사상을 거부하고 영적 원리

---

22) Gordon J. Wenham, *The New International Commentary on the Old Testament: The Book of Leviticus* (Grand Rapids: Eerdmans, 1985), 252.
23) Ronald E. Murphy, *The Tree of Life: An Exploration of Biblical Wisdom Literature* (New York: Doubleday, 1990), 115.
24) John Calvin, *Institutes of the Christian Religion,* Translated and Annotated by Ford Lewis Battles (Grand Rapids: Eerdmans, 1995), I, vi, 1.
25) John Calvin, *Institutes of the Christian Religion,* I, vi, 2.
26) John Calvin, *Institutes of the Christian Religion,* III, xxi, 3.

와 자연적 원리를 포함하는 포괄적인 원리를 강조하였다. 그러므로 칼빈의 신학적 원리는 이것이냐 혹은 저것이냐(this or that)는 혼돈이 아니라 이것과 저것(this and that)이다. 칼빈은 하나님의 말씀은 모든 삶과 사상의 토대가 되며, 인문학은 하나님의 말씀에 대한 지식에 도움을 준다고 하였다. 이런 관점에서 칼빈은 "철학자들이 가르치는 바는" "참된 것이며, 알아서 재미있을 뿐만 아니라 배워서 유익한 것이며 또한 능숙한 솜씨로 수집된 것"이라고 주장했다.[27] 칼빈은 특히 우리가 "불신자들의 활동과 봉사의 도움을 통해서 자연 과학과 논리학과 수학과 그밖의 학문의 도움을 받는 것을 하나님께서 기뻐하신다"고 믿었다.[28] 칼빈은 하나님께서 창조하신 세상을 통하여 지혜를 얻는 것을 무시하지 않고 그 가치를 인정했으며, 일반지식의 효능을 인정하고 성경을 이해하는 도구로 삼았다. 칼빈은 세계작가의 아름다운 작품을 볼 때마다 그 작품 속에 빛나고 있는 놀라운 빛을 통하여, 비록 타락하였으나 인간의 정신은 아직도 하나님의 뛰어나신 은사로 옷 입혀져 있고 장식되어 있다는 것을 배울 수 있다고 하였다.[29]

그는 또한 고전교육이 그리스도의 교훈보다는 못하지만, 인간을 보다 풍요하게 이해하는 데 필요하며 복음을 전하는 데 도움이 된다고 여겼다.[30] 수잔 슈라이너(Susan Schreiner)에 따르면, "칼빈은 자연의 경이로움으로 인하여 가졌던 감격이 만물의 본성적 부패함을 간과하고 있는 것은 아니다. 칼빈의 견해에 따르면 만물은 질서로 유지되어 있지 않다. 피조물의 본성적 성격인 악과 죄는 질서에 따른 행동을 하지 않는다. 단지 하나님의 능력이 우리가 세계를 통해 인식하는 그 위대한 질서를 보존하게 한다. 만물의 유지는 하나님의 작품 속에서 하나님을 계속적으로 즐거워하는 것에 달려있다."[31]

하나님의 섭리하시는 능력과 질서는 인간과 자연의 삶 속에서 머물러 있

---

27) John Calvin, *Institutes of the Christian Religion*, I, xv, 6.
28) John Calvin, *Institutes of the Christian Religion*, II, ii, 16.
29) John Calvin, *Institutes of the Christian Religion*, II, ii, 15.
30) 칼빈의 이와 같은 사상은 서구의 교육발전에 지대한 영향을 미쳤다고 할 수 있다.
31) Susan E. Schreiner, *The Theater of His Glory: Nature and the Natural Order in the Thought of John Calvin* (Grand Rapids: Baker Book House, 1991), 28.

다. 구약의 지혜자는 하나님의 섭리 안에 있는 모든 영역의 온전한 회복을 이루어가기 위해서 인간과 자연의 삶 속에 나타난 하나님의 질서와 구조를 분별하고자 했다. 지혜자의 관찰에 따르면, 지혜를 향유하는 방식은 연역적이기도 하지만 귀납적이기도 하다. 즉 지혜가 주어지는 방식과 획득되어지는 방법은 단지 일반화된 방식에만 의존하기보다는 때로는 분석적 방법이 필요하고 때로는 특수한 방식이 필요하고 때로는 아주 역설적 신비가 요구되기도 한다. 하지만 여기에서 분명히 하여야 할 내용은, 지혜가 하나님의 창조 사역과 구원 사역의 관점을 취하지 않는다면 인간의 경험의 대상인 이 세상에 궁극적 의미를 결코 부여할 수 없다는 것이다. 지혜자는 하나님의 말씀과 그분과의 관계 속에서 경험과 관찰을 통해 발견된 것을 그들의 사역에 적용하려 했다는 점이다. 때문에 지혜자적 상담을 추구함에 있어서 반드시 원칙적으로 전제해야 할 것은 모든 만물의 창조자이시며 만물의 질서의 근원자이시며 섭리자이신 하나님의 말씀에 의해 알려진 사실로부터 출발해야 한다.

로저 허딩은 예수의 제자들은 선지자로서 권고하거나 제사장으로서 중재하기 위해서 뿐만 아니라, '하나님의 지혜'를 목회적 돌봄과 상담에 활용하도록 부르심을 받았으며, "상담을 하는 지혜자는 동기의 순수성, 기꺼이 배우고자 하는 마음, 사려 깊음 그리고 누가 보아도 '위로부터 난' 지혜를 필요로 한다"고 했다.[32] 이런 지혜로운 상담자는, 지혜로운 말씀의 통찰을 서로 나누고 삶의 이야기를 말하고 들을 준비가 되어 있을 뿐 아니라, '지혜의 말씀' 또는 '지식의 말씀'(고전 12:8)이라는 성령의 은사와 역사에 열린 자세를 취해야 한다.[33]

상담에서 선지자적 접근법은 내담자의 문제 그 자체에 근거하여 성경을 통해 권고하고 훈계하는 방식에 주로 관심을 갖는 반면, 지혜자적 성경 상담의 모색은 내담자의 문제 그 자체에만 집중하여 상담하기보다는 원인과 배경까지도 중요하게 고려하여 치유에 주로 관심하는 방식이다. 선지자적

---

32) Roger Hurding, *The Bible and Counselling*, 85.
33) Roger Hurding, *The Bible and Counselling*, 85.

상담은 성경을 연역적으로-일반적인 성경의 진술들로부터 추론해서 특정한 상황에 그것들을 적용하는 것-사용하는 경향이 있지만, 지혜자적 상담은 성경을 귀납적으로-어떤 실례에서 그것의 가치를 보고 일반적인 결론을 도출하는 것-다루는 경향이 있다. 예를 들면, 상담을 받으러 온 한 기혼여성이 자존감이 낮고 남편에게 사랑을 받지 못한다고 느끼기 때문에 외도 유혹을 받고 있다고 가정해 보자. 연역적인 접근법은 바로 "간음하지 말라"(출 20:14), "음행과 온갖 더러운 것과 탐욕은 너희 중에서 그 이름이라도 부르지 말라 이는 성도의 마땅한 바니라"(엡 5:3)와 같은 성경구절들을 통하여 그녀를 훈계하고 도전하는 접근법을 취한다. 성경은 간음은 항상 옳지 않다는 것과 죄라고 분명히 하고 있다. 이는 모든 신자들에게 일반적으로 적용되는 성경의 가르침이다. 하지만 상담에서 귀납적 접근법은 내담자의 문제를 분석하는 일을 중요하게 여김으로, 간음의 유혹에 노출되어진 그 자체에만 초점하기보다는 그 여인이 간음의 유혹에 노출되게 된 동기나 원인을 분석하여 그에 적합한 성경구절을 활용하는 접근법이다. 때문에 이 여인이 유혹을 받게 된 동기와 원인을 분석하는 것을 통하여 성경을 활용한다. 그녀의 낮은 자존감의 원인과 동기의 근원은 무엇인가? 그녀가 유혹에 쉽게 노출되는 것은 그녀의 정서적이고 심리적인 나약함과 관계가 있는가? 비록 부정한 관계라는 어리석은 행위를 못하게 하는 것과 관련해 선지자적 접근과 같이 그녀가 유혹과 그 죄로부터 벗어나도록 하는데 관심을 갖고 있을 수 있지만, 성경을 사용하는 방식은 그것과 다를 수 있다. 상담자는 이 여인이 알려진 현재뿐 아니라 그녀의 과거시제에도 주의를 기울일 수 있고, 이 여인의 빈약한 자기 이미지를 성령의 용서하시고, 수용하시고, 치유하시는 행위를 향해 열어 놓는 데 관심을 갖도록 도울 수 있어야 한다. 때문에 분석적 접근법을 활용하는 상담자는, 이 여인이 빈약한 자기 이미지로 인해 아파할 때 시편 139편의 말씀으로 위로함으로 더 유용하고 효과적인 상담을 할 수 있다. "내가 주께 감사하옴은 나를 지으심이 신묘막측하심이라 주의 행사가 기이함은 내 영혼이 잘 아나이다 내가 은밀한 데서 지음을 받고 땅의 깊은 곳에서 기이하게 지음을 받은 때에 나의 형체가 주의 앞에 숨기우지 못하였나이다 내 형질이 이루기 전에 주의 눈이 보셨으며 나를 위하여 정한 날이 하나도 되기 전에 주의 책에 다 기록이 되었나이다"(시 139:14-16). 귀납적이고 반성적인 접근법을 통한 상담은, 하나님은 그녀가 태내에 있을 때와 어렸을 때에 그녀의 존재의 근원을 어루만지셨을 정도로 그녀를 사랑하셨던 것을 매우 강력하게 말씀하신다는 확신을 갖게 하는 데 역점을 둔다.

상담자들은 한편으로는 기록된 말씀에 대한 판에 박힌 듯이 형식적이고 기계적으로 권면하고 훈계함으로 무미건조해지고 판단주의에 빠지는 것을 경계해야 한다. 다른 한편으로는 지나치게 분석적이고 경험 중심적인 강조를 함으로 성경적 가르침과 교리적인 느슨함을 야기할 수 있음을 주의해야 한다.

보혜사: 통전적 기능

성경에 충실한 상담을 하고자 할 때, 우리는 선지자적, 제사장적, 지혜자적의 기능을 상호보완적으로 인식할 필요가 있다. 마지막으로 '보혜사'라는 성경적 용어를 통하여 성경에 나타난 상담의 여러 국면들이 통전적으로 종합되고 있음을 알아보려고 한다.

앞에서 살펴본 바와 같이, 우리는 여기서 '보혜사'라는 말의 중요성을 살펴보지 않으면 안 된다. 요한복음에서는 성령은 '보혜사'(Paraklete)로 묘사되고 있다(요 14:16, 26; 15:26; 16:7). 여기서 '보혜사'는 '상담자', '위로자' 또는 '돕는 자' 등을 의미한다. 다시 말하면, 여기서 '보혜사'는 '한 사람이 다른 사람의 옆에서 권하다', '친구가 되어주다', '충고하다', '필요하다면 그를 변호하다'라는 뜻이다. 보혜사는 우리의 친구가 되고 우리를 변호하고 위로하고 때로는 충고하기 위해 오는 분이다.

신약에서 '보혜사'란 개념과 함께 자주 사용되는 단어는 **파라클레시스**(paraklesis)와 밀접하게 관련되어 있고, 다른 사람을 돌보는 것과 관련해 다양한 의미를 가지고 있다.[34] 첫째, 인간의 어떤 필요를 채우기 위해 '요구하다,' '탄원하다,' '요청하다'는 의미를 갖는다(눅 7:4 참고). 두 번째 의미인 '권고하다'는 신자들에게 하나님의 명령에 순종적으로 반응하도록 요구하는 것으로 이해될 경우, **누테테오**(noutheteo)라는 도전적인 어조와 어느 정도 겹친다. **파라칼레오**의 세 번째 의미에는 '위로하다,' '안위하다,' '격려하다'가 포함된다. 여기에서 염려하고 괴로워하고 슬픔에 빠진 사람은 힘과 위안과 격려를 얻는다. 예수님은 슬퍼하는 자에게 힘을 주시는 말씀을 선포하셨다. "애통하는 자는 복이 있나니 저희가 위로를 받을 것이요"(마 5:4).

그러므로 보혜사라는 개념은 성경적인 상담에 관하여 많은 의미들을 시사해 준다. 신약성경의 바울서신에서 "**파라클레오**(parakleo)는 때때로 '함께 오는 것,' '그냥 거기 서 있는 것,' '격려,' '권고,' '위로,' '경고' 등을 의미한다."[35] 예를 들면, 데살로니가전서 2:3, 디모데전서 4:13, 히브리서 12:5에서는 격려로, 고린도전서 14:3에서는 권고로, 고린도후서 8:4에서는 호소로, 데살로니가후서 2:16에서는 위로로, 로마서 15:4에서는 위안의 의미로 사용되어졌다. **파라클레시스**(paraklesis)는 때로 넓은 의미로 '공감적 이해'라는 뜻으로 사용되기도 한다. 보혜사의 돌봄과 상담에 대한 기독교적 이해는 역동적이다. "그들의 공통적인 맥은 이들은 그리스도의 영의 사역들이라는 것이다. 그리고 그들의 목표는 그리스도의 몸의 구성원들로 하여금 그리스도 안에서 성숙에 이르도록 자라게 하는 것이다."[36]

하지만 무엇보다도 상담에 있어서 '보혜사'란 개념이 주는 가장 중요한 의미는, 모든 개인적 자질들과 기술들은 성령에 종속되어야만 한다는 것이다. 상담에서 상담자와 내담자는 성령만이 진정으로 삶을 변화시킬 수 있는 분으로 확신해야 한다. 이는 기독교 상담의 독특성이기도 하다. 때문에

---

34) Roger Hurding, *The Bible and Counselling*, 160-161.
35) Francis Bridger, and David Atkinson, *Counseling in Context*, 224.
36) Francis Bridger, and David Atkinson, *Counseling in Context*, 225.

우리가 상담하기를 원한다면, 우리는 그리스도께 항복해야 하며, 하루하루 성령의 지혜와 인도를 받아야 한다. 이러한 상담자만이 진정으로 사람들을 권면하고, 위로하고, 공감하고, 도울 수 있는 것이다. 상담과정에서 성령의 역사는 그리스도인의 삶에 있어서 그의 전반적 행위들을 포함한다. 성령의 역사는 죄를 선고하고, 새 아들됨을 확증하고, 작고 큰 일들을 지도하며, 하나님께 봉사할 수 있게 하고, 강하게 하며, 그리스도의 성품을 증진하기 위한 모든 것들을 포함한다.

상담에서 성령의 주권적 사역을 인정하지 않는 것은 **환원주의**(reductionism)이다. 환원주의는 목회돌봄과 상담의 본질을 인간의 도덕적인 교훈, 심리상담으로 격하시키려는 것이다. 이러한 견해는 상담의 분명한 자기이해, 신적 수임명령, 성령의 인도, 말씀의 계시에 의존하는 사실과 사도적 신앙에 근거를 두는 사실들을 간과함으로써 상담의 역할을 감소시키는 것이다. 따라서 우리가 상담 안에서 성령의 주권적 사역을 인정한다는 것은 성령의 지혜와 능력을 구하는 것이며 우리의 자질을 성령의 주권에 종속시키는 것이다. 또한 반드시 알아야 할 것은 이러한 성령의 양육하시는 역사는 자동적으로 우리에게서 나타나는 것이 아니라, 우리의 회개, 헌신, 수용성 그리고 하나님의 말씀에 순종함이 필수적으로 수반되어야 한다는 것이다.

권면

성경에 상담의 권면적 국면이 나타난다. 사도 바울은 그의 서신에서 '권면'(nouthesis) 또는 '권면하다'(noutheteo)라는 용어를 자주 사용한다. 바울은 골로새서 3:16에서 다음과 같이 말하고 있다. "그리스도의 말씀이 너희 속에 풍성히 거하여 모든 지혜로 피차 가르치며 권면하고 시와 찬미와 신령한 노래를 부르며 마음에 감사함으로 하나님을 찬양하고." 바울서신에 나타난 '권면'에 대한 또 다른 구절은 골로새서 1:28이다. "우리가 그를 전파하여 각 사람을 권하고 모든 지혜로 각 사람을 가르침은 각 사람을 그리스도 안에서 완전한 자로 세우려 함이니." 바울은 여기서 권면적 사역을 강조하고 있다. 아담스는 바울의 이와 같은 가르침을 근거로 하여 '권면적 상담'(nouthetic counseling)이라는 이론을 체계화하였다.[37] 아담스의 권면적 상담에서는 상담을 시작하기 전에 이미 내담자의 문제를 알고 있기 때문에 '왜'(why)에 강조점을 두기보다는 '무엇'(what)이라는 것에 강조점을 둔다.

아담스는 인간은 죄로 인하여 "하나님을 거역하고, 죄책감 때문에 하나님 앞에서 불행하게 되며, 하나님으로부터 도망하고, 마지막으로는 자기 자신의 죄를 하나님에게까지 책임을 전가시키기까지 하는 것"이라고 피력하였다.[38] 죄성으로 가득한 인간은 끊임 없이 자기 이기주의적 삶에 사로잡혀 스스로를 합리화 시키고 문제를 양산하고 자기의 책임을 전가한다. 이러한 관점에서 볼 때, 상담에 있어서 권면하는 것은 중요한 국면이다. 우리는 상담의 궁극적 목적인 그리스도인의 변화와 성숙을 위해서 그리스도 안에서 함께 권면하고, 수고(toil)하고, 투쟁(striving)하고, 고통(suffering)하고, 힘(energy)을 모아야 한다.

위로

성경에 나타난 '위로'의 사역은 중요한 상담 국면이다. 파라클레오(parakleto)에 대한, 기독교적 돌봄과 상담이 어떤 연관성이 있는지에 대한 가장 명확한 선언은 고린도후서 1:3-5에서 나타난다.

> 찬송하리로다 그는 우리 주 예수 그리스도의 하나님이시오 자비의 아버지시오 모든 위로의 하나님이시며 우리의 모든 환난 중에서 우리를 위로하사 우리로 하여금 하나님께 받는 위로로써 모든 환난 중에 있는 자들을 능히 위로하게 하시는 이시로다 그리스도의 고난이 우리에게 넘친 것 같이 우리의 위로도 그리스도로 말미암아 넘치는도다.

---

37) Jay E. Adams, *What About Nouthetic Counseling?* (Grand Rapids: Baker Book House, 1977).
38) Jay E. Adams, *The Christian Counselor's Manual*, 124.

여기에 고통당하는 백성들을 위로하시고 강하게 하셔서 그들도 다른 이들에게 위로를 가져다 줄 수 있게 하시는 중보하시는 하나님을 말하고 있다. 하나님의 이미지는 위로자, 격려자, 위안자로 나타난다. 위로는 그리스도께로부터 나와서 신자들와 곤경에 처한 사람들에게로 이어진다. 상처입은 치유자요 고난의 종이자 몸소 고통의 깊이를 체험하신 그리스도께서 고통당하는 자들을 격려하고 위로해 주시기 위해 그들 곁으로 오신다. 그들은 교제를 통해서 혹은 돌봄과 상담의 맥락에서 '위로의 사신'이 된다.[39]

성경에 보면 고난당하는 욥의 이야기에서, 욥은 그의 판단하는 친구들에 의해 거의 절망에 빠졌다. 욥기 19:1-3에서 "욥이 대답하여 가로되 너희가 내 마음을 번뇌케 하며 말로 꺾기를 어느 때까지 하겠느냐 너희가 열 번이나 나를 꾸짖고 나를 학대하고도 부끄러워 아니하는구나." 욥은 계속 말한다. "나를 학대하고도 부끄럽지 않은가 내가 과연 허물이 있었다 할지라도 그 허물이 내게만 있는 것이니 저희가 참으로 나를 향하여 자긍하며…" 그것이 욥의 친구들이 정확하게 한 것이다. 욥의 친구들은 고난당하는 욥을 향하여 뽐내고 그들의 편견을 가지고 판단했다. 그들은 그들이 정확하게 무엇이 잘못된 것인지를 안다고 생각했다. 그러나 그들은 그들의 충고가 상담이기보다 비난이었던 것을 알지 못했다. 욥의 이야기를 통해 볼 때, 상담 사역은 고난과 많은 문제를 가지고 있는 자를 판단하기보다는 위로하는 것이다.

치유

성경에 나타난 상담은 치유의 국면이 강하게 나타난다. 성경에서 치유의 원형적 이미지는 예수 그리스도이다. 예수께서는 인간을 치유하시고, 구원하시기 위해서 이 땅에 오셨다(마 9:1-8; 막 1:32-34; 눅 4:18). 그리스도의 치유하시는 사역은 하나님의 구속적 사랑을 중재하는 것으로서, 사단의 세력

---

39) Jay E. Adams, *The Christian Counselor's Manual*, 161-162.

을 추방하고, 연약한 자를 돌보시는 봉사자로 나타난다(마 4:24, 8:7; 막 1:34, 3:10; 눅 14:3). 마태는 예수의 공생애 사역을 교육, 선포, 치유의 삼중적 사역으로 묘사하고 있다. "예수께서 온 갈릴리에 두루 다니사 저희 회당에서 가르치시며(didaskon), 천국 복음을 전파하시며(evangelion), 백성 중에 모든 병과 모든 약한 것을 고치시니(therapeuon)"(마 4:23)라고 하였다. 예수는 수많은 치유사역을 하시고, 치유 받은 자들에게 삶의 동기를 새롭게 하시고 왜곡된 자아상을 고쳐주시고 변화된 삶을 살게 하셨다. 예를 들면, 삭개오는 그가 속한 사회에서 물질에 대한 강한 집착 때문에 사람들로부터 지탄받고 소외된 상태에 있었지만 예수와의 만남을 통해 새로운 가치관과 삶을 살게 되었다. 예수는 또한 치유 사역을 통해 당시 사회의 소외계층들에게 삶의 용기와 새로운 동기를 부여하여 주셨다.

상담의 궁극적 목적은 사람들이 가지고 있는 여러 문제들을 치유하는 것이라 할 수 있다. 때문에 상담은 치유하는 것이다. 이 땅에 오신 예수는 '상처받은 치유자'이셨다. 예수께서는 사람들에게 때로는 권면하시고, 위로하시고, 그들을 향해 때로는 분노하시고, 꾸짖기도 하셨지만 그분의 분노와 꾸짖음은 치유를 위한 것이었다. 하나님의 사랑과 은혜는 죄와 문제로 얼룩진 우리를 결국 치유하시기 위한 것이었다. 때문에 성경적 상담에 있어서 치유 국면은 핵심적인 내용이라 할 수 있다.

공감

바울은 누군가의 슬픔과 즐거움을 함께하고 동일시하는 '공감'을 역설했다. 그는 로마서 12:15에서, "즐거워하는 자들로 함께 즐거워하고 우는 자들로 함께 울라"고 하였다. 잠언의 기자는 더 생생하게 묘사한다. "마음이 상한 자에게 노래하는 것은 추운 날에 옷을 벗음 같고 쏘다 위에 초를 부음 같으니라"(잠 25:20). 상담은 내담자가 슬퍼하고 있을 때 함께 슬퍼하고, 고통하고 있을 때 함께 아파하는 것이다. 상담자가 내담자가 의기소침해 있을 때 노래를 불러 준다고 상상해 보라! 이러한 자에게 잠언은 말하기를, 이는 추운 겨울날 옷을 벗는 것과 같고 소다 위에 식초를 붓는 것과도 같은 어리석음이라고 말한다.[40]

상담에서 공감은 내담자의 외적인 국면뿐만 아니라 내적인 국면까지 이해하고 참여하는 것이다. 이는 상담자가 내담자의 문제에 능동적으로 함께 참여하는 것을 의미한다. 아담스는 "성경 안에 있는 사랑은 항상 능동적이며 수동적이 아니다"라고 지적하였다.[41] 예를 들면, "하나님이 세상을 이처럼 사랑하사 독생자를 주셨으니"(요 3:16), "그가 나를 사랑하사 나를 위하여 자기 몸을 버리신"(갈 2:20), "그리스도께서 교회를 사랑하시고 위하여 자신을 주심같이 하라"(엡 5:25) 등이다. 상담자는 예수 그리스도처럼 내담자의 슬픔과 고통에 능동적으로 참여할 수 있어야 한다. 상담자는 내담자의 슬픔과 울음을 대할 때 이 세상에서 가장 슬퍼하는 사람을 만난 것처럼, 상담자 자신이 당한 슬픔처럼 이해해 줄 수 있어야 한다. 이것이 상담에서 공감이다.

---

40) Roger F. Hurding, *Restoring the Image: An Introduction to Christian Caring and Counseling* (Exeter: The Paternoster Press, 1980), 19.
41) Jay E. Adams, *The Christian Counselor' Manual*, 159.

제 3 장

상담과 목회돌봄
Counseling and Pastoral Care

목회돌봄

우리는 기독교적 돌봄과 상담이 기독교 전통 속에서 어떠한 관계로 이해되어 왔는가를 살펴볼 필요가 있다. 이는 목회상담에 대한 유용한 모델을 제공해 주고 총체적 접근방법을 공급받을 수 있기 때문이다. 돌봄과 상담의 관계를 보기 위해서는 먼저 돌봄에 대한 성경적인 이미지와 이해를 필요로 한다. 특별히 성경에서 보여 주는 하나님의 본성은 풍부한 돌봄의 비유들로 가득하다. 하나님의 본성은 '친구'로 나타난다(출 33:11; 요 15:13-15). 무엇보다도 우리에게 쉽게 다가오는 하나님의 이미지는 '아바, 아버지'(롬 8:15; 갈 4:6)로서 '자식을 불쌍히 여기시는'(시 103:13) 분이시다. 하나님은 또한 자기 백성에게 '어머니'로서 양육의 이미지를 보여 주신다(사 66:13; 마 23:37). 이러한 이미지들 외에도 하나님의 돌보시는 사역의 여러 측면들을 보여 주고 있다. '치료자'(출 15:26), '목자'(사 40:11; 요 10:11-18) 등이다. 하나님은 우리의 친구가 되시고, 아바, 아버지가 되시고, 어머니가 되시는 분으로 묘사되고 있다. 이러한 하나님의 비유들은 그의 자녀인 우리들에게 돌봄의 이미지들과 동기를 시사해 준다. 하나님의 사랑받는 신실한 그의 백성들은 자기들의 동료인 다른 사람들에게 친구가 되고, 그들을 사랑하고, 그들을 보살피도록 부르심을 받았다. 이는 '상호성'(one-anotherness), 즉 "하나님의 사랑으로 인해 촉발되는 상호 돌봄에 대한 명령인 것이다."[1] 이러한 돌봄의 사역은 그리스도인의 개인 사명일 뿐 아니라 교회전체의 사명이기도 하다. 이는 또한 교회의 핵심적 사명이기도 하다.

돌봄은 일차적으로 기독교적 변화와 성숙을 향한 성장의 전 과정과 관련된다. 돌봄은 그리스도인의 성장과 관련된 목회, 목양, 훈련, 교육 등 보다 넓은 사역에 속한다고 할 수 있다. 하지만 상담은 그 성장을 방해하거나 저지하는 '문제들'에 초점을 맞춘다. 그러나 "전문적인 목회자들과 평신도들 사이의 공통적인 가정은 목회돌봄과 상담은 전적으로 동일하다"[2]고 여기는 것이 일반적 현상이다. 프란시스 브리저(Francis Bridger)와 데이빗 아트킨슨(David Atkinson)은 이러한 경향은 목회돌봄을 심리치료적 상담으로 축소시키는 현대적 현상이라고 하였다.[3] 기독교의 목회돌봄에서 심리치료적 상담 모델이 깊고 넓게 퍼진 현상은 특별히 1960년대 중반부터 미국에서 완연하게 나타났다.[4] 물론 한국교회 안에서는 이러한 현상은 아직은 넓게 나타나고 있지는 않다. 그러나 한국교회 안에서도 목회돌봄과 상담이 '심리치료적 형태'로 흐르는 현상이 나타나고 있다.[5] 현대 교회 안에서 심리치료적 모델은 계속해서 융성하고 있다는 것은 의심할 여지가 없다. 이것은 우리가 어떻게 목회돌봄과 상담을 정의 내려야 하는가 하는 비판적 질문을 제기하게 된다. 이러한 질문을 위하여 먼저 기독교 역사 안에서 목회돌봄에 대한 형태를 간단하게 요약한 후, 목회돌봄의 정체성과 모델과 접근방법을 제시해 보고자 한다.

---

1) Roger F. Hurding, *The Bible and Counselling*, 42.
2) Francis Bridger, and David Atkinson, *Counseling in Context*, 31.
3) Francis Bridger, and David Atkinson, *Counseling in Context*, 31.
4) Francis Bridger, and David Atkinson, *Counseling in Context*, 32.
5) 이러한 현상을 비판적으로 다룬 저술을 위해서는 Eric L. Johnson & Stanton L. Jones, eds., *Psychology & Christianity with contributions* by Gray R. Collins, David G. Myers, David Powlison, Robert C. Roberts (Downers Grove: InterVarsity Press, 2000)를 참조.

목회돌봄의 역사

기독교 역사 안에서 목회돌봄에 있어서 수많은 요소들과 형태들이 수많은 사람들에 의해 이름도 없이 빛도 없이 그리스도의 이름으로 행해져 왔다. 하지만 우리는 여기에서 단지 기독교적 돌봄에 대한 기록이 남아있는 여러 사람들 가운데 대표적인 몇 사람과 각 시대별 특징들을 간단하게 살펴볼 뿐이다.

교회 초기에는 그리스도인들은 박해 속에서 신앙을 지키며, 재림의 희망 속에서 살았다. 믿음으로 박해를 이겨야만 하는 절박감이 그리스도인들 속에 가득 차 있었고, 이것이 '재림 대망'이라는 신앙의 형태로 나타나게 되었다. 교회의 지도자들은 내적으로 외적으로 고난과 어려움을 겪고 있는 그리스도인들을 위로하고, 병들고 가난한 자들에게 돌봄의 사역을 하였다. 이러한 전통이 교회의 교직제도가 정비된 후에도 계승되어 교회의 성직자들이 돌봄과 상담의 역할을 계속하였다. 교회 초기에는, 카르타고의 주교 퀴프리안(Ciprian, 200-258)이 박해 가운데 있는 그리스도인들을 격려하기 위해 쓴 서신들, 가이사랴의 감독 바실리우스(Basilius, 329-379)에 의해 수행된 병원 설립과 의료적 돌봄, 그레고리 1세(Gregory I, 540-604)가 쓴 『목회 규칙서』(Pastoral Rule) 등이 영향력을 미쳤다.

초대교회의 돌봄과 상담은 그리스도인들의 정체성과 교회공동체 확립 과정에서 당시의 그리스도인들이 겪는 핍박과 고통의 문제에 대한 해결방안을 제시하는데 주안점을 두었다. 중세에 와서는 교회가 제도화 되자 돌봄과 상담도 제도적으로 정착하게 되었는데, 그 제도는 고백(confession)과 참회(penitence)의 형태로 나타났다. 중세 시대에서 상담의 형태로서의 고백은 예수께서 인간의 죄를 용서하시고, 예수의 권위가 사도들에게 승계되었으며, 이러한 사도적 권위를 승계한 교회는 죄를 용서할 수 있다고 여기는 데서 비롯되었다.

초대교회의 문서에 의하면, 1세기에는 죄의 고백이 공개적으로 이루어졌으며, 은밀히 지은 죄나 이미 드러난 죄라도 공개적인 고백으로 받아들여져야 한다고 하였다.[6] 이러한 공식적인 죄의 고백이 제3세기에 와서는 공개적인 고백을 개인적 고백으로 대체해야 한다는 근거를 제시했다. 특별히 어거스틴은 비밀 유지와 불필요한 잡음들을 피하기 위하여 개인적인 고백을 권장하였다. 4세기에 와서는 밀라노의 암브로시우스(Ambrosius)는 개인적인 고백을 들으면서 오직 하나님께만 고백할 뿐이라고 주장하였다. 또한 바실리우스(Basilius)는 고백의 형태에 대해서 원칙을 제시하였는데 인간이 병들었을 때 그 질병을 고칠 수 있는 의사에게 찾아가는 것처럼 인간이 범죄하였을 경우 그 죄의 해답을 줄 수 있는 사람에게 고백하면 된다고 하였다. 5세기에 와서는 로마의 감독 레오 1세(Leo I)는 공적인 고백을 하지는 않았지만 사적인 고백은 사제들에게 은밀히 하도록 감독들에게 권하였다. 그는 죄를 용서받는 길은 두 가지가 있는데 세례와 참회라고 주장하였다. 중세 시대의 참회 형태는 6세기에 나온 참회서(The Penitential)들에서 그 내용이 발견된다. 대표적인 것으로서는 『데오도르 참회서』(The Penitential of Theodore), 『쿠미안의 참회서』(The Penitential of Cummean), 『비가티안 참회서』(Bigatian Penitential) 등이 있다. 8세기의 『비가티안 참회서』는 영혼의 치유자는 참회자의 나이, 성별, 교육, 용기, 죄의 원인, 범죄의 기간, 고통의 원인 등을 면밀히 참고해서 돌봄의 사역과 상담을 할 것을 권유하고 있다. 참회의 본질은 사람들의 죄와 과오로 말미암아 생긴 문제들을 극복하고 영적 성장을 추구하고, 하나님과 인간과의 화해를 유지시키는 노력으로 성격상 성례전의 의미를 가지고 있다. 참회는 또한 신의 은혜에 의해서 죄를 용서받고 신의 은총이 회복된다는 데 그 핵심적 의미가 있었다. 모든 참회서들은 인간이 범한 과오와 죄에 상응하는 덕을 행함으로 대치된다고 여겼기 때문에 엄격한 훈련, 즉 참회시 암송, 금식, 금수(禁水), 금주, 물 속에서 잠자기, 시체 옆에서 잠자기 등이 시행되었다. 하지만 어떤 참회서는 질병의 종류에 따라 의사가 처방을 하는 것처럼 영혼의 치유자도 상황에 따라 각

---

6) Geddes, *The Catholic Church and the Confessional* (Yew York: Macmillan, 1928), 56ff.

각 다른 방법을 써야 한다고 설명하고 있다. 인간의 과오는 같을지라도 인간의 상황 곧 성별, 빈부, 지식의 유무, 성직자와 평신도, 자유인과 노예, 기혼과 미혼, 건강상태와 질병상태를 세밀하게 살펴서 참회의 과정을 실행할 것을 권고하였다.

목회돌봄에 관하여 중세 시대에 살펴야할 대표적인 사람들로는, 클레보르의 버나드(Bernard of Clairvaux, 1090-1153)의 실천적 영성과 아씨시의 프란시스(Francis of Assisi, 1181-1226)의 가난한 자와 소외된 자에 대한 관심과 자연친화적인 삶에 대한 도전 등이다.

그 다음 시기에는, 노르위치의 줄리안(Julian of Norwich, 1342-1420), 시에나의 캐더린(Catherine of Siena, 1347-1380), 아빌라의 테레사(Teresa of Avila, 1515-1583), 십자가의 요한(John of the Cross, 1542-1591) 등을 포함해 많은 기독교 신비주의자들의 삶과 저술들이 하나님의 신실한 사랑에 대해 새로운 통찰과 영성의 세계를 제시하였고, 생의 고통과 역경 안에서 신앙적이고 영성적 자기 인식에 이르는 지혜를 강조하였다.

특별히 성경의 권위에 기초한 믿음과 행위를 강조한 종교개혁 시기에는, 마틴 루터(Martin Luther, 1483-1546)의 『14가지 위로』(Fourteen Consolation)와 존 칼빈(John Calvin, 1509-1564)에 의해 교회 훈련, 권징 등 목회돌봄의 중요한 요소들이 제시되었다. 이 시기에 와서는 로마 가톨릭에서 중요시되었던 고백과 참회가 약화되었다. 고백은 성직자와 교인 사이의 의무적 요소가 아니라 자유로운 선택적인 것이 되었다. 성직자에게 고백하기 전에 먼저 하나님께 고백하도록 하였다. 이것은 종교개혁 시기의 목회돌봄과 상담 원리에 있어서 중요한 요소가 되었다. 루터와 칼빈은 그리스도인의 실제적 생활문제에도 깊은 관심을 가졌으며, 하나님의 말씀을 중심으로 하는 목회돌봄과 상담의 원리와 방법을 발전시켰다.[7] 루터는 인간을 하나님의 피조물로서 그리고 타락한 존재라는 이해를 바탕으로 하여 목회돌봄과 상담을

---

7) Jay E. Adams, "Reflection on the History of Biblical Counseling," in Harvie M. Conn, ed., *Practical Theology and the Ministry of the Church 1952-1984: Essay in Honor of Edmund P. Clowney* (Philipsburg: Presbyterian and Reformed Publishing, 1990), 204.

하였다. 루터는 목양적 관점에서 병든 자, 유혹에 빠진 자, 슬픔 가운데 있는 자, 실수한 자, 방황하는 자 등에 많은 관심을 가지고 '위로의 사역'에 초점을 두는 돌봄 사역과 상담을 하였다. 칼빈은 목회사역에서 하나님의 절대주권과 성경에 절대적 권위를 두는 것을 강조하였다. 칼빈은 인간이 갈등과 고통을 겪을 때 하나님을 의지하는 것을 강조하였으며, 하나님의 말씀을 분명하게 가르침으로 역경 중에 있는 자들이 하나님 앞에 서게 하며, 바른 삶으로 변화되게 하여야 한다고 하였다.[8] 칼빈의 하나님 중심적 신학 원리는 그의 목회, 교육, 상담 사역에서 하나님의 말씀을 강조하였다. 칼빈은 고통과 역경 중에 있는 성도가 변화의 삶을 위해서 하나님 앞에 자신의 연약함을 고백하고, 말씀에 더욱 의지해야 한다고 강조했다.[9]

종교개혁 다음 세기에 가서는 특별히 리차드 백스터(Richard Baxter, 1615-1691)와 그가 저술한 『참 목자상』(Reformed Pastor)을 통해서 목회돌봄이 '목회 신학'(pastoral theology)으로 체계화되기 시작하였다. 백스터는 그의 저서인 『참 목자상』에서 신자 개개인을 돌아보는 목회의 중요성과 가치를 강조하였다. 백스터는 목사의 사역은 단순히 설교자로서만이 아니라 개인의 영혼을 돌보는 상담자가 되어야 한다고 강조하였다. 그는 목회자로서 인간의 회심에 관심을 기울였고, 여기서 생기는 문제와 어려움을 극복하기 위해서 구체적인 실천 방안을 마련하였다. 그는 교구 안에 있는 모든 가정들과 최소한 일년에 한 시간씩 대화하는 방법을 활용하였고, 목회상담의 영역을 확장시켜서 매주 목요일에는 교인들을 초청하여 개인적 신앙문제와 교회 문제에 대하여 대화하였다. 그는 또한 목회사역에서 환자를 돌아보는 일과 서신상담을 실행하기도 하였다.

복음주의적 부흥운동기에는 진젠도르프(Ludwig von Zinzendorf, 1700-1760) 백작과 모라비안 교도의 영향을 받은 존 웨슬리(John Wesley, 1703-1760)가 하나님에 대한 신앙과 사회적 행동에 헌신하는 그리스도인의 소그룹을 도

---

[8] Jay E. Adams, "Reflection on the History of Biblical Counseling," 205.
[9] John H. Leith, *John Calvin's Doctrine of the Christian Life* (Louisville: Westminster John Knox Press, 1989), 103ff.

입하였다.[10] 여기에는 화해와 지탱과 인도의 요소들이 포함되었을 뿐만 아니라 무료 건강 진료소의 설립을 통한 통합적인 목회돌봄이 있었다. 웨슬리는 가난하고 병든 자를 치유하는 일과 그들을 위한 각종 프로그램을 개발하였다. 그는 하나님의 사랑이 치유의 최고의 자원이 된다고 하였으며, 사람들에게 건강한 삶을 주는 원동력이라고 강조하였다. 특별히 그는 목회돌봄과 상담에서 개인적 차원과 구조적 차원의 치유가 조화를 이루어야 한다는 통합적 방법을 강조하였다.

이후에도 19세기에는, 개인의 경건을 강조하는 것과 사회 개혁적 요소를 강조하는 많은 복음주의적 목회돌봄의 형태들이 나타났다. 예를 들면, 윌리암 윌버포스(William Wilberforce, 1759-1833) 등이다.

목회돌봄의 정체성

교회의 표징으로서 목회돌봄이라는 전통이 19세기와 20세기에 와서 불가지론적이고 무신론적인 철학과 심리학의 태동으로 인해 많은 변화와 위협을 받아왔다. 가장 중요한 원인은 목회돌봄이 다른 사상적이고 사회적인 측면들과 마찬가지로 계몽주의나 이성의 시대의 세계관에 의해 영향을 받았기 때문이라 할 수 있다. 18세기 중반 이후 영적이고 초자연적인 것을 배제하고 합리적 사고와 탐구를 중요하게 여기는 세계관은 목회돌봄에도 영향을 미쳤다.

토마스 오덴(Thomas Oden)은 그의 논문 "잃어버린 정체성의 회복"(Recovering Lost Identity)에서 19세기와 20세기 전환기에 저술된 목회돌봄에

---

10) 목회적 돌봄의 역사에 대한 유용한 개관을 위해서는 David G. Benner, *Psychotherapy and the Spiritual Quest* (London: Hodder & Stoughton, 1989), 18-27; William A. Clebsch, and Charles R. Jaekle, *Pastoral Care in Historical perspective* (London: Jason Aronson, 1994); J. T. McNeil, *A History of the Cure of Souls* (New York: Harper & Row, 1951); Derek Tidball, *Skilful Shepherds: An Introduction to Pastoral Theology* (Leicester: InterVarsity Press, 1986), 147-222; Kenneth Leech, *Soul Friend* 등을 참조.

관한 주요 저작자들과 1950년대와 1960년대에 출간된 목회상담에 대한 표준적인 저작들을 비교 관찰하였는데, 그는 지적하기를, 전자의 경우에는 키프리안, 어거스틴, 루터, 백스터 같은 인물들이 자주 언급된 반면, 후자의 경우에는 이러한 고전적 목회신학자들의 아이디어보다는 대부분 현대 심리학자들 또는 심리치료사들의 아이디어를 사용하고 있다고 지적하였다.[11]

이러한 오덴의 관찰은 현대 목회상담에서 성경적이고 역사적인 원리들이 약화되어 간다는 하나의 증거를 제시한 것이다. 기독교의 목회돌봄에서 심리 치료적 상담 모델이 깊이 자리하고 있다고 할 수 있는데, 이러한 추세는 미국 상황에서 완연하여 왔다. 영국에서는 전통적으로 미국의 상황보다는 다소 모호한 상황이라 할 수 있지만, 지난 20년 동안에 심리치료적 상담 모델이 목회돌봄에 영향력을 행사해 왔고, 계속 성장하고 있는 추세이다. 스티븐 패티슨(Stephen Pattison)에 따르면, "상담의 복음은 점점 목회 현장으로 스며들어 일반적이고 잠재적인 가설의 수준까지도 영향을 끼치고 있다."[12] 이러한 상황은 우리로 하여금 목회돌봄과 목회상담을 정의하고 실천함에 있어서 주의를 요한다고 할 수 있다. 현대 목회에서 상담을 단지 사람들의 심리를 효과적으로 치유하기 위한 기술이나 방법으로 제한하고 혼동하는 것을 주의해야 한다.

그리고 상담학을 심리학의 전유물로 이해하는 것도 주의해야 한다. 목회상담은 기독교 역사적 전통 안에서 역사적 모델을 가지고 있는 것이다. 클래브쉬(W. Clebsch)와 재클(C. Jaekle)은 지적하기를, "최근 몇 년 동안, 상담은 목회 신학적 관심의 최고의 자리를 차지해 오고 있다…상담은 목회를 지성적으로 서술하려는 행위가 걸어 들어와 관심을 불러일으킨 바로 그 통로로 작용하였다."[13] 물론 목회상담자들이 역사적 전통에 전혀 관심을 기울이지 않는다거나 또는 기독교 전통 안에서 발전되고 가르쳐진 목회돌봄 모델을 중요하게 주장하는 상담자는 심리학적 통찰을 항상 무시해야 한다는

---

11) Thomas Oden, "Recovering Lost Identity," *Journal of Pastoral Care* 34 (1980): 4-19.
12) Stephen Pattison, *A Critique of Pastoral Care* (London: SCM, 1993), 26.
13) William A. Clebsch, and Charles R. Jaekle, *Pastoral Care in Historical perspective*, 4-10.

의미는 아니다. 중요한 것은, 기독교 전통 안에서 목회돌봄은 이미 존재하여 왔고 또한 이러한 전통 안에서 중요한 원리를 발견하여 실천할 수 있는데도, 현대 목회상담은 지나치게 현대 심리학자들이나 심리치료 원리에 의존하고 있는 경향이 많다는데 문제가 있다 하겠다.

목회돌봄의 모델

기독교의 전통 안에서 목회적 돌봄을 정의하려는 여러 가지 노력들이 있었다. 한 전통은, 치유나 돌봄을 의미할 수 있는 라틴어 '쿠라'(cura)에 의거해서, 죄에 대한 치유를 하는 '영혼의 치유'(soul cure)와 영적 성숙을 통한 성장을 강조하는 '영혼의 돌봄'(soul care)이라는 한 쌍의 원리를 제시하였다. 하지만 이 두 원리를 구분하기란 쉽지 않다.[14]

제이콥 피레트(Jacob Firet)는 세 가지 헬라어를 사용하여 기독교 사역을 분류하였다. 첫째 사역은 케리그마(kerygman, 설교)[15], 그리스도 안에서 하나님께서 주신 복음을 선포하는 행위, 둘째 사역은 디다케(didakhe, 교육)[16], 하나님의 백성들에게 제자도를 가르치는 행위, 셋째 사역은 파라클레시스(paraklesis, 권면, 위로)[17], 교회의 상호성에 중점을 둔 권면과 위로 등이다. 이와 같은 목회적 사역은 설교, 교육 그리고 권면과 위로 사역은 중첩되지만, 기독교적 돌봄의 핵심을 파라클레시스에 있다고 피레트(Firet)는 이해하였다. 그는 이런 '권면의'(parakletic) 사역을 다음과 같이 요약하였다.

---

14) Roger Hurding, *The Bible and Christian Counselling*, 43.
15) 욜 2:1; 욘 3:7; 마 9:35; 막 1:38; 눅 8:1; 행 20:25; 롬 16:25; 고전 15:14; 고후 5:17; 6:2; 엡 5:8; 딤후 4:17; 딛 1:3 등을 참조.
16) 시 111:10; 잠 1:7; 사 2:3; 마 9:35; 28:20; 눅 21:37; 요 6:59; 14:26; 행 4:2; 15:35; 롬12:7; 고전 2:13; 딤후 2:2; 히 5:12 등을 참조.
17) **파라칼레오**(parakaleo)는 다양한 의미를 가진다. (1) 마 26:53; 눅 7:4; 행 16:9; 28:20에 나타나는 '권유하다', '청하다', '구하다', '애원하다' 등의 의미이다. (2) 행 15:32; 16:40; 롬 12:8; 고전 14:31; 고후 6:1; 7:4; 살전 3:7; 히 13:22에 나타나는 '권면하다'는 의미이다. (3) 마 5:4; 롬 15:4; 고후 1:3-7; 7:4; 살전 3:7; 히 13:22에 나타나는 '안위하다', '격려하다', '위로하다' 등의 의미이다.

권면은 하나님께서 불안, 고통, 범죄, 절망, 과오, 결핍의 상황에 있는 백성들에게 찾아오시는 양식(mode)이다. 하나님은 사람들을 그들의 고통스런 상황으로부터 구원하셔서, 그리스도 안에 있는 또한 새로운 순종의 기쁨 속에서 안위 받고 용기를 얻는 구원의 기쁨을 통해서 교회와 함께 새로운 생명을 누리도록 하기 위해서 그들에게 오신다. 하나님은 이 과정을 통하여 그들을 그 자신의 자리로 이끄시며, 그리스도 몸 안에서 특별한 과업을 성취하기에 적합하도록 만드신다.[18]

바로 이 파라클레오, 권면과 위로의 사역이 목회적 돌봄의 핵심이라 할 수 있다. 1960년대 후반 이후 주목을 받고 있는 목회적 돌봄에 대한 정의는 클래브쉬(W. A. Clebch)와 재클(C. R. Jaekle)의 공저 『역사적 관점에서 본 목회돌봄』(*Pastoral Care in Historical Perspective*)에서 초대교회 이래 기독교의 목회돌봄의 근거를 형성했다고 생각되는 역사적 모델을 통하여 내린 것이다. 그들은 목회돌봄을 "영혼의 치유 또는 목회적 돌봄의 사역의 궁극적 의미와 관심이라는 맥락에서 발생한 문제들로 인해 고통당하고 있는 사람들의 치유(healing), 지탱(유지, sustaining), 인도(guiding), 화해(reconciling)를 목표로 삼고 대표적 그리스도인들에 의해 수행되는 돕는 행위들"[19]이라고 정의했다. 비록 역사적 정황에 따라 이들 네 가지 활동 중 강조점의 변화가 있었다 하더라도 그리고 그들이 주장한 형태가 역사적 문화적으로 조건 지워졌다 하더라도, 그럼에도 불구하고 이 네 가지 활동들은 어떤 형태로든 기독교 역사를 통해서 현존해 오고 있다.

치유(Healing)

치유는 한 사람을 새로운 차원의 영적인 통찰과 기쁨으로 이끌어 주어,

---

18) Jacob, Firet, *Dynamics of Pastoring* (Grand Rapids: Eerdmans, 1986), 82.
19) William A. Clebsch, and Charles R. Jaekle, 4. 시워드 힐트너(Seward Hiltner)는 성경과 전통적인 종교개혁의 은유인 예언자/선지자, 제사장 그리고 왕으로서의 그리스도의 직능들을 통하여 목회상담 접근 방법을 제안하였다. 그는 예언자의 직능을 안내의 기능으로, 제사장 직능을 치유의 기능으로 그리고 왕의 직능을 지탱(유지)의 기능과 조화를 이루는 것으로 설명하였다. Seward Hiltner, *Pastoral Counseling* (Nashville: Abingdon Press, 1969).

신체적으로 심리적으로, 정서적으로 그리고 영적으로 회복된 온전한 인간으로 변화시켜주는 것으로 이해하였다. 심리적으로 균형을 이루어 주는 단순한 회복만으로는 충분치 않다는 것을 인정하는 것은 중요하다. 그것은 통전적 성장이어야 한다. 그렇지 않으면 그것은 참 치유가 아닌 것이다. 심리적인 회복은 부분적인 치유라 할 수 있지만, 하나님의 샬롬(the shalom of God)의 완전한 치유와 혼동하거나 착각해서는 안 된다. 목회 전통 속에서 치유라는 의미는 통전적 인간 회복과 관련된다.[20] 우리는 성경에서 하나님이 치유자시라는 말씀을 보고 또한 여러 곳에서 하나님의 치유하시는 말씀과 행동의 많은 예들을 볼 수 있다. 그것이 가장 분명하게 나타난 것은 "백성 중에 모든 병과 모든 약한 것"(마 4:23)을 고치셨던 예수님의 자비로운 행위에서다.

목회적 돌봄과 관련해 치유는 온전함과 또한 관련된다. 성경에서 치유와 관련해 사용된 몇 가지 헬라어들이 이것을 입증한다. 예를 들어, '구원하다', '보존하다'를 의미하는 단어 소조(sozo)는 죄악으로부터의 구원과 온전함의 회복을 의미한다. 모리스 마독스(Morris Maddocks)는 '당신에게 평화가 있기를'이라는 의미의 히브리어 샬롬(shalom)과 연관시켰다. 그는 이 구약의 인사가 "가장 넓은 의미의 안녕, 즉 번영, 신체적 건강, 만족, 나라들과 사람들 사이의 좋은 관계, 구원"을 의미한다고 이해했다.[21] 하지만 현대 목회상황에서 '온전함'이라는 개념은 '완벽함'(completeness)이나 '완전함'(perfection)으로 간주되는 경향이 종종 있다. 성경에서 가르치는 '온전함'은 완전함이나 완벽함을 의미하지 않음을 알 수 있다. 예를 들어, 예수는 12년 동안 혈루증으로 인해 약해져 있었던 여인에게 "딸아 안심하라 네 믿음이 너를 구원했다(sozo)"(마 9:22)고 말씀하심으로써 온전함을 가져다 주셨다.

---

20) 이러한 전인 치유에 대한 보다 더 바른 이해와 확장된 도움을 위해서는 다음 저서들을 참조. Michael Wilson, *The Church is Healing* (London: SCM, 1967); *Health is for People* (London: DLT, 1975); Morris Maddocks, *The Christian Healing Ministry* (London: SPCK, 1982); Stephen Pattison, *Alive and Kicking: Towards a Practical Theology of Illness and Healing* (London: SCM, 1989), Chapter 4.

21) Morris Maddocks, *The Christian Healing Ministry*, 10.

그녀의 절망스런 병은 즉시 치료되었고 그녀의 삶의 에너지와 동기는 회복되었다. 하지만 그녀가 얻은 온전함은 그녀가 다시 병들거나 상태가 나빠지지 않는다는 것을 의미하지 않는다. 그녀는 궁극적 치유라고 할 수 있는 충만하게 구현된 온전함을 향한 지속적인 여정에 있는 것이다. 분명히 우리는 그녀의 치유가 존재의 모든 국면에서 좋은 방향으로 극적이고 광범위한 변화를 가져왔다는 것을 이해할 필요가 있다. 그녀가 신체적 회복뿐만 아니라, 감사의 마음과 새로운 소명을 얻게 되었다는 것을 알 수 있다.

지탱(Sustaining)

지탱(유지)이라는 목회적 행위는 "상처와 고통 가운데 있는 사람이 그 전의 상태로 회복이 거의 불가능하거나 너무 희박하여 회복이 불가능하다고 여겨지는 상황을 견디며, 초월하도록 돕는 것이다."[22] 예를 들면, 사람들이 돌이킬 수 없는 재앙이나 비극을 당하였을 경우 일차적으로 유지라고 하는 목회적 돌봄이 요구되어진다. 그러나 치유의 경우와 같이 유지자의 역할에 종사하는 자는, 고통당하는 사람으로 하여금 비극의 한 가운데에서 정서적이고 영적인 성장을 경험하도록 돕는 길을 찾아야 한다. 유지의 역할은 감정이입 이상을 의미한다. 즉, 그것은 돕는 사람이 통찰력 있고 의미 있는 새로운 길을 열어 주어야 할 것을 요구한다.

목회적 돌봄을 통한 "유지는 단념 또는 체념의 상태 이상을 말한다. 그것은 또한 단지 고통과 절망적 상황에 대한 금욕주의적이고 극기심에 의한 침묵이나 냉소적인 결단도 아니다. 고통과 절망 가운데 놓인 사람이 유지된다는 것은 변화될 수 없는 불행한 상황을 극복하도록 바람직하고 충분한 용기와 도움을 제공 받는 것을 의미한다. 때문에 그것은 그 사람이 직면하고 있는 문제의 상황을 바꾸는 것에 있다기보다는 그 사람이 그 문제에 대한 태도를 바꾸는 것에 있다. 때문에 유지는 고통과 절망 가운데 있는 사람

---

22) Michael Jacobs, *Faith or Fear?: A Reader in Pastoral Care and Counselling* (London: DLT, 1987), 11.

이 어려운 상황으로부터 탈출하도록 돕는 것이 아니라, 그가 직면한 절망스러운 상황을 대하는 태도를 바꾸게 하는 것을 말한다."[23]

우리는 성경의 욥기, 시편, 잠언, 전도서 등에서 삶을 위한 간결한 조언과 인생의 좌절과 신비에 대한 심오한 가르침을 볼 수 있다. 상담자는 절망과 고통 가운데 있는 자에게 성경과 하나님께로부터 난 "지혜의 말씀" 혹은 "지식의 말씀"(고전 12:8)인 성령의 은사를 통한 하나님의 초자연적 개입에 대해 열린 자세를 취해야 한다. 때문에 절망스러운 상황에 직면한 사람에게 그가 처한 상황과 문제에 대한 태도를 변화시키는 것(유지)은 우리 인간의 지혜에 있지 아니하고 위로부터 난 지혜에 있다. 왜냐하면 이 위로부터 난 지혜는 인간적인 지식에 의한 연약함과 편견에 대조되기 때문이다. 성경은 이런 위로부터 난(신령한) 지혜가 자신들의 무가치함을 깨닫고 하나님의 위대하심과 선하심을 인정하는 사람들에게 유용한 것이 된다는 사실을 보여 준다.

인도(Guiding)

시워드 힐트너(Seward Hiltner)는 목회돌봄의 기능 가운데 '인도'(안내)는 예언자(선지자)적 차원으로 이해하였다.[24] 선지자적 차원에 대한 강조는 목회적 돌봄의 서로 다른 분야들에서 비록 다양한 경향을 보이지만, "우리는 인지적인 것과 행동적인 것을 강조하는 기독교적 방법들에 대해 선지자적 상담이라는 용어를 사용할 수 있다. 그런 접근법들은 사고와 행동의 잘못된 패턴들에 초점을 맞추는 경향이 있고, 그 결과 회개하고 순종하는 삶을 살도록 촉구하는 성경의 가르침과 도전을 강조한다."[25]

인도는 어려움을 겪는 사람으로 하여금 생각과 행동을 결정하거나 선

---

23) Emmanuel Lartey, *In Living Colour: An Intercultural Approach to Pastoral Care and Counselling* (London: Cassell, 1997), 38.
24) Seward Hiltner, *Pastoral Counseling*을 참조.
25) Roger Hurding, *The Bible and Christian Counselling*, 80.

택을 해야 하는 과정에서 그들에게 영적인 암시를 제시하기도 하고, 그들을 신앙 안에서 그들이 처한 아픔에 대해 깊이 묵상하도록 하게 하여 그 방향을 선택하도록 안내 또는 돕는 행위를 말한다. 그것은 그 개인의 인격이 성장하고, 하나님을 향하여 그 개인이 성장하도록 통찰력을 심어주는데 강조점을 둔다. 이러한 성장에 대한 기대는 예수의 사랑의 행위에서 발견된다. "예수는 사람과 맞서실 때도 사랑을 놓지 않으셨다. 바로 이것이 오늘날의 목회적 돌봄과 상담 속에 있는 선지자적 방법이다."[26]

화해(Reconciling)

화해는 풍부한 신학적이고 윤리적인 의미를 갖는다. 그것은 하나님과 인간 사이뿐만 아니라, 사람과 사람 사이의 깨어진 관계 또한 다시 정립하는 일을 포함한다. 그것은 하나님과 사람 앞에서 고백과 신적이고 윤리적인 용서도 포함한다. 그것은 그리스도인의 삶과 관계를 갱신하는 것도 포함한다. 더욱이 우리가 바울의 신학을 보면, 거기에서 화해의 중심적 내용은 하나님과 그의 세계의 관계 회복이다. 왜냐하면, 그리스도 안에서, 하나님께서는 죄로 말미암아 손상된 인간성을 그 자신에게로 끌어들인 것이다. 그러므로 바울은 "아버지께서는 모든 충만으로 예수 안에 거하게 하시고 그의 십자가의 피로 화평을 이루사 만물 곧 땅에 있는 것들이나 하늘에 있는 것들을 그로 말미암아 자기와 화목케 되기를 기뻐하심이라"(골 1:19-20)고 선언하였다.

하지만 화해는 거기서 중단되지 않는다. 하나님께서는 화해의 사역을 그의 교회에 맡기셨다. 바울에 따르면, "하나님께서는…화목케 하는 말씀을 우리에게 부탁"(고후 5:19하)하셨다. 따라서 화해는 교회의 많은 사역 중 단지 목회사역의 한 부분으로 존재하는 것이 아니라, 사역의 한 중심에 위치하는 것이다. 성경 전체에서 중심적으로 그리는 핵심 내용도 바로 화해이

---

[26] Roger Hurding, *The Bible and Christian Counselling*, 81.

다. 하나님과 인간의 관계, 인간과 인간의 관계, 인간과 자연과의 관계의 통전적 화해를 가르치고 있다.

양육(Nurturing)[27]

목회돌봄은 사람들을 신앙 안에서 성장하도록 돕는 행위를 포함한다. 하워드 클라인벨(Howard Clinebell)은 하나의 상담 유형으로서 '성장상담'(Growth Counselling)을 제안하였다. 그에 따르면 성장 지향적 상담은 성장이 촉진될 수 있도록 하는 데 그 목적이 있는데, 이를 위해서는 다음의 6가지 국면의 상호보완적 이해와 관점을 갖는 것이 중요하다고 제안하였다.

> 우리의 마음과 신체, 다른 사람과의 관계, 생태계와의 관계, 우리를 지탱해 주는 집단과 제도와의 관계 그리고 우리 삶의 영성적인 국면이다. 이 여섯 가지 차원의 성장 중에 어느 한 국면의 성장은 다른 다섯 국면의 성장을 촉진 또는 지원하여 준다. 어느 한 국면에서 성장이 감소되면 다른 나머지 국면의 성장도 지연될 수 있다. 성장 지향적 상담자는 여섯 가지 국면의 성장을 극대화하고 조화와 균형을 이루도록 도와야 한다.[28]

목회자의 역할 가운데 하나의 중요한 기능은 사람들의 성장을 촉진하는 데 있다. 이러한 성장은 결국 교회의 목회적 양육을 통하여 이루어지는 것이다. 성장은 관계성 안에서 촉진되기 때문에 결국 목회돌봄은 위의 6가지 국면의 통전적 관계를 촉진하는데 심혈을 기울여야 한다. 불행하게도 우리의 목회적 현장에서 이러한 국면들을 이원론적으로 또는 인위적으로 구분하여 각 국면들에 대한 가치를 왜곡하거나 바른 이해를 상실함으로 전인적

---

27) 현대 목회신학자들 중에 목회돌봄의 역사적 모델에 더 확장된 모델을 제시하는 경우가 많다. 이 '양육' 모델은 임마누엘 라티(Emmanuel Lartey)가 그의 책 In Living Colour에서 클래브쉬와 재클의 목회돌봄의 네 가지 역사적 모델에 추가하여 진술하였다. Emmanuel Lartey, *In Living Colour*, 40을 참조.

28) Howard Clinebell, *Growth Counselling* (Nashville: Abingdon Press, 1979), 19.

성장에 대한 촉진을 종종 저해하기도 한다. 따라서 전인적 성장은 각 국면들이 조화를 이룰 때 가능하다는 인식을 회복하는 것을 필요로 한다.

목회상담[29]

우리는 지금까지 살펴 본 클래브쉬와 재클의 목회사역에 대한 사중적 이해와 추가적으로 제시된 '양육'모델을 통하여 목회돌봄의 총체적 접근 방법과 아이디어를 제공 받을 수 있다. 목회신학자 스티븐 패티슨(Stephen Pattison)은 목회의 사중적 모델을 중심으로 목회돌봄에 대한 총체적 접근방법을 제시하였다.

> 목회돌봄은 역사적으로 그리스도인으로 하여금 그 자신들과 그리스도인의 공동체 속에 있는 죄를 극복하도록 돕는 적든 크든 개인과 단체훈련으로 구성되어 왔다. 즉, 교회 공동체를 건설하는 일, 개인적인 슬픔 또는 단체적인 슬픔을 위로하고 후원하는 일, 내면적 삶에 관하여 영적인 방향을 제시하고 안내하는 일, 외적인 위협으로부터 그리스도인의 공동체를 보호하는 일이다. 예를 들면, 세상의 지배자로 하여금 교회나 기독 단체를 박해하거나 파괴하지 못하도록 노력하고 보호하는 것이다. 영적인, 성례전적인 그리고 자연적인 방법을 사용하는 것을 포함하여 치유하는 일이다.[30]

우리가 지금까지의 진술을 통하여 얻을 수 있는 특성은 첫째로, 목회상담을 좁은 의미로만 이해하는 것과는 대조적으로, 신약성경과 교회의 역사적

---

29) 참고로, '목회상담'(pastoral counseling)이라는 용어는 전통적으로 1930년대와 1940년대에 미국에서 일어났던 '목회상담 운동'(pastoral counseling movement)의 일부분으로서 안수 받은 사역자에게 의해 수행되는 상담을 일컫는 것이다. 두 번째로 이 용어는 교회의 목회적 돌봄을 나타내기 위해 널리 사용되었다. 세 번째로 평신도 혹은 안수 받은 사역자에 의해 이뤄지고 그리스도와의 관계적 특성을 강조하는 상담에 대한 접근들에 대해 '목회상담'이라는 용어를 사용할 수 있다.

30) Stephen Pattison, *A Critique of Pastoral Care*, 7.

전통 속에서 우리가 깨달을 수 있는 것은 목회돌봄이라고 하는 용어 속에 광범위한 영역을 포함하고 있음을 알수 있다. 다시 말하면, 기독교 전통의 역사적 이해를 목회돌봄이라는 접근 방법을 통하여 볼 때, 목회상담은 단지 사람들이 처한 문제를 해결하기 위해 권고하고 도와주는 영역에만 국한되는 것이라기보다는, 오히려 인간 삶의 모든 국면에 관심을 두는 활동이라고 볼 수 있다.[31] 둘째로, 기독교 역사적 전통 속에서 목회돌봄이 수행되는 본질적이고 근본적인 상황은 상담자와 내담자의 개인주의적 관계가 아니고, 그리스도의 몸인 교회 공동체의 사역이었다.[32] 왜냐하면 목회자가 상담 행위를 비록 개인적으로 행하지만, 그것은 교회 공동체를 대신하여 활동하는 것이기 때문이다. "목회돌봄은 기독교적 신앙과 삶의 자원과 지혜 그리고 권위를 가지고 사람들이 그들의 고통을 견디고 극복하도록 노력한 대표적인 그리스도인들에 의해 수행된 사역이다."[33]

정리하면, 목회상담은 좁게는 신앙의 문제를, 광범위하게는 신앙에 관한 문제로부터 인간 제반 삶 속에서 발생되는 모든 문제까지를 포함한다고 볼 수 있다. 또한 상담은 미리 시간을 예약하여 하는 공식적인 것뿐만 아니라 일상적 만남에서 이루어지는 비공식적인 것까지도 포함될 수 있다. 상담과 목회돌봄의 관계를 보면, 상담은 일대일(one-to-one)의 개인적인 사역으로 항상 문제 중심(problem-centered)사역과 동일시되어 온 경향이 있는 용어다. 한편 돌봄은 보다 넓은 용어로서, 문제들뿐만 아니라, 좋을 때나 위험할 때나 마찬가지로 돌보는 사람과 돌봄을 받는 사람 사이의 계속적인 관계에 관련되며, 개인뿐만 아니라 사회적 그리고 가족적인 상황과도 관련된다.[34]

결론적으로, 기독교 상담의 정체성과 독특성은 단순히 세속적 상담을 따르거나 개인적 심리치료적 모델을 지향하는 것이 아니라, 이러한 것들을 비판하고 변형시키는 것이다. 따라서 기독교 목회 "상담은 내성적 자기주

---

31) Francis Bridger and David Atkinson, *Counseling in Context*, 35-36.
32) Francis Bridger and David Atkinson, *Counseling in Context*, 36.
33) Michael Jacobs, *Faith or Fear?*, 10.
34) Francis Bridger and David Atkinson, *Counseling in Context*, 126.

의(introspective selfism)로부터 예수 그리스도 안에서 새롭게 변화된 삶으로 전환시켜 준다는 것이다. 다시 말하면, 인간 존재의 중심을 개인적 자아로부터 하나님 안에 있는 자아 그리고 공동체 속에 있는 자아로 전환시키므로 인간의 전체성 또는 통전적 삶을 추구하는 것이다."[35]

---

35) Francis Bridger and David Atkinson, *Counseling in Context*, 39.

제 4 장

권면적 상담
Nouthetic Counseling

기독교 상담학은 현대사회 안에서 그리스도인들이 직면한 여러 복잡하고 다양한 문제를 전문적으로 도와주고 해결하기 위하여 목회자를 훈련하는 과정에서 1930년대부터 임상교육이 구체화되면서 시작되었다. 목회자 훈련과정에서 이러한 임상목회교육의 태동은 또한 심리학과 사회학의 통찰들을 목회의 실제적인 문제에 적용해야겠다는 각성에서부터 시작되었다고 할 수 있다. 나아가 임상목회교육은 전통적인 신학교육이 급변하는 시대 상황에 부응하고 인간의 문제를 보다 효과적으로 해결하기 위한 실제적 방안으로 실시되기 시작했다. 하지만 1930년대와 1940년대에 태동한 이러한 임상목회교육이 문제점들이 없는 것은 아니었다. 시워드 힐트너(Seward Hiltner)는 임상목회교육의 문제점을 지적하였다.[1] 첫째, 임상목회교육은 기독교 상담훈련의 근거가 되는 성경보다 오히려 개인적 경험에 관심을 두는 경향이 있다. 둘째, 이 운동은 무비판적으로 인본주의적 일반심리학을 적용하는 경향이 있다. 셋째, 이 운동에 참여하는 사람들은 보수적인 신앙의 입장들을 이해하려고 하지 않는 경향이 있다.

이러한 약점에도 불구하고 임상목회교육이 중요한 주제로 발전해 갔고

---

[1] Seward Hiltner, *The Counselor in Counseling* (New York: Abingdon Press, 1950), 11.

그 영역이 확장되어 왔다. 이러한 발전 가운데서 보수계열 신학교 중심으로 일반 심리학에 기초한 상담교육이 아닌 성경적 원리에 따른 상담교육을 구체화하기 시작하였다. 이러한 일을 구체화하는데 앞장선 학자는 제이 아담스(Jay Adams)였다. 그는 성경은 정확 무오한 하나님의 말씀으로 신앙과 행위에 유일한 규범이라는 전제에서 상담의 원리를 성경에서 찾으려는 운동을 전개하였다. 다른 하나의 학자는 목회상담의 입장에서라기보다는 기독교 상담의 전문가의 입장에서 성경적 모델을 제시한 로렌스 크랩(Lawrence Crabb)이다.

아담스와 크랩의 상담 원리와 전제 그리고 방법에는 약간의 차이가 있다. 아담스는 행동의 변화에 강조점을 두는 측면이 강하고, 크랩은 감성적 변화에 강조점을 두는 경향이 있다. 하지만 이 둘은 상담을 성경적 원리에 근거하여 상담 모델을 제시하고자 하였다는 점에서 많은 공헌을 하였다고 할 수 있다. 물론 이들 외에도 목회상담과 기독교 상담에 큰 공헌을 한 학자들이 많이 있다. 여러 상담학자들과 그들의 상담에 대한 정의들을 개관해 보면, 로저 허딩(Roger Hurding)은 "상담하는 것은 누군가를 조언하고 돕기 위하여 친구가 되는 것이다"라고 하였다.[2] 게리 콜린스(Gary Collins)는 상담은 "일차적으로 한 사람이, 즉 돕는 자가 삶의 문제를 안고 있는 다른 사람을 도우려고 노력하는 관계"라고 하였다.[3] 로렌스 크랩(Lawrence Crabb)에 의하면, "상담은 돕는 사람 사이의 관계다."[4] 하워드 클라인벨(Howard Clinebell)은 목회상담은 "사람들이 자신의 문제와 위기들을 잘 다루어 더욱 성장하도록 돕는 다양한 치유방법을 이용하는 것"이라고 말하였다.[5] 제이 아담스(Jay E. Adams)는 상담은 "사람들이 하나님과 그들의 이웃을 사랑하도록 돕는 과정"이라고 설명하고 있다.[6] 프랭크 레이크(Frank Lake)는 상담자의 과제는

---

[2] Roger Hurding, *Restoring the Image*, 10.
[3] Gary Collins, *Christian Counselling: A Comprehensive Guide* (Waco: Word Books, 1998), 26.
[4] Lawrence J. Crabb, *Effective Biblical Counselling* (Grand Rapids: Zondervan, 1977). 148.
[5] Howard Clinebell, *Basic Types of Pastoral Care and Counselling*, 26.
[6] Jay E. Adams, *More Than Redemption: A Theology of Christian Counseling* (Phillipsburg:

개인으로 하여금 "인간의 갈등과 요구에 관한 이야기를 들음으로" 변화를 성취하도록 돕는 것이라고 정의를 내리고 있다.[7] 폴 할모스(Paul Halmos)는 사회학적 관점에서 상담은 "돌보기-듣기-촉구하기를 통하여 돕는 새로운 박애주의적인 전문적 기술"이라고 정의하고 있다.[8]

지금부터는 본 장의 논의의 목적인 상담의 이론과 방법을 체계적으로 정리하기 위해 현대 기독교 상담에서 대표적인 상담학자들과 예수의 상담을 살펴보자. 이를 위해 성경적 상담의 개척자들이요 기독교 상담이론을 체계화한 1세대들인 아담스(Adams)와 크랩(Crabb)의 이론들을 살펴본 후, 가장 최근에 기독교 상담학에서 관심과 흥미를 갖기 시작한 이야기 상담이론 등을 논의하려고 한다. 마지막으로 기독교 상담의 모델로서 '예수의 상담'을 제시하고자 한다. 이러한 논의를 통하여 현대 기독교 상담에서 행해지는 상담의 원리와 전제, 목표, 유형과 방법 등을 총체적으로 검토하게 될 것이다.

원리와 전제

미국 필라델피아(Philadelphia)에 위치한 웨스트민스터신학교(Westminster Theological Seminary) 실천신학 교수였던 제이 아담스(Jay E. Adams)는 1970년대에 성경적 기초와 원리에서 상담학을 수립한 제 1세대 현대 기독교 상담학자라 할 수 있다. 아담스 이전에도 물론 현대 상담에서 성경 활용을 중요하게 여기는 사람들이 있었다. 예를 들면, 1936년 의사인 리차드 케봇(Richard C. Cabot)과 목회자인 러셀 딕스(Russell L. Dicks)가 『환자를 위한 목회의 기술』(*The Art of Ministering to the Sick*)이라는 책을 저술하였는데,[9] 현대 상담에서 성경활용이 논의되기 시작한 것은 이 책이 출간되면서부터 시

Presbyterian & Reformed Publications, 1979), xiii.
7) Frank Lake, *Clinical Theology* (London: DLT, 1986), 10.
8) Paul Halmos, *The Faith of the Counsellors* (London: Constable, 1973), 2.
9) Richard C. Cabot, and Russell L. Dicks, *The Art of Ministering to the Sick* (New York: Macmillan, 1936).

작되었다고 보는 견해가 지배적이다. 이들은 병원에 입원한 환자들을 돌보며 상담하는 가운데 성경이 환자들에게 정신적인 안정과 인격적인 발전 그리고 질병 치유에 도움이 되었다고 진술하였다. 하지만 이 책에서는 성경을 상담의 교과서나 해답집으로 보기보다는 인간에게 유익을 주는 참고서 정도로 보았다. 그후 시워드 힐터(Seward Hilter),[10] 케롤 와이즈(Carrall A. Wise),[11] 웨인 오츠(Wayne E. Oates)[12] 등이 그들의 저서를 통해 기독교 상담의 자원으로 성경활용을 주장했지만, 이들 역시 성경을 하나의 보조자료 또는 참고자료로 인식하였을 뿐, 상담의 원리나 기준이 되는 충분조건으로 성경 활용을 강조한 것은 아니었다.

그러나 아담스는 기독교 상담에서 성경을 보조자료로 사용하는 식의 성경 활용을 반대하고 성경은 기독교 상담에서 기초가 되어야 한다고 주장하면서 성경을 상담의 충분조건으로 받아들이는 가운데 그의 상담학을 수립하였다.[13] 아담스는 하나님께서 그의 백성들에게 성경을 통해 말씀하실 뿐만 아니라 인간의 모든 문제가 성경을 통해 해결될 수 있기 때문에 상담에서 반드시 성경을 가장 중요하게 활용해야 한다고 주장하였으며,[14] 성경에 위배된 모든 상담 원리나 이론은 배제되어야 한다는 입장을 피력하였다.[15] 그는 또한 성경을 무시하거나 성경과 경쟁하는 것은 결국 하나님과 경쟁하는 것이기 때문에 위험한 일이라고 주장했다.[16] 그는 성경에 합당치 않은 상담 상황은 없다고 전제하고 성경을 모든 신앙과 인간행동의 오류 없는 표준임을 인정하여 성경만이 진정한 상담의 자원으로 활용해야 한다고 하였다.[17] 아담스는 자신의 상담 방법을 성령의

---

10) Seward Hilter, *The Counselor in Counseling*을 참조.
11) Carrall A. Wise, *Psychiatry and the Bible* (New York: Harper & Brothers, 1956).
12) Wayne E. Oates, *The Bible in Pastoral Care* (Philadelphia: Westminster press, 1946).
13) Jay E. Adams, *More Than Redemption*, xiii.
14) Jay E. Adams, *Competent to Counsel*, 87.
15) Jay E. Adams, *Lectures on Counseling* (Nutley: Presbyterian & Reformed Publishing, 1977), 183.
16) Jay E. Adams, *More Than Redemption*, ix.
17) William E. Hulme, *How to Start Counseling* (Nashville: Abingdon, 1979), 65.

활동과 성경적 이해에 기초를 두고, 이 둘의 관계는 서로 떨어질 수 없이 연결되어 있다고 보았다. 그는 "성령은 그리스도인들이 성화의 과정에서 주된 수단으로서 그의 말씀을 사용하심으로 상담은 성경을 사용하지 않고서는 효과를 거둘 수가 없다"고 하였다.[18]

상담에서 성경활용을 크게 두 가지로 분류하였는데, 첫째는 성경적인 원리에서 나온 선한 충고와 둘째는 성경 자체의 원리를 분명하게 구별하려고 하였다. 그는 전자와 같은 추론은 잘못될 가능성이 있다고 보았다. 아담스는 기독교 상담에서 성경을 활용한다고 해서 성경만을 읽을 수는 없기 때문에 성경으로부터 추론된 삶의 원리를 내담자에게 권면, 적용하게 하는 것도 성경 활용의 범주에 포함시켜야 한다고 하였다.[19]

아담스는 모든 인간 문제의 근본원인은 죄의 영향 아래 있다고 본다. 인간의 문제는 근본적으로 죄의 문제로 여긴다. 즉, 아담스는 모든 행위의 문제를 개인의 죄라고 하는 범주에서 해석한다. 그리고 그는 오직 성경과 영적 통찰력만이 삶을 결정한다고 본다. 때문에 기독교 상담은 성경적 권면, 충고 그리고 복음 안에서의 하나님의 은총 이외의 그 어떤 것에도 근거해서는 안 된다는 입장이다.

아담스는 모든 인간의 문제는 근본적으로 내담자의 죄의 결과라고 여겼다. 그는 죄악과 인간 본성의 관계를 다음과 같이 분류 한다. 첫째, 인간의 본성은 이중적이다. 외적인 측면과 내적 측면으로 구성된 '두 부분으로 된' 단일체이다.[20] 둘째, 인간의 삶의 모든 부분은 죄악으로 황폐화 되었다.[21] 셋째, 육체적인 질병은 원래는 타락의 결과였지만, 특별한 경우에 있어서는 개인의 죄일 수도 아닐 수도 있다.[22] 넷째, '마음' 또는 '내면생활 전체'는 그리스도가 없이는 사악하고 부정하며 '완전히 부패한

---

18) Jay E. Adams, *Competent to Counsel*, 23.
19) Jay E. Adams, *The Christian Counselor's Manual*, 16.
20) Jay E. Adams, *More Than Redemption*, 110ff.
21) Jay E. Adams, *More Than Redemption*, 140ff.
22) Jay E. Adams, *Competent to Counsel*, 108-109.

것'이다.[23] 다섯째, 죄악의 영향을 받지 않거나 또는 더 심한 죄의 근원이 아닌 '육체적이지 않은 심리학적 영역'은 존재하지 않는다.[24]

이러한 전제들로부터 아담스는 사람에게 정신질환(mental illness)과 같은 것은 존재하지 않는다고 추론하였다. 또한 아담스는 느낌과 정서의 영역에서 느낌의 영역을 부인하지는 않지만 느낌을 완전히 행동의 신하로 간주하는 경향이 있다. 그는 "아무도 정서적인 문제를 가지고 있지 않다. 정서적인 문제라고 하는 것은 없다…문제는 행동이다"라고 하였다.[25] 때문에 아담스는 "나는 열등감을 느낀다"와 같은 표현은 "나는 열등하다"로 바꾸어야 한다고 생각한다.[26] 그가 이렇게 주장하는 이유는, 우리의 딜레마를 '정서적인' 것이라고 규정하면서 우리의 무책임한 행동을 회피하는 것은 쉬운 일이 될 수 있다고 지적한다. 하지만 아담스는 인간의 정서적 영역과 행동적, 인지적인 영역이 서로 역동적으로 작용한다는 점을 간과하고 있다고 하겠다.

아담스는 그의 논리와 적용방법으로 인하여 비판을 받아 왔으나, 상담을 성경중심으로 구성하고, 성경을 바탕으로 한 상담체계를 세워보려고 심혈을 기울여왔다는 점에서 그의 노력은 중요하게 평가되어져야 한다. 즉, 상담에 관한 아담스의 관점은 성경의 관점에서 상담의 방법론을 재평가하도록 고무한다는 점에서 매우 가치가 있다. 또한 상담에서 행동기법에 의해 고무된 올바른 사고와 행동을 강조함으로써 어려움에 처한 내담자들이 죄악된 습관을 버리고 보다 순종적인 삶의 패턴으로 나아갈 수 있도록 많은 도움을 준다. 때문에 기독교 상담에 있어서 아담스의 공헌은 상담이 성경적이어야 한다는 긴급한 주장, 심리학의 세속화에 대한 도전, 죄에 대한 직면, 성령의 힘과 하나님의 영광을 위하여 삶의 새로운 패턴을 형성하는 것에 실제적인 도움을 준다는 점에서 매우 중요하다.[27] 우

---

23) Jay E. Adams, *More Than Redemption*, 141-142.
24) Jay E. Adams, *More Than Redemption*, 141-142.
25) Jay E. Adams, *The Christian Counselor's Manual*, 109-110.
26) Jay E. Adams, *The Christian Counselor's Manual*, 113.
27) Roger F. Hurding, *Roots & Shoots: A Guide to Counseling and Psychotherapy* (London:

리들 중 많은 사람들은 권면적 상담이 이루어진다면 훨씬 더 행복해 질 것이다.[28] 성경적인 원리와 이해에 기반한 상담학을 실제적으로 세우려 하였다는 점에서 아담스는 현대 기독교 상담에 지대한 공헌을 하였다고 할 수 있다.

목표

아담스가 이해하는 성경적 상담은 권면적 상담(nouthetic counselling)이 되어야 한다는 것이다. 1970년대부터 최근에 이르기까지 아담스의 권면적 상담은 성경적 상담의 전형으로 이해되고 있다. 그가 권면적 상담이라고 부르는 이 용어는 주로 바울 서신에 등장하는 그리스어 동사 뉴테테오(noutheteo)와 명사 뉴테시아(nouthesia)에서 유래된 것이다. 아담스의 권면적 상담은 내담자가 상담자의 의도하는 바를 받아들이지 않고 거부할지라도 '강력히 권면함'을 뜻하는 것이다.

아담스는 권면적 상담의 세 가지 기본적인 요소들을 다음과 같이 설명하였다. 첫째, 내담자의 성격과 행동의 변화를 초래해야 한다. 다시 말하면, "권면적 상담은 언제나 하나의 문제를 내포하며 반드시 극복되어야 하는 장애물을 전제하고 있다. 즉 내담자의 삶에 어떤 잘못이 있다는 것이다."[29] "권면적 상담은 하나님께서 변화시키기 원하시는 내담자의 상태에서 출발한다."[30] 둘째, 일대일 언어를 통한 권면이다. 권면적 상담은 "내담자의 성격과 행동이 변화도록 영향을 주는 것을 그 목적으로 한다."[31] 권면적 상담은 내담자의 과거를 상당한 기간 관찰하는 데 관심을

Hodder & Stoughton, 1986), 289-290.
28) Roger F. Hurding, *Roots & Shoots*, 289-290.
29) Jay E. Adams, *Competent to Counsel*, 44.
30) Jay E. Adams, *Competent to Counsel*, 45.
31) Jay E. Adams, *Competent to Counsel*, 46.

두는 것이 아니라 "그 문제점을 토론하는 데 주된 관심을 둔다."[32] 따라서 과거에 일어났던 일과 앞으로 일어날 수 있는 일이 권면적 상담에 있어서 필수적인 사항이다. 다시 말하면, 상담의 초점은 문제를 해결하고 잘못된 것을 바로 잡으려 함에 있다. 셋째, 내담자의 이익과 하나님의 영광을 위한 사랑의 동기화이다. "상담의 목표는 장애물을 회피하기보다는 정면으로 도전하고, 내담자를 징계하기 위해서가 아니라 그를 돕기 위해 대화로써 장애물을 극복하는데 있다."[33] 아담스는 "권면적 상담은 사랑과 깊은 관심으로 진행되며, 언어적 수단으로 내담자를 상담하고 바로 잡음으로써 그에게 유익이 되도록 하고 궁극적으로 하나님께 영광이 되도록 힘써야 한다"고 하였다.[34]

유형과 방법

아담스는 디모데후서 3:15-17에 나타난 바울의 포괄적 진술을 성경적 상담의 초석으로 보았다. 그는 "상담에서 사용되는 자원과 방법론에 대하여 상담의 전 과정(whole process)은 이 구절에서 진술되거나 혹은 암시되고 있다"고 말한다.[35] 그는 특별히 16절에 나타난, "모든 성경은 하나님의 감동으로 된 것으로 교훈과 책망과 바르게 함과 의로 교육하기에 유익하다"는 구절을 통하여 "성경 그 자체가 권면적으로 지향"되어 있음을 의미한다고 보았다.[36]

아담스는 권면적 상담자의 자격으로는, 상담과정에서 변화, 직면 그리고 보살핌의 요건이 "성경과 신적 지혜 그리고 다른 이들을 향한 선의에 관해

---

32) Jay E. Adams, *Competent to Counsel*, 48.
33) Jay E. Adams, *Competent to Counsel*, 50.
34) Jay E. Adams, *Competent to Counsel*, 50.
35) Jay E. Adams, *The Christian Counselor's Manual*, 94.
36) Jay E. Adams, *Competent to Counsel*, 51.

광범위한 지식"을 소유함으로써 가장 효과적으로 충족된다고 하였다.[37] 그는 로마서 15:14—"내 형제들아 너희가 선함이 가득하고 모든 지식이 차서 능히 서로 권하는 자임을 확신하노라"—을 통하여 바울이 그의 독자들에게 "서로 권면적으로 직면시킬 수 있다"고 말한다.[38] 그러나 그는 또한 '삶의 소명'으로서의 상담이 '승인된 성직자'의 특권이어야 한다고 주장한다. 아담스는 골로새서 1:28의 사도 바울의 선언이 이러한 관점을 확고히 가르치고 있다고 본다. "우리가 그를 전파하여 각 사람을 권하고(noutheteo) 모든 지혜로 각 사람을 가르침은 각 사람을 그리스도 안에서 완전한 자로 세우려 함이니라."[39]

아담스에게 있어서 권면적 상담은 성경적이기 때문에 '하나님의 권위'를 중재한다는 점에서 또한 권위적이라는 것이다. 또한 "권위적이기 때문에 성경적 상담은 지시적이다"는 것이다. 아담스는 결론하기를, "신약성경에서 상담을 위한 말(nouthesia)은 성경적인 상담의 방향을 암시한다. 지시하는 또는 권면하는 것으로서 상담은 성경시대에 보편적인 것이었다."[40] 아담스는 이 지시적 상담의 형태로 성경에 잠언적 모델을 제시하였다. 지시적 상담은 잠언적 모델로서 상담자는 부모와 같은 역할을 맡아야 한다는 것을 강조하였다.[41] 권면적 상담자는 종종 내담자 개인의 필요에 따라 잠언

---

37) Jay E. Adams, *Competent to Counsel*, 59; *The Christian Counselor's Manual*, 13.
38) Jay E. Adams, *Competent to Counsel*, 60.
39) Jay E. Adams, *The Christian Counselor's Manual*, 12-13.
40) Jay E. Adams, *The Christian Counselor's Manual*, 16-17.
41) 상담에서 아담스의 잠언적 모델은 "'내 아들아'라는 구절이 잠언에 쓰인 것을 기초를 두고 있는데, 이 구절은 아담스가 내담자들에 대해 부모와도 같은 접근을 인정한다는 의미로 사용하였다." Donald Capps, *Biblical Approaches to Pastoral Counseling* (Philadelphia: Westminster Press, 1981), 101. 도날드 캡스(Donald Capps)는 잠언이, 특히 젊은이들에게 교훈적이고 감정보다는 행동에 대하여 많은 것을 이야기하며, 규율과 책망에 대하여 긍정적이라는 아담스의 견해에 동의하지만, 그럼에도 불구하고 그는 아담스가 "그 교훈적이고, 행동적이고 그리고 규율적인 강조"를 잘못 해석했다고 보았다. 잠언은 분절된 '삶의 조각들'을 나타낸다고 보는 아담스와는 대조적으로 캡스는 잠언이 "삶의 모든 측면들(사회적, 심리적, 자연적)을 연결하는 것"과 '삶의 '분절들'이라고 보는 것에 대한 저항"을 강조한다. 캡스는 "이러한 잠언들이 아담스가 생각하는 것처럼 직접적인 상담에 대한 가장 분명한 지지를 제공하는 것은 아니다"라고 지적한다(Donald Capps, *Biblical Approaches to Pastoral Counseling*, 114ff).

을 통해 지혜로운 상담, 교훈, 충고 등을 할 수 있다고 보았다. 아담스는 다음 내용을 분명히 한다. "만일 내담자가 하나님의 의지를 거절한다면 상담자의 최선의 길은 그를 돌려보내거나 필요에 따라서는 그의 목사에게 알리는 것이다."[42] 그러나 의존이라는 위험성을 자각한 권면적 상담자라면 내담자를 자기훈련으로 시종일관 이끌려고 한다.[43]

아담스의 권면적 상담은 '권면,' '가르침'을 강조하며, 내담자의 인격과 행동의 변화에 그 목적이 있으며, '왜'가 아니라 '무엇'에 강조를 두어야 함을 강조하고 있다. 권면적 상담은 내담자의 문제에 깊이 개입하되 중립적 태도를 보이지 않는다. 즉 아담스는 상담자가 내담자를 사랑과 권위로 대하며 도망하거나 회피하려 하지 말 것을 강조하고 있다. 따라서 상담자가 지나치게 동정적이거나 감정이입을 하게 되면 내담자의 문제를 객관적으로 정확하게 생각할 수 없으며 내담자가 실패한 똑 같은 방법으로 상담자도 실수를 하게 된다는 것이다.

아담스의 권면적 상담은 내담자의 사고방식과 행동유형의 변화를 추구한다. 때문에 그는 인지적인 방법과 행동적인 방법 모두를 사용한다. 주된 요점은 '탈습관화'와 '재습관화'라는 '두 요인 과정'에 의해서 잘못된 사고와 행동습관을 공격하는 것이다. 아담스는 에베소서 4:22-32을 중심으로 내담자는 '옛 자아'를 버리고 '새로운 자아'를 입어야 할 필요를 강조한다. 이 원칙을 염두에 두고 상담자는 내담자가 "죄된 사고방식과 행동 패턴들을 발견할 때 옛 패턴들을 버리고 하나님의 말씀에서 연유한 새로운 패턴으로 대체"할 수 있도록 도와야 한다고 하였다.[44]

아담스의 가장 큰 공헌은 현대 기독교 상담이 심리학의 영향 하에 인간의 죄성을 희석시키는 오류를 범하고 있음을 강력히 비판하고 있다는 점이다. 그는 프로이드를 비판하면서 인간이 죄성을 자신 속에서 발견하기보다는

---

42) Donald Capps, *Biblical Approaches to Pastoral Counseling*, 225.
43) Jay E. Adams, *Competent to Counsel*, 193.
44) Jay E. Adams, *Competent to Counsel*, 177-193; Jay E. Adams, *The Christian Counselor's Manual*, 228-301.

타인이나 사회구조 속에서 발견하게 함으로써 타락한 인간 본성의 근본적 성질이 하나님을 떠난 데 있음에도 불구하고 모든 비도덕적인 것과 자신의 죄의 근원을 남에게 전가하게 되었다는 것이다. 또한 프로이드는 인간의 모든 문제의 해결을 환경문제를 해결하는 것으로부터 보았지만 아담스는 죄의 문제를 해결하는 것으로부터 시작해야 한다고 보고 있다.[45]

아담스는 또한 칼 로저스(Karl Rogers)의 비지시적 상담 방법을 반대하고 지시적 상담을 주장하였다. 로저스의 상담은 내담자가 스스로 문제의 해결책을 발견하도록 내담자의 인간적 능력에 주안점을 두는 상담방법이다.[46] 기독교 상담에 있어서 비지시적 접근방법은 칼 로저스의 방법에 영향을 받은 경향이 많으며, 인간의 가능성을 인정하며 그것을 존중하는 데 기초하여 상담자는 자유롭고 따스한 분위기를 제공하고 공감하며 경청함으로 내담자로 하여금 스스로 자기의 문제를 발견하고 해결해 나갈 수 있도록 돕는 것이다.[47] 따라서 이 접근방법은 인간의 타락과 죄의 성품을 희석 시키고, 성경의 권위를 약화 시킨다는 점과 인간의 내재적인 가능성을 고무하고 각자의 문제 해결능력을 강조한다는 점에서 복음주의자들이 쉽게 받아들이기에 어려움이 있다.

아담스는 인간의 잠재적 능력에 의존하는 상담을 비판하고 예수 그리스도가 모든 상담의 중심이며 사람은 본질적으로 그 스스로가 자신의 목표나 실체로서 취급될 수 없고 또 될 수도 없다고 하였다. 왜냐하면 사람은 자신이 예수 그리스도 안에 있다고 인식되어질 때만이 온전한 인간이 될 수 있다고 보았기 때문이다. 아담스의 권면적 상담은 상담자 중심 상담 또는 지시적 상담의 방식을 취하고 있다. 이 지시적 상담 방법은 1908년 미국의 프랭크 파슨스(Frank Parsons)가 젊은이들의 직업지도를 목적으로 보스

---

45) Jay E. Adams, *The Christian Counselor's Manual*, 72-80.
46) Jay E. Adams, *The Christian Counselor's Manual*, 84-86.
47) 상담자가 내담자를 격려하면서 내담자 자신의 문제를 더 잘 드러내고 표현하게 된다는 칼 로저스(Karl Rogers)의 상담이론을 위해서는 특별히 Karl Rogers, *Counseling and Psychotherapy; On Becoming a Person* (London: Constable, 1976); *Way of Being* (London: Houghton Mifflin, 1980) 등을 참조.

턴(Boston)에서 처음으로 시작한 상담 방법이었으며 이것을 학문적으로 정립한 사람은 에드먼드 윌리암슨(Edmund Williamson)이다. 윌리암슨은 1930년대『학생상담 방법』(How to Counsel Students)과 『상담의 개념』(A Concept of Counseling)이라는 책을 통해서 지시적 상담의 이론을 전개했다. 아담스의 지시적 상담은 윌리암슨의『상담의 개념』의 영향을 받아 그의 이론을 전개하였다. 이 지시적 상담 방법은 상담을 진행함에 있어서 상담자가 내담자의 문제를 진단하고 분석하여 내담자에게 행동을 규정하거나 문제에 대한 해답을 결정하고 권면하는 방법이다.

하지만 지시적 방법은 목회자가 지나치게 지시적인 방식을 강조하여 그 독특한 신분과 행동특성으로 인하여 쉽게 지적하고 내담자에게 권위적으로 행할 수 있으며 그것을 깨닫지 못할 수도 있다는 것이다. 따라서 비지시적 방법에 관심을 갖게 되면서 지시적 방법에 새로운 도전을 주게 되어 기독교 상담의 기법을 발전시키는 데 소중한 계기가 되었다. 그럼에도 불구하고 비지시적 접근방법은 기독교 상담을 위한 전체적인 구조와 체계는 제공해 주지 못하고 있다. 이 방법은 인간중심적인 한계를 벗어날 수 없다. 즉 이는 인간의 연약성(fragility)을 간과하고 있으며, 하나님과의 관계성, 성령의 사역이 기독교 상담에 있어서 무시할 수 없는 부분인데 간과하고 있다는 한계가 있다.

권면적 상담 영역

권면적 상담은 잠언적 모델로서 상담자가 의도적이고 의식적인 태도로 권면적 또는 충고적인 입장을 취하기 때문에 회개가 필수적으로 요청되는 내담자를 상담하거나 교훈적이고 권면적인 요소가 필요한 청소년들을 상담할 때 적합한 방법이라 할 수 있다. 또한 내담자의 감정보다는 행동에 대하여 많은 것을 이야기할 필요가 있는 경우에 효과적인 상담 유형이라 할 수 있겠다. 하지만 권면적 상담은 약속이나 훈계가 뒤따르기 때문에 내담자가 상담 시 훈계를 받을 때에 했던 약속을 어겼을 때, 내담자는 상담자를 멀리하게 되고 자기를 합리화 시킬 수 있음을 알아야 한다.

권면적 상담이 가정폭력 상담(가해자), 간음상담, 혼전 성상담, 이혼상담 등에는 효과적인 유형이 될 수 있지만, 배우자와 사별 등으로 상처 가운데 있는 자, 사업실패 등으로 고난 가운데 있는 자, 우울증, 불안증, 열등감 등 심리적인 문제로 어려워하는 내담자를 상담할 때는 권면적 상담은 아주 선별적으로 사용해야 하며 주의가 요구되는 상담 방법이라 할 수 있다.

Spirituality & Counseling

제 5 장

성경적 상담
Biblical Counseling

원리와 전제

로렌스 크랩(Lawrence Crabb)은 1970년대 초기에 성경적 상담접근을 개척한 학자 중 한사람이다.[1] 크랩은 상담이 필요한 사람들은 비성경적인 감정들이 그 사람들을 지배하여 영의 생각을 가리워버린 경우가 대부분이라고 이야기한다. 이 말은 부정적이요 자기 파괴적인 감정들이 사람들의 정상적인 삶의 과정에 장애를 만들기 때문에 그들은 상담을 통하여 이런 부정적인 사고와 감정들을 치유해 주어야 한다고 하였다. 비성경적인 감정들은 비성경적인 행동에서 나오고, 비성경적인 행동은 비성경적인 생각에서 나오기 때문에, 근본적으로 비성경적인 사고방식을 깨뜨리고 성경적인 또는 영적 사고방식으로 전환시켜야 만이 성경적인 행동과 성경적인 감정이 나온다고 크랩은 주장하였다. 때문에 크랩에게 있어서 상담의 중심과제 중의 하나는 내담자의 비성경적 사고 구조를 성경적인 사고 구조로 전환시키는

---

1) Lawrence J. Crabb의 대표적인 저서는 *Basic Principles of Biblical Counseling* (Grand Rapids: Zondervan, 1975); *Effective Biblical Counseling* (Grand Rapids: Zondervan, 1977); *Understanding People: Deep Longings for Relationship* (Grand Rapids: Zondervan, 1987) 등이 있다.

것이라고 제안하였다.

이를 위해 상담자는 내담자에게 또는 내담자와 함께 성경공부, 말씀 읽기와 묵상 훈련 등을 통하여 성경적 사고로 전환하도록 도와주어야 한다는 것이다. 특별히 이런 훈련은 예수의 삶의 중심 주제들을 깊이 가르쳐 주어야 한다고 피력했다. 그래서 오늘의 세상에서 예수의 제자로서 사는 것이 구체적으로 무엇인가를 배우고 확신할 수 있게 해야 한다고 제안했다. 상담자는 바른 말씀과 바른 신학을 가르칠 수 없다면 내담자를 성경적이고 영적 사고방식을 가진 사람으로 성장하도록 도울 수 없기 때문에 영적 사고와 성경에 대한 해박한 이해가 전제되어야 한다고 하였다.

그는 또한 그의 상담이론을 세우기 위하여 인간의 기본 욕구에 대해 관찰한다. 크랩은 타락 이전에 아담과 하와는 의미와 완전을 알고 있었다고 강조한다. 하지만 하나님의 법을 거스르는 인류의 반란이 인간으로 하여금 의미와 완전을 발견하기 위한 '대안적 전략'을 탐구하도록 만들었다.[2] 이런 의미 추구의 대안적 전략과정에서, "개인의 문제는 우리의 뿌리 깊은 개인적 욕구의 만족을 부정하는 행동과 감정을 초래하는 잘못된 믿음으로부터 시작된다"고 하였다.[3]

크랩은 그의 상담 이론에서 특별히 신학과 심리학의 관계에 대해 그의 견해를 피력하였다. 크랩은 그의 상담이론에서 성경신학은 진리의 통로요 문지기라고 믿었지만, 심리학적 결과의 가치들을 무시하지는 않았다. 그는 기독교 상담에서 심리학적 결과의 가치들을 주의 깊게 다루었지만, 그것이 궁극적이거나 절대적 진리의 상태로 당연하게 취급되어서는 안 된다고 보았다. 상담의 심리학적, 신학적 상황의 중요한 부분을 고려하였기 때문이다. 크랩은 이 두개의 관계성을 네 가지 형태로 분류하였다.[4]

첫째는 분리적 접근(Separate but Equal, 분리되나 동등한)으로 보았다. 이 접근은 신학과 심리학은 그들 자신의 언어체계와 개념의 틀을 가지고 서로

---

2) Lawrence J. Crabb, *Effective Biblical Counseling*, 61.
3) Lawrence J. Crabb, *Basic Principles of Biblical Counseling*, 81.
4) Lawrence J. Crabb, *Effective Biblical Counseling*, 31-56.

다른 세계를 관계시키는 것이다. 이 둘은 다 가치가 있지만 각각 특수한 것으로 보아야만 한다. 이 접근 방법은 분화된 것이라고 말할 수 있다. 이 방법은 인간과 관련된 시각에 있어서 두 개로 '분리되나 동등한' 트랙을 가지고 있다고 생각한다. 이 접근법에서는 기독교의 신학과 신앙에 동의하면서 인간의 삶의 모든 '비종교적' 국면은 심리학적 관점에 의해서 영향을 받을 수 있다는 관점이다. 또한 종교적 성장이나 발달은 기본적으로 심리학의 과정과 전혀 관련이 없으며 심리학의 영향도 받지 않는다는 것이다.

둘째는 혼합적 접근(Tossed Salad, 섞인 샐러드)으로 신학과 심리학 양자가 자기 입맛에 맞게 무비판적으로 서로의 자료들을 섞거나 혼합하는 것이다. 크랩에 따르면 이것은 대부분의 기독교 상담가나 전문가들이 채용하고 있는 방법이다. 이것은 두 학문으로부터 통찰을 취하고 그들을 혼합하여, 가능한 한 가장 좋은 치료 또는 상담 방법을 창조해내는 접근이다. 이 접근을 취하는 사람들은 본질적 목적이 종합이기 때문에, 모순은 무시되거나 간과한다. 때문에 이러한 접근은 상대방의 정체성이나 독특성을 무시하는 결과를 가져온다.

셋째는 배타적 접근(Nothing Buttery, 버터 없음)이다. 이 접근에서는 신학은 심리학의 유용성을 거부한다. 이 접근법은 심리학적인 통찰을 무시하고 인간을 결정되어진 종교적 영역 안에 놓는다. 그 종교적 영역은 인간의 삶에서 심리학적 통찰력이 전혀 개입되지 않는 오직 종교적 통찰력과 관점에 의해서 만들어진다. 이 '버터 없음' 또는 '오직 순수한 이것'이란 접근법은 오직 성경과 종교적 통찰력만이 삶을 결정한다고 보며, 삶에 대하여 타율적인 입장을 취하게 된다. 이 타율적인 입장은 인간 이외의 법이, 다양한 통찰력이나 세계관에 대한 개인의 인식과 관계없이 인간에게 부여되는 것이다. 이 접근법은 인간의 불균형은 죄, 이기심, 하나님과 가족에 대한 배반 등 일뿐 그 이상으로 설명될 수 없다는 것이다. 마찬가지로 기독교 상담법이나 치료법은 성경적 권면, 충고 그리고 복음 안에서의 하나님의 은총 이외의 그 어떤 것에도 근거해서는 안 된다는 입장이다. 중요한 것은, 이 접근

방법은 모든 행위의 문제를 개인의 죄라고 하는 범주에서 해석한다.

넷째는 통합적 접근(Spoiling the Egyptians, 애굽인의 것을 취하는 것)이다. 크랩은 이 접근을 출애굽기 12장에 나타난 이스라엘 백성들이 애굽의 속박으로부터 나와 약속의 땅으로 가는 출애굽 이야기에서 그 이름을 도출해 낸다. 이스라엘 백성들은 출애굽 과정에서 약속된 땅으로 가기위해 애굽인들의 옷과 은제품 그리고 금을 취하여 가지고 간다. 그러나 하나님의 백성들은 또한 '혼합된 군중'에서 명백히 의심스러운 동료들을 데리고 간다. 이 사람들은 바로 광야에서 불만을 품은 이스라엘인들 중에서 핵심적인 군중 선동가였다. 결과적으로 애굽을 떠났던 이스라엘 백성들 중에서 약속된 땅에 도달하는 여정에서 살아남은 사람은 오로지 여호수아와 갈렙뿐이었다. 크랩은 불미스러운 요소들이 동화되고(혼합된 군중), 가장 최악의 경우 심리학에 관한 기독교적 관점(많은 이스라엘들)이 소멸할지도 모른다는 점에서 심리학(애굽인의 것을 취하는 것)으로부터 가져오는 것의 위험을 강조하기 위해 이와 연관된 이야기를 이용한다. 따라서 크랩은 심리학의 통찰을 가려내는 '섬세하고 모험적인 과제'를 신중히 할 것을 이 입장에 있는 자들에게 촉구한다. 크랩은 이 유추(analogy)를 신학으로 체질화한다는 조건으로 심리학적 연구 결과를 받아들인다고 주장하기 위하여 사용하고 있다. 이 접근법은 신학의 관점과 심리학적 관점에서의 가정과 목표들에 대한 기독교 신학자의 개방성과 공평한 평가가 요구된다. 이 접근법에서는 신학의 관점들과 최종권위로서의 기독교 세계관을 사용하면서 심리학과 가능한 상호관계성을 찾아야 한다는 것이다. 이 접근법은 그리스도인들이 반드시 분별해야 할 발견된 진리와 더불어 계시된 진리가 있다고 여기는데, 이것은 발견된 진리와 계시된 진리는 서로 연관되어 있다는 조건 아래 가능하다. 이 접근법에서는 그리스도인들은 심리학을 다루는데 주의 깊고 신중한 분별력을 가져야 하며 이 분별력으로 상담 환경에 대한 처방들을 제시하기 전에 설명된 심리학적 통찰들을 세심하게 평가해야 한다. 이러한 평가로 심리학적 발견들에 대한 비평과 확인이 허용된다.

이 견해에 의하면, 신학적 진리 시험에 통과한다는 조건으로 심리학의 통찰을 활용하는 것에는 큰 문제가 없다. 그러나 심리학적 통찰과 신학적 연구 결과가 갈등을 일으킨다면, 심리학적 임상에 근거했다 하더라도 그들은 거부되어야만 한다. 즉, 성경의 가르침이 다른 어느 사상과 갈등을 일으킨다면, 성경의 가르침이 진리로서 받아들여져야 한다. 이런 상황에서는 임상적 연구에 의하여 지지를 받는 것에 관계없이, 다른 사상은 진리로서 용납되지 않을 것이다.[5] 이 접근은 기독교의 신학적 정체성을 분명히 하면서 심리학적 통찰을 필요에 따라 자기 체질화 시킬 수 있다는 것이다. 다시 설명하면, 이 접근법은 종교적 가치관이 관계된 통합적인 방법이다.

목표

크랩은 내담자들이 그들의 문제를 가지고 도움을 찾는 이유와 목적이 여러 형태로 나누어진다고 말한다. 하지만 상담의 궁극적 목표는 내담자들로 하여금 그리스도를 닮는 삶에 두어야 한다고 하였다. "기독교 상담자들은 인간의 내부에 숨어있는 이기심의 깊이를 감지해야만 한다. 실제로 비성경적인 목표로 사람을 상담하는 것은 매우 쉽다. 우리의 지체인 모든 성도들이 더욱 주님과 같이 되도록 도움으로써 하나님을 더욱 경외하고 잘 섬기는 진정한 자유인이 되도록 권면하는 것은 기독교 상담자의 책임이며 목적이다. 다시 말하면, 상담의 목표는 성숙이다."[6]

크랩은 골로새서 1:28에 기록된 말씀을 기초로 하여 성경적인 상담의 주된 전략은 영적이고 심리적인 성숙을 증진시키는 방향으로 계획되어야 한다고 하였다. 성숙은 내담자들로 하여금 하나님 경외와 이웃을 위한 봉사를 하게 하는데 있다는 것이다. 또한 성경적 상담에서 성숙을 위하여 추구해야할 두 가지 요소는, 하나는 특수한 환경 가운데서 즉각적인 순종이

---

5) Lawrence J. Crabb, *Effective Biblical Counseling*, 49.
6) Lawrence J. Crabb, *Effective Biblical Counseling*, 22-23.

고 다른 하나는 장기적인 안목에서의 인격적인 성장이라고 하였다.[7] 크랩은 결론적으로, 성경적 상담의 목표는 상담자가 내담자들로 하여금 "풍성한 예배의 경험과 보다 효과적인 봉사의 삶을 살도록 도움으로써 그리스도인들의 성숙을 증진시키는 것이라고 이해했다. 그는 성숙을 두 가지 영역으로 구분하였는데, (1) 넓은 의미에서 그리스도인의 성숙은 일관된 성경적 방식으로 어떤 문제되는 환경에 즉시 대처하는 '전이'(move over)와 (2) 그리스도의 성품(태도, 신앙, 목적)에 굳게 기반한 내면적인 성품을 발전시키는 '상승'(move up)으로 발전되는 것이라고 하였다.[8] 다시 설명하면, 크랩은 성경적인 상담의 목표는, 예수님의 속죄를 통한 우리의 수용을 기반으로 하는 이 성숙의 과정에는 '위로' 그리고 '앞으로' 전진하는 과정이 포함된다. 이는 내담자가 순종의 길을 '넘어', 내적인 새로움, 쇄신된 사고와 지각방식, 변화된 목표, 변화된 성격으로의 '상승'의 길을 가는 데에 도움이 되도록 상담의 목표가 계획되어야 한다는 것이다.

유형과 방법

크랩은 상담에서 기초를 제공해 주는 세 가지 단계의 유형을 제시한다.

제 1단계 문제 행동들 ──── 격려 ────▶ 성경적 감정들

제 2단계 문제 행동들 ──── 권고 ────▶ 성경적 행 동

제 3단계 문제 사 고 ──── 교화 ────▶ 성경적 사 고

첫째 단계의 유형은 '격려'(encouragement)에 의한 상담이라고 부르는 것과 관계되는 것이다. 이러한 유형의 상담은 필연적으로 사람의 감정을 보다 적극적으로 다시 방향 지워주는 것을 목적으로 하는 후원과 격려의 사역

---

7) Lawrence J. Crabb, *Effective Biblical Counseling*, 22-23.
8) Lawrence J. Crabb, *Effective Biblical Counseling*, 27.

인 것이다. 그것은 그리스도의 몸에 속한 모든 구성원들에 의하여 수행될 수 있다. 왜냐하면 그것은 기술적 지식이나 훈련을 수반하는 것이 아니라, 단순히 순수한 기독교적인 사랑을 바탕으로 실천하는 것이기 때문이다. 그것은 믿는 자들이 서로 돌보고 후원하는 상호 작용이다. "격려에 의한 상담은 가족 구성원(교회의)이 겪는 고통스런 감정에 대한 깨달음 그리고 그들을 이해하려는 진지한 노력에 좌우된다. 그것은 상처 입은 사람을 향한 연민과 관심을 보여 주는 태도에서 우러나와야 한다. 그리스도의 몸에 속한 모든 구성원들은 이러한 수준의 상담을 할 수 있고 또한 하여야 한다."[9]

둘째 단계의 유형은 '권면'(exhortation)에 의한 상담이다. 크랩에 의하면 이 과제는 문제 행동의 성격을 명확히 하여, 그것을 변화시키는 일이다. 이것은 신학과 상담방법 두 분야에 대한 훈련을 받아야 할 필요가 있기 때문에, 첫 번째 단계의 유형보다는 교회의 구성원 중 소수의 사람에 의해서만 수행될 수 있다. 이 단계에 있는 상담자는 성경의 가르침에 대한 철저한 지식을 갖추고 그것을 목회적 상황에 관계시킬 수 있는 능력을 필요로 한다. "이 단계의 상담은 성경에 대한 지식을 필요로 한다. 상담 기술은 중요하다. 라포르(rappor)를 형성할 수 있는 능력, 감정을 정확히 파악할 수 있는 능력(첫 번째 단계의 유형) 그리고 사람의 요구에 민감하게 반응할 수 있는 능력이 결정적이다. 그러나 성경적 생활원리에 대한 산지식을 갖추지 않은 사람은 절대로 권면의 단계에 해당하는 상담을 할 수가 없다."[10]

셋째 단계의 유형은 '교화'(enlightenment)에 의한 상담으로 알려져 있다. 상담자가 되기를 소망하고 상담적 자질과 은사를 갖추고 헌신적인 사람으로서 훈련을 쌓은 소수의 사람들이 이 수준의 상담자가 된다. 이 단계의 상담 목적은 내담자의 행위, 동기 그리고 견해 전체가 바뀌어 그의 전 존재가 변화하도록 그의 사고를 재구성해 주는 것이다. 크랩은 이 일은 심층적 작업으로서 오직 은총에 의해서만 가능하다고 인정한다. 이 상담의 열쇠는 사람의 사고를 변화시켜 주시는 성령, 하나님의 사역으로 정의하였다. 때

---

9) Lawrence J. Crabb, *Effective Biblical Counseling*, 165-166.
10) Lawrence J. Crabb, *Effective Biblical Counseling*, 176-177.

문에 상담자의 역할은, "그리스도 안에서 사는 것이 의미가 있으며 안전하다고 하는 진리를 성령께서 마음에 깨닫게 하여 주도록 하는 도구로서의 기능인 것이다. 그것이 이 단계의 상담이 필연적으로 수반하고 있는 것이다. 그것은 사람들이 고집스럽게 붙들고 있는 어떤 가정들이 자리하고 있는 마음속에 있는 숨겨진 부분들을 깊숙이 파고들어, 그리스도는 의미성과 안전성에 대한 우리들의 개인적 요구를 충족시켜 주기에 충분하다는 것을 부정하는 신념들을 드러내어 주고, 그리스도 안에서 우리가 넉넉히 우리의 요구를 충족시킬 수 있다는 진리를 가르쳐 새로운 행동을 하도록 격려하는 것이다."[11]

크랩은 파라칼레오(parakaleo)나 그와 비슷한 종류가 성경적 시각에서 보자면 뉴테테오(noutheteo)보다 더 적절한 상담 모델을 제공한다는 존 카터의 제안에 동의한다.[12] 크랩은 "문제에 따라 여러 가지 다양한 방법으로 다른 사람들을 돕는 것"이라는 파라칼레오(parakaleo)의 개념이 '총괄적이면서도 정확한 상담 모델'을 제시한다고 본다. 크랩의 접근법은 "관련된 사람들의 기질, 문제, 성격에 따라 상호작용이 달라진다"는 점에서 상담자와 내담자 관계에 중점을 둔다. 그러므로 '권면'은 가끔 사용될 필요성이 있는 여러 상담 유형 중의 하나가 될 수 있다고 하였다.

크랩은 그가 제안하는 '깨달음'(enlightenment) 상담 모델을 7 단계로 설명하였다.[13]

첫째 단계는 문제되는 감정들을 확인하는 것이다. 이 단계에서는 불안, 분노, 죄책감, 절망 또는 공허감과 같은 막연한 느낌과 같은 부정적인 감정을 확인해야 한다.

둘째 단계는 문제된 행동을 확인해야 한다. 상담자는 이 단계에서 내담자가 자신이 선택한 삶의 여정에서 장애를 만나서 좌절을 하게 되었을 때 무엇을 하고 있었는지를 명확히 알아야 한다.

---

11) Lawrence J. Crabb, *Effective Biblical Counseling*, 182.
12) Lawrence J. Crabb, *Effective Biblical Counseling*, 147-148.
13) Lawrence J. Crabb, *Effective Biblical Counseling*, 149ff.

셋째 단계는 문제되는 그릇된 사고를 확인해야 한다. 이 단계에서는 내담자가 자신의 가장 어렸을 때의 일을 회상해서 "어느 날 나는 …"이라고 시작되는 문장을 완성하도록 하는 작업이 포함된다. 내담자는 자신들은 자신의 심리발달을 형성시켰던 사건을 가장 잘 기억하는 경향이 있다.

넷째 단계는 성경적 사고를 명백히 해야 한다. 즉 내담자의 가정을 변화시키는 단계이다. 이 단계에서는 내담자의 감정이 표현되고 그릇된 가정을 변화시키려는 가능성이 보임에 따라 앞으로 부드럽게 이끌어져야 할 필요가 있다. 이 절차에서는 '테이프 레코더'(Tape Recorder)라고 불리는 기술을 사용하는 것이 도움이 된다고 보았다. 이것은 내담자가 두 장의 카드를 가지도록 한다. 한 카드에는 그릇된 가정이 적혀있고 다른 카드에는 성경적 시각의 가정이 적힌 카드를 가지고 있다가 정서적으로 혼란스러울 때 두 카드를 모두 읽고 "성경적인 문장을 높은 목소리로 다시 읽도록" 하는 것이다.

다섯째 단계는 확실한 약속 또는 결단하도록 한다. 내담자가 유혹을 받을 때 이에 대해 어떤 감정을 느끼든 간에 올바른 행동을 취하겠다는 약속을 하게 된다. 그릇된 사고, 감정, 행동에 대한 자각을 고백하고 용서받는 것은 바로 이 단계에서 이루어진다.

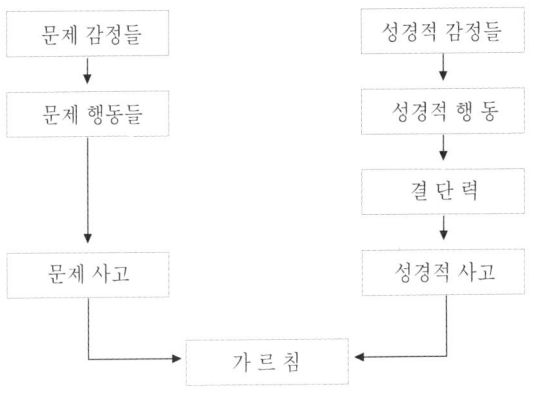

여섯째 단계는 성경적 행동을 계획하고 수행해야 한다. 상담자와 내담자는 앞으로 계속 이어질 새로운 행동에 대해 명확한 합의에 도달하도록 한다.

일곱째는 성령이 역사하는 감정들을 확인하는 단계이다. 이 단계에서 내담자는 자신의 삶에서 성령의 임재 또는 역사를 기다리고 이를 향유하도록 격려되어져야 한다. 성령의 역사란 내담자의 사고가 새로워지고, 변화와 순종의 역사가 일어나게 될 때 느끼게 되는 일종의 영적 감각이다. 하지만 이러한 영적 새로움과 변화는 내담자의 고뇌와 건설적인 슬픔과 근심과 정당한 분노를 없애지는 않는다.

크랩이 제안한 위와 같은 상담 모델은 내담자로 하여금, 하나님이 그의 생각을 바로잡아 주시고, 모난 부분을 다듬어 주시고, 그가 그리스도 예수를 따를 때 진정으로 의미 있는 삶을 향유할 수 있다는, 신앙적이고 그리스도 중심적 변화와 성숙을 목표로 하는 상담이라 할 수 있다.[14]

성경적 상담 영역

크랩은 상담과정에서 내담자들에 대한 권면의 기회가 포함된다는 것을 인정하였지만, 권면적(noutheteo) 상담보다 문제에 따라 여러 가지 다양한 방법으로 다른 사람들을 돕는다는 파라칼레오(parakaleo)의 개념을 보다 더 바람직한 상담 유형으로 여겼다. 그는 또한 상담자의 목표는 존재하고 있는 문제 감정이 무엇인지를 정확하게 찾는 것을 중요하게 여겼다. 때문에 크랩의 상담 방법은 특정한 형태의 좌절을 겪고 있는 자, 죄의식 가운데 있는 자, 자기비하, 사별로 인하여 고통 가운데 있는 자, 왜곡된 관계 가운데 있는 자, 실패에 대한 두려움 가운데 있는 자, 불안증에 시달리고 있는 자 등을 상담할 때 효과적인 방법이라 할 수 있겠다. 특별히 크랩의 상담 방법은 마음의 문제로 힘들어하는 내담자에게 효과적이라 할 수 있다. 크랩

---

14) Lawrence J. Crabb, *Basic Principles of Biblical Counseling*, 68.

은 인생을 변화시킬 정도로 근원적인 하나님의 작업을 다른 치료자들이 내세우는 목표와 대조시킨다. "로저스(Rogers)는 감정을 새롭게 하고, 글라서(Glasser)는 행동을 새롭게 하며, 스키너(Skinner)는 환경을 새롭게 한다. 예수님은 마음을 새롭게 한다."[15]

크랩의 성경적 상담 방법은 사람들의 기질, 문제, 성격에 따라 상호작용이 달라지는 특성을 고려하여 상담자와 내담자 관계에 중점을 두는 측면이 있기 때문에 내담자의 비밀이 주요하게 요구되는 주제를 상담할 때 효과적인 방법이라 할 수 있다.

---

15) Lawrence J. Crabb, *Effective Biblical Counseling*, 139.

Spirituality & Counseling

제 6 장

이야기 상담
Narrative Counseling

원리와 전제

목회상담에 대한 이야기 접근은 최근에 등장한 이론이라 할 수 있다. 현대철학과 해석학[1] 그리고 신학 분야[2] 등에서 이야기 이론이 활발하게 연구되어져 왔다. 설교학 분야에서는 '이야기 설교' 접근이 중요한 방법론으로 자리 잡고 있다.[3] 목회상담 영역에서는 최근에 이야기 이론에 관심을 가지기 시작하였다고 할 수 있다. 이야기 상담 접근이 상담학에서 기존에 간과되거나 부족한 부분들을 보완적으로 제안하고 있다는 점에서 유익한 측면

---

1) 철학과 해석학 분야를 위해서는 특별히 Paul Ricoeur, *Time and Narrative* Vol. 1-3, Translated by Kathleen Blamey (Chicago: University of Chicago Press, 1988); Paul Ricoeur, *Figuring the Sacred: Religion, Narrative, and Imagination*, Translated by David Pellauer (Minneapolis: Fortress Press) 등을 참조.
2) Stanley Hauerwas, and L. Gregory Jones, eds., *Why Narrative?: Reading in Narrative Theology* (Grand Rapids: Eerdmans, 1989); Stanley Hauerwas, et al., *Revelation and Story: Narrative Theology and the Centrality of Story* (Hants: Ashgate, 2000); George W. Stroup, *The Promise of Narrative Theology* (London: SCM, 1981); Gerald Loughlin, *Telling God's Story: Bible, Church and Narrative Theology* (Cambridge: Cambridge University Press, 1999) 등을 참조.
3) Eugene L. Lowry, *The Homiletical Plot: The Sermon as Narrative Art Form* (Louisville: Westminster John Knox Press, 2000); David L. Larsen, *Telling the Old, Old Story: The Art of Preaching Narrative* (Grand Rapids: Kregal Publications, 2001) 등을 참조.

들이 있다고 여겨진다. 하지만 최근에 등장한 이야기 상담 이론은 어떤 면에서는 주의를 요하는 측면들이 없는 것은 아니다. 이야기 목회상담은 내담자의 문제를 지나치게 외부화시키는 경향이 나타난다. 때문에 내담자의 책임성을 간과하거나 희석시키는 측면이다. 또한 이야기 목회상담은 인간의 죄성을 주의 깊게 다루지 않음으로써 오는 약점을 가지고 있다. 내담자의 문제는 그가 지닌 죄의 문제로 발생하는 경우가 많기 때문에 상담과정에서 권면하고 충고하는 국면이 필요하다. 상담자는 내담자를 이해하고 수용하며 도와야 하지만 때로는 내담자를 권면하고 충고할 수 있다. 이 이야기 상담에 대한 고찰은 크리스티 뉴거(Christie C. Neuger)의 이론을 중심으로 하여 여러 학자들의 관점들을 함께 정리해 보고자 한다.

이야기 이론에 기초한 상담은 독특한 특성을 가지고 있다. 기본적으로 모든 상담이론은 인간이 자신의 삶을 이야기하는 몇 가지 형태들에 대해 이야기하면서 시작한다. 내담자는 자기 삶의 상황(context)과 내력(history)에서 그의 고통과 문제를 이야기하기 시작한다. 이야기 상담이론에서는 이야기를 들을 때, 내담자의 내면화된 문제에 대해 귀 기울여서, 그 문제를 외부화시켜 그것을 해체할 수 있도록 문제 이야기의 예외사항들과 통전적이고 강해질 수 있는 새로운 이야기를 듣게 한다.[4] 이야기 상담이론은 상담자는 내담자가 경험한 이야기를 새로운 해석과 의미로 향하도록 도전을 주고, 새로운 이야기의 경험을 촉진시키는 역할을 한다. 즉 내담자가 이야기를 통하여 그의 삶에 좀더 힘을 부여해 주고, 좀더 만족스러우며, 더 나은 미래에 대한 희망을 주는 것을 말한다.[5] 이야기 상담에서 상담자는 내담자의 편에서 도와야 하는데, 내담자가 자기 삶을 문제 있는 방식으로 이해하는 힘에 어떻게 대처해야 하는지 그리고 그 사람이 더 풍부하고 덜 문제 있는 것으로 자기 삶을 살도록 도와줄, 자기 삶의 긍정적인 의미를 만드는 요소들

---

4) Christie Cozad Neuger, *Counseling Women: A Narrative, Pastoral Approach* (Minneapolis: Fortress Press, 2001), 52.
5) Jill Freedman, and Gene Combs, *Narrative Therapy: The Social Construction of Preferred Realities* (New York: Norton, 1996), 69.

을 어떻게 다시 이야기해야 하는가에 대해 이해하는 사람이어야 한다.[6] 이야기 상담의 이론적 특징을 정리하면 다음과 같다.

형용사적 렌즈에서 명사적 렌즈로

이야기 상담은 사람들 자체가 문제가 아니라는 점을 전제한다. 이 이론의 가장 기초적인 전제와 원리는 내담자는 문제와 관계되어 있지만, 그 사람 자체가 문제는 아니라고 보는 것이다. 사람들은 문제 그 자체도 아니고 저절로 문제가 되지도 않는다는 것이다.[7] 때문에 상담자는 내담자를 형용사적 접근에서 명사적 접근을 통하여 진단한다. 즉 상담자는 전형적인 '문제 있는'이라는 형용사를 '문제'라는 명사로 바꾼다.[8] 예를 들면, 열등한 사람으로 사는 것 대신에, 이제는 내담자가 열등감과 싸우는 사람이 되는 것이다. 이것은 그 문제로 사람을 정의하기보다는 그 사람 인생의 한 측면으로 여기는 것이다. 즉 내담자를 문제 있는 사람으로 대하기보다는 내담자가 지닌 문제에 초점을 두는 것이다. 비록 어떤 문제가 내담자의 삶에 들어왔다 하더라도 그것만으로 내담자를 규정하거나 정의할 수 없다. 하지만 너무나 자주 우리는 내담자의 문제를 그의 삶에서 치료되어야할 하나의 문제로 여기기보다는 내담자와 동일시하는 경향이 있어왔다. 이야기 상담에서는 상담자들은 사람들이 문제를 만나게 되고 그것에 의해 점령될 위험이 있으며 그것과 싸운다는 것을 인식하는 것을 중요하게 여긴다. 우리가 어떤 문제를 여러 가지 신체적, 심리적, 대인관계, 문화적인 경로를 통해 내담자의 삶에 접근한 외부적인 문제로 본다면, 내담자들의 권리를 인정하고 보호하는 것이 중요하다. 때문에 이야기 상담에서는 내담자를 보호와 사랑의 대상으로 여긴다. 그는 어떤 문제 있는 사람이 아니라 어떤 문제로부터

---

6) Christie Cozad Neuger, *Counseling Women*, 55.
7) Gerald Monk, John Winslade, Kathie Crocket, and David Epston, eds., *Narrative Therapy in Practice: The Archaeology of Hope* (San Francisco: Jossey-Bass, 1997), 26.
8) Christie Cozad Neuger, *Counseling Women*, 43-45.

희생을 당하는 자로 여긴다. 물론 여기서 내담자는 그가 지니고 있는 문제에 대해서 어떤 경우에도 책임이 없다는 것은 결코 아니다. 이야기 상담에서 내담자의 문제를 형용사로 보지 아니하고 명사로 보는 궁극적인 목표는 내담자를 공격의 대상으로 보아서는 안 되고 치료와 보호와 사랑의 대상으로 보기 위한 것이다.[9]

상담자 눈높이에서 내담자 눈높이로

이야기 상담에 있어서 상담자의 주된 위치는 내담자가 직면한 이야기에 주의 깊은 경청을 통하여 그를 도와줄 줄거리를 발견하는 것이다. 많은 상담자들이 상담과정에서 자기의 지식과 경험과 눈높이를 가지고 내담자를 판단하여 내담자를 부정적 시각과 내담자의 결핍에 초점을 맞추려는 경향이 있다. 듀어리(Drewery)와 윈스레이드(Winslade)는 "서구 심리학의 성공이 오히려 그 한계가 되었다. 즉 특별히 정신건강분야에서는 우리는 성취한 것보다는 실패한 것을 이야기하는 방식으로 그리고 위계질서를 만들어 내는 방식으로 또한 상호의존적이며 일반적인 목적에 대한 의식을 부식시키는 방식으로 사람들의 삶에 대해 그 사람들보다 더 많이 아는 것으로 보여지는 전문가들의 개인적인 결핍에 초점을 맞추도록 배워왔다"고 지적한다.[10] 이러한 상담자들은 자기 자신을 더 높은 수준에 있다고 생각하고 자기는 문제가 없는 사람으로 간주하고, 내담자를 자기와 대비해서 보려는 경향이 있다.

그러나 이야기 상담은 상담자가 내담자를 불신하는 마음으로 경청하거나 최소한의 결점이나 일치하지 않는 이야기를 문제증상 또는 병리증상으로 보려는 경향을 피한다. 이야기 상담에서 상담자는 자기 눈높이에서 내

---

9) Christie Cozad Neuger, *Counseling Women*, 43-45.
10) Wendy Drewery, and John Winslade, "The Theoretical Story of Narrative Therapy," in Gerald Monk, John Winslade, Kathie Crocket, and David Epston, eds., *Narrative Therapy in Practice: The Archaeology of Hope* (San Francisco: Jossey-Bass, 1997) 32.

담자를 판단하거나 내담자의 문제를 병리적으로 보거나 전문가의 위치에 서기보다는 내담자의 이야기를 주의 깊게 경청하고 돕는 자이다. 상담자는 내담자의 입장과 눈높이에서 내담자를 대하고 돕는 것이다. 물론 이야기 상담에서 상담자가 내담자의 눈높이로 보아야 한다는 의미는 상담자의 역할이 중립적이라는 것은 아니다. 이야기 상담에서 상담자는 내담자가 자신의 문제를 바르게 볼 수 있도록 도와주어야 할 책임을 결코 간과하지는 않는다.

내담자의 문제를 상담할 때 상담자에게 오는 두 가지 유혹이 있는데, 하나는 내담자와 함께 그의 문제에 말려들어 가는 것, 둘째는 '벗어나지' 못하는 사람에게 참을성을 잃어버리게 되는 것이다. 두 가지 경우 모두 상담자와 내담자간의 경계선이 무너져 버릴 때 생긴다. 상담자는 내담자와 함께하면서 문제에 대한 내담자의 해결책을 찾는데 고심하는 것을 명심할 필요가 있다. 이 과정에서 동원되어야 하는 것은 내담자의 권리 행사 능력이지 결코 상담자의 것은 아니다.

문제 중심에서 해결 중심으로

이야기 상담은 통찰에만 초점을 맞추는 경향의 상담을 지지하지 않는다. 문제의 원인과 증상 자체에만 집중하는 상담 기법은 오히려 내담자의 문제를 더욱 악화시켜 줄 수 있기 때문이다. 이야기 상담은 상담의 중심을 문제에 초점을 두기보다는 해결중심에 두는 것이다.[11] 이야기 상담은 이를 위해 내담자가 자신의 문제를 외부화 시키도록 하는데 중점을 두고 있다. 많은 내담자들의 경우 자신의 문제를 자기의 자아와 동일시함으로써 문제의 해결 고리를 찾지 못하는 경우가 많다. 따라서 이야기 상담은 내담자가 자신과 자신의 문제를 분리하고, 그 문제를 내적 문제로 보는 것이 아니라 극복할 수 있는 하나의 외부적인 문제로 볼 수 있도록 돕는 것을 성공적인 치료

---

11) Christie Cozad Neuger, *Counseling Women*, 45.

의 요소로 여긴다.

  훌륭한 목회상담은 문제에 시달리고 있는 내담자들로 하여금 반복적으로 그것을 되뇌도록 만드는 일이 아니고 문제를 외부화 시키고 그것을 설명하고 추적하고 이겨내도록 하는 것이다. 이야기적 상담 접근은 이러한 외부화 작업, 극복하는 작업을 할 수 있도록 특별히 고안되었다. 그러므로 상담에 있어 이야기적 접근은 상담자들은 문제의 근원을 찾는 데 있어서 내담자의 경험에 대한 부정적인 이야기들에만 과도하게 초점을 맞추기보다는 중심 이야기들을 변화시킬 수 있는 경험과 해결중심 쪽으로 초점을 맞추는 것이다.[12]

신학적 주제

  목회상담자는 자신의 목회사역으로 이끄는 신학적 헌신의 내용과 그 체계에 대해 분명하게 인식하고 있어야 한다. 상담자들의 신학과 신앙적 헌신이 내담자의 이야기를 듣는 방식과 돕는 방식을 결정하게 된다. 이러한 신학적 헌신의 체계를 상담자가 분명하게 의식하고 있지 않으면, 내담자의 신앙적 요구와 문제에 관하여 세심한 대화를 할 수 없게 된다. 이야기 상담에서 중요하게 여기는 신학적 주제들이 다양하게 말해질 수 있겠지만 주요한 두 가지 주제를 살펴보면 다음과 같다.

  하나는 하나님의 선행하는 은혜이다. 이 개념은 인간을 둘러싸고 있는 하나님의 사랑과 신뢰가 우리가 미처 깨닫기 전에 이미 존재한다는 확신이다. 이것은 하나님의 사랑에 대한 확신과, 신앙 안의 생활 가능성을 탄생하게 하는 세계 속에서의 우리 위치에 대한 인식이다. 이러한 신학적 개념은

---

[12] Christie Cozad Neuger, *Counseling Women*, 133-134. 해결중심 목회상담을 위한 보다 더 구체적인 연구를 위해서는 Charles Allen Kollar, *Solution-Focused Pastoral Counseling: An Effective Short Term Approach for Getting People Back on Track* (Grand Rapids: Zondervan, 1997); Rurrell D. Dinkins, *Narrative Pastoral Counseling* (Longwood: Xuloon Press, 2005), 41-47을 참조.

내담자가 스스로 가치 없는 존재로 여기는 인식에서 가치의 의미를 전환시키는 과정과 관련된다. 상담자는 내담자로 하여금 이런 선행의 은혜가 이미 와 있다는 사실을 충분히 느끼고 경험할 수 있도록 전달하는 것이다. 이것은 내담자 중심 치료에서 주장하는 것처럼 보류된 평가도 아니고, 심리분석 입장에서 이야기하는 중립성도 아니다. 이는 내담자의 존재는 사랑받는 존재라고 확신시켜 주는 것을 말한다. 상담자가 이런 확신을 내담자로 하여금 불러일으키기 위해서는 상담자 자신이 은혜를 느끼고 누리는 가운데서 그것을 내담자와 나누도록 해야 한다.[13]

다른 하나의 신학적 주제는 그리스도 몸 안에 있는 공동체적 힘이다. 모든 사람의 삶은 다른 사람들과의 역동적인 상호관계 속에서 형성되어 간다. 사람들은 관계 속에서 상처를 입고, 관계에 의해 치유된다. 사람들이 자기 자신과, 삶의 상태에 대해 가지고 있는 관점은 그가 속해 있는 가정이나 직장 또는 공동체 안에서의 참여와 시련 등에 의해 형성된다. 때로 이 공동체들이 그 속에 있는 사람들을 위한 사랑과 정의의 공간이 아니라 상처의 장이 되는 경우가 있다. 현대는 가정에서조차도 상처를 주고 상처를 받는 공동체가 되어가고 있다. 더구나 교회조차도 사람들의 상처를 양산하는 공동체로 흐르는 경향이 있다. 이런 공동체는 사람들이 자기의 충만함을 경험할 수 있게 도와주는 공동체가 아니라, 영혼의 성장을 방해하는 공동체이다. 그러나 진정으로 그리스도의 몸으로 기능하고, 사랑과 정의에 대한 하나님의 권능을 대변해 주는 공동체도 있다. 이 공동체는 이원론과 힘의 가치를 잣대로 하지 않는다. 이 공동체에서는 자기 자신과 이웃이 하나님의 질서 안에서 삶의 통전성을 추구하게 하는 공동체다. 서로 지지해 주고 진실을 말하는 공동체로서 서로의 이야기가 존중되는 공동체이다. 이런 공동체적 이야기 속에서 사람들은 치유되고 변화된다.[14]

---

13) Christie Cozad Neuger, *Counseling Women*, 57-58.
14) Christie Cozad Neuger, *Counseling Women*, 58-59.

인식론적 긴장

　인식론적 긴장은 사람들이 자기인식과 공동체 내에서의 자기인식 그리고 이 세상과 관련을 맺고 반응하는 방식에 대한 인식을 바르게 형성하도록 자극하는 것과 관계한다. 상담자의 내담자에 대한 문제인식이나 자기인식과 세계인식이 정확하지 않거나 왜곡될 때, 사람들과 공동체에 심각한 문제를 일으킨다. 예를 들면, 상담자들이 내담자의 문제의 근원을 단지 내담자나 내담자의 관계 속에 두고, 적절한 사회문화적 해석을 간과하는 경우다. 물론 이 반대의 경우도 문제이다. 우울증으로 힘들어하는 내담자를 예로 들어 말한다면, 내담자가 자기의 중심에서부터 자기 자신에 부정적인 메시지를 얼마나 깊이 내면화해왔는지를 깨닫도록 도와주지 않으면서, 내담자의 우울증이나 자기 돌봄 혹은 가족과의 관계에 초점을 맞추는 것은 이 내담자에게는 아무런 도움이 되지 않는다. 한편, 내담자는 자신의 경험이 개인적이기만 한 것이 아니라, 내담자가 속해 있는 사회나 문화 속에 내담자들이 경험한 보다 넓은 의미에서의 경험의 일부분일 수 있다는 것을 알아야 한다.

　나아가 목회상담에서 상담자가 자기의 경험이나 직관에 일차적으로 의존하게 되면, 그들은 독소가 되는 가치체계와 배타적인 가정들과 결탁하기가 쉬워진다. 상담자가 자기 자신의 경험에 의존하여 내담자들을 평가할 때, 내담자의 삶의 깊이에 내재된 문제를 볼 수 없을 뿐만 아니라 진정한 도움과 변화를 이끌어 낼 수 없다.

　상담과정에서 내담자의 문제를 분명하고 정확하게 인식하는 것은 이야기를 말하고 듣는 것보다 훨씬 중요하다. 상담자는 인식론적인 근본적인 물음들을 통해 이야기를 보는 것을 필요로 한다. 이런 인식론적 긴장 속에서 상담자들은 적절한 문화 분석을 필요로 한다. "상담자들은 다양한 정보를 알아야 하고 지배적인 문화적 담론 안에서 현재 무슨 일이 일어나고 있는지를 계속 파악해야 한다. 그러나 이러한 정보들이 상담자를 내담자에 대한 전문가로 만들어주는 것은 아니다. 내담자 자신이 자신의 문제에 대해서는 가장 잘 알고 있으며 내담자의 이야기는 상담에 있어서 일차적인 자료이다."[15] 그러나 내담자와 이야기를 나누는 과정에서 문화적이고 사회적인 상황 속에서 가정된 가치를 분석해 낼 수 있고, 그 가정에 대한 진실성을 물을 수 있는 능력은 상담자에게 매우 중요한 자원이 된다.[16]

상담자는 보통 자기의 태도와 도덕적 가치 기준 그리고 일반화된 성격 유형의 관점에서 내담자를 보려는 경향이 나타난다. 그것은 상담자가 자신의 성향이나 특성을 내담자에게 투사시키는 결과를 초래할 수 있다.[17] 하지만 목회상담에서는 상담자는 내담자의 문제에 대해서 성경에 기초를 둔 지침을 가지고 있어야 할 뿐 아니라 정확한 진단을 위하여 다양하고 복잡하게 얽혀있는 내담자의 문제를 바르게 인식하도록 인식론적 긴장을 늦추지 말아야 한다.

목표

이야기 상담은 기본적으로 관계회복을 목적으로 한다. 상담을 원하는 내담자들은 대부분 깨어진 관계들 속에서 손상된 자아와 불신을 경험한 사람들이다. 따라서 자신의 이야기를 신실하게 들어주는 상담관계 속에서 내담자는 새로운 신뢰를 회복하기 시작하며, 이것은 치유의 시작이자 중요한 열매인 것이다. 상담자와 내담자의 신실한 관계형성은 손상된 내담자의 자기 자신과의 관계, 내담자와 그가 속한 공동체와의 관계, 더 나아가 내담자와 하나님과의 관계를 회복시키는 데 중요한 역할을 한다. 이야기 상담은 상담자가 상담 관계 안에서 내담자와의 관계를 통하여 왜곡된 관계와 문화적 체계 속에서 희망을 잃은 내담자에게 희망을 주고, 긍정적 변화를 도와

---

15) Christie Cozad Neuger, *Counseling Women*, 132.
16) Christie Cozad Neuger, *Counseling Women*, 132.
17) Rollo R. May, *The Art of Counseling* (Nashville: Abingdon, 1967), 47.

새로운 긍정적 자아상을 회복하게 하고 하나님의 은혜를 경험하도록 돕는 것이다.

이야기 상담은 내담자의 이야기를 통해 삶의 의미를 부여하는 것이다. 내담자 자신의 경험에 근거한 이야기를 말하게 하고, 숨겨지고 왜곡된 내담자의 이야기를 해체적으로 경청하여, 새롭게 재구성된 이야기 속에서 희망을 발견하게 하는 것이다. 우리는 우리 삶을 응집력 있게 해주는 이야기를 통하여 의미를 만들면서 살아간다. 하지만 이야기 상담은 현실과 현실로부터 만들어낸 의미에 대한 우리의 해석은 사회적으로 구조화된 것이라고 여긴다. 그래서 이야기 상담은 내담자가 사회적으로 혹은 문화적으로 구조화된-남의-이야기가 아닌 자기 자신의 이야기를 밖으로 말하게 하는 것을 격려하며, 기본적인 목표로 여긴다.[18] 때로 자기 자신의 이야기를 밖으로 표현하는 것 자체가 힘겨운 사람들이 있다. 상담자를 찾는 사람들 중에는 그들의 현재 이야기가 거의 대부분 문제들에 흠뻑 빠져 있거나, 긍정적으로 미래를 보기에는 왜곡된 구조에 너무 제한되어 있는 사람들이 있다. 이야기 상담은 이러한 내담자로 하여금 자기 목소리와 자기 정체성을 찾도록 돕는 것을 기초로 하고 있으며, 삶에 있어서의 다른 의미의 가능성을 찾도록 돕는 것을 중요하게 여긴다.[19] 사람들은 거짓을 배우고 믿게 됨으로써 고통과 위험에 빠지게 되는 것이다. 목회상담을 받으러 오는 대부분의 사람들에게 있어서도 이것은 사실이다. 그들은 자기가 누구인지 또 자신의 세계가 실제로 어떤지에 대한 잘못된 정의를 가지고, 거기에 맞추어 살려다가 결국 자신을 잃어버린 사람들이다. 때문에 이런 사람들에게는 거짓된 것을 배우고 믿게 됨으로써 발생한 문제나 왜곡된 관계를 위해서는 일차적으로 그들의 잘못된 인식에 대한 해체가 필요하다.[20] 때문에 이야기 상담의 중요한 목표 중 하나는 상담자는 내담자로 하여금 그가 지닌 문제나 거짓된 자기 이야기로부터 벗어나도록 재구조화하는 것이다. 이야기 상

---

18) Rurrell D. Dinkins, , *Narrative Pastoral Counseling*, 19-27.
19) Christie Cozad Neuger, *Counseling Women*, 86-87.
20) Christie Cozad Neuger, *Counseling Women*, 135-136.

담은 사람들이 의미를 구조화하고 그들이 생기 넘치는 삶을 위한 자원들의 발달을 재구성하는 경험을 하도록 기여한다는 것에 의미를 둔다. 상담과정에서 이야기의 틀을 제공하는 것은 이야기하는 사람이거나 아니면 목회상담자이다.

이야기 상담은 내담자에게 일어난 긍정적 변화가 공동체 속에서 실천되게 하는 것을 최종 목표로 한다. 상담자가 상담에서 내담자의 이야기를 재구조화하는 것은 내담자들로 하여금 하나님과 다른 사람에게 진실로 반응할 수 있는 힘을 가질 수 있도록 돕는 것이다. 이는 결국 내담자가 자기 자신과 세상 안에서의 위치, 더 좋은 하나님 나라 건설을 위해 그들에게 주어진 은사와 은혜에 대해 거짓됨이 없이, 자신의 소명을 찾고 따를 수 있도록 도와주는 것이다.[21] 이야기 상담은 내담자 자신의 삶과 관계 그리고 그가 살고 있는 문화 속에 내담자를 양육하고 치료하며 힘을 부여하게 될 방식으로 변화의 과정을 통하여 적절한 안전함과 희망, 에너지와 비전을 만들어내는 것이다.[22]

유형과 방법

이야기 상담의 주요과제는 새로운 해석적 렌즈를 만들어내서, 내담자에게 고통을 유발시키는 이야기의 내용을 정의할 수 있도록 하고, 새로운 현실을 창조하도록 돕는 데 있다.[23] 이야기 상담 방법은 외부화, 문제의 규정, 해결방안 모색, 재구성의 네 단계로 구성된다.

이야기 상담의 첫째 과정은 내담자의 문제를 내담자와 구분하는 것이다. 이야기 상담의 가장 중요한 요소 중 하나는 내담자가 상담현장으로 가져오는 문제를 내담자 자신과 구분시키는 것이다. 예를 들어, 내담자를 '외로운

---

21) Christie Cozad Neuger, *Counseling Women*, 137.
22) Christie Cozad Neuger, *Counseling Women*, 52.
23) Christie Cozad Neuger, *Counseling Women*, 43.

사람'에서 '외로움과 싸우는 사람,' '열등한 사람'에서 '열등감과 싸우는 사람'으로 인식을 바꾸도록 돕는 것이다. 조셉 에론(Joseph B. Eron)과 토마스 룬드(Thomas W. Lund)가 제안한 것처럼 이야기 상담자들 또는 치료자들은 "사람이 '문제를 가지고 있다'라든가 사람이 '문제이다'라는 생각의 방식을 문제가 '사람을 잡고 있다'라는 사고로 전환시킨다. 문제들은 사람을 억누르고 삶에 침입해 들어와 우리가 원하는 것들을 방해 한다"는 것과 같이 말한다.[24] 그래서 상담자는 문제와 사람을 구분시킴으로써 문제로 가득 찬 내담자의 이야기를 분리하기 시작한다.

이 단계에서 상담자는 내담자와 내담자의 문제를 분리하는 과정을 통해 의도적으로 내담자로부터 그가 지닌 문제를 외부화 시킨다. 즉 내담자를 보는 방식과 설명하는 방법이 형용사적인 것(예를 들어, "나는 열등한 사람이다")에서 내담자를 괴롭히는 명사적인 것(예를 들어, "나는 열등감과 싸우고 있다")으로 설명하고 보는 것이다. 그것은 단순한 언어적 전환으로 보이지만 깊은 의미를 가지고 있다. 문제의 외부화는 내담자와 상담자가 문제에 맞서 함께 대처하는 방식으로 내담자와 내담자의 문제를 구분하는 것이다.[25]

이런 과정을 통하여 상담자는 내담자를 위하여 대안적 구조 공간을 마련하게 된다. 이러한 작업은 문제에 맞서 있는 내담자와 함께 강한 지지의 입장을 갖는 것이다. 상담자는 내담자의 문제를 결핍이라는 관점에서 보지 않고 내담자가 문제에 대처할 수 있도록 돕는다.[26] 프리만(Freeman)과 진 콤스(Gene Combs)는 문제의 외부화 과정에 대해 다음과 같이 진술하고 있다. "우리는 외부화 시키는 태도를 경청하는 것은 강력한 해체적 효과를 낼 수 있음을 믿는다. 이러한 것은 우리가 사람들을 본질적으로 문제 있는 사람으로 보기보다는, 다른 방식으로 상호관계를 맺게 한다. 이것은 사람들의 이야기에 대해 다르게 '이해하는 상황'을 창조해내는데, 이 상황은 우리가

---

24) Joseph B. Eron, and Thomas W. Lund, *Narrative Solutions in Brief Therapy* (New York: Guilford press, 1996), 32.
25) Christie Cozad Neuger, *Counseling Women*, 90-91.
26) Christie Cozad Neuger, *Counseling Women*, 90-91.

그 사람들을 문제 있다거나 병리적으로 보지 않으면서 그들의 문제를 이해하도록 작용할 수 있다. 이런 종류의 상황에서 사람들의 이야기의 내용과 의미는 거의 언제나 덜 제한적인 것이 된다."[27]

이야기 상담은 이 과정에서 '해체적 경청'을 중요하게 여긴다.[28] 해체적 경청은 내담자가 하는 이야기에 주의 깊게 관심을 기울이면서 내담자와 함께하는 방식이다. 그것은 신뢰함으로 문화적 측면을 간과하지 않으면서 경청하는 것을 의미한다. 그러나 또한 상담자가 그 문제를 해결하기 위해 이야기를 경청하기보다는 내담자가 설명하고 있는 문제를 발견하고 내담자가 가지고 있는 자원들에 힘을 부여함으로써 내담자가 문제의 해결의 실마리를 찾도록 돕는다.[29]

이야기 상담의 둘째 과정은 문제를 규정하는 것이다. 어떤 내담자들에게는 문제를 단지 규정하는 것으로도 충분할 수 있다. 예를 들면, 가정문제, 정신적인 일, 심리적인 문제 등이다. 하지만 대부분의 내담자들에게는 그들이 지닌 문제에 대해 규정하거나 특성을 부여하여 의인화하는 것이 도움이 될 수 있다.[30]

이야기 상담의 셋째 과정은 내담자가 지닌 문제 이야기에 대한 '해결 방안'이 어디에 있는지를 모색하는 것이다. 이를 위해 이야기 상담자는 경청 과정에서 많은 질문을 하는데, 그 질문들은 잠재되어 있는 자원이나 대체 이야기가 드러나도록 모색하기 위해 유용하게 사용된다. 이러한 과정은 상담자가 내담자의 문제에 깊은 차원에서 관여하는 방식이다.[31] 이것은 또한 새로운 가능성들에 초점을 두는 것이다. 듀어리(Drewery)와 윈스레이디(Winslade)는 이 과정에서 "치료자 편에서의 의도성, 언어사용에 있어서의 기술, 사람들의 이야기 방식에 숨겨져 있는 전제들에 대한 체계적인 관심"

---

27) Jill Freeman, and Gene Combs, *Narrative Therapy: The Social Construction of Preferred Realities* (New York: Norton, 1996), 50.
28) Christie Cozad Neuger, *Counseling Women*, 44.
29) Christie Cozad Neuger, *Counseling Women*, 90-92.
30) Christie Cozad Neuger, *Counseling Women*, 90.
31) Christie Cozad Neuger, *Counseling Women*, 91.

이 필요하다고 지적하였다.[32]

마지막으로 내담자의 이야기를 재구성하는 작업이다. 이야기 상담의 마지막 과정에서 이야기의 틀을 제공하는 것은 이야기하는 사람이거나 아니면 상담자이다. 다시 말하면, 이야기의 내용은 그것을 경험한 사람에게 속한 것이지만, 그 이야기를 바라보는 형태는 상담과정에서는 상담자에 의해 제공된다. 따라서 재구성 작업은 본래 의미의 형태보다 더 진솔하고 생명력 있는 삶의 진실이 드러날 수 있도록 바꾸는 것이다. 상담에 있어서 재구성 작업은 경직되고 고통스러운 또는 왜곡된 관계적 상황에서 내담자들에게 보다 나은 삶으로 나아가야 할 방향을 제시해 주는 것이다.[33] 이 과정은 내담자의 문제를 긍정적으로 재구성하고자 하는 상담자의 견해나 질문 그리고 시도가 문제의 이야기를 단절시키고 이전에는 무시되었지만 도움이 될 자원들과 연결되도록 돕는 것이다. 이는 내담자가 가지고 있는 문제의 이야기를 축소시키고, 내담자로 하여금 새로운 이야기 자원들이 나타나도록 돕는 것이다.[34]

이야기 상담은 내담자의 문제를 외부화 시키고, 한 내담자의 삶의 이야기를 규정하고 삶의 경험들에서 의미를 찾도록 하는 매개체를 위해 함께 노력하는 것이다.[35] 또한 내담자가 지향하는 삶을 향해 성공적으로 나아갈 수 있도록 새로운 이야기를 모색하는 것이다.

이야기 상담 영역

목회상담에 대한 이야기 접근은 중요한 자원인데, 내담자로 하여금 그가 지닌 문제를 대처 또는 극복하기 위한 에너지를 부여하는 이야기를 찾을

---

[32] Wendy Drewery, and John Winslade, "The Theoretical Story of Narrative Therapy," 33.
[33] Christie Cozad Neuger, *Counseling Women*, 136-137.
[34] Christie Cozad Neuger, *Counseling Women*, 45.
[35] Christie Cozad Neuger, *Counseling Women*, 135-136.

필요가 있는 상황에서는 더욱 그렇다. 상담자가 이야기 상담의 방법을 효과적으로 사용할 수 있는 경우는 다양하겠지만 특별히 우울증 같은 정신적인 문제, 가정 폭력으로 인하여 심리적으로 상처 가운데 있는 사람, 외로움에 지친 노인 들을 상담할 때는 이야기 상담 기법이 효과적이다. 모든 상담에서 문제를 정확하게 진단하는 것이 필수적이겠지만, 우울증 같은 경우는 우울증에 시달리고 있는 내담자를 도와주기 위해서는 내담자의 문제의 바른 진단이 아주 기초적이고 필수적인 문제이기 때문에 상담과정에서 내담자의 문제에 대한 확인은 결코 간과할 수 없는 요소이다. 이야기 상담은 내담자로 하여금 목소리를 낼 수 있도록 도와주는 것을 중요하게 여기기 때문에 주의 깊은 경청을 기본적 요소로 여긴다. 때문에 우울증, 가정폭력, 노인문제 등을 상담할 때는 이야기 상담 접근법이 효과적이다.

이야기 상담의 한계는 신학적 주제들을 언급하고는 있지만 균형 있게 정립된 신학을 제공하고 있지 못하다는 것이다. 특별히 이야기 상담은 인간의 문제가 죄의 문제와 깊은 관련이 있다는 것을 간과하고 있다. 즉 죄의 만연성을 경시하는 경향이 있다.

Spirituality & Counseling

제 7 장

예수의 상담
The Counseling of Jesus

상담자로서 예수

상담자로서 예수에 대한 이해는 예언자 이사야에 의해서 표현되었다. 이사야는 상담자로서 메시아를 고통당하는 자에게 좋은 소식을 전하고, 상처 받은 가슴을 싸매 주며 포로된 자에게 자유를 가져다 주고 갇힌 자들을 위하여 감옥의 문을 열어주고 하나님의 자비와 심판을 선포하시는 분으로 묘사하였다. 예수는 하나님의 메시아이시고, 하나님의 상담자이시며, 상처 받은 자를 치유하시는 분이시다. 기독교 상담의 과제에 대한 핵심적 관점은 은총 가운데 역사하시는 그리스도의 사역의 양태를 이해하고, 그로부터 우리들의 사역을 위하여 어떠한 암시를 가지고 있는가를 알아야 한다.

이사야는 메시아를 '기묘자,' '모사'라고 하였다(사 9:6). 또한 "여호와의 신 곧 지혜와 총명의 신이요 모략과 재능의 신이요 지식과 여호와를 경외하는 신"이라고 하였다(사 11:2). 여기서 '모략'(counsel)의 신이란 뜻은 메시아의 상담사역을 우리에게 예시해 준다. 메시아로서 예수의 상담사역은 그의 삼중직과 연결된다.[1] 이 삼중직은 예수의 사역의 기본골격이며 핵심이

---

1) 전통적인 종교개혁의 은유인 예언자, 제사장 그리고 왕직으로서 메시아의 삼중직은 예수

라 할 수 있다. 먼저 선지자로서 사역이다. 그의 선지자적 사역은 하나님의 뜻과 말씀을 분명하게 선포하는 것이다. 이 사역은 진리로 우리를 대면하시고 권면하시는 것이다.[2] 우리로 하여금 하나님의 백성으로서 온전한 순종과 회개를 촉구하시는 사역이다. 때문에 이와 같은 예수의 돌봄의 사역은 우리들의 도덕적 상황과 삶에 대한 범주에 속한다고 할 수 있다.[3]

다음은 제사장으로서의 사역이다. 예수의 제사장적 사역은 우리의 죄를 용서하시고 우리들의 문제와 고통에 대해 관심을 가지신다. 또한 제사장으로서 예수는 우리를 이해하고 위로해 주시며 우리의 실패와 실수에 대해서 진지하게 경청해 주신다. 이와 같은 예수의 돌봄 사역은 사람과 하나님을 만나게 하고, 사람과 사람을 화해하게 하는 중재적이고 화해적인 사역이다.[4] 이는 영적으로 방향을 제시하는 일과 화해를 촉진하는 사역이다.

마지막으로 왕으로서의 사역이다. 예수께서는 선지자와 제사장으로서 뿐만 아니라 왕으로서 우리를 돌보신다. 왕으로서 예수의 사역은 만물을 주관하시고 하나님의 백성들에게 능력 있게 역사하신다. "왕으로서의 기능의 일부는 샬롬 왕국을 건설하는 것이다. 오실 왕에 대한 이사야의 환상(사 9:2-7)은 가난한 자를 북돋아 주고, 압제자들을 분쇄하고, 정의를 실천하고, 그리하여 평화를 가져오는 구세주인 것이다."[5] 때문에 기독교적인 돌봄과 상담은 인간의 샬롬과 이러한 차원들에 대한 관심과 실천을 포함하여야 한다. 프란시스 브리저(Francis Bridger)와 데이빗 아트킨슨(David Atkinson)은 왕으로서 그리스도의 사역적 차원을 다음과 같이 의미 있게 설명하고 있다.

그리스도의 은총의 사역의 핵심으로 이해 되어왔다. 시워니 힐트너(Seward Hiltner)는 그리스도의 삼중직을 목회상담 접근방법으로 발전시켰다. Seward Hiltner, *Pastoral Counseling*을 참조.

2) David E. Carson, "Jesus Style of Relating: The Search for Biblical View of Counseling," in J. R. Fleck, and J. Carter, eds., *Psychology and Christianity: Integrative Reading* (Nashville: Abingdon Press, 1981), 239; Carol L. Balwin, *Friendship Counseling* (Grand Rapids: Zondervan, 1988), 40.

3) B. B. Warfield, *The Person and Work of Christ* (Philadelphia: Presbyterian and Reformed Publishing Company, 1956)를 참조.

4) Francis Bridger, and David Atkinson, *Counseling in Context*, 188.

5) Francis Bridger, and David Atkinson, *Counseling in Context*, 188.

예수의 목회사역의 왕적 부분에 대한 기독교적인 반성은 '치유'는 개인적인 질병, 고통, 아픔이라는 용어로써 뿐만 아니라, 보다 넓게 공공의 건강, 환경의 복구라고 하는 사회적 상황으로 이해되어져야만 한다. 건강과 치유에 대한 많은 양의 기독교적 저술은 거의 배타적으로 개인의 복리증진에만 국한되어 있다. 그러나 '건강'은 개인적이고 사회적인 모든 국면의 건강을 포함하고 있다. 다시 말하면, 우리의 영양, 의복, 위생, 주택, 오락, 운동, 수면, 건강을 촉진하거나 저해하는 사회구조, 깨끗한 음료수, 독성 가스의 기피, 속도제한의 강요, 결핍된 건강 보호를 위한 자원을 할당하는 우선순위, 공공 및 지역사회 건강을 위한 예방적 부분을 위한 전염병학 연구의 이용 등에 대하여 주의를 요하여야 한다. 이들은 모두 왕으로서의 그리스도가 갖는 관심들의 영역에 포함되는 것이다.[6]

왕으로서의 예수의 사역은 또한 힘과 권력으로 상징되는 세상의 왕과 같은 개념으로 이해해서는 안 된다. 예수는 종으로서 왕이시다(슥 9:9-10). 요한복음에서는 예수를 '주'와 '선생'으로 말하고 있다. 하지만 이와 같은 예수에 대한 표현은 그의 역할이라고 하는 상황 속에서 보면 수건을 들어 그의 제자들의 더러운 발을 씻어주시는 종으로서의 역할이다(요 13장). 때문에 예수의 왕으로서 사역은 지배하고 통제하는 권력적 사역이 아니다. "신약성경 속에 나타나 있는 '머리'라고 하는 언어도 권위를 의미하는 단어가 아니다. 그리스도가 머리 되시는 몸의 생명을 촉진시키는 언어도 마찬가지이다. 그러므로 기독교적 사역, 즉 돌봄과 상담은 언제나 봉사의 사역이다. 그것은 그리스도의 몸, 치유, 유지 그리고 화해의 은총의 자원 안에서 서로가 서로를 위하여 언제나 도와야 하는 목회사역이다."[7]

성육신의 중요성

예수의 상담의 열쇠가 되는 중요한 요소는 그분의 성육신에서 나타난다.

---

6) Francis Bridger, and David Atkinson, *Counseling in Context*, 188-189.
7) Francis Bridger, and David Atkinson, *Counseling in Context*, 189.

하나님의 은혜는 예수 그리스도 안에서 성육신되셨다. 인간의 형태를 입고 이 땅에 종으로 우리 가운데 오셨다는 사실은 상담자들에게 중요한 의미를 준다. 이 사실은 상담에서 감정이입적 동참을 위한 모델을 제공해 준다. 토마스 오덴은 "성육신이란 하나님께서 우리들의 준거의 틀을 가정하시고, 인간의 유한성과 소외의 상황 속으로 들어오시어 인간의 조건, 심지어는 죽음까지도 공유하신 것이다."[8] 오덴은 이것은 인간의 감정이입에 의미를 주며, 그 자체가 모든 치유효과의 전제 조건이 된다고 주장하였다. 상담자의 감정이입은 내담자의 내면적 갈등과 소외까지 내려가는 것을 포함한다. 이것은 직접적으로 그리스도 안에서 "우리들의 존재 이유가 되시어"[9] 우리와 함께하신 하나님의 성육신적 사랑과 유비된다. 하지만 성육신적 모델로서 상담자의 감정이입은 상담자 자신의 정체성(self-identity)을 잃어버리지 아니하고 내담자의 아픔에 동참하는 것이다. 성육신 안에서 하나님은 그 자신의 정체성을 잃지 않는다. 다시 말하면, 하나님께서 그 자신으로부터 소외되지 아니하고 우리들의 소외에 참여하신 것과 같이 마찬가지로 상담자는 그 자신의 정체성을 잃어버리지 아니하고 내담자의 소외에 동참하는 것이다.[10] 인간을 향한 하나님의 은총이 예수 그리스도 안에서 성육신되셨듯이, 인간을 돌보는 목회상담사역은 성육신적이어야 한다.

또한 신약성경의 가장 중심적인 메시지 중에 하나는 그리스도께서 우리를 위하여 고난을 당하셨다는 것이다. 예수의 수난과 죽음 속에서, 하나님께서는 그의 사랑과 인간의 고통, 소외 그리고 절망과 동일화하시려는 그의 자발적인 마음의 정도를 우리에게 보여 주셨다. 이 메시지가 갖는 힘의 일부는 그리스도께서 우리들에게 마음으로부터 공감하여 동참하셨다는 것이다. 로저 허딩(Roger Hurding)이 말한 것처럼, "때때로 상담자는 그 역시 고통을 당하였고, 그의 고통을 통하여 배웠기 때문에 쉽게 마음으로부터 공감하게 된다. 그러한 속성은 바울이 고린도 성도들에게 보낸 두 번째 편

---

8) Thomas Oden, *Kerygma and Counseling* (Philadelphia: Westminster Press, 1966), 50.
9) Thomas Oden, *Kerygma and Counseling*, 51.
10) Thomas Oden, *Kerygma and Counseling*, 57.

지에 기록한 글에서 찾을 수 있다. 찬송하리로다 그는 우리 주 예수 그리스도의 하나님이시오 자비의 아버지시오 모든 위로의 하나님이시며 우리의 모든 환난 중에서 우리로 하여금 하나님께 받은 위로로써 모든 환난 중에 있는 자들을 능히 위로하게 하시는 이시로다"(고후 1:3-4).[11]

사람들은 예수를 믿고 신앙적인 삶을 살고자 노력하고, 하나님의 뜻대로 살아가기 위해 힘쓰지만 어려운 일을 당하게 되면 육신의 생각 가운데 좌절하기 쉽다. 이때 상담자는 바울이 권면한 대로 즐거워하는 자들로 함께 즐거워하고 우는 자들로 함께 우는 것(롬 12:15)과, 서로 마음을 같이하여 높은데 마음을 두지 말고 도리어 낮은데 처하는(롬 12:16) 것이다. 이러한 적극적인 공감을 통하여 고난당하는 자들 앞에 나아갈 때 그들 속에 있던 자기 파괴적인 생각과 감정들이 밖으로 흘러나와 치유되는 경우가 많다. 그러므로 상담자는 영적으로 연약한 자들을 예수의 성육신의 원리에 따라 도와주어야 한다. 상담에서 성육신적 원리는 상담자의 입장에서 내담자의 고통에 기꺼이 일치하고자 하는 마음이다. 이는 상담자가 내담자의 고통에 잠기지 않고도 그 고통스런 상황을 이해하고 있다는 것을 전달하여, 상처 받은 사람이 이해되고 있음을 느끼게 하는 것이다. 상담자는 아픔과 고통 가운데서 도움을 구하는 내담자에게, 로버트 람본(Robert Lambourne)이 말한 것처럼, "작은 그리스도가 되어야 한다."[12]

상담 모델

예수는 그의 사역 가운데 많은 사람들을 상담하셨다. 복음서에 기록된 많은 예수의 치유사역과 상담은 현대 상담자들에게 유용한 도움을 준다. 예수의 상담은 사람들을 온전한 하나님 나라로 인도하는 데 그 목적이 있었다. 하지만 "예수는 사람들을 온전한 하나님의 나라로 인도하는 절대

---

11) Roger F. Hurding, *Roots and Shoots*, 34.
12) Robert Lambourne, *Community, Church and Healing* (London: DLT, 1963), 110.

적 사명을 완수하는 데 있어 어떤 한 가지의 상담 방법에 얽매이지 않으셨다."[13] 이는 예수의 상담사역은 그만큼 다양하고 역동적이었다고 할 수 있다. 나아가 던컨 부캐넌(Duncan Buchanan)은 "상담의 목표는 내담자로 하여금 그리스도의 구원하시고 치료하시는 사랑을 대면하도록 돕는 것이어야 한다. 이것보다 더 중요한 것은 없다. 상담자가 어떤 방법을 사용할지 고민하는 것은 목표를 망각하는 것이고 내담자를 잊어버린 결과이다. 상담자의 유일한 목표는 내담자의 치유와 온전함인 것이다"라고 주장하였다.[14] 또한 "상담 사역을 위해 부름 받은 우리가 상담자로서 성취하려고 하는 것은 예수의 상담에 나타난 상담 원리들을 우리의 상담에 적용하여 내담자의 삶을 풍성하게 하는 것이 되어야 한다"고 강조하였다.[15] 예수의 상담은 복음서에서 많은 예들이 나타나고 있지만 특별히 예수의 사마리아 여인의 상담과 바디매오 치유사건을 중심으로 예수의 상담 모델과 독특성을 살펴보자.

사마리아 여인 이야기

요한복음 4:1-43에 등장하는 사마리아 여인은 기구한 삶의 이야기를 가진 사람이었다. 가부장적인 당시의 문화를 고려할 때 여자가 여섯 번씩이나 결혼을 했다는 것은 특이하다고 볼 수 있다. 어떤 이유에서 여섯 번씩이나 결혼할 수 있었는지에 대해서 요한복음은 침묵하고 있지만, 남편의 사별로 인하여 재혼을 하게 되었던 것 같지는 않고 여러 번의 이혼 과정을 거친 것으로 보여진다. 남편의 외도로 혹은 사마리아 여인의 외도로 이전 관계가 마무리되어졌을 가능성이 많다. 그렇다면 만남과 헤어짐의 반복 속에서 살고 있었던 사마리아 여인은 과연 어떤 여성이었을까?

그녀는 동네 여인들의 왕래가 뜸한 시간인 정오에 팔레스타인 지역의 뜨

---

13) Duncan Buchanan, *The Counseling of Jesus* (London: Hodder & Stoughton, 1985), 11.
14) Duncan Buchanan, *The Counseling of Jesus*, 158.
15) Duncan Buchanan, *The Counseling of Jesus*, 158.

거운 햇빛에도 불구하고 물 길러 나올 수밖에 없을 정도로 마을 사람들과 부딪히는 것을 회피하는 여인이었다. 아마도 동네 사람들로부터 비난받거나 소외된 삶을 살아가며 얼굴을 들고 다닐 수 없는 여인이었을 것이다. 또한 지금 함께 살고 있는 남편도 진정한 의미에서 남편이라고 말할 수 없는 불행한 결혼생활을 꾸려가고 있던 여인이었다. 그녀는 의지하고 믿을 수 있고 희망을 걸 수 있는 사람들이 주위에 없으며 자신의 속마음을 어디에도 하소연하지 못한 채 깊은 외로움의 감정을 느끼며 살아가고 있었다. 그래서 마을에 속해서 살아가고 있으면서도 마을에 속해있지 못하고 결혼의 관계를 유지하고 있으면서도 결혼의 삶에 소속되어 있다는 느낌을 갖지 못하고 살아가는 그녀의 삶은 아마도 내면적으로는 매우 고통스러운 것이었을 것이다. 폐쇄적인 삶을 살아가면서 다른 사람들도 이 여인의 삶 속으로 초대 받지 못하고 이 여인의 삶을 다른 사람들에게 개방할 수 없으며 심지어는 자신의 남편에게도 폐쇄적일 수밖에 없었던 삶을 살아가고 있었다.

다섯 번이나 이혼하는 삶을 거친 사마리아 여인은 아마도 산 사람과의 관계에서 헤어짐의 상실감과 슬픔을 충분히 경험하지 못하고 상실의 상처가 채 아물기도 전에 또다시 결혼하는 악순환적인 삶을 살았다. 보통 사별이나 이혼의 상처의 기억이 정상적으로 치유되는 데는 약 삼년 정도의 기간이 필요하다고 심리학자들은 말한다. 그러나 이 여인의 경우에는 상실의 상처가 채 아물기도 전에 상처가 터지고 곪고 다시 터지는 과정을 여러 차례 반복하면서 누적된 심리적 상처를 갖고 치유하기 힘든 상태에 머물러 있었을 것이라는 것을 짐작해볼 수 있다. 한번의 이혼의 상처도 고통스러운 기억으로 깊게 자리잡는 데 다섯 번의 이혼의 과정을 거치면서도 또다시 결혼해서 살아가는 사마리아 여인을 생각해 보면 무엇이 그녀를 그토록 남자에게 집착하도록 했을까 하는 의문을 던져보게 된다. 이 남자면 자신에게 채워줄 수 있을 것이라고 새로운 관계를 형성해 보았지만 그 관계가 처음에는 오아시스처럼 보였지만 결국에는 신기루였음을 다시금 깨달을 수밖에 없는 삶이었다. 남들이 보기에는 그런대로 결혼이라는 겉모습으로 행복을 위장하고 있었지만 현재의 남편도 남편이라고 말할 수 없을 만큼 불행한 삶의 연속이었다. 이야기를 통해 그녀가 관계에 매여 있고, 성욕에 매여 있고, 경제적으로 매여 있음을 발견하게 된다. 때로는 남편들로부터 언어적인 폭행과 신체적인 폭행까지 당했는지도 모른다. 삶의 기쁨이 사라진 지 이미 오래되어 고통을 고통으로 느끼지 못하고 감정적인 마비를 경험하면서 미래에 대해서도 희망을 갖지 못하고 자포자기하며 살아가는 삶이었을 것이다. 반복되는 결혼의 삶을 통하여 사마리아 여인은 점차적으로 가정의 역기능성을 심화시켰을 뿐이었다. 그래서 더욱 새로운 결혼 관계를 통해 '아이'처럼 안정을 찾으려고 했을 수도 있고 그러면 그럴수록 새 결혼 관계들은 매달리고 쫓기는 관계로 변하면서 매 번의 관계들이 실패로 돌아서고 결국은 희망하던 치유나 안정을 채울 수 없는 갈증 속에서 자포자기의 상태에 이르렀을 수도 있다. 결국 그녀는 매우 낮은 자존감과 상실감 속에서 헤어 나오지 못하고 살아오고 있었을 것이다.[16]

사마리아 여인 상담

우리는 사마리아 여인 이야기에서 상담자, 내담자, 주위환경, 주제, 상담목표 그리고 상담방법 등을 골고루 갖춘 완벽한 상담환경을 볼 수 있다. 예수 자신이 상담자이셨으며, 사마리아 여인이 내담자이었고, 야곱의 우물이 주위환경의 일부를 이루고 있었으며, 생수가 주제 가운데 하나였으며, 하나의 삶이 변혁되는 것이 그것의 목표였다.

관계의 상실과 상처로 얼룩진 삶을 살아가던 사마리아 여인에게 예수는 찾아오셨다. 다시금 목마를 수밖에 없는 우물물로 상징되는 사마리아 여인의 갈급한 삶에 예수는 영원히 목마르지 않게 하는 '생수'로 찾아오셨다. "이 물을 먹는 자마다 다시 목마르려니와 내가 주는 물을 먹은 자는 영원히 목마르지 아니하리니 나의 주는 물은 그 속에서 영생하도록 솟아나는 샘물

---

16) 이관직, 『목회상담자가 본 성경인물과 심리분석』 (서울: 목회상담연구소, 1999), 161-168.

이 되리라"(요 4:13-14). 예수는 남성과 여성의 성의 벽을 뛰어넘으시고 유대인과 사마리아인의 민족적, 지역적 감정의 벽을 허무시고 관습과 전통 그리고 형식을 극복하시고 모험적인 모습으로 이 여인의 삶에 먼저 찾아오셨던 것이다. 참되며 진정한 필요를 만족시켜주실 수 있는 분으로 자신을 소개하시며 사마리아 여인을 치유하셨다.

왜곡된 관계와 수십 년 동안 억눌려 왔던 내면적인 상처들이 드러나면서 사마리아 여인은 치유를 경험하기 시작했다. 예수와의 대화 속에서 자신의 과거와 현재가 발가벗겨지듯이 드러나게 될 때 회복의 가능성이 열리게 되었던 것이다. 은폐와 위장으로 지속되었던 그녀의 삶의 어두운 동굴 안으로 길이요 진리요 생명이신 예수 그리스도의 빛이 비취기 시작했을 때 사마리아 여인에게는 자신의 삶에 대한 새로운 이해와 이웃에 대한 새로운 시각과 하나님에 대한 새로운 관점을 가질 수 있게 되었던 것이다.

마침내 사마리아 여인과 마을 사람들 사이에 '화해'(reconciliation)의 과정이 일어나게 되었다. 사람들과 부딪히는 것마저 피하여 다니던 한 여인이 마을로 뛰어 들어가 모든 사람들에게 자신이 만난 사람에 대한 새로운 이해와 이웃에 대한 새로운 시각과 하나님에 대한 새로운 관점을 가질 수 있게 되었던 것이다. 더욱 놀라운 사실은 사마리아 여인의 말을 믿어주고 더운 정오에 집 밖으로 나와 우물가로 달려온 마을 사람들의 모습이다. 더 나아가 사마리아 마을 사람들과 유대인을 대표하는 예수와 그의 제자들 사이의 막힌 담이 허물어지는 기적이 이어졌다. 사마리아인들이 예수께 와서 자기들과 함께 유하기를 청하니(요 4:40) 거기서 이틀을 유하신 예수와 제자들의 모습 속에서 화해와 치유의 메타포를 발견하게 된다. 사마리아 여인은 기쁨과 놀라움, 자신감과 자존감 그리고 새로운 삶의 의미를 발견하게 된 것에서 그치지 않고 가정의 변화와 대인 관계의 회복까지 점차적으로 경험할 수 있게 되었던 것이다.

상담의 특징

우리는 이상에서 살펴본 것처럼 예수의 사마리아 여인 상담에서 나타난 큰 특징들을 다음과 같이 정리해 볼 수 있다. 하나는 사마리아 여인을 통해 본 예수의 상담의 특징은 그녀가 처한 환경을 해결해 줌으로써 그녀의 문제를 해결할 수 있다는 전제들보다는 인식의 재구성에 초점이 있었다는 것이다. 즉 예수의 상담은 환경과 상황의 변화에 초점이 있었다기보다는 사마리아 여인의 인식의 재구성에 그 초점이 있었다는 것이다.

또한 영적 요소의 중요성이다. 예수는 사마리아 여인으로 하여금 그녀의 삶 가운데서 영적인 국면의 중요성을 발견하게 함으로써 그녀의 문제가 회복되도록 하였다는 것이다. 때문에 예수의 상담의 특징은 사마리아 여인으로 하여금 영적인 것을 발견하도록 도와주셨다는 것이다. 즉, 인간 문제의 궁극적 해결은 하나님과의 생동적 관계에 있을 때 가능하다는 것이다. 때문에 기독교 상담의 핵심전제는 단지 내담자가 처한 환경이나 문제 자체에 초점을 맞추는 것이 아니라 하나님의 해결책에 초점을 맞추는 것이다.[17] 이는 기독교 상담자들에게 대단히 중요한 원리이다. 인본주의적 상담자들은 상담에 있어서 영적 요소를 기본적으로 인정하지 않는다. 기독교 상담은 근본적으로 인본주의적 상담과 그 전제와 출발이 다르다. 인본주의적 상담은 인간 중심임으로 영적인 요소는 중요하지 않다. 하지만 기독교 상담은 인간은 하나님과의 진정한 관계 속에 있을 때만이 근본적으로 문제를 극복할 수 있다는 것을 인정한다. 성경에 보면 이러한 예들은 수없이 많다. 가나안 여인, 삭개오, 열두 해를 혈루증으로 앓던 여인, 38년간 병으로 고생하던 베데스다 못가의 환자, 나사로, 거라사의 귀신들린 사람 등이다.

나아가 사마리아 여인에 대한 예수의 반응은 매우 중요하다. 예수는 사마리아 여인의 이야기를 질문하고 경청하면서 "그러한 행동은 죄된 것이다"거나 "그러한 생각을 갖는 것은 죄된 것이다"라고 말씀하지 않으셨다.

---

17) Jay E. Adams, *The Christian Counselor's Manual*, 247.

사마리아 여인이 예수의 질문에 대답하였을 때, 사랑으로 예수는 사마리아 여인의 행위를 설명하였다. 그때에 예수는 율법을 근거로 해서가 아니라 회개와 사랑과 관련시켜서 설명하셨다. 구원과 생명에 대한 새로운 깨달음으로 나아갈 수 있도록 도왔다.[18] 예수는 결코 사마리아 여인을 정죄하지 않으셨다. 단지 사마리아 여인의 변화를 위해 옳고 그름을 판단했을 뿐이다. 물론 그의 판단은 확실하고 온화했다.

예수의 사마리아 여인 상담에서 발견되는 중요한 특징은 사마리아 여인과의 대화의 기준이 '행동주의'에 입각하여 대화하지 않으셨다는 것이다.[19] 예수가 사마리아 여인을 대하는 기준은 그녀의 가치관을 변화시키기 위한 사랑이었다. 사마리아 여인을 자유롭게 하기 위해 새로운 차원의 자기 인식을 그녀에게 가르쳐 주었다는 것이다. 그래서 사마리아 여인이 새로운 관점 속에서 새로운 가치관을 가지고 살아가도록 도왔다. 예수께서는 사마리아 여인의 관점을 변화시켰다. 예수의 상담의 특징은 사람들의 마음을 꿰뚫어 보시고 새로운 삶의 자세를 갖도록 도와주는 것이었다.

예수와 사마리아 여인과의 관계에서 우리가 볼 수 있는 중요한 것은 예수의 경청에 나타난 특징이다. 사마리아 여인이 동네 사람들에게 "그가 나의 행한 모든 것을 내게 말하였다"라고 증거한다. 그 과정에서 예수는 사마리아 여인의 말에 귀를 기울였을 뿐만 아니라, 그녀가 자신의 불륜한 생활로 인하여 사람들과 정상적인 관계를 갖는 것이 불가능했으며 그로 인해 무력감에 빠져있었다는 사실을 간파하였다. 여기에서 예수의 경청은 '인식력' (perception) 또는 '지식의 말씀'(a word of knowledge)으로 묘사할 수 있다.[20] 이것은 예수의 경청은 문제의 외적인 핵심, 즉 이 경우에는 얼마 동안 다른 사람들과 정상적인 인간관계를 가질 수 없었던 무능력의 문제를 뛰어넘는 것이었다. 그래서 예수께서는 사마리아 여인의 상처와 고통으로 얼룩진 생

---

18) Duncan Buchanan, *The Counseling of Jesus*, 145-146.
19) 행동주의(behaviorism)는 인간을 단순히 관찰되고 기록될 수 있는 것으로 환산해서 정의하려고 한다. 이 이론의 주창자는 러시아의 생리학자인 이반 파블로프(Ivan Pavlov, 1849-1932)라고 할 수 있는데, 그는 모든 행동에는 분명한 원인이 있다고 보았다.
20) Duncan Buchanan, *The Counseling of Jesus*, 34.

활과 무가치한 삶을 살고 있었다는 사실을 간파하셨고, 그 결과 그녀로 하여금 자신을 돌아보고 새로운 가치와 새로운 삶의 길을 가도록 인도하셨다.[21]

예수는 사마리아 여인과 상담하는 과정에서 사마리아 여인의 감성의 소리를 들었다는 점이다. 예수는 사마리아 여인의 가장 깊은 곳에서 흐르고 있는 정서적 소리를 들었다. 예수는 사마리아 여인의 언어 뒤에 있는 감성의 소리를 들었다. 예수는 그의 삶에서 풍부한 감성적 국면을 가지고 계셨을 뿐만 아니라 그의 풍부한 감성은 그의 치유사역과 상담에서 중요하게 작용하였다고 할 수 있다. 워필드(B. B. Warfield)는 예수의 인간성을 논하면서, 예수의 감성에 대하여 관련된 복음서 자료들을 조사하였다. 예수의 감성은 연민과 사랑으로부터 시작하여 분노와 성냄이라고 하는 범주에서 악에 반응하는 도덕감으로 옮기고, 다음에는 그분 앞에서 기쁨으로 인도되는 슬퍼하는 자의 고통이었다.[22] 워필드는 계속해서 말한다.

> 우리 주님의 감성은 우리들이 신체적으로 충만한 것과 같은 그러한 감성으로 충만하시다. 그는 배가 고프셨고(마 4:2), 목이 마르셨으며(요 19:20), 피곤하셨고(요 4:6), 육체적인 고통과 즐거움을 아셨으며, 그의 신체적인 감성을 통하여 영혼을 흔드는 감성도 표현하셨다…그는 우셨으며(요 11:35), 눈물을 흘리셨으며(눅 19:41), 한숨을 지으셨고(막 7:34), 탄식하셨다(막 8:12)는 것뿐만 아니라 그의 진노하시는 눈빛(막 3:5), 분을 내어 하시는 말씀(막 10:14), 꾸짖으시는 말씀(막 3:12), 그의 화를 쏟아내는 통분함(요 11:33, 38)을 또한 읽을 수 있다. 그리고 감정이 격하여졌을 때 그의 흥분을 참는 인내(요 11:35), 공개적으로 기쁨을 나타내시는 환희(눅 10:21), 예상되었던 악의 면전에서 동요하시는 불안함(마 26:37), 비참한 순간에 솟구쳐 나오는 큰 고함소리(마 27:46)를 또한 우리는 읽을 수 있다. 앞에서 열거한 바 어느 강한 인상도 우리와 같은 한 인간으로서 예수에게는 없는 것이 없다.[23]

---

21) Duncan Buchanan, *The Counseling of Jesus*, 34-35.
22) B. B. Warfield, *Person & Work of Christ* (Philadelphia: Presbyterian & Reformed Publishing, 1989), 32.
23) B. B. Warfield, *Person & Work of Christ*, 32.

예수는 이와 같이 풍부한 감성의 폭을 가지고 계셨다. 예수의 풍부한 감성적 국면은 많은 상처 가운데 삶을 살아가는 사마리아 여인의 정서적 고통을 이해하고 사마리아 여인을 치유하시는 데 큰 작용을 하였다고 할 수 있다. 니콜라스 볼터스토프(Nicholas Wolterstorff)는 그리스도의 십자가의 은총을 말하면서, 거기서 그는 "하나님의 눈물의 역사의 의미를 보게 된다"고 역설하였다.[24] 이는 어떤 의미에서 우리를 향한 하나님의 부드럽고 따뜻한 가슴, 즉 감성적 국면은 십자가에서까지도 포기하지 않으시는 그리스도의 마음이라고 할 수 있다. 때문에 예수의 상담은 '너는 잘못 했어'라는 '보복의 법칙'이나 '인과응보의 법칙' 아니라 십자가에 달리시기까지 우리를 사랑하시는 '은혜의 법칙'과 '사랑의 법칙'에 의해서 완성되는 것이다.

상담의 독특성

예수의 상담이 구체적으로 어떻게 이루어졌는지에 대한 유형들은 복음서에 많이 나타나 있다. 여기서는 예수의 바디매오 치유사건을 중심으로 상담의 독특성을 살펴보기로 하자.

시간의 공간

복음서 가운데 우리가 목회상담을 위하여 몇 가지 암시를 도출해 낼 수 있는 하나의 교훈적 이야기가 있다. 마가복음에 기록된 마지막 예수의 치유사건은 바디매오를 고친 이야기이다(막 10:46-52). 여기에서 우리는 첫째로, "예수께서 머물러 서서"(막 10:49)라고 기록된 것을 본다. 예수의 머무르심 속에는 은총이 들어 있는 것이다. 여기서 예수는 필요한 사람에게 시간과 관심을 선물하신다. 예수께서는 고통하는 자의 울부짖음과 소원을 들으

---

24) Nicholas Wolterstorff, *Lament for a Son* (Grand Rapids: Eerdmans, 1987), 90.

시고 그에게 시간과 관심의 공간을 만드신다. 모든 목회사역과 목회상담은 고통하는 자에게 시간과 관심의 공간을 제공하는 데서 시작한다.[25]

희망의 공간

예수의 상담은 둘째로 희망을 제공하는 것이다. 예수는 그를 필요로 하고 따르는 자들에게 "안심하고 일어나라, 너를 부르신다"고 격려하시면서 희망을 불어 넣어 주셨다. 예수께서는 고통하는 자에게 그의 상황이 변화될 수 있다는 희망을 가지도록 그 사람을 도와준다.[26] "그가 뛰어 일어나 예수께 나아오거늘"은 목회사역 또는 목회상담은 희망을 주는 사역 또는 상담이여야 함을 보여준다. 무능력, 질병이나 고통과 더불어 살아야만 하는 것처럼 보이는 불가능해 보이는 자의 치료가 약속된다. 예수께서는 인간조건의 복잡성과 모호성에도 불구하고, 이 땅 위에서는 삶의 본질적인 변화가 있을 수 있다는 희망을 보여 준다.

목회상담은 격려와 희망 속에 머물고 역사한다. 여기서 우리가 기억해야 할 것은 모든 인간의 고통과 질병이 치료될 것이다가 아니라, 구하는 모든 이에게는 필요할 때 도우시는 은총이 있다는 것이다(참고, 히 4:16).[27] 바울이 고통 가운데서 세 번씩이나 하나님께 간구하였을 때에 배웠던 그러한 은총이다. 하나님의 응답은 "네 은혜가 네게 족하다"는 것이었다. 은총은 우리 안에 믿음을 낳게 한다. 그러나 그것은 우리가 모두 해답을 가지고 있다는 것이 아니고, 다만 우리는 영원한 사랑을 받았고 또 하나님께서는 우리들의 손을 놓지 않으실 것이기 때문에 불확실성과 더불어 완전을 향해 나아가는 것이다.[28] 이것이 그리스도께서 우리들에게 부여하시는 희망의 법칙이라 할 수 있다.

---

25) Francis Bridger, and David Atkinson, *Counseling in Context*, 178.
26) Francis Bridger, and David Atkinson, *Counseling in Context*, 178.
27) Francis Bridger, and David Atkinson, *Counseling in Context*, 179.
28) Francis Bridger, and David Atkinson, *Counseling in Context*, 179.

반응의 공간

예수의 상담의 특징은 셋째로 예수께서는 도움이 필요한 사람에게, 도움을 요청할 것을 선택하는 책임을 맡기셨다.[29] "내가 너를 위하여 무엇을 하여 주기를 원하느냐"는 질문은 만약 그것이 단순한 정보만을 요구하는 것이었다면 거의 필요 없는 것이었다. 그 질문을 하심으로 바디오매로 하여금 그가 요구하는 바를 말로 반응 또는 표현하게 함으로, 바디매오의 신앙을 더욱 강하게 하였을 뿐만 아니라, 그 자신이 일정한 정도의 책임을 수행하여야 할 존엄성을 그에게 주신 것이다.[30]

기독교 상담자들 중에 어떤 이들은 내담자의 필요보다는 상담자들 자신을 긍정하기 위하여 더욱 상담의 사역을 하기도 한다. 야고보서 5장의 메시지 속에서, 고통하는 자 또는 병든 자는 "교회의 장로들을 청하라"고 하는 격려 속에는 커다란 지혜가 숨어있다. 그것은 장로들이 "우리는 당신을 도와주려고 왔다"는 말이기보다는, 그들로 하여금 언제든지 요청을 받으면, 그들은 기꺼이 도와주기 위하여 존재한다는 것을 가르치고 있는 메시지이다.[31] 이것이 예수께서 보여 주신 상담의 독특한 구조인 것이다.

---

29) Francis Bridger, and David Atkinson, *Counseling in Context*, 179.
30) Francis Bridger, and David Atkinson, *Counseling in Context*, 179.
31) Francis Bridger, and David Atkinson, *Counseling in Context*, 179.

Spirituality & Counseling

제8장

해결중심 상담의 원리와 목표
Principle and Goal of Solution-Focused Counseling

상담의 원리

사람을 공격하지 말고 문제를 공격하라

상담 원리에서 첫째로 지켜져야 할 내용은 상담자는 어떤 상황에서도 사람(내담자)을 공격하지 말고 문제를 공격해야 한다는 것이다. 이러한 접근은 내담자 자신을 문제라고 보는 관점에서 내담자가 지닌 문제, 즉 잘못된 사고, 습관, 행동들이 문제라고 보는 관점이다.[1] 상담과정에서 흔히 발생하는 것은 내담자의 문제가 진단되면 그 문제를 내담자 자신의 한 부분으로 인정하고 주장하는 경우이다.[2] 또한 내담자가 지닌 문제를 가지고 내담자의 인격을 공격하는 경우가 종종 발생한다. 사람이 문제라고 보기 때문이다. 수많은 문제 사례들 중에서 부부문제를 보면, 대부분의 부부문제는 서로 상호작용하는 방식에서 연유한다. 이런 부부들에게는 이렇게 말해야한다. "당신은 문제가 아닙니다. 그리고 당신도 문제가 아닙니다. 당신 부부

---

1) Charles Allen Kollar, *Solution-Focused Pastoral Counseling*, 84.
2) Charles Allen Kollar, *Solution-Focused Pastoral Counseling*, 85.

의 상호작용에 문제가 있습니다." 상담자나 내담자는 더 이상 다른 사람이나 자신을 문제로 보는 것을 주의해야 한다. 목회자적인 입장에서 볼 때, 이것은 하나님의 계획이나 의도와 잘 연결되어 있다. 하나님의 성령은 그리스도 안에서 우리를 새로운 피조물이 되게 하였다. 상담자들은 내담자들의 이러한 문제를 중요하게 여겨야 한다. 사람은 결코 정죄나 공격의 대상이 될 수 없고 그가 지닌 문제가 문제인 것이다. 해결중심의 상담을 목표로 하는 상담자는 이점을 분명히 해야 한다.

성공적인 상담을 원하는 상담자들이 지켜야 할 원리는 반드시 사람을 공격하는 것이 아니라 문제를 공격하는 것을 배워야 한다. 사람은 결코 공격 대상이 아니다. 때문에 상담자는 상담과정에서 내담자의 어떤 말이나 고백 또는 행위에 대해서 부정적인 생각을 하거나 또는 쉽게 판단하거나 비판하는 일을 삼가해야 한다. 상담은 내담자가 지닌 문제 그 자체를 위해서 고민하며 도와야 한다. 상담자는 내담자가 지닌 문제에 집중해야 한다. 게다가 상담대화에서 사람을 공격하는 것은 어떤 경우에도 효과적일 수 없다. 상담과정에서 문제에 관해서 말함으로써 듣는 자로 하여금 그 문제를 해결하도록 도와주어야 한다. 이러한 말은 덕을 세우고 듣는 자에게 은혜를 끼친다.

사람을 공격해서는 안 되는 또 한 가지의 이유는 사람은 정죄의 대상이나 공격의 대상이 아니라 사랑의 대상이라는 것이다. 상담자는 내담자를 향한 사랑의 마음을 지녀야 한다. 이는 다음과 같은 기독교적 원리로부터 기인한다. 형제(사람)를 향한 용서는 그 형제(사람)의 선함에 근거를 둔 것이 아니라 오히려 용서하는 그리스도인의 자비와 사랑에 근거를 두고 있다. 그리스도께서 그들을 위하여 자신을 주셨고 사랑과 은혜로 그들을 용서해 주셨기 때문에 그리스도인들은 동일한 원리로 그리스도 안에 있는 그들의 형제와 자매들을 반드시 용서해 주어야 한다. 형제가 회개하며 용서를 구할 때 그 형제를 용서해 주지 않을 권리를 가진 그리스도인은 아무도 없다(마 18:22). 상담자는 내담자가 큰 죄와 잘못 가운데 있을 때라도 그가 지닌 죄의 문제를 가지고 상담해야지 그의 인격을 무시하는 우를 범해서는 안 된다. 무엇보다는 상담자는 문제를 지닌 내담자는 변화의 가능성을 지니고 있다는 점을 분명히 해야 한다.

우리는 성경에 '간음하다 잡힌 여인'(요 7:58-8:11)의 사건을 통해서 중요한 교훈을 얻을 수 있다. 성전에서 많은 사람에게 둘러싸여 가르치시던 예수께서는 이 여인의 사건으로 인하여 진퇴양난의 위기에 놓여있었다. 율법은 간음을 사형으로 처벌하라고 선언하고 있다. 이러한 율법이 이미 정해진 상황에서 예수께서 어떤 조치를 취하든 그것으로 인해서 예수의 사역은 큰 공격을 받게 될 위기에 처하게 되었다. 예수는 이중적인 문제에 직면하게 되었다. 간음한 여인에게 형벌을 가하지 않으면 율법을 어기게 되고, 그녀를 죽이기를 원하는 자들에게서 불신을 받게 된다. 결국 예수께서는 간음한 여자와 정죄하는 무리들을 다른 방식으로 대하셨다. 예수께서는 율법과 민족의 지도자들로 하여금 그들이 이제 막 던지려고 한 돌들이 그들 자신에게로 던져질 수도 있다는 것을 깨닫게 하셨다.

예수께서는 그 여자를 그들과는 다른 관점에서 대하셨다. 예수는 그녀가 비록 잘못을 하였지만 정죄의 대상으로 보지 않으시고 상담의 대상, 치료의 대상으로 보셨다. 왜냐하면 율법이 이미 그녀를 정죄했기 때문이다. 중요한 것은 이제 그녀에게 사랑과 용서가 필요하다는 것을 아셨다. 그렇다고 그녀의 행위를 단지 너그럽게만 보아주신 것은 아니다. "가서 다시는 죄를 짓지 말라"고 한 예수의 권고는 그가 그 죄를 엄격하게 지적하시고 난 후 그 죄를 용서해 주셨다는 것을 의미하고 있다. 이 사건을 대하는 예수의 태도는 그녀의 죄는 지적하셨지만 그녀 자체는 정죄하지 않으셨다는 것이다. 우리는 예수께서 이 여인의 사건을 통해서 문제가 있는 사람들을 상담자들이나 기독교 지도자들이 상담할 때 가져야할 자세를 발견하게 된다. 그것은 사람은 결코 공격이나 정죄의 대상이 아니라 긍휼과 사랑의 대상이라는 것이다. 예수께서는 사람과 문제 사이에서 실로 사람을 중요하게 여기셨고 생명을 선택하셨다는 것이다. 이와 같이 상담자들은 내담자의 문제와 내담자를 구분해서 볼 수 있어야 한다. 사람들이 문제를 가지고 있다할지라도 그 문제를 지닌 사람과 문제 사이에서 사람을 선택해야 한다. 비록 내담자가 어떤 문제를 가지고 있다할지라도 하나님의 형상으로 창조된 귀한 인격이라는 점을 간과해서는 안 된다. 이는 상담자가 상담과정에서 지켜야할 황금률이다.

문제 자체에 초점을 두지 말고 해결방안에 초점을 두라

대부분의 상담자들은 '문제중심 패러다임'에 빠지는 경향이 있다. 우리는 상담할 때 반드시 문제를 이해하고 다루어야 한다는 확신을 가지고 있었다. 문제가 규명되면 문제가 해결되기 시작한 것이라고 믿어 왔다. 상담자는 내담자의 문제를 탐색해야 하고 내담자가 어떻게 생각하고 느끼고 행동하는지 발견해야 한다고 확신하였다.[3] 문제에는 반드시 어떤 원인이 있을 것이라고 전제하고, 왜 이런 문제가 생겼는지, 무엇이 이런 문제를 발생하게 하였는지 추적해야 한다고 배워왔다. 게다가 대부분의 내담자들은 자신들에게 부정적인 영향을 끼치는 문제에 초점을 맞추고 상담하러 온다.

하지만 상담은 문제중심이 되어서는 안 되고 해결중심이 되어야 한다. 상담자들이 기억해야 할 것은 상담은 내담자들로 하여금 그들의 얽혀진 문제를 풀어내고 정상적인 위치에 서도록 돕는 행위이다. 때문에 상담과정에서 문제 자체에 지나치게 초점을 맞추어왔던 기존의 상담방법에서 해결중심에 초점을 두어야 한다. 우리는 상담을 통해 그리스도 안에서 변화와 새로운 삶을 자극하고 격려해야 한다. 해결중심의 목회상담은 내담자로 하여금 그리스도께서 공급하시는 새로운 삶을 향해 나아가도록 돕는데 그 목표가 있는 것이다.[4] 상담자의 과제는 단순히 내담자의 문제를 발생케 한 과거나 현재의 문제에만 집중하기보다는 내담자의 삶의 미래에 초점을 두어야 한다.

우리는 성경에 나오는 야고보와 요한이 영광의 자리에 앉게 해달라고 예

---

[3] Charles Allen Kollar, *Solution-Focused Pastoral Counseling*, 16.
[4] Jay E. Adams, *The Christian Counselor's Manual*, 247-248.

수께 요청하였을 때(막 10:35 이하), 예수께서는 그들의 문제가 무엇인가를 지적하시기보다는, 그 같은 태도는 죄악된 것이며 구원을 받으려면 근절되어야 할 것이라고 말씀하지 않으시고, 오히려 예수께서는 알지 못하고 하는 그들의 말을 경청하시고 그들의 감정을 용납하셨다. 그리고 그들의 이해의 범위를 뛰어 넘으며 또한 그들의 욕구를 충족시켜 줄 새로운 삶의 방식 즉 해결책을 그들에게 제시해 주셨다.

대개의 경우 상담자는 내담자에게 있는 모든 잘못된 요소들에 초점을 맞추어 상담을 진행할 수 있다. 그럴 경우 해결책이 마련되기보다는 도리어 내담자의 문제만 더 파헤쳐질 수 있다. 이러한 경우 종종 내담자는 더 많은 상처를 받게 되고 내담자로 하여금 상담의 희생자가 되게 하곤 한다. 때문에 상담과정에서 상담자가 내담자의 단점이나 지나치게 얽히고설킨 관계의 분석을 하는 것을 주의해야 한다. "해결중심의 목회상담자는 그의 전문성은 해결책을 찾는 과정에 있는 것이지 내담자의 '정신질환'에 있는 것이 아니다. 우리가 할 일은 내담자로 하여금 하나님의 주권적인 뜻을 지속적으로 신뢰하도록 초청하는 것이다."[5]

상담자들은 내담자의 문제가 무엇인지 그것을 확인하고 진단하려 한다. 내담자로 하여금 자신이 어떤 문제로 고통당하고 있는지 알도록 도움을 주려고 한다. 찰스 알렌 콜라(Charles Allen Kollar)는 "사람들은 자신이 어떤 문제를 가지고 있는지를 알면 그 문제를 구체적으로 다룰 수 있기 때문에 안도감을 느끼는 경향이 있다. 이러한 접근은 철저히 문제중심의 접근이다. 내담자에게 드러나는 문제는 그의 전체 삶에 아주 작은 일부에 지나지 않지만 이제 그것이 다른 전체 영역에까지 영향을 미쳐 해결될 수 있다는 가능성을 보지 못하게 한다. 이러한 접근은 내담자 개인으로 하여금 자신이 무언가 문제를 더 강화시키는 결과를 초래할 수도 있다"고 지적하였다.[6]

물론 목회상담의 첫 번째 역할 중 하나는 중심 문제를 확인하는 것이다. 내담자의 문제는 분명하고 구체적인 용어로 정의되어야 한다. 예를 들어,

---

5) Charles Allen Kollar, *Solution-Focused Pastoral Counseling*, 35.
6) Charles Allen Kollar, *Solution-Focused Pastoral Counseling*, 35-36.

내담자의 문제를 단지 '자존심이 낮은 사람' 또는 우울증으로 묘사하는 일은 애매할 뿐만 아니라, 문제에 대한 구체적인 정의가 아니다. 이것으로 어떻게, 언제, 한 개인의 자존심이 증진되었는지를 알 수 있겠는가? 문제 진단은 구체적이어야 한다. 우울증을 호소하는 한 30대 중반의 여성과의 상담을 예로 들어보자. "나는 지금까지 행복하다고 생각해 본 적이 없어요. 공부도 특별히 잘하지도 못했어요. 미달학과였던 철학과를 운 좋게 들어가 겨우 졸업했어요. 졸업 후 작은 회사에 들어갔었지만 한달도 안 되어 그만 두었어요. 나는 여기에 공부하러 와서도, 도망 온 거지요, 우울함 때문에, 몸이 정말 아파서 아침에 침대에서 일어날 수 없는 날도 많았어요…남자친구와 헤어진 후로 그 여파가 한꺼번에 몰려왔어요. '나는 왜 이렇게 쓸모가 없는가, 사회적으로 어떤 반듯한 직업도 없고 돈이 많아서 사업을 하는 것도 아니고 아무것도 이룬 것이 없구나, 결혼이라도 했으면 가족과 아이라도 있을텐데 그것도 아니고…' 사는 것이 의미가 없었어요. 내가 왜 살아야 하는지 이유를 찾을 수가 없었어요." 이 여인은 확실하게 우울증과 자살충동의 문제를 가지고 있다. 그리고 그 문제는 근본적으로 낮은 자존감에 연유하고 있으며 그녀의 삶의 많은 국면, 특히 관계적인 면에 영향을 미치고 있다는 것이다. 문제의 정의가 확고해지고 정확해질수록 해결의 가능성이 더욱 높아진다. 하지만 상담은 문제 자체만을 인식하고 마는 것이 결코 아니다. 해결 방안을 모색하는 데 중심을 두어야 한다. 때문에 중요한 것은 각 상담에서 해결 방안에 초점을 두는 일이 문제나 행동의 원인에 대한 설명보다 훨씬 더 중요하다. 워크랜드(Weakland)는 문제의 원인이 무엇이건, 문제는 "현재 그가 상호작용하고 있는 사람과의 지속적인 행동에 의해서만 계속 된다. 따라서 그런 문제를 지속시키는 행동이 적절히 변화되거나 제거되면 문제는 그 본질이나 근원, 지속에 관계없이 해결되거나 사라지게 된다"고 말하고 있다.[7]

---

7) P. Watzlawick, J. Weakland, and R. Fisch, *Change: Principles of Problem Formation and Problem Resolution* (New York: W. W. Norton, 1974), quoted in Charles Allen Kollar, *Solution-Focused Pastoral Counseling*, 85.

특별히 단기 목회상담과정에서 주의해야 할 세 가지 사항은, 하나는 내담자의 관심과 필요를 뒤로 하고 상담의 진정한 과제가 아닌 인격의 문제에 초점을 맞추는 일은 바르지 않다. 물론 상담을 장기적으로 그리고 종합적으로 할 수 있는 모든 여건이 주어진다면 내담자의 인격의 문제에도 초점을 둘 수도 있다. 다른 하나는 내담자의 문제가 발생하기 이전의 모든 사실을 알 필요는 없다는 것이다. 마지막으로 문제의 평가는 상담자와 내담자가 함께 참가하는 일이지 상담자가 일방적으로 내담자에게 행하는 일은 아니다. 해결중심 상담 원리에 대한 보다 더 구체적인 내용은 '이야기 상담'(제6장)의 원리와 전제를 참조하라.

상담의 목표는 행복이 아니라 그리스도적 삶이다

상담에서 상담자는 내담자가 미래의 비전을 갖도록 도와야 한다. 문제가 해결되면 미래는 어떻게 될까? 상담의 첫 순간부터 그들은 목표를 정하고 그 목표를 달성하기 위하여 힘써야 한다. 즉, 어떻게 그 목표를 성취할 것인가를 결정해야 한다. 진정한 목회상담은 상담자가 내담자의 문제 해결에만 그치는 것이 아니라 그가 기독교적 희망을 가지도록까지 하는 것이다. 여기에서 희망은 단지 개인의 행복을 목표로 하기보다는 그리스도의 인격과 삶을 닮도록 하는데 두어야 한다. 때문에 **상담의 진정한 목표는 행복이 아니라 그리스도를 닮는 삶이다**. 래리 크랩(Larry Crabb)은 말하기를, "우리 중에 많은 사람들은 우리의 문제 해결과정에서 그리스도를 닮아가는 것이 아니라 행복을 찾는 것에 최고의 우선순위를 두고 있다. 나는 행복을 원하지만 역설적인 진리는 내가 행복해지려고 우선적인 관심을 기울이면 결코 행복해질 수 없다. 나의 최우선적인 목표는 성경적으로 대응하는 모든 상황 가운데서 주님을 가장 먼저 내세우고, 그분이 나에게 하기를 원하는 그것을 실천하려고 노력하는 것이다…내가 더 하나님을 닮아가고 그분을 더 깊이 알기 위하여 순종함으로 진리 안에 거하면 결과적인 나의 행복은 부산물로

얻게 되는 것이다."⁸⁾

　상담은 그리스도인들로 하여금 이 원리를 깨닫게 하여 보다 더 성숙한 그리스도적 삶을 살아가도록 하는데 있다. 그리스도인의 상담의 목표는 문제와 고난으로부터 탈출하는데 그치지 아니하고 그리스도를 닮아가는 삶에 있다(Out of one's own pain into the pain of others). 상담자가 상담과정에서 기억해야 할 것은 기독교 상담은 내담자가 하나님의 사랑을 깨닫고 그 사랑만이 역사 속에 있었던 유일하고 진실된 치유적 능력이라는 것이다. 레위기에서 근본적으로 가르치고 있는 메시지는 인생에서 일어나는 모든 것들이 하나님의 주권적인 권위에 영향을 받는다는 사실을 분명히 밝히고 있다. 하지만 또한 기억해야 할 것은 하나님의 사랑은 필연적으로 십자가를 수반한다. 하나님의 사랑을 받아들이기 원하는 사람은 많지만 그 사랑에 필수적인 고난을 생각하는 사람은 거의 없다. 왜냐하면 사람들은 고난을 불행한 것으로 생각하기 때문이다.

　상담자들이 해야 할 것은 내담자들이 어두움에서 빛으로 문제에서 나오도록 돕는 것이다. 그러나 많은 상담자들이 갖고 있는 문제들 중에 하나는 그리스도인들의 상담의 궁극적 목적은 단지 행복을 쟁취하는 것이 아니라 그리스도적 삶을 위한 것이라는 것을 간과하는 것이다. 하나님을 따르고 그의 자녀가 되는 권세를 가진 자에게 자동적으로 평화가 주어지는 것은 아니다. 그리스도인 각자에게 주어진 평화나 행복은 공동체의 평화와 행복을 위한 밑거름일 따름이다. 그리스도인들의 강하다는 것은 단지 더 이상 죽음을 두려워하지 않아도 되는 천국 백성이기 때문만도 아니요, 인생을 살면서 방관자와 같이 다른 사람에게 피해를 주거나 두려움을 야기 시키는 일들을 하지 않는 선한 윤리적인 사람으로 살아가는 것 때문도 아니다. 그리스도인이 강한 것은 십자가의 역설을 알기 때문이요 그 십자가를 삶으로 일구어내는 삶에 있다. 바울의 선언을 주목해 보자. "그러나 내게는 우리 주 예수 그리스도의 십자가 외에 결코 자랑할 것이 없다"(갈 6:24). 십자가

---

8) Lawrence J. Crabb, *Effective Biblical Counselling*, 20-21.

가 유대인에게는 거리끼는 것이요 이방인에게는 미련한 것이었지만, 바울에게 있어서 그리스도의 십자가는 하나님의 사랑을 나타내는 이 세상의 그 어떤 표적보다도 뛰어난 것이었다. 십자가를 인간의 죄에 대한 하나님의 응답으로 보지 않는 한, 그것은 단지 무섭고 회피해야만 하는 것으로 생각할 수 있다. 하지만 기독교의 십자가는 단지 불행하고 무죄한 사람에 대한 불의가 아니다. 적어도 거기에는 응답적인 희망이 있다. 때문에 그리스도인들이 십자가를 거리끼거나 미련한 것으로 해석하는 것은 옳지 않다. 죽음과 생명, 고난과 기쁨, 십자가와 부활의 양식은 그리스도인들의 삶의 양식에서 분리할 수 없는 한 쌍이며 법칙이다.

상담의 목표

희망: 하나님의 이야기에 참여

기독교 상담의 목표는 많은 문제로 인하여 절망 가운데 있는 내담자에게 변화의 희망(hope of change)을 갖도록 하는 데 있다. 아담스는 "상담에서 중요한 부분은 절망하고 낙심하여 찾아온 사람들에게 성경적인 소망을 갖도록 도와주는 것이어야 한다"고 지적하였다.[9]

어떻게 기독교 상담자가 고통받고 있는 자를 도울 수 있는가? 그것은 내담자로 하여금 믿는 자의 삶 속에서 약속의 중요성을 상기시켜야 한다. 하나님의 행위와 하나님의 백성들의 경험은 약속 위에 굳건히 서있다. 상담자는 단순히 위로할 말을 찾으려고 노력하거나, 혹은 단지 신학적이고 교리적인 내용에 의지하는 것이 아니라, 하나님의 행위에 뿌리를 두고 종말론적 소망을 갖는 것이다.

상담자는 내담자에게 기독교적인 희망을 심어주어야 한다. 이 기독교적

---

[9] Jay E. Adams, *The Christian Counselor's Manual*, 40.

인 희망은 하나님께 대한 희망, 하나님의 신실성에 대한 희망 그리고 그리스도에 대한 희망이다. 그리스도인의 희망은 하나님께 근거를 두고 있다. 성경 전반을 통하여 희망은 하나님을 지향한다는 것임을 명백히 하고 있다. 구약성경에 기록된 73개 구절의 이스라엘의 희망은 '희망하다'는 동사와 '희망'이라는 명사로 표현되어 있으며, 그 대상은 변함없이 여호와 하나님이다. 이러한 이해는 독특한 측면을 가지고 있는데, 호프만(E. Hoffmann)이 지적하는 것처럼, 다른 나라들은 그들의 하나님과 희망을 일치시키지 않고 있다. 오직 이스라엘에서만 여호와 하나님이 희망으로 언급되고 있다. 바벨론 사람들의 기도는 그들의 신을 그들의 희망으로 부르지 않았다. 그러나 이스라엘 사람들은 "주 여호와는 나의 소망이시오, 나의 어릴 때부터 의지시라"(시 75:1).[10]

결과적으로 절망에 이르는 어려움이 자주 있었음에도 불구하고, 이스라엘은 하나님께 의하여 보증된 그들의 희망을 알고 있었다. 여호와 하나님은 그의 백성의 소망의 대상이었고, 구체적 실체였으며, 보증인이셨다. 이스라엘은 그러므로 하나님의 이름(시 52:9), 하나님의 용서의 말씀(시 130:5), 하나님의 능력의 팔(사 51:5) 그리고 하나님의 구원(창 49:18)을 기다리고 있는 것으로 그려지고 있다.

상담학적으로 말하면, 하나님을 향한 희망이라는 관점은 상담자가 내담자 모두를 끈질긴 내성(introspection)의 영역으로부터 이동시킨다는 것이다. 관심의 대상은 더 이상 자아에 빠지지 아니하고, 그 대신에 하나님의 약속이 되는 것이다. 나아가 인간의 성취는 단지 인간의 노력에 의존하지 아니하고, 하나님의 손에 의존한다는 은혜의식이다. 여기에서 기독교 상담의 독특성이 나타나는데 대부분의 일반 상담이 갖고 있는 특징인 자아 치유를 위한 노력은 기독교 상담에서는 이차적이며 엄밀한 의미에서 부정된다. 이 말은 자아 분석이, 즉 인간에 대한 바른 이해의 여정이, 불필요하다는 것은 아니다. 내담자는 미래를 향하여 열어놓기 위하여, 그의 과거를 이해할

---

10) Colin Brown, ed., *The New International Dictionary of The New Testament Theology* 2 (Exeter: Paternoster Press, 1988), 239.

필요가 있으며, 어떻게 하나님께서 인간의 내적 치유를 가져다 줄 것인지에 대하여, 그 자신의 느낌을 직면하여야 할 필요가 있다. 그러나 소망의 초점은, 더 이상 자신의 과거 때문에 괴로워함으로 그 자신을 위한 변화를 가져오려고 노력하는 개인에게 있는 것이 아니라, 주권적인 사랑으로 약속을 성취시키려고 하시는 하나님에게 있는 것이다.

성경에 보면 희망(소망)은 은사로 묘사되고 있다. 소망은 복음의 수단으로 선포되었고(골 1:23) 그리고 그것은 하나님의 은혜의 산물이다. "우리 주 예수 그리스도와 우리를 사랑하시고 영원한 위로와 좋은 소망을 은혜로 주신 하나님 우리 아버지께서 너희 마음을 위로하시고 모든 선한 일과 말에 굳게 하시기를 원하노라"(살후 2:16-17). 은혜를 강조한 것은 대단히 중요한 요소이다. 바울은 그리스도인들의 소망은 하나님의 약속으로부터 오는 것이지, 인간의 선행이나 노력에서 오는 것이 아니라는 소망의 복음을 명백히 하고 있다. 이 소망은 그리스도 안에서 주어진 미래의 현존이다. 즉, 조지 래드(George Ladd)가 지적한 것처럼 그리스도인들은 '미래의 현존'(the present of the future)을 소유하고 있기 때문이다.[11]

그러면 이러한 관점으로부터 어떻게 기독교 상담자와 내담자를 도울 수 있는가? 상담자는 그가 가진 모든 자원을 동원하여 내담자로 하여금 하나님의 약속의 복음을 붙들고, 응답하도록 도울 필요가 있다. 여기에서 중요한 것은 내담자의 과거, 현재, 미래는 그의 주관성이나 그의 환경에 의존하지 않고, 하나님의 신실한 약속에 의존하고 있다는 것을 알게 하는 것이다. 때문에 기독교 상담의 독특성은 내담자로 하여금 그의 자아 또는 그의 문제 자체에 초점을 맞춤으로 해결을 도모하는 것이 아니라 변화를 가져다주시는 신실하신 하나님 안에서 소망을 갖게 하는 것이다.

프란시스 브리저(Francis Bridger)와 데이빗 아트킨슨(David Atkinson)은 말하기를 "도움을 구하는 고통 받는 사람은 소망이 있다는 것을 듣기를 염원한다. 그것이 없이는 절망이 지배하게 되며, 현실은 끊임없이 낙후되는

---

11) George Ladd, *The Present of the Future* (Grand Rapids: Eedmans Publishing Company, 1996).

(ever-decreasing) 황폐와 불안의 나선형이 되고 말 것이다. 그러나 자기 진보(self-improvement)를 향한 우리들 자신의 노력을 통하여서가 아니라, 하나님의 은혜로운 샬롬(the gracious shalom of God)을 통하여, 참으로 소망이 있다고 이야기하여 주는 것은, 사람들이 들을 수 있는 이야기 중에 가장 큰 자유와 치유를 가져다 주는 메시지이다"라고 하였다.[12]

상담자들이 상담과정에서 자주 직면하는 것은, 특별히 어려운 상황들에 처한 사람들에게서 진정한 성경적 변화는 희망이 없이 일어나지 않는다는 것이다. 사람들은 이혼, 사별, 실직 등 삶의 좌절을 경험할 때 희망이 필요하다. 그들에게 이와 같은 삶의 문제가 장기간 지속될 때 희망이 필요하다. 사람들은 자기들의 삶의 과정에서 그들의 문제와 실패를 해결하기 위해 진지하게 노력할 때 희망을 필요로 한다. 만약에 상담자들이 삶의 좌절, 실패, 비성경적 삶의 습관으로 말미암은 문제 등으로 직면한 자들을 돕기를 원한다면 우리는 그들에게 희망을 심어주는 것이 아주 중요한 요소라는 것을 알 수 있다.

변화: 인식의 재구성

인식의 재구성 또는 재형성은 상담에서 핵심적 사항이다. 인식의 재구성이란 내담자의 상황과 관련된 인지적 또는 정서적 관점을 바꾸어 내담자가 처한 문제나 사건을 새로운 각도에 놓고 새로운 의미부여를 통해 사실을 긍정적으로 인식하기 위한 방법이다.[13] 내담자가 처한 상황과 관련된 인지적 또는 정서적인 관점을 바꾸어 새로운 각도에 놓고 보다 더 바람직하게 그 상황이 체험되어짐으로써 새로운 의미부여를 하는 것을 말한다. 새로운 의미부여에서 바뀌는 것은 상황과 관련된 의미이다. 내담자의 상황이 안고 있는 구체적인 사실이 바뀌는 것이 아니라 내담자의 관점 또는 견해가 바

---

12) Francis Bridger, and David Atkinson, *Counseling in Context,* 272.
13) Richard Bandler, and John Grinder, *Reframing: Neuro Linguistic Programing* (Moab: Real People, 1979), 1.

뀐 것을 말한다.

성경에 나오는 예수의 니고데모와의 상담은 내담자의 관점의 변화를 위한 상담으로 매우 일반적인 형태이다(요 3:1-21). 예수께서는 니고데모의 상황과 수준에서 그와 대화하지 않으시고 니고데모의 학식과 통찰력을 훨씬 능가하는 효과적인 방법으로 대화하시면서 상담하셨다. 예수께서는 니고데모가 깨닫지 못한 믿음의 양상들을 보여 주시면서, 니고데모가 기대했던 이상으로 그를 이끄셨다. 언뜻 보기에 예수께서는 모호하게 말씀하시면서도 새로운 시각에서 믿음을 인식하고 새로운 인식으로 예수와 하나님과 그 자신을 바라보도록 니고데모와 대화하시면서 상담을 하셨다. 따라서 예수의 니고데모와의 상담에서 보여 주는 것은, 상담목표 가운데 내담자의 인식의 재구성 또는 새로운 시각형성이 대단히 중요하다는 것이다. 예수께서 니고데모가 갖고 있는 학식이나 관점으로부터 새로운 관점으로 그를 이끄신 것이다. 그리고 하나님의 사랑을 인식하고 놀라운 용기를 갖도록 그를 인도하셨다. 예수께서는 니고데모의 삶에 있어서 전환점이 되어주셨으며, 그 전환점은 그를 새로운 삶으로 나아가도록 하는 요인이 되었다.

도날드 캡스(Donald Capps)는 기독교 상담에서 재구성의 중요성을 강조한 학자이다. 재구성의 방법에 관한 캡스의 이해의 기초는 내담자가 경험한 사건들에 관하여 다르게 생각하거나 새로운 관점에서 보거나 다른 사실들을 고려하는 능력을 갖는 것이라고 보았다. 상담을 통하여 내담자가 경험한 과거의 사건들에 대하여 새로운 이해나 재해석이 발생할 때 내담자의 변화가 가능하며 의미가 바뀔 때 사람의 반응과 행위 또한 변할 수 있기 때문이다. 캡스는 내담자에게서 상처를 입혔던 과거의 사건, 관계된 인물, 변경 불가능한 과거의 정황에 대해서 생각이나 관점을 바꾸지 않고는 치료가 쉽지 않다고 보았다.[14]

기독교 상담은 내담자를 성경을 통해서 바르게 재구성된 사고방식을 기초로 전에 거부하지 못했던 것을 거부할 수 있는 의지를 키워주는 행위이

---

14) Donald Capps, *Reframing. A New Method in Pastoral Care* (Minneapolis: Fortress, 1990).

다.[15] 상담자들이 상담을 통하여 내담자의 과거 자체는 바꿀 수 없지만 과거에 대한 반응이나 해석은 재구성하도록 도와줄 수 있다. 상담의 궁극적 목적은 내담자의 인식의 재구성을 위하여 돕는 행위이다.

웃음: 하나님의 위로

모든 사람은 웃고 싶어 한다. 그리스도인들도 예외는 아니다. 사람들이 상담을 통해서 궁극적으로 얻고자 하는 것은 웃음이다. 내담자들은 슬픔과 여러 문제들 속에서 상담에 참여하지만 슬픔이 그들의 궁극적 목표는 결코 아닐 것이다. 투르게네프(Turgenev)가 "당신이 웃을 때, 당신은 용서하고 사랑할 준비가 되어있다"라고 말했을 때 의미했던 것과 같은 웃음이다.[16] 이런 웃음은 다른 사람의 고통과 아픔과 불행을 기뻐하는 매정하고 잔인한 웃음이 아니라 위기를 극복하거나 새로운 통찰력과 희망이 생겼다는 안도감으로 발생되는 웃음이다.

성경에 이런 웃음에 대해서 언급하는 경우가 드물지만 성령께서 역사하셔서 사람들 사이에 장벽을 무너뜨리시고 그들의 긴장과 죄로부터 자유하게 하시는 것을 볼 수 있다. 하나님께서 자유를 주실 때, 웃음은 우리에게 가득하게 될 것이다.

> 여호와께서 시온의 포로들을 돌리실 때에 우리가 꿈꾸는 것 같았다 그때에 우리 입에는 웃음이 가득하고 우리의 혀에는 찬양이 찼었도다 열방 중에서 말하기를 여호와께서 저희를 위하여 대사를 행하셨다 하였도다 여호와께서는 우리를 위하여 대사를 행하셨으니 우리는 기쁘도다 (시 126:1–3).

목회상담학자 스티븐 패티슨(Stephen Pattison)은 실패와 웃음 사이의 관계를 지적하였다. 개인의 죄와 연약함에 대한 인식은 죄로부터의 구원을 경

---

15) Archibard D. Hart, Gary L. Gulbranson, and Jim Smith, *Mastering Pastoral Counseling* (Portland: Multnomah, 1992), 26.
16) Stephen Pattison, *A Critique of Pastoral Care*, 182에서 인용함.

험할 때 치유를 일으키는 웃음으로 이어질 수 있다. 패티슨은 목회적 돌봄이 눈물과 웃음이 있는 곳을 동일하게 어루만진다는 것을 알았다.

> 실패와 웃음은 인간이 되는 일의 기본이다. 그것들은 또한 신학의 가장 중요한 몇 가지 통찰들과도 밀접하게 관련되어 있다. 실패를 통해서 인간은 자신들이 죄와 악에 대해 무감각했음을 가장 잘 인식하게 된다. 실패는 그들이 가장 벗어나고 싶어 하는 상태다. 그것에 대응하는 웃음은 심오한 인간의 연대감뿐만 아니라 은혜와 소망과 창조적 가능성을 경험하게 해 준다…눈물과 웃음은 목회적 만남과 관계의 중심에 있다. 그것들은 목회적 돌봄의 본질에 대한 기본적인 사고와 저술에서 보다 중요한 위치를 차지해야 한다.[17]

눈물과 웃음이 인간 상황에 대한 새로운 통찰의 지표가 되는 상담에서, 우리는 사람들이 보다 큰 책임과 자유에 대한 보다 큰 이해에 이르게 하는 과정에 서 있다는 것을 알 수 있다. 사람들이 자신의 삶의 감옥으로 몰아넣는 요소들인 상처와 분노, 고통과 눈물, 이기주의와 다툼 등에 대하여 말하고, 도전을 받고, 회개하고, 용서받을 때, 자유하게 하시는 하나님의 사랑과 능력의 기운이 그들 속으로 들어가 감옥의 문을 열고 그들을 풀어줄 수 있다. 사람들이 그렇게 새로워지고 자유하게 될 때 참회의 눈물과 새로운 각성의 웃음이 동반되는 것은 놀라운 일이 아니다.

상담의 목표는 모든 인간관계에서 더 깊은 화해를 이루는 것과 하나님을 신뢰하고 섬기는 충만한 자유가 풍성해지는 것이다.

> 주 여호와의 신이 내게 임하셨으니 이는 여호와께서 내게 기름을 부으사 가난한 자에게 아름다운 소식을 전하게 하려 하심이라 나를 보내사 마음이 상한 자를 고치며 포로된 자에게 자유를 갇힌 자에게 놓임을 전파하며 여호와의 은혜의 해와 우리 하나님의 신원의 날을 전파하며 모든 슬픈 자를 위로하되 무릇 시온에서 슬퍼하는 자에게 화관을 주어 그 재를 대신하며 희락의 기름으로 그 슬픔을 대신하며 찬송의 옷으로 그 근심을 대신 하시고 그들로 의의 나무 곧

---

17) Stephen Pattison, *A Critique of Pastoral Care*, 143-144.

여호와의 심으신 바 그 영광을 나타낼 자라 일컬음을 얻게 하려 하심이라(사 61:1-3).

그리스도인들은 하나님을 좀더 세심하게 대하고 우리 자신은 좀 덜 세심하게 대해야 하는 끊임없는 노력에 대한 하나님의 은혜로운 산물로서 발생하는 웃음에 가장 많은 관심을 가지고 있다. 상담의 목표는 내담자들로 하여금 하나님의 은혜로 말미암는 웃음에 참여케 하고 그 웃음의 파장이 이웃에게로 퍼져나가게 하는 것이다. 웃음은 전염성이 있다. 웃음이 편만한 하나님의 세계가 되도록 꿈꾸는 자들이 바로 그리스도인들이다. 어린아이도 웃어야 하고, 여자도 웃어야 하고, 나이 많은 어른도 웃어야 하고, 가난한 자도 웃어야 한다. 울음을 웃음으로 바꾸시는 하나님의 은혜의 사역에 참여하는 일이 바로 기독교 상담이다.[18]

---

18) 기독교 상담에서 웃음과 유머의 치유적 가치에 대해서는 Daniel J. Louw, *Meaning in Suffering: A Theological Reflection on the Cross and the Resurrection for Pastoral Care and Counselling* (Frankfurt: Peter Lang, 2000), 90-194를 참조.

해결중심 상담의 실제
Practice of Solution-Focused Counseling

상담 접근방식 선택

상담자는 내담자가 자신이 직면한 문제나 상황에 개입하도록 허용하면, 어떤 상담 접근방식을 선택할지 결정해야 한다. 즉, 상담을 통해 원하는 결과를 얻으려면 상담자는 적당한 상담 접근방식을 선택하여 상담을 시작해야 한다. 상담자는 내담자의 상황을 고려하여 상담을 진행시켜가는 하나의 틀을 선택해야 한다. 상담자는 상담과정에서 하나의 틀을 선택하기 위하여 다음 사항을 고려해야 한다.

첫번째 상담 접근방식은 상담자는 내담자와 상담 약속을 한 이래로 어떤 '변화'가 일어날 수 있음을 전제하고 어떤 변화가 일어났는지, 문제 상황에서 어떤 것이 나아졌는지를 탐색하는 것이다. 상담자는 내담자와 상담 약속을 한 후에 내담자의 최근의 변화에 주목해야 할 필요가 있다. 사람들은 종종 상담을 받아야겠다는 결정을 하는 것만으로도 자신의 문제 증상이 어느 정도 완화되는 것을 경험한다. 상담자는 다음과 같은 질문을 통하여 내담자의 최근의 변화에 대해 살필 필요가 있다. "제 경험으로 보면, 사람들은 상담 약속을 하고 나서 실제로 만나 상담을 하기까지의 기간 동안에 자기 자신에게서 무엇인가가 약간 달라지거나 또는 변화를 경험하는 경우가 대부분입니다. 당신의 문제, 상황, 관계, 가정, 직장 등에서 발견된 어떤 차이점이나 변화가 있을 텐데 무엇입니까?" 여기서 주목해야 할 것은 "어떤 차이나 변화를 발견하였느냐"가 아니고, "무엇을 발견하였느냐"이다. 상담자는 상담 약속 이후 내담자에게 어떤 변화가 있을 거라는 전제를 가지고 질문을 해야 한다. 상담자는 내담자와 상담 약속 이후 그의 최근의 변화에 주목해야 한다. 상담자들 중에서는 내담자가 최근에 어떤 변화가 있었다 해도 그러한 것을 의심의 눈초리로 보는 사람들이 있다. 그래서 내담자의 최근의 변화들은 대개 무시되거나 전혀 주목을 받지 못하는 경우가 많다. 상담자는 내담자에게서 부정적인 것이나 결핍된 것이나 역기능적인 것을 찾으려는 습성에서 최근의 변화나 그의 장점들을 발견하도록 해야 한다.[1]

두 번째 상담 접근방식은 '미래에 초점'을 부여하는 것이다. 상담의 목표를 구축하는 것은 첫 번째 상담접근방식으로도 충분할 수 있다. 하지만 어떤 의미 있는 변화가 탐색되지 않으면, 그 다음 접근방식을 살펴보아야 한다. 또한 내담자의 상황이 문제로 가득 찬 상태라면 두 번째 접근방식으로 넘어갈 수도 있다. 내담자가 문제에 너무 집중되어서 어떠한 개선의 가능성도 생각하기 어려운 상태가 여기에 해당된다. 이런 상황에서 상담자는 미래에 초점을 부여한 것을 통해 긍정적인 결과에 대한 믿음과 능력을 배양하는 창조적인 해결책을 구축할 수 있다. 즉, 내담자는 문제중심의 과거에 초점을 맞추고 있는 경우가 많기 때문에 상담자는 해결중심의 접근인 미래에 초점을 맞추어 내담자가 변화를 추구하도록 도와주어야 한다. 내담자의 어떤 문제가 너무 무거워 불안과 두려움과 좌절에 빠진 상황이라면 이에 대한 치유는 바로 '소망'이다. 솔로몬은 이 사실을 분명히 기술하고 있다. "소망이 더디 이루게 되면 그것이 마음을 상하게 하나니 소원을 이루는 것은 곧 생명나무니라"(잠 13:12). 상담자는 미래지향적인 방향을 유지하고 하나님의 말씀에 선포된 소망을 더욱 견고하게 하고, 그로 말미암아 잃어

---

[1] Charles Allen Kollar, *Solution-Focused Pastoral Counseling*, 121-122.

버린 소망을 붙잡고 회복하도록 해야 한다(롬 8:28; 고전 10:31; 골 3:2-3 등). 내담자의 초점이 문제 중심에서 미래 초점으로 바뀌면 상담은 해결중심 쪽으로 전진하게 된다. 상담초기에 이렇게 함으로써 문제가 더 이상 내담자를 지배하지 못하는 쪽으로 내담자의 시선을 옮기는 것이다. 그렇게 함으로써 상담자는 내담자가 상황을 조절할 수 있는 능력을 회복하기 시작하고, 아울러 상담 목표를 구축하는 과정을 시작할 수 있게 된다.[2]

세 번째 상담 접근방식은 '상황 유지'이다. 내담자가 너무나 절망적이고 변화의 가능성에 대해 비관적이어서 미래 초점의 질문에 잘 반응하지 못하는 경우이다. 이러한 내담자는 영적인 근시가 되어 문제 외에는 다른 어떤 것도 보지 못한다. 상담자는 이때 상황 유지 질문을 해야 한다. 상담자가 아무리 창조적으로 해결책의 단서와 강점을 탐색하고 미래의 변화된 모습을 창출해 내려고 해도 어떤 내담자들은 자신이 처한 상황이나 문제에 대해 너무 부정적이어서 자신들에게는 효과가 없고 상황이 개선될 수 없다고 여긴다. 그럴 때 상담자는 내담자의 상태에 함께 머물러 있는 것이 좋다. 내담자가 다른 방향으로 가고 있을 때 상담자가 자기 방향으로 앞서 가는 것은 별로 도움이 되지 않을 수 있으며 도리어 부정적인 결과를 부를 수 있다. 이런 내담자에게는 우는 자들과 함께 우는 원리(롬 12:15)에 따라 상담자는 내담자와의 관계를 유지해야 한다. 이 단계에서 상담자는 또한 성령의 계획과 인도하심을 구함으로 내담자를 지원해야 한다.[3]

네 번째 상담 접근방식은 '문제 외부화'이다. 내담자의 문제가 너무 확고하면 상황유지 단계가 어려울 수 있다. 상황이 이런 때는 문제의 외부화를 시도해야 한다. 즉, 문제가 문제라고 보는 것이다. 문제 외부화 접근방식을 통해 목표를 달성했을 때 문제 외부화의 상태에 머물러 있지 않는 것이 중요하다. 문제 외부화가 달성되면 새로운 희망을 구체화하는 과정으로 자연스럽게 이끌어갈 다른 실마리들을 탐색하는 것이 필요하다. 그렇지 않으면, 상담자는 내담자로 하여금 회복의 과정에서 해결책을 외부적인 것으로

---

2) Charles Allen Kollar, *Solution-Focused Pastoral Counseling*, 123-128.
3) Charles Allen Kollar, *Solution-Focused Pastoral Counseling*, 129-131.

받아들이게 하는 아주 미묘한 잘못을 범할 수 있다. 이 과정에서 또한 중요한 것은 내담자의 상태와 보조를 같이하는 것이다. 문제를 외부적인 것으로 규명할 때 상담자는 그것이 상담 대화의 과정과 자연스럽게 연결될 수 있도록 하는 것이 필요하다. 그러기 위해서는 내담자가 이미 대화를 통해 제공한 내용들이나 자원들을 활용하는 것이 바람직하다. 이 단계에서는 상담자는 내담자의 문제의 원인이 외부에 있다고 보는 것이다. 이러한 접근방법은 사도 바울이 로마에 있는 교회에 보낸 편지에서 아이디어를 발견할 수 있다. "죄가 기회를 타서 계명으로 말미암아 나를 속이고 그것으로 나를 죽였는지라…나의 행하는 것을 내가 알지 못하노니 곧 원하는 이것은 행치 아니하고 도리어 미워하는 그것을 함이라 만일 내가 원치 아니하는 그것을 하면 내가 이로 율법의 선한 것을 시인하노니 이제는 이것을 행하는 자가 내가 아니요 내 속에 거하는 죄니라…만일 내가 원치 아니하는 그것을 하면 이를 행하는 자가 내가 아니요 내 속에 거하는 죄니라"(롬 7:11, 15-17, 20). 이처럼 내담자의 싸움은 죄에 대한 것이지, 내담자 자신에 대한 것이 아니다. 이와 같은 원리에 따라 상담자는 내담자의 문제를 외부화할 수 있도록 도울 수 있다.[4]

다섯 번째 상담 접근방식은 '개인적 관심'에 초점을 맞추는 것이다. 상담을 하다보면 내담자가 지닌 문제의 외부화나 다른 방안을 사용해도 내담자의 초점에 변화가 일어나지 않을 때가 있다. 이러한 상황은 대개 내담자가 방관자적인 입장에 있기 때문에 일어난다. 즉 본인이 능동적으로 상담에 참여하는 경우가 아니고 부모나 가족 그리고 친구들의 독려나 압력으로 마지못해 상담에 참여하는 경우이다. 청소년이나 남자들의 경우가 많다. 이런 경우의 내담자들은 상담에 충실하지도 의욕적으로 임하지 않을 수도 있다. 이런 내담자들에게는 상담자가 내담자의 개인적 관심에 초점을 맞추어 내담자의 목표가 무엇인지를 확인하는 것이 효과적이다. 이 과정은 상담자가 내담자의 이기적이거나 자기중심적 필요에 관심을 두기보다는 내담자

---

4) Charles Allen Kollar, *Solution-Focused Pastoral Counseling*, 131-133.

가 개인적으로 갖고 있는 생각이나 바라는 것에 집중하는 것이 좋다. 내담자의 상담 목표가 다루어지지 않거나 고려되지 않을 때 내담자는 상담과정에서 적극적으로 임하지 않게 되기 때문이다. 상담을 받으러 오는 내담자들은 자기들의 문제를 파악하지 못하는 경우도 가끔 있지만 대개는 무엇이 문제이고 무언가가 잘못되었다는 것을 안다. 내담자로 하여금 그에게 어떤 문제가 있다는 것을 확신시키려고 하는 것은 대부분 성공적인 상담 결과를 가져다주지 못한다. 상담과정에서 내담자의 협력을 얻어내는 것은 상담의 성패에 있어서 중요한 열쇠이다. 상담과정에서 상담이 일단 내담자가 보다 관심을 기울이는 목표에 초점을 맞추기 시작하고 내담자가 방관자적인 입장에서 의욕적인 입장으로 바뀌게 되면, 다른 단계들을 재검토하고 따라갈 수 있다. 이런 과정을 통하여 궁극적인 목표가 함께 정의되고 구축되어가기 시작하면 다른 단계에서와 같이 이 비전을 구체적으로 규명하기 위한 질문들과 방법들을 사용할 수 있다.[5]

상담과정

상담 과정은 상담의 성공 여부를 결정하는 중요한 문제이다. 때문에 상담자는 어떤 진행 과정을 통하여 상담을 할 것인지를 결정해야 하고 진행 절차에 대하여 또한 숙지하고 있어야 한다.

상담 과정의 형태에 대해서는 상담 학자들에 따라 다양하게 제시하고 있다. 레스터 루보스키(Lester Luborsky)는 상담 과정을 (1) 시작단계 (2) 중간 단계 (3) 종결의 단계로 분류하였다.[6] 도날드 캡스(Donald E. Capps)는 상담 과정을 (1) 문제의 확인 (2) 문제의 탐색 (3) 진단적 해석 (4) 개입으로 보았

---

5) Charles Allen Kollar, *Solution-Focused Pastoral Counseling*, 134-138.
6) Lester Luborsky, *Principles of Psychoanalytic Psychotherapy: A Manual for a Supportive Expressive Treatment* (New York: Basic, 1984), 127.

다.[7] 제이 아담스(Jay E. Adams)는 상담 과정을 (1) 경청 (2) 이해 (3) 분석 (4) 권면 (5) 해결의 과정으로 보았다.[8] 게리 콜린스(Gary R. Collins)는 상담과정을 (1) 접촉 (2) 상담시작 (3) 내담자의 문제 진술 (4) 해결 모색 (5) 종결 등으로 보았다.[9] 클리드 네레모어(Clyde M. Narramore)는 상담 과정을 (1) 상담 약속 (2) 상담준비 (3) 상담 (4) 상담 시간조정 (5) 상담 기록 및 보관 (6) 장기 치료를 요하는 문제 취급 등으로 나누었다.[10]

이상에서 살펴본 바와 같이 상담 과정은 학자에 따라 다양하게 분류되고 이해되어지며 어떤 단계는 생략되기도 하고 어떤 단계는 순서의 역행도 있을 수 있다. 상담자의 상담 이론적 관점이나 내담자의 문제의 성격에 따라 상담 과정은 다양하게 결정될 수 있지만, 기본 과정을 충분히 숙지하고 상황에 따라 어떤 과정은 생략하고 어떤 과정은 강화하여 상담하는 것과 상담 과정에 대한 기본적인 틀을 갖지 아니하고 하는 것과는 큰 차이가 있다. 때문에 상담의 기본 과정을 충분히 이해하고 상담하는 것이 필요하다.

상담시작과 기도

최초의 상담시간과 관계 형성

상담을 본격적으로 시작하기 전 또는 상담을 처음 시작할 때 상담환경을 조성해야 하는데 다음과 같은 실제적인 문제들을 고려해야 한다.

첫째, 상담자는 내담자로 하여금 따스함, 이해, 돌봄을 경험하게 해야 한다.

둘째, 상담자는 내담자의 말을 경청하고 감정의 공감을 형성하려 노력해야 한다.

---

7) Donald E. Capps, *Pastoral Counselling & Preaching: A Quest for an Integrated Ministry* (Philadelphia: Westminster, 1980)을 참조.
8) Jay E. Adams, *Competent to Counsel*을 참조.
9) Gary R. Collins, *Effective Counselling* (Carol Stream: Creation, 1972), 46-49.
10) Clyde M. Narramore, *The Psychology of Counselling*, 33.

셋째, 내담자를 임시진단 해야 한다. 즉 내담자의 '내적 준거의 틀'(internal frame of reference)로부터 암시되고 있는 문제 파악이 필요하다.

넷째, 상담 접근방법 결정이다. 상담자는 내담자를 상담을 할 것인지 아니면 다른 상담자에게 전이(transfer)할 것인지, 상담을 시행할 때 전문상담을 병행할 것인지 또는 전문가에게 완전히 의뢰할 것인지 결정해야 한다.

마지막으로, 상담이 합의되었다면 상담자와 내담자간의 일종의 계약이 이루어진 것이다. 이때는 상담의 목표를 정하고 서로의 기대들과 책임이 무엇인가 나누어야 하며 시간, 장소, 길이 등을 정해야 한다.

상담에서 기도

우리가 주의 깊게 생각해볼 사항은 상담과정에서 '상담과 기도'의 관계이다. 상담자가 돕고자 하는 사람들과 더불어 기도한다는 것은 기독교 상담이 지니는 독특성 중에 한 요소라 할 수 있다. 하지만 기도는 상담 과정에서는 적절하지 않을 수 있다. 만일에 대화 가운데서 자연스럽게 기도를 하게 된다면 또는 도움을 청하는 사람이 기도를 요청한다면, 기도는 개인의 불안과 하나님을 향한 희망 그리고 삶의 다음 여정의 단계를 위하여 은총을 구하는 모든 것들을 내어 놓는 가장 자연스러운 방법이 될 수 있다.

하지만 조심해야 할 것은 기도를 잘못 사용하면, 도움을 주지 못하는 조작적인 것이 될 수도 있다는 점이다. 얼굴과 얼굴을 마주하고서는 말하기가 곤란하다고 느끼는 것을 기도할 때에는 말하고 싶은 유혹이 있을 수 있다. 상담하는 대화 중에는 말하기가 부적절한 것을 기도하는 중에 충고하거나 도덕적 방향을 제시하려는 유혹을 받을 수 있다. 예를 들면, 한 여성이 남편과의 어려운 관계로 인하여 어떤 문제를 가지고 와서 상담을 할 때, 상담자는 기도를 통해서 문제 해결을 시도해서는 안 된다. 즉 남편에 대한 관계회복이나 용서를 기도를 통해 여인에게 용서하도록 요청하거나 어떤 문제를 요청하도록 해서는 안 된다.

기도를 통하여 내담자에게 어떤 직접적인 짐을 지우지 않도록 아주 많은 관심을 가져야 할 필요가 있다. 기도는 치료를 위한 기술이 아니다. 만일 기도가 주로 우리를 향한 하나님의 의지의 선에 우리들의 의지를 더욱 끌어내어 연결시키기를 추구하는 것이라면, 기도는 가끔 말하는 것보다는 듣는 것에 관한 것이며, 요구하기보다는 조용하게 내어 놓는 것이다.

상담 주제 파악과 문제 진단

효과적인 상담을 위해서는 상담 주제가 파악되고 내담자의 문제에 대한 진단이 바르게 이루어져야 한다. 때문에 상담자가 내담자의 문제를 충분히 인식하는 것은 가장 기본적인 원리이다. 상담자는 내담자가 어떤 문제를 가지고 상담을 하러 왔는지 파악해야 한다. 상담자가 상담 주제를 바르게 파악하지 못할 때 상담의 초점은 흐려질 수 있다. 때문에 상담자는 내담자로 하여금 아무런 이야기나 하도록 방치해서는 안 되고 상담하게 될 핵심 주제에 대해서 질문을 하여야 한다. 중요한 것은 내담자가 가지고 있는 문제가 상담자로서는 도저히 감당하기 어려운 주제이고 상담 문제에 대해서 전문적인 지식이 없을 때는 상담하지 않는 것이 바람직하다. 상담자는 자신의 한계나 부족에 대해서 자기 자신과 내담자에게 솔직해지는 것은 오히려 책임성 있는 태도를 갖는 것이다. 유능한 상담자라 할지라도 모든 분야를 다 상담할 수는 없는 것이다. 어떤 분야에 대해서는 경험이 없고 약점을 가지고 있을 수 있다.

내담자의 문제와 그 특성을 진단하기 위해서는 성경에 기초한 통찰을 의지해야 하며,[11] 내담자의 상태를 충분히 분석하고 이해하는 것은 성경적 처방을 하기위해 필수적인 것이다.[12]

내담자의 어떤 문제의 근원을 이해하지 못하고 처방을 내리는 것은 오히

---

11) Lawrence J. Capps, *Basic Principles of Biblical Counselling*, 46.
12) Achibald D. Hart, Gary L. Gulbranson, and Jim Smith, *Mastering Pastoral Counselling*, 19.

려 치명적인 해를 입힐 수 있다.[13] 때문에 상담자가 상담과정에서 내담자의 문제에 대한 바른 진단 없이, 단지 기계적으로 그리고 형식적으로 내담자에게 "하나님께 기도하면 됩니다," "하나님께서 다 책임지실 것입니다," "모든 것이 하나님의 섭리에 따라서 움직이는 것입니다," "우리가 겪는 고통에는 다 하나님의 뜻이 있습니다," "요셉과 욥같이 의로운 사람들도 더 많은 고난을 당했습니다." 이런 형식적인 말을 하여 성급하게 내담자를 달래려고 한다거나 내담자 자신의 슬픈 감정이나 문제를 충분히 표현하기도 전에 상담자가 입에 바른 말만하여서는 안 된다.

또한 상담자가 생각나는 대로 엉뚱한 성경구절을 인용함으로써 내담자의 문제를 혼란스럽게 하거나 아무 감정도 표현하지 못하게 만드는 일이 있어서는 안 된다.[14] 따라서 효과적인 상담을 위해서는 내담자의 문제를 적절하게 진단하는 것은 필수적인 사항이다.

상담과 경청

경청의 중요성

"상담자는 말을 잘하는 사람이 아니고 경청을 잘하는 사람이다"라는 원리는 상담의 성패의 중요한 요인은 경청을 잘하느냐 못하느냐에 달려있다는 말이다. 경청은 단순히 '잘 듣는다'(hearing)는 차원 이상을 의미한다. 듣는 것(hearing)은 귀로 듣고 육체적 행동을 의미하지만, 경청(listening)은 상대방에게 전인적으로 참여하는 행위를 수반한다. 이는 마치 즐거워하는 자들과 함께 즐거워하고 슬퍼하는 자들과 함께 슬퍼하는 것(롬 12:15)과 같다. 때문에 상담에서 경청이란 상담자가 내담자의 언어의 표현만 귀담아 듣는 것이 아니라 얼굴 표정, 몸짓, 행동 등 비음성적 요소까지 파악하여 듣는 것

---

13) Lawrence J. Crabb, *Understanding People*, 20.
14) Norman H. Wright, *Crisis Counselling* (San Bernadino: Here's Life, 1986), 222.

이다. 다시 말하면, 경청은 내담자가 말한 내용과 감정에 대해 공감할 뿐만 아니라 내담자의 비음성적 행동에까지 주의를 집중하여 적극적으로 듣는 행동이라고 할 수 있다.

하지만 수동적 또는 소극적 경청은 단순히 내담자의 음성만 듣는 것으로서 효과적인 상담이 될 수 없으며 상담자가 취해야할 태도가 아니다. 찰스 알렌 콜라(Charles Allen Kollar)는 수동적 경청자에 대해서 다음과 같이 말하였다.

> 당신이 말을 하는 동안 속으로 이미 대답할 말을 준비하고 있거나 귀담아 듣지 않는 사람과 대화해 본 경험이 있는가? 이러한 사람들은 당신이 금방 한 이야기와는 전혀 관련이 없는 엉뚱한 말을 하는 경우가 많다. 이러한 사람 둘을 붙여 놓아보라. 서로가 자기 말에 열중하여 상대방의 말을 듣지 않을 것이다. 이런 사람들은 상대방이 무슨 말을 하든 상관없이 자신의 생각을 따라 말하고 반응할 뿐이다. 우리는 이것을 수동적 경청이라 한다. 수동적 경청은 상대방이 말을 하는 동안 속으로 자신이 어떻게 반응할지 미리 생각하는 것을 말한다. 이것은 상대방의 말을 한 귀로 듣고 다른 한 귀로 흘려버리는 것이다. 그럴 때, 말하는 사람은 상대방이 자신의 말을 제대로 듣지 않고 있다고 느끼고, 자신의 생각을 표현하는 노력이 부질없는 것이라고 느끼게 된다.[15]

콜린스는 상담에서 경청은 "상대방의 입술을 통해서 나오는 말을 그저 소극적으로 듣고 앉아 있는 것 이상을 의미한다. 경청은 상담자의 귀와 눈을 다 사용해서 적극적으로 듣는 행위이다. 상담자는 내담자가 하는 음성만을 들을 뿐 아니라 그의 어조, 몸짓, 자세, 얼굴 표정, 그 외의 다른 비음성적 실마리들을 통해 내담자가 드러내는 것들을 잘 알아 차려야만 한다"고 하였다.[16] 상담자가 적극적인 태도로 내담자의 말을 듣게 될 때 내담자는 자신의 문제를 더욱 구체적으로 말할 수 있게 되는 것이다. 때문에 내담자가 그의 문제를 충분히 말하도록 하는 것은 상담자의 상담 태도나 듣는 자세에 의하여 영향을 받는다. 콜린스는 상담에서 경청의 중요성을 피력하면

---

[15] Charles Allen Kollar, *Solution-Focused Pastoral Counseling*, 109.
[16] Charles Allen Kollar, *Solution-Focused Pastoral Counseling*, 109.

서, 상담자가 성급하게 내담자에게 충고하거나 지나치게 말을 많이 할 때 내담자는 자신의 문제로 상처 받은 감정들을 표현하는데 방해를 줄 수 있으며, 상담자가 경청하지 않으면 내담자는 자신이 이해 받지 못한다고 생각하여 자신의 문제에 관심이 없는 상담자에게 자신을 드러내지 않으려고 한다고 분석했다.[17]

경청의 요소

훌륭한 경청자가 되기 위해서 우리는 진실해야 하고 비소유적이 되어야 한다. 왜냐하면 효과적인 경청에는 우리가 자신에게 진실한 상태가 되는 것과 내담자의 최대 관심사에 주의를 기울이는 것이 포함되기 때문이다. 그러나 안타깝게도 많은 그리스도인들은 그다지 훌륭한 경청자가 아니다. 그들은 자신이 훌륭한 경청자라고 믿지만, 때로 그들이 경청하고 있는 것처럼 보일 때조차 그들은 단지 자신의 견해를 표현하기 위해서-설령 그것이 대화 속에서 적절하지 않은 것이라 할지라도-다른 사람이 하는 말 속에서 결함을 찾아내려고 한다.

디이트리히 본회퍼는 '경청의 사역'(Ministry of Listening)에 대해 설명하면서 자신의 의견이나 조언을 너무 쉽게 말하는 우리 모두에게 도전을 제기한다.

> 많은 사람들이 들어 줄 귀를 찾고 있다. 그들은 그것을 그리스도인들 가운데서 찾지 못한다. 왜냐하면 그리스도인들은 경청해야 할 때에 말하기 때문이다. 그러나 형제에게 귀를 기울이지 못하는 사람은 하나님께도 귀를 기울이지 못한다. 그는 하나님의 면전에서도 지껄이기만 할 것이다.[18]

본회퍼가 우리에게 '다른 사람들에 대한 경청'과 '하나님께 대한 경청'의 밀접한 연관성을 상기시킨 것은 적절하다. 두 가지 모두 성경에서 높은 우

---

17) Gary Collins, *The Biblical Basis of Christian Counselling for People Helpers* (Colorado Springs: NAV Press, 1993), 25-26.
18) Gary Collins, *The Biblical Basis of Christian Counselling for People Helpers*, 25-26.

선순위를 갖고 있다. 하나님께 경청할 수 있을 때 우리는 다른 사람들의 말을 '하나님의 귀로 들을' 수 있고 그들에게 '하나님의 말씀을 말할' 수 있다.

하나님께 경청하고 그분의 말씀을 전하는 이런 순서는 특별히 이사야 50:4-5에서 가장 분명하게 나타난다. "주 여호와께서 학자의 혀를 내게 주사 나로 곤핍한 자를 말로 어떻게 도와 줄 줄을 알게 하시고 아침마다 깨우치시되 나의 귀를 깨우치사 학자같이 알아듣게 하시도다 주 여호와께서 나의 귀를 열으셨으므로 내가 거역지도 아니하며 뒤로 물러가지도 아니하며"(사 50:4-5). 이 말씀은 목회적 돌봄과 상담에 종사하는 모든 사람들에게 아주 적합한 말이다. 신실한 상담자는 곤고한 자를 말로 어떻게 도와 줄 줄을 아는 학자의 혀를 갖고 있다. 즉, 그는 격려하고 위로하고 지탱해 주는 말로 곤경에 처한 사람을 지혜롭게 상담하는 자이다.

그렇다면 우리는 어떻게 학자의 혀를 갖고 사용할 것인가? 본문에 분명한 해답이 나온다. 그것은 주 하나님께서 우리를 아침마다 깨우쳐 주실 수 있도록 기꺼이 배우고자 하는 자세에 달려 있다. 만약 우리가 곤핍한 자를 말로 어떻게 도와줄지 알고자 한다면, 우리는 하루 중 주님 앞에서 조용히 묵상할 수 있는 가장 좋은 시간에 정기적인 경청의 시간을 갖는 것이 절실히 필요하다. 만약 우리가 유능한 상담자가 되려고 한다면, 우리도 역시 성경을 알아야 하고 도움을 구하는 자들에게 적합한 하나님의 말씀을 분별할 줄 알아야 한다. 존 골딩게이(John Goldinggay)는 경청하는 선지자에 대해 이렇게 말했다.

> 그는 아침마다 귀를 열어야 한다. 결국 진리에 대한 일반적인 통찰을 얻는 것, 성경을 상당히 잘 아는 것, 근본적으로 성경적인 신학을 정립하는 것은 그렇게 어렵지 않다. 그러나 특정한 경우에 특별히 말해 줄 필요가 있는 것이 무엇인지 아는 것은 아주 다른 문제다. 진정한 선지자는 여호와께서 오늘 말씀하시는 것이 무엇인지 그리고 그 말씀으로 백성들에게 주장하시려고 하는 것이 무엇인지를 안다. 학생은 그의 선생님에게 아침마다 귀를 연다. 여호와의 학교에서도 마찬가지다. 좋은 말할 수 있기 위해서 먼저 귀를 열어야 한다.[19]

---

19) Dietrich Bonhoeffer, *Life Together* (London: SCM, 1954), 75.

상담자는 하나님의 말씀을 듣고 그분의 지혜로운 조언의 말씀을 곤고한 자들에게 전하는 자들이다. 목회적 돌봄과 상담에서 상담자는 실패를 경험하는 때가 있게 마련이다. 유능한 상담자가 되어 내담자들의 성숙의 과정을 돕고자 하지만 자주 실패를 경험하기도 한다. 내담자들의 이야기에 충분히 귀를 기울이지 못하거나, 그들이 반응을 보이지 않는다는 생각에 화를 내거나, 그들의 가장 깊은 요구를 채워주지 못하는 말을 하기도 한다. 때문에 상담자들은 그들 자신의 판단의 오류로 인한 문제들을 해결하는 과정에서 인내라는 은혜가 필요하다. 때로는 자신의 잘못에 대해 솔직해지고 때로는 상담관계에서 발생하는 자신의 잘못을 인정하고 사과함으로써 상담과정에 허심탄회한 분위기를 조성하는 겸손함이 필요할 것이다. 비록 자주 실패할지라도, 우리는 우리의 말에 귀를 기울이시는 하나님으로 인해 나를 의롭다 하시는 이가 가까이 계시니 내가 수치를 당치 아니할 줄 아노라(7-8절)라고 말할 수 있다.

경청의 종류와 기법

경청의 종류를 보면, 먼저 개방적 경청이다. 개방적 경청은 내담자를 그대로 허락하고, 지배하려 하지 않고, 내담자에게 말하기를 강요하거나 검열하지 않는 것이다. 이러한 것들은 분명히 훈련되어야 하며, 일상생활의 대화에서 '그냥 듣는'(just listening) 것보다 훨씬 더 복잡한 하나의 기술이다.

다음은 적극적 경청이다. 적극적으로 경청하는 상담자는 상담과정에서 침묵하지만 않는다. 내담자로부터 들은 것을 분명히 하고 그에게 반영한다. 이것은 내담자가 말한 것을 요약하거나 의도한 내용이 제대로 전달되었는지 점검하는 과정이다.

마지막으로 창조적 경청이다. 창조적 경청자는 내담자에게 들은 내용에 관해 예를 들거나 그들의 느낌에 관해 물어 확인할 수도 있다.

적극적이고 창조적 경청자는 내담자에게 좀더 자세한 이야기를 다시 물을 수도 있고 이야기 되어진 것에 대한 양상들에 대해 다시 이야기해 주기를 물을 수도 있다. 따라서 이때 질문은 개방적 질문이어야 한다. 폐쇄적 질문은 내담자로부터 'yes or no'의 응답밖에 들을 수 없다. 예를 들면, '당신은 거기에 갔었습니까' 혹은 '당신은 그것을 좋아합니까' 같은 폐쇄적 질문보다는 '그때의 모임은 어떠했습니까' 혹은 '그것에 대한 당신의 생각이나 느낌은 어떠합니까'와 같은 개방적 질문을 함으로 내담자의 관심과 가치를 이끌어 낼 수 있어야 한다. 질문 시 경청자는 자신의 호기심을 만족하려 하지 말아야 하며, 보살핌과 염려 그리고 예민함으로 내담자가 자신의 감정을 자유롭게 표출할 수 있도록 해야 한다.

잘못된 경청은 상담자가 자신의 주관에 따라 해석하고, 함부로 충고를 하며, 이야기의 주제를 마음대로 바꾸고, 말을 하는 중에 대답을 구상하고, 피상담자의 문제를 어떤 규칙에 끼워 맞추려 하고, 흐름과 관계없는 상황으로 빠져 나가며, 불필요한 말을 첨가하고 (예를 들면, '나에게도 그런 일이 있었다' 등), 침묵과 망설임은 모두 말로 채워야 한다고 생각하며, 내담자의 말을 무시해 버리는 것 등이다.

반면에 좋은 경청은 수용적이며 개방적인 자세를 유지하며, 내담자로 하여금 따뜻하고 진실한 만남을 가지고 있음을 느끼게 하며, 침묵이 있을 때 서두르지 않으며 내담자가 무엇을 느끼고 있는지 감지하고 내담자와 함께 아파하고 공감하며, 자신의 생각과 느낌을 적절하게 반영해 주고, 내담자를 있는 그대로 수용하고 함부로 판단하지 않으며, 내담자의 실수를 용납하며, 자신의 관심과 요구들을 유보하고 내담자의 이야기에 귀를 기울이는 것이다.

모든 상담의 핵심은 경청하는 능력에 달려 있다. 경청은 다른 형태의 침묵으로, 진정한 경청자는 내담자를 향해 조용하고 예민하게 열려 있으며 적극적으로 듣는다. 또한 단순히 내담자가 하는 말에 귀기울여 열심히 듣는 소극적인 기법이 아니라, 내담자로 하여금 자기 말을 충분히 하도록 돕는 행위이다. 성공적인 경청을 위하여 다음 몇 가지 요소를 살펴볼 수 있다.

첫째, 공감적 경청이다. 공감적 경청은 말과 말 사이에 숨겨진 감정들을 들으려 노력해야 한다. 공감적 경청은 내담자의 가장 중대한 감정, 의미, 고통 등에 초점을 맞추어 듣고 요약하거나 명료화 시켜서 내담자가 그들의 문제점을 분명히 알 수 있도록 한다. 공감적 경청자는 또한 내담자에 대해 비판적이기보다는 수용하는 자세를 갖는다.

둘째, 시선의 집중(eye contact)이다. 내담자에게 시선을 주어 그에게 관심을 가지고 있다는 것을 알려야 한다.

셋째, 상담자의 자세(posture)이다. 상담자의 어색하거나 경직되지 않는 자연스러운 자세는 내담자를 편안하게 한다. 상담자의 어색한 자세는 분위기를 경색시키고 내담자의 불안과 긴장을 유발할 가능성이 있다.

넷째, 상담자의 언어적 행동(verbal)이다. 상담자는 언어를 온화하고 편안하게 구사하여야 한다. 내담자의 진술에 상응하지 못하고 지나치게 앞서 나가서도 안 되며, 적절하지 못한 질문을 함으로써 이야기의 흐름을 차단하고 다른 방향으로 대화를 이끌어 나가는 언어적 반응을 지양하고 내담자의 의도를 확인하고 거기에 초점을 맞추어야 한다.

다섯째, 상담자의 몸짓(gesture)이다. 상담자의 언어적 반응만큼 비언어적 행위도 중요하다는 것을 기억해야 한다. 그러므로 상담자가 수시로 밖을 보는 행위, 시계를 자주 보는 행위, 말을 하면서 지나치게 손짓을 하는 행위, 팔짱을 끼는 것 등을 하지 말아야 한다.

마지막으로, 성공적인 경청을 방해하는 요인을 보면, 그것은 상담자의 수다(chatter)가 주요한 방해요인 중의 하나다. 이것은 내담자의 이야기나 이야기의 흐름을 중단 시키는 무능력의 형태를 초래할 수 있다. 본회퍼(Dietrich Bonhoeffer)의 지적처럼 많은 사람들은 자기의 이야기를 들어줄 귀(ear)를 찾고 있으나 상담자들은 경청하기보다는 무엇인가를 말함으로써 봉사하려 하는 경향이 많다.[20] 실제로 과다한 수다(chatter)는 소외(isolation)와 같은 결과를 초래한다. 그것은 내담자가 상담자와 진정으로 접촉하지 못하도록 방

---

20) John Goldinggay, *God's Prophet, God's Servant* (Exeter: Paternoster Press, 1984), 134.

해하기 때문이다. 경청은 깊은 내적 안정과 힘을 필요로 한다. 자기의 말이 읽혀질 수 없고 동의되지 못하게 되면 사람은 종종 내적 균형의 약함을 나타낸다. 그들은 자신의 근거가 흔들릴지도 모르기 때문에 두려움의 표현의 일종으로 자신과 동의하지 못하는 사람과 대항하려 한다.

상담 대화

상담 대화의 원리

구체성

상담자와 내담자는 때로 혼합된 정서와 뒤죽박죽인 생각, 만족되지 않은 행위들을 다룬다. 이러한 상호작용들은 상담관계 안에서 그들이 의사소통하면서 이루어진다. 이것은 내담자를 도와 그들의 삶에 더 만족하는 반응을 하도록 하는 상담의 목표이기도 하다. 상담자가 대화 중 구체적이려고 노력함으로 이러한 것들을 제공할 수 있다.

이는 상담자와 내담자 간의 대화가 확실하고 실제적이어야 한다는 것이다. 가능한 한 희미하게 얼버무리는 대화는 피해야 한다. 중요한 것은 내담자가 그 문제에 대해 감성화 되는 것을 피하도록 해야 한다. 이것은 모델링(modelling), 강화(sharpening), 점검(checking)을 통해서 이루어진다. 따라서 이는 단순한 말과 직접적 의사소통을 요구한다. 그 안에서 전달하려는 의미가 가능한 한 명백하고 파괴되지 않고 전염되지 않게 된다.

변화중심

문제해결을 위해 문제에 집중하는 대화는 상담자와 내담자로 하여금 수 없이 쏟아지는 과거와 현재의 문제들에 대한 정보들로 인해 압도당하는 결과를 초래할 수 있다.[21] 여기에 미래에 대한 염려와 불안을 더하면 더욱 그렇다. 불안과 우울증에 빠진 사람들은 삶 속에서 자신들을 불안과 우울하게 만드는 사건들을 이야기하면서 더욱 불안하고 우울한 상태에 빠지는 경향이 있다. 헤라클레토스는 이렇게 말하였다. "흐르는 강물에서는 똑같은 장소에 발을 두 번 담글 수는 없다." 강물이 항상 흘러가듯이 사람들의 삶도 항상 변화가 일어난다. 상담자가 내담자에게 변화가 일어날 것을 기대하면서 상담에 임한다면 그들에게 긍정적인 영향을 줄 것이다. 그러한 상담자는 변화중심 또는 해결중심의 대화에 집중한다. 해결중심의 상담에 있어서 상담자는 언제 변화가 일어날 것인가보다는 어떻게 그 변화가 일어날 것인가에 관심을 기울인다.[22]

기독교 상담자는 하나님께서 항상 새로운 일을 행하신다는 것을 안다. 하나님은 우리들의 삶에 변화를 가져오실 것이고 그 온전하신 계획을 따라 우리를 이끌어 가실 것이다. 우리의 연약함까지도 사용하셔서 하나님 자신의 강하심을 나타내실 것이다. 기독교 상담자는 누구보다도 '변화중심의 대화'를 하여야 한다. 예를 들어, 내담자로 하여금 "나는 우울증환자입니다," "나는 알콜중독자입니다," "나는 도박중독자입니다"라고 고백하게 함으로써, 변화 중심의 대화가 아닌, 문제를 오히려 고착된 상태에 머물게 하는 대화를 하기 쉽다. 물론 내담자의 문제를 분석하고 그 문제의 심각성을 인식시키고 지원적인 관계를 갖게 하는 데에는 도움이 될 수 있다.

하지만 내담자로 하여금 부지불식간에 자신이 어쩔 수 없는 상황에 있다는 인식에 얽매이게 함으로써 우울증, 알콜중독, 도박중독에서 헤어 나오지 못하게 하는 결과를 초래할 수 있다. 상담대화가 지나치게 내담자의 문제 중심으로 흐르면 오히려 내담자가 지니고 있는 부정적인 문제 그 자체에 꼬리표를 붙여 그것에 얽매이게 할 수 있으며, 이렇게 되면 변화의 전망은 크게 저해될 수 있다.[23] 내담자는 변할 수 없는 존재가 아니다. 그는 어

---

21) Dietrich Bonhoeffer, *Life Together*, 87-88.
22) Charles Allen Kollar, *Solution-Focused Pastoral Counseling*, 76.
23) Charles Allen Kollar, *Solution-Focused Pastoral Counseling*, 77.

떤 면으로든지 변화될 수 있다. 변화의 과정에는 물론 위기의 측면도 있지만 기회의 측면이 있다. 기독 상담자의 과제는 바로 이 기회의 측면을 확인하고 활용하는 것이다. 이러한 차원에서 상담자는 내담자로 하여금 문제가 지속되도록 하는 대화보다는 해결책을 가져다 주는, 즉 변화를 촉진하는 대화를 해야 한다.[24] 상담자는 내담자가 지닌 문제를 해결하는 데 초점을 두어야 한다.

미래지향적

해결중심의 상담은 모든 내담자가 새로운 미래를 생각하고 목표를 구상할 수 있도록 돕는다. 이를 위해서 질문하는 방식과 질문하는 유형들은 내담자가 자신의 미래에 대해 새로운 비전을 갖게 하고 도달할 수 있는 상담목표를 계발하도록 돕는다. 거의 대부분의 내담자는 현재시제로 그들의 문제를 대화한다. 상담과정에서 어떤 사람들은 단지 문제에만 국한시켜서 말하려고 한다. 그들은 상담에서 문제를 해결할 수 있는 대화에만 관심이 있다는 것이다. 상담과정에서 내담자가 치료될 수 있다는 희망과 격려를 함으로써 문제와 고통 속에 있는 내담자를 도와야 한다. 또한 희망이 없어 보이는 상황에서는 내담자가 오히려 문제에 직면하도록 하는 질문이 유용하다. "어떻게 해야 당신의 상황이 나빠지지 않겠습니까", "내게 이야기한 당신 배경에 비추어볼 때, 어떻게 이것을 대면하시겠습니까" 등이다. 이러한 질문은 문제에 초점을 두는 것이 아니라, 내담자가 문제에 대면할 수 있게 내담자의 장점과 미래시제에 초점을 두는 것이다.

한정성의 원리

상담 대화를 미래시제에 한정해야 할 경우

상담자는 상담과정에서 과거 속에 갇혀 지내는 내담자나 현재에 매여 있

---

[24] Charles Allen Kollar, *Solution-Focused Pastoral Counseling*, 78.

는 내담자나 미래시제를 탐험하는 데 문제가 있는 내담자를 상담할 때 대화를 미래에만 한정시키는 특별한 시간을 마련할 필요가 있다. 예를 들면, 상담자는 상담과정에서 이렇게 제안한다. "지금부터 30분 동안은 우리 대화를 미래시제에만 한정시켰으면 합니다. 이 조건에 동의하시겠습니까?" 대부분의 사람은 이러한 제의에 동의하게 된다. 그러면 상담자는 내담자에게 어떻게 특별히 한정 시간을 유지해 나갈지에 대하여 설명 한다. "당신의 과거나 현재의 이야기 상황으로 빠질 때마다 제가 손을 들어올려서 미래시제에서 벗어났음을 알려 드리지요."

또한 어떤 다음 만남에서는 시간 전체를 미래 시제에 한정시키기는 것을 제안할 수 있다. "다음 만남에서는 좀 다르게 우리의 대화를 해봅시다. 전 우리가 당신의 과거나 현재가 아닌 당신의 미래에만 집중하게 되기를 바랍니다. 우리가 나누는 대화의 모든 내용들이 당신 과거에 대한 것이 아니라 당신의 미래에 대하여 이야기해 보았으면 좋겠습니다."

상담자가 기억해야 할 것은, 내담자의 미래 이야기는 내담자 개인의 삶을 이해하고 전체성을 추구하는데 중요한 역할을 담당하기 때문에, 목회상담 과정에서 미래시제에 관심을 기울이는 것은 중요한 일이다. 하지만 상담자는 이런 과정에서 내담자로 하여금 단지 그의 자아 의존적 미래 이야기를 탐험하도록 하기보다는 신앙과 말씀에 의존한 미래 이야기를 구성하도록 안내하고 도와주어야 한다. 상담과정에서 그리스도 안에서 미래 이야기를 나누는 과정은 본질적으로 소망의 훈련이다. 이는 그리스도인들의 종말론적 삶의 실천의 한 부분이기도 하다. 그리스도인들은 하나님께 소망을 두고 살아가는 자들이므로 미래지향적 삶을 지향한다. 그리스도 안에서 인생의 미래 차원을 향한 이야기 나눔은 소망의 과정에서 매우 긍정적인 영향을 끼친다. 하지만 상담자가 기억해야 할 것은 내담자들이 미래를 이야기하는 것을 힘들어하거나 어려워할 때 강요하지 않아야 한다.

상담 대화를 문제해결방안에 한정해야 할 경우

상담과정에서 내담자의 문제를 지적함으로 문제 해결의 실마리를 찾기보다는 오히려 내담자의 문제가 더욱 악화될 가능성이 있을 때는 상담대화를 문제해결방안에 초점을 맞추는 것이 좋다. 예를 들어, 배우자의 유기로 말미암은 이혼자, 배우자의 사별로 인하여 상실감에 있는 자, 자녀나 부모의 죽음으로 슬픔 가운데 있는 자, 성적 폭력으로 상처 가운데 있는 자 등이다. 이런 사람들을 상담할 때에는 상담자는 상담대화를 문제해결방안에 한정하는 것이 좋다. 상담자는 이런 경우들을 상담할 때 내담자의 상처와 고통의 문제만을 이야기하고 끝내면 이런 상담은 오히려 내담자에게 더 큰 상처와 고통만을 안겨 줄 수 있음을 기억해야 한다. 게다가 상담은 문제를 나누고 지적하는데 그 궁극적 목적이 있는 것이 아니라 상처와 고통 가운데 있는 내담자를 도와주기 위한 것이다. 때문에 이런 경우는 문제 중심의 상담보다는 해결중심의 상담을 지향하거나 한정할 필요가 있다.

상담 대화를 내담자 중심으로 한정해야 할 경우

특별히 고난 가운데 처한 내담자를 상담할 때는 상담대화를 내담자 중심으로 해야 한다. 큰 상처와 고난 가운데 있는 내담자에게 상담자가 자기 생각대로 함부로 판단하여 말하거나 함부로 충고해서는 안 된다. 상담자들은 고난 가운데 있는 욥과 그의 고난에 대한 세 친구들의 반응을 살핌으로 지혜를 얻을 필요가 있다. 상담자가 상처와 고난 가운데서 힘들어하는 내담자를 상담할 때는 상담대화를 내담자 중심으로 한정해야 할 때가 있음을 기억해야 한다. 내담자의 말을 주로 들어주는 상담을 해야 한다.

상담 대화를 상담자 중심으로 한정해야 할 경우

내담자가 잘못된 생각에 사로잡혀 있는 경우, 지나친 편견에 사로잡혀 있는 경우, 비성경적인 가치를 성경적 가치로 혼동하고 있는 경우, 폭력적인 사람, 죄된 행동을 계획하는 사람(배우자 유기 등) 등이다. 다시 말하면 내담자에게 권면이나 훈계가 요하는 상담을 할 필요가 있는 경우이다. 이런 경우 상담자는 자기 상식이나 견해에 의존하여 상담하기보다는 성경말씀과 그 권위에 따라 권면하고 훈계하여야 한다. 하지만 상담 대화를 상담자 중심으로 한정해야 할 경우라 할지라도 상담자는 내담자의 의견을 무시해도 된다는 것은 아니다.

상담과 질문

상담자는 질문을 통하여 내담자의 문제를 파악할 수 있다. 상담자는 내담자를 정확하게 진단하기 위해서는 질문은 필수적인 것이다. 하지만 상담자가 내담자에게 질문하는 방법이나 스타일에 따라 문제 분석은 다를 수 있고 또한 상담의 효과는 다를 수 있다.

폐쇄적 질문과 개방적 질문

상담자는 내담자에게 단순히 '예' 또는 '아니오'의 답변을 하도록 질문을 함으로써 상담 내용을 경색되게 만들거나 피상적으로 만들어서는 안 된다. 폐쇄적 질문은 또 다른 질문을 하도록 만들기 때문에 상담자는 계속적으로 질문만 하게 되고 내담자의 의견을 구체적으로 듣지 못함으로 내담자를 바르게 진단하는데 장해 요인이 될 수 있다. 상담자가 내담자에게 질문만 계속하게 되면 내담자는 수동적 태도가 되게 하여 상담을 상담자의 질문에만 답변하는 것으로 생각하게 만들 수 있다.

하지만 개방적 질문은 피상담자에게 포괄적으로 대답할 수 있는 여지를 충분히 제공하는 질문이다. 개방적 질문은 내담자가 '예' 또는 '아니오'나 단답형의 답변을 하게 하는 질문이 아니라 내담자의 생각을 능동적으로 표현하도록 하는 질문이다.

예) 폐쇄적 질문: 남편의 탈선현장을 보는 순간 화가 치밀었죠?
　　　　　　　교회가 싫습니까?
　　　　　　　당신의 아들은 당신의 말을 잘 듣나요?
　　　　　　　당신의 딸이 지금 사귀고 있는 남자친구를 싫어 하시나요?
　　개방적 질문: 남편의 탈선현장을 목격하는 순간 기분이 어떠하셨습니까?
　　　　　　　교회에 대하여 어떻게 생각하십니까?
　　　　　　　당신은 당신의 아들에 대하여 어떤 생각을 가지고 계십니까?
　　　　　　　당신의 딸의 남자친구에 대해서 어떻게 생각하십니까?

직접질문과 간접질문

　직접적 질문이란 상담자가 내담자에게 직선적으로 답변을 요구하는 질문 형태이다. 이러한 질문 형태는 내담자로 하여금 심문을 당하는 느낌을 갖게 할 수 있다. 직접적인 질문은 상담자가 내담자에게 직선적이고 도전적이 되기 쉽기 때문에 내담자로 하여금 불쾌감을 유발할 수 있다. 예를 들면, "당신은 당신의 아내를 때렸나요?"라고 질문하기보다는 "당신의 아내가 그런 일을 당하고 어떻게 느꼈을 거라고 생각하십니까?"라고 질문하는 것이 보다 더 좋은 질문이라 할 수 있겠다. 간접질문은 내담자가 처한 상황을 반영하여 답변하도록 하는 질문이라 할 수 있다. 예를 들면, "직장 동료들이 당신을 따돌릴 때 느낌이 어떠했나요?"보다는 "직장 동료들이 당신을 따돌릴 때 무척 서운하셨을텐데요, 그때 느낌이 궁금하군요"라고 하는 형태이다.

　　예) 직접질문: 그 문제에 대하여 더 이상 할 말이 없습니까?
　　　　　　　아직 하고 싶은 말이 더 있습니까?
　　　　　　　내 말을 듣고 의문이 없습니까?
　　　간접질문: 그 문제에 대하여 좋은 이야기를 나누었습니다.
　　　　　　　아직 하고 싶은 말이 좀더 있을 것 같은데요.
　　　　　　　내 말을 듣고 납득되지 않는 부분이 있을지도 모르겠군요?

선택적 또는 흑백 논리적 질문

상담자가 내담자에게 둘 중의 하나를 선택하도록 하는 양자택일적 질문은 폐쇄적 질문과 마찬가지로 효과적인 질문이 아니다. 상담자가 내담자에게 흑백 논리적 질문하게 되면 내담자는 자신의 이야기를 드러내지 않고 마치 시험 보는 것과 같은 느낌을 가질 수 있다. 게다가 이러한 질문은 위험하고 내담자의 진실을 왜곡하기 쉽다. 상담자는 피상담자의 생각과 감정은 참으로 다양하고 복잡하다는 것을 잊지 말아야 한다.

> 예) 선택적 질문: 사귀는 남자를 좋아하나요? 싫어하나요?
> 혼전 성관계를 했나요? 안 했나요?
> 그를 사랑합니까? 미워합니까?
> 교회에 오시겠습니까? 안 나오시겠습니까?
> 딸이 더 좋습니까? 아들이 더 좋습니까?
> 살고 싶습니까? 죽고 싶습니까?
> 시어머니가 좋습니까? 싫습니까?

이러한 양자 선택적 질문은 내담자의 복잡하고 다양한 감정이나 상태를 무시하는 질문이 되기 쉬우므로 이러한 질문은 상담과정에서 피해야 한다. 이 외에 상담목표 진술을 위해 다섯 가지 유형의 질문들이 고려될 수 있다. 그것들은 ① 희망적인 진술을 구축하는 질문들, ② 구체적인 요소들을 추적하는 질문들, ③ 개인이 취할 행동을 진술하는 질문들, ④ 내담자를 강화시켜주는 질문들, ⑤ 실제적인 해결 트랙을 구축하는 질문들이다.[25]

질문시 주의사항

상담자는 질문 시 다음사항들을 주의하여야한다. 첫째, 상담자는 상담과

---

[25] Charles Allen Kollar, *Solution-Focused Pastoral Counseling*, 78.

정에서 내담자의 말을 잘 이해하지 못하였을 경우 이해한 것처럼 표현하거나 그냥 넘어가서는 안 된다. 내담자가 하는 말들은 의미가 있기 때문에 잘 이해가 가지 않는 말을 했을 때는 "잘 이해가 되지 않습니다." 또는 "구체적으로 말하면 어떤 뜻인가요"라고 질문하여 확인해야 한다. 상담자가 놓친 말에 문제의 열쇠가 숨어 있을 수도 있기 때문이다. 게다가 상담자가 내담자의 말을 잘못 이해하거나 오해하게 될 때 상담을 그르칠 수 있기 때문이다. 둘째, 질문 시 너무 딱딱하고 추상적인 질문보다는 부드럽고 감정에 연관된 단어들을 사용해야한다. 예를 들면, 당신은 외톨이인 것처럼 느끼고 있군요? 당신은 그 점에 대해 어떻게 느끼고 있습니까? 셋째, 상담자가 내담자에게서 필요한 정보를 얻으려고 질문을 해서는 안 된다. 넷째, 상담 대화과정에서 특히 상담자는 내담자의 부정적인 감정들에 민감해야 한다. 내담자가 상담자를 찾아 올 때는 대부분 상처와 분노와 아픔을 가지고 오기 때문에 그들의 감정은 상당히 부정적 표현을 많이 하게 된다. 이때 상담자가 내담자에게 이런 부정적인 표현에 대해 인격적 판단을 내리거나 충고하고, 내담자가 지금 비인격적이고 부정적인 감정 표현을 하고 있다는 것을 깨우쳐 주기 위해서 질문을 하거나 유도해서는 안 된다. 상처와 분노로 가득한 내담자는 부정적인 감정 표현을 하게 되어있다.

상담자가 기억해야 할 것은 상담은 상담자의 인격을 점검하거나 시험하기 위해서 하는 것이 아니라 내담자의 문제를 바르게 진단하여 때로는 도와주고 때로는 권고하고 때로는 치료하기 위한 것임을 잊지 말아야 한다.

상담 종결

상담자는 상담 종결시 다음 사항들을 고려하여야 한다. 첫째, 상담자는 일방적으로 상담을 종결해서는 안 되고 내담자가 종결하려는 의도가 있는지 물어야 한다. 둘째, 상담자는 내담자의 피드백(feed-back)을 경청할 필요가 있다. 즉 이 시간에 상담 또는 논의한 것에 대해 어떻게 느끼십니까? 등이다. 셋째, 상담자는 내담자에게 필요하다면 과제를 부과하는 것을 고려해 보아야 한다. 특별한 과제나 행동, 정보나 읽을거리 제공 등이다. 넷째, 상담자는 내담자와 함께 상담을 계속할 것인지에 대해서 상의하고, 합의가 이루어지면 다음 상담의 시간, 시간의 길이, 장소 등을 정하고, 다음 상담을 위하여 상담자와 내담자 간의 서로의 기대를 간단하게 나눌 필요가 있다.

기타 고려 사항들

기독교 상담의 독특성과 효과적인 상담을 위하여 다음 사항들을 상담자는 고려해야 한다. 첫째, 내담자 문제의 해석 기준은 상담자의 지식이나 사상이 아니고 하나님의 말씀이어야 한다(딤후 3:16). 둘째, 상담자는 상담할 때 자기 의지에만 의지하지 않고 항상 성령의 지혜를 구해야 한다. 셋째, 상담할 때 상담자의 감정을 따르지 않아야 한다. 넷째, 상담자는 상담할 때 다른 사람에 대해 말하거나 비난하는 행위를 해서는 안 된다. 다섯째, 상담자는 정신적인 문제와 영적인 문제를 분별하는 능력이 있어야 한다. 여섯째, 상담자는 하나님 안에서 희망을 가지고 상담해야 한다. 부정적인 생각을 버려야 한다. 일곱째, 상담자는 인내를 가지고 실패해도 포기하지 않아야 한다. 여덟째, 상담자는 너무 빨리 상담을 종결해서는 안 된다. 아홉째, 상담자는 효과적인 상담을 위해 기도와 성경연구를 열심히 해야 한다.

지금까지 상담 실천을 위하여 기본적이고 중요한 요소들을 살펴보았다. 상담과정에 세밀하게 고려해야 할 사항들이 많지만 단지 핵심적인 내용만 살펴보았다. 보다 더 깊은 고찰을 위해서는 상담학자 제이 아담스(Jay E. Adams)의 『기독교 상담자의 매뉴얼』(The Christian Counselor's Manual)과 도날드 캡스(Donald Capps)의 『목회상담학 핸드북』(Clinical Handbook of Pastoral Counselling)과 『인식의 재구성: 목회적 돌봄을 위한 새로운 방법론』(*Reframing: A New Method in Pastoral Care*) 그리고 찰스 알렌 콜라(Charles Allen Kollar)의 『해결중심 목회상담』(*Solution-Focused Pastoral Counselling*)과 버렐 딘킨스(Burrell D. Dinkins)의 『이야기 목회상담』(*Narrative Pastoral Counselling*) 등을 참조하라.

제 10 장

해결중심 상담 윤리
Counseling Ethics of Solution-Focused Counseling

상담자는 상담과정이나 현장에서 바른 상담을 위해서는 윤리적 기준이 있어야 한다. 돈 브라우닝(Don Browning)은 기독교 상담에 있어서 윤리적 기초가 되어 있지 않으면 그것은 심각한 문제에 봉착하게 된다고 했다. 그는 기독교 상담에서 가장 심각한 문제는 도덕규범의 결핍이라고 진단하고 내담자에게 무엇이 선이고 악인지에 대한 분명한 도덕적 규범을 주지시키지 않으면 깊은 정신적 혼란으로 인해 큰 피해를 입게 된다고 하였다.[1] 상담자가 바른 상담을 하기 위해서는 윤리적 가치 기준이 분명하고 명확해야 한다. 모든 기독교 상담은 성경의 가르침에 기초한 윤리적 기초가 분명해야 한다.[2]

상담과정에서 상담자나 내담자의 오해나 무지로 인하여 비윤리적인 문제가 발생하게 되는 경우가 있다. 특별히 환원주의(reductionism)적 사고에 고착되어 있는 상담자는 특별히 주의해야 한다. 토마스 니드함(Thomas Needham)은 '목회자의 오진'(malpractice)이라는 글에서 상담 상황에서 위험의 잠재성이 큰 내용, 즉 윤리적, 법적 위반의 가능성을 가지고 있는 내용

---

1) Don S. Browning, *The Moral Context of Pastoral Care* (Philadelphia: Westminster, 1976), 108-109.
2) Gary Collins, *Effective Counselling*, 55.

20가지를 제시했는데 그 내용은 다음 사항들이다.[3]

① 성격과 심리학적 검사의 실시, 해석, 저장이다.
② 복합적인 정서적 심리적 문제에 대하여 간단한 영적 해결책 제시이다.
③ 정서적 심리적 차원을 부정하고 모든 문제가 영적이거나 신체적이라는 신념이다.
④ 목회자가 신경증과 정신이상, 자살 기도 같은 심각한 문제를 해결하기 위해서 성경적 훈련만이 필요하다는 신념이다.
⑤ 신실함과 선의가 기독교 상담과 평신도 상담에 주요소라는 신념이다.
⑥ 목회자는 모든 사람에게 본이 되어야 한다는 신념이다.
⑦ 정신질환자나 자살하려는 사람을 상담으로만 해결하려는 것이다.
⑧ 정신적으로 무력한 환자를 상담하는 것이다.
⑨ 약물 치료나 심리학적 치료를 반대하는 권고이다.
⑩ 정신질환자에 대해서 약물치료에 관해 상담하는 것이다.
⑪ 심리적 또는 심신증적 장애의 존재나 심각성을 부정하는 것이다.
⑫ 상담기록의 부적절한 관리이다.
⑬ 부적합하게 훈련받은 자가 상담하는 경우이다.
⑭ 폭력적인 의도나 진술을 믿지 않는 것이다.
⑮ 정신질환을 귀신들렸다고 오진하는 것이다.
⑯ 어떤 사람의 직함, 위치, 학위, 능력을 잘못 나타내는 것이다.
⑰ 형편없는 지도를 받은 평신도 상담자나 목회자가 상담하는 것이다.
⑱ 이혼을 권고하는 것이다.
⑲ 내담자와 성적인 관계를 갖는 것이다.
⑳ 비밀 보장을 위반하는 것이다.

상담에서 윤리적 기준은 결코 과소평가되거나 간과되어서는 안 되며, 이는 상담자에게 필수적인 사항이다. 상담에서 자주 나타나게 되는 몇 가지 주요 상담 윤리적 문제들을 살펴보자.

---

3) 전요섭, 『기독교 상담의 이론과 실제』 (서울: 좋은나무, 2001), 188에서 인용.

비밀보장

　상담자가 상담과정에서 발생되거나 습득된 내담자의 비밀을 보장하는 것은 가장 기본적이면서 가장 중요한 상담윤리이다. 때문에 비밀을 보장할 수 없는 상담자는 결코 상담을 해서는 안 된다. 상담자가 내담자의 비밀을 지켜주지 않음으로 발생할 수 있는 문제는 상상을 초월할 수 있으며, 내담자들에게 많은 상처와 고통을 가져다 줄 수 있으며 때로는 내담자나 내담자와 관련 있는 사람들의 생명에까지 영향을 줄 수 있음을 반드시 기억해야 한다. 상담자는 비록 상담한 내용이 이미 세상에 다 알려진 내용이라 할지라도 상담자가 상담이라는 과정을 통해 얻은 내용들은 비밀로서 보장되어야 한다. 상담자가 상담했던 내용들의 일부라도 그의 가족들이나 특히 부인이나 교인들에게, 동료들에게, 비록 내담자를 전혀 알지 못하는 사람들에게조차도 공개해서는 안 된다. 많은 목회자들이 교인들과의 상담 내용을 그들의 부인에게 이야기하곤 한다. 인간은 매우 약하기 때문에 목회자의 부인이 알고 있는 내담자의 비밀한 내용을 교인들에게 말한다면 이는 내담자에게 치명적인 해를 끼칠 수 있다. 이와 반대로 목회자 부인이 상담한 내용을 목회자인 남편에게 말해도 안 된다. 비밀 유지는 상담자에게 있어서 가장 기본적인 책임이며 지켜야 할 윤리이다. 게다가 상담자가 내담자를 돕기 위한 방편이나 목적을 위해서도 내담자의 문제를 다른 사람들에게 드러내서는 안 된다.

　상담 내용의 기록이 보장되도록 각별히 주의해야 한다. 내담자에 대한 상담 기록들도 안전하게 보관하여 비밀유지에 힘써야 한다. 상담자는 상담 기록 내용을 책상 위에 놓거나 아무 데나 방치해서는 결코 안 된다. 혹 임지를 옮겨갈 경우에는 상담 기록내용을 반드시 완전하게 파기해야 한다.

　내담자의 비밀을 공개하는 것을 허락받은 경우를 제외하고는 그 비밀을 누구에게도 공개해서는 안 된다. 하지만 내담자의 삶에 치명적인 영향을 미칠 수 있는 내용은 내담자가 비록 비밀 공개를 허락하였을 경우일지라도 상담자는 비밀을 공개해서는 안 된다. 상담자는 비밀보장의 한계와 예외에 대해서 주의를 기울여야 한다. 비밀보장과 관련된 상황은 언제나 쉽게 규명될 수 있는 것이 아니기 때문에 신중한 분별력이 필요하다. 일반적으로 상담자는 내담자가 다른 사람이나 본인에게 심각한 위해를 가하려 할 때 비밀보장의 약속을 예외로 하여 공개해야 한다.

다음은 상담자가 비밀보장의 약속에 제한을 받지 않는 일반적인 사항들이다.[4]

① 내담자가 자신이나 타인에게 위해를 가할 가능성이 있을 때이다.
② 상담자의 생각에 내담자의 행동이 기형적이고 병원에 입원하는 것이 필요한 것처럼 보일 때이다.
③ 상담자의 생각에 16세 이하의 내담자가 성폭행이나 근친상간, 아동학대, 기타 범죄적 행동의 희생자가 되고 있을 때이다.

아울러 상담자는 내담자에게서 기록으로 허락받지 않을 경우, 그의 가족이나 친구들과 상담에 대한 대화를 해서는 안 된다는 것을 기억하는 것이 중요하다. 상담을 하는 목회자나 기독교 리더들은 엄격한 법적 제약을 받지 않겠지만, 상담자는 상담과정에서 획득한 내용에 대한 비밀보장에 있어서 분명하고 엄격해야 하며 또한 비밀보장과 관련된 자신의 입장이나 기준이 무엇인지 내담자에게 분명하게 전달할 윤리적인 의무가 있다.

비밀성은 모든 상담행위에서 반드시 지켜져야 할 원리이다. 내담자의 사적 정보는 당사자의 동의 없이 다른 사람들에게 알려져서는 안 된다. 비밀성이 유지되지 않음으로 나타날 부작용들을 상담자는 항상 명심해야 한다.

---

4) Charles Allen Kollar, *Solution-Focused Pastoral Counseling*, 99-100.

이성문제

　상담윤리 가운데 흔히 발생하는 문제가 이성문제라 할 수 있다. 상담과정에서 상담자는 내담자와 로맨틱한 감정이나 성적인 관계를 갖지 않도록 해야 한다. 미국의 한 조사에 따르면 일반 상담자들의 5-7% 정도가 내담자와 성적으로 연관되어 있다는 보고가 있다.[5] 기독교의 경우, 미국의 사례를 보면 목회자인 상담자와 교인인 내담자와의 사이에서 발생한 성적인 문제는 10-15% 정도로 분석되고 있는데, 이는 다른 일반 상담 관계에서 보다도 더 높은 성적인 문제가 목회상담에서 발생하고 있다는 것이다.[6]

　일반적으로 상담을 하기위해 찾아오는 사람들은 사람들과의 관계 속에서 많은 상처와 고통 그리고 여러 문제를 가지고 있기 때문에 심리적으로 상담자에게 강한 의존성이 나타나게 된다. 게다가 특별히 이러한 여성 내담자는 남성 상담자 또는 목회자를 가장 이해심이 많고 인격적인 사람으로 인식하게 된다. 상담과정에서 내담자의 비밀스러운 문제들에 대해서 이야기하다보면 상담자와 내담자 간의 친밀감이 형성되기도 한다.[7] 한국교회의 경우 교인의 60-70%가 여성임을 감안하면 목회자의 상담은 여성 내담자를 많이 접하게 되는 환경이다. 목회자인 남성에게서 여성 내담자는 이성적으로 매력을 느끼는 것은 자주 있는 일이다. 왜냐하면 목회자는 항상 여성을 이해하는 편이고 친절하게 위로해 주기 때문에 여성 내담자가 심리적이고 정서적으로 문제가 발생했을 때는 자신의 남편과 목회자를 비교하는 일이 있게 되기 때문이다.[8] 이런 과정에서 남성 상담자와 여성 내담자가 모두 성적인 문제로 발전하는 것은 아니지만 성적 문제로 발전할 위험에 노출되어 있다고 하겠다. 남성 목회자와 여성 내담자는 상담자와 내담자 이

---

5) 게리 콜린스, 『기독교와 상담윤리』 오윤선 역(서울: 두란노, 1997), 66.
6) Juantia Benetin, and M. Wilder, "Sexual Exploitation and Psychotherapy," *Women's Rights Law Report* 11 (1989): 121.
7) 게리 콜린스, 『기독교와 상담윤리』, 66.
8) Achibald D. Hart, Gary L. Gulbranson, and Jim Smith, *Mastering Pastoral Counselling*, 136.

전에 남성과 여성이라는 사실을 항상 잊지 말아야 한다. 대개 남녀간의 신체적 접촉은 의도하지 않게 감정적이며 강한 성적 자극을 초래할 수 있다. 그러므로 감정을 자극하는 언어사용을 피해야 하며, 용기를 북돋아 준다고 하면서 내담자의 등을 쓰다듬어 준다든지, 어깨를 끌어 안아 주는 일을 하는 행위를 되도록 금해야 한다.

상담자는 상담과정에서 내담자에게 어떤 종류의 성적 감정이나 행동을 피해야 하며 성적 희롱의 언어를 사용하는 것을 금해야 한다. 설사 내담자가 성적 행동을 하도록 요구하거나 동의했다고 하더라도 상담자는 반드시 피해야 한다. 특별히 목회상담자는 사적으로 상담하는 자가 아니라 교회의 위임을 받아 공인으로 상담하는 자이기 때문에 공동체에 미칠 영향을 항상 잊지 말아야 한다.

상담자의 한계 인정

상담자는 항상 상담관계에서 자신의 능력을 평가하여 감당할 수 있는 능력에서 벗어난 상담인가를 점검해야 한다. 상담자의 능력으로 내담자의 문제를 해결하기 곤란할 때는 다른 상담자나 전문가에게 보내야 한다. 특별히 내담자의 영적이고 정신적인 문제를 가지고 상담할 때 주의를 요해야 한다. 내담자의 정신적인 문제를 영적인 문제로 진단하여 내담자는 지금 귀신에 사로잡혀있다고 진단하여 함부로 귀신 쫓기를 시도해서는 안 된다. 목회자의 잘못된 진단으로 인하여 내담자가 겪게 될 상처와 고통은 우리의 상상을 훨씬 초월할 수 있다는 것을 분명히 인식해야 한다. 영적인 문제는 대단히 어렵고 민감한 문제이기 때문에 상담자는 이 부분에서 더욱 주의가 요구된다.

상담과정에서 상담자는 내담자가 겪고 있는 문제가 자신의 한계나 능력으로는 도와주기가 불가능하다고 여겨지는 문제가 발생하였을 경우에는 반드시 전문가에게 보내야 한다. 기독 상담자는 내담자에게 의학적인 행위를 하는 것을 특히 금해야 한다. 내담자에게 어떤 의학적 행위를 제안하고 약물을 복용하도록 권하거나 또는 특정 약물을 추천하는 것 등은 옳은 것이 아니다. 이것은 기독교 상담의 범위에서 벗어나는 행위이다. 가령 상담자가 남자친구와의 성관계로 인하여 임신하게 된 여고생을 상담하면서 내담자에게 "학교 생활하면서 아이를 낳을 수 없으니 낙태하는 것이 어떻겠느냐"라고 제안하여 낙태시술을 받다가 잘못된 일이 발생하였을 경우 상담자는 법적으로 어려움에 처할 수 있으며, 이는 윤리적으로도 바르지 못한 것이다.

상담자는 자신의 한계를 인정한다는 또 다른 측면은 전문적으로 훈련받지 않은 진단이나 치료절차는 사용하지 않도록 해야 한다. 찰스 알렌 콜라(Charles Allen Kollar)는 다음과 같이 진술하였다.

> 상담 분야에는 내담자를 평가하는 데 쓰이는 다양한 진단테스트와 평가 도구들이 있다. 그래서 전문상담자들 중에서 많은 사람들은 성격테스트나 신체적 행동 측정, 내담자의 사고나 정신상태 파악 등을 통해 그의 가정적, 사회적, 의료적 치료 등에 대한 자료를 얻는다. 그들은 내담자나 그의 상태를 보다 더 잘 파악하기 위해 이와 같은 자원들을 활용한다. 그러나 특별히 이러한 자료들을 사용하기 위한 훈련을 받지 않았다면 사용하지 않아야 한다.[9]

또한 목회자나 기독교 상담자는 지역사회 내에 기독교 상담을 위한 어떤 정보나 자원들이 있는지를 파악하여 내담자를 도울 수 있어야 한다. 상담자가 책임을 다하기 위해 동료 목회자나 상담자들의 자문을 구하는 것이 필요하다. 상담자는 신체적이고 정신적인 어떤 문제들이 의심될 경우에는 의사의 검진을 받도록 지도해야 한다. 이상한 신체적 증상이나 행동 그리고 깊은 우울증의 상태에 있는 내담자들의 경우에 필요한 자문을 구할 수 있도록 기독 정신과 의사와 좋은 관계를 유지하여 때로는 조언을 구하거나

---

9) Charles Allen Kollar, *Solution-Focused Pastoral Counseling*, 100.

때로는 내담자를 그들에게 보내 치료를 받도록 해야 한다. 나아가 상담자는 남녀, 세대간, 지역간의 문화적이고 정서적 차이를 잘 인지하여 그것이 상담관계에 어떤 영향을 미치는지를 알아야 한다. 상담자가 내담자의 문화적 정서적 차이를 인정하지 않음으로 인하여 자기도 모르게 비윤리적 판단이나 행동을 할 수 있음을 인지해야 한다.

상담자가 상담과정에서 기억해야 할 것은 내담자는 자신의 삶에 대해서 만큼은 누구보다도 전문가인 것이다. 때문에 상담자는 항상 겸손함으로 성령의 인도를 신뢰하는 가운데 내담자와 함께 해결책을 구축하는 데 초점을 맞추어야 한다.

상담 언어

상담에서 기억해야 할 것은 내담자의 문제가 주로 관계 속에서 발생하는 경우가 많기 때문에 내담자가 상담 현장에 없는 다른 사람을 비판하거나 비난을 할 때 상담자는 이러한 비판과 비난에 대하여 어려움을 느낄 때가 자주 발생한다. 이때 상담자가 주의해야 할 것은 내담자의 이러한 행위에 대해 동조하거나 그와 함께 같은 반응을 나타내서는 안 된다. 더욱이 상담자는 내담자에게 다른 사람의 잘못된 관계나 행위를 비판하면서 상담을 진행해서는 결코 안 된다. 상담자가 상담과정에서 다른 내담자나 사람들을 비난하거나 비판함으로 상담 후에 예기치 않은 사태가 벌어질 수 있음을 알아야 한다. 상담자는 자기가 전에 상담한 내담자들을 서로 비교하여 말하는 것을 주의해야 한다.

또한 상담과정에서 상담자의 지나치게 많은 상징적 용어 사용은 내담자로 하여금 혼란을 갖게 하거나 오해를 불러일으키게 할 수 있다. 왜냐하면 내담자의 심리 상태는 모든 문제에 민감해 있기 때문에 작은 것에도 깊이 생각하는 상태에 빠지게 된다. 상담자가 아무 뜻 없이 내뱉은 말들을 해석하느라 고민하게 된다. 때문에 상담자가 사용하는 상징적인 언어나 추상적인 언어는 내담자로 하여금 더욱 큰 근심에 빠지게 하는 경우가 될 수 있음을 기억해야 한다.

상담자는 또한 언어 사용에 있어서 비인격적이고 비기독교적 의미를 나타내는 용어를 사용해서는 안 된다. 예를 들어, 많이 배우지 못하는 사람들을 칭할 때 '무식한 사람'으로 말하거나, 길에서 장사하는 사람들을 칭할 때 '장사치'라고 말해서는 안 되고 '행상'이라는 말을 사용해야 한다. 나아가 상담자가 내담자를 나르시즘적 효과를 얻기 위해 사용하는 언어나, 윤리적 단체에 대한 비난이나 여성을 비하하는 말이나 농담 그리고 성적인 뉘앙스를 담은 유머는 상담과정에서 삼가해야 한다. "오늘 입고 있는 치마는 상당히 섹시해 보이네요." "오늘 화장은 참으로 아름다워 보이네요" 등이다. 이런 말들은 상담에서 내담자로 하여금 오해를 불러일으키게 하는 요인이 될 수도 있다. 사람들이 사용하는 언어는 그 사람의 생각이나 가치를 표현해 주는 경우가 대부분이다. 상담자가 상담과정에서 비기독교적 언어를 사용한다면 오히려 내담자를 도와주기보다는 해를 끼칠 수 있음을 알아야 한다. 게다가 상담자의 이런 언어 사용은 내담자의 기독교적 변화를 이끌어 내는데 저해 요인이 될 수 있다.[10]

성경 활용

상담시 상담자가 성경을 효과적으로 활용하는 것은 상담자의 중요한 임무이다. 하지만 성경 사용에 있어서 상담자가 주의해야 할 윤리적 문제들이 있을 수 있다. 내담자의 문제의 근본을 이해하지 못하고 진단하여 처방을 내리는 것은 오히려 치명적인 해를 입힐 수 있다. 찰스 솔로몬(Charles R. Solomon)은 내담자들이 겪는 문제는 죄에서 비롯되었기 때문에 내담자의

---

[10] 상담언어에 대한 보다 구체적인 연구를 위해서는 Jay E. Adams, *The Christian Counselor's Manual*, chapter 12를 참조.

문제를 잘 듣고 죄를 찾아서 분석하고 지적함으로써 기독교 상담은 시작된다고 보았으며 그러기 위해서는 그리스도인들의 삶의 기준이 되는 성경은 필수적으로 활용되어야 한다고 하였다. 아담스는 상담자가 내담자의 문제를 분석할 때 성경활용의 지침에 대해서 다음과 같이 제안하였다.[11] 첫째, 내담자의 문제에 대한 성경적 이해이다. 상담자는 내담자의 문제를 성경적 가르침과 기준에 따라 분석하고 해석해야 한다. 둘째, 상담자는 상담과정에서 내담자의 문제를 도와주고 해결하기 위해서 성경을 활용할 때 성경을 적합하게 활용해야 한다. 셋째, 내담자의 문제와 성경 사이의 연결의 문제이다. 즉 상담에 있어서 인간의 문제와 하나님의 해결책이 일치되어야 한다. 넷째, 상담자가 내담자로 하여금 성경적 행동방안을 자신의 삶 속에 내면화 시키고 행동으로 표현하도록 도와주어야 한다. 다섯째, 성경에 대한 내담자의 확신이다. 성경적 행동을 표현하기 위해 성경에 대한 확신을 갖고 하나님의 요구사항을 실천에 옮기도록 해야 한다.

성경 활용 시 상담자들이 일반적으로 겪는 실수는 마치 아무 약이나 처방하는 것처럼 성경구절을 사용함에 있어서 정확한 의미를 모르거나 부적절하게 사용하는 경우이다. 상담자는 내담자가 성경 자체에 대한 미신적 견해를 가지고 있는지 살펴보고 그러한 생각에 대해서 시정해 주어야 하며 상담자 자신도 성경이 오용, 남용됨으로 인해서 내담자에게 피해가 되지 않도록 주의해야만 한다. 랄프 턴불(Ralph G. Turnbull)은 성경활용에 있어서 다음과 같은 주의사항을 지적하였다. 첫째, 내담자로 하여금 성경을 대신할 만한 것이 없음을 분명히 인식시켜야 한다. 성경 없이는 기독교도 존재하지 않는 만큼 성경의 권위는 절대적이고 상담자의 여러 말보다는 그 권위를 통해서 바른 지침을 받도록 해야 한다. 하지만 성경 자체의 미신적 권위는 옳지 못하다. 둘째, 활용할 성경 분량을 조절해야 한다. 성경구절에 대한 지나친 설명으로 인해 본래의 뜻이 흐려지거나 그 의미의 중요성을 상실하게 되는 일이 없어야 한다. 내용을 접하기 전에 상담자의 지루하고 무

---

[11] Jay E. Adams, *Competent to Counsel*, 17-56.

리한 과정이나 요구로 인해서 내담자가 마음의 문을 닫아버리는 일이 없도록 해야 한다. 셋째, 내담자의 문제를 잘 분석하고 충분히 이해하고 난 후에 성경을 활용해야 한다. 이는 성경구절을 사전에 충분히 검토하여 내담자를 잘 이해시키고 삶에 적용하도록 해야 한다. 아울러 성경에 언급된 중요한 용어나 배경에 대한 설명 없이 적용하는 것도 문제가 된다. 넷째, 상담자가 성경에 대해서 단지 말하는 것에만 머물기보다는 내담자 스스로 성경을 공부하도록 안내하고 도와주어야 한다.[12]

기독교 상담에서 가장 주요한 자료는 성경이다. 성경은 하나님의 섭리와 경륜이 담긴 진리이며 인간의 생각, 감정, 행동에 옳고 그름을 측정하는 시금석이 되어야 한다. 인간이 개발한 이론은 도움이 될 수 있어도 내담자의 문제를 진정으로 해결할 수 없다.[13] 이러한 입장은 기독교 상담이 일반상담과 근본적으로 다른 독특성이라 할 수 있다. 진정한 기독교 상담은 성경에 기초한 상담(시 33:15)이며 성경에 최고의 권위를 둔 상담이라고 할 수 있다.

---

12) Ralph G. Turnbull, ed., *Baker's Dictionary of Practical Theology* (Grand Rapids: Baker, 1967), 217.
13) Jay E. Adams, *More than Redemption*, 44.

Spirituality & Counseling

제 III부 상담의 실제

제1장 애착: 엄마의 자리

제2장 고난: 삶의 파라독스

제3장 열등감: 깨어진 보배

제4장 분노: 위험에서 한자 모자람

제5장 우울증: 기대하지 않은 선물

제6장 귀신들림과 정신분열증

제7장 자살: 굽어진 마음

제8장 혼전 성: '한 몸' 됨의 비밀

제9장 낙태: 소리 없는 살인

제10장 이혼과 포르네이아

Spirituality & Counseling

제 1 장

애착: 엄마의 자리
Attachment: The Place of Mother

애착의 형성과 형태

'애착'(attachment)은 일반적으로 넓은 의미로 어떤 가족, 일, 취미, 모교, 심지어 오래된 골동품에 대한 우리의 각별한 정을 표현할 때 쓰여지곤 한다. 하지만 정신분석학이나 사회심리학 혹은 상담심리학 등에서는 '애착'을 인간의 행동을 수반하는 내적 정서 중의 하나로 보고 있다.[1] 쉽게 생각해 보면, 6개월에서 18개월 사이의 아기가 자기를 따뜻하게 보살펴 주는 엄마만 의지하고 그 외의 사람에게는 잘 가려 하지 않는 것을 우리는 흔히 '낯가림'이라고 부른다. 이와 같이 여기서 말하려고 하는 애착은 일반적 의미의 애착과는 물론 다르며, 더 나아가 일반적으로 우리가 여러 인간관계에서 느끼는 친밀감과도 구분되는, 특정한 대상만을 향하여 느끼는 '다른 어떤 것과도 바꿀 수 없는' 독특하고 강한 친밀감을 말한다.[2]

---

[1] John Bowlby, *Attachment and Loss 2: Separation, Anxiety, and Anger* (New York: Basic Books, 1973); John Bowlby, *Attachment and Loss 3: Loss* (New York: Basic Books, 1980); John Bowlby, *Attachment and Loss 1: Attachment* (New York: Basic Books, 1982).

[2] M. D. S. Ainsworth, "Attachments and Other Affectional Bonds Across the Life Cycle," C. M. Parkes, J. Stevenson-Hinde, and P. Marris, eds., *Attachment Across the Life Cycle* (London: Routledge, 1991), 33-51.

좀더 깊이 들어가 보면, 행동발달이나 정서발달 전문가들에 의하면 어린 아기는 이 중요한 시기(6~18개월)에 애착의 대상(attachment figure)과의-거의 대부분의 경우 어머니-관계 속에서 강한 애착의 정서를 형성한다는 것이다. 이 애착의 정서는 주로 '나'보다 강하거나 현명하다고-항상 그런 것은 아니나-여기는 특정한 사람과의 관계 속에서 생기는 정서이다.[3] 다음의 그림은 어린 아기가 어떤 과정을 거쳐 이러한 내적 구조를 형성하게 되는가를 설명한다.

애착의 구조(Attachment System)[4]

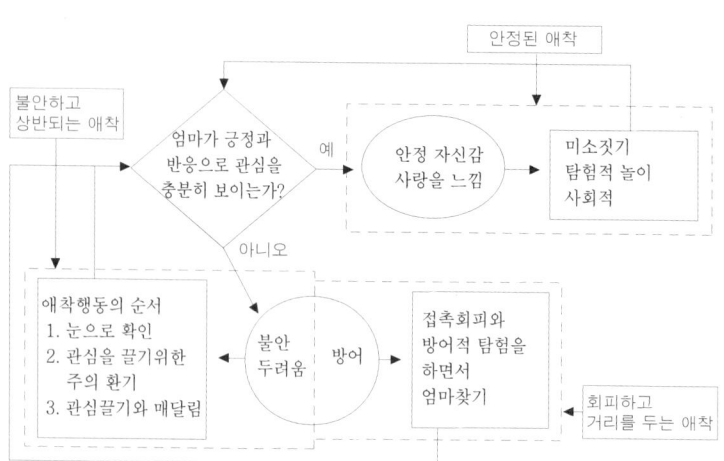

---

[3] 'Internal working models'이라는 용어는 'mental models'이라고도 불리며 인지 심리학자 Craik (1943)에 의해 처음으로 사용되기 시작했다. 보울비(Bowlby)는 이것을 그의 이론에서 정서적 분야에 이용하기 시작했다. 보울비에 의하면, 우리는 자신과 다른 사람 그리고 그 둘의 관계에 관한 하나의 '지도'를 가지고 있다. 그 '지도'는 우리의 경험에 의해-애착의 대상(attachment figure)과의 관계를 통해-하나의 내적 구조로 일반화한다. 이러한 내적 구조는 나중에 특별한 경험이 없는 한 평생 동안 그 사람의 '세계'를 인도한다. 더 자세하게는 J. Holmes, *John Bowlby and Attachment Theory* (London: Routledge, 1993); I. Bretherton, and K. A. Munholland, "Internal Working Models in Attachment Relationships: A Construct Revisited," in J. Cassidy, and P. R. Shaver, *Handbook of Attachment: Theory, Research, and Clinical Applications* (New York: The Guilford Press, 1999)를 참조.

[4] J. A. Feeney, and P. Noller, *Adult Attachment* (Thousand Oaks: SAGE, 1996), 5.

책임감 있고 항상 한결 같으며 자신의 요구에 만족을 주는 돌봄을 받은 아기는 어머니에게 처음임과 동시에 일생을 지배하게 될 신뢰를 구축하게 되며, 그 내적으로 안정감을 형성하게 된다. 그러나 아기가 울거나 짜증을 내거나 어머니를 필요로 할 때 어머니의 돌봄이 항상 한결같지 않은 경우 그 아기는 어머니로부터 때로는 만족하지만 때로는 만족할 수 없기 때문에 불안감과 불신이 싹트게 된다. 또한 어머니가 아기의 요구에 아예 제대로 반응하지 못한다거나 육체적 접촉(안아주거나 쓰다듬어 주기 등)을 충분히 해주지 못했을 경우 그 아기는 그 어머니로부터 거리감을 갖게 되고 강한 불신을 가지게 된다.[5]

어린 아기는 이 아주 중요한 시기(6-18개월)를 거치며 어머니와의 관계 속에서 하나의 내적 구조(internal working model)를 형성하게 된다.[6] 이 내적 구조는 방안이 더워지면 온도계의 수은주가 점점 올라가고, 창문을 열어 놓아 추워지면 온도계의 수은주가 점점 내려가는 것과 같은 원리와 같이 작용한다. 에인즈워쓰(M. D. S. Ainsworth)의 관찰실험에 의한 보고에 따르면, 첫 번째의 아기는 따뜻하고 충분한 애정으로 반응하는 어머니의 돌봄에 안정과 사랑과 자신감을 느끼며 창조적이고 탐험적인 놀이를 즐기게 된다. 그리고 이것이 계속 반복되면서 이 아기는 '안정적 애착'(secure attachment)을 형성하게 되는 것이다. 두 번째 아기는 어머니가 어떤 때에는 관심으로 반응하지만 어떤 때에는 그렇지 못하기 때문에 불안 하고 때로 어머니가 자기를 두고 어디로 가버릴 까봐 두려움을 느낀다. 따라서 이 아기는 놀이에 완전히 집중하지 못하고 자주 어머니의 주의를 확인한다. 만일 어머니가 충분히 관심을 보이지 않는 것 같으면 어머니의 주의를 환기하기 위하여 매달리거나 칭얼대는 등의 행동을 한다. 이 아기는 이러한 과정을 거치면서 '불안하고 상반되는 애착'(anxious-ambivalent attachment)을 형성하게 된

---

5) John Bowlby, *Attachment and Loss* 2, 235.
6) M. Main, N. Kaplan, and J. Cassidy, "Security in Infancy, Childhood, and Adulthood: A Move to the Level of Representation," *Monographs of the Society for Research in Child Development* 50 (1981): 66-104.

다. 세 번째 아기는 어머니의 무관심과 적절하지 못한 반응에 감정적으로 방어적 반응을 한다. 이 아기는 탐험적으로 놀이에 집중하는 것 같으나 어머니의 눈치를 살피며 방어적 행동을 하는 것이다. 이 아기는 이러한 과정을 거치며 '회피하고 거리를 두는 애착'(avoidant-distant attachment)을 형성하게 된다.[7]

중요한 것은 이러한 내적 구조는 이 시기를 거치며 돌과 같이 단단하게 굳어지며 유아기를 거쳐 소년기, 청년기, 심지어 노년기까지, 친구를 사귀거나 새 환경에 적응하거나 어려운 문제에 봉착하거나, 더욱 중요하게 배우자를 선택하거나 결혼 생활에, 혹은 배우자나 부모를 잃었을 때 등 일생을 거쳐 영향을 미친다는 것이다. 물론 예를 들어 불안한 어린 시절을 거친 사람이 아주 안정적인 배우자를 만나 점점 안정적인 사람이 되어가며 그의 내적 구조를 조금씩 바꾸어가는 경우들이 있을 수 있으나 이는 매우 긴 시간을 필요로 하며 배우자와 자신의 피나는 노력이 뒤따른다.

애착과 그리스도인

한 사람의 애착의 형태를 조사하는 것은 아주 과학적이고, 심층적인 분석의 과정이 필요하다. 어른들의 경우 아이들과는 달리 자신의 생각을 말로 표현할 수 있고, 추상적 개념을 사용할 수 있기 때문에 전문가들은 주로 '나'와 '다른 사람'(the other)에 관한 내재된 상(internalized image)을 중심으로 분석한다.[8] 그리스도인의 경우 자아상(self-image)과 하나님 이미지(image of God) 그리고 하나님과의 관계를 깊이 들여다보면 그들의 신앙의 특성이 다

---

7) M. D. S. Ainsworth, M. C. Blehar, S. Waters, and S. Wall, eds., *Patterns of Attachment: A Study of the Strange Situation* (Hillsdale: Erlbaum, 1978).

8) N. L. Collins, and S. J. Read, "Cognitive Representations of Attachment: The Structure and Function of Working Models," in K. Bartholomew, and D. Perlman, eds., *Advances in Personal Relationships 5: Adult Attachment Relationships* (London: Jessica Kingsley, 1994): 53-90.

르게 나타남을 알 수 있다.[9] 여기서는 이러한 과정을 모두 설명할 수는 없다. 하지만 이러한 과정을 통하지 않고도 우리는 일반적으로 사람들의 말과 행동 혹은 반응 등을 통해 이것을 짐작할 수 있다. 같은 그리스도인이고 같은 신앙을 가지고 있더라도, 개개인이 갖는 정서나 인지방법, 태도 등이 다르며 또한 이에 따라 신앙의 형태도 매우 다양하게 나타난다.

회피하고 거리를 두는 애착형태의 사람은 자긍심이 아주 강하거나 아니면 아주 낮다. 하지만 무엇보다도 하나님과 또 다른 사람과의 관계에서 기본적으로 거리감을 두며 인격적 관계를 맺는 것에 어려움을 느낀다. 특히 이들은 다른 사람의 호의에 의심을 잘 하는 경향이 있다. 이러한 사람들이 반면 갑작스런 회심을 하는 경향이 있기도 한다고 전문가들은 말한다.[10] 이들은 그러나 어려운 상황에 처했을 때 다른 사람의 도움을 받기 위해 마음을 열기 쉽지 않기 때문에 그 상황을 극복하는 데 매우 큰 어려움을 겪는다.

불안하고 상반되는 애착형태의 사람은 다른 사람에 너무 의존하며 자기 자신에 대한 자긍심이 약하고 항상 불평과 불만이 많다. 그래서 하나님과의 관계 혹은 다른 사람들과의 관계에서 자신의 필요나 만족을 채우기 위해 항상 매달리거나 불안함으로 다가간다. 이러한 사람들은 종교적 행사나 일에 가장 적극적인 경향이 많으며, 어려운 일을 당했을 때 극복하는 것을 어려워한다고 전문가들은 말한다.[11]

안정적 애착형태의 사람은 아주 성숙하며 다른 사람을 잘 돌보며 어떤 일

---

9) L. A. Kirkpatrick, "An Attachment-Theory Approach to the Psychology of Religion," The International Journal for the Psychology of Religion 2 (1992): 3-28; L. A. Kirkpatrick, "Attachment and Religious Representations and Behavior," in J. Cassidy, and P. R. Shaver, eds., *Handbook of Attachment: Theory, Research, and Clinical Applications* (New York: The Guilford Press, 1999), 803-822; A. Rizzuto, *The Birth of the Living God* (Chicago: University of Chicago Press, 1979)을 참고하라.

10) L. A. Kirkpatrick, "Attachment Theory and Religious Experience," in Ralph W. Hood Jr., ed., *Handbook of Religious Experience* (Birmingham: Religious Education Press, 1995): 446-475.

11) L. A. Kirkpatrick, "The Role of Attachment in Religious Belief and Behaviour," in K. Bartholomew, and D. Perlman, eds., *Advances in Personal Relationships* 5 (London: Jessica Kingsley, 1994), 239-265.

에든지 적극적이며 하나님과의 관계, 다른 사람들과의 관계 그리고 자신과의 관계에 항상 긍정적이고 어려움이 있을 때 다른 사람에게 의존할 줄도 안다. 이들은 대부분 어려운 일을 비교적 잘 극복하며, 자기 삶에 대해 만족하며 산다고 전문가들은 말한다.[12]

회피하고 거리를 두는 애착

| 사례 1 |

29살의 미혼인 R은 개척교회를 오래하신 아버지와 신앙이 깊으신 어머니 밑에서 다섯 명의 언니들과 자라났다. 그녀는 아버지의 나이 마흔 여섯에 얻은 막내딸로 항상 어떤 갭을 느끼고 있었고, 교회일로 항상 바쁜 아버지와 어머니에게 폐를 끼치지 않기 위해 모든 일을 혼자 결정하고 혼자 행하는 식으로 지내왔다. 이러한 것은 그녀가 대학을 정하고 앞길을 정하는 문제에 부모가 심하게 반대를 함으로써 표면으로 드러나기 시작했다. 그녀는 이 경우에도 선교사가 되어 선교지에서 선교사역을 하겠다는 자신의 꿈을 포기하지도 못하면서 반대하는 부모를 거역하지도 못했다. 그녀는 최근에 그녀의 신앙에 큰 문제가 있음을 호소해 왔다. 설교도 예전 같지 않고 예배시간에 앉아 있기는 하지만 예전처럼 진정으로 예배를 드릴 수가 없다는 것이다. 하나님을 한 번도 의심해 본적이 없지만 자신의 신앙이 무엇인지 지금 말을 할 수가 없다는 것이다.

대화 속에 나타난 그녀의 자아상은 매우 수동적이고 부정적이며 하나님 상은 두렵고 무서운 존재로 나타났다. 그녀의 대화는 거의 과거 지향적이며, 지금의 답답한 상태를 어떻게 해소해 보겠다는 의지도 미래에 대한 기대도 매우

---

12) M. M. Poloma and B. F. Pendleton, *Religiosity and Well-Being: Exploring Neglected Dimensions of Quality of Life Research* (Lewiston: Edwin Mellen, 1991); L. Y. Steinitz, "Religiosity, Well-Being and Weltanschauung among the Elderly," *Journal for the Scientific Study of Religion* 19 (1980), 60-67; R. D. Kahoe and R. F. Dunn, "The Fear of Death and Religious Attitudes and Behavior," *Journal for the Scientific Study of Religion* 14 (1975), 379-382.

희박했다. 그녀의 문제는 어릴 때부터 형성되어 온 이러한 회피적 성향에 있다. 그녀의 대화 내용에 따르면, 이런 상태가 거의 5년이 되어가며, 5년여 전에 있었던 여러 가지 관계적 어려움 이후로 계속된다는 것이다. 그녀는 매우 어렵게, 어머니 외에는 아무에게도 말하지 않은, 그 일에 대해 입을 열었다. 그녀가 다니던 청년부 목사님의 소개로 그 교회 담임목사님의 둘째 아들과 이성교제를 시작했지만, 그 교제가 깊어지자 그 목사님 부부는 그 교제를 반대하셨고, 그녀는 부모처럼 여기던 그 분들의 차가운 시선을 견디기 어렵게 되었다. 이러한 일은 그녀에게 큰 상처를 주었으며 신앙을 침체하게 하는 주요한 요인으로도 작용을 했다.

이 여인에게 있어서 가장 큰 문제는 회피하고 거리를 두는 애착형태이다. 그녀는 어떤 갈등이 생길 때마다 그것을 건설적으로 해결하려는 의지를 보이지 않고 순응적으로 받아들이고 거기서 오는 상처를 모두 방어적으로 반응한다는 것이다.[13] 그녀의 신앙도 이와 맥을 같이하고 있다. 그녀는 하나님께서 그녀의 삶에 활동적으로 역사하신다는 신앙을 잃은 것이다.

| 사례 2 |

36살의 미혼인 L은 아주 불우한 가정환경에서 성장하였다. 그리고 기독교를 비판하는 아버지와 불교라도 잘 믿어보려는 부모 밑에서 자라났다. 어머니는 매우 위약하여 병상에만 있었고, 아버지는 그런 어머니를 간호하느라 지쳤다. 이런 가정환경 속에서 그녀는 자기라는 껍질 안에 점점 자기를 가두기 시작했고, 십대부터 까뮤에 심취했던 그녀는 철학을 전공하게 되었다. 대학 졸업 후 작은 무역회사에 취직했으나 바로 그만 두었다. 그후로 동생과 함께 동네에서 작은 사업을 했지만, 그것에서도 만족을 찾지 못했다. 그녀는 이러한 일상으로부터 탈출하고 싶어서 외국 유학을 떠나게 되고 거기에서 한 외국인 남성을 사귀게 되었다. 이 만남은 그녀에게 있어서 이성과 처음 맺은 관

---

13) L. A. Kirkpatrick, and P. R. Shaver, "An Attachment-theoretical Approach to Romantic Love and Religious Belief," *Personality and Social Psychology Bulletin* 18 (1992), 266-275.

계였고 어느 정도 행복함을 선사했다. 하지만 그것도 언어적이고 문화적인 한계를 넘어서지 못하고 깨져버리고 만다. 공부하던 석사과정이 막바지에 다다르자, 깨어진 남자친구와의 관계의 여파가 그녀에게 산더미와 같이 억눌러 왔다. 그녀는 이것을 감당할 수 없었고, 십대부터 시달려온 우울증과 자살충동이 최고조에 달하기에 이르렀다. 항 우울제는 오히려 그녀의 몸과 마음을 더 깊은 수렁으로 빠뜨렸다. 그녀는 기독교에 대해서는 '외부인'이었다. 비판적인 아버지의 영향도 있었겠지만, 기독교적 공동체 활동이 소외의 그늘 속에 늘 안주하려는 그녀의 성향에 맞지 않았던 것이다. 그녀가 교회에 나가는 것은 매번 한 달 이상을 넘기지 못했다. 그럼에도 불구하고 그녀는 무엇인가를 찾고 있었다. 그래서 이렇게 몸과 마음이 힘든 상황에 '세례를 받으면 무엇인가가 바뀌겠지,' '하나님이 내게도 믿음을 주시겠지' 하고 기대를 걸었다. 하지만 세례식을 마쳤는데도 아무 변화가 일지 않자 그녀의 실망과 절망은 극에 달했다.

대화 속에서 그녀의 자아상은 소외와 열등감으로 나타났다. 그녀의 절망은 자신의 형편없는 현재의 상황을 표현한 말에 그대로 나타나 있다. "나는 사회적으로 어떤 지위에 있는 것도 아니고, 반듯한 직업이 있는 것도 아니고, 돈이 있어서 사업을 하고 있는 것도 아니고, 결혼을 해서 가정이나 아이를 가지고 있는 것도 아니고…나는 지금까지 아무것도 이룬 것이 없어요." 총체적 상실의 상태에 있었다. 그녀의 하나님의 상은 인격적이지 않으며 더구나 관계적이지도 않게 나타났다. 그녀에게 있어서 하나님은 하나의 물질과도 같았다. 인간도 그냥 우연히 존재한 것이고 하나님은 이 세상 위에 존재하는 그냥 무엇(a thing above us)이었다. 그녀의 이러한 자아상과 하나님 상은 그녀가 왜 그토록 삶의 문제와 신앙의 문제를 풀어가지 못하는가 하는 열쇠를 제공해 준다고 볼 수 있다. 그녀는 '죽고 싶었다'라는 말을 수없이 되풀이 했다. 그녀는 "왜 살아야 하는 지 그 이유를 찾을 수 없다"고 말했다. 그녀는 영생에 대한 신앙이 없었던 것이다. 죽어도 물이 수소와 산소로 분해되듯이 그냥 분해되는 것으로 여겼고, 자살에 대한 아무 거리낌이 없었다.

이 여인에게 있는 기본적인 문제는 깊은 관계를 형성하지 못하거나 그것을 유지하지 못하는 회피하거나 거리를 두는 애착형태에 있다. 지금까지 계속 도망만 다닌 삶을 살았던 것이다. 그녀의 신앙도 마찬가지이다. 신앙이 어떤 감정이나 개념이 아니라 관계성 속에 있다는 것을 그녀는 아주 최근에 한 기독교 공동체와의 만남에서 경험하기 시작했다. 그럼에도 불구하고 자신의 신앙을 개념적으로만 찾으려고 하고 있었다.

위의 두 사례들은 어떻게 하나님을 향한 신앙이 침체되거나 회피적이 될 수 있는가를 보여 준다. 위의 두 여인의 신앙적 배경은 아주 다르다. R은 기독교 공동체의 한 중심에, L은 '외부인'으로서의 삶을 살아왔다. 하지만 한 가지 공통적인 것은 두 여인 모두 최근에 관계적 삶 속에서 어려움을 겪고 있었으며, 그들의 하나님 상이 모두 회피적이며 거리를 두는 형태로 나타나고 있다는 것이다. 이러한 원인은 조금씩 다르나 근본적으로 성장과정 중에 이루어진 그들의 낮은 자아감과 회피적 자아상에 근거를 두고 있다고 볼 수 있다.

불안하고 상반된 애착

| 사례 3 |

B는 38살의 결혼한 여성이다. 그녀는 그다지 행복하지 못한 어린시절과 학창시절을 지냈고, 늘 외로운 삶을 살아왔다. 그녀의 어머니는 의학계에서는 매우 활동적으로 일해 왔지만, 그녀에게는 그다지 따뜻하게 대해주지 못했고, 정서적으로 지지를 보내지는 못했다. 어린시절 어머니의 관심을 얻고자 잠깐이지만 도벽이 생긴 일도 있었다. 이러한 엄하고 완벽한 어머니와의 정서적 갈등은 지금까지도 그녀의 그늘로 자리 잡고 있다. 아버지 역시 마음은 좋지만 어머니 그늘에서 있으면서 B에게 정서적으로 그다지 지지를 보내지 못했

다. 그녀는 강한 어머니의 성격에 못 이겨 공부는 열심히 했고 좋은 대학에 갔다. 하지만 대학생활 역시 그다지 낭만적이지 못했다. 한참 군사정권독재에 반대하는 최루탄과 데모행렬의 어둡고 침체된 분위기 속에서 그녀는 극도의 외로움을 경험했다. 그녀가 긍지를 가지고 있는 단 한 가지는 한 대형 교회에서 대학부와 청년부과정을 거치며 훌륭한 목회자로부터 좋은 교육을 받았다는 것이다. 그녀가 현재 어려움을 느끼고 있는 것은 결혼 후 몇 년 후부터 남편과 갈등을 겪기 시작했고, 그 골이 매우 깊어 해결에 대한 희망을 찾지 못하는 것이다. 그녀가 호소하는 문제는 개인주의적이고 인본주의적인 남편과의 가치관 차이이며, 그것은 신앙의 갈등으로까지 확장되고 있는 것이다.

대화 속에서 그녀의 자아상은 매우 활동적이고 지배적인 어머니 상에 대비하여 외롭고 우울한 모습으로 나타났다. 그녀의 하나님 상은 '영원하고, 무소부재하시며'와 '내 한숨을 들으시는, 내가 의지할 수 있는 오직 한 분'으로 나타났다. 신학적이고 추상적인 개념과 경험적이고 구체적인 표현 사이에서 분리되고 있는 것을 살펴볼 수 있다. 또한 그녀는 하나님은 사람들을 시험하기도 하시고 또 문제를 풀어 주시기도 하는 분으로 묘사하고 있다. 그녀는 또한 다윗과 같은 하나님과의 친밀하고 깊은 인격적 교제를 간절히 원하지만 매우 어렵게 느껴진다고 했다. 이러한 친밀한 교제를 위해서는 외부와 단절한 상태에서 깊은 명상과 기도를 해야 한다고 강조했다.

B의 관계적 삶과 신앙은 불안하고 상반된 애착구조에 의하여 '나'에 매우 집중되어 있는 것을 볼 수 있다. 우리의 삶과 신앙의 문제에 있어서 '나'의 상처나 외로움, 위로에 집중하고 있으면, 그 외의 것을 볼 수 없다. 마치 어린 아이가 엄마가 혹시 어디로 가지 않는가에 온 관심을 집중하고 있는 동안은 놀이를 즐길 수도 없고 창조적인 놀이를 할 수도 없는 이치와 같다. B의 이러한 불안하고 상반된 애착 형태는 어머니와의 관계로부터 시작하여, 배우자와의 관계 그리고 나아가 신앙에까지 영향을 주었다. 하나님과의 친밀한 교제를 간절히 원하지만 그렇게 되지 못하는 데서 오는 불안하고 상반되는 감정들로부터 자유롭지 못한 신앙의 모습을 보여 주고 있다.

| 사례 4 |

J는 47살의 딸 하나를 둔 여성이다. 그녀는 어릴 때부터 매우 유약했으며, 그것이 지금까지도 영향을 주고 있다. 그녀는 감기와 같은 가벼운 병 말고도, 어린 시절의 수혈의 경험, 뇌종양 수술, 네 번의 자궁관련 수술, 최근의 얼굴 근육 마비 등 항상 병과 싸우고 있었다. 그녀의 신체적 약함은 정서적으로나 신체적으로 보살핌을 제대로 받지 못했기 때문이다. 거기에는 아버지의 가정에 대한 무책임과 외도, 이로 인해 예민해진 어머니, 아들 선호사상이 가득한 부모로부터 받은 부당한 취급, 둘째이며 약하기 때문에 받는 차별 등 많은 이유들이 존재하고 있었다. 부모는 그리스도인이 아니었지만 친구의 인도로 교회에 다니기 시작하다가 대학 때 독감으로 고생하는 중 예수를 영접하는 경험을 하게 되었다. 그 후 선교단체 간사로, 선교사 사모로 오랫동안 활동해 왔다.

대화 속에서 그녀의 자아상은 완벽주의자로 나타나고 있었다. 관계 속에서도 상처를 받기 싫어하며, 자신의 삶 속에서 다른 사람들이 하나님의 모습을 발견하기를 원한다고 했다. 그녀는 "하나님은 완벽하고 능력 있으며 제한되지 않는다"고 했다. 또한 "하나님은 정의로우시며, 복과 벌을 내리시는 분"으로 표현했다. 그러면서도 위의 B와 같이 하나님을 위로를 주시는 '오직 한 분'으로 묘사했다.

J의 이러한 완벽주의는 부모와의 관계에서 받은 상처일 뿐만 아니라 이러한 상처를 방어하기 위한 하나의 형태로 나타났다. 이러한 자아상은 그녀의 하나님 상에 그대로 나타나고 있다. 결국 이러한 틀 속에 자신과 하나님 이미지를 넣어 놓고 자유하지 못하는 신앙생활을 하고 있는 것이다.

위의 두 사례 역시 그들의 신앙적 배경은 다르다. 하지만 어린 시절부터 지배적이며 강한 어머니와 약하고 관심 없는 아버지 밑에서 자랐으며, 정서적으로 외로움과 억눌림을 받았다는 것이다. 이들은 매우 낮은 자존감을 가지고 있으며, 이중적인 하나님 상을 보여 주고 있다. 하나님과의 관계에서는 인격적이며 친밀한 관계를 매우 기대하지만, 그 기대에 늘 못 미치는 자신을 자책한다. 이들은 특히 하나님과의 친밀한 관계회복을 위한 방편으로 정기적인 성경읽기, 집중적 기도생활 등을 매우 중요시하고 있다. 자신과 다른 사람들을 보는 관점도 '언행일치'라는 면에 중점을 두고 있다. 그래서 스스로 혹은 다른 사람들의 '언행일치'하지 못한 모습에 실망하고, 상처를 받는 것이다.

위의 사례에는 나타나지 않지만 교회 생활에 열심인 그리스도인들 중에 간혹 매우 의존적인 사람들이 있다. 이들의 뒤에는 대부분 매우 지배적이며 간섭이 심한 부모가 있다. 이렇게 강한 부모의 권위에 싫든 좋든 순종해 온 이들은 만일 부모가 그리스도인인 경우라면 부모의 권위는 목회자의 권위 그리고 하나님의 권위와 연결된다고 여긴다. 이들에게 내재된 문제는 그들의 신앙이 부모의 신앙을 답습하고 있다는 것이다. 실제로 신앙에 대한 이해를 말하는 이들의 언어 속에는 부모의 언어, 사고, 행동양식이 그대로 담겨있는 것이 특징이다. 이들은 어떤 일을 당하면 그것이 모두 기도를 하지 못한 결과이며, 그래서 그런 일을 당하지 않기 위해서 혹은 그것을 해결하기 위해서는 식음을 전폐하거나 직장을 그만 두고라도 전념해서 기도를 해야 한다는 인과응보적 신앙을 가지고 있다. 물론 예배, 성경읽기 그리고 기도는 그리스도인의 경건한 삶에 있어서 매우 중요한 부분이다. 하지만 위의 사람들에게 기도는 단지 자신의 요구를 획득하기위한 하나의 도구로 여겨진다. 많은 그리스도인들이 이러한 신념에 사로 잡혀있고 또 교회의 가르침을 그렇게 받아들이는 경향이 있다. 모두가 그런 것은 아니겠지만 이러한 사람들은 어떤 권위에 의존적이며 그대로 복종하는 경향이 있다. 그러면서도 또한 관계 속에서는 '나' 중심적 생각을 버리지 못한다. 결국 외적 권위와 '나' 사이에 수많은 갈등이 존재하게 되며, 자신도 상처를 입고 다른 사람에게도 상처를 주게 된다.[14]

---

14) L. A. Kirkpatrick and P. R. Shaver, *Personality and Social Psychology Bulletin* 18, 266-275.

안정된 애착

| 사례 5 |

 Ruth는 62세로 1여년 전에 위암으로 남편을 잃었다. 그녀의 이야기는 사랑을 많이 베풀었던 아버지와 죽기 전까지 생의 동반자로서 자신을 많이 아껴주고 지지해주었던 남편에 관한 이야기가 주된 것이었다. 아버지가 그녀에게 어떻게 대해 주었는지 매우 오래전의 사건들이지만 어제의 이야기처럼 생생하게 기억하고 있었다. 병상에서 죽음에 이르기까지 그 사랑을 고이 간직하고 계셨다고 그녀는 회상했다. 남편의 경우도 마찬가지였다. 남편이 병으로 인해 약함에도 불구하고 마지막까지 자신을 돌보고 갔다는 것이다. 가장 중요한 존재인 아버지와 남편의 사랑은 이 여인에게 있어서 담대하고 자신감 있게 이 세상을 살아갈 수 있게 해준 중요한 요인이었다. 배우자의 사망은 스트레스를 가져다주는 가장 큰 요인이다. 이 여인에게도 사랑하는 남편의 사망은 큰 상실감(sense of loss)으로 다가왔다. 하지만 그녀는 다음과 같이 고백했다. "하나님이 주신 생명, 하나님이 다시 거두셨는데…" 그녀는 중년에 노후를 설계하며 남편의 권유로 배운 침술 기술로 그동안 농촌벽지에서 봉사해 왔으며, 앞으로 어떻게 봉사할 것인가를 계획하고 있었다.

| 사례 6 |

 Jean은 아이 둘을 둔 36세의 평범한 주부이다. 아버지는 교육자로 꽤 엄하셨지만 막내딸인 Jean에게는 비교적 너그러웠다. 어머니도 매우 활동적이시며 Jean에게 지배적으로 간섭하기보다는 어떤 결과가 나오든지 믿고 지지하셨다. 불교 집안의 사람과 결혼한 후 여러 걱정을 했지만, 둘의 관계가 좋았기 때문에 그렇게 어려움 없이 신앙생활을 할 수 있었다. 이제는 남편도 기독교에 관해 관심을 갖기 시작했고, 다른 공부하듯이 기독교에 대해서도 배우려고 한다고 했다. 큰 어려움이 없이 지내기는 했지만, 작은 일이 있을 때 마다 부모에게 쉽게 청하고 다가가듯이 신앙도 그렇게 쉽게 생각하고 있었다. 조금

씩 남편이 기독교에 관심을 가지는 과정을 지켜보며 자신도 더 노력하고 있다고 했다.

위의 두 사례는 신앙경륜으로 보면 매우 차이가 난다. Ruth는 조부모로부터 받은 신앙에 신학을 하고 전도사로 오랜 기간을 봉사한 기독교적인 신앙이 중심에 있는 사람이고, Jean은 친구를 통해 교회로 인도받은 초신자나 다름없다. 단지 공통점이 있다면 이들의 부모는 많은 사랑과 너그러움으로 이들을 키우고 지지했다는 것이다. 따뜻한 공기가 방안에 가득하면 창문을 열듯이 이들은 자기 안으로 자신을 가두지도, 자신을 낮게 평가하지도 않았다. 사람들과의 관계에서도 '나' 중심이 아닌 '나'와 '다른 사람'을 함께 고려할 줄 알았다. 이것은 이들의 하나님 상에 그대로 표현되고 있다. "하나님의 사랑은 무조건적 이지요," "하나님은 큰 것을 주려고 준비하고 계신데, 우리는 요만큼만 요구하는 것 이지요," "하나님은 우리의 영혼을 다루시지요," "하나님이 항상 우리가 원하는 것을 다 주셔야 한다고 생각하지 않아요," "하나님은 공평하시지요. 한 자식에게는 이것을 주고, 다른 자식에게는 저것을 준다고 해서 부모의 사랑이 다른 것은 아니잖아요."

안정적 애착을 소유한 이들은 위의 두 형태와는 달리 신앙을 그다지 어려운 것으로 여기지 않았다. 왜냐하면 부모와의 관계가 갈등의 관계가 아니었기 때문이다. 이들의 특징은 독립성과 친밀함 둘 다를 중요시 여기며 또한 상반되는 감정이나 상황을 관대함으로 잘 극복해 나간다는 것이다.[15] 건강한 자아존중감과 더불어 자기 자신의 영혼만큼이나 다른 사람의 영혼을 귀하게 여긴다. 그래서 그 규모가 크든지 작든지, 공적이든지 사적이든지 현재의 삶에 만족하며, 하나님의 '전도자'로서의 삶을 살며, 공동체와 다른 사람의 필요에 부응하는 삶을 살려고 노력한다.

---

15) S. Izzard, "Holding Contradictions Together: An Object-relational View of Healthy Spirituality," *Contact* 140 (2003): 2-8; J. McDargh, *Psychoanalytic Object Relations Theory and The Study of Religion: On Faith and the Imaging of God* (Lanham: University Press of America, 1983); N. M. Slee, *Women's Faith Development: Patterns and Processes* (Hants: Ashgate 2004), 137-139.

애착과 기독교 상담

어떻게 인간의 '애착 시스템'(attachment system)이 운용되고 있으며 그와 관련된 여러 애착의 형태들(attachment types)이 우리들 속에서 수많은 사건과 관계들을 좌우하고 있는지를 안다는 것은 상담자가 내담자를 이해하고 돕고 권면하려는 기독교 상담자들에게는 필수적인 일이라 하겠다.

특별히 애착 시스템과 그 형태들을 이해함이 기독교 상담에 어떤 유익을 주는지를 정리해 보면 다음과 같다. 첫째, 상담은 관계성 속에서 이루어지는 것이므로, 내담자가 상담자를 대하는 태도를 통하여 상담자는 그 내담자의 애착형태를 알 수 있게 되며, 이는 상담의 관계가 헛돈다거나 실패로 끝나는 일을 줄이게 할 수 있다. 특히 진정한 상담의 관계를 통하여 내담자는 신뢰를 회복할 수 있게 되고 또한 상담 관계에서 얻은 신뢰를 바탕으로 자신이 하나님의 형상으로 창조된 정말 가치로운 자임을 회복할 수 있게 될 것이다. 이러한 치료의 과정은 그 내담자가 소유한 모든 문제를 해결하는 첫 걸음인 것이다. 둘째, 대부분의 내담자들이 들고 오는 문제들은 관계성 속에서 일어나는 문제이거나 적어도 그와 관련된 문제이다. 따라서 인간의 관계성을 좌우하는 목표조정 시스템(goal corrected system)[16]으로 작용하는 이 애착 시스템을 이해함은 상담자로 하여금 내담자가 사용하는 언어, 태도, 비언어적 표현들 등에 민감하게 반응할 수 있게 해 준다. 예를 들어, 부부관계에 위기를 겪고 있는 여인이 가정적이지 않고 일만 중시하는 남편의 문제를 호소하며 문제를 들고 왔다고 해보자. 대부분 이러한 여인은 어린 시절부터 외롭게 자랐거나 적어도 부모 중 한 명은 아주 엄하여서 자신이 정서적으로 위로를 받으며 자라지 못했으며 그럼에도 불구하고 자꾸 의지하고 싶어 하지만 그것을 꾹 누르고 살아온 경우일 것이다. 그래서 남편으로부터 위로를 받고 그에게 자꾸 더 의지하려 하지만 남편은 자기가 매달리면 매달릴수록 더 멀

---

16) I. Bretherton, and E. Waters. "Growing Points of Attachment Theory and Research," *Monographs of the Society for Research in Child Development* 50 (1985): 1-2.

어져만 가는 것 같아 불안해 하는 악순환이 거듭되는 것이다. 이러한 여인을 상담하다 보면 학력의 고하, 경제적 여유의 유무를 막론하고 대부분의 사용되는 언어나 표현들은 불평과 불만으로 어우러져있으며, '위로,' '의지,' '친밀함' 등의 단어들을 많이 사용하는 것을 볼 수 있다.

셋째, 애착의 형태들의 형성과정과 특징들을 이해함은 상담자로 하여금 모든 개인들이 다 다르며, 어떤 행동이나 어떤 문제가 있고 그 문제를 어떻게 고민하며 어떻게 해결하고 싶어 하는지, 더 나아가 어떤 기대로 상담에 임하는지 그 다양성을 인정할 수 있게 해 주어 그에 따른 해결책을 알맞게 대처할 수 있게 해준다. 예를 들면, 사귀던 사람과 헤어지게 됨으로 생기게 된 여러 가지 상처들 때문에 고민하며 찾아온 여인이 있다고 해 보자. 만일 그 여인이 회피하는 성향의 애착형태를 소유한 여인이라면 아마도 그 문제로 인해 오래 고민해 왔지만 다른 사람들에게 도움을 좀처럼 구하지 않았기 때문에 그 문제는 더 커지기만 했지 해결의 기미는 보이지 않고 있으며, 그 여인은 항상 어려운 문제가 있을 때마다 그렇게 회피하며 지내왔던 여인이었을 것이다.[17] 따라서 새로운 도전이나 시도하기를 주저하며 좀처럼 그 문제로부터 헤어 나오기가 어려운 듯이 보인다. 물론 상담자에게 자신의 이야기를 사실 그대로 꺼내놓기까지는 많은 머뭇거림과 시간이 필요할 수도 있다. 그러나 똑 같은 문제로 찾아온 여인이 만일 불안하고 상반되는 애착형태를 소유한 여인이라면, 그 여인은 사귀는 사람과 헤어짐으로 인해 얻은 상처를 회복하기 위해 무수한 시도와 노력을 해왔으며, 낮은 자긍심에서 비롯된 여러 문제를 해결하지 않고는 아무것도 할 수 없을 듯이 상담에도 임한다. 따라서 자신의 이러한 것들을 속속들이 쉽게 얘기할 것이다. 이러한 과정에서 위의 여인보다는 비교적 쉽게 도움을 얻게 될 수 있을 것이며, 더 희망적이다. 따라서 문제 그 자체보다는 내담자의 애착형태를 파

---

17) J. A. Feeney, and P. Noller, *Adult Attachment*, 124-126; N. L. Collins, and S. J. Read, "Adult Attachment, Working Models, and Relationship Quality in Dating Couples," *Journal of Personality and Social Psychology* 58 (1990): 644-663; L. A. Kirkpatrick, and K. E. Davis, "Attachment Style, Gender, and Relationship Stability: A Longitudinal Analysis," *Journal of Personality and Social Psychology* 66 (1994): 502-515.

악하고 이해함으로써 개개인에 대한 상담방법을 다르게 할 수 있으며 보다 더 효과적으로 상담을 할 수 있다는 것이다. 참고로 애착의 형태에 있어서 여성과 남성 간에 큰 차이는 보이지 않지만 대체로 남성에게는 회피하며 거리를 두는 형태가, 여성에게는 불안하며 상반된 애착형태가 많이 나타난 다고 전문가들은 말한다.

넷째, 애착은 관계성 속에서, 특별히 부모와의 관계, 부부간의 관계와 같은 아주 깊으면서도 다른 관계들과는 바꿀 수 없는 특수한 관계성 속에서 일어나는 것이며 또한 한쪽이 강하고 현명하다고 여기는 관계성 속에서 일어나는 것이기 때문에, 내담자의 문제를 개인의 문제로 보지 않고 상호관계성 속에서 볼 수 있게 해 준다. 예를 들어 의지력이 심하게 불안함으로 가득 찬 사람에게는 간섭이 심하고 애정이 결핍된 부모나 배우자가 그 배후에 있을 것이기 때문이다. 이런 경우 개인 상담과 더불어 가족 혹은 부부상담을 함께 병행하는 것도 유익하다.

상담과 관련하여 이러한 여러 가지 유익이 있지만, 상담자는 이러한 애착의 문제를 상담할 때 내담자가 자신의 문제를 부모와 환경의 문제만으로 여기게 하는 근거를 주어서는 안 된다. 왜냐하면, 많은 사례들 중에서, 비슷한 불행한 과거를 가진 사람들 중에서도 그들의 애착형태가 다르게 나타나는 경우도 있고 또한 그러한 과거를 신앙의 힘으로 극복해가는 사람들도 있기 때문이다. 다시 말하면, 인간과의 애착형태(human-attachment)가 하나님을 향한 신앙과 항상 같게 나타나는 것은 아니다. 그리고 또한 하나님을 향한 신앙이 그 사람의 인간과의 애착형태에 지대한 영향을 주기 때문이다.[18]

---

18) P. Benson, and B. Spilka, "God Image as a Function of Self-esteem and Locus of Control," *Journal for the Scientific Study of Religion* 12 (1973): 297-310; B. Spilka, J. Addison, and M. Rosensohn, "Parents, Self and God: A Test of Competing Theories of Individual-religion Hypotheses," *Review of Religious Research* 16 (1975): 154-165; M. E. O'Brien, "Religious Faith and Adjustment to Long-term Hemodialysis," *Journal of Religion and Health* 21 (1982): 68-80; P. Hammersley, "Adult Learning Problems and the Experience of Loss: A Study of Religious Rigidity," (Ph.D. Dissertation, The University of Birmingham. 1997).

갈대 상자의 모세

우리는 성경 안에서 결손 가정 속에서 성장한 신앙 인물들을 많이 볼 수 있다. 역기능 가정에서 성인 아이로 자라났던 르우벤, 서자로 자라난 입다, 태어난 지 얼마 되지 않아 버려져야 했던 모세 등이다.

모세의 이야기를 예로 들어보자. 성경의 기록을 통해 보면 모세는 누나와 형을 가진 막내였다. 여기서 우리가 주목해 볼 것은 모세가 태어나 백일도 지나기 전에 부모로부터 버림 받은 사건이다. 아기 모세는 유기감을 맛보아야 했다. 이 경험은 그의 후의 삶에서 타인과 신뢰감을 형성하는데 어려움을 가져다 주었으리라고 본다. 왜 자신이 버려져야 하는지 그 이유를 모르는 상태에서 가장 믿었던 어머니가 자신을 버렸을 때 그 충격은 컸을 것이다. 비록 짧은 기간 동안 어머니와 헤어져 있었지만 이 경험은 모세의 인격 형성에 큰 영향을 끼쳤을 것이다. 또한 젖을 뗀 후에 다시 요게벳의 품을 떠나 새로운 어머니에게로 가야 했을 때 어린 나이에 큰 상실감을 경험했을 것이다. 이런 그의 어린 시절의 성장 과정은 그의 인성형성에 지대한 영향을 미쳤음을 엿볼 수 있다. 특히 그의 불안한 모습과 소극적인 면이다. 호렙산에서 불타는 떨기나무 가운데 나타나신 하나님이 그를 부르시고 파송하시려고 할 때 그는 자기 자신에 대한 신뢰감도 약했을 뿐만 아니라 하나님에 대한 신뢰감도 부족했던 모습을 보여 주고 있다. 이스라엘 백성들이 과연 그를 하나님이 파송하신 자로 받아줄 것인지에 대하여 의문을 제기하였고 하나님께서 참다가 분을 발하실 정도로 모세는 신뢰감을 나타내지 못하였다. 모세의 불안감, 낮은 신뢰감, 사건의 중심에서 계속 회피해 왔던 오랜 기간의 삶 등을 미루어 보면, 어린 시절의 성장 환경과 무관하다고 볼 수 없다. 하지만 모세의 이야기는 갈대 상자에 버려지고, 신뢰감이 낮고, 회피적인 모습으로 끝나지 않는다. 구약성경을 읽는 오늘의 신앙인들에게 있어서 모세는 여전히 위대한 하나님의 종이자 훌륭한 리더십을 가진 지도자로 기억

되고 있다. 신명기 마지막 장에 묘사된 모세의 모습은 그후에는 이스라엘에 모세와 같은 선지자가 일어나지 못하였나니 모세는 여호와께서 대면하여 아시던 자(신 34:10)로서 어느 누구와도 비견할 수 없는 성숙된 지도자였다. 모세가 이렇게 칭함을 받고, 오늘의 우리가 아는 모세가 될 수 있었던 것은 순전히 하나님의 은혜였다.

위에서 여러 사례를 통해 애착의 정서가 어떻게 형성되며 우리 삶과 신앙에 어떻게 다양하게 나타나는가를 살펴보았다. 애착은 우리의 감정과 사고뿐만 아니라 행동에도 영향을 준다. 우리가 애착의 내적 구조를 잘 이해한다는 것은 어린아이로부터 어른에 이르기까지의 인간의 여러 영역의 발달을 이해하는데 도움을 준다. 애착은 우리의 관계의 질을 좌우한다. 우리는 신앙을 자신과 이웃 그리고 하나님과 세계를 향한 관계성 속에서 이해한다. 그렇다면 이러한 이해는 인간과 인간의 관계를 이해하는 것뿐만 아니라 우리의 신앙을 이해하는 하나의 중요한 지침을 제공하기도 한다. 또한 가정교육, 교회교육 그리고 목회와 상담의 영역에서 고려해 보아야할 중요한 시사점도 있다. 하지만 모세의 이야기에서도 잠깐 살펴보았듯이, 우리가 관계성 속에서 어떤 불행한 과거의 경험이 있을지라도 하나님께서 우리 안에 역사하시며, 하나님의 은혜로 말미암아 우리의 어려움과 역경을 극복해 갈 수 있다는 것을 알고 경험하는 것이 필요하다.

교회 공동체에는 다양한 애착형태를 소유한 사람들이 함께 공존한다. 그래서 여러 문제가 생길 수도 있지만, 이러한 다양성을 긍정적으로 잘 활용하면 교회는 치유공동체가 될 수 있다. 교회는 회피적이고 거리를 두는 애착형태를 소유한 사람들이 따뜻한 친밀감과 신뢰감을 느낄 수 있게 하는 중요한 역할을 담당할 수 있다. 실제로 많은 사람들에게 있어서 신앙생활의 초기에, 혹은 어려움을 겪고 있을 때, 이러한 교회공동체의 친밀성과 신뢰성을 통해 이러한 사람들에게 신앙의 성숙과 어려움을 헤쳐 나갈 수 있는 힘을 제공할 수 있다. 이러한 경험은 이들을 자신과 이웃 그리고 하나님과의 회복된 새로운 관계로 인도할 것이다. 또한 교회는 불안하고 상반된 애착을 소유한 사람들에게는 그들의 교회를 향한 열성이 불안 속에서 이루어지지 않도록 격려할 수 있다. 경직됨으로부터 자유할 수 있는 신앙을 소유하도록, 연약함에도 불구하고 은혜를 베푸시는 하나님을 경험하도록 그리고 '나'와 '이웃'에 관대할 줄 아는 너그러움을 교회 공동체는 제공할 수 있다.

제 2 장

고난: 삶의 파라독스
Suffering: Paradox of Life

고난은 우리가 이 세상에 존재하는 한, 우리의 삶 속에 항상 내재하고 있다. 직접적으로 혹은 간접적으로 우리는 고난에 직면한다. 그것이 개인의 잘못이든지 아니든지, 사회 구조적이든지 관계적이든지, 개인의 차원이든지 국가적 혹은 인류 전체적 차원이든지 우리는 고난으로부터 자유롭지 않다. 인간이 당하는 고난의 형태나 원인들은 무수히 많아 일일이 나열하는 것은 우리의 관심이 아니다. 오히려 우리의 관심은 왜 우리에게 고난이 오는가에 있다. 때로 신실한 그리스도인이 고난을 받는 것을 보며 이러한 의문은 더욱 꼬리를 물게 된다. 하나님은 왜 이러한 고난을 허락하셨는지, 왜 신실한 사람도 고난을 받는지, 이러한 고난은 모두 우리의 죄 때문에 오는 것인지, 고난의 쓰라림과 함께 일어나는 이러한 의문은 우리의 고난을 더욱 무겁게 한다. 때로 우리는 고난 중에 하나님은 어디에 계시는가라는 물음 때문에 더욱 힘들어한다. 또 우리의 고난이 더욱 짐이 되게 하는 것은 사람들이 통상적으로 가지고 있는 고난에 대한 편견과 그것으로 우리의 고난이 판단 받을 때 오는 가중적 번민이다. 질병이나 죽음의 문제를 그 사람의 '신앙'의 결과로 바라보려는 그리스도인들의 단순한 시각 때문에 많은 고통과 고난 중에 있는 사람들이 이중의 고난을 경험하게 된다.

욥처럼 순전하고 정직하게 하나님을 경외하고 교회를 열심히 섬기던 한 중년의 가장이 갑자기 폐암이라는 진단을 받고 심한 고통 중에 결국 죽었다. 남은 가족들은 그의 숭고한 신앙의 삶을 감사하는 마음도 있겠지만, 사랑하는 사람과 헤어져야 하는 아픔과 사랑하는 사람이 가난과 힘든 일 가운데 얻은 병으로 심한 고통을 받다가 생을 마감할 수밖에 없었다는 사실에 많은 상심과 고통을 받을 것이다. '하나님은 왜 이런 고통을 우리에게 허락하셨을까,' '우리가 이런 고통 중에 있을 때 하나님은 어디 계셨을까' 하고 거듭되는 의문을 갖게 될 것이다. 애통 중에 있는 사람들은 그것만으로도 매우 큰 고난이다. 그런데 많은 그리스도인들은 '사람은 죽을 때 모습을 보면 안다'거나 '복받은 사람은 죽을 때도 고통이 없이 죽는다'는 등의 일반 관념들로 고통 중에 있는 사람들의 고통을 가중시킨다. 이러한 고난의 문제에 대한 성경적 답변은 무엇이고 현세를 살아가는 그리스도인들은 고난의 문제를 어떻게 바라보고 어떻게 극복해 나가는 것이 바람직한 것일까?

고난 이해

고난의 의미를 한마디로 요약하기는 쉬운 일이 아니다. 왜냐하면 그것은 매우 복잡하고 여러 측면으로 이해될 수 있기 때문이다. 한자의 의미로 보자면, 고난(苦難)은 어렵고 힘들고 쓰라림을 겪는 것이다. 고난(suffering)이라는 영어 단어가 함축하고 있는 의미를 살펴보면, 고통(pain)을 당하거나(undergo) 견디는 것(endure)이라고 말할 수 있다.[1] 즉 고난은 그것이 무엇인가보다는 그것이 어떻게 우리 삶에 영향을 주고 있는지에 관련이 있는 것이다. 고난은 우리의 의도나 기능의 약함을 의식함으로써 심신의 고통과 번민을 경험하는 것이라고 말할 수 있다.[2] 고난은 우리 개인의 신체적, 정

---

1) David J. Atkinson, and David H. Field, eds., *New Dictionary of Christian Ethics and Pastoral Theology* (Leicester: IVP, 1995), 823.

2) David J. Atkinson and David H. Field, *New Dictionary of Christian Ethics and Pastoral*

서적 측면뿐 아니라 관계적, 영적 측면에까지 영향을 준다.

고난의 형태를 구분하는 방법은 다양하다. 고난의 여러 현상적 국면들을 분류한 다니엘 로우(Daniel J. Louw)의 견해를 중심으로 정리해 보면 다음과 같다.[3] ① 일반적 고난: 모든 사람들은 원죄로 인해 유한하고 불완전하며 죄성을 가진 인간으로서 고난을 받을 수밖에 없다. ② 생태계적 차원의 고난: 가뭄, 홍수, 지진과 같은 자연의 재앙이나 인간의 한계를 넘어선 재해와 같이 인류의 생존을 위협하는 비극적 고난이다. 하지만 이것도 생태계의 균형을 파괴하는 등 인간의 어리석음에 기인하는 문제들도 있다. ③ 문화 구조적 차원의 고난: 인간의 살아가는 방식이나 습관 때문에 일어나는 고난이다. 현대 사회의 고도로 발달한 기술은 인간에게 편이를 제공하지만 우리의 고난에 한몫을 담당하기도 한다. 자동차에 의한 교통사고, 배기가스로 인한 대기 오염 등이 대표적인 예이다. 인간의 부도덕은 불의, 착취, 억압, 탐욕, 전쟁, 폭력, 강간, 유기 등을 초래하기도 한다. 또 인간의 잘못된 행위는 각종 질병을 유발할 수 있다. 부도덕한 생활 습관 때문에 초래되는 성병, 매독, 임질, 에이즈 등을 예로 들 수 있다. ④ 신체, 생물학적 차원의 고난: 신체적 질병이나 부상으로 우리의 신경체계를 통해 고통으로 감지되는 것과 신체적 장애에 의한 불편함이나 역기능 등을 들 수 있다. ⑤ 심리적 차원의 고난: 인간에게 가장 예민하게 나타나는 고난이다. 우리의 근심과 조급한 마음, 스트레스 등이 질병을 유발시키기도 한다. 심한 외로움, 두려움, 분노 등의 심리적 불균형 혹은 역기능 등이 고통과 고난으로 여겨질 수 있다. 심리적 고통은 위기에 처한 사람이 도움을 구하게도 하지만 그들의 내적 균열을 가면(mask) 뒤에 숨기게 하기도 한다. ⑥ 실존적, 종교적 차원의 고난: 고난은 우리가 현실을 대하는 방식에 영향을 준다. 실존적 고난에는 책임감, 도덕심, 안전 추구 등이 포함된다. 때로 고난은 하나님과의 관계에도 영향을 줄 수 있다. 하나님의 존재나 그의 공평성에 대한 물음이

Theology, 823.
3) Daniel J. Louw, *Meaning in Suffering*, 9-11; David J. Atkinson, and David H. Field, *New Dictionary of Christian Ethics and Pastoral Theology*, 823.

일어나거나, 죄와 회개 간에 씨름하는 중 의문, 절망과 불안의 형태로 고난이 올 수 있다. 이것은 때로 신앙을 잃게 하거나 생명을 잃게 하는 치명적 결과를 초래할 수 있다. 이러한 고난은 하나의 마음의 상태(a state of mind)로서 때로 개인이 고난에 접근하는 방식과 더 관련될 수도 있다. 따라서 육체적 고통이 고난을 가져올 수도 있지만 육체적으로 느끼는 모든 고통이 다 고난이라고 여겨지지 않을 수 있다는 것이다.

고난의 기원

우리는 '왜 하나님은 이 세상에 고난을 허용하고 계신가'라는 질문을 믿지 않는 사람들로부터 많이 듣는다. 그리스도인들도 그들이 겪고 있는 고난의 어려움보다 이런 의문으로부터 해답을 얻기 위해 더 고민하고 있다. 이에 대한 답을 찾아가기 위해서는 우선 고난의 기원에 대한 답을 찾아야 하는 것이다. 즉 하나님이 고난을 창조하셨는가 아니면 허용하셨는가, 허용하셨다면 왜 허용하셨는가에 대한 답을 찾아야 할 것이다.

학자들 간에도 이 물음에 대해서는 매우 상반되는 견해를 보인다. 왜냐하면 이 물음은 악과 고난에 대한 신정론(theodicy)과 관련되기 때문이다. 전능하신 하나님이 여전히 악을 허용하고 계시는 모습에 대해서는 학자들 간에도 많은 논쟁이 되고 있다.[4]

성경의 기록은 고난의 기원에 대해 하나님이 이를 창조하신 것이 아님을 명백히 하고 있다. 하나님이 천지를 창조하셨을 때 고난과 고통은 없었다. 하나님이 보시기에 심히 좋았던 이 세상에는 고난이나 고통이 없었다고 보아야 한다. 구약 학자들의 견해는 죄와 고난의 문제에 대해 하와의 출산의

---

4) Daniel J. Louw, *Meaning in Suffering*, 29-44. 이에 대한 참고 도서로 John Hick, *Evil & the God of Love* (London: Macmillan, 1979); Alvin C. Plantinga, *God, Freedom, and Evil* (Grand Rapids: Eerdmans, 1974); Kenneth Surin, *Theology & the Problem of Evil* (Oxford: Badil Blackwell, 1986); C. S. Lewis, *The Problem of Pain* (London: Geoffrey Bless, 1940) 등을 보라.

고통에 대해 그 논의의 초점을 맞추며, 고든 웬함(Gordon J. Wenham)은 하와에게 출산의 고통이 동반된 것이 심판의 첫 부분이라고 말한다.[5] 그러므로 타락이 없었다면 고통이 없이 출산을 했었을 것이라고 본다.[6] 즉, 성경은 고난이 인간의 원죄와 관련이 있다는 것이다. 고난은 인간의 죄와 함께 시작되었다. 죄는 인간을 하나님으로부터 멀어지게 했고(창 3:1-13; 6:5-7), 불화와 반목을 가져왔고(창 3:15; 4:1-16), 창조 질서를 다스리는데 재난과 고통(창 3:17-19; 전 5:16-17)을 초래했다. 창세기 3장에는 죄로 인해 우리가 지금 당하는 고난이 생기게 되었다고 자세히 기록하고 있다. 하나님의 낯을 피하며 아내를 비난하는 아담의 모습에서 죄책감에 의한 심리적인 불안과 회피 그리고 책임 전가 등이 시작되었음을 찾아볼 수 있다. 또 출산의 고통, 저주 받은 땅, 육신의 수고 등의 신체적 고통과 더불어 이 세상에 가시적, 물리적 고난이 나타난다. 그리고 경쟁과 다툼, 지배와 억압, 궁극적으로는 죽음이 인간의 죄로 이 세상에 오게 되었음을 기록하고 있다.

    그리스도인들조차도 고난 중에 그 책임을 하나님께 돌리는 경우가 많다. 하지만 고난은 인간의 불순종으로 오게 되었으며 그 불순종으로 말미암아 이 세상도 죄의 구조에 노출되게 되었음을 알아야 할 것이다. 고난은 하나님에 대한 인간의 반역과, 인간의 마음속에 있는 악에서 기인한다. 때때로 고난은 우리의 염려를 하나님께 맡겨 버리지 않기 때문에 오기도 한다. 고난으로 인해 하나님께 불평하고, 책임을 전가하고, 하나님으로부터 멀어지려고 하는 것은 오히려 사단에게 틈을 보이는 것이다.

---

[5] Gordon J. Wenham, *Word Biblical Commentary 1: Genesis 1-15* (Waco: Word, 1987), 81.
[6] John Calvin, *Commentaries on the First Book of Moses Called Genesis 1*, Translated by John King (Edinburgh: Calvin Translation Society, 1847; Reprinted, Grand Rapids: Baker Book House, 1993), 172; Harold G. Stigers, *A Commentary on Genesis* (Grand Rapids: Zondervan, 1976), 80; C. F. Keil, and F. Delitzsch, *Commentary on the Old Testament 1: The Pentateuch*, Translated by James Martin (Grand Rapids: Eerdmans, 1976), 103.

질병과 죄

우리가 원죄로 인해 이 세상이 악의 구조에 노출되게 되었고 인간에게 온갖 고난이 오게 되었음은 인정하더라도, 모든 질병이 우리의 죄 때문이라고 보기에는 쉽게 수긍이 되지 않는 경우들이 있다. 반면, 그리스도인들은 특히 우리에게 있는 고난과 질병들을 당사자의 죄 때문이라고 여기는 경향이 많다. 신앙이 좋은 그리스도인들 중에 사업이 망하거나 갑자기 중병이 들었을 때, 그들은 스스로 내가 무슨 죄를 지었는가 하고 자책을 하거나 또 다른 사람들로부터 같은 의문의 시선을 받게 된다. 많은 그리스도인들이 육체의 병과 죄와의 관계에 대해 혼동하는 듯이 보인다. 비슷하게 많은 그리스도인들은 심리적 문제와 죄에 대해서도 혼동한다. 만일 우리가 고난에 대한 진정한 기독교적 답변을 찾으려면, 몇 가지 질문에 대한 답을 해야 할 것이다. 육체의 질병은 죄와 항상 관련되는가? 관련되면 어떻게 되는가? 정신질환도 육체의 질병과 같이 죄와 관련이 있는가? 악령과는 어떤 관계에 있는가?

육체의 질병과 죄

위에서 살펴보았듯이, 성경은 인간의 고통과 육체의 질병이 근본적으로 모두 죄에 연유한다고 기록한다. 하지만 성경은 육체의 질병이 때로는 직접적으로 당사자의 죄의 결과라고 말하기도 하지만, 질병이 당사자의 특정한 죄들과 무관함을 또한 보여 주고 있다(요 9:1-7). 그럼에도 불구하고 죄는 직접적으로 혹은 간접적으로 육체의 질병과 관련이 있다고 볼 수 있다. 모든 질병은 죄가 간접적으로 영향을 미치고, 어떤 질병은 직접적인 죄의 결과라고 보아야 한다.[7]

왜냐하면 인간의 불순종에 의해 고통이 시작되었으며, 죽음이 인간에게

---

[7] John White, *The Masks of Melancholy: A Christian Psychiatrist Looks at Depression and Suicide* (Leicester: InterVasity Press, 1982), 21-22.

왔다(창 2:17; 3:17-18). 이 세상도 더 이상 아름답거나 완전하지 못하게 되었고, 환경도 부패되고 인간에게 독소와 위협, 질병을 주게 되었다(창 3:19). 현대 의학의 발달이 어떤 기적과 같은 치료를 할지라도, 인간의 부패와 환경에 대한 무책임성은 또 다른 형태의 질병을 초래하고 있다.[8] 또한 우리는 하나님이 창조하신 자연을 잘 관리하지 못하고, 그 법칙을 무시하여 해를 받을 수 있다.[9] 인간이 겪는 고난 중에는 이 자연의 법칙을 어김으로써 겪는 고난이 있다는 것이다. 이런 고난은 인간의 어리석음에서 비롯된 것이다. 많은 질병들은 인간이 만들어낸 것이다. 사실 많은 경우 그 질병이 우리 자신의 몸에 대한 무책임이나 무지, 게으름 등에 연유했음을 부인하지 못한다.[10] 단백질의 이상섭취, 몸에 좋은 부분들을 벗겨 내거나 제거하고 먹는다거나, 몸에 해로운 담배, 술, 마약 등을 복용함으로써 우리의 건강을 약하게 하거나 해친다.[11] 이러한 의미에서 모든 질병은 인간의 죄와 간접적으로 혹은 직접적으로 관련되었다고 말할 수 있다.

물론 성경에 개인의 죄와 질병의 관계에 대해 명백하게 나타나지 않은 경우도 있다. 야고보서 5:13-16에서는 서로의 질병을 위해 기도할 것을 권하면서, 죄와 질병의 관계에 관해 "믿음의 기도는 저를 구원하리니 주께서 저를 일으키시리라 혹시 죄를 범하였을지라도 사하심을 얻으리라"(15절)라고 간접적으로 암시만 하고 있다. 복음서에는 예수께서 병을 고치시는 사건이 많이 나온다. 예수께서 그 사람의 죄를 사하심으로 질병을 고쳐주시기도 했고, 죄 사함에 대한 언급 없이 그냥 질병을 고쳐주신 사건도 기록되어 있다. 요한복음 9:1-13에는 예수께서 나면서 소경된 자를 고쳐주신 사건이 나온다. 제자들이 예수께 "이 사람이 소경으로 난 것이 뉘 죄로 인함이오니까 자기오니이까 그 부모오니이까"(2절)라고 질문한다. 예수의 제자들도 그 시대의 사람들도 지금의 그리스도인들처럼 육신의 질병은 모두 개인의 특정

---

8) John White, *The Masks of Melancholy*, 22-23.
9) 패트 로버트슨, 『당신의 물음에 성경은 이렇게 답한다』 장동민 역 (서울: 도서출판소망사, 1996), 18-19.
10) Roger Hurding, *The Bible and Counselling*, 123.
11) 패트 로버트슨, 『당신의 물음에 성경은 이렇게 답한다』, 19.

한 죄에 기인한다고 여겼던 것이다. 하지만 예수의 대답은 그들의 예상을 빗나갔다. "이 사람이나 그 부모가 죄를 범한 것이 아니라 그에게서 하나님의 하시는 일을 나타내고자 하심이니라"(3절)고 명백하게 대답하셨다. 즉 개인의 죄와 육체의 질병이 직접적으로 관련되지 않는 경우도 있음을 시사하는 것이다.

이 사건은 치유자로서의 예수에 초점이 맞추어 있는 듯하다. 육체의 질병과 죄의 관계성에 대해 우리가 기억해야 할 것은 육체의 질병이 개인의 죄에 연유한 것이든지 아니든지 간에 그것은 인간의 약함과 한계성을 기억하게 하여 하나님께 의지하게 한다는 것이다. 예수께서 질병을 치유하심은 죄악에 대한 하나님의 승리, 인간에 대한 하나님의 돌보심의 표현이며 또한 하나님의 영광을 드러내기 위함이라는 것이다.[12] 즉 우리의 건강과 질병은 모두 하나님의 영광을 위한 것임을 기억한다면 우리의 삶이 더 의미가 있을 것이다.

정신질환과 죄

위에서 우리의 모든 육체적 질병이 인간의 원죄와 비도덕성의 결과라고 볼 수 있고 또 어떤 질병은 개인의 죄의 결과임을 살펴보았다. 그러면 정신질환은 죄와 어떤 관계에 있는가? 정신질환도 육체의 질병처럼 이 세상의 죄악된 구조에 노출되었기 때문인가? 또 어떤 정신질환은 개인의 특정한 죄 때문인가? 정신질환은 마음의 병이다. 이것은 우리의 뇌와 관련 있는 것이다. 물론 몸과 마음을 이원론적으로 따로 떼어 보려는 것은 아니다. 육체의 질병과 정신질환이 밀접하게 관련이 있음은 누구도 부인하지 않는다. 따라서 위에서 육체의 질병과 죄의 문제를 다루었듯이 정신질환과 죄의 관계를 다루어보려고 한다.

창세기에 기록된 원죄의 이야기는 우리의 정신적 문제에도 적용될 수 있

---

12) Allen Verhey, *Reading the Bible in the Strange World of Medicine* (Grand Rapids: Eerdmands, 2003), 7.

다. 위에서 잠깐 살펴보았지만, 불순종은 두려움과 부끄러움을 초래했다(창 3:10). 또 서로에게 책임을 전가시키고(12-13절), 남자는 여자를 지배하고 여자는 남자를 사모하도록 성적 관계(sexual relationship)가 변화되었다(3:16). 이러한 것들은 인간의 정신질환과 관련되는 것들이다.[13] 불안, 두려움, 우울증, 자해, 정신 분열 등 현대를 살아가는 사람들에게 발견되는 모든 정신질환들은 이러한 내적인 문제와 관계적 문제로부터 발생한다. 따라서 정신질환의 문제도 개인의 죄나 악령의 권세에 의한 것이라기보다는 원죄의 영향으로 일반적으로 우리가 정신질환에 쉽게 노출되게 되었기 때문이라고 보아야 할 것이다.[14] 정신건강도 육체의 건강처럼 잃기 쉬운 것이다.

하지만 정신질환도 어떤 경우에는 개인의 특정한 죄 때문에 생길 수 있다. 시편에는 마음의 질환이 개인의 죄의 결과 때문이라고 기록하고 있다. 시편 38편에서 다윗은 "내 죄악이 내 머리에 넘쳐서 무거운 짐 같으니 감당할 수 없나이다"(4절), "내가 피곤하고 심히 상하였으매 마음이 불안하여 신음하나이다"(8절)라고 고백하고 있다. 다니엘에 나오는 느부갓네살왕의 이야기를 보자. 이것은 교만이 정신이상을 가져오게 되는 경우이다. 선지자 다니엘은 개인의 영광과 권세를 누리고 있던 바빌론의 왕 느부갓네살이 이상한 꿈을 꾸고 괴로워 할 때에 그 꿈을 해석하면서 죄를 회개하지 않으면 정신이상이 올 것을 경고한다(단 4:1-28). 하지만 왕은 듣지 않고 자신의 영광과 권세에 만족하며 교만하게 지내다가 한 해 후에 그는 미친 증상을 보이며, 다니엘이 해석한 대로 그 후 7년간을 야생동물처럼 생활한다(29-33절). 그의 증상은 악령에 의한 것도 자연현상적인 것도 아니었다고 와이트는 변증한다.[15] 이것은 왕의 정신이 회복된 후 고백한 내용에서 알 수 있다. "하늘을 우러러 보았더니 내 총명이 다시 내게로 돌아온지라 이에 내가 지극히 높으신 자에게 감사하며 영생하시는 자를 찬양하고 존경하였노니 그 권세는 영원한 권세요 그 나라는 대대에 이르리로다"(단 4:34). 즉 교만함으

---

13) John White, *The Masks of Melancholy*, 25.
14) John White, *The Masks of Melancholy*, 25.
15) John White, *The Masks of Melancholy*, 24-25.

로 하나님과의 관계를 바르게 하지 못함으로 정신이상을 초래했던 것이다.

그러나 다른 상황에서 성경은 고통하고 침울해 하는 욥을 들어 특정한 죄와 그 사람의 정신적 문제들 간에 직접적 연관이 없음을 보여준다. 욥기에서는 욥을 "순전하고 정직하여 하나님을 경외하며 악에서 떠난 자"(1:1)라고 소개하고, 하나님도 사단에게 "내 종 욥을 유의하여 보았느냐 그와 같이 순전하고 정직하여 하나님을 경외하며 악에서 떠난 자가 세상에 없느니라"(1:8; 2:3)라고 두 번씩이나 말한다. 이 책의 다른 곳에서 엘리야와 욥의 고난을 우울증과 관련하여 쓰고 있지만, 엘리야와 욥의 경우 개인의 죄와는 전혀 관련 없이 나타나는 우울증이었다.

악령과 정신질환

정신질환도 육체의 질병과 같이 악의 구조에 노출되어 있는 세상에 사는 인간에게 일반적으로 발생 할 수 있으므로 당사자 개인의 죄의 결과라고 단정하지 말아야 하지만, 어떤 경우는 개인의 죄의 결과로 오는 경우도 있다는 것을 위에서 살펴보았다. 그리스도인들 가운데 또한 정신분열증과 같은 정신질환과 귀신들림을 종종 구별하지 못하거나 이러한 것을 모두 개인의 죄 때문이라고 여기는 경향이 있다. 귀신들림과 정신분열증의 문제는 이 책의 다른 부분에서 자세히 논하고 있다. 여기서 간단히 살펴보자면, 악령은 이 세상에 실재하며 잠재력과 파괴력이 있다는 것이다. 단지 이 악령이 육체의 질병과 정신질환에 어떻게 관련을 가지느냐이다. 성경에서는 예수의 치유사건들을 통해 악령이 육체의 질병을 일으킨 경우(막 9:14-29)와 육체의 질병을 치유하기 위해 악령을 쫓아낸 경우(마 12:22-24) 또 사울의 예를 통해 정신질환을 일으킨 경우(삼상 9, 10, 18, 28, 31장) 둘 다를 예시하고 있다. 그러나 다른 곳에서는 예수께서 육체의 질병만 치유셨는데, 이 경우는 개인의 죄나 악령과는 상관없는 것이었다(요 9:1-7 참고).

위에서 고난과 개인의 죄와의 관계를 살펴보았다. 인간의 고난은 그것이 육체의 질병이든 마음의 병이든 혹은 구조적인 문제이든 죄로 인한 것이다. 원죄로 인해 이미 이 세상에 고통과 고난은 인류 전체 혹은 생태계 전체에 공동적으로 만연하게 되었기 때문이다. 하지만 어떤 병은 죄 때문이 아닌 경우도 있다. 물론 어떤 병은 당사자의 특정한 죄 때문이기도 하다. 따라서 모든 고난의 문제를 죄와 연결시키거나 믿기만 하면 해결된다는 식의 단순한 사고는 결코 성경적이지 않다. 사실 많은 그리스도인들은 고난 그 자체보다도 왜 신실하게 살려고 노력하는 사람들에게도 고난이 오는가라는 질문에 대한 대답을 찾기 위해 고민한다. 그렇지만 고난을 단순히 개인적 차원의 인과응보식 사고를 가지고 적용하지 않도록 해야 할 것이다.

왜 신실한 자도 고난을 받는가?

우리는 또한 '왜 무고한 자도 고난을 받는가'라는 의문을 할 수 있다. 우리는 신앙적으로 살려고 애쓰고 있는 사람들에게도 고난이 오고, 질병이나 재해 등이 우리 자신의 직접적 죄와 관련 없이 우리 주변에 실재하는 것을 보며 수많은 질문과 의구심을 갖게 된다. 성경에서도 우리는 도덕적 사악함의 채찍이 무고한 사람들의 삶에 영향을 미치는 것을 찾아 볼 수 있다. 모세(민 11:11), 엘리야(왕상 19장), 예레미야(렘 15:10; 18:18) 그리고 호세아(호 1-3장) 등이 다른 사람들의 반역의 결과로 고난을 받은 사람들이다. 유사하게 성경은 또한 욥의 예를 통해 무고한 자의 고난에 대해 서술하고 있다. "순전하고 정직하며 악에서 떠난 자"(욥 1:1, 8; 2:3)인 욥은 하나님께로도 인정을 받았지만 자녀와 모든 소유물들을 잃고 악창으로 고난을 당하게 된다(욥 1:1-2:10). 물론 욥은 그의 고난이 전능하시고 주권자이신 하나님 앞에 항복하고 새로운 관계를 형성하는 길임을 발견한다(욥 38:1-42:6).

왜 무고한 사람에게도 고난이 올까? 고난의 문제에 있어서 더욱 심각한 것은 명백하게 불순종의 결과가 개인적(individual) 차원뿐만 아니라 집합적 혹은 공동적(corporal) 차원에도 미친다는 것이다.[16] 따라서 우리가 우리에게 찾아오는 고난, 질병 혹은 재난 등의 연관성들 그리고 그 원인과 결과들을 논하고 어떻게 이해하든지, 고난의 실재를 타락한 세상에서 사물이 존재하는 방식의 일부로 받아들여야 한다는 것이다.[17] 성경은 고난과 죽음이 개인과 공동적 죄의 결과(행 5:1-10; 롬 1:21-27; 벧전 2:20; 2:17; 4:15)이며, 개인적인 것(요 9:1-3)이든 공동적인 것(눅 13:1-5)이든 고난은 피할 수 없는 것이라고 말한다. 또한 죄 사함받은 자나 신실한 자들이라도 고난으로부터 면제된 것이 아님을 성경은 지적하고 있다(행 9:15-16; 빌 1:29; 벧전 4:16, 19).

하지만 위에서 보았듯이 온 세상에 만연된 공동적 차원의 고난이 한 무고한 자의 고난의 원인이 될 수도 있다. 하나님 없는 독재자들은 무고한 사람들에게 고난을 주었다. 인간의 교만과 반역은 주변의 많은 사람들을 고난으로 몰아갔다. 20세기에 들어와서만도 아돌프 히틀러에 의해 헤아릴 수 없이 많은 무고한 이스라엘 백성들이 아우슈비츠에서 죽어갔고, 정치 지도자들의 야욕에 소수 민족이 몰살되거나 전쟁, 빈곤과 질병 등이 이 세계에 끊이지 않고 있다. 지금도 아프리카의 많은 어린이들이 기아와 AIDS로 죽어가고 있다. 쓰나미 재해로 수많은 사람들이 죽었고 아직도 그 후유증에서 벗어나지 못하고 있다. 개인적인 죄로 말미암아 이러한 고난이 그들에게 왔다고 말할 수 있겠는가? 그리스도인이라고 해서, 무고하다고 해서 고난이 오지 않거나 비켜가는 것은 아니다.

파라독스

성경에서 우리가 받는 고난에 대해 어떻게 말하는지 알면 고난이 올 때 그것을 잘 이겨낼 수 있을 것이다. 성경은 누구나 고난을 경험하며(마 5:45),

---

16) David J. Atkinson, and David H. Field, *New Dictionary of Christian Ethics and Pastoral Theology*, 823.
17) Roger Hurding, *The Bible and Counselling*, 72.

고난에는 목적이 있다(롬 5:3-4)고 말한다. 또 이는 잠시 있는 것이며(벧전 1:6), 감당할 수 있는 만큼 주시며 피할 길도 주신다(고전 10:13)고 말한다. 고난은 우리가 연약할 때 찾아오지만 견딜 수 있게 하시는 하나님의 은혜와 함께 온다고 말한다(고후 12:9-10). 따라서 진정한 그리스도인은 항상 하나님의 공급하심을 믿고 경험해야 하지만, 성경은 그리스도를 따르는 길은 고난을 받기 위한 것임을 분명히 지적하고 있다(벧전 2:21). 성경은 또한 고난이 우리 삶에 있는 것은 그리스도인으로서 헌신하고 바르게 살며, 고난당하는 다른 사람들을 향한 연민을 가지도록 하게 함이라고 말하고 있다(고후 7:10; 히 12:7; 고후 1:3-5). 결국 진정한 그리스도인으로서 경건하게 살아간다는 것은 고난과 핍박이 따른다는 것이다(딤후 3:12). 칼빈은 하나님께서 때로 고난을 사용하신다고 말한다. 하나님께서는 우리가 현세에 집착하므로 하나님과 멀어지지 않게 하기 위해 고난이라는 도구를 사용하신다는 것이다. 하나님께서는 고난을 사용하셔서 "우리를 세상에 대한 이러한 사랑에 지나치게 얽매이지 않도록 우리를 이끌어 내신다"고 강조하고 있다.[18]

고난은 우리에게 유익이 되기도 한다. 시편은 또한 고난의 과정과 함께 오는 유익을 말하고 있다. 고난은 우리로 하여금 하나님께 간구하게하고(시 142:1-3), 스스로 성찰하게 하며(시 139:23-24), 하나님께로 되돌아오게 한다 (시 119:67, 71). 또한 고난은 죄를 미워하게 하고(시 97:10), 겸손을 소유하게 한다(시 32:1-7). 신약성경도 예수님을 따르는 자들에게 고난과 함께 유익함도 있다고 기록하고 있다. 예수님을 따름으로 모욕과 박해를 받을 수 있지만(요 15:18-16:4; 벧전 4:12-19) 또한 우리는 예수님으로 말미암아 위안과 격려를 받는다(롬 8:17; 고전 1:5, 8-10; 히 2:18; 4:14-16; 12:2-4). 성경은 또한 고난 받는 그리스도로 인해 교회도 역경 가운데서(빌 1:29-30; 골 1:24; 살전 2:14; 딤후 1:8; 히 10:34) 성숙해 지며(롬 5:3-5; 약 1:2-4), 오히려 소망을 체험하게 된다고 기록하고 있다(계 7:14-17; 21:1-4).

따라서 그리스도인은 고난과 함께 찾아오는 하나님의 은혜를 믿으며 적

---

18) John Calvin, *Institutes of the Christian Religion*, III, ix, 1.

극적으로 고난에 대처하는 것이 필요하다. 고난은 하나님께서 우리를 성결케 하는 도구이며 방법이다. 더 나아가 고난의 삶은 우리로 하여금 다른 사람의 고난을 보다 더 많이 이해하게 되는 큰 밑거름이 되기도 한다. 고난은 우리를 교육한다. 이는 하나님의 역설적인 방법이기도 하다.

톰 스메일(Tom Smail)은 다음과 같이 역설한다. "우리는 치유의 신학이 필요하다. 그러나 만일 그것이 전부라면, 우리에게는 환멸과 실망이 남겨질 것이다. 우리에게 필요한 것은 일시적인 기적이 아니라 하나님께 마음을 열어 깊은 관계를 가지기 원하는 사람들에게 하나님의 연약하지만 위대하신 사랑을 볼 수 있게 하는 고난의 신학이 필요하다…갈보리의 하나님의 사랑은 약하지만 강하게 하는 것이다."[19]

승화와 성숙

고난을 당하고 있는 그리스도인들은 자신들의 슬픔과 하나님의 은혜를 의지하려는 의지 사이에서 방황하고 있다. 이는 우리 인간들의 본성인 것이다. 칼빈은 그리스도인들의 이러한 내적 갈등에 대해 다음과 같이 말하고 있다. 신앙인들의 마음속에서는 "인간성에 배치된다고 느끼는 것을 피하고 무서워하는 자연적인 심리와 이러한 여러 가지 고난까지도 헤쳐 가면서 하나님의 뜻을 따르려는 선에 대한 의지가 서로 싸우고 있다."[20] 그는 희생에 대한 우리 자신의 두려움과 거리낌에 대한 정직한 시인과 그리스도께 충성하려는 우리의 열망이 싸우고 있으며 이 둘 사이의 싸움은 일평생 동안 계속된다고 보았다. 결국, 구원 받은 우리 그리스도인들도 일생 동안 끊임없이 계속되는 영적 훈련이 필요하다는 것이다.

고난은 이러한 갈등 가운데 우리에게 상대적 의미로 다가온다. 고난은 그 크기나 종류에 달려 있다기보다는 그것을 대하는 사람의 태도에 따라

---

19) Allen Verhey, *Reading the Bible in the Strange World of Medicine*, 11.
20) Tom Smail, "The Love of Power and the Power of Love," *Anvil* 6 (1989): 232

달려있다고 볼 수 있다. 사람들이 고난을 대하는 태도는 여러 가지 형태로 나타날 수 있다. 고난을 원망, 불만, 불평, 부인, 부정 등의 부정적이고 괴로운 마음으로 접근한다면 고난은 그대로 쓴 결과를 줄 뿐이다. 이런 사람들에게는 고난이 여러 파괴적 결과를 초래할 수 있다. 감정적으로는 파괴적 분노, 감정의 고갈, 기쁨의 상실, 두려움 등이 찾아올 수 있다. 또 남을 비난하여 상처를 준다거나, 자존감 상실, 불신, 의심, 현실로부터 도피하는 것 등으로 반응할 수 있다. 더구나 고난을 대하는 이러한 부정적 태도는 정서적, 관계적 영역뿐 아니라 우리의 영적 영역도 침해될 수 있다. 따라서 고난과 함께 찾아오는 하나님의 은혜를 경험할 수 없게 될 수도 있다.

바람직하지 못한 접근 방법을 형태별로 살펴보면 다음과 같다.[21] ① 부인(denial): 이것은 고난을 저항하는 태도 중의 하나이다. 이러한 접근은 자신의 질병을 순교자적으로 극복하려는 경향을 보이는 것이다. 때로 이것은 고난에 대한 자신의 힘을 증명해 보이려는 형태로 나타난다. ② 굴복(capitulation): 고난을 운명으로 여기고 아무 저항도 하지 않는 것이다. 때로 고난을 하나님의 뜻이라고 풀이한다. 그러면서도 하나님이 공평하지 않다고 불평한다. 이 태도를 가진 사람은 고난을 비극으로 받는다. ③ 부정(apathy): 고난에 대한 감정을 표현하지 않고 거리를 두며 그다지 중요하지 않은 듯이 여긴다. ④ 도피(flight): 심리적으로 고난을 계속 부인하거나 무시하려고 하는 사람은 고난으로부터 자신을 분리시키려는 시도로 방어적 태도를 취하게 된다. 이런 접근법은 병리학적으로 발전이 되어 이상 행동, 정신병적 행동을 초래하게 된다.

반면, 우리는 고난을 인간이 존재하는 하나의 방식이라고 여기고 긍정적으로 내면화(internalization) 시키거나 수긍(acceptance)하며 접근할 수 있다. 이러한 긍정적 접근방법은 고난에 지배되는 것이 아니라 오히려 고난을 지혜롭게 극복하여 영적 성장의 계기로 삼고 하나님의 은혜를 체험하게 한다. 바람직한 접근방법을 형태별로 살펴보면 다음과 같다.[22] ① 저항

---

[21] John Calvin, *Institutes of the Christian Religion*, III, viii, 10.
[22] Daniel J. Louw, *Meaning in Suffering*, 194-195.

(resistance): 고난에 대한 욥의 태도가 여기에 속한다고 볼 수 있다. 고난을 헤쳐 나가는 그의 몸부림은 하나님에 대한 신뢰로부터 온 것이다. 하나님께 항복하는 신앙은 우리의 고난을 저항할 수 있게 한다. ② 수긍(accepting): 악과 고난이 존재한다는 사실은 바꿀 수 없으나 우리의 태도는 바꿀 수 있다. 때로 우리는 고난이 불가피하게 존재한다는 것을 받아들여야 한다. 고난을 수긍하는 것은 하나님이 그 고난에 깊이 관여하고 계신다는 지식에 근거한다. 이러한 태도는 고난을 하나의 영적 성장의 기회로 보게 된다. ③ 적용(application): 고난을 하나의 소명으로 보는 것으로 고난으로 인해 신앙이 침체되지 않는다. 고난을 삶에 적용하는 것은 하나님의 은혜로 매일의 삶을 살아가기 시작하는 것을 의미한다. ④ 승화(sublimation): 그리스도 안에서 고난을 바라보는 사람들은 현재의 고난을 초월할 수 있다. 소망이 없는 상황에서도 미래를 바라보며 살아갈 수 있다. 이러한 접근은 고난을 통하여 오히려 그리스도 안에서 더욱 성숙해지며, 하나님께서 결국 죄와 죽음을 이기신다는 것을 확신하는 태도이다.

고난은 목회돌봄과 상담의 차원에서도 중요한 의미가 있다.[23] 인간이 의미를 추구하고 안전을 추구하는 것은 근본적으로 영적 문제이다. 고난은 인간이 그것을 대하는 태도에 따라 영적 침체를 초래할 수도 있고 영적 성숙을 가져오게 할 수도 있다. 따라서 고난은 우리가 하나님과 관계를 새롭게 하고, 마음의 평화와 새로운 가치를 추구할 수 있게 하며, 그것은 또한 우리가 처한 위기 상황을 극복할 수 있게 한다. 사람들이 가지고 있는 하나님 상은 그들이 고난을 이겨나가는데 매우 결정적으로 영향을 미친다. 하나님을 '우리의 고난 가운데 계신 하나님'(God in our suffering)으로 이해할 때 우리의 고난은 극복되며 승화될 수 있다. 이러한 의미에서 고난은 영적 성숙과 깊은 관계가 있다.

---

23) Daniel J. Louw, *Meaning in Suffering*, 195-198.

제 3 장

열등감: 깨어진 보배
Low Self-Esteem: The Broken Treasure

열등감은 인간의 매우 보편적인 감정으로 많은 사람들이 열등감을 가지고 살아간다. 열등감은 체력, 용모, 능력 등을 다른 사람과 비교할 때 부족하다고 생각하거나 자신을 낮추어 평가하는 감정이다. 사회적으로 지위가 높고, 경제적으로 부유하고, 신체적으로 용모가 뛰어나도 그 마음에 열등감이 없는 것은 아니다. 때로 열등감은 우리를 더 나은 상태로 발전시킬 수 있는 원동력이 되기도 한다.[1] 그러나 대부분 자신을 숨기고 왜곡시켜 성장의 기회를 빼앗기는 결과를 가져온다. 뿐만 아니라 자살이나 살인과 같은 무서운 일을 저지르는 결과를 가져올 수도 있다.

열등감은 그것이 그 사람의 인지, 정서, 행동 등의 모든 면에 영향을 주지만 항상 나타나는 것은 아니다. 인간은 어떤 때에 특히 열등감을 더 느끼게 된다. 특별히 학력, 수입, 외모 등 자기보다 더 나은 사람들과 자기 자신을 비교할 때 강한 열등감에 사로잡히게 된다.[2] 또한 어떤 사람들은 특히 더 열등감에 빠질 수 있다. 사람들은 대체로 자신의 실패에 대해 실망을 하지만 자책감에 빠지지 않고, 자기가 실제로 할 수 있는 것보다 더 잘하는 것

---

1) 알프레드 아들러, 허타 오글러, 『Adler의 심리학 해설』 설영환 역 (서울: 선영사, 1996), 89.
2) David G. Myers & Malcolm A. Jeeves, *Psychology Through the Eyes of Faith* (Leicester: Apollos, 1991), 133.

처럼 느끼거나, 다른 사람들이 자기를 평가하는 것보다 낫다고 여긴다. 열등감에 많이 노출된 사람일수록 우울증에 쉽게 빠지는 경우가 많은데, 이런 사람들은 자기 평가에 좀더 치밀하거나 편견을 드러내기 쉽다.[3] 열등감은 어떤 경우 하나의 방어기제로 사용된다. 사람들은 자기 멸시를 미묘하게 이용하여 다른 사람들에게서 위로나 관심을 이끌어 내기 위한 효과적인 기술로 사용하기도 한다.[4]

열등감은 다른 사람에 비해 자신이 가치가 없다고 느끼는 낮은 자존감을 갖기 때문이다. 열등감과 자존감은 서로 관련이 있음은 더 언급할 필요가 없을 정도로 자명하다. 하지만 구체적으로 어떻게 관계하고 있는지 이와 관련된 용어들을 정리해볼 필요가 있다. 열등감의 문제를 논할 때는 먼저 자아 개념(self-concept), 자아상(self-image) 그리고 자존감(self-esteem)에 관해 다루어야 한다. 자아 개념과 자아상은 우리가 우리 자신에 대해 갖는 생각과 태도, 감정 등을 포함한다.[5] 자존감은 자신의 가치, 적성 그리고 중요성에 대해 평가하는 것을 뜻한다.[6] 자아상과 자아 개념이 자기표현(self-description)을 의미하는 반면, 자존감은 자기 평가(self-evaluation)를 뜻한다.[7] 이것들은 서로 역동적으로 영향을 주며 우리의 지성, 감성, 행동에 지속적으로 영향을 준다. 열등감과 관련하여 '열등 복합 감정'이 있는데, 이는 낮은 자존감과 자신을 지나치게 비판하는 태도가 지배적인 하나의 병적 태도에서 연유되는 성격증후군이다.[8] 자존감이 낮은 사람은 높은 사람보다 자주 불안을 느끼며, 대인 관계가 좋지 않고, 이상은 높으나 실패를 두려워하는 경향이 있다. 열등감과 자존감은 서로 상반관계에 있음을 알 수 있다.

---

3) David G. Myers & Malcolm A. Jeeves, *Psychology Through the Eyes of Faith*, 133.
4) David G. Myers & Malcolm A. Jeeves, *Psychology Through the Eyes of Faith*, 133.
5) Gary Collins, *Christian Counselling: A Comprehensive Guide*, 347.
6) Gary Collins, *Christian Counselling: A Comprehensive Guide*, 347.
7) Gary Collins, *Christian Counselling: A Comprehensive Guide*, 347.
8) Gordon W. Allport, *Patterns and Growth in Personality* (New York: Holt, Rinehart and Winston, 1961), 130.

예수의 가치

맥도웰(Josh McDowell)은 낮은 자존감을 가진 사람과 건전한 자존감을 가진 사람은 세상과의 관계에서 다른 태도를 보인다며 다음과 같이 비교 설명하고 있다.[9] 낮은 자존감의 사람은 세상에 도전하는 자기의 능력에 비관적이다. 그들은 새로운 상황이나 돌발적 상황을 자기들을 위협하는 것으로 여기거나 자기들을 공격하기위해 계획된 것으로 간주한다. 그들은 자신을 향해 세상이 닫혀있다고 생각하며 자기들을 억압하고 짓밟으려한다고 본다. 그들은 세상에 도전하여 그것을 변화시키려 하지 않고 세상이 요구하는 것을 받아들이려는 경향이 있다. 반대로 건전한 자존감의 사람은 세상을 도전해야 하고, 자기의 능력을 발휘하며, 그리스도를 신뢰하며, 부딪혀야 할 기회로 여긴다. 그러한 사람은 그리스도를 통하여 세상에 영향을 줄 수 있으며 하나님의 은혜로 효과적으로 환경을 변화시킬 수 있다고 생각한다.

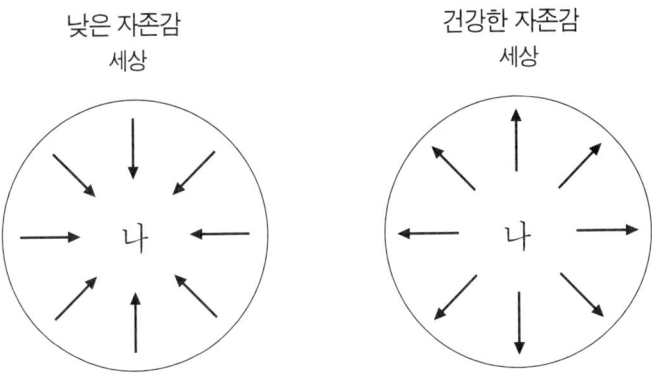

위의 그림은 낮은 자존감으로 자라난 사람은 세상의 가치가 다가오거나 공격할 때 쉽게 정복당한다는 것을 보여 준다. 하지만 건강한 자존감을 가

---

9) Josh McDowell, *Building Your Self-image* (Nashville: Thomas Nelson) quoted in Josh McDowell & Bob Hostetler, *Johsh McDowell's Handbook on Counseling Youth: A Comprehensive Guide for Equipping Youth Workers, Pastors, Teachers, Parents* (Nashville: W Publishing Group, 1996), 75.

진 사람은 세상의 가치에 의해 정복당하는 것이 아니라 세상의 가치를 오히려 지배하고 개혁하며 살아간다. 이는 우리 그리스도인들에게 아주 중요한 교훈을 준다. 그리스도인들이 신앙 안에서 건강한 자존감을 가질 때 그들은 세상의 가치가 유혹하거나 공격해 올 때 그 가치에 정복당하지 않고 오히려 그리스도적 가치로 그것을 개혁하고 변화시킨다는 것이다. 하지만 신앙 안에서 건강한 자존감이 형성되지 못할 때 세상의 가치에 쉽게 정복당한다는 것이다. 이렇게 될 때 그들은 세상에서 패배한 인생을 살 수 밖에 없으며 그리스도적 사명을 성취해 가는 데 있어서도 힘을 발휘할 수 없게 된다. 교회는 성도들에게 말씀과 성령으로 그들에게 건강한 자존감을 갖도록 도와주어야 한다. 성도들에게 '예수의 가치'가 있다는 것을 끊임없이 일깨우고 그들로 하여금 이러한 가치인식을 가지고 살아가도록 도우며 격려해야 한다. 특별히 한국 사회구조는 사람들에게 자존감과 희망을 키워주는 구조이기보다는 열등감을 양산시키는 구조를 가지고 있다고 해도 무리한 지적은 아닐 것이다. 이러한 사회 구조 안에서 교회의 사명은 막중하다. 특별히 한국 사회에서 청소년들은 자본주의적 가치로 인하여 고통당하고 있다. 때문에 성장해가는 시기에 있는 청소년들에게는 건강한 자존감을 갖도록 하는 것이 무엇보다도 중요하다. 그런데 그들이 자기 안에서 예수의 가치를 발견하지 못하는 것은 어떤 의미에서 현 한국교회가 안고 있는 구조적 문제일 뿐만 아니라 가치의 문제이기도 하다. 교회는 어떻게 성도들을 돌보고 상담해야 할지 정직하게 그리고 진지하게 고민해야 한다. 그리고 교회는 성도들로 하여금 건강한 자존감, 즉 예수의 가치로 자기를 인식하고 살아가도록 실제적인 목회 방법론적 프로그램을 가지고 있어야 한다.

건강한 '자기애'

열등감과 낮은 자존감을 바로 이해하려면 자존감(self-esteem)과 관련된 개념들인 자기 부인(self-denial), 교만(pride), 자기애(self-love) 등에 관한 바른 이해가 필요하다.

기독교 전통에서 십자가를 지는 삶으로서 '자기 부인'(self-denial)이 강조되어왔다. 하지만 그리스도인들이 '자기 부인'을 잘못 이해함으로 그들의 성숙과 자존감에 좋지 않은 영향을 주어 왔다. 역설적 의미를 내포하고 있는 "자기를 부인하고 자기 십자가를 지고"(마 16:24)에 대한 진정한 의미를 점검하는 것이 그리스도인들이 가지고 있는 열등감에 관한 문제를 해결하는 시작일 것 같다.

첫째, '자기 부인'은 그리스도인의 경건한 삶의 정수이다. 칼빈은 우리는 우리 자신의 것이 아니고 하나님의 것이므로 우리의 육을 따라 우리에게 유익한 것을 구할 것이 아니라 하나님의 뜻에 합당하게 살아야 하며,[10] 온전한 자기 부인만이 우리가 온전히 하나님께 헌신할 수 있게 한다고 했다.[11] 우리가 자기를 부인하지 않는 한 우리는 더 성숙해질 수 없다는 것이다. 우리의 모든 죄의 뿌리가 우리의 고집스러운 이기적 사랑(self-love)에서 비롯되며, 완고하게 하나님의 뜻을 거스르는 우리의 자아 의지(self-will)는 성령께서 우리 안에서 이루고자 하시는 변화를 거부하며 격렬한 내적 싸움을 일으킨다고 생각했다.[12] 자기 부인의 원리는 하나님과의 관계뿐 아니라 이웃과의 관계에도 적용된다. 칼빈은 우리가 끊임없이 자기를 부인할 때 우리는 이웃의 가치를 진정하게 바로 인정할 수 있다고 보았다.[13] 또 자기 부인은 이웃을 도울 때 자기의 이익을 위해서 하지 않고 바로 도울 수 있게 한다고 보았다.[14]

둘째, 십자가를 지는 것은 '자기 부인'의 중심적 형태이다. 십자가는 그리스도인의 삶의 중심적 은유이다. 그리스도인들이 십자가를 진다는 것은 단순히 모든 사람들이 겪는 고통을 참아 낸다는 것 이상을 의미한다. 십자가

---

10) John Calvin, *Institutes of the Christian Religion*, III, vii, 1.
11) John Calvin, *Institutes of the Christian Religion*, III, vii, 2.
12) John Calvin, *Institutes of the Christian Religion*, III, vii, 3.
13) John Calvin, *Institutes of the Christian Religion*, III, vii, 4.
14) John Calvin, *Institutes of the Christian Religion*, III, vii, 5.

의 고난에 참여한다는 것은 우리가 예수의 제자로서 예수의 이름으로 당하는 고난이다. 십자가를 지는 것은 자기 부인의 한 영역으로, 이는 우리에게 하나님의 신실을 경험하게 하고 미래에 대한 소망을 준다.[15] 칼빈은 십자가를 지는 것이 자기 부인의 중심적인 형태이며, 참된 경건은 자기 부인 없이는 불가능 하다고 생각했다.[16] 중세 신비주의자들은 자기 부인은 종종 하나님의 상급을 받을 만한 인간의 자발적인 행위로 간주하는 오류를 범했으나, 칼빈은 언제나 그리스도인의 자기 부인은 예수 그리스도 안에 있는 하나님의 은혜와 성령의 역사하심을 통해서만 가능하다고 주장했다.

셋째, '자기 부인'은 적극적이고 긍정적 의미를 내포하고 있다. 칼빈은 자기 부인은 하나님과 이웃을 향한 적극적이고 긍정적 자세-자기를 얽매이게 하는 것이 아니라 자유롭게 하며, 이웃에 대한 사랑 안에서 자아를 확립 시켜가는 것-라고 보았다.[17] 이웃을 향한 존경과 봉사의 견지에서 본 자기 부인은 그리스도인들에게 능동적인 힘이다. 자기 부정은 세상의 소리와 나의 이기적인 자아에 "No"하고 하나님과 이웃에게 "Yes"하는 것이지,[18] 세상을 등지거나 우리의 육체를 탄압하거나 하나님께서 우리에게 주신 재능이나 은사를 부인하는 것이 아님을 분명히 인식해야 한다.[19] 따라서 자기 부인을 종종 금욕적인 삶이나 수도원적 고행 혹은 자신의 재능이나 은사 등도 인정하지 않는 것으로 잘못 이해하는 경향은 옳지 않은 것이다.

넷째, '자기 부인'은 낮은 자존감과는 다르다. '자기 부인'에 대한 잘못된 이해는 인간이 하나님 앞에서 얼마나 가치 있는 존재인지를 간과하게 한다. 예컨대 자기를 부인하고 자기 십자가를 지는 것을 우리의 모든 바람과 개성까지도 십자가에 못 박아야 한다는 생각을 갖게 한다. "이런 생각은 매우 영적인 것 같으나, 실제로는 하나님이 우리 각자에게 주신 개인의 은사,

---

15) John Calvin, *Institutes of the Christian Religion*, III, vii, 3.
16) John Calvin, *Institutes of the Christian Religion*, III, vii, 10.
17) John Calvin, *Institutes of the Christian Religion*, III, vii, 6; III, vii, 7.
18) Wilkie Au, *By Way of the Heart: Toward a Holistic Christian Spirituality* (New York: Paulist Press, 1989), 32.
19) Wilkie Au, *By Way of the Heart*, 32; Emmanuel Y. Lartey, *In Living Colour*, 118.

능력, 성격 그리고 창조성 등을 억누르는 것이다."[20] 예수와 함께 못 박힌 그리스도인들은 이제 새로운 피조물로서 살아야 하며, 우리에게 주신 독특성들을 잘 발휘하는 것이 우리를 부르신 하나님께 부응하는 것임을 알아야 한다.[21] 따라서 자기 부인이라는 명목 하에 자기의 장점이나 재능 등을 부정하거나 개발하려고 하지 않는 것은 옳지 않다는 것이다. 그러므로 그리스도인들은 자기 부인이라는 명목으로 자신의 낮은 자존감을 변호하려하지 말아야 한다. 또한 자기 부인이 낮은 자존감의 형태로 변하지 않도록 주의해야 한다.

교만은 어떤 관계에 있는가? 자존감이 낮은 사람은 자신의 존엄성, 긍지 그리고 가치를 재평가할 필요가 있다. 하지만, 자신을 너무 높이 평가하여 우월하다고 여기고 다른 사람들을 무시하는 교만한 사람은 자신과 타인을 무너뜨린다.[22] 성경은 교만은 하나님이 싫어하는 죄이므로 교만하지 말아야 할 것을 가르친다(잠 16:18; 약 4:6; 벧전 5:5). 교만한 사람은 스스로 자신을 매우 높게 평가하며, 우리는 흔히 교만한 사람을 가리켜 자존심이 매우 높다고 말하기도 한다. 칼빈은 우리 스스로의 재능은 우리 자신의 것이 아니고 거저 주신 하나님의 선물이므로 자기의 것을 자랑하는 것은 배은망덕을 드러내는 것이라고 했다.[23] 그런데 많은 사람들이 교만은 열등감과 낮은 자존감의 변형된 형태임을 간과한다. 다른 사람들의 칭찬이나 주목을 끌려는 그래서 우월함을 과시하여 자신의 낮은 자존감을 감추려는 변형된 열등감의 일종임을 잘 알지 못한다.[24] 완전주의자들이 이러한 특성을 가지고 있으며, 이들은 교만과 낮은 자존감 간의 갈등 속에서 끊임없이 괴로워한다.[25] 교만은 하나님만 거스르는 것이 아니라 자신과 타인을 속이고 파괴시키는 거짓된 자존감이다. 교만은 우리를 하나님으로부터 멀어지게 하고 서

---

20) Gary Collins, *Christian Counselling*, 350.
21) Gary Collins, *Christian Counselling*, 350.
22) Emmanuel Y. Lartey, *In Living Colour*, 118.
23) John Calvin, *Institutes of the Christian Religion*, III, vii, 4.
24) 준 헌트, 『성경적 상담의 열쇠 I』 최복순 역 (서울: 프리셉트, 2001), 33.
25) 데이빗 A. 씨맨즈, 『치유하시는 은혜』 윤종석 역 (서울: 두란노, 1990), 116.

로서로를 멸시하게 한다.[26] 마이어스와 지브스는 바울이 빌립보 교인들에게 "오직 겸손한 마음으로 각각 자기보다 남을 낫게 여기라"(빌 2:3)고 권면했을 때, 그는 이러한 독선적인 교만을 염두에 두고 말했을 것이라고 상기시킨다.[27] 한편 겸손은 끊임없이 자신의 허물을 돌아보되, 다른 사람의 재능을 높이고 존경하는 것이다.[28] 겸손은 자신을 정확하게 평가하고 자신의 약함을 인정하며, 하나님의 능력에 힘입어 기쁨으로 그의 부름에 부응하는 것이다.[29]

그러면 우리는 어떻게 자기 거부 없이 자기 부인을 실현할 수 있고 헛된 자만심 없이 어떻게 스스로를 긍정할 수 있을까? 진정한 자존감은 열등감도 아니고 교만도 아닌 겸손에서 시작된다. 겸손은 자기 멸시도 아니고 허영도 아니며 또 그 둘 사이의 담을 뛰어넘고자 애쓰는 동안에는 발견되지 않는다.[30] 실제적으로 겸손은 쉬운 것이 아니다. 어떻게 겸손에 이를 수 있는가? 루이스(C. S. Lewis)는 겸손에 이르는 첫 걸음은 자신의 긍지를 느끼는 것으로부터 시작한다고 말했다.[31] 그러면, 자기애(self-love)는 옳은 것인가? 건강한 자존감 형성에 도움을 주는가? 그리스도인들은 성경에서 우리가 우리 자신을 사랑할 것을 가르친다는 것을 잘 받아들이지 못한다. 왜냐하면 자기애(self-love)를 교만 혹은 자기도취(narcissism)로 이해하는 경향 때문이다. 하지만 자기애는 교만도 자기도취도 아니고 더구나 자기숭배(self-worship)는 더욱 아니다. 자기애는 우리가 스스로를 하나님이 귀히 여기시고 사랑하시는 피조물, 은사를 받은 그리스도의 한 지체 또한 하나님의 창조 목적대로 열매 맺는 자들로 여기는 것이다. 따라서 하나님이 주신 능력과 기회들을 부정하지 않는다. 성경은 자기애에 대해 반대하지 않는 입장이다. 단지 당연한 것으로 받아들인다.[32] 예수가 우리에게 네 이웃을 네 몸

---

26) David G. Myers & Malcolm A. Jeeves, *Psychology Through the Eyes of Faith*, 135.
27) David G. Myers & Malcolm A. Jeeves, *Psychology Through the Eyes of Faith*, 135.
28) John Calvin, *Institutes of the Christian Religion*, III, vii, 4.
29) Gary Collins, *Christian Counselling*, 349.
30) David G. Myers & Malcolm A. Jeeves, *Psychology Through the Eyes of Faith*, 142.
31) C. S. Lewis, *Mere Christianity* (New York: Macmillan, 1960), 99.
32) David G. Myers & Malcolm A. Jeeves, *Psychology Through the Eyes of Faith*, 135.

과 같이 사랑하라고 명령했을 때나, 바울이 남편은 아내를 마땅히 자기 몸처럼 사랑해야 한다고 했을 때 모두 자기 사랑을 전제로 하고 있다. 라티(Immanuel Y. Lartey)는 그리스도인의 성숙은 자기 자신과의 관계를 잘 맺는 것임을 설명하면서, 건강한 자존감을 소유한 사람은 자신의 독특성에 적절히 반응하는 사람이라고 강조하고 있다.[33] 자기애는 열등감을 극복하고 건강한 자존감을 가지게 하는 첫걸음이다.

인간 본성의 파라독스

열등감과 자존감에 대한 이러한 오해들은 성경에서 가르치고 있는 인간관을 통해 바르게 할 수 있다. 첫째, 성경은 인간이 하나님의 형상대로 창조된 가치 있는 존재임을 명백히 하고 있다(창 1:26-28). 심지어 타락한 후에도 우리를 "천사보다 조금 못하고" "영화와 존귀의 관을 쓴 자"(시 8:4, 8)라고 말한다. 하나님께서는 인간을 사랑하셔서 인간의 죄를 대속하시기 위해 독생자를 보내셨다(요 3:16). 뿐만 아니라 천사를 보내셔서 우리를 보호하시고, 성령을 보내서서 우리를 인도하신다. 둘째, 성경은 인간이 또한 죄인임을 명백히 하고 있다. 성경은 죄의 결과로 모두가 죄인이 되었고, 죄된 속성과 행위로 인하여 하나님으로부터 분리되었고 심판을 받게 되었다고 가르친다(롬 3:25; 5:12, 17-19; 6:23; 7:18). 죄는 하나님의 성실하심을 믿지 못하게 하고, 다른 사람과의 관계도 원만치 못하게 한다. 죄는 우리의 사고를 왜곡시켜, 자신과 타인의 가치를 바르게 평가하지 못하게 한다. 열등감과 낮은 자존감은 죄의 영향력 안에 있음을 부인할 수 없다. 셋째, 성경은 또한 하나님의 은혜로 인간이 새롭게 된다고 말한다(요 3:16; 롬 5:1, 8-11; 8:1, 14-17). 하나님은 예수의 피로 우리의 죄 값을 지불하시고 우리를 사셨다. 하나님은 죄를 미워하시지만 죄인인 우리를 사랑하셔서 하나님께 나아가기만 하면

---

33) Emmanuel Y. Lartey, *In Living Colour*, 118.

죄로 손상된 우리의 형상을 새롭게 해 주신다고 가르친다. 성경의 가르침은 하나님의 형상으로서의 고귀한 인간과 죄로 타락하여 손상된 인간의 본성 간에 존재하는 파라독스가 하나님의 중보의 은혜로 해결된다는 것이다 (눅 15장).[34] 아담스(Jay E. Adams)는 그리스도인의 진정한 자기 발견은 죄성으로 가득 찬 자아에서 출발하는 것이 아니라, 그리스도 안에서 새로운 피조물인 하나님의 자녀라는 사실에서부터 시작한다고 지적한다.[35] 따라서 그리스도인들은 자신이 하나님 앞에서 새롭게 된 고귀한 존재임을 기억하고 열등감에 빠지지 않도록 해야 한다.

잃어버린 자기

열등감을 일으키는 원인으로는 죄, 부모-자녀관계, 과거의 경험, 비현실적 기대, 공동체의 영향 등이 있다. 먼저 죄이다. 인간은 선과 악을 구분할 수 있는 능력을 가진 존재로 지음을 받았다. 하나님은 인간이 하나님의 원칙에 입각해서 살며 평안을 누리기를 원하셨다. 하지만 그 원칙대로 살지 않을 때 평안함은 사라지고 양심의 가책과 죄책감, 실망 등을 느끼게 되는데, 이것은 자존감을 손상시켜 열등감을 갖게 한다. 헌트는 다른 사람들의 거부와 자신의 거부가 열등감을 일으키게 하지만, 잘못된 믿음이 그 근본적 원인이라고 말한다.[36] 하나님의 가치로 자신을 보지 않고 세상의 가치로 자신을 평가하기 때문이라는 것이다.

둘째로 부모-자녀관계이다. 다른 어떤 문제보다도 부모와의 관계가 그 사람의 열등감에 미치는 영향은 절대적이다. 최근의 많은 연구 자료들은 열등감과 낮은 자존감은 가정에서 비롯된다고 의견을 같이한다. 부모로부

---

34) Josh McDowell, and Bob Hostetler, *Johsh McDowell's Handbook on Counseling Youth*, 78. 더 깊은 이해를 위해 본서의 고난에 대해 쓴 부분을 참조.
35) Jay E. Adams, *The Christian Counselor's Manual*, 145-147.
36) 준 헌트, 『성경적 상담의 열쇠 I』, 37-38.

터 비난받고, 거부당한 경험이 많을수록 자존감은 낮아진다고 한다.[37] 사람은 몸으로 마음으로 존중 받고 사랑 받기를 갈망하는 인간의 기본적인 욕구를 가지고 있다. 특히 어린 시절 가장 가까운 부모로부터 무시당하고 불신당하고 차별 대우를 받고 자기가 기대하던 사랑을 받지 못하고 소외에 자주 노출되는 경우 하나의 욕구 불만을 초래할 수 있는데, 열등감, 낮은 자존감, 자기 비하 등이 그 한 형태일 수 있다. 부모의 권위와 열등감과의 관계를 조사한 한 연구는 부모의 권위가 너무 방임적이거나 너무 독재적일 경우 둘 다 청소년의 자존감에 그다지 좋지 않은 영향을 미친다고 보고하고 있다.[38] 특히 어머니보다는 아버지의 신앙과 권위유형이 매우 크게 영향을 미치며, 아버지의 기독교 신앙과 신뢰적 권위가 청소년의 자존감 형성에 중요한 변인이라고 보고한다.[39]

셋째로 과거 경험이다. 과거의 실패나 거부의 반복적 경험은 그 사람으로 하여금 자신감을 잃게 하고 또 실패를 예상하게 하는 경향이 있다.[40] 한 번 어떤 시험에 실패한 경험이 후에 다가오는 여러 가지 다른 시험에 당면할 때 "나는 아마 또 실패할 거야", "나는 시험에 성공한 적이 없어"와 같은 부정적 사고를 갖게 하여, 시험 공포증을 가져올 수도 있다. 이러한 사람은 실제로 다음에 시험 볼 때 또 실패할 가능성이 높다.

넷째로 비현실적인 기대이다. 기대와 이상이 현실적으로 볼 때 너무 높은 경우, 종종 실패와 함께 열등감을 느끼게 된다. 이와 관련하여 나래모어(Narramore)는 열등감을 맞보는 사람들의 사고에는 다음의 세 가지 특징이 있다고 한다. "만약 내가 수용되고 사랑을 받으려면 다른 사람들의 기준과 기대에 맞추어야 한다, 어떤 목표와 기대에 도달하지 못하면, 마땅히 압력을 받거나 수치를 당하거나, 두려워하거나 처벌을 받아야 한다, 나는 자신

---

37) Ciecil G. Osborne, *The Art of Learning to Love Yourself* (Grand Rapids: Zondervan, 1976), 21; 밀라드 살, 『성경과 심리학의 조화』 김양순 역 (서울: 생명의말씀사, 2000), 32-33.
38) 전요섭, 이진영, "부모의 기독교 신앙과 권위유형에 따른 청소년의 자아 존중감 차이," 『복음과 상담』 제3권 (서울: 한국복음주의기독교상담학회, 2004), 155-156.
39) 전요섭, 이진영, 『복음과 상담』 제3권, 171.
40) Gary Collins, *Christian Counselling*, 350.

의 세계를 지배하고, 책임자가 되고, 똑똑하고, 중심이 된 인물이 되고 또한 내 스스로 결정하기 위해 노력해야 한다."[41]

다섯째로 사회의 영향이다. 한 사회는 나름대로의 가치관이 있다. 그리고 개인은 그 사회의 가치관에서 자유로울 수 없다. 현대 사회에 만연한 경쟁주의와 물질 만능주의, 학력, 신체적, 인종적(혼합인종사회에서는 매우 큰 문제로 대두됨), 성적 차별 등은 개인의 열등감에 영향을 미치고 있다. 그 사회가 가치롭게 여기는 것을 가지고 있다면, 자존감이 생기겠지만, 그렇지 않다면 열등감을 일으키게 하는 요인이 될 수 있다. 예를 들면, 우리나라의 경우 학력과 학벌을 매우 중요시 여기기 때문에 대학을 다니지 못했다거나, 일류 대학을 졸업하지 못했다는 것만으로도 열등감을 갖게 한다.

깨어진 거울

열등감은 자신감 상실, 자기 비하, 분노, 우울증, 모멸감, 위기감, 심한 경쟁의식, 피해의식, 심하게는 정신분열증 등 여러 가지 형태로 나타날 수 있다.[42] 또한 열등감은 정서장애, 수면장애, 신체장애, 행동장애 등 인간의 모든 영역에 영향을 준다. 위에서 열등감과 자존감과의 비교를 통해 잠시 살펴보았지만, 열등감과 낮은 자존감은 사람들의 사고, 감정, 행동, 가치, 태도 등 많은 영역에 영향을 미친다. 이러한 것들은 역동적으로 일어나는 것이므로 열등감을 가진 사람들의 특징과 경향들을 살펴봄으로 열등감의 결과를 알아 볼 수 있다.

엘리슨(C. W. Ellison)은 자존감이 낮은 사람들은 다음과 같다고 한다. 고립되었다고 느끼거나 사랑스럽지 않다고 생각한다. 너무 약해 자신의 결점을 극복할 수 없다고 생각하며 의욕이 없으며 자신을 방어할 수 없다. 화를

---

41) S. Bruce Narramore, *You are Someone Special* (Grand Rapids: Zondervan, 1978), 85-96.
42) 심수명, "기독교 상담과 인지치료를 통합한 열등감치료 프로그램의 효과 검증," 『복음과 상담』 제3권 (서울: 한국복음주의 기독교상담학회, 2004), 34.

잘 내지만 다른 사람들을 화나게 하거나 자기 자신에게 주의를 돌리는 것을 두려워한다. 다른 사람과 어울리기가 어렵다. 복종적이고 의존적인 편이며 또 쉽게 감정이 상한다. 호기심과 창의성이 부족하다. 되도록이면 자신을 다른 사람들에게 드러내지 않으려 한다.[43]

나래모어(S. B. Narramore)와 오스본(C. G. Osborne)은 낮은 자존감은 다음과 같은 영향을 준다고 한다. 내적 평화와 안정감의 결여, 자신감이 적음, 사회적으로 움츠림, 질투와 비난, 대인간의 갈등, 자기비판과 자기 증오와 자기 부정, 의기소침, 권력으로 우월감을 얻고 다른 사람들을 지배하려는 욕구, 불평하고 시비적이고 아량이 없고 지나치게 예민하며 또 용서하지 못하는 경향, 칭찬이나 애정의 표현을 받아들이지 못함, 남의 말을 잘 듣지 않으며 투덜거리는 경향 등 광범위하게 영향을 미친다.[44]

위의 열등감의 특징들에서 엿볼 수 있듯이 열등감은 다른 심리적, 대인관계적, 영적인 여러 문제들과 관련이 있거나 그러한 문제들을 야기한다. 심리적으로는 자기의 외모와 똑똑하지 못함과 좋은 학벌을 가지고 있지 못한 것과 좋은 직업을 갖고 있지 못하다고 생각하는 것 등으로 심각한 열등감을 가진 사람은 심적으로 고통을 당하며, 그 내면에 심각한 마음의 상처를 준다. 그래서 열등감은 불안과 우울증 등의 주요한 원인이 되며, 분노와도 깊은 관련이 있다.[45] 열등감이 대인관계에서 갈등을 일으키거나 신뢰적 관계로 발전하는 것을 방해할 수 있다는 것은 자명한 사실이다. 열등감이나 낮은 자존감은 자기 자신에 대한 확신을 가지지 못하게 할 뿐만 아니라 사람들의 사랑에 대해서도 확신을 가질 수 없도록 한다. 열등감이 많은 사람은 다른 사람의 행동을 있는 그대로 받아들이지 못하고 매사에 자기를 무시하는 행위로 해석한다. 이것은 마치 족쇄를 만들어 스스로 자기를 묶는 것과 같다. 따라서 열등감은 대인관계의 질에도 영향을 미친다. 열등감

---

43) Craig W. Ellison, *Self-esteem* (Farmington Hills: Christian Association for Psychological Studies, 1976), 17.
44) S. B. Narramore, *You are Someone Special*; C. G. Osborne, *The Art of Learning to Love Yourself*를 참조.
45) 본서의 분노, 우울증에 대해 쓴 관련된 내용을 참조.

은 그 특성상 그것을 영구화하려는 경향이 있어 열등감을 가진 사람은 그것을 영구화하려는 관계만을 창출한다. 즉, 부정적인 자기인식을 가진 사람은 부정적으로 자기를 평가하는 사람을 좋아하거나 찾는다.[46] 정서적으로 안정되지 못한 사람은 정서적으로 안정적이지 못한 사람과 사귀거나 그런 배우자를 가지는 경향이 많다는 연구결과들이 이를 확증한다.[47]

또한 열등감은 대인관계뿐 아니라 성취를 방해하고, 만족감과 자기완성, 학업이나 일의 즐거움 등을 갖는데 지장을 초래한다.[48] 열등감이나 자존감이 낮은 사람일수록 자기의 삶에 스스로 만족하기보다는 자기를 향한 타인의 시각과 행동에 의해 모든 것을 평가하는 경향이 있다. 이런 사람일수록 하나님이 존귀하게 만드신 자기존엄성을 전혀 생각지 못하고 있을 뿐 아니라 자기 내면에 있는 인간으로서의 존엄성마저도 보지 못한다. 이런 사람의 자기 이해는 하나님 없는 자기 이해일 뿐 아니라 유아기적 사고에 빠지는 경우가 많다. 교회 생활이나 신앙적인 면에서도 더 많이 발전하고 성숙해질 수 있는데도 이러한 열등감 때문에 어려움을 겪는 그리스도인들을 교회 공동체 안에서도 많이 볼 수 있다. 열등감과 신앙의 성숙이 상반관계에 있음을 보고하는 연구도 있다.[49]

---

46) William B. Swann, "Mired in Misery," *Psychology Today* July-August (1992): 16.
47) Lee A. Kirkpatrick, and C. Hazan, "Attachment Styles and Close Relationships: A Four-year Prospective Study," *Personal Relationships* 1 (1994): 123-142; Nancy L. Collins, and Stephen J. Read, "Cognitive Representations of Attachment," in Kim Bartholomew, and Daniel Perlman, *Attachment Processes in Adulthood: Advances in Personal Relationships* (London: Jessica Kingsley Publishers, 1994), 53-90; R. R. Kobak, and C. Hazan, "Attachment in Marriage: Effects of Security and Accuracy of Working Models," *Journal of Personality and Social Psychology* 60 (1991): 861-869; R. R. Kobak, and A. Sceery, "Attachment in Late Adolescence: Working Models, Affect Regulation, and Representations of Self and Others," *Child Development* 59 (1988): 135-146.
48) Josh McDowell, and Bob Hostetler, *Johsh McDowell's Handbook on Counseling Youth*, 77.
49) 배은주, "기독학생의 신앙성숙도와 자존감의 관계 연구," 『복음과 상담』 제3권 (서울: 한국복음주의 기독교상담학회, 2004), 178-188.

므비보셋 이야기

사무엘하에는 성경의 열등감과 낮은 자존감의 대표적 인물인 므비보셋의 이야기가 나온다. 그는 다윗의 절친한 친구였던 요나단 왕자의 유일한 아들이었고 이스라엘의 초대 왕 사울의 손자였다. 하지만 겨우 다섯 살 때, 아버지와 할아버지 그리고 두 삼촌을 전쟁터에서 잃게 되었고, 이 소식을 듣고 피신하던 중 유모의 부주의로 떨어져 두 다리를 절게 되는 사건을 경험하게 된다(삼하 4:4). 다윗의 승리 이야기 뒤에 불운한 므비보셋의 이야기는 감추어진 듯 보인다. 하지만 사무엘하 9장의 이야기로 미루어 보아 므비보셋은 결혼해서 아들까지 두었지만 오랜 세월 동안 신분도 속이고 모든 것을 잃은 마음의 상처를 가지고 숨어 지내는 삶을 살았을 것이다. 그의 비참한 삶과 자기 비하는 다윗 왕과의 만남에서 잘 나타난다. 후히 대하는 다윗 왕에게 대한 그의 반응에 잘 나타나고 있다. "이 종이 무엇이관대 왕께서 죽은 개 같은 나를 돌아보시나이까?"(삼하 9:8) 다윗을 만나기까지 그는 그가 숨어 지내고 있던 장소(로드발-아무것도 아님)의 의미처럼 '아무것도 아닌' '죽은 개'처럼 자신을 비하시키는 그런 삶을 살아 왔던 것이다. 하지만 므비보셋은 그 동안 받지 못했던 아버지의 사랑을 다윗으로부터 받기 시작했다. 그는 그의 아버지 요나단으로 인해 다윗 왕의 은총을 받게 되었으며(삼하 9:1, 7), 아버지의 재물과 땅을 다 돌려받게 되고(9:7 이하), 다른 왕자들과 함께 왕궁의 최고 중심부인 왕의 식탁에서 늘 식사하도록 배려를 받았다(9:11). 그는 이러한 사랑을 받는 과정을 통해 그 동안의 충격적인 아픔과 상실감, 두려움, 열등감, 무력감 그리고 분노감 등이 치유되는 경험을 하였을 것이다. 이는 후에 므비보셋의 다윗을 향한 충성심으로 나타나는 것을 볼 수 있다(삼하 19:24).

므비보셋은 다윗을 만난 뒤로는, 다윗의 사랑과 돌봄을 받으면서 그가 지녀왔던 신체적인 장애와 심리적인 상처의 많은 부분에서 치유함을 경험하고 좀더 자유롭고 자신감 있는 삶을 살아갈 수 있었을 것이다. 므비보셋의 이야기는 열등감의 원인과 결과 그리고 치유에 관한 이해에 많은 도움을 준다. 신체적, 정서적, 정신적 혹은 영적으로 심각한 장애와 상처로 열등감과 낮은 자존감을 갖고 살아가는 많은 사람들에게 진정한 부모와 같은 사랑과 돌봄은 그들을 치유시킬 수 있다는 교훈을 주고 있다.

보물찾기

열등감과 낮은 자존감은 오랜 시일에 걸쳐 다양한 영향에 의해 형성되므로, 단기간에 해결될 수 있는 문제는 아니다. 그러나 많은 사람들이 열등감으로 고통을 겪으며 또 다른 사람에게 고통을 주고 있다는 것 또 그것이 우리 삶의 많은 영역에 집요하게 영향을 미쳐 다른 문제들을 파생시킨다는 것 그리고 그리스도인들도 이 열등감으로부터 자유롭지 않다는 것은 기독교 상담자들로 하여금 열등감에 대한 상담을 재고해 보게 한다.

첫째, 열등감의 문제가 있는 사람과 상담할 때 가장 주의해야 할 것 중의 하나는 공감적 경청, 즉 진심으로 그들의 말을 귀 기울여 들어 주는 것이다.[50] 그들의 열등감은 주로 자신들이 사랑 받지 못한다거나, 자기들의 이야기에 다른 사람이 주의를 기울여 주지 않는 데서 비롯된 경우들이므로 진정으로 그들을 지지하고, 수용하고, 인정해 주는 것이 필요하다. 때로 지나친 칭찬은 역효과를 줄 수도 있다. 이들은 자신에 대한 칭찬을 그대로 받아들이지 않거나 믿지 않는 경향이 있기 때문이다.[51] 따라서 상담이 바로 이루어지려면, 지나친 칭찬을 피하고 부드러운 지지와 격려로 그들의 장점들을 승인해 주는 것이 도움이 된다. 예를 들면, 내담자가 "나는 정말 쓸모없는 사람이예요"라고 말할 때 "아니, 그렇지 않아요"라고 즉흥적으로 반응하는 것은 보통 자책적 발언을 해서 다른 사람들의 칭찬을 얻어내는 내담자

---

[50] Gary Collins, *Christian Counselling*, 352-354; Josh McDowell, and Bob Hostetler, *Johsh McDowell's Handbook on Counseling Youth*, 78-79.

[51] Gary R. Collins, *Christian Counselling*, 352-353.

의 바람직하지 못한 방법에 일조하는 것으로 결과적으로 열등감 해소에 도움이 되지 않는다.[52]

둘째, 그들의 소극적이고 부정적인 내적 표현을 주의 깊게 듣고 내담자로 하여금 열등감의 원인이 무엇인지를 파악하게 하는 것이 중요하다. 열등감을 일으킨 원인들은 자책과 원망, 분노와 의기소침, 비현실적인 기대와 실패, 욕구와 불만과 같은 언어 속에 뒤섞여져 있다. 이러한 자기 분석은 때로 내담자가 스스로를 잘못 평가하고 있었음을 깨닫게 할 수 있다.[53]

셋째, 열등감 상담에 있어서 가장 중요한 것은 내담자가 하나님 앞에서 고귀한 존재임을 바르게 인식시키는 것이다. 위에서 언급했지만, 많은 그리스도인들이 자존감은 교만에 해당한다는 잘못된 인식을 하고 있는 경우들이 있다. 상담의 과정에서 이러한 오해를 바로 잡아 주는 것이 필요하다. 또한 이를 위해서 성경에서 인간을 얼마나 고귀한 존재로 보고 있는가를 알도록 도와주어야 한다. 따라서 열등감을 갖는 것은 하나님이 원하시는 것이 아님을 반드시 가르쳐야 한다. 하나님이 원하는 것은 건전한 자기애, 자존감을 갖는 것이라는 것을 인식시키도록 한다.

넷째, 죄를 회개하게 하고, 죄의 영향력들을 피하게 한다. 위에서 살펴보았듯이 열등감은 죄의 결과이다. 하나님의 원칙대로 살지 못하며 거역하는 동안 우리가 자신을 가치롭게 생각하는 것은 불가능하다.[54] 따라서 상담자는 내담자로 하여금 그들의 죄를 직시하게 하며, 하나님과 다른 사람들에게 그들의 죄를 고백하게 하는 것이 중요하다. 또한 죄를 고백하면 하나님께서 용서하시며 잊으신다는 것을 알게 하며, 스스로 자신을 용서하고 그것 때문에 다시 죄책감을 느끼지 않도록 돕는다.

다섯째, 열등감을 극복하는 일은 자기 자신을 그대로 받아들이는 것에서 출발한다. 단점과 장점을 너무 낮게도 너무 높게도 평가하지 말고 있는 그대로 평가하게 한다. 또 자신을 긍정적으로 보고 평가하게 하는 적극적인

---

52) Gary R. Collins, *Christian Counselling*, 353-354.
53) Gary R. Collins, *Christian Counselling*, 353.
54) Gary R. Collins, *Christian Counselling*, 355.

지원이 필요하다. 이 단계에서 내담자의 장점, 독특성, 재능 등을 기억해 내게 하고, 말하게 하고, 종이에 적어 보게 하는 것이 효과적이다. 열등감이 있는 사람들은 그들의 약점들에 주로 초점을 두는 경향이 많아 하나님이 그들에게 주신 재능, 은사, 능력 등을 억제, 부정 혹은 간과한다. 상담자는 열등감을 가진 사람들은 그들의 장점을 인식하는 것을 꺼리는 경향이 있음을 알고 있어야 한다. 그들은 자신을 열등하다고 여겨 성공에 대한 압박감을 가지지 않으려 하거나 실패에 대한 두려움을 줄이려 한다. 그래서 때로 그들은 스스로가 가정한 열등감에 빠지기도 한다.[55] 헌트는 열등감을 극복하기 위한 자기용납의 7단계를 다음과 같이 말하고 있다.[56] 하나님의 형상대로 지음 받았음을 인정한다(창 1:27). 그리스도께서 나를 받으신 것과 같이 나 자신을 받는다(롬 15:7). 나 자신은 연약한 존재라는 사실을 받아들인다(롬 9:20-21). 앞으로도 실수할 것이라는 사실을 용납한다(빌 3:12-14). 실패에 대한 비난과 책임을 받아들인다(시 32:5). 모든 사람에게 사랑 받거나 호감을 받지는 않을 것이라는 사실을 받아들인다(요 15:18, 20). 내 생애에서 변할 수 없는 상황들을 받아들인다(롬 8:28). 헌트의 자기용납의 단계는 우리가 자칫 간과하기 쉬운 점들을 잘 지적해 주고 있다.

여섯째, 열등감을 극복하기 위한 구체적 방법을 제시한다. 이들에게 우선 필요한 것은 자신에 대한 가치를 회복하는 것이다. 어떤 거창한 성취가 필요한 것이 아니다. 이를 위해 ① 자신만이 잘할 수 있는 어떤 것을 찾아 계발하게 한다.[57] 누구든지 무엇인가 한 가지는 잘 할 수 있는 것이 있으며 그것이 하나님이 우리 각자를 독특하게 창조하신 이유임을 알게 한다. 스스로 기쁘게 그것을 향상시킬 수 있을 때 자신에 대한 가치를 발견할 수 있다. ② 내담자의 동기를 점검한다. 내담자가 어떤 목표를 가지고 있을 때, 왜 그것을 하려고 하는지 살피는 것이 중요하다.[58] 때로 건전하지 못한 동

---

55) Gary R. Collins, *Christian Counselling*, 353-354.
56) 준 헌트, 『성경적 상담의 열쇠 I』, 40-41.
57) Josh McDowell, and Bob Hostetler, *Johsh McDowell's Handbook on Counseling Youth*, 78-79; Gary Collins, *Christian Counselling*, 353-354.
58) Gary Collins, *Christian Counselling*, 354.

기들이 목표를 달성하는 데 어려움을 주거나 혹은 달성하더라도 성취감보다는 허탈감이나 패배감을 가져다 줄 수 있기 때문이다. 나는 피아노를 전공하여 교회에서 피아노 반주를 하는 두 사람을 알고 있다. 한 사람은 부모의 강요에 의해서 혹은 특별히 다른 것이 할 것이 없어서 피아노를 전공했고, 다른 한 사람은 생활이 어려운 가운데도 음악이 정말 좋고 하나님이 자기에게 주신 재능이라고 여기며 배웠다. 두 사람이 똑같이 교회에서 피아노 반주를 하며 봉사를 하고 있지만 한 사람은 거기서 전혀 기쁨을 찾지 못하고 있으며, 다른 한 사람은 음악을 하면 할수록 하나님을 더 찬양하게 되고 더 깊이 알아가게 된다고 고백하는 것을 들은 적이 있다. 이렇듯 바른 동기는 바른 자존감을 줄 수 있다. ③ 기대와 목표의 우선순위를 정하게 하고 재평가하게 한다.[59] 목표가 너무 방대하면 가는 동안 포기하기 쉽거나 반복적으로 오는 좌절감으로 열등감을 극복하기 어렵다. 따라서 목표를 여러 단계로 작게 재조정하고 하나씩 이루어 나가도록 돕는 것이 중요하다. 작은 목표들이 이루어질 때마다 성취감을 맛보게 되고 새로운 도전을 할 수 있게 된다. 이러한 일련의 과정들은 긍정적 자아 형성에 도움을 줄 수 있다.

일곱째, 다음과 같은 것을 실천하게 한다. 귀를 열어 다른 사람의 의견을 편견 없이 듣는 훈련을 한다. 부정적 평가를 하지 않도록 노력한다. 비판적이거나 다른 사람을 노엽게 하는 발언을 자제한다. 그런 경향이 생길 만한 기회를 만들지 말라. 다른 사람을 격려하고 칭찬하고 존중한다-이것은 자신을 존중하는 데 도움을 준다. 규칙적으로 하나님의 말씀을 묵상한다-성경은 하나님이 우리와 대화하시는 통로이며, 바른 시각을 유지하도록 돕는다. 교회나 믿음의 공동체에 소속하도록 권한다-신앙의 바탕 위에 있는 교회나 믿음의 공동체는 서로 격려하며 존중하는 공동체로 우리의 가치를 재발견하게 하고, 열등감을 극복하게 하는 중요한 역할을 할 수 있다.[60]

열등감의 문제는 그리스도인들에게도 매우 만연하여 있고, 우리의 삶의 많은 영역에 부정적 영향을 많이 미친다. 이 문제를 해결하기 위해서는 교

---

59) Gary R. Collins, *Christian Counselling*, 353.
60) Gary R. Collins, *Christian Counselling*, 497-499.

회 공동체의 역할이 매우 중요하다. 교회는 성경의 바른 인간관을 가르쳐 그리스도인들이 진정한 자존감을 가질 수 있게 하며, 세상의 가치에 영향을 받을 것이 아니라 하나님의 가치로 세상의 가치를 극복해 나갈 수 있게 할 수 있다. 교회는 또한 서로 용납하고, 서로의 가치를 인정하며, 서로 위로하는 믿음의 공동체로서 열등감을 가진 사람들을 잘 돕고, 지지하여 하나님 안에서 회복된 새로운 자존감을 가지게 할 수 있다. 그리고 자존감의 문제는 어린시절 부모와의 관계로부터 지대한 영향을 받으므로 기독교 교육의 범위 내에서 부모교육을 교회에서 실행하는 것이 무엇보다 중요하다. 교회에서 다른 교육은 이루어지고 있으나 이 부분은 부모 당사자들의 자질에 남겨두는 경향이 있었다. 그래서 결론적으로 부모교육을 위해서 다음의 것들을 제안하고자 한다. 자녀의 능력에 맞지 않는 비현실적인 기준과 목표를 설정하지 말 것, 실패할 것이라든지 귀찮다든지 무능력하다든지 등 자녀를 무시하는 식의 표현을 삼갈 것, 칭찬하고 격려하고 정서적으로 지지해 줄 것, 계속적으로 가혹하게 벌을 주지 말 것, 많이 안아주거나 대화를 할 때 항상 눈을 맞추고 하는 등 신체적 접촉이나 교감을 많이 할 것, 자녀를 과잉보호하는 것 또한 스스로 자신감을 계발하지 못하게 한다는 것을 기억할 것. 더 나아가 부모 자신들의 자존감의 수준은 자녀들에게 그대로 전이된다는 것을 명심하여 부모 자신들의 자존감 회복에도 많은 교육과 지원이 필요할 것이다.

제 4 장

분노: 위험에서 한 자 모자람
Anger: One Letter Short of Danger

　한자의 의미로 보면 분노(忿怒)는 마음이 여러 갈래로 갈리거나 거세게 경직되는 마음의 상태라고 볼 수 있다. 흔히 분노의 감정을 '화(火)가 난다'고 말하는 이유가 아마도 이러한 마음의 상태가 꼭 불의 모습과도 같기 때문인 듯하다. 그래서 사람들은 치밀어 올라 터뜨리는 분노를 활화산에 비유하고 억눌러진 울분은 숨겨진 숯불에 비유하는 것 같다. 분노에 대한 한 영어 격언이 있다. "분노는 위험에서 한 자 모자란다"(Anger is one letter short of Danger). 비록 이는 풍자적인 격언이지만 분노가 얼마나 우리 삶에 있어서 우리를 위험에 처하게 하거나 죄에 빠지게 하는 데 가까운 것인지를 간접적으로 말하고 있다. 물론 이는 또한 분노가 인간의 다른 정서적, 신체적, 사회적, 영적 상태와도 밀접하게 관련이 있음을 시사하고 있다. 분노는 대기처럼 언제나 우리를 둘러싸고 있으므로 인간은 누구도 분노를 피할 수 없다.[1] 분노의 문제는 누구에게나 그리고 예기치 않은 때에 찾아오기 때문에 이를 잘 다스리지 못한다면 매우 파괴적이 되어 인간의 전 영역에 문제를 일으키는 주범이 된다는 것이다. 따라서 기독교 상담자들은 성경에서 분노의 원인과 형태에 대해 어떻게 가르치고 있는가를 잘 알고 내담자들을

---

1) Duncan Buchanan, *The Counseling of Jesus*, 65.

상담할 때 통전적으로 상담에 임할 수 있을 것이다.

분노는 죄인가?

분노는 죄인가? 분노는 본질적으로는 죄가 아니나 종종 죄의 원인이 된다.[2] 이에 대한 답은 성경에서 명백하게 찾을 수 있다. 성경에는 하나님의 분노와 인간의 분노에 대해 여러 곳에서 나타나고 있다. 성경에서는 하나님은 "분노하시는 하나님이시니라"(시 7:11)라고 명백하게 말하고 있으며, 끊임없이 배반하는 이스라엘 백성을 향한 하나님의 노여움에 관해 많이 서술하고 있다. 성경은 예수의 분노에 관해서도 기록하고 있다. 성전에서 돈을 바꾸는 사람들을 향한 강한 분노(요 2:17)와 바리새인들을 향한 분노(막 3:5)이다. 예수는 당시 종교지도자들의 경직됨에 분노하셨다. 하지만 하나님의 분노는 갑작스럽고 폭발적이 아니고, 강하면서도 차분하게 표현된다.[3] 또 분노와 사랑은 하나님 안에서 서로 배타적이지 않으며, 하나님의 분노는 사랑과 자비로부터 온다.[4]

인간의 분노에 대한 성경의 기본 가르침은 분노는 하나님의 형상대로 창조된 인간에게 주어진 여러 정서 표현 중의 하나라는 것이다. 사도바울은 "분을 내어도 죄를 짓지 말며"(엡 4:26)라고 말하면서 '분을 내는 것'과 '죄를 짓는 것'을 구분하고 있다. 즉, 분을 내는 것은 인간의 정서이며 그 자체는 죄가 아님을 명백히 하고 있다. 그러나 분을 건설적으로 처리하지 못하고 오래 가지고 있으면 죄에 노출될 수 있다는 것을 성경은 명백히 가르치고 있다. 해가 지도록 분을 품으면 마귀로 틈을 타게 할 수 있다(엡 4:26). 따

---

[2] Jay E. Adams, *The Christian Counselor's Manual*, 348-351; Gary R. Collins, *Christian Counseling*, 101-102.
[3] Leon Morris, *The Apostolic Preaching of the Cross* (Grand Rapids: Eerdmans, 1956), 162-163.
[4] John E. Pedersen, "Some Thoughts on a Biblical View of Anger," *Journal of Psychology and Theology* 2 (1974): 210-215.

라서 분노 그 자체는 하나님의 형상을 소유한 인간의 정상적 정서 표현이나 이의 처리방법에 따라 죄가 될 수 있다는 것이다.

분노의 불씨

분노는 여러 가지의 이유로 우리의 삶 속에 들어온다. 우리는 살아가는 동안에 여러 가지 사건들을 만나며, 그 사건들 때문에 엄청난 부정적인 감정들이 생길 수 있으며 그것들이 자연스럽게 우리의 무의식 속에 억압되면서 그때마다 분노가 되어 차곡차곡 쌓여 가다 어느 시점에 분노의 형태로 표출되기도 한다. 분노의 형태와 영향이 여러 가지로 나타나고 있듯이 분노를 일으키게 하는 원인도 다양하다. 상담학자들은 분노를 일으키게 하는 원인으로 불의, 좌절, 상처, 두려움 등을 지적하고 있으며, 학습도 하나의 중요한 원인으로 여기고 있다.[5]

인간은 모두가 도덕적 인식을 하기 때문에 자신이나 다른 사람들(특히 자기와 가까운 사람들)에게 일어난 불의를 보게 될 때 분노를 하게 된다. 불의는 분노를 일으키게 하는 가장 타당하며 드문 이유이다.[6] 위에서 보았듯이 하나님의 노하심과 예수님이 성전에서 돈 바꾸는 사람들을 향해 분노하신 것 등은 불의에 의한 분노였다. 또한 사울왕의 다윗을 향한 불의한 처사는 요나단에게 분노를 일으키게 했다(삼상 20:33-34). 윤리 규칙이나 가치체계에 민감한 사람들은 부모나 교사, 정치지도자와 목사 등 권위자로 여겨지는 사람들의 불의를 보았을 때 혹은 불의를 행한 특정한 대상에 관계없이 분노를 일으키게 된다.

좌절은 목표를 향하여 전진하는 과정에서 방해를 받거나 장애를 만날 때

---

5) Josh McDowell, and Bob Hostetler, *Johsh McDowell's Handbook on Counseling Youth*, 51; Gary R. Collins, *Christian Counseling*, 104-105.
6) Gary R. Collins, *Christian Counselling*, 104.

경험한다.[7] 사람들은 누구나 의미 있는 삶을 살고자 하는데 여러 가지 이유로 그 목표를 달성하지 못할 때 좌절을 경험하게 된다. 또 자신이나 다른 사람들에게 기대를 하지만 그 기대가 충족되지 못했을 때 좌절을 느끼게 되는데, 이것은 분노의 주요 원인으로 작용한다. 따라서 목표의 중요성, 기대의 크기, 신체장애의 정도, 좌절의 기간 등에 따라 좌절의 정도에 차이가 있으며, 그 정도가 클수록 분노의 가능성도 커진다고 하였다.[8]

또한 사람들은 사랑이나 인정을 받고 싶어 하는데 거절, 모욕, 비웃음, 창피, 무시, 협박 등을 당하면 자존감에 손상을 입었다 생각되어 상처를 받게 된다. 이러한 심리적이거나 정서적인 상처가 바로 분노로 표현되어 상처와 분노는 거의 함께 일어나기 때문에 분노의 원인인 상처를 입기가 쉽다.[9] 낮은 자존감을 가진 사람들이나 정체감을 형성해 가고 있는 청소년들 그리고 사회에서 소외된 사람들의 심리적 상처는 분노를 일으키는 주요한 원인이 된다.[10] 부모의 거절과 무시는 자녀에게는 매우 큰 상처로 남아 부모와 사회를 향한 분노를 키울 수 있다. 성경에서도 요셉의 형들은 아버지 야곱이 막내인 요셉만 총애하였기 때문에 거부당하고 상처를 받았다고 느껴 동생을 향해 분노했으며 앙심을 품게 된다(창 37:3-4). 또 탕자의 비유에 등장하는 탕자의 형의 분노도 이와 같은 것이다. 탕자의 형은 탕자가 아버지의 품을 떠난 후 자기가 아버지의 사랑을 독차지하고 있다고 생각했다. 그러나 탕자가 돌아오자 아버지는 탕자에게 모든 사랑을 다 표현하고 자신은 소외시키는 것 같았다. 이런 느낌은 탕자의 형에게 상처로 남았고 결국 분노로 분출 되었다(눅 15:11-32).

두려움은 좌절과도 관련되어 사람들에게 분노를 자극한다. 사람은 안전을 추구하도록 지음 받았는데 기대와 가치가 도전을 받는다거나 자신의 안

---

7) Gary R. Collins, *Christian Counselling*, 104.
8) Gary R. Collins, *Christian Counselling*, 104.
9) Paul Welter, *How to Help a Friend* (Wheaton: Tyndale, 1978), 109.
10) Josh McDowell, and Bob Hostetler, *Johsh McDowell's Handbook on Counseling Youth*, 52, 75-76.

전에 위협을 받고 있다고 생각될 때마다 두려움을 느낄 수 있다.[11] 그리고 사람들은 염려와 근심이 많을수록 더욱 큰 두려움을 느낀다. 이런 두려움은 분노로 이어지기도 한다. 사울은 다윗이 전쟁에 승리하여 많은 인기를 누리자 시기심과 위협을 느끼고 자신의 왕국을 잃을까 두려워하여 분노했다(삼상 18:5-15, 28-29).

분노는 또한 경우에 따라 학습되기도 한다.[12] 부모와 주변 사람들이 혹은 대중매체에서 분노를 부적절하게 표현하는 것들을 보며 폭력을 묵인하게 되거나 폭력의 자극을 받거나 하여 그러한 상황에 처하게 되면 학습으로 얻어진 분노의 부적절한 표현이 의식 중에 혹은 무의식중에 드러나게 된다.[13] 반면, 분노가 학습되었다고 볼 수 있지만, 다른 측면으로 보면, 분노를 적절히 처리하는 방법을 배우지 못했기 때문이라고도 볼 수 있다. 아담스는 학습이론을 말하지는 않지만, "많은 사람들이 스스로 분노를 조절할 수 없다고 생각하는데, 만일 화를 내는 것이 부끄럽거나 두려울 때 우리는 분노를 억제하는 것을 배운다"고 말한다.[14]

분노의 유형

헌트는 분노는 그 정도에 따라 의분(눅 13:14), 진노(롬 1:18-20), 격분(사 5:33), 격노(신 19:4-6; 잠 27:4) 등의 여러 형태로 성경에 나타난다고 말하고 있다.[15] 카터(Les Carter)는 분노를 폭발, 억제 그리고 해소의 세 가지의 일반적인 형태로 처리한다고 말한다.[16] 콜린스(Gary R. Collins)는 분노를 처리

---

11) 준 헌트, 『성경적 상담의 열쇠 I』, 58.
12) Gary R. Collins, *Christian Counseling*, 105.
13) G. Keith Olson, *Counselling Teenagers* (Loveland: Group Books, 1984), 317.
14) Jay E. Adams, *The Christian Counselor's Manual*, 352.
15) 준 헌트, 『성경적 상담의 열쇠 I』, 49.
16) Les Carter, *Good 'n' Angry: How to Handle Your Anger Positively* (Grand Rapids: Baker, 1983), 93-99.

하는 방법을 중심으로 분노의 형태와 영향을 철수(withdrawal), 안으로 향함(turning inward), 대체물에 대한 공격(attacking a substitute) 그리고 분노의 원인에 직면하기(facing the sources of anger) 등의 네 형태로 설명하고 있다.[17]

철수는 분노를 처리하는 가장 손쉽고 영향력 있는 방법으로 철수하는 양상으로는 일이나 다른 행동에 깊이 몰입한다거나 알콜이나 약물을 복용하여 문제를 감추거나 하여 의식적이든 무의식적이든 분노가 존재한다는 것을 부인하려는 것이다. 안으로 향함은 때때로 분노가 발생하지만 표현하지 않는 것을 말한다. 그러나 내적 분노는 표현될 때 강력한 힘이 있으며 또한 억압된 분노는 여러 신체적 증상과 심리적 반응, 영적 고통 등을 동반하게 된다. 대체물 공격은 화를 내게 한 사람이나 그 원인을 직접 공격할 수 없거나 그 대상이 분명치 않은 경우 직접 관련이 없는 무죄한 사람들을 신체적으로 정신적으로 괴롭히는 형태를 말한다.

분노의 원인을 직면하는 데는 건설적인 방법과 파괴적인 방법으로 나타날 수 있으나 파괴적인 방법이 더 흔히 나타난다. 파괴적인 반응으로 언어적, 신체적 공격을 포함하여 비웃음, 냉소, 협동 거절, 다른 사람에게 상처를 주거나 당황케 하는 것, 때로는 부모에게 앙갚음을 하는 방법으로, 음주를 하거나 낙제하기도 한다. 건설적인 방법은 분노를 해소하는 방법으로 분노가 있음을 인정하고 원인을 보려고 애쓰며 분노를 일으키는 상황을 변화시키거나 다르게 보는 방법을 찾는 것이다. 이러한 건설적인 방법은 분노를 줄이는 접근이며 상담자의 도움을 통하여 얻을 수도 있다.

아담스(Jay Adams)는 적절하게 사용되지 못하는 분노를 크게 두 가지로 구분하고 있다.[18] 그것은 분노의 내면화(internalization)와 분노의 발산(ventilation)으로 나타난다.[19] 아담스는 전자의 형태는 분노를 일으키게 하는 대상을 향해 '침묵'(clamming up)으로, 후자는 '폭발'(blowing up)하는 형태

---

17) Gary R. Collins, *Christian Counseling*, 106-108.
18) Jay E. Adams, *The Christian Counselor's Manual*, 349.
19) Jay E. Adams, *The Christian Counselor's Manual*, 349.

로 나타난다고 설명하고 있다.[20] 적절치 못한 분노의 형태에 대해 부캐넌 (D. Buchanan)도 밖으로 분출된 분노와 억압된 분노를 말하고 있다. 특히 억압된 분노는 밖으로 표현되거나 분명하게 감지되지 않을 수 있으나 잠재적으로 '동결된 분노'(frozen anger) 또는 '갇혀있는 분노'이므로 적당한 기회가 되면 곧바로 끓어오르게 된다고 말한다.[21] 두 형태의 분노는 밖으로 드러난 형태들에는 차이점이 있지만 실지로는 분노의 방향이 어디를 향하고 있는가가 다르지 그 파괴성은 다를 바 없다.[22] 전자의 경우는 분노가 다른 사람들을 향하여 분출되어 다른 사람들에게 상처를 주게 될 뿐만 아니라 분노를 발산한 당사자에게도 여러 면에서 상처를 줄 수 있다. 후자의 경우는 분노의 방향이 자기 자신에게로 향하기 때문에 자신의 몸을 상하게 하며 또한 이는 다른 사람과의 관계에서도 바람직하지 않은 긴장관계를 낳게 한다.

숨겨진 숯불

분노를 억압하느냐 혹은 발산시키느냐에 따라 그 결과도 다르게 나타날 수 있다. 분노의 억압 혹은 내면화는 분노를 부정하는 형태이다. 화가 난 것을 부정하면 분노를 적절하게 처리하고자 하는 생각을 하지 못한다. 이럴 때에 분노는 일시적으로 해결된 듯하다. 이것은 물론 분노를 처리하는 적절하지 못한 방법 중의 하나이다. 왜냐하면 일시적으로 해결된 듯한 분노의 억압은 매우 부정적인 결과를 가져올 수 있기 때문이다. 억압은 의식에서 무의식으로 분노를 밀어내는 것이다. 분노는 의식하지 못하는 사이에 더 나빠져 표출되기도 한다.

부캐넌은 많은 사람들이 분노를 표현할 수 없으며 또한 표현해서도 안 된다고 생각하기 때문에 분노를 억누른다고 한다. 그것은 사람들을 우울증에

---

20) Jay E. Adams, *The Christian Counselor's Manual*, 349.
21) Duncan Buchanan, *The Counseling of Jesus*, 64.
22) Jay E. Adams, *The Christian Counselor's Manual*, 349-350.

빠지게 하여 무력하게 만든다고 한다.[23] 사실 많은 그리스도인들이 분노를 침묵으로 대신하는 경우를 볼 수 있다. 분을 내지 않는 것을 성숙한 신앙인이라고 여기기 때문이다. 하지만 아담스는 분노를 침묵 또는 하는 사람들은 좋은 동반자가 아니라고 말한다.[24] 왜냐하면 속에서 들끓고 있는 분노를 표현하지도 않고 침묵하면서 그렇지 않은 척하는 것은 자기기만일 뿐만 아니라 다른 사람도 기만하는 것이기 때문이다.

헌트는 분노를 억압하는 형태로 연장된 분노와 눌러둔 분노의 두 가지를 설명하고 있다.[25] 연장된 분노는 어릴 때 받은 무시나 상처 등을 오랜 기간 동안 마음에 품고 그렇게 한 대상을 용서하지 않고 있는 것이다. 이것은 성인이 되어서도 다른 사람들과의 관계, 특히 배우자나 자녀 등 가까운 사람들과의 관계에 쓰라린 뿌리가 되어 괴로운 영향을 미치게 할 수 있다(히 12:15). 눌러둔 분노(잠 26:24)는 주로 자신의 부정적 감정을 직면하기를 두려워하여 회피하는 사람들에게 나타나는 형태이다.

이런 분노를 가진 사람은 다른 사람들과의 대화에서 진실하지 않고 속이게 될 뿐만 아니라 자기 자신에게도 자기 연민, 자기 경멸 혹은 낮은 자존감 등의 부정적 영향을 미치게 되어 결국 많은 관계들을 파괴하게 된다. 에베소서 4:26-27도 분노의 내면화 역시 옳지 않음을 말하고 있다. 비록 분노를 다른 사람에게 분출시키지는 않는다고 하더라도 "해가 지도록" 오래 마음에 분을 품으면, 마귀에게 틈을 주게 된다는 것이다. 내면화된 분노, 즉 해결되지 않은 채 마음에 품은 분노는 자기 자신의 신체적, 정서적, 사회적, 영적 모든 면에 '숨겨진 숯불'과 같이 깊은 상처를 낸다.[26]

분노가 풀리지 않은 상태로 억압되어 있으면 우리의 신체적, 정서적, 영적인 면에 여러 가지 악 영향을 미친다. 신체적으로는 고혈압, 두통, 심장질환, 희미한 시야, 위장병, 불면증, 폭식 등의 증상이 나타날 수 있다. 정서

---

23) Duncan Buchanan, *The Counseling of Jesus*, 65.
24) Jay E. Adams, *The Christian Counselor's Manual*, 350.
25) 준 헌트, 『성경적 상담의 열쇠 I』, 52-53.
26) 준 헌트, 『성경적 상담의 열쇠 I』, 61.

적으로는 염려, 두려움, 쓰라림, 불안, 강박 충동, 공포, 우울증, 걱정 등을 초래할 수 있다. 영적으로는 우리의 생각을 왜곡하게 하고 하나님께 향한 신뢰의 저하, 성령의 말씀하심에 무감각하게 된다.[27]

분출된 분노

분노의 드러냄 혹은 발산은 분노를 부적절하게 처리하는 또 하나의 방법이다. 이 형태의 분노는 상대방을 향해 말로 혹은 행동으로 표현된다. 헌트는 분노를 드러내는 형태로 구체적으로 분출과 폭발을 말하고 있다.[28] 분출된 분노(전 7:9)는 그 분노가 밖으로 다른 사람에게 성급하게 혹은 즉흥적으로 일어난다는 것이 다르다. 분노의 분출은 굳은 표정, 무시하는 것, 우는 것, 냉담함 등 비언어적인 표현으로 나타나기도 하고 자신의 격앙된 분노의 감정을 자제하지 못하고 비난이나 비꼬는 형태로 그 화살을 상대방에게 돌리게 되어 스스로를 우매하게 할 뿐만 아니라 상대방에게 자신의 분노를 전염시키는 결과를 초래할 수 있다. 폭발된 분노는 가장 위험한 형태로 자제하기 어려우며 파괴하는 힘이 있다. 이러한 분노의 분출은 다른 사람들에 대한 경멸, 학대, 폭력 등으로 나타나 다툼과 범죄의 결과를 낳게 된다(잠 29:22; 15:18). 이러한 분노의 분출은 본인과 다른 사람의 영혼을 올무에 빠지게 한다(22:24, 25).

분노를 분산시키거나 긍정적이고 바람직한 방법으로 드러내는 방법은 해소하는 것이다. 해소는 분노를 억압시키는 것과는 다르다. 분노를 억압시키는 것은 단순히 무의식 속으로 누르는 것이지만 해소는 의식적으로 결정을 하고 분노를 밖으로 표출 시키는 것이며, 분출 혹은 폭발과는 달리 합당한 방법으로 드러내는 것이다. 이렇게 함으로써 분노는 더 이상 지속되지 않고 가라앉게 되는 것이다. 사람들은 살아오는 과정에서 여러 가지 일

---

27) 준 헌트, 『성경적 상담의 열쇠 I』, 55-56; Gary R. Collins, *Christian Counseling*, 106-107.
28) 준 헌트, 『성경적 상담의 열쇠 I』, 55-56.

에 부딪치고 사람들을 만나면서 분노를 억압하며 지내는 경우들이 많다. 이것은 교회나 부모가 분노하는 것은 항상 나쁘다고 가르쳤고, 분노를 적당하게 표현하는 방법을 결코 배운 적이 없어서 부적절한 방법으로 분노를 표현하기 때문이다. 소수의 사람들만 분노를 적절하게 처리하는 방법과 때를 알고 있다. 사람들은 적절하게 분노를 표현하는 방법을 알지 못하여서 내면에 억압시켜 왔기 때문에, 고통, 격정, 분노들이 사람들의 내면 깊숙한 곳에 쌓여 있다. 그래서 사람들은 내면에 쌓였던 분노와 격정과 고통들을 폭발하거나 다른 사람들을 비난하거나 또는 다른 나쁜 방법으로 나타낸다(4:31). 따라서 분노를 건설적으로 해소하는 방법을 배우는 것은 매우 중요한 일이라 할 수 있다.

해가 지기 전에

아담스는 분노를 해소하기 위해 가장 기본적으로 고려해야 할 것은 문제를 직시하되 해결지향적(solution-oriented)이어야 하며 상담자는 내담자가 분노의 방향을 바로잡도록 도와야 한다고 강조하고 있다.[29] 즉 분노의 방향을 상대방이 아닌 문제로 향하도록 도와야 한다. 이를 위해 우선 해야 할 것은 바른 의사소통의 방법을 익히는 것이다. 분노하고 있는 사람들이 서로를 공격하는 것이 아니라 문제를 공격하도록 하는 것이다. 분노하고 있는 두 사람이 문제를 해결하기 위해 같은 방향으로 나아가야 한다는 것이다.[30] 분노의 문제를 상담할 때 특히 주의를 기울여야 할 점들을 살펴보자.

분노의 인정

분노하는 사람들 중 자신들이 분노하고 있다고 인정하지 않는 경우가 많

---

29) Jay E. Adams, *The Christian Counselor's Manual*, 354.
30) Jay E. Adams, *The Christian Counselor's Manual*, 360-361.

다. 이들은 주로 분노는 모두 나쁘다고 생각하여 자신 안에 숨겨 두어 악 영향을 미친다. 위에서 잠깐 살펴보았듯이 도덕적 혹은 종교적인 영향에 의해 분노를 노출하는 것은 모두 나쁘다고만 보고 듣고 배워왔고 스스로 그렇게 살려고 노력하는 사람이라고 굳게 믿고 있기 때문이다. 콜린스는 상담에 있어서 가장 어려운 것이 내담자로 하여금 분노하고 있다고 인정하게 하는 것이라고 말한다.[31] 따라서 상담자는 이런 내담자에게 분노는 하나님의 형상으로 창조된 인간의 보편적인 감정 중의 하나이나 종종 절제할 수 없어 신체적, 정신적, 영적으로 여러 징후들을 보인다고 구체적인 징후들을 지적해 주는 것이 필요하다. 그래서 내담자로 하여금 그들이 분노하고 있다고 인정하게 하는 것이 중요하다. 분노를 인정한다는 것은 자신들이 항상 분노의 근본 원인이 되는 죄로 가득한 생각과 욕망, 말과 행동에 노출되어 있다는 것을 인정하는 것이므로 분노의 문제를 해결하는 첫걸음이라 할 수 있다.[32]

분노의 원인 파악

자기 자신이 분노하고 있다고 인정하더라도 왜 분노하고 있는지 제대로 모르는 사람들이 있다. 이들의 특징은 분노의 원인에 대해 변명을 하거나 그 원인에 직면하기를 회피하려는 경향을 보인다. 분노의 원인들에 관해서는 위에서 크게 몇 가지를 알아보았지만 사람마다 그 원인이 단순한 것에서 복합적인 것, 오랜 시일에 걸친 묵은 체증과도 같은 것에서 최근에 생긴 것, 개인적이고 감정적인 것에서 사회 구조적이고 윤리적인 것에서 오는 등 매우 다르고 다양할 수 있다. 때로는 분노 자체가 사리를 명확하게 판단하지 못하게 할 수 있으며 자기 자신이 그렇다는 사실조차 깨닫지 못하는 경우가 있다.[33] 따라서 상담자는 내담자들에게 왜 화가 났는지를 묻

---

31) Gary R. Collins, *Christian Counseling*, 108.
32) Gary R. Collins, *Christian Counseling*, 109.
33) Duncan Buchanan, *The Counseling of Jesus*, 71.

기보다는 어떤 일들이 화가 나게 했는지, 언제 화가 났는지 등에 관해 물어 분노의 근본 원인이 노출되도록 하는 것이 필요하다.[34]

분노를 분석하는 능력

분노를 인정하고 그 원인을 알고 있다고 해도 분노의 분출을 절제하지 못하는 사람들이 많다. 이는 사람들이 화가 나기 시작했을 때 이를 저지할 수 있는 능력이 없거나 기술을 배우지 못했기 때문이다. 따라서 상담자는 내담자들에게 화가 나기 시작했을 때 그것을 폭발시키기 전에 스스로 질문하고 분석하도록 가르치는 것이 중요하다. 예를 들면, 무엇이 나를 화가 나게 했는지, 왜 분노의 감정만 느끼는지, 내가 분노를 억압해서 그 분노를 더욱 키우고만 있는 것은 아닌지, 내가 너무 성급하게 반응하는 것은 아닌지, 분노를 내는 것이 정당한지, 다른 사람들은 같은 경우 어떻게 반응할지, 분노가 나게 만든 상황이나 사람을 다른 측면으로 볼 수 없는지, 분노를 줄이기 위해 내가 할 수 있는 일이 무엇이 있을지를 구체적으로 스스로 차근차근 질문하며 분석하는 방법과 능력을 가르치는 것이다.[35]

분노의 해소

당사자의 입장에서 가장 좋은 방법은 분노를 억압해서 자신을 해치는 단계에 이르기 전에, 분노가 폭발단계에 이르기 훨씬 이전에 자신의 감정을 다른 사람에게 말하는 것이다.[36] 먼저는 상담자는 내담자와의 대화의 영역을 형성하는 것이 필요하다. 분노의 가장 근본적인 원인이기도 하면서 분노에 의해 파생된 것은 하나님의 형상으로 창조되었다는 인간에 대한 존중의 상실이므로 이러한 상담의 관계성 속에서 상담자는 내담자로 하여금 신

---

34) Josh McDowell, and Bob Hostetler, *Johsh McDowell's Handbook on Counseling Youth*, 55.
35) Gary R. Collins, *Christian Counseling*, 108-109
36) Duncan Buchanan, *The Counseling of Jesus*, 73.

뢰를 통해 이를 회복하도록 돕고, 분노의 에너지를 건설적으로 발산하도록 도와주어야 한다.

둘째, 분노의 해결에는 반드시 회개와 용서가 있어야 한다. 성경은 다스려지지 않는 분노는 분명 죄가 된다고 기록하고 있다(엡 4:26-32). 상담자는 먼저 내담자에게 자신에게 해결되지 않은 분노가 있음을, 그 분노를 숨기거나 분출해서 자신과 상대방에게 해를 끼쳤음을, 분노의 원인이 되는 것을 치유해 주시고 용서해 주시기를 하나님께 간구하도록 격려해야 한다. 상담자는 내담자로 하여금 더 나아가 자신들에게 분노를 내게 한 사람을 적극적으로 용서하고 또한 자신들이 분노를 낸 상대방에게 직접 말로, 편지로, 행동으로 구체적으로 용서를 구하도록 권면해야 한다. 고백은 분노로부터 자유하는 것이며 더 이상 비난의 말을 하지 않는 것이다(마 5:21-24).

셋째, 때로는 이것은 상황에 따라 매우 어려운 일이다. 분노를 일으키게 한 상황이 바뀌지 않은 경우는 더욱 그렇다. 하지만 우리의 삶에 사랑하고 용납하는 마음을 제공하시는 하나님께 의지할 때 하나님께서 극복할 수 있는 능력을 주신다(요일 1:9). 따라서 상담자는 내담자들이 하나님의 임재를 느끼도록 격려하는 것이 필요하다. 하나님의 인도와 도우심을 구하고 성경을 읽고 묵상하며 분노를 일으키게 한 사람을 위해 기도하도록 권면해야 한다. 더 나아가 하나님께서는 우리에게 분노를 건설적으로 해결함을 통해서 우리를 그리스도의 성품 안에서 성장할 수 있게 하신다(약 1:12).

넷째, 절제하는 방법을 가르친다. 콜린스는 절제하도록 돕는 방법으로 네 가지를 소개하고 있다.[37] ① 반응을 천천히 하는 것이다. 이는 당사자나 상대방 모두에게 긴장을 풀고 분노의 문제를 분석할 수 있는 기회를 준다. 성경은 "유순한 대답은 분노를 쉐게 하여도 과격한 말은 노를 격동하느니라"(잠 15:1)라고 말하고 있다. ② 열등감을 처리하는 것이다. 분노는 종종 자신의 낮은 자존감, 불안, 열등감을 감추기 위한 부정적 자기표현이다. 따라서 내담자가 하나님의 형상으로 지음 받은 귀한 존재임을 상기시켜 자존

---

[37] Gary R. Collins, *Christian Counseling*, 110-111.

감을 회복시키면 분노를 훨씬 잘 조절할 수 있게 된다. ③ 긍정적으로 사고하는 것도 도움을 준다. 긍정적인 마음으로 하나님께 감사하고 찬양하는 태도는 곤경 속에서도 분노를 피할 수 있게 한다(빌 4:4-11). ④ 성령의 도우심을 구해야 한다. 절제는 성령의 열매 중의 하나이다(갈 5장). 따라서 우리 혼자 힘으로 온전히 이룰 수 있는 것이 아니다. 결국 이렇게 성령을 의지하며 분노를 건설적으로 해결해 나아갈 때 우리의 영적 성장도 함께 이루어지게 된다.

마지막으로 분노의 에너지를 창조적으로 사용할 수 있도록 권한다. 분노를 절제하는 방법과 함께 분노의 열을 창조적인 일과 하나님의 의를 위해 사용하도록 도와주어야 한다. 예를 들면, 분노 때문에 그동안 그만 두었던 공부를 계속한다거나, 새로운 목표와 계획을 세워 실천해 나가게 한다거나, 다른 사람을 섬기도록 권해 본다. 이러한 일들은 분노로부터 내담자의 주의를 환기시킬 수 있다.[38] 또한 다른 사람을 섬기는 일은 내담자의 분노가 다른 사람들을 향한 사랑의 관심으로 용해되게 한다.[39]

분노는 하나님의 형상으로 창조된 인간의 정서표현 중의 하나이다. 분노 그 자체는 죄가 아니나 분노를 안으로 억압을 하거나 밖으로 분출을 하는 것은 파괴적인 결과를 초래하여 죄를 낳을 수 있다. 따라서 상담자들은 이러한 사실을 잘 가르치고 분노를 건설적으로 잘 처리할 수 있도록 도와야 한다. 분노가 생기지 않도록 미리 방지하는 것도 중요하다. 분노를 일으킬 만한 상황을 만들지 말고 분노를 자주 일으키는 사람을 피하도록 잠언은 충고하고 있다(22:24, 25). 분노는 불과 같아서 잘못 사용하면 우리의 몸과 마음과 영혼을 파괴시킬 수 있으나 적절히 잘 해소하면 오히려 우리의 성장에 도움을 줄 수 있다. 따라서 분노의 건설적 해소를 위해 성령의 인도하심에 의지하는 것이 중요하다.

---

38) Richard P. Walters, *Anger: Yours and Mine and What to Do About It* (Grand Rapids.: Zondervan, 1981), 152-155.
39) Duncan Buchanan, *The Counseling of Jesus*, 73.

제 5 장

우울증: 기대하지 않은 선물
Depression: Unexpected Gift

우리 사회 안에서 최근 몇 십 년 사이에 우울증환자가 급증하고 있다. 이를 비유하여 현 시대를 '우울의 시대'(age of melancholy)라고 부르는 사람들도 있다.[1] 현재 우리가 쓰고 있는 우울증(depression)이란 용어는 라틴어 '데프레수스'(depressus)에서 온 말로 '억누르다'라는 뜻을 내포하고 있다.[2] 우울은 기본적으로 마음이 아주 낮은 곳으로 억눌려 기쁨을 경험할 수 없는 상태를 말한다. 학자들은 우울증을 정서장애라고 보는 점에는 의견을 같이 하지만, 어떤 사람들은 그것을 기간, 정도, 원인에 따라 나누기도 하고, 다른 사람들은 그 원인과 치료방법에 따라 나누기도 하기 때문에 우울증을 정의하는 것이 쉽지 않은 듯하다.[3] 또 우울증을 정의하기가 어렵고 복잡한 다른 이유는 사람들이 이 용어를 일반적인 정서 표현에 사용하는 등 여러 가지 다른 의미로 사용하고 있기 때문이다.

우울증의 사전적 정의는 "슬픈 느낌의 상태"이며, "슬픔에 의해 드러난 신경증적 또는 정신적 장애로서 비활동적이고, 생각하고 집중하는 데 어려

---

1) Gerald L. Klerman, "Affective Disorders," in Armand M. Nicholi, Jr., ed., *The Harvard Guide to Modern Psychiatry* (Cambridge: Harvard University Press, 1978), 253-281.
2) 준 헌트, 『성경적 상담의 열쇠 II』 최복순, 김현숙 역 (서울: 프리셉트, 2001), 8.
3) Christie Cozad Neuger, *Counseling Women*, 149-150.

움을 느끼며, 식욕을 증가시키거나 떨어뜨리고, 잠자는 시간이 늘어나며 낙담하거나 희망이 없는 느낌과 때로는 자살 충동까지 포함"한다.[4] 우울증은 마음과 정신, 육체, 중요한 인간관계, 일상적인 관계, 직장, 가족, 여가 시간 등을 포함하여 일단 우울증이 찾아 들면 그 사람의 삶의 영역 중에 관련되지 않는 곳이 없을 정도로 '전체적인 경험'(a total experience)이다.[5] 우울증의 일반적 증세로 동기의 상실, 슬픔, 낮은 자존감, 신체적 고통과 집중력 약화 등이 나타난다. 우울증에 걸린 사람들은 종종 '모든 것이 귀찮다'라고 말하며, 그 전에 즐기던 것에 대한 관심이 줄어드는 현상을 보인다. 입맛을 잃어버리거나 그 전보다 더 먹기도 한다. 수면 장애가 생기거나 아예 하루 종일 잠만 자기도 한다. 우울증에 시달리는 사람은 행동과 말과 생각이 느려진다. 가장 공통된 증상으로는 가치 상실감, 죄책감 등을 느끼고 심각한 경우에는 자살을 기도하기도 한다.[6]

우울증은 인류의 질병 중 가장 인간의 고통에 영향을 많이 미치는 것이며 또한 가벼운 일시적인 상태부터 정신병증의 상태까지 다양한 증상들을 보인다.[7] 우울한 감정은 때로 건강한 사람이 어떤 상황적 스트레스에 대처하는 기본적 반응의 결과로 나타날 수 있다. 이러한 경우는 정서장애라고 보기보다는 적응반응(adjustment reaction)이라고 볼 수 있다.[8] 그래서 많은 건강한 사람들은 자기들의 감정이 병적으로 발전되지 않도록 상황적 문제들을 잘 처리하게 된다. 하지만 건강한 사람도 만일 짧은 시간에 너무 많은 문제가 집중적으로 닥쳐오면 그 증세가 병적으로 발전할 수 있다.[9] 그동안 우울증을 하나의 질병이라기보다 사람의 한 성향으로 여겨 주의를 요하지 않는 경향이 있어왔는데, 그 이유는 특히 그 특성상 우울증을 앓아보지

---

4) Merriam-Webster's Collegiate Dictionary, 10th ed. (Springfield: Merriam-Webster, 1993).
5) Christie Cozad Neuger, Counseling Women, 150.
6) Susan Nolen-Hoeksema, *Sex Differences in Depression* (Stanford: Stanford University Press, 1990), 33.
7) Quentin O. Hyder, *The Christian's Handbook of Psychiatry* (Old Tappan: Revell, 1971), 77.
8) Frank B. Minirth, and Paul D. Meier, *Happiness is a Choice* (Grand Rapids: Baker, 1978), 355.
9) Paul D. Meier, et al., *Happiness is a Choice*, 355.

않으면 그 증상을 제대로 알지 못할 뿐더러, 당사자도 우울증이 개선되면 지독하게 앓고 있었을 때의 증상을 쉽게 기억하지 못하기 때문이다-뉴거(Christie C. Neuger)는 이러한 현상을 '정서적 건망증'이라고 말하고 있다.[10]

우울증은 일반적으로 남성보다는 여성에게 많이 나타난다.[11] 연령별로 보면, 사춘기 소녀들이 소년들보다 발생률이 더 높고, 남성들은 결혼하면서 우울증이 감소되나 여성은 결혼 후 40대 중반까지 우울증의 최고조를 보이다가 노년기에 안정된다.[12] 또한 우울증이 사회경제적으로 비교적 높은 계층에서 유발한다고 보는 견해가 일반적이나,[13] 다른 자료들은 가난, 폭력 그리고 다른 영역에서 소외되고 억눌린 형태로 살아가는 사람들이 우울증의 위험에 더욱 노출되게 된다고 보고하고 있다.[14]

요인: 하향식 순환

우울증의 원인은 우리 사회에 감기와 같이 만연되어 있고 그 원인에 관해서도 명확히 밝혀지지 않고 있지만, 생물학적 요인, 유전적 요인, 심리사회적 요인, 영적 요인들에 관해서 정리해 볼 수 있다.

생물학적 요인

수면 부족이나 부적절한 다이어트 등 단순한 원인들도 있지만, 약물의 영향, 저혈당, 뇌종양 혹은 소선(glandular)의 장애 등에 의해 발생이 되기도 한

---

10) Christie Cozad Neuger, *Counseling Women*, 151.
11) Susan Nolen-Hoeksema, *Sex Differences in Depression*, 3.
12) Susan Nolen-Hoeksema, *Sex Differences in Depression*, 36; Kay Rawson, and Glen Jenson, "Depression as a Measurement of Well-Bing in Women at Midlife," *Family Perspective* 29 (1995): 305.
13) Paul E. Meier, et al., *Happiness is a Choice*, 352.
14) Angela Mitchell, *What the Blues Is All About: Black Women Overcoming Stress and Depression* (New York: Perigee, 1998), 147; Christie Cozad Neuger, *Counseling Women*, 157.

다. 육체적 질환뿐 아니라 여성 호르몬의 변화 등도 우울증의 원인이 되기도 한다. 가장 많이 연구된 것으로는 생체아민에 관한 연구인데, 이는 생체아민들의 조절 장애에 의해 우울증이 생겨난다는 것이다. 따라서 많은 항우울제들은 생체아민들을 정상적으로 조절할 수 있게 도와주는 작용을 하는 것이다.

유전적 요인

선천적으로 어떤 사람이 우울증에 걸리기가 더 쉬울 수도 있다.[15] 양극성(bipolar)장애[16] 혹은 조울증의 발생에는 유전인자가 중요한 원인이 된다. 양극성장애 환자의 1차 친척들은 일반인들보다 양극성장애가 발생할 가능성이 8~18배가 높고, 주요 우울장애가 발생할 가능성은 2~10배 높다. 이란성 쌍생아 중의 한 명이 양극성장애를 가진 경우 다른 한 명도 양극성장애를 가지게 되는 일치율은 5-25%인 반면 일란성 쌍생아들의 일치율은 33~90%로 매우 높게 나타나고 있다.[17] 하지만 우울증의 원인으로 유전적 요인을 무시할 수 없다 하더라도 다른 유전병이나 외모의 유전처럼 유전되는 것은 아님을 알아야 한다.

사회심리적 요인

물론 생물학적 요인과 유전적 요인이 우울증 발생의 큰 요인이 될 수 있지만 심리적이고 사회적인 요인 또한 성장 배경을 통해 영향을 크게 미칠 수 있다. 심리적 요인으로 성격 특성상 강박적인 사람, 완벽주의자, 인생을 의미 있게 살려고 하는 사람들이 우울증에 걸릴 경향이 더 많다. 사회적 요

---

15) Gerald L. Klerman, "Affective Disorders," 253-281.
16) 양극성(bipolar)장애는 우울증의 두 가지 행동 반응 중의 하나로 단극성(unipolar)장애가 가장 일반적인 우울증 현상인 감정이 침체되는 반응을 보이는 반면, 이는 때때로 조울증이라고 불리며 극도의 침체와 상승을 주기적으로 반복하는 상태를 특징으로 보인다.
17) 최영민, "우울증의 징후와 그 이해," 『목회와 신학』 5 (서울: 두란노, 2001), 70.

인으로 심한 경쟁 구조 속에서 성적이나 진급 등에 대한 스트레스 때문에 오는 우울증도 있다. 심리적 요인과 사회적 요인이 함께 작용하여 생기는 상실(loss)은 우울증을 일으키는 또 하나의 주요한 요인인데, 외적 상실 즉 재산이나 명예의 상실, 사랑하는 사람의 죽음, 신체 일부의 상실을 내적으로 소화하지 못하는 경우 우울증이 일어날 수 있다. 또한 합리적인 외적인 이유가 없어 보이는 절망, 열등감과 소외감으로부터 오는 상실감도 우울증과 밀접하게 관련되어 있다. 어떤 사람은 우울증을 '상실증후군'이라고 묘사할 만큼 사람이 상실감에서 벗어나지 못할 경우 우울증의 현상으로 나타날 수 있다.[18] 따라서 그 사람이 자신에게 다가온 상실을 어떻게 대하느냐에 따라 그 결과도 달라질 수 있다. 콜린스(Gary R. Collins)는 고통, 분노, 원한의 감정과 생각을 숨기려고 애쓰는 과정에서 에너지가 소모되고 신체가 쇠약해지면서 우울증의 증상이 드러나게 된다고 말한다.[19]

사회심리적 요인과 관련해서 어린 시절 부모와의 관계가 지대한 영향을 미칠 수 있다. 일관성 없는 부모, 너무 높은 기대로 억압하는 부모들은 자녀들에게 매우 큰 혼돈과 허탈감, 실패감 혹은 공허감 등을 경험하게 하며,[20] 어린 시절의 이러한 경험은 그 사람에게 내재화되어 어른이 되어서도 자신을 괴롭혀 우울증에 빠지게 하는 주요한 원인이 된다.

영적 요인

아담스(Jay Adams)는 위의 여러 가지 요인들로 인해 우울증이 초래된다고 인정하기는 하지만 이는 간접적인 요인들이며, 근본적으로는 최초의 문제에 대한 죄악된 반응(sinful response)들에 의한 죄의 '하향식 순환'이라고 지적하고 있다.[21] 한편, 죄의식 자체가 우울증을 갖게 하는 원인이 될 수 있

---

18) 밀라드 살, 『성경과 심리학의 조화』, 91.
19) Gary R. Collins, *Christian Counselling*, 88-89.
20) 밀라드 살, 『성경과 심리학의 조화』, 93-94.
21) Jay E. Adams, *The Christian Counselor's Manual*, 375-378.

다.[22] 그리스도인들 중에도 영적 생활에 있어서 자신의 죄를 속죄하기 위해 항상 애쓰고 있지만 죄책감으로부터 완전히 해방되지 못함으로 인해 자신을 용납하지 못하는 사람들이 있다. 이러한 사람들은 신앙과 우울증이 밀접하게 관련되어있어 신앙의 고조가 우울증의 고조에 그대로 영향을 줄 수 있다. 헌트(June Hunt)는 우울증에 빠져드는 엘리야를 예로 들면서 그릇된 믿음이 소망을 잃게 하고 부정적인 생각들로 가득하게 하여 우울증을 보이게 됨을 보여 주고 있다.[23] 하지만 믿음이 약해져 우울증이 생기는 것인지 우울증에 빠져 믿음이 약해지는 것인지에 대해서는 명백하게 말할 수 없다. 루터와 나웬의 예를 보아도 신앙의 문제와도 관련이 있다고 볼 수 있다. 상실과 신앙의 발달에 관해서 연구한 해머슬리(Peter Hammersley)는 그의 논문에서 신앙의 상실은 의기소침해지고 변화를 회피하는 우울증의 중요한 원인임과 동시에 결과이기도 함을 간접적으로 지적하고 있다.[24]

하지만 우울증은 어떤 우울증이 어떤 요인에 의해 일어난다고 명확하게 이야기할 수 없을 만큼 복잡하게 연계되어 일어날 수 있다. 따라서 이 요인들을 분리하여 보기보다는 통합적 시각으로 보는 것이 더 유용할 것 같다. 특별히 그리스도인들은 다른 요인들을 영적 요인과 분리하여 보려고 하지 말고 통합적 시각을 가지고 접근하는 자세가 필요하다.

우울의 가면

우울증의 원인이 불분명하고 다양하듯이, 그 종류도 그 기간과 특징, 상태에 따라 많은 이름들이 있고 학자별로 다양하게 구분하고 있다. 와이트(John White)는 정신적 질병이나 알콜중독 등 다른 요인을 동반하지 않는 기

---
22) 밀라드 살, 『성경과 심리학의 조화』, 93.
23) 준 헌트, 『성경적 상담의 열쇠 II』, 22-23.
24) Peter Hammersley, "Adult Learning Problems and the Experience of Loss: A Study of Religious Rigidity"을 참조.

분부전장애와 병적 우울증인 주요우울증의 두 가지로 크게 나누며[25] 주요 우울증에는 단극성(unipolar)과 양극성(bipolar) 두 가지가 있다고 한다.[26] 어떤 학자들은 우울증의 유형을 세분화하는 것이 치료를 오히려 방해한다고 여겨 단극성과 양극성으로 크게 구분하는가 하면, 다른 학자들은 병적이지는 않지만 조증과 우울증이 순환되면서 나타나는 순환장애(cyclothymia)와 주기 없이 우울한 주기만 나타나는 기분부전장애, 그밖에 가을이나 겨울에 주로 나타나는 계절적 정동장애와 여성의 생리주기 혹은 출산과 관련된 호르몬성 우울증 또 경제적, 사회적으로 소외된 사람들에게 주로 나타나는 만성적 우울증 등까지 포함하기도 한다.[27]

우울증은 정서 혹은 기분 장애의 일종으로 일반적 우울감 혹은 울적함과는 구분되어야 하며, 이 증상이 어떻게 표현되는가에 따라 네 가지로 정리된다.[28] 첫째, 반응적 우울증(reactive depression)[29]으로 주로 상실 등의 외적(혹은 비자발적) 요인에 정서적으로 반응을 하는 것으로 일상생활 속에서 거절, 실패, 병 등을 경험한다거나 청소년기, 폐경기 등 삶의 전환기에 보통 나타난다. 둘째, 가면 우울증(masked depression)으로 이는 주로 내적인 감정적 갈등들에 의해 일어나며 겉으로는 이러한 감정을 숨기고 있다가 충동적으로 일탈 행동을 할 수 있다.[30] 이는 대개 남자들이나 나이가 든 사람들에

---

25) 와이트는 기분부전장애를 부차적 우울증(secondary depression)이라고 표현하고 있는데, 이는 이 종류의 우울증은 주요 우울증과는 달리 알콜중독 등 다른 요인 혹은 조건들과 같이 일어나는 것이기 때문이다. 이와는 달리 주요 우울증(primary depression)은 다른 정신적 혹은 신체적 질병 혹은 알콜중독 등의 조건들과 관련이 없는 순수한 우울증이다(John White, *The Masks of Melancholy*, 63).
26) John White, *The Masks of Melancholy*, 63.
27) Paul D. Meier et al., *Happiness is a Choice*, 351; Christie Cozad Neuger, *Counseling Women*, 151-152.
28) 정신의학회의진단 교본인 『정신장애의 진단 및 통계 편람 제4권』에 의하면 여러 가지 우울증의 증상이 최근 2주 이상 계속되어 사회적, 생물학적으로 고통과 기능장애를 경험했을 때 이를 '주요 우울장애'로 보고, 뚜렷한 우울증의 증상이 나타나지는 않아도 2년 이상 우울한 날들이 우울하지 않은 날 보다도 더 많았다면 '기분부전장애'로 보고 있다.
29) 콜린스는 이를 exogenous depression이라고 부르기도 한다고 했다(Gary R. Collins, *Christian Counselling*, 85).
30) 준 헌트, 『성경적 상담의 열쇠 II』, 9; 콜린스는 이를 또한 endogenous depression이라고 불렀다(Gary R. Collins, *Christian Counselling*, 85).

게서 발견된다. 아담스는 이러한 일탈된 행동은 양극성(bipolar) 혹은 조울증환자들에게서 우울증을 위장(camouflage)하고 잘못된 방법으로 해결하려고 할 때 나타난다고 하며 그 증상들에 대해 말하고 있다.[31] 셋째, 신경증적 우울증(neurotic depression, 혹은 경증 우울증)은 정상적인 사회 활동과 생물학적인 활동을 방해한다.

우울증을 일으키는 원인이 오래 누적되거나 연장된 경우 만성(chronic)이 되어 치료가 쉽지 않으며, 짧을 경우 급성(acute)으로 스스로 교정할 수도 있다.[32] 넷째, 환상, 착각 혹은 자살 충동 등 심각한 중증 현상을 일으키는 정신병증적 우울증(psychotic depression 혹은 중증 우울증)이 있다.[33]

우울증의 증상도 복잡 다양하다. 우선 신체적으로 손가락을 움직일 수 없을 만큼 무력하다(anhedonia).[34] 실지로 몸이 무겁고 피곤해서 침대에서 일어날 수 없을 정도이거나(sense of weakness), 말과 행동이 느려진다(psychomotor retardation).[35] 긴장과 불안 그리고 두려움도 초래된다.[36] 집중력이 떨어져 의사결정을 하기 어려워한다.[37] 또 수면장애, 식욕 저하, 성욕 저하 등 삶의 의욕을 잃는다(hypothalamic symptoms).[38] 그 밖에도 위장 증상(camouflage symptoms)으로 공포증(phobias), 집착증(obsessions) 그리고 충동(compulsions) 등을 초래할 수 있고 또한 감정의 위장(camouflage) 등이다.[39]

정서적, 인지적, 행동, 신체 혹은 사회관계 면에서 나타나는 증상 등을 구별해 보면 다음과 같다. 정서적 증상으로 무력감, 열등의식, 절망감, 허무감, 상실감, 자살 충동 등을 들 수 있다.[40] 인지적 증상으로 우울증 환자들은

---

31) 아담스는 그의 책에서 조울증을 잘못 해결할 때 나타나는 네 가지 증상을 소개하고 있다. Jay E. Adams, *The Christian Counselor's Manual*, 380-382를 참조.
32) Gary R. Collins, *Christian Counselling*, 85.
33) Gary R. Collins, *Christian Counselling*, 85.
34) John White, *The Masks of Melancholy*, 76-78.
35) John White, *The Masks of Melancholy*, 78-79.
36) John White, *The Masks of Melancholy*, 79.
37) John White, *The Masks of Melancholy*, 80.
38) John White, *The Masks of Melancholy*, 80-81.
39) John White, *The Masks of Melancholy*, 83-90.
40) Gary R. Collins, *Christian Counselling*, 90; Josh McDowell, and Bob Hostetler, *Johsh*

주로 부정적으로 사고하고 망상이나 양 극단적 사고를 하거나 자기 탓, 감정적 추론을 하는 경향이 있다. 행동의 증상으로는 의욕이 없고 침체되며, 주변의 일에 무관심해지고 아무 일이 없는 것처럼 행동(가면 우울증)하기도 한다. 우울증 환자는 신체 증상으로 주로 수면 장애, 불면증, 변비, 소화불량, 체중감소, 피로감, 권태, 두통 등을 호소한다. 이들은 대인관계를 회피하거나 부적절한 행동을 하는 등 대인관계에서 어려움을 겪는다. 특히 우울증의 증상 중 가장 큰 문제가 되는 것은 치료되지 않은 심각한 우울증은 자해, 자살 충동, 자살 등과도 깊은 관련이 있으며, 타인의 생명도 위협할 수 있는 '죽음에 이르는 병'이 될 수도 있다는 것이다.[41]

신앙과 우울증

성경에서는 직접적으로 우울증이라는 용어에 대해 언급하고 있지는 않다. 하지만 성경에서도 여러 인물들이 우울증을 경험한 것으로 기록하고 있다. 그 대표적인 인물로 "순전하고 악에서 떠난 자"(욥 1:1)였던 욥과 바알 숭배자들과 맞서 싸워 믿음의 승리를 보여준(왕상 18장) 엘리야를 들 수 있다. 순전한 욥은 지속되는 시험 가운데 탄식하며 자신의 고통을 "소망이 없이…생명을 싫어하고…살기를 원치 아니하오니…"(3:24-26; 7:16; 23:8)라고 호소했다. 엘리야도 이세벨의 위협에 가다가 지쳐 "로뎀나무 아래 앉아서 죽기를 구하여…"(왕상 19:4-7) 자책하고 식음을 전폐하며 삶을 포기하기까지 했다. 시편에서도 우울증을 암시하는 절망의 노래들이 희망의 노래들 사이에 섞여 있음을 볼 수 있다(시 69, 88, 102).

그리스도인도 우울할 수 있을까? 신앙과 우울증의 관계는 어떻게 보아야 하는가? 역사에 많은 업적을 남기고 사람들에게 존경을 받는 믿음의 성인들 중에도 많은 우울증 환자들이 있었으며, 그들은 그 고통을 호소하거

McDowell's Handbook on Counseling Youth, 64-65.
41) 본 저서의 자살에 관한 글을 참조.

나 글로 남겼다. 종교개혁자 루터(Martin Luther), 미국의 노예제도를 없애는데 큰 업적을 남긴 링컨(Abraham Lincoln), 영국의 철의 수상 처칠(Winston Churchill), 설교자 찰스 스펄전(Charles Spurgeon), 선교사 브라이나드(David Brainard) 그리고 성경 번역자 필립스(J. B. Phillips) 등이 그 대표적인 인물들이다.[42] 종교개혁자 마틴 루터(Martin Luther)는 청년기 일으켰던 발작과 그 후에도 일생을 우울증과 싸웠던 것은 많이 알려진 사실이다. 귀신이 들렸다거나 정신병이라고 하는 사람들도 있었지만 그는 신앙적으로 엄격한 아버지와의 그리고 사회적, 문화적, 전통적 신앙과의 불합치가 내적 갈등으로 초래된 하나의 우울증을 앓고 있었다.[43] 19세기 부흥운동의 불을 지폈던 설교가 스펄전도 중증 우울증으로 일년에 두세 달씩 강단을 비워야할 만큼 우울증으로 극도의 고통을 겪었다. 개신교 지도자나 성도들에게 많은 존경과 사랑을 받아온 헨리 나웬(Henry Nouwen)도 어릴 때부터 우울함을 경험했고 어른이 되서도 심한 우울증을 호소했다. 그는 우울증을 '기대하지 않은 선물'(unexpected gift)이라 칭하며 이는 고통스럽지만 하나님과 깊은 교제를 나눌 수 있는 축복의 통로가 될 수 있다고 생각했다.

이와 같이, 오히려 삶을 더 의미 있게 살려고 몸부림치는 사람들, 진정한 그리스도인들이 더 우울증에 노출될 수 있다. 실지로 신앙이 좋은 성도들 중에, 목사와 사모들 중에 그리고 목회자 가정의 자녀들 중에 많은 사람들이 우울증 증세를 가지고 있으나, 교회나 다른 사람의 시선을 의식하여 이를 밖으로 표현하지 못하는 경우가 많다. 때로 우울증을 상담해야 할 목회자가 우울증을 앓고 있으면서도 성도들의 본이 되어야 한다는 것 때문에 도움을 구하지 못하는 경우도 있다. 물론 영적으로 문제가 있어서 우울증이 생길 수도 있다. 하지만 때로 그리스도인들을 둘러싸고 있는 이러한 환경이 우울증을 더하게 할 수도 있다.[44] 믿음이 좋은 사람도 우울증에 걸릴

---

42) Edward T. Welch, *Depression: The Way Up When You Are Down* (Phillipsburg: P&R Publishing, 2000), 2.

43) Erik Erickson, *Young Man Luther: A Study in Psychoanalysis and History* (London: Faber, 1959).

44) John White, *The Masks of Melancholy*, 227.

수 있고, 어쩌면 우울증에 걸리기 쉬운 환경에 더 노출되어 있다. 그러므로 우울증에 걸린 사람을 대할 때 그것을 믿음의 수준을 평가하는 눈으로 단순하게 보지 말아야 한다.

'좋아질 거예요'

우울증의 특성상 우울증을 가진 내담자를 대하는 상담자에게 필요한 자세와 태도에 관해 먼저 살펴보자.

통합적인 시각

우울증의 원인과 증상들은 여러 복합적인 요인으로부터 기인하기 때문에 상담자가 가장 유의해야 할 점은 우울증을 호소하는 사람을 상담할 때 통합적인 시각을 가지는 것이 중요하다. 특히 기복주의 신앙이나 환원주의 입장에서 '믿음이 약하여서'라는 식의 편견으로 우울증환자를 대하지 않도록 주의해야 한다. 위에서 살펴 본대로 삶을 진실하게 살려고 몸부림치거나 신실한 신앙인들 중에서 우울증세를 보이는 경우가 많은데, 이들을 대할 때 인과응보식의 단순한 접근을 하게 될 때 오히려 그들은 더 큰 상처를 받고 더 위축될 수 있음을 알아야 한다.

공감과 경청

목회자나 상담자는 우울증의 문제로 상담을 요청하는 내담자의 특성을 잘 아는 것이 필요하다. 우울증의 치료는 우울증을 인식하는 것부터 시작되기 때문이다. 이들은 주로 소극적이며, 말수가 적고, 체념적인 태도를 가지고 있다. 따라서 초기 상담의 경우 특히 상담자는 내담자의 어려움을 진정으로 들어주며 공감하는 것이 중요하다. 때론 옆에 있어주는 것만으로도 매우 큰 안정감을 줄 수 있고, 이는 나중의 상담에 내담자가 상담자에게 마음을 열고 자신 안에 깊이 감추어 둔 감정들을 얘기할 수 있게 한다.[45] 특히 상담의 첫 단계에 상투적인 말로 "기운내세요, 모든 것이 좋아질 거예요," "그렇게 우울해 하지 마세요" 등의 피상적인 동정이나 내담자를 편드는 것을 삼가는 것도 우울증을 대하는 상담자가 갖추어야할 언어 수칙이다.[46]

경청은 단순히 참을성 있게 듣는 데 그치지 않는다. 내담자로 하여금 자신의 감정 혹은 상태를 솔직히 표현하도록 격려하는 것과 더불어 직접적이고 면밀한 질문을 하는 것을 포함한다. 경청을 할 때 내담자의 언어적, 비언어적 표현을 주의 깊게 들어야 한다. 내담자가 지금의 우울증을 일으키게 한 요인에 상실, 실패, 거부 혹은 다른 사건들을 말하고 있는가 그리고 그들의 표현 중에 분노, 고통, 부정적인 사고, 낮은 자존감, 죄의식 등이 내포되어 있는가를 주의 깊게 경청해야 한다.[47] 이러한 주의 깊은 경청은 내담자가 가진 우울증의 원인과 증상을 정확하게 평가하는데 큰 도움을 준다. 상담자가 우울증을 호소하는 내담자의 언어적, 비언어적 표현을 주의 깊게 듣고 살펴야 할 중요한 이유 중의 하나는 우울증은 자살이나 자살 충동과 깊이 관련이 있기 때문이다. 상담 시, 혹은 평소에 그들의 언어 속에 '죽음' 혹은 '자살' 등과 관련된 말을 하는지 혹은 이상한 행동을 하는지 관찰해야 한다. 평소 상담 시 자살 충동 혹은 계획에 대한 직접적 질문과 솔직한 대답은 오히려 자살행동을 제지할 수 있다.[48]

---

45) 이 책의 자살 상담 부분을 참조. 하나님께서 우울증으로 죽기를 호소하는 엘리야를 돌보신 이야기는 우울증 환자를 돌보는 가족이나 목회상담자들에게 많은 가르침을 준다.
46) Gary R. Collins, *Christian Counselling*, 90-91.
47) 웰치(Edward T. Welch)는 우울증의 감정들 속에 들어있는 말의 의미를 파악함이 중요하다고 말하고 있다. '나는 두렵다'라는 말 속에는 '틀린 결정을 내릴까봐,' '실패할까봐,' '사랑하는 사람을 잃을까봐,' '버려질까봐,' '통제하지 못할까봐,' '죽을까봐,' '심한 병에 걸릴까봐,' '하나님을 보기가,' '모든 것이 두렵다'라는 등의 많은 것 등을 의미할 수 있다고 지적하고 있다. 또한 이와 같이 '죄책감을 느낀다' 혹은 '창피하다,' '무엇인가를 잃었다,' '무엇인가 필요하다,' '화가 난다,' '뭔가를 피해야 한다,' '슬프다,' '희망이 없다' 등에도 그 안에 여러 의미를 내포하고 있다고 한다(Edward T. Welch, *Depression*, 12-17).
48) Gary R. Collins, *Christian Counselling*, 94-95.

면밀함과 긴급성

우울증 상담의 경우 상담자에게 특별히 요구되는 것은 공감, 경청과 더불어 면밀함과 긴급성이다. 그것은 우울증의 원인과 증상이 복잡 다양하기 때문이기도 하지만 우울증이 자살과 밀접한 관련이 있기 때문이다. 하워드 클라인벨(Howard Clinebell)은 우울증의 문제를 상담함에 있어서 상담자나 목회자의 면밀함과 긴급성이 요구된다고 지적하고 있다.[49] 그는 다음과 같은 실제적인 예를 들어 설명하고 있다. 한 목회자가 여행을 떠나기 직전 혼자 살고 있는 한 남자로부터 한 통의 전화를 받았다. 그 목회자는 그 사람의 말을 주의 깊게 듣고 그 사람이 우울증세를 호소하고 있음을 인지하였다. 그리고 홀로 지내며 중증 우울증에 시달리는 사람은 자살의 위험성이 높다는 사실을 알았다. 그 목회자는 자신의 여행을 연기하고 그 사람과 만나 대화를 나눔으로 그 사람을 자살의 상황으로부터 상담의 관계 안으로 불러들일 수 있었다. 우울증을 상담하는 목회자나 상담자에게는 이와 같은 면밀함과 긴급성이 요구되어지는 것이다.

전문성

상담자는 위에서 살펴보았듯이, 중증 우울증에 시달리는 내담자는 실제로 몸이 피곤하고 약해져 손가락 하나 움직일 수 없을 만큼 아파서 독감처럼 앓아누울 수 있는 환자라는 것을 알아야 한다. 때문에 이러한 중증 우울증이 있는 내담자는 전문가나 전문 기관의 도움이 필요하다는 것을 상담자는 인식해야 한다. 가끔 기도하는 것과 약을 먹는 것을 상반되는 것으로 여기는 사람들이 있다. 이런 시각으로 우울증을 바라보고 약이나 전문가가 필요한 우울증을 호소하는 사람에게 더욱 열심히 기도하고 힘을 내어 올바른 신앙생활을 하도록 노력하라고만 하는 것은 바른 상담자가 아니다. 때

---

49) Howard Clinebell, *Basic Types of Pastoral Care and Counselling*, 72-74.

로는 전기 치료가 필요하다거나 24시간 간호자의 돌봄과 보호가 필요한 경우도 있고 장기간의 치료가 필요한 경우도 있다.[50] 상담자 본인이 의학적 지식이 부족하다면 전문가에게 의뢰하고, 때로는 이들과 공동으로 역할을 수행할 수도 있다. 우울증을 가진 사람을 상담하는 것은 특별한 노력과 주의가 필요하다. 상담자 스스로 전문성을 소유하여 심하게 회피하려 한다거나 의존하려고 하는 내담자의 특별한 요구를 알고 대처하며, 제대로 상담을 하고 있는지 항상 스스로 질문해야 할 것이다.

위로 향한 길

우울증의 특성상 우울증 환자를 상담하는 상담자의 자질에 관해 길게 서술하였으나 이제 구체적으로 무엇을 상담해야할 것인가를 살펴보자. 첫째, 성경적 사고체계를 갖도록 돕는다. 우울증 환자의 공통적인 증상 중의 하나는 낮은 자존감이다. 상담자는 내담자가 하나님의 형상을 소유한 사랑 받을 만한 가치가 있는 소중한 존재임을 인지시켜야 한다. 빌립보서 4:8은 긍정적 사고를 할 것을 말하고 있으며, 고린도후서 4장은 실천적 세부 상항들을 잘 말해 주고 있다. 낙심하지 말고, 이기적인 틀을 버리고, 그리스도의 숨은 능력 안에서 구원을 발견하라(1-3절)고 말한다. 그리스도의 능력에 힘입을 때 죽음이 그를 정복할 수 없음(7, 12절)을 인지 시켜야 한다. 하나님을 신뢰하고 감사의 마음을 가지고 영원한 것을 바라(13-14, 15, 17-18절)보도록 격려해야 한다.

둘째, 환경을 변화시키도록 돕는다. 먼저 생활 습관을 점검하여 과로를 피하게 하고 규칙적이고 균형적인 음식을 섭취하도록 격려한다(예를 들면 설탕의 양을 줄이는 등). 집 밖으로 나가 햇볕을 쬐고(햇볕은 우울증의 좋은 치료제이다), 규칙적인 운동을 하게 한다. 환경을 밝고 청결하게 유지하고, 한 가

---

50) Gary R. Collins, *Christian Counselling*, 91-92.

지 일에 너무 많은 시간을 보내지 않도록 하며, 상쾌한 음악으로 기분을 환기시키는 것이 중요하다. 매일 성취할 수 있는 작은 목표들을 설정하게 하는 것도 도움이 된다.[51]

셋째, 자해, 자살 충동, 자살로부터 보호해야 한다. 우울증 환자들의 말 속에는 항상 이러한 것들이 직접적, 간접적으로 담겨 있는 것이 특징이다. 그러므로 위에서 말했지만 내담자들의 언어적, 비언어적 표현들을 잘 경청하여, 내담자가 어떤 생각과 계획을 가지고 있는지 파악하는 것이 중요하다. 그들이 무엇을 진정으로 하고 싶어 하는지, 어떻게 하고 싶어 하는지, 언제 하려고 하는지 등을 파악해야 한다. 상담자는 이러한 것들을 직접 묻는 것에 대해 주저하지 말아야 한다. 솔직하게 의논하는 게 그 가능성을 줄일 수 있다. 때로는 어떻게 하면 지연시킬 수 있는가를 의논하는 것도 도움이 된다. 만일 그러한 행동을 시행할 위험에 처해 있음을 알게 되면, 그가 있는 곳을 확인하고 긴급사태에 대비해야 한다.[52]

넷째, 우울증을 정복하도록 돕는다. 우울증은 주로 우울증을 일으키게 한 고통, 상실, 상심, 분노 등을 억눌러 놓고 충분히 표현하지 못한 상태로 부인할 때 생긴다. 준 헌트는 이를 위해 우선 우울증을 일으킨 상실에 직면하기를 권한다.[53] 그리고 자기 연민은 죄(요일 1:8-9)임을 인식하고 우울증 속에 나타난 하나님의 계획을 발견하도록 하라고 권한다.[54] 우울증을 정복하는데는 교회공동체가 큰 도움을 줄 수 있다. 따라서 교회공동체에 적극적으로 소속하여 도움을 받을 수 있도록 격려해야 한다. 교회는 이러한 사람들로 하여금 환영 받고 수용된다고 느끼게 하는 '치료 공동체'(therapeutic community)가 될 수 있다.[55] 더 적극적으로 이들로 하여금 '상처받은 치료자'(wounded healer)가 되도록 적극적으로 권한다면, 다른 사람들을 도우려

---

51) Gary R. Collins, *Christian Counselling*, 94; Josh McDowell, and Bob Hostetler, *Johsh McDowell's Handbook on Counseling Youth*, 67-68.
52) Gary R. Collins, *Christian Counselling*, 94-95.
53) 준 헌트, 『성경적 상담의 열쇠 II』, 18-21.
54) 준 헌트, 『성경적 상담의 열쇠 II』, 18-21.
55) Grary R. Collins, *Christian Counselling*, 97.

고 손을 내밀 때 자신들의 우울증이 치료됨을 경험할 수 있을 것이다.[56]

다섯째, 위에서 살펴보았듯이, 우울증이 여성에게 많이 나타나므로, 여성 우울증의 특성과 어떻게 이들을 도울 것인지를 간단하게 살펴보려고 한다. 뉴거는 여성들이 우울증에 걸리기 쉽고 또 걸리면 빨리 회복이 되지 않는 이유를 가부장적 사회 문화의 현실 속에서 초래된 낮은 자존감, 정신적, 신체적, 성적 폭력 등 내적 외적 상처들에 의한 악순환으로 논의하고 있다.[57] 또 여성들은 좀처럼 치료 받으려고 하지 않는 경향과 부정적 감정과 사고를 곱씹는 경향 때문에 우울증을 더 복잡하게 만들거나 회복하는데 불리한 작용을 한다고 본다.[58] 따라서 여성들의 우울증을 상담하는 일에는 더욱 민감하게 대처해야 하며, 무엇보다도 내담자인 여성과 우울증을 분리시켜 보는 일이 가장 중요한 첫걸음이라고 강조하고 있다.[59] 여성 우울증 상담을 위해 뉴거는 부부상담과 공동체 지원을 특별히 조언하고 있다. 물론 이러한 특성과 상담방법은 여성만을 위한 것은 아니다. 우울증이 상실과 낮은 자존감과 깊이 관련되어 있으므로 뉴거의 조언은 남녀노소 모두를 위한 상담에 적용될 수 있다.

우울증은 성경 속의 위인들, 역사에 남을 만한 위대한 일을 한 성인들, 믿음으로 살려고 애쓰는 신앙인들 사이에서도 흔히 볼 수 있는 정서 장애의 하나이다. 우울증의 원인과 증상이 복잡 다양하며, 우울증은 자해나 자살과도 관련된다는 점에서 주의를 요한다. 그리스도인들과 상담자들은 우울증을 대할 때 통합적인 시각을 갖는 것이 중요하며, 이것의 치료를 위해서는 용서, 용납, 사랑의 실천이 중요함을 인식하여야 하겠다.

---

56) 콜린스는 이를 레이즈만 (F. Reissman)의 "helper-therapy"의 원리를 들어 설명하고 있다. Gary R. Collins, *Christian Counselling*, 97를 참조.
57) Christie Cozad Neuger, *Counseling Women*, 160-162.
58) Christie Cozad Neuger, *Counseling Women*, 169-170.
59) Christie Cozad Neuger, *Counseling Women*, 168-169.

제 6 장

귀신들림과 정신분열증
Demonic Insanity and Schizophrenia

    인간은 영적인 세계에 대해 깊은 관심을 가져왔다. 이러한 관심이 인간의 역사에 긍정적 결과를 주기도 했지만 비참한 결과를 초래하기도 했다. 오래 전부터 귀신을 쫓아내기 위한 의식들이 있었고, 중세와 근세에 이르기까지 서양에서는 마녀 화형과 같은 의식에 의해 많은 사람들이 처형되기도 했다.

    현대 그리스도인들 사이에도 귀신의 존재에 대해 세 가지 태도를 발견할 수 있다.[1] 귀신의 존재에 지대한 관심을 갖고 열성적으로 그것을 찾아내어 내어 쫓으려고 하는 사람들이 있는데, 이들 중의 어떤 사람들은 귀신을 쫓아내기 위해 특별한 '목회'를 실행한다. 반면, 악령의 존재를 전혀 인정하지 않으려는 사람들이 있다. 두 양극적 태도 사이에 있는 어떤 사람들은 귀신이 우리 주변에 두루 존재하고 있다고 믿지만, 그것을 찾아내어 다루기보다는 그것에 대해 논하기를 더 잘하는 사람들이 있다.

    귀신이 이 세상에 존재함은 틀림없고, 그것은 능력이 있고 인격이 있으며, 파괴적이다. 따라서 이의 존재를 인정하지 않으면 영적 싸움에서 우리는 이길 수 없으며 다른 사람들도 효과적으로 도울 수 없다. 그러나 귀신 쫓

---

1) John White, *The Masks of Melancholy*, 27.

기에 열성적인 사람들은 귀신들림으로 인해 어려움을 겪는 사람들을 도울 수는 있으나, 때로 위험한 상황을 초래할 수 있다. 예를 들면, 귀신에 지배되지 않은 사람에게 귀신이 들렸다고 하여 심한 상처를 줄 수 있거나, 스스로도 귀신을 쫓아내지 못했다는 자책을 할 수 있다.[2]

성경은 분명히 우리가 세상, 육체 그리고 사단과 영적 싸움 상태에 있다고 말한다. 사단의 영향력은 하나님의 왕국과 공존하고 있으며, 이 세상이 끝날 때까지 그것은 계속된다고 말한다(참고, 계 20:7-21:8). 이 세 원수들은 불신자들이 예수 그리스도와 개인적 관계를 맺지 못하게 방해하거나, 그리스도인들을 무기력하게 만들려고 하기 때문이다.[3] 실제로 우리의 많은 문제들이 이 영적 문제와 직간접적으로 관련되어 있기 때문에 그리스도인들과 목회자, 기독교 상담자들은 이러한 문제에 대한 바르고 민감한 이해를 하고 있어야 한다.

성경의 여러 곳에서 사단이 인간의 몸과 마음을 상하게 하는 경우들을 찾아볼 수 있다. 무고한 욥이 사단에 의해 몸에 질병을 일으키게 된다. 또 바빌론의 느부갓네살왕, 사울왕, 거라사 광인을 치유하신 예수님의 사건을 통해 사단에 의해 귀신들림이 실제로 있음을 볼 수 있다. 반면, 목회상담자들 중 정신분열증과 귀신들림을 분별하지 못하는 경우들이 있어 이 문제들이 아주 예민한 사안임을 알 수 있다. 여기서 주의 깊게 살펴보려고 하는 것은 마음 혹은 육신의 병과 악령 등이 서로 관련을 가지고 있느냐, 정신분열증과 귀신들림의 상태를 구분할 수 있느냐는 것이다. 그리고 그리스도인들도 사단의 지배(귀신들림)를 받을 수 있느냐는 것이다. 우선 성경에서는 사단에 관해 어떻게 기록하고 있는지 살펴보자.

---

2) John White, *The Masks of Melancholy*, 27-28.
3) 준 헌트, 『성경적 상담의 열쇠 I』, 161.

사단과 마귀

성경에는 사단, 마귀, 귀신 이 세 용어들이 무수히 많이 나온다. 사단은 하나님에 대한 용어로 쓰일 때, 마귀(방해자)는 인간에 대한 용어로 쓰일 때 사용된다.[4] 사단은 하나님의 최대의 적이며, 사악한 영적 군대의 지휘자이며, 하나님의 창조물 중의 하나로 하나님을 반역하여 천국에서 쫓겨나 이 땅을 임시 거처로 부여 받은 사악한 영이다. 성경에는 사단의 이름들에 대해 수많은 언급이 있다. 참소하는 자(계 12:10), 광명의 천사(고후 11:14), 파괴자(계 9:11), 마귀(계 20:10, 성경에서 36회 사용됨), 용(계 12:7-9), 원수(마 13:39), 악한 자(엡 6:16), 거짓의 아비(요 8:44), 이 세상 신(고후 4:4), 계명성(사 14:12), 살인한 자(요 8:44), 이 세상 임금(요 12:31), 공중의 권세 잡은 자(엡 2:1-2), 사단(마 4:10), 뱀(계 20:2), 시험하는 자(마 4:3), 귀신(마 7:22, 62회 사용됨).

성경은 사단의 간사하고 교묘한 특성에 대해 많은 기록을 하고 있다. 사단(귀신)은 사람의 몸이나 동물에 직접 침입할 수 있다(눅 8:26-39). 사단은 지, 정, 의를 가진 인격적인 영적 존재이다(행 16:16-18; 19:15). 사단은 초자연적인 능력을 소유하고 있다(마 12:29; 막 5:4; 눅 8:29; 행 19:13-16). 사단은 더럽고 악하며 거짓을 말한다(마 12:42; 막 1:27; 3:11; 눅 4:36; 행 8:7; 계 16:13). 사단은 숨어 있기를 좋아하고 사람들이 그의 존재와 영향력을 모르기를 원한다(고후 10:4-5). 욥기에서 볼 수 있듯이 인간의 육체에 질병을 일으켜 괴롭게 한다(욥 2:7). 사단은 인간의 영혼을 혼란스럽게 하고, 협박하고, 의지를 약하게 한다. 사단은 그의 궤계가 드러나면 우리를 공격한다. 사단은 속임수로 행한다(요 8:44; 고후 4:4). 사단은 거부, 유혹, 정죄 등을 받는다는 생각과 감정을 심으면서 하나님의 자녀들을 참소한다(계 12:10). 또한 소모적인 생각, 충동적 행동, 공포심, 중독 등을 틈타 인간을 공격한다. 사단은 인간의 죄를 통하여 허락된 곳이나 감정적 상처로 약해진 곳을 공격한다(엡 4:26-27). 사단은 관계를 깨뜨리고자 애를 쓴다. 중상과 모략, 질투와 시기를

---

4) 준 헌트, 『성경적 상담의 열쇠 I』, 161.

이용한다(갈 5:19-21). 사단은 세상의 권세, 능력, 지위, 물질 등으로 유혹한다(마 4:1-11). 더 심각하게 사단은 때로 인간을 완전히 제어하거나 점령하기도 한다(막 5:15; 9:25; 눅 11:14).

성경은 사단의 놀랍고 파괴적인 능력에 대해서 뿐만 아니라 약점과 한계에 대해서도 말하고 있다.

사단의 능력은 하나님보다 약하다(요일 4:4).
사단은 무소부재하지 않다(욥 1:7).
사단의 지혜(간교)는 부패하여 하나님을 능가하지 못한다(겔 28:17).
사단은 하나님의 허락 없이는 믿는 자들에게 고난을 줄 수 없다(욥 1:12).
사단은 대적할 때 견디지 못한다(약 4:7).
사단은 그리스도의 보혈을 증오한다(계 12:11).

그리스도인은 귀신에 사로잡힐 수 있는가?

인간이 직접적이든 아니면 간접적이든 사단의 영향력 아래 있음은 부인할 수 없는 사실이다. 하지만 성경에서는 진정한 믿음을 가진 신자는 마귀에 사로잡힌다고 결코 말하지 않는다. 참 신자는 사단의 어둠 권세로부터 구출되어 빛의 나라로 옮겨졌기 때문이다(골 1:13). 성경은 그리스도께서 자신의 희생적인 죽으심과 육체의 부활, 권세와 영광의 승천으로 말미암아 사단은 완전히 패배했다고 명시한다. 그리스도의 십자가로 인하여 사단의 상태는 다음과 같이 묘사된다.

사단은 결박된다(막 3:27; 눅 11:20; 계 20장).
사단의 권세는 제한되고 억제된다(살후 2:2 이하).
사단은 신자들에게는 전혀 힘을 쓸 수 없게 되었다(히 2:14).
사단은 실패하고 힘이 없으며 멸망하게 된다(골 2:14; 계 12:7 이하; 막 3:27).
사단은 타락했으며 아래로 떨어졌다(눅 10:18; 계 12:9).

사단은 그리스도인들에게 권위를 잃었다(골 1:13).
사단은 그리스도인들을 만질 수 없다(요일 5:18).
사단은 그리스도인의 증거에 패한다(계 12:11).
사단과 그의 노예들은 쫓겨났으며 그리스도인들의 권위에 복종당했고 패배되었으며 쇠사슬에 묶였다(마 10-12장; 막 1:27; 6:7; 눅 9:1; 10:19; 요일 4:4; 유 6; 계 12:9).

그럼에도 불구하고 불신자들을 향한 사단의 권세는 아직도 여전히 남아 있다. 때문에 사단은 그의 올무로 그리스도를 모르는 불신자들을 사로잡을 수 있다(딤후 2:26). 하지만 사단은 믿는 자들은 더 이상 사로잡을 수가 없다. 하나님의 은혜로 그리스도인들은 사단을 이길 수 있으며 그렇게 권면함을 받는다(롬 12:21). 영원한 성령의 임재로 진정한 그리스도인은 마귀에 사로잡힐 수 없다고 보아야 한다. 따라서 그리스도인은 마귀에게 고난은 당할 수 있어도 마귀 들릴 수는-마귀의 지배를 받을 수는-없다고 보는 것이 옳다.

제이 아담스(Jay E. Adams)는 그리스도인은 귀신에 사로잡힐 수 없음에 대해 다음과 같이 서술하고 있다. "그리스도인의 삶에서도 귀신에 사로잡히거나 눌림을 받을 수 있다고 생각하는 것은 성경적인 근거가 없다. 하나님의 참된 자녀 안에 거하시는 성령과 더러운 영이 동시에 존재한다는 것은 불가능하다. 이것은 마가복음 3:2-30에 언급된 두 가지의 완전한 대조에서 분명히 나타난다. 여기에서 또한 예수님은 성령의 사역을 마귀에게 돌리는 태도는 용서받을 수 없는 참람함이라고 경고하신다"(막 3:30).[5]

정신분열증

미너어쓰(Frank B. Minirth)는 정신질환의 주요 원인으로 영적 혹은 정서

---

[5] Jay E. Adams, *The Big Umbrella*, quoted in Jay E. Adams, *The Christian Counselor's Manual*, 128.

적 문제가 원인이 될 수 있으며, 그 밖에 유전적 배경, 환경적 배경, 심리적 문제 등이 있다고 한다.[6] 정신질환의 하나인 정신분열증(schizophrenia)은 외적으로 귀신들림의 증상과 비슷한 환청, 환시 등 환각 증상을 보인다. 아담스는 이런 증상들의 배후에는 대체로 세 가지 유기체적 가능성(organic possibilities)들이 있다고 한다. 뇌종양에 의한 신체적 역기능(organic problem), 약물 남용 등에 의한 화학적인 역기능(chemical malfunction), 수면 부족에 의한 지각적 문제들(perceptual problems).[7] 하지만 아담스는 실지로 이런 유기체적 역기능에 의한 것들은 정신분열증이라고 보지 않는 것이 옳다고 예시하며 논증한다.[8] 그는 유기체적(organic)인 것과 비유기체적(non-organic)인 것으로 분류하는 것으로 충분하며, 이 둘은 상호 영향을 미친다고 본다.[9] 결국 그는 비유기체적인 것에 의한 것만이 진정으로 정신분열증이라고 보고 있다. 즉 정서적인 문제들은 신체적인 것이 아니면 책임감의 부족에 기인하는 것으로 보아야 한다고 결론을 내리고 있다.[10]

정신분열증은 무감동하고 적절하지 못한 감정(flat and inappropriate affect), 연상의 실패(loose associations), 자폐증(autism), 양가감정(ambivalence)의 증상을 나타낸다.[11] 먼저 감정의 문제로 한 주제에서 다른 주제로 산만하게 말을 하는 경우가 많은데 이는 다른 사람의 사고의 흐름을 따라가는 것이 불가능하기 때문이다. 연상의 실패는 신경전달의 혼란에 의해 유발되는 사고의 장애이다. 이러한 장애의 기본유형은 불확실하고, 때로는 추상적이고, 때로는 너무 구체적이고, 반복적이며, 비논리적인 의사소통 형태로 나타난다. 자폐성 정신분열증은 자신의 세상에 사로잡히는 현상으로서, 환상과 공상은 개인이 외부의 세계로부터 후퇴할수록 점점 증가하는 현상을 보인다. 이러한 사람은 감정적으로 분리되고 자신의 세계에 몰두하고 있기

---

6) Frank, B. Minirth, *Christian Psychiatry* (Old Tappan: Revell, 1977), 111-112.
7) Jay E. Adams, *The Christian Counselor's Manual*, 384.
8) Jay E. Adams, *The Christian Counselor's Manual*, 384-388.
9) Jay E. Adams, *The Christian Counselor's Manual*, 388.
10) Paul D. Meier, et al., *Happiness is a Choice*, 338.
11) E. Bleuler, *Dementia Praecox* (New York: International University Press, 1950), 112.

때문에 사회로부터 회피하거나 후퇴한다. 양가감정은 의지의 근본적인 혼란으로 동기의 상실과 목표 지향적 활동을 상실한 경우이다. 이러한 네 가지 주요 증상 외에 망상(delusion)과 환각(hallucination) 현상이 부차적으로 나타난다. 망상과 환각은 극단적 방어기제의 결과이고 하나의 왜곡된 지각으로, 정신분열증에 걸린 사람은 때로 '하나님' 또는 '사단'의 목소리를 듣기도 한다.[12] 일반적으로 정신분열증의 증상들은 대개 특이한 행동을 하게 되며, 불결한 개인위생, 괴상망측한 옷차림, 손상된 역할과 기능, 움직임에 있어서 혼란 등이다(부자연스러움, 찡그린 얼굴, 경직된 자세, 자연스러운 움직임의 부족).[13]

정신분열증은 대부분 청소년기나 성인 초기에 나타나며, 세계 인구의 0.2-1%에게 발생한다. 사회경제적으로 가난하고 소외된 사람들에게서 더 자주 발생하고 생물학적으로 가족 구성원들과 연관되어 있다.

정신분열증의 유형에는 해체형(disorganized), 긴장형(catatonic)과 망상형(paranoid)이 있다.[14] 해체형 정신분열증은 바보 같은 정서(silly affect)가 특징이다. 다른 증상은 찡그린 얼굴표정과 부자연스럽고 극단적인 행동, 사회적 위축 등이다. 이 정신분열증의 타입은 보통 일생에서 후기에 시작하는 경우가 보통이다. 긴장형 정신분열증은 정신운동의 혼란과 흥분, 기절, 강직증이나 부동증으로 알려진 굳은 얼굴표정이나 이상한 자세 등이 나타난다. 실어증도 흔한 증상이다. 망상형 정신분열증은 과장된 내용이나 피해를 당하는 내용들이 망상으로 나타난다. 분노가 가장 두드러진 특징이다. 이러한 정신분열증은 인생의 후반부에서 주로 나타나기 쉽고 증상이 고정되면서 일생 동안 지속되는 경우도 있다.[15] 정신분열증과 같은 정신질환의 하나로 망상장애가 있는데, 두 장애 모두 현실 감각이 부족한 장애이다. 망상장애는 다른 사고는 분명하고 이상이 없으나, 자신이 음모에 추격당한다

---

12) Paul D. Meier, et al., *Happiness is a Choice*, 357.
13) Paul D. Meier, et al., *Happiness is a Choice*, 357.
14) Paul D. Meier, et al., *Happiness is a Choice*, 357.
15) Paul D. Meier, et al., *Happiness is a Choice*, 357-358.

고 여기거나, 약물이나 독에 노출된 것처럼 느끼고, 질투의 망상 등 편집증적 망상을 보이는 것이 특징이다.[16]

거라사 광인

사무엘상에 나타난 사울 왕의 이야기는 많은 시사점을 준다. 하나님께서 왕으로 선택한 사울은 겸손한 왕으로 통치를 시작한다. 하지만 다윗의 대중적 인기는 사울의 마음에 질투의 화살을 꽂았고, 결국 다윗의 생명을 위협하게 만들었다. 사울은 다윗을 해하려는 계획을 세웠고, 그의 병적 두려움과 불신, 분노, 시기, 용서하지 않음, 교만은 마귀가 그의 삶에 침투하는 계기를 주었다. 악령에 사로잡힌 그는 금지된 점술가의 도움을 받게 되며, 결국 하나님께 버림 받는 결과를 초래하게 된다(삼상 9, 10, 18, 28, 31장).[17] 이 이야기는 인간의 감정적 상처와 연약성, 나쁜 습관들, 회개하지 않는 영이 인간을 악령의 궤계에 노출되게 한다는 것을 보여 주고 있다.

공관복음에 나오는 거라사 광인의 이야기를 보자(막 5:1-13). 이 거라사 광인은 오랫동안 옷을 입지 않고 다녔으며 따라서 그는 타인들이 자신을 어떻게 보고 있는지에 대한 인식이 없었으며 수치심마저도 느끼지 못하는 상태였음을 알 수 있다. 또한 그를 통제하고 제어하기 위하여 그의 손과 발에 쇠사슬과 쇠고랑을 여러 차례 채워 격리시켰지만 그는 곧 사슬을 끊고 쇠고랑을 깨뜨리는 괴력을 발휘하였다. 그는 귀신들이 그의 뇌와 혀를 통제하여 밤낮 무덤 사이에서나 산에서 자신도 인식하지 못하는 소리들을 질렀다. 어쩌면 분노의 소리, 저주의 소리, 한에 맺혔던 소리, 자신도 원치 않는 욕설들이 허공을 향하여 내뱉어졌을 수도 있다. 뿐만 아니라 소리 지르며 돌로 자신의 몸을 상해하는 자학적인 행동도 하였다. 온 몸이 성한 곳 없이 멍들고 상처가 났는데도 자기파멸적 행동을 계속했고 공동체로부터도

---

16) Paul D. Meier, et al., *Happiness is a Choice*, 358.
17) 준 헌트, 『성경적 상담의 열쇠 I』, 169-170.

소외되고 유리된 자폐증적 삶을 살아가고 있었다. 죽음을 상징하는 무덤을 자신의 집을 삼아 살아가는 '자기 상실'의 희망이 없는 삶을 살고 있었다. 이 사람의 전인격적인 삶은 '군대'라는 이름으로 대표되어지며 돼지 이천 마리의 떼를 호수에 몰아넣어 죽일 정도의 힘을 가진 로마의 군단 급의 많은 악한 귀신들에 의해 오랫동안 지배당해왔다.

일반 정신의학자들은 귀신들림이라는 초자연적인 현상을 인정하고 있지 않고 귀신들림을 정신분열증의 고형으로 보고 있다. 이 사람의 경우에는 '정신분열증'(schizophrenia) 환자들에게 나타나는 증상들 이외의 증상이 있다는 점에서 귀신들림이 분명히 있었음을 알 수 있다. 그러나 임상적 측면에서 볼 때 어느 정도 건강한 '자아능력'(ego strength)이 있는 사람이 귀신에게 전인격적으로 통제를 받는 경우는 드물기 때문에[18] 이 사람은 귀신이 통제하기 전부터 이미 자아증력을 상실한 '정신분열증'의 상태에 있었을 가능성이 높다. 와이트는 대부분의 정신분열증상을 보이는 환자들의 경우 그들의 사고가 왜곡되어 사악한 생각을 하기 때문에 귀신의 소리를 듣는다거나 환상을 본다거나 한다고 한다.[19] 하지만 그는 또한 정신분열이라고 진단 받은 사람들 중 꽤 많은 사람들이 실제로 귀신들린 사람들이라고 말한다.[20] 정신분열증의 원인에 대해서는 여러 가지 학설들이 존재하지만 역기능적인 가정환경을 큰 원인 중의 하나로 꼽을 수 있다. 정신분열증을 앓는 청소년 중 많은 경우에 그들의 뒤에는 건강치 못한 가정과 부모가 있다고 볼 수 있다.[21] 이 청소년들은 편부모 혹은 계부모 등 손상된 가정 안에서 정서적인 억압과 혼란스럽고 일방통행적인 커뮤니케이션, 심한 열등감, 부모의 심각한 갈등, 어느 한쪽 부모의 과잉보호나 학대, 무시, 무관심 등을 경험하는데 이러한 열악한 가정환경은 청소년들을 정신분열의 상태로 이끈다는 것이다.

---

18) John White, *The Masks of Melancholy*, 30.
19) John White, *The Masks of Melancholy*, 30.
20) John White, *The Masks of Melancholy*, 30.
21) Josh McDowell, and Bob Hostetler, *Johsh McDowell's Handbook on Counseling Youth*, 180.

이 거라사 광인에게 언제 귀신들림이 일어났는지는 정확히 알 수 없지만 이미 유년기부터 병리적인 삶 속에서 살아왔을 가능성이 높다. 그는 어린 유년기부터 건강치 못한 가정환경 속에서 자라면서 점진적으로 정신분열증에 대한 '취약성'(vulnerability)이 높아졌을 수도 있다. 그가 어릴 때부터 건강하지 못한 가정에서 자랐든지 아니든지, 성경의 내용으로 미루어 보아 소외, 왜곡된 인지작용, 환청 혹은 환시, 정서적 마비, 편집증, 사고장애 등 정신분열증적인 사회적 증상들이 그에게 있었음을 알 수 있다.[22] 그는 어느 시점부터 귀신들의 통제로 인하여 인격의 건강한 부분들을 거의 빼앗긴 상태에서 살아가고 있었던 것이다.

일반 정신과 의사들이나 기독교 상담학자들 중에도 귀신들림을 인정하지 않고 정신분열증으로 보려는 사람들이 있다. 하지만 성경의 이야기들은 정신질환과 귀신들림은 매우 깊은 관련이 있음을 보여 주고 있다. 이러한 관련성과 외적으로 드러난 유사한 증상들은 사실 많은 그리스도인들이 단순 정신질환자를 귀신들림으로 오진하게 만드는 결과를 초래하기도 한다.

귀신들림과 정신분열증의 차이

성경에서는 마귀의 존재와 영향력에 대하여 진술하고 있다. 문제는 정신질환자의 밖으로 드러나는 현상들이 귀신들림과 비슷하기 때문에 자칫 이 둘을 혼동하기 쉽다는 것이다. 성경에 묘사되어 있는 귀신들린 사람과 정신 병원에 있는 사람들의 외적 특성에 크게 차이가 없는 듯이 보이고, 비슷한 이상 행동과 증상을 보이는 것이 사실이다. 그래서 많은 그리스도인들이 정신적 질병과 귀신들림을 혼동하여 왔고, 이 둘을 단순히 동일시하는 경향이 있어왔다. 하지만, 이러한 문제를 다룰 때에 주의해야 할 것은 이 두 경우 세심하게 주시해야 할 상이점이 있으며, 세심한 주의를 하지 않으면

---

22) Paul D. Meier, et al., *Happiness is a Choice*, 357-358.

많은 부작용을 초래할 수 있다는 것이다.

성경은 귀신들림과 정신분열증에 대해 모두 기록하고 있으며 또한 이 둘을 구분하고 있다. 우선은 질병과 귀신들림이 어떻게 관련되고 있는가에 대한 물음에 답을 해야 할 것이다. 이에 대한 답으로 예수님의 치유 사역을 통해 보면, 귀신의 역사가 육체의 질병을 일으킨 경우에 귀신을 쫓아내심으로 육체의 질병을 치유하셨으며(막 9:14-29; 마 12:22-24), 개인의 죄나 귀신에 연유하지 않은 단순한 육체의 질병을 고쳐주신 사건도 있다(요 9:1-7). 구약과 신약은 한결같이 모든 질병(육체적, 정신적)은 귀신의 사역에 의해서든지, 인간의 비도덕성으로부터 온다고 가르친다. 이러한 이유들이 우리로 하여금 바른 진단을 하기 어렵게 한다. "많은 그리스도인들은 정신적 질병이라고 보아야 하는 것들을 귀신들림이라고 보고, 정신과 의사들은 귀신들림도 정신적 질병의 하나로 간주한다."[23] 그리스도인 정신과 의사들 간에도 귀신들림과 정신적 질환의 현상과 차이점들에 대해 많은 논의가 있어왔다.[24] 존 와이트(John White)는 자신의 경험으로 미루어 모든 정신적 질환이 귀신들림에서 연유되는 것은 아님을 지적하면서, 조심스럽게 귀신들림에 관한 자신의 견해를 다음과 같이 피력하고 있다. 귀신들린 사람은 눈 맞추기를 피하고, 침묵하거나, 반응이 없거나, 말로 광폭하게 공격 한다. 귀신들림은 그 사람으로 하여금 하나님의 방법대로 살지 못하도록 한다. 귀신들린 사람은 죄를 고백하기 싫어한다. 귀신들린 사람은 하나님의 능력을 알고 그 능력이 그들에게 역사하는 것을 원하지 않는다.[25]

헌트가 말한 귀신들림의 여러 증상 중 몇 가지를 보면 다음과 같다. 마술

---

23) Kurt Koch, *Occult Bondage and Deliverance* (Grand Rapids: Kregel Publications, 1971), 154.

24) William P. Wilson, "Hysteria and Demons, Depression and Possession Oppression, Good and Evil," in John W. Montgomery, ed., *Demon Possession* (Minneapolis: Bethany Fellowship, 1976), 223-231; Basil Jackson, "Reflections on the Demonic: A Psychiatric Perspective," in John W. Montgomery, ed., *Demon Possession* (Minneapolis: Bethany Fellowship, 1976), 256-267; John White, "Problems and Procedures in Exorcism," in John W. Montgomery, ed., *Demon Possession* (Minneapolis: Bethany Fellowship, 1976), 281-299.

25) John White, *The Masks of Melancholy*, 30-39.

적인 것들에 대한 부자연스런 집착, 음성의 변화, 영적인 능력, 초자연적인 힘, 예수 그리스도의 이름과 하나님의 일에 대한 폭력적인 반응 등이다.[26]

성경에서 묘사하고 있는 것과 전문가들의 의견을 종합하여 귀신들림과 정신적 질환의 차이점을 분별해 보면 다음과 같이 비교해 볼 수 있다.

귀신들림	정신분열증
의식이 뚜렷하고 합리적이다.	말이 조리가 없고 횡설수설 한다.
눈에 사악한 빛을 발한다.	눈의 초점이 없다.
초인적 힘을 발휘한다.	초인적 힘을 발휘하지 않는다.
예수님에 대해 적대적 반응을 한다.	예수님에 대해 특별한 거부반응은 없다.
투시 등의 초능력이 있다.	초능력이 없다.
목소리의 변화나 이상한 방언을 한다.	목소리에 변화가 없다.
관계성을 추구한다.	관계에 의기소침하다.
치유가 갑자기 일어날 수 있다.	장기간의 치유가 필요하다.
영적 치료만이 효과가 있다.	심리치료도 효과가 있다.

위의 구분을 바탕으로 귀신들림과 정신질환의 차이점에 대해 자세히 살펴보자. 두 가지 조건에 있는 사람이 공통적으로 모두 괴상한 행동을 나타낸다는 것은 가능한 일이다. 이 두 조건 아래에서 그는 과격하게 되어 비상한 힘을 발휘할지도 모른다. 그러나 신약에 묘사되어 있듯이 귀신들림의 경우에는 어떤 특색이 있다.

첫째, 마귀들은 합리적이다. 성경에 언급된 마귀들이 합리적인 태도로 말한 것은 특기할 만한 사실이다. 그들은 자기가 원하는 곳과 원치 않는 곳을 진술하였다. 그들은 논리적인 태도로 의사를 표현하였다. 그들은 매우 실제적인 대화를 나눌 수 있는 능력이 있으면서 목적과 의미를 지니고 명백하게 이야기한 그 사단과도 같았다. 그러나 임상적으로 볼 때, 정신분열증 환자들은 말과 논리에 있어서 매우 일관성이 없다. 그들의 말은 뒤죽박죽이며, 성경에 나타난 마귀들의 언행과는 대조적으로 비합리적이고 조리

---

26) 준 헌트,『성경적 상담의 열쇠 I』, 167-168.

가 없다.[27] 예수님께서 귀신들린 사람들과 대화하실 수 있었던 것은 그들이 정신적으로는 병들지 않았다는 것을 암시한다고 볼 수 있다.[28]

둘째, 두 경우 관계성을 싫어하는 것처럼 보인다. 귀신들린 사람은 항상 예수님과 제자들에게 강하게 반항했다. "하나님의 아들이여 우리와 당신과 무슨 상관이 있나이까 때가 이르기 전에 우리를 괴롭게 하려고 여기 오셨나이까"(마 8:29). 그들은 그리스도와 관계 맺기를 원치 않았다. 하지만 귀신은 인간의 육체를 그들이 거할 곳으로 여기고 사람들을 찾아다니며 연합하기를 원한다. 한편, 정신질환이 있는 사람들은 예수님에 대해 특별히 거부 반응을 일으키지 않는다. 편집증적인 사람은 예수님이나 그리스도인들만을 의심하고 있는 것이 아니라 모든 사람을 두려워한다. 정신병적 환각 상태에 있는 사람은 정서적으로 사람들로부터 움츠러든다.[29] 정신적 질환이 있는 사람은 자신을 매우 감추려 하기 때문에 그의 공상은 발전하여 마침내는 현실감이 사라지며, 이때 그는 자신의 내면적인 현실 세계를 창조해 낸다. 그들은 자신이 심각하게 역행한다면 온 세상이 그들을 몰아내리라고 믿는다. 하지만 그들은 오히려 예수께 가까이 가거나 일종의 깊은 신앙적 체험을 갖기를 원한다. 그러나 그러한 사람의 신앙은 환상적이며 그것으로 인하여 현실 자체를 왜곡하고서, 자기 자신이 백만장자나 위대한 종교적 치유자가 된 것처럼 상상한다.[30]

셋째, 두 경우 모두 이상한 방언이나 소리를 내거나, 이상 행동을 할 수 있다. 정신질환자들에게서 나타나는 환상이나 환청은 자신의 초자아 또는 양심의 투사인 반면, 귀신들린 자들에게서 나타나는 이러한 현상은 그 사람의 병이나 공상의 투사가 아닌 실제적이고 분리된 영들에 의한 것이라고 성경에서 입증하고 있다.[31] 따라서 정신분열환자들의 목소리는 자신의 목소리를 그대로 가지고 있으나, 귀신들린 자들은 자기의 소리가 아닌 이상

---

27) 밀라드 살, 『성경과 심리학의 조화』, 202.
28) 밀라드 살, 『성경과 심리학의 조화』, 202.
29) 밀라드 살, 『성경과 심리학의 조화』, 202.
30) 밀라드 살, 『성경과 심리학의 조화』, 202.
31) 밀라드 살, 『성경과 심리학의 조화』, 203.

한 다른 목소리를 낸다.

넷째, 마귀들은 뚜렷한 자아정체성을 지니고 있다. 그리스도와 마귀를 묘사하고 있는 복음서의 예화는 마귀가 현실에 관여하고 있음을 보여 주고 있다. 즉 그들은 자신을 알고 있고 그리스도가 누구인지도 알고 있었다. 이러한 이유로 상호 의사소통 관계가 가능하다. 이와는 대조적으로 정신분열증이 있는 사람들은 여러 가지 상실로 인해 고통을 겪고 있으므로, 현실감이 현저하게 떨어지며, 자아정체성도 희미하다.[32] 이들과의 대화가 잘 이루어지지 않는 것이 바로 그러한 이유이다.

다섯째, 귀신들림과 정신분열증의 치료를 생각해 볼 때도 그것들 사이에서 두드러진 차이점이 있음을 살펴볼 수 있다. 성경은 귀신들린 사람을 다루는데 필요한 특별한 치료법을 말해 준다. "기도와 금식이 아니면 이런 유가 나가지 아니하느니라"(마 17:21). 그리스도께서는 마귀들을 오직 영적인 방법으로만 쫓아낼 수 있다고 주장하였다. 마귀들을 쫓아낸 경우 그 치료는 매우 간단하고 짧았다는 사실을 또한 알아야 한다.[33] 그 삶에서 마귀가 제거되었고 그것이 그 문제의 결말이었던 것이다. 사람들(특히 선교사들)은 이런 고통당하는 사람의 영적인 것에 대한 감수성과 민감성이 마귀로 하여금 즉시 떠나도록 한다고 입증하였다.[34] 영적 치료 방법은 그 사람이 하나님과 관계를 맺도록 도와주는 역할을 하는 것이다. 와이트는 귀신을 쫓아내는 일은 신적 특권을 가진 사람 혹은 지식이 많은 사람들만 할 수 있는 일은 아니라고 여기지만, 귀신들림을 치유하는 일에는 하나님의 은혜와 그 사람의 그리스도와의 관계를 중요시하여야 한다고 말한다.[35] 따라서 귀신들림을 다룰 때에는 귀신의 역사는 실재하며, 귀신을 쫓아내는 방법은 여러 가지가 있을 수 있고, 어떤 경우는 더 어렵고, 더 많은 기도와 금식을 요구한다는 것을 알아야 한다고 조언한다.[36]

---

32) 밀라드 살, 『성경과 심리학의 조화』, 203.
33) 밀라드 살, 『성경과 심리학의 조화』, 203.
34) 밀라드 살, 『성경과 심리학의 조화』, 204.
35) John White, *The Masks of Melancholy*, 39.
36) John White, *The Masks of Melancholy*, 39.

반면 정신분열증의 치료방법은 귀신들림과는 아주 다른 것이다. 정신분열증이 있는 사람들은 누가 그것을 치료하고자 할지라도 즉각 치료되지 않는다. 이 경우에는 상당히 다른 치료가 요구되며 만성일 경우에는 대부분 장기간이 걸린다. 정신분열증의 환각은 심리적인 치료 방법이 큰 효과를 거두고 있다.[37] 이는 주로 그의 대인관계를 개선시키는 것으로, 보충적으로 진정제를 투여하여 환각 증상을 치유할 수도 있다.[38] 만일 그 사람이 심리치료사와 견고하고도 안정된 관계를 발전시킨다면 상당한 도움을 받을 수 있다. 그 관계가 강하게 여겨질수록 그 중세로 시달리는 괴로움은 더 많이 줄어든다. 일단 대상과의 관계가 현실적으로 정립되면 그 환상은 사라지게 마련이다. 거기에는 반드시 기도나 금식이 개입되어야 하는 것은 아니다. 그것은 엄밀히 말해서 대인관계의 개선에 의해서 이루어지는 것이다.

편견의 위험성

신비한 영역인 치유 사역에 관심이 있는 그리스도인들 중에 정신질환의 문제를 귀신들림의 문제로 믿어버리는 일이 종종 발생한다. 그러나 책임감 있고 배려할 줄 아는 사람들은 어떤 판단을 내리기 전에 모든 증거들을 검토해 보는 일에 최대의 노력을 기울인다. 제이 아담스는 현대 기독 상담자들에게 귀신들림에 관한 문제를 다룰 때는 각별한 주의가 요청된다고 하며 다음과 같이 지적하고 있다.

> 상담이 빈번하게 실패하게 되는 큰 이유 중의 하나는 내담자를 귀신에게 사로잡힌 자라고 간주함으로써 온다. 성경신학적 종말론의 빛에서 볼 때, 하나의 무거운 짐이 괴상한 행동(bizarre behavior)의 원인을 귀신들림이라고 여기는 사람에게 있는 것처럼 보인다. 현대의 상담자들은 상담에서 취급해야 하는 문제

---

37) 밀라드 살, 『성경과 심리학의 조화』, 204.
38) 밀라드 살, 『성경과 심리학의 조화』, 204.

의 원인을 귀신들린 것 이외의 다른 것에서 찾으려고 기대해야 한다. 여러 경우에 나는 상담에 있어서 귀신들림이라고 진단함으로써 매우 손상의 결과를 가져오는 경우들을 보아왔다. 예를 들어, 만일 한 사람의 문제가 그의 죄악된 행동에 의한 경우, 그가 악령에 사로잡혔다고 진단되었다면, 거기에서 파생되는 문제들은 귀신을 쫓아내기 위해 애쓰는 것보다 훨씬 복잡할 수 있다. 그러한 노력이 실패할 것뿐만 아니라, 실망과 절망을 주며, 상담의 초점을 내담자 자신의 책임으로부터 떠나게 할 수 있다는 것이다. 내담자는 죄인이라기보다는 무고한 희생자라고 여겨지게 될 것이다. 따라서 내담자 안에 있는 죄악된 삶의 형태를 단지 확인하게 되며, 기도하다가 지친 답답한 상담자는 열매 없는 기도를 그만 할 것이고, 내담자에 대한 동정이 우울증과 절망감을 더 깊어지게 하는 결과를 초래할 것이다. 효과적인 성경적 상담을 위해 상담자는 내담자가 이러한 직접적인 귀신의 영향에서 자유롭다고 전제하는 것이 가장 중요한 것 같다.[39]

그리스도인들의 삶 속에서 정신병적 현상을 귀신들림으로 돌릴 때 그리고 내담자를 귀신들렸다거나 귀신에게 억압을 받는 것으로 진단하고 상담하게 될 때, 당사자에게 매우 큰 상처를 줄 수 있고 자신의 죄악된 삶의 결과로 나타나게 된 정신분열증적 현상을 사단에게 책임을 전가시키는 결과를 초래할 수 있다는 점에서 상담의 효과를 기대하기는 어려울 것이다.

한국교회의 상황 가운데 특히 바른 진단의 중요성은 아무리 강조해도 부족하지 않을 듯하다. 한국교회 성도들은 목회자를 영적 지도자로 보기 때문에, 목회자가 진단하는 대로 자신이 귀신들렸다고 믿고 또 가족들과 교회 공동체도 그렇게 믿고 이상한 시각으로 그들을 대하는 경향을 종종 보게 된다. 목회자의 진단을 사람들은 순응적, 숙명적으로 받아들이는 경향이 있다. 위에 언급된 부작용 외에도, 이와 같은 한국교회 문화에서 목회자가 바르지 못한 진단을 함으로써 그 사람을 치료하기보다는 오히려 정신질환자 당사자에게 말할 수 없는 큰 상처를 줄 수 있다는 것이다.

다음의 사례들은 목회상담자들이 범하기 쉬운 실수와 그 결과가 얼마나

---

39) Jay E. Adams, *The Big Umbrella*, quoted in Jay E. Adams, *The Christian Counselor's Manual*, 129.

돌이킬 수 없는 비극을 초래할 수 있는지를 보여 주고 있다.

> 내가 사역을 행하던 중에 어떤 것보다도 나를 화나게 했던 사건들 중에 하나가 있는데, 그것은 내 생각에 분명히 정신분열증 환자로 진단이 내려진 어떤 사람과 상담을 하고 있었던 때에 일어났다. 그는 정신 병원에 외래환자였는데, 정기적인 치료와 심방, 기도, 사랑 어린 도움 등으로 점차 완쾌되고 있던 사람이었다. 그러던 중에 그는 그 도시에 새로 부임한 목회자에게 가서 상담을 하였다. 그 목회자는 그 환자에게서 15분 정도 이야기를 듣고 나서 그가 귀신들렸다고 단언하고는 "귀신 쫓기"를 시작하였다. 그 결과 이 환자는 전보다 더 악화되었다. 나는 지금도 그 사실을 생각하면 나 자신도 믿을 수 없을 만큼 화가 난다. 이런 것은 전적으로 독단이라는 것은 두말할 필요할 필요가 없으며 그는 불확실한 많은 편견들을 근거로 해서 상담하다가 우연히 자기의 전제를 뒷받침하는 어떤 상황을 발견하고는 그 사실을 확신하게 되었으며 무책임하게 그 환자를 이전보다 더 심해지게 만들었던 것이다. 다행히 그 가련한 환자는 사람들에게 발견된 후 완치될 수 있었다. 몇 년 전에 분명히 정신병자인 사람이 귀신 들렸다는 판단을 받고 "귀신 쫓기" 의식을 행한 직후, 집에 돌아가 자기 아내를 잔인하게 살해한 끔직한 사건이 있었다.[40]

부캐넌은 사람을 다룰 때 우리는 이런 방법으로 모험을 해서는 안 된다고 엄숙히 경고한다. "이런 문제에 대해 익숙하지 못하거나 지식이 없을 때는 전문가의 도움을 받아야 하며 그렇지 않고 멋대로 추정해서는 안 된다. 의사라는 직업도 하나님이 주신 놀라운 은사이다. 상담자가 어떤 이유에서든 자기의 추측을 정당화하기 위해 이러한 사실을 무시한다면, 그것은 가장 큰 교만이다."[41] 이러한 문제를 취급하는 일은 매우 민감하고 면밀한 주의가 요구되며, 전문성이 요구된다는 것이다.

---

40) Duncan Buchanan, *The Counseling of Jesus*, 105-106.
41) Duncan Buchanan, *The Counseling of Jesus*, 105.

예수의 마음

우리는 예수 그리스도의 사역 속에서 교훈을 얻을 필요가 있다. 특별히 상담자는 긍휼히 여기는 예수의 마음을 배워야 한다. 가족과 마을 사람들이 포기했던 거라사 광인에게 치유자 예수님이 방문하여 주시고 그의 삶을 지배하고 있었던 귀신들을 모두 쫓아 주심으로 이 사람의 정신이 온전해지는 기적이 일어났다. 쇠사슬로도 통제할 수 없었던 삶에서 스스로를 통제할 수 있으며 벗었던 몸을 옷으로 가릴 수 있는 현실 감각을 되찾게 되었다. 악한 귀신들의 통제로부터 놓임을 입은 이 청년은 자유와 평화 그리고 회복과 기쁨을 맛볼 수 있었다. 또한 그는 다시 가족과 마을 사람들에게도 돌아갈 수 있었고 열 개의 마을로 이루어진 데카폴리스 지방을 다니면서 예수를 증거 하는 '상처입은 선교사'(wounded missionary)로서 최초의 이방인 선교사의 역할을 감당하게 되었다.

또한 상담자는 귀신들림과 정신분열증을 혼동해서는 안 된다. 만약에 정신분열증을 겪으며 고통당하는 사람을 목회상담자가 귀신들린 사람으로 잘못 이해하고 그 사람을 대할 때 내담자는 이중의 고통을 당하고 마음의 큰 상처를 입을 수 있다. 그러므로 목회상담자는 영적 분별력이 있어야 하고, 본인의 판단에 확신이 서지 않을 때에는 전문가의 도움을 받거나 내담자를 전문가에게 보내야 한다. 또 감정적 상처들은 귀신들림과 정신분열증에 대부분 공통적으로 적용되므로, 목회상담자가 분별을 하지 못한다고 하더라도, 귀신들림과 관련이 있든지 없든지, 먼저 감정의 상처들을 치유해야 한다.

다음으로 내담자가 귀신들렸음이 확실할 때는 목회상담자는 예수님의 능력이 그 내담자를 치유하실 수 있음을 확신을 가지고 기도해야 한다. 특별히 목회상담자는 주님의 능력이 마귀의 권세보다 강하다는 확신을 가지고 두려움 없이 기도해야 한다. 부캐넌(Duncan Buchanan)은 정신질환을 귀신들림으로 잘못 진단하지 말 것을 강조하며, 만일 그래도 귀신을 쫓아내는 의식이 불가피하다고 생각되어질 때는 다음과 같은 몇 가지를 주의하라고 조언한다.[42] 첫째, 귀신들린 징후가 있다 할지라도 그것이 지속될 때까지 기다려야 한다. 둘째, 그 과정에 공식적인 자백은 반드시 포함되어야 한다. 셋째 귀신이 나간 후 "나중 상태가 처음 상태보다 더 나빠지는 경우"가 있다는 예수의 말씀을 진지하게 기억하고 있어야 한다. 넷째, 귀신이 쫓겨나간 사람에게는 그후에도 많은 지원과 보호가 필요하다. 최소한 몇 주 동안 그를 지지해 줄 가정이나 공동체가 필요하다. 성경공부와 기도모임을 통하여 영적 삶을 위한 새로운 습관을 가지도록 돕는 것이 필요하다.

---

42) Duncan Buchanan, *The Counseling of Jesus*, 106.

Spirituality & Counseling

제 7 장

자살: 굽어진 마음

Suicide: Bent Minds

자살의 현상

    세계의 문호 셰익스피어의 작품에서는 사랑이라는 주제와 함께 자살의 문제가 주요한 소재 중의 하나였다. 생의 괴로움으로 '사느냐 죽느냐 이것이 문제구나'라고 외치던 햄릿의 말을 빌리지 않아도, 많은 사람들은 삶과 죽음에 대한 번민을 가지고 살아가고 있음을 알 수 있다. 현대에 들어 자신의 목숨을 스스로 끊는 현상이 늘어남으로써 사회적으로 더욱 많은 윤리적 문제를 일으키고 있다.

    자살은 "인간이 스스로의 명백한 의지와 힘으로 자신을 죽여 버리는 행위"라고 정의할 수 있다.[1] 기독교 윤리와 목회상담학 사전에서는 자살은 "자신의 행위로 자기 자신의 생명을 고의로 빼앗음"이라고 기록하고 있다.[2] 따라서 자살은 자신의 의도된 행위에 한하는 행위로서, 자신의 행위에 의한 것이라도 타인의 강요가 개입된 것은 자살이라고 볼 수 없다.[3]

---

1) 한국가톨릭의사협회 편, 『의학윤리』 (서울: 수문사, 1984), 275.
2) David J. Atkinson, and David H. Field, *New Dictionary of Christian Ethics and Pastoral Theology*, 825.
3) James Rachels, "Barney Clark's Key," in Paul T. Jersild, and Dale A. Johnson, eds., *Moral Isues and Christian Response* (New York: Holt, Rinehart and Winston, Inc., 1988), 385.

우리 사회는 여러 유형의 자살로 아파하며 몸부림하고 있다. 실직으로 말미암은 자살, 부채 문제로 인한 자살, 사회구조 문제에 항의하는 자살, 가정불화로 인한 자살, 수험생의 자살, 나아가 이러한 현상에서 그리스도인들도 예외는 아니다. 때문에 자살은 이제 더 이상 남의 이야기나 믿지 않는 사람들의 이야기가 아니다. 자살률이 현대에 들어오면서 증가하는 요인으로 실직, 고령화, 이혼율의 증가, 정신적 질환의 증가 등이다.[4] 특히 인터넷 자살 사이트들에서는 자살 클럽이 유행하고 동반자살을 등록받는 등 자살을 부추기고 있으며, 젊은이들 사이에 대중 스타의 자살을 모방하는 등 안타까운 현대적 현상들이 나타나고 있다.

예전에는 '회피성', '고발성'의 사회적 자살들이 많았다면 현대 사회로 진입하면서 정신병증적 자살이 늘고 있다. 통계적으로도 보면 자살은 정신건강과 밀접한 관계가 있는데, 자살기도를 한 사람의 95%가 정신병으로 진단을 받고 있고, 그 중에 우울증이 80%, 정신분열증이 10%, 치매 등 기타가 5%이다.[5] 우울증에 대해서는 이 책에서 따로 쓰고 있지만 우울증이 자살의 중요한 요인이 되므로 주의 깊게 살펴 보아야할 문제이다. 특히 100명의 자살자들의 자살 전 행동의 특성을 연구한 한 자료는 의사, 가족들, 상담자들에게 심각한 경각심을 일깨운다. 100명의 자살자들은 거의 대부분(93명)이 1년 이내에 어떤 의사를 방문했고, 69명은 1달 이내에, 48명은 1주 이내에 의사를 방문했다. 75명이 자살하기 1년 이내에, 59명이 1달 이내에, 40명은 1주 이내에 자신의 주치의를 방문했다. 정신과의사를 방문한 기록은 자살 전 1년 이내에 24명, 1달 이내에 18명, 1주 이내에 11명이다. 자살 직전 55명이 죽음 혹은 자살 등에 대해 언급했다. 34명은 그 전 해에, 21명은 1달 전에, 13명은 1주 전에 자살 위협을 했다.[6]

---

4) R. F. W. Diekstra, and B. Mortiz, "Suicidal Behaviour among Adolescents," in R. F. W. Diekstra, and K. Hawton, eds., *Suicide in Adolescence* (Dordrecht: Kluwer Academic Publishers, 1987)를 참조.

5) 신덕신, "우울증 환자를 둔 가족을 어떻게 도와야 할 것인가?," 『목회와 신학』 5 (서울: 두란노, 2001), 96.

6) John White, *The Masks of Melancholy*, 163.

자살은 또한 사회가 물질적 풍요를 누리는 것에 비례하여 높게 나타나는 것도 특이할 만한 사항이라 할 수 있다. 그 증거로 북 유럽 나라들과 캐나다, 미국, 호주 등 그들의 후손들이 많은 나라들에서 자살률이 높게 나타나고 있고 일본을 제외한 다른 아시아 국가들은 중간에 위치하고 있는 반면 아랍 국가들이 일반적으로 낮은 비율을 보이고 있다. 나아가 자살의 현상은 생물학적 요인과 사회 심리적 요인이 강하게 작용하는 것을 볼 수 있다. 즉 자살이 15-35세 사이의 사망의 가장 중요한 원인으로 나타나고 있다. 게다가 자살은 여자(70%)나 젊은 층에 많이 나타난다. 그리고 나이가 많고 이혼, 사별 등에 의해 사회와 격리되어 있고 알콜 중독 등의 문제를 가진 사람들에게 자살이 많이 나타나고 있다.[7]

현대 사회가 우리의 삶을 끝내는 하나의 방식으로 길고, 느리고, 고통스러운 죽음에 비해 자살을 점점 더 선호하고 있다. 한 가지 더 지적할 사실은 점점 자율적 자살이 사회 속에서 소수이지만 승인되어 가고 있다는 것이다. 자살을 인간의 삶을 끝내는 방편 중의 하나로 여기는 사람들은 인간의 자율성(autonomy) 즉, 죽을 권리(the right to die)를 내세우기도 한다.

자살의 원인

자살의 원인과 현상에 대해 학자들은 대부분 크게 사회학적 혹은 외적인 요인과 심리적 혹은 내적인 요인으로 설명해 왔다. 에밀 뒤르껭(Emile Durkheim)은 자살을 사회학적으로 분석한 대표적인 학자로, 그는 특히 개인과 집단과의 관계의 관점에서 자살을 이해하였다.[8] 뒤르껭은 모든 자살이 이기적, 이타적 그리고 아노미적 자살 중의 하나로 분류될 수 있다고 주장하였다. 첫째, 이기적 자살은 산업화와 도시화로 인해 구 가족제도가 붕괴

---

7) World Health Statistics Annual, Geneva, 1987. in David J. Atkinson, and David H. Field, *New Dictionary of Christian Ethics and Pastoral Theology*, 825.
8) 에밀 뒤르껭, 『자살론 Le Suicide』 김충선 역 (서울: 청아출판사, 1994), 147-295.

되고 개인주의가 팽배해지게 되면서 개인의 자유의지는 강화되었지만, 자살 충동을 억제하는 역할을 하기보다는 오히려 조장하게 되는 현상 속에서 나타난다. 둘째, 이타적 자살은 이기적 자살과 정반대의 특징을 보이는 것으로, 이기적 자살이 개인이 사회 속에 잘 관계되지 못해서 생기는 반면, 이타적 자살은 개인이 집단에 완전히 동화되어 집단의 목적이나 정체성이 바로 자기 자신의 것이 될 때 발생한다. 셋째, 아노미적 자살은 위의 두 유형과는 달리 개인의 사회적 지위가 급격히 변화하여 그 새로운 변화에 대처할 수 없게 된 경우에 발생한다. 뒤르껭은 산업화 이후 도시에 몰려든 사람들 가운데 자살률이 현격히 높아졌다고 분석하면서, 공동체의 해체로 인한 소속감 상실, 가치관의 혼란과 규범적 강제의 상실로 인한 아노미 등이 사람들로 하여금 사회에 제대로 적응하지 못하게 만들고 자살로 이어지게 했다고 설명하였다.

이밖에 '고발자살'도 사회학적 요인에 의한 자살의 한 유형으로 분류할 수 있다.[9] 현실 사회에 대한 적극적 고발을 하기 위해 분신자살한다거나, 빈부격차, 노후 대책, 입시제도 등을 고발하며 자살하는 소극적 고발자살 등이 이에 속한다.

심리학적, 내적 요인 역시 자살의 큰 요인이다. 심리학자들은 사람이 스트레스에 압도당한다고 느낄 때 자기 방어(ego defence)에 실패하여, 그 결과로 자해, 자살 충동, 자살 등의 자기 파괴행동이 나타난다고 한다. 사별, 이별 또는 이혼, 조기 상실감, 사회적 지지의 감소 등이 심리적 형태의 자살의 큰 요인이 되며, 대인관계의 어려움, 군중 속에서의 당혹감, 직업 상실, 감금에 대한 위협 등과 같은 굴욕적인 생활 사건들이 자살을 촉진한다. 특히 청소년들 중에 이러한 심리적, 충동적 자살이 많이 나타나는데, 이는 이들이 정체성 형성의 과정 중에 나타나는 불안 즉 심리적 정신적 방어기제(psychological defence mechanism)의 약함 때문에 오는 것이다. 더욱이 불우한 가정의 청소년들은 부모로부터 받지 못한 애정을 보상받으려는 심리 때문

---

[9] 박원기, 『신학윤리와 사회과학』 (서울: 대한기독교서회, 1998), 228.

에 때때로 극단적이거나 충동적으로 자살을 선택하기도 한다.[10] 또한 청소년들에게 있어서 특징적으로 나타나는 것은 복수, 일시적 충동, 하나의 사랑의 표현으로도 자살을 선택한다는 것이다.[11] 반면, 성인들의 경우, 현실에 대한 절망감이 가장 큰 원인이 된다. 직장, 사업, 인간관계에서 어려움이 생길 때 그 문제를 직면하여 해결하기보다는 그러한 현실로부터 도피하기 위하여 자살을 선택하는 경우가 많다.

또 그 동기별로 보면, 수치나 고통스런 죽음으로부터 회피, 복수, 망각에의 욕망, 종교적 동기 등이 있다.[12] 게리 콜린스는 자살의 심리적 원인들을 다음과 같이 나열하고 있다. 견딜 수 없는 상황으로부터 도피, 살아남아 있는 사람들을 벌하고 그들로 하여금 죄의식을 느끼게 하고자 함, 주의를 끌고자 함, 다른 사람들을 속이려는 이유, 이미 죽은 사랑하는 사람의 뒤를 따르고자 함, 벌을 피하고자 함, 다른 사람들에게 짐이 되지 않으려는 이유, 무서운 병의 영향을 피하려는 이유, 순교자가 되고자 하는 이유, 비합리적이고 충동적인 일시적인 기분에 따라서 자살을 선택하게 된다.[13]

자살과 도덕성

성경에는 자살에 대한 예들이 소개되고 있다. 먼저 구약성경에 아비멜렉(삿 9:50-56), 사울과 그의 병기든 자(삼상 31:4-5; 삼하 1:5-16), 아히도벨(삼하 17:23), 시므리(왕상 16:18-19), 유다(마 27:3-10), 삼손(삿 16:28-31)이다. 그 중 삼손(삿 16:28-31)의 예는 학자들 간에 의견의 차이를 보이고 있는데, 삼손의

---

10) Josh McDowell, and Bob Hostetler, *Johsh McDowell's Handbook on Counseling Youth*, 104-105.
11) Josh McDowell, and Bob Hostetler, *Johsh McDowell's Handbook on Counseling Youth*, 105-106.
12) David J. Atkinson, and David H. Field, *New Dictionary of Christian Ethics and Pastoral Theology*, 826. 1978년 가이아나의 한 사원에서 많은 사람들이 '신세계'(new world)로 직접 들어가기 위하여 자살을 했다.
13) 게리 콜린스, 『왜? 그리스도인이 상담을 받아야 하는가?』 이종일 역 (서울: 솔로몬, 1997), 191.

죽음을 자살이라고 보지 않는 학자들은 그의 죽음이 그의 의지에 따른 것이라기보다는 팔레스타인을 향한 하나님의 심판을 수행하기 위해 그의 자살 행위는 피할 수 없는 결과였다고 보며(heroic suicide), 이러한 죽음을 다른 사람을 위해 자기 목숨을 던지는 희생적인 사랑의 행위(요 15:13)로 여기는 것이다.[14]

신약성경에서는 유다의 자살과 자살이 저지된 간수의 이야기(행 16:25-29)가 소개되고 있다. 자살의 문제에 대해 성경에서 핵심적으로 가르치는 것은 생명에 대한 하나님의 주권의 관점에서 다루고 있다. 나아가 자살에 대한 성경 이야기 속에서 특이할 만한 내용은 자살의 문제를 자신의 권리문제로 이야기하기보다는 자살의 문제를 도덕성의 문제와 관계시키고 있다는 점이다. 유다의 이야기에서 예수께서 유다에게 "나지 아니하였더면 좋았을 것"이라고 한 것은 하나님의 아들에 대한 반역을 말한 것이었다.[15] 예수께서는 유다의 자살을 관계적이고 영적인 문제로 이야기하고 있다는 것이다. 자살은 많은 경우에 도덕성과 관련되어 있다고 보아야 한다. 한 사람이 자기를 죽이는 것은 하나님 앞에 자신을 죽이는 살인적 행위이며 죄이지만 이는 또한 도덕적 문제를 가지고 있다고 보아야 한다. 자살은 많은 경우 책임 회피이며 생명과 삶에 대한 회피에서 기인한다. 알렌 버헤이(Allen Verhey)는 그 이유를 유다의 자살 사건을 그 예로 자세히 묘사하면서, 마태복음과 성경 전체적 윤곽 속에서 그 도덕성을 직접 언급하고 있지 않지만 암시적으로 담고 있다고 주장하였다.[16]

성경은 자살에 대해서 결코 침묵하고 있거나 허용하고 있지 않다. 성경은 나아가 자살 행위를 개인의 죄의 문제로서 뿐만 아니라 도덕성의 문제를 제기하고 있다는 점에서 자살은 윤리적 관점에서도 반대되어야 한다.

---

14) David J. Atkinson, and David H. Field, *New Dictionary of Christian Ethics and Pastoral Theology*, 825.; Allen Verhey, *Reading the Bible in the Strange World of Medicine*, 305; 게리 콜린스, 『왜? 그리스도인이 상담을 받아야 하는가?』, 191-192; Paul D. Meier, et al., *Happiness is a Choice*, 34.

15) John White, *The Masks of Melancholy*, 146.

16) Allen Verhey, *Reading the Bible in the Strange World of Medicine*, 304-316.

전통적 이해

초대교회는 자살을 살인(자신을 살인하는 것)으로 여기고, 십계명의 살인하지 말라는 제 6계명을 근거로 자살을 금지해왔다. 이러한 초기 그리스도인의 생각은 어거스틴에 의해 더욱 명백해졌다. 어거스틴은 자살은 회개할 가능성이 희박한 살인의 한 형태라고 여기며 자살을 금했다. A.D. 6세기에 이르러서는 교회는 자살을 금지하는 법률을 제정하였고, 자살을 중죄로 간주하였다. 자살을 금지하는 법에 따라, 범죄로 기소 중에 있는 사람이 자살했을 경우, 그 장례식이 취소되었고, 자살 미수자에 대해서는 파문도 가능할 정도로, 자살이 중죄로 간주되었다.[17]

웨스트민스터 대 요리문답에도 자살이 살인죄의 하나로 대답하고 있다. 136번의 질문에 대한 대답은 이렇다. "제 6계명에서 금지하고 있는 죄악들은 우리자신들의 목숨을 빼앗는 모든 것들이다…"(The Sins Forbidden in the Sixth Commandment are all taking away the Life of ourselves…). 로마 가톨릭교회에서는 자연과 하나님의 뜻을 거스르는 것으로 보고 자살을 정죄하였고, 개신교회도 자살한 이들의 장례를 교회가 치러 주는 것을 거부할 정도로 큰 죄로 여겼다. 성경은 생명의 존귀함을 강조하고 있으며 살인하지 말라고 명령하고 있다. 이에 따라 기독교 전통은 자신의 목숨을 스스로 끊는 것도 살인으로 간주하고 엄하게 금하고 있다.

기독교가 전통적으로 자살을 금하고 있는 데는 깊은 신학적 이해가 있다.[18] 첫째, 기독교 전통에서는 하나님만이 그의 주권 안에서 생명을 주거나 가져갈 권리가 있다. 그러므로 자살은 하나님의 주권에 대한 도전을 하는 것이 된다. 인간의 자신의 삶에 대한 자유와 권리를 주장하여 자살을 긍정하려는 사람들이 있지만, 인간은 하나님이 맡기신 생명을 관리해야 하는 피조물임을 알아야 한다. 둘째, 성경은 한 생명을 천하보다 귀하게 여김에

---

17) 박원기, 『신학윤리와 사회과학』, 234-235.
18) David J. Atkinson, and David H. Field, *New Dictionary of Christian Ethics and Pastoral Theology*, 825.

대해 여러 곳에서 강조하고 있다(마 6:25; 10:31; 눅 12:7). 이는 인간이 하나님의 형상으로 창조되었기 때문이다. 따라서 자살은 하나님의 형상을 파괴하는 죄악이 되는 것이다. 셋째, 인간이 자기 생명을 버리고 죽음을 택하는 것은 복음의 핵심인 죽음을 정복하시고 우리를 구원하신 예수님을 믿는 기독교 신앙을 정면으로 도전하는 것이다. 넷째, 자살은 우리의 절망적인 삶도 변화시킬 수 있는 하나님의 은혜와 그리스도 안에 있는 소망을 거부하는 것이다. 다섯째, 그리스도인의 사회적 책임이라는 기독교 윤리적 측면에서도 자살은 금지되어야 한다. 월터 뮬더(Walter G. Muelder)는 책임사회(responsible society)를 제창하면서 "인간은 하나님과 자기 이웃에 대하여 하나의 자유로운 책임적 존재로 창조되었으며 또한 그렇게 살도록 부름받았다"[19]고 한다. 또한 그는 도덕법에 비추어 보아 그리스도인은 자기의 죽음이 공동체에 미칠 결과를 예측하고 섣불리 자살을 선택하지 않도록 하라고 역설한다.[20] 자살의 문제는 자살함으로써 끝나는 것이 아니라, 육체의 죽음 후에도 영혼의 문제로 계속 남아 있는 것이다.

자살의 리플(Ripple)효과

자살의 자명한 결과는 고귀한 자신의 생명을 잃는 것이다. 하지만 그밖에도 한 자살사건이 가족과 이웃, 친구, 공동체, 한 사회에 파급하는 부정적 결과 또한 측량할 수 없을 만큼 크다. 특히 가까운 가족들이 겪게 되는 슬픔과 혼동은 이루 말할 수 없다. 자살한 자녀를 둔 부모는 자책으로, 자살한 부모를 둔 자녀들은 심한 상실, 자책과 배신감에 둘러싸인 혼동으로 남은 사람들에게 깊은 상처를 주게 된다. 또한 남은 사람들끼리 서로 비난하기도 한다. 주변의 가까운 사람들이 받은 상처와 감정적 충격은 평생을 갈 만

---

19) Walter G. Muelder, *Moral Law in Christian Social Ethics* (Richmond: John Knox Press, 1966), 101-112.
20) Walter G. Muelder, *Moral Law in Christian Social Ethics*, 101-112.

큼 오래간다.[21]

때문에 자살의 파괴성은 한 생명에 그치지 않는다. 한 사람의 자살은 가족, 친구 등 가까운 사람들에게 자살의 파멸성을 전염시키거나, 적어도 파멸의 씨앗을 심어준다.[22] 자살기도자들의 가장 가까운 사람들 속에 자살행동의 비율이 높고, 자살자의 가족들 중에 자살기도 자들이 많다는 보고들이 있다.[23] 물론 사랑하는 사람의 자살을 자기에게 중요한 교훈으로 삼는 경우도 있다. 하지만 자살은 가까운 사람들을 차례로 파멸시키는 리플(ripple)효과를 가지고 있다.[24]

와이트는 자살의 문제와 가족내력과의 관계에 대해 많은 사람들이 오해하고 있는 부분에 대해 다루면서 그것들이 전적으로 관련이 없는 것은 아니라고 명백하게 말한다.[25] 다시 말하면, 자살은 그 영향력이 매우 크고 절실하여서 가까운 가족이 우울증에 노출되게 하며, 우울증에 걸리면 결국 그들의 생각을 자살로 향하게 한다는 것이다. 그들이 아무리 그것을 거부하려고 해결하려고 해도 가까운 가족이 자살을 함으로써 오는 비참하고 불행한 생각들로부터 그들의 생각을 지키기가 쉽지 않다는 것이다.

죽을 권리인가 살 권리인가?

상담자들은 내담자들로부터 '그리스도인이 자살을 시도해도 되는가'라는 질문을 받을 수 있다. 이 물음에는 두 가지의 물음이 들어 있다. '자살은 용서받을 수 없는 죄인가'와 '우리에게 죽을 권리가 있는가'이다. 말할 수

---

21) Josh McDowell and Bob Hostetler, *Johsh McDowell's Handbook on Counseling Youth*, 106.
22) Josh McDowell and Bob Hostetler, *Johsh McDowell's Handbook on Counseling Youth*, 106-107.
23) Editorial, "Youth Suicide: The Physician's Role in Suicide Prevention," *Journal of American Medical Association* 264 (1990): 3195; John White, *The Masks of Melancholy*, 163.
24) Bill Blackburn, *What You Should Know about Suicide* (Waco: Word, 1982), 62.
25) John White, *The Masks of Melancholy*, 166-167.

없는 고통 중에 이 세상에서 살고 있어도 더 이상 삶의 의미를 찾지 못할 경우 그리스도인들도 죽음을 한 번쯤 생각해 보며 이런 의문을 가져볼 수 있을 것이다. 자살이 용서받을 수 있는지 없는지에 대해서는 학자들 간에도 그 의견이 다양하다. 어떤 학자들은 자살을 하고 난 후에는 자살한 것에 대해 회개할 기회를 잃기 때문에 용서받을 수 없다고 보고, 다른 학자들은 그럼에도 불구하고 그 영혼은 하나님께 달렸다고 본다.

게리 콜린스(Gary Collins)와 같은 학자들은 자살은 자신을 죽이는 것이기 때문에 이것은 살인이 죄인 것처럼 확실히 죄이지만, 용서받을 수 없는 죄라고 단정하기는 어렵다고 본다. 신실한 그리스도인이라 할지라도 때때로 분노, 탐욕, 욕정 등과 같은 범죄를 지을 수 있고, "예수의 피가 우리를 모든 죄에서 깨끗하게 하실 것"(요일 1: 7)임을 말하면서 자살도 그와 같은 죄 중의 하나라고 말한다. 그는 심지어 모든 죄를 하나님께 고백하기 전에 죽을 때에도 그렇다고 역설한다.[26]

베이커(D. Baker)와 네스터(E. Nester)도 은혜의 복음에 대한 견해를 피력하면서 비록 회개할 기회가 없이 자살을 했더라도 그 영혼은 대속 받을 수 있다고 말한다.[27] 한편, 이와 같은 견해를 따르면, 결국 생명에 대한 인간의 자율성을 인정하게 되며, 이에 대한 하나님의 주권을 약화시키는 인간주의로 흐르게 될 수 있다는 점을 명심해야 한다고 보는 학자들도 있다.[28] 여기서 중요한 것은 그가 죽기 전에 회개를 하고 죽더라도 자살 행위가 하나님의 주권에 대항하는 것이라는 측면에서 보면 그는 실패한 자가 될 수밖에 없다는 것이다. 알렌 버헤이(Allen Verhey)는 유다의 자살에 대해 자세히 묘사하면서, 유다는 예수님을 팔아넘기고 마음이 괴로워 죽기 직전 회개하였지만 자살을 행함으로써 하나님의 은혜로운 주권을 부정했다고 지적하고 있다. "유다는 자기 스스로 판단했으며, 자기의 판단을 자신의 손으로 수행

---

26) 게리 콜린스, 『왜? 그리스도인이 상담을 받아야 하는가?』, 192.
27) Don Baker, and Emery Nester, *Depression: Finding Hope and Meaning in Life's Darkest Shadow* (Portland, Oreg.: Multnomah, 1983), 180-181.
28) Stanley Hauerwas, *Suffering Presence: Theological Reflections on Medicine the Mentally Handicapped, and the Church* (Edinburgh: T& T Clark, 1988), 100-113.

했다. 무죄한 피를 흘리게 함으로 인해 그의 죽음은 당연했지만, 유다는 하나님이 심판자가 되는 것을 원치 않았고, 그 심판을 인내함으로 기다리지 않았다. 그는 자신을 죽게 한 성급한 선택과 똑같이 하나님의 주권 안에서 사는 것을 성급하게 거부한 것이다."[29] 결국 자살은 회개의 여부를 떠나서 생명의 주권이 하나님께 있음을 거부하고 대항하는 것임을 명심해야 한다는 것이다.

어떤 그리스도인들은 최근에 일고 있는 인간의 자율성을 말하며, '인간에게도 자살을 할 권리가 있지 않은가'라고 반문할 수 있을 것이다. 스탠리 하워와스(Stanley Hauerwas)는 자살은 하나님의 생명에 대한 주권을 인정하지 않는 것임을 역설하면서, 자살에 있어서 인간의 자율성(autonomy), 즉, '죽을 권리'(the right to die)를 내세우는 사람들은 이미 그들 스스로의 논리 속에 빠지는 것이라고 지적하고 있다.[30] '죽을 권리'라는 말 속에 이미 '살 권리'(the right to live)라는 논리가 내재하고 있다는 것이다.

결국 우리는 생명에 대한 권리가 우리에게 있느냐는 논점으로 돌아가야 한다. 우리에게는 단지 우리에게 주어진 생명을 잘 관리할 의무는 있지만, 그 생명에 대한 권리는 하나님께 속한 것이다. 이는 기독교적 가르침의 독특성이라 할 수 있다. 우리의 존재는 우리의 힘에 의해 안전하게 되는 것이 아니다. 오히려 우리의 생명을 온갖 고통과 생의 지루함에도 불구하고 인내함으로 계속적으로 돌보아야 하는 것이다. 그리스도인들이 자살을 금하는 것은 명백하게 우리의 생명이 우리가 하고 싶은 대로 할 수 있는 우리의 것이 아니라는데 근거한다. 황혼에 위암으로 미리 떠난 남편을 애도하며 '하나님이 주신 생명 하나님이 거두셨는데…'라고 채 말을 맺지 못하던 신실한 권사님의 말이 떠오른다. 이것은 생명의 주권을 인정하는 그리스도인이 가져야할 태도인 것이다. 자살의 경우에도 마찬가지이다. 우리의 생명은 우리의 것이 아니고 하나님께 속한 것이다.[31] 이 세상에서의 삶이 아무리

---

29) Allen Verhey, *Reading the Bible in the Strange World of Medicine*, 315.
30) Stanley Hauerwas, *Suffering Presence*, 100-113.
31) John White, *The Masks of Melancholy*, 165.

괴롭고 고달프다고 해도 우리가 우리의 생명을 거둘 권리는 없다. 하나님께서 우리를 창조하셨고, 하나님만이 우리의 생명을 거두실 수 있다는 것을 받아들이는 것은 삶의 숙명적 태도라기보다는 오히려 성숙한 자세라 할 수 있다.

로뎀나무 밑의 엘리야

열왕기상 19장의 로뎀나무 밑의 엘리야 이야기는 우울증과 절망 속에서 자살의 위험에 노출되어 있는 사람들을 상담할 때 필요한 여러 원리와 방법론적 통찰력들을 제시해 주고 있다.

하나님의 사람 엘리야는 그의 삶 여정 가운데서 온갖 노력에도 불구하고 이세벨로부터 죽음의 위협을 받게 되자 허탈감과 절망감 속에서 로뎀나무 아래서 자기생명을 취할 것을 하나님께 간청한다. 여기서 우리는 우울증과 절망 속에서 자살의 위협에 노출된 엘리야를 향한 하나님의 모습 속에서 중요한 통찰들을 볼 수 있다. 하나님은 엘리야의 약한 믿음을 책망하거나 바로 그의 사역으로 다시 내몰지 않으셨다. 하나님은 먼저 그의 육체의 필요를 채우셨다. 그를 어루만지시고 먹이시고 쉬게 하셨다. 하나님은 두 번이나 천사를 보내 어루만지시고, 먹고, 마시게 하셨다. 그는 절망 중에 피곤하고 지쳐있었기 때문이다. 그에게 천사를 보내 어루만지며 먹고 마시게 하셨고(왕상 19:5-6), 엘리야가 누워 쉬게 하셨다. "네가 가야할 길을 이기지 못할까 하노라"(7절)라고 염려하시며 여호와의 사자를 또 보내셨다. 그리고 "다시 와서 어루만지며"(7절) 먹고 마시게 하셨다. 하나님의 어루만지심은 아무 말이 없으셨지만 위로함의 표현이라고 볼 수 있다. 실지로 우울증이 심한 사람들에게 육체적 접촉(touch)은 큰 위안을 주고 상담자에게 자신의 마음을 여는 계기를 줄 수 있게 된다. 때로는 아무 말 없이 옆에 있어 주고(being there) 어루만짐만으로도 큰 효과를 가져 올 수 있다. 또한 이들은 식음을 전폐하기도 하여 육체적으로 매우 약해져서 더욱 절망 속에서 헤어 나올 힘이 없는 경우들이 많다. 하나님은 이러한 엘리야의 상태를 아셨던 것이다. 그래서 먹이시고 쉬게 하신 것이다.

엘리야가 육체적으로 힘을 얻자 죽음의 위협과 죽음을 생각하게 한 상황으로부터 멀리 피하여 하나님의 산 호렙에 이르게 하셨다.[32] 이곳은 하나님의 산 호렙, 바로 모세가 하나님을 가시나무 떨기 중에서 만났던, 거룩한 땅 그 곳이었다. 때로는 자살 충동을 경험하는 사람은 현실적 상황에서 헤어나지 못해 계속 절망의 속으로 파고 들어가기도 한다. 새로운 곳으로, 새로운 환경으로, 하나님을 만날 수 있는 곳으로 인도하는 것이 중요하다. 이렇게 함으로써 그들에게 자신들의 문제를 절망으로 왜곡된 시각이 아닌 객관적이고 또한 성경에서 인도하는 눈으로 바라볼 수 있는 계기를 줄 수 있다.

하나님은 그리고 나서 마침내 물으셨다. "네가 어찌하여 여기 있느냐?" (What are you doing here?)라고 질문하셨다. 이 질문은 책망하기 위한 것이 아니었다. 엘리야의 호소를 듣기 위함이었다. 하나님의 이 질문에 엘리야는 마음에 품은 모든 것을 쏟아 놓았다. 흥미 있는 것은 하나님은 똑같은 물음을 두 번하셨고 이에 엘리야도 두 번 다 한마디도 다르지 않은 똑같은 답변을 한다. 하나님과 엘리야의 대화의 흐름 속에서 한 패턴을 찾아 볼 수 있다. 하나님의 질문-엘리야의 답변-하나님의 지시 그리고 하나님의 질문-엘리야의 답변-하나님의 지시로 이어진다.[33] 두 번의 하나님의 질문에도 똑같이 호소만하는 엘리야를 향해 하나님의 질문과 지시가 패턴의 흐름 속에서 차츰 구체화 되고 강화되고 있음을 볼 수 있다. 다시 말하면, 하나님의 질문

---

32) 이스라엘 백성을 뒷전으로 하고 40년 동안이나 광야생활을 했던 모세가 새로운사역을 시작하기 전에 하나님을 만난 곳과 절망 중에 있는 엘리야를 일으켜 40주야를 거쳐 이르게 하여 새 사역을 주신 곳이 하나님의 산 호렙이라는 점에 매우 큰 시사점을 찾아 볼 수 있다. 실제로 하나님과 모세, 하나님과 엘리야의 대화와 하나님의 지시사항을 문맥 속에서 살펴보면 흥미 있는 유사점들을 찾아 볼 수 있다 (참고, 출 3장-4:18; 왕상 19장).

33) 왕상 19장의 기록을 보면 처음의 패턴은, "여호와의 말씀이 저에게 임하여"(the word of the Lord came to him, 9절), "저가 대답하되"(he replied, 10절), "여호와께서 가라사대"(the Lord said, 11절), 둘째는, "한 소리가 있어 그에게 가라사대"(a voice said to him, 13절), "저가 대답하되"(he replied, 14절), "여호와께서 저에게 이르시되"(the Lord said to him, 15절)이다.

과 엘리야의 대답은 두 번 다 같았지만, 하나님의 지시는 구체화되고 있으며 엘리야에게 무엇을 해야 할 것인지를 직접적으로 명하시며 새로운 사역을 말씀하고 계신다. 모세에게 여러 가지 이적으로 보이셨던 것처럼 하나님은 바람으로 비로 세미한 음성으로 엘리야에게 보여 주셨다. 그래도 깨닫지 못하자 직접 말씀으로 할 일을 지시하시고, 새 소망을 주셨다. 이에 절망 중에 죽음을 호소하던 엘리야는 새 힘을 얻고 바른 사고를 회복하고 하나님이 지시하신 대로 그의 새로운 사역을 수행하는 것을 볼 수 있다. 이를 근거로 학자들과 임상 상담자들의 의견들을 살펴보면 더욱 큰 도움이 될 수 있을 것이다.

곧게 펴기

자살 문제를 다루어야 하는 상담자들은 자해,[34] 자살 충동, 자살 미수, 자살이 영적인 문제뿐 아니라 심리적, 사회적인 문제들과 함께 복합적으로 일어난다는 것을 알아야 한다. 무엇보다도 자살의 유혹으로부터 벗어나도록 도와야 한다. 상담자가 자살 충동자와 상담할 때 꼭 알아두어야 할 점들을 보자.[35]

첫째는 상담자는 우울증이나 자살 충동에 사로잡힌 사람과 대화할 때 그들의 감정을 가볍게 여겨 무시한다거나 자극하는 말을 삼가야 한다. 예를 들면, "그리 심각하지는 않군요," "그냥 훌훌 떨쳐버리지요," "그 정도 가지고 뭘 그렇게…" 등. 이들의 특징 중 한 가지는 혼란과 절망감 때문에 이성

---

[34] 자해(Self-harm or Self-injury)는 자기의 신체의 일부에 상처를 입히거나 학대하는 것으로 반드시 자살로 연결되는 것은 아니지만 종종 그렇게 되는 수도 있다. 자해에 대해서는 에드워드 웰치(Edward T. Welch)의 *Self-injury: When Pain Feels Good* (Phillipsburg: P&R Publishing, 2004)를 참조.

[35] 밀라드 살, 『성경과 심리학의 조화』, 252-254; 신덕신, "우울증 환자를 둔 가족을 어떻게 도와야 할 것인가?," 96-97; David J. Atkinson, and David H. Field, *New Dictionary of Christian Ethics and Pastoral Theology*, 826.

적으로 책임감을 가지고 생각하지 않기 때문에 상담자가 말하는 내용을 쉽게 오해하거나 전혀 듣지 않는다는 것이다. 또 한 가지는 주의 깊게 들어주되 그들의 생각에 동조하는 듯한 말들은 삼가도록 한다. 그들 스스로 자해나 자살이 옳지 않음을 알고 있고 이미 계획을 가지고 있을 수 있다. 이때 그들의 왜곡된 사고에서 나온 생각에 대한 상담자의 동조는 그들의 계획을 실행할 근거를 줄 수 있다.

둘째는 자살 사고와 계획에 대한 직접적인 질문을 하는 것이다. 이러한 질문은 자살행동을 제지할 수 있다. 자살 가능성이 의심되는 내담자에게는 "자살을 시도한 적이 있습니까?" 또는 "죽고 싶은 생각이 있습니까?" 등의 질문을 직접적 그리고 구체적으로 묻는 것이 필요하다. 자살 의도가 있는 사람의 대부분은 자기 생각을 어떻게든 타인에게 알리는 경향이 있다. 이때 그들의 감정을 터놓고 이야기하게 하는 것이 중요하다. 자신의 자살충동에 대해 이야기하는 사람은 자신의 감정을 털어 놓으려 하지 않는 사람보다 자살할 위험이 훨씬 적다. 이 감정들을 토로하는 동안 어느덧 새로운 안도감을 느끼게 될 수 있다. 상담자가 그들의 이야기를 친절하게 귀 기울여 들어주는 것은 그들의 사태가 더 악화되지 않게 할 수 있다.

셋째는 생명에 대한 하나님의 주권에 관해 확실하게 인지시키되 너무 틀에 박히고 윤리적인 말들보다는 하나님의 사랑과 능력을 알게 하는 것이 더 효과적이다. 이러한 사람들은 지치고 연약한 상태에서 죄책감을 지니고 있으며 자기 말을 들어 주는 사람들에게 그들의 문제를 토로하고 싶은 욕구를 느낀다. 만일 그들이 영적인 충고와 상담에 개방적인 태도를 지니고 있다면 그들을 든든히 세워줄 수 있는 성경구절들-하나님의 사랑, 하나님의 관심, 시험당할 때 도와주시는 하나님의 능력, 하나님께서 이러한 위기에 있는 그를 보살피리라는 사실들을 담은 구절들-을 보여 주는 것이 효과적이다.

넷째는 그들은 어떤 특정한 문제에 대하여 오직 한 가지 해결책만을 생각할 수도 있고 또 그것이 자살을 결심하는 것이 될 수 있다. 왜냐하면 때때로 그들은 깊은 절망 가운데 현실을 똑바로 볼 수 있는 능력을 상실하여, 자살 외에도 다른 방법들이 있음을 인식하지 못할 수도 있기 때문이다. 그들에게 대처해 나갈 수 있는 새로운 방법을 보여 주거나 어떤 현실 문제들을 그들과 함께 다루어 나가도록 도와주는 것이 좋다.

다섯째는 만일 문제가 현실적인 사건으로 인해 갑작스럽게 생긴 것이 아니라면, 그 사람이 알지 못하는 어떤 깊은 갈등이 원인이 되고 있는 것이다. 오래된 갈등이 무의식 속에 갇혀 있다가 자신도 모르는 사이에 마음과 몸에 병을 일으키는 경우이다. 이 경우에는 그로 하여금 전문적인 도움을 받게 하는 것이 중요하다. 신체검사에서 아무런 이상이 없다면 상담자는 그의 깊고 무의식적인 갈등을 포착해내어 해결할 수 있도록 해주어야 한다.

여섯째는 심한 자살 유혹에 노출되어 있는 사람은 보호관찰이 필요하다. 자살 위험을 내포하는 모든 언어적, 비언어적인 표현들을 심각하게 받아들이고 안전 대책을 세워야 한다. 상담자는 이들을 상담할 때 질문을 통해 환자 스스로 자신의 행동을 통제하고 충동을 행동으로 옮기는 것을 삼갈 수 있는지를 확인해야 한다. 특히 내담자가 갑자기 차분해지거나 평화로워 보일 때 특히 주의해야 한다. 자살에 대한 계획이 세워지면 불안이 해소되기 때문이다. 만일 내담자의 상태가 심하여 자신의 행동을 통제하지 못한다고 판단되면 즉시 정신과에 입원시켜 치료를 받도록 해야 한다. 때로는 24시간 동안 전문가의 보호와 돌봄이 필요할 수도 있다. 자칫 가족 구성원이나 상담자가 내담자의 상태의 긴급성을 파악하지 못하고 방치함으로써 내담자가 자살한 후에 후회를 하거나 자책감에 빠지는 경우가 종종 있다는 것을 알아야 한다.

마지막으로는 한번 자살을 시도했던 사람을 상담하는 경우에 더욱 주의해야 할 것은 그의 문제가 해결되거나 그의 문제가 치료가 되지 않는 한 계속 자살을 시도한다는 것이며, 그들이 자신이 자살을 시도했다는 죄책감과 다른 사람의 시각을 의식하여 더욱 위축될 수도 있다는 것이다. 이들에게는 교회 안에서 잘 소속할 수 있도록, 몇 명의 성숙한 교인들을 붙여주어 용기를 주고 갱생의 삶을 살 수 있도록 잘 돌보아 주어야 한다.

리플효과 예방하기

자살은 개인적 문제를 떠나서 가족과 사회의 문제로 확산된다. 상담의 관점에서 보면, 이미 자살이 발생되었다면, 자살은 남아 있는 가족에게 상상할 수 없는 충격과 슬픔, 상실감 그리고 혼란 등 수 많은 문제를 야기 시킨다. 그럼에도 불구하고 남은 가족에 대한 돌봄이나 상담에 대해서는 그리 많이 다루어지지 않고 있다. 일반적으로 애도는 부인, 분노, 우울, 연장된 슬픔과 지연의 기간을 지난다.[36]

먼저는 부인이다. 사랑하는 사람의 갑작스런 죽음을 받아들이지 못하는 것이다. 그 사실을 믿지 못하거나 받아들이기를 거부하는 것이다. 때로 기억상실의 상태(a fugue-like state)를 경험하기도 한다. 많은 경우 실제로 이러한 경험을 하는데, 그다지 심하지 않은 경우는 그냥 옆에 있어주는 것만으로도 큰 위로와 도움이 된다. 이때에는 의문에 대답을 하려고 애쓰지 않는 것이 오히려 더 도움이 될 수 있다. 만일 증상이 심한 기억상실의 경우에는 전문가에 의뢰하는 것이 좋다.

다음은 분노이다. 분노와 반항의 감정, 우울, 상실감, 수면장애 등이 따른다. 자살의 경우에는 이러한 복합적인 증상은 다른 어떤 경우보다 심하게 나타날 수 있다. 심신의 피로를 쉬게 하는 것이 매우 중요하다. 기독교 상담에서는 이들이 하나님의 주권에 안식할 수 있도록 돕는 것이 필요하다.

연장된 애도이다. 사랑하는 사람의 자살에 대한 반응과 상심은 단시간에 치유되지 않는다. 평생을 걸쳐 나타날 수 있다. 상담자는 이러한 경우 상실이라는 차원에서 이 문제를 주의 깊게 다루는 것이 필요하다. 상담자가 남은 가족을 상담할 경우 꼭 알아야 할 것은, 위에서 살펴보았듯이, 자살은 주

---

[36] M. Gelder et al., "Bereavement," *Oxford Textbook of Psychiatry* (Oxford: Oxford University Press, 1989).

변 사람들을 파괴시키는 리플효과가 있다는 것이다. 따라서 남은 가족들이 자살로 이어지지 않도록 그들의 상태를 예의 주시해야 한다.

자살은 분명 하나님의 주권에 대항하는 죄이며, 생명의 존귀함을 강조하는 성경의 가르침에 어긋나는 행동이다. 하지만 교회는 자살의 개인적, 심리적인 요인뿐만 아니라 사회적인 요인을 고려하여 자살 문제에 대한 공동체적 책임을 직시하고 자살을 예방하는데 온갖 노력을 기울여야 하며, 자살 충동자나 미수자에 대한 우리의 시각도 질시보다는 보살핌의 원리가 적용되어야 할 것이다. 이들을 신앙도 없는 신성모독자로 정죄하고, 심각한 정신질환자로 몰아가며, 사회에서 고립시키고, 인생 실패자로 손가락질할 것이 아니라, 교회는 적극적으로 자살을 방지하기 위해 노력해야 한다. 이들이 자살을 시도할 수밖에 없는 환경을 생명의 환경으로 개선해 나가는 데 힘을 기울여야 할 것이다. 교회 안에서 자살자 가족에 대한 영적, 심리적 치료나 자살 미수자의 갱생 의지 복구에 도움이 될 수 있는 교인들을 잘 활용할 필요가 있다.

성경에는 우울증세를 호소하며 절망 가운데 죽기를 소원했던 위인들이 여러 명 나온다. 대표적인 예가 엘리야와 욥이다. 그밖에도 모세, 다윗, 예레미야는 모두 한때 우울증에 빠졌던 때가 있다. 하지만 이들은 자살로 그들의 생을 마감하지 않았다. 또한 마태복음에서도 베드로의 갈등하는 모습이 유다의 배반과 자살의 이야기와 함께 나타난다. 예수님의 죽음 앞에서 베드로는 예수님의 제자임을 세 번이나 부인하는 모습을 보인다. 그는 끝내 눈물을 흘리며 통회하지만 유다처럼 자살을 함으로 생을 마감하지 않았다. 오히려 사망의 권세를 물리치고 부활하신 예수님의 부활 사건을 경험하고 이를 증거하는 기독교 역사상 중요한 업적을 남기는 인물로 남았다. 따라서 그리스도인들도 우리의 삶 속에서 우울증, 자살 충동 등을 경험할 수 있으나, 생명에 대한 하나님의 주권을 철저히 인정하고, 여러 고통과 절망 가운데서도 소망을 주시는 하나님의 능력과 은혜를 소유하여 스스로 목숨을 끊는 일이 없도록 해야 한다.

제 8 장

혼전 성: '한 몸' 됨의 비밀
Premarital Sex: Secrets of Oneness

개방적 성문화

　이 글을 쓰는 중 "미혼여성들 연애와 性…과거 캐묻는 건 '쿨'하지 않잖아요"라는 제목하의 한 기사가 눈에 띄었다.[1] 거기에는 요즘 젊은 여성들의 성에 대한 가치관이 그대로 나타나 있기 때문이다. 미혼여성 응답자 9588명 중 58.9%가 미혼 남녀가 결혼 전 미리 속궁합을 맞춰 볼 필요가 있다고 생각했다는 것이다. 이 기사는 여성응답자의 대답에만 초점을 맞추었지만, 그래도 지금까지 여성들은 성 문제에 있어서 보수적이었다는 우리의 고정관념을 깨뜨려 주고 있다. 여성들 사이에서도 이제 혼전순결을 덜 중요하게 생각하며, 오히려 '속궁합'을 맞추어 보고 결혼한다는 개방적인 생각이 젊은이들 사이에 팽배해지고 있다. 이제는 혼전 성관계는 친구들끼리도 터놓고 얘기할 수 있는 더 이상의 금기사항이 아닌 하나의 문화로 자리잡아 가고 있다.

---

[1] 2005년 12월 10일 동아일보 인터넷(www.donga.com)판 신문 사회면에서 김광현, 신수정 기자는 "미혼여성들 연애와 性…과거 캐묻는건 쿨하지 않잖아요"라는 제목 하의 기사에서 동아일보와 SK커뮤니케이션즈의 메신저 서비스인 '네이트온'이 1만 2835명(여자 1만 795명, 남자 2040명)을 대상으로 실시한 설문조사 결과를 설명하며 요즘 젊은 여성들의 성에 대한 개방된 가치관에 대해 쓰고 있다.

이런 성 개방의 문화는 그리스도인들에게도 심화되어가고 있다. 교회에 다니고 있는 청소년들을 대상으로 한 성 활동 조사보고는 매우 심각한 현상을 보여 준다.

나이별로 본 성 활동(교회에 다니는 청소년)[2]

성활동	전체	11-12세	13-14세	15-16세	17-18세
손잡기	89%	74%	84%	92%	95%
포옹과 약한 키스	73%	39%	65%	80%	86%
진한 프렌치 키스	53%	15%	8%	61%	74%
유방 만지기	34%	4%	20%	41%	55%
성기 만지기	26%	2%	14%	30%	44%
성교	15%	1%	8%	18%	27%

이 조사에 의하면 17-18세에 이미 27%가 성교를, 44%가 성기 만지기를, 55%가 유방 만지기를 하는 것으로 나타났다. 13-14세에서 15-16세로 가면서 유방 만지기, 성기 만지기, 성교 등이 두 배로 늘어났다. 11-12세에서 13-14세로 가면서 이러한 활동이 5배, 7배, 8배로 각각 증가했다. 혼전 성의 문제는 연령이 올라가면서 광범위하게 증가하고 있으며, 그 심도가 깊어지고 있다는 것을 알 수 있다. 특히 교회 공동체 안에 있는 청소년들도 이러한 개방적 성문화로부터 자유롭지 못하다는 실례를 보여 주고 있다.

다양한 원인들

혼전 성교에 대해 요즘 들어 더욱 문제시 되는 것은 그 현상이 점점 문화로 정착되어간다는 것과 혼전 성교의 연령층이 점점 낮아지고 있다는 것이다. 혼전 성교의 원인은 다양하며, 그 원인들과 영향들이 서로 관련을 가지

---

[2] 이 도표는 Josh McDowell, and Bob Hostetler, *Right from Wrong: What You Need to Know to Help Youth Make Right Choices*, 269, quoted in Josh McDowell & Bob Hostetler, *Johsh McDowell's Handbook on Counseling Youth*, 281.

고 있다. 현대 사회가 가지는 특성 때문에 더욱 두드러지는 원인들이 있는데, 이들을 열거해 보면 다음과 같다.

사회 전반의 성문화

가장 우선적으로 들 수 있는 것은 사회전반에서 주는 메시지들이라고 볼 수 있다. 대중 매체들이 주는 메시지는 "좋은 느낌을 주면 그것을 행하라"[3] 고 유혹하고 있으며, 상업 방송들의 선전 문구와 영상들은 모두 성적 연상을 하도록 이중적으로 점철되어 있다. 이와 더불어 인터넷의 빠른 보급률 등으로 인해 이제 성적 이미지와 메시지의 노출로부터 무방비 상태가 되었다. 혼전 성교, 동거 등이 공공연히 이야기되고 있으며, 묵인되고 있다. 성적인 규제는 점점 완화되어 가고, 성적 기준들은 느슨해져 가고 있다.[4] 콜린스(Gary R. Collins)는 "이 사회는 성에 사로잡혀 있는 듯하며, 성적 자극들을 피하기 위해서는 은둔자가 되어야만 할 것"이라고 현 사회의 팽만해진 성 문화에 대해 지적하고 있다.[5] 이러한 경향은 사회뿐만 아니라 교회와 신학계에도 영향을 미쳐 성의 윤리에 대해 외치는 소리가 점점 약해지고 있다.

로빈슨(John A. T. Robinson)은 '사랑'과 '자유,' '책임'의 맥락에서 서로에 대한 사랑과 헌신이 전제되어 있다면 성은 언제나 가능한 것이라고 하며,[6] 플레처(Joseph Fletcher)는 성경은 혼전 성관계에 대해 명시적으로 언급한 것이 없으므로 혼전 성의 윤리성 여부는 교리적으로 규정되어서는 안 되고, 상황과 사랑의 관점에서 정해져야 한다고 주장한다.[7] 이러한 사회 전반의 성

---

3) Josh McDowell, and Bob Hostetler, *Right from Wrong: What You Need to Know to Help Youth Make Right Choices*, 269, quoted in Josh McDowell & Bob Hostetler, *Johsh McDowell's Handbook on Counseling Youth*, 282.
4) Gary R. Collins, *Christian Counselling*, 286.
5) Gary R. Collins, *Christian Counselling*, 281.
6) John A. T. Robinson, *Christian Morals Today* (Philadelphia: Westminster Press, 1964), 45.
7) Joseph Fletcher, *Situation Ethics: The New Morality* (Philadelphia: Westminster Press, 1966), 142; *Moral Responsibility: Situation Ethics at Work* (Philadelphia: Westminster Press, 1967),

에 대한 개방적이고 완화된 메시지는 이제 혼전 성교는 더 이상 금기가 아니라고 우리의 가치관을 변화시키고 있다.

전통적 가족관계 붕괴

현대의 부부관계의 붕괴에 의한 이혼, 별거, 편부모, 계부모 가족 등 전통적 가족 관계의 붕괴는 젊은이들의 혼전 성적 활동에 취약성을 제공하고 있다고 플레웰링과 바우만(Flewelling & Bauman)은 말한다.[8] 화이트헤드(Barbara D. Whitehead)는 편부모 가족의 소녀들은 조기 성 활동, 십대 결혼, 십대 임신, 혼외 자녀 그리고 이혼 등에서 양친 부모 가정의 소녀들보다 훨씬 더 큰 위험을 가지고 있다고 주장한다.[9] 다른 조사에서는 부모가 이혼한 대학생들은 친부모와 살고 있는 가정의 동급생들보다 성적으로 더 활동적이며, 오락적 성관계를 선호하는 경향이 있다고 했다.[10] 이는 대중문화는 선정적이고 성적 메시지를 보내고 있지만, 이러한 영향으로부터 자신을 지킬 수 있는, 좋은 영향을 미칠 수 있는 건전한 부모상이 붕괴되어 가고 있기 때문이다. 가족의 붕괴로 손상을 입은 청소년은 그렇지 않은 가정의 자녀들보다 일반적으로 성적인 유혹과 영향에 더 노출되어 있으며, 저항할 능력이 적다고 볼 수 있다.

부모 역할의 부재

전통 가족 관계의 붕괴와 더불어 가정 안에서의 부모 역할의 부재도 혼전 성에 쉽게 노출되게 하는 요인으로 볼 수 있다. 부모의 역할이 부재되고 있

137.

8) Robert L. Flewelling, and Karl E. Bauman, "Family Structure as a Predictor of Initial Substance abuse and Sexual Intercourse in Early Adolescence," *Journal of Marriage and the Family* 52 (1990): 178.
9) Barbara D. Whitehead, "Dan Quayle Was Right," The Atlantic Monthly April (1993): 47.
10) Marilyn Elias, "Parents' Divorce Affects Sex Lives of Collegians," USA Today 8 (1989): 1D; Josh McDowell, and Bob Hostetler, *Right from Wrong*, 220.

을 때, 성적인 문제도 생길 수 있다. 우선은 자녀들은 어느 때보다도 선정적 대중매체에 매우 노출되어 있음에도 불구하고, 부모들은 가정 안에서 성교육을 제대로 시행하지 않고 있다.

맥도웰(Josh McDowell)과 호스테틀러(Bod Hostetler)는 대부분 부모들이 성에 대해서 자기들의 부모로부터 배우지 않았기 때문에 자녀들에게도 어떻게 가르쳐야 할지 모른다고 지적하며, 부모들이 공개적으로 자녀들과 성에 관련된 가치들과 신념들을 더 많이 토의하면 할수록 자녀들의 부정적인 성적 자세가 줄어든다고 한다.[11] 또 현대의 바쁜 부모들로 인해 가정에서 부모들의 사랑과 관심을 받지 못하는 것도 청소년들의 혼전 성교 문제의 한 요인이 된다고 볼 수 있다. 맥도웰은 청소년들은 부모의 사랑을 절대적으로 확인하고 싶어 하고, 그렇지 못할 때 그것을 채우려고 밖으로 뛰쳐나가며, 손쉬운 방법(성)으로 그것을 채우려고 한다고 지적한다.[12]

사회 심리적 요인

사회 심리적으로 인정받고 싶은 것도 주요한 요인이 될 수 있다. 여기서는 또래 문화의 영향을 지적하려고 한다. 또래 문화의 영향은 그것이 물리적인 직접적 또래 압력이나 따돌림 같은 간접 압력에 의해서도 생길 수 있고, 호기심 등에 의한 자발적 참여가 있을 수도 있다. 타의적 또래 압력 때문일 경우 그 뒤에는 대부분 수용과 안정을 받고 싶은 욕구가 숨겨져 있다고 볼 수 있다. 자발적 참여의 경우 호기심, 주체의식 혹은 자존감의 추구 등을 말할 수 있지만 역시 불만족스러운 현실로부터의 도피 혹은 부모 등의 권위 체계에 대한 반항의 표시로 볼 수 있다.[13] 어떤 소녀들은 자신에 대

---

11) Josh McDowell, and Bob Hostetler, *Right from Wrong: What You Need to Know to Help Youth Make Right Choices*, 269, quoted in Josh McDowell & Bob Hostetler, *Johsh McDowell's Handbook on Counseling Youth*, 283.

12) Josh McDowell, *The Myths of Sex Education* (San Bernardino: Here's Life Publishers, 1990), 20.

13) Josh McDowell, *The Myths of Sex Education*, 284; Gary R. Collins, *Christian Counselling*, 287.

해서 아주 부정적이고 사랑을 받지 못한다고 느끼기 때문에 의도적으로 자식을 낳아서 자기가 그를 사랑하고 자기도 그에게 사랑받고 싶어서 성적으로 활동하는 경우도 있다. 이는 부모나 남자친구 등에게 복수의 수단으로 아기를 가지려고 하는 것으로 볼 수 있다.[14] 이러한 성문화는 사람들이 소외시키는 사회 구조 속에서 인정과 사랑 받고 싶은 요구로부터 기인하는 경우가 많다.

병리적 현상

병리적 현상들을 들 수 있다. 알콜과 약물 복용은 청소년들의 성과 매우 밀접한 관련이 있다고 볼 수 있다. 알콜이나 약물 복용으로 혼란에 빠지게 되거나 자제력을 상실하게 되어 청소년들이 자신도 모르는 사이에 이런 성적 행위에 빠지게 되는 것이다.[15] 신경증적이며 정신병적인 사고의 뒤틀림 등도 한 원인이 될 수 있다.[16] 이러한 현상은 과학문명은 발전해가지만 역으로 인간의 정신성은 날로 피폐해가면서 나타나는 병리적 현상들이다.

인간에게 가장 기본적이면서도 총체적인 영향을 주는 것이 성이라 할 수 있다. 성은 인간의 가장 연약하고 절제하기 어려운 문제들 중의 하나이다. 기혼인 경우도 마찬가지이지만, 성적 유혹을 받기 쉬운 청소년들과 젊은 층들은 이런 면에서 절제하기가 더욱 쉽지 않다. 때문에 우리의 성을 단지 우리 자신의 정신성이나 문화에 맡기는 것은 성숙한 모습이라 할 수 없다. 영적인 성숙함이 어느 부분보다 중요하게 요구되는 영역이 성이다. 우리는 이미 성령의 능력에 의존하지 않으면 이러한 유혹에 대항할 힘을 상실한 지 오래된 사회 속에서 살아가고 있다.[17]

---

14) Josh McDowell, *The Myths of Sex Education*, 284.
15) Robert Coles, and Geoffrey Stokes, *Sex and the American Teenager* (New York: Harper and Row, 1985), 79.
16) Gary R. Collins, *Christian Counselling*, 287.
17) Gary R. Collins, *Christian Counselling*, 287-288.

값비싼 지불

혼전 성교가 신체적, 정서적, 대인 관계적 그리고 영적으로 미치는 영향은 매우 크다. 하지만 뜨거운 물에 빠진 개구리와 같이 처음에는 스스로 알지 못할 수도 있다.[18] 혼전 성교는 신체적으로 동정의 상실, 원치 않는 임신, 사생아 탄생, 원치 않는 결혼, 낙태, 성적으로 전염되는 병 등 여러 결과를 초래할 수 있다. 낙태의 문제는 본서에서도 다루고 있지만, 낙태가 여성의 몸에 미치는 영향은 말할 수 없이 크다.[19] 특히 청소년의 경우에 낙태는 후에 불임증에 걸린다거나 각종 질병에 노출되기 쉽다. 또한 원치 않는 임신이나 사생아 탄생은 아직 정서적으로 경제적으로 부모가 될 준비가 되지 않은 상황에서 당사자들과 (특히 여성에게) 주변 가족들에게 매우 큰 부담과 갈등을 초래할 수 있다.

게다가 성적 부도덕에 대한 감정적인 대가는 측량할 수 없을 정도로 크다.[20] 성적 부도덕은 정서적 혼란 혹은 번민, 자책감, 자신에 대한 실망 등을 초래하게 된다. 낮은 자존감 혹은 자기혐오 등 많은 파괴적 감정들을 만들어낸다.[21] 더 나아가 혼전 성교는 대인 관계, 특히 결혼 관계에 크게 영향을 미친다. 혼전 성교는 특히 여성들에게 많은 부담을 주어 불안감에 빠지게 하거나, 친밀한 대화와 신뢰를 바탕으로 하는 진정한 인격적인 이성 교제를 방해하게 한다. 실제로 성관계후 많은 이성간의 교제가 깨어지고 있다.[22] 이들에게 있는 정서적 불안과 파괴적 감정들은 주변 사람들과의 대인 관계에도 영향을 주어 친밀한 관계형성을 어렵게 한다. 무엇보다도 혼전 성교는 결혼 후에도 결혼 생활에 영향을 미쳐 가정이 깨지게 되는 주요한

---

18) Gary R. Collins, *Christian Counselling*, 288.
19) 본서의 낙태에 관한 글을 참조.
20) Josh McDowell, and Bob Hostetler, *Johsh McDowell's Handbook on Counseling Youth*, 285.
21) Gary R. Collins, *Christian Counselling*, 288-289; Josh McDowell, and Bob Hostetler, *Johsh McDowell's Handbook on Counseling Youth*, 285-286.
22) Dick Day, *Why Wait? You Need to Know about the Teen Sexuality Crisis* (San Bernardino: Here's Life Publishers, 1987), 256.

요인으로 작용한다.[23] 혼전 성교는 영적으로도 위태롭게 하며 우리 삶에서 영적 영향력을 발휘하지 못하게 한다.[24] 혼전 성교는 영적인 무력감과 악순환적 관계에 있다. 다시 말하면, 낮은 수준의 신앙이 혼전 성교의 원인이 되기도 하지만, 혼전 성교는 하나님과 동행하는 것을 방해하고 신앙적인 헌신을 하지 못하도록 하여 영적 무력감의 악 순환 속에 가두어 버린다.[25]

'한 몸'과 '한 영'의 원리

성에 대한 성경의 가르침은 우리의 '몸'(body)에 관한 원리를 통해 살펴볼 수 있다. 우리의 '몸'은 '영'과 뗄 수 없음을 강조하고 있다. 우리가 우리의 몸을 우리의 욕구대로 사용할 때 욕구에 지배되어 버린 하나의 '창기의 것'이 되어 버린다는 것이다. 성경은 성은 '한 몸'을 이룬 부부에게 주신 것이며 또한 우리의 '몸'은 우리 자신의 것이 아니라 하나님의 것이라는 원리를 말하고 있는데, 이것은 혼전 성에 대한 중요한 가르침을 준다.

결혼 안에서의 성

혼전성에 대한 성경의 가르침을 살피려면, 성경이 제시하고 있는 '한 몸'의 원리를 이해해야 한다. 성에 대한 성경의 기본적인 관점은 세 가지로 요약된다. 하나님은 성을 창조하셨다. 결혼한 부부에게 성을 주셨다. 성은 부부에게 자녀 생산을 하여 가족을 구성하게 하고, 신체적, 심리적, 영적으로 하나 되게 하기 위하여 그리고 즐거움의 목적으로 부부에게 주셨다.[26] 성경의 가르침은, 성적인 결합은 신비하고 독특한, '한 몸'이 되는 결합이라는

---

23) Gary R. Collins, *Christian Counselling*, 289.
24) Gary R. Collins, *Christian Counselling*, 289.
25) Josh McDowell, and Bob Hostetler, *Johsh McDowell's Handbook on Counseling Youth*, 286.
26) Josh McDowell, and Bob Hostetler, *Johsh McDowell's Handbook on Counseling Youth*, 286-287.

것이다. 창조 이야기 속에서 간단하지만 분명한 근거를 볼 수 있는데, 그것은 곧 "이러므로 남자가 부모를 떠나 그 아내와 연합하여 둘이 한 몸을 이룰지로다"(창 2:24)이다. 바리새인들이 당대에 유행하던 이혼에 관한 논쟁거리로 예수를 끌어들여 곤란에 처하게 하려 했을 때에도 예수님은 창세기의 '한 몸' 개념을 설명했으며, 거기에 덧붙여서 이르시기를, "이러한즉 이제 둘이 아니요 한 몸이니 그러므로 하나님이 짝지어 주신 것을 사람이 나누지 못할지니라"(마 19:6)고 하셨다. 바울도 에베소에서 남편들에게 아내들을 사랑할 것을 권면하면서 '한 몸'의 원리를 인용한다. 바울은 "자기 아내 사랑하는 자는 자기를 사랑하는 것"(엡 5:28)이라고 말한다. 바울의 견해는, 결혼이 이러한 하나 되는 결합을 창조하기 때문에 자기의 배우자를 해하는 것은 바로 자기를 해하는 것이라는 점이다.

성경이 성을 결혼 서약의 한계 안으로 제한하고 있는 것은 성교가 단순히 육체적인 것 이상이며, 심지어는 정서적 및 정신적인 것 이상의 어떤 것을 포함하기 때문이다. 그것은 각 사람의 영혼 깊은 곳을 어루만지며, '한 몸'이 되는 확고한 결합을 이루는 것이다. 결혼의 서약을 통해 남자와 여자는 '한 몸'이 되는 것이다. 한 몸을 '가진' 것이 아니고 한 몸'이며', 한 영혼을 '가진' 것이 아니고 한 영혼'이다.' 육체의 깊은 곳을 만진 것은 곧 영혼을 만진 것이나 다름이 없다.[27] 성교는 우리를 '한 몸'을 이루는 신비롭고도 확실한 관계에로 이끌어 준다. 즉 그것이 영원하고 충실한 계약으로 연결이 될 때에는 오묘한 경이로움으로 서로를 묶어 하나로 만들어 준다. 그러나 그렇지 않을 경우에는 일종의 공허하고 덧없는 것이 되어 버림으로써 비록 자신은 결코 의식하거나 깨닫지 못한다 하더라도 자기 인격의 분열을 초래하거나 마음 깊은 곳에 좌절과 절망감을 가져다 줄 수 있다. 바울은 혼외의 정사가 본질적인 범법 행위이므로 그것을 분명히 금한다고 주장한다. 고린도전서 6장에서 바울은 거리의 여인과 관계를 맺은 경우를 다루고 있다. 그는 다음과 같이 기록하고 있다. "창기와 합하는 자는 저와 한 몸인 줄을 알

---

27) 참고: We cannot say that I have a body, but I am a body.

지 못하느냐 일렀으되 둘이 한 육체가 된다 하셨나니"(고전 6:16). 이 구절은 바울이 성교를 '한 몸'이 되는 결합을 이루는 매우 중요한 행위로 여기고 있다는 점을 분명하게 보여 주고 있다. 따라서 결혼하지 않은 사람들 간의 성교에 대해 성경이 금하고 있는 것은 임신이나 성병 및 그밖의 문제들에 관한 상식적이고 실재적인 관심을 넘어선다. 혼외의 육체접촉은 그 행위가 지닌 내면적 실재를 해치는 것이므로 그릇된 것이며, 삶을 연합 시키고자 하는 의도가 없는 육체의 연합 행위이므로 더욱 옳지 못하다. 그러므로 성적 부정은 결혼한 부부에게 선물로 주신 하나님의 완전하신 창조 계획을 부정하고 왜곡시키는 것이다.

쾌락과 성

혼전 성의 문제에 대한 성경의 가르침은 우리의 '몸'에 대한 깊은 통찰에서 나온다. 혼전 성의 문제는 성욕과도 매우 깊게 관련되어 있다. 우리가 성욕이라고 부르는 것은 절대적 필요의 원리에서 보기보다는 선택의 원리에서 이해해야 한다. 우리 몸은 음식과 공기 그리고 물을 절대적으로 필요로 한다. 이것들이 없으면 사람은 생존할 수 없다. 그러나 성교의 결핍으로 죽는 사람은 없다. 따라서 성교는 사람이 원하는 바이지 필요한 것은 아니다. 이 차이는 매우 중요하다. 이를 구별할 줄 알면 독신 생활자들은 놀라운 자유를 만끽할 수 있다. 독신 생활은 반쪽짜리 인생도, 불충분하고 불완전한 인생도 아니다. 사도 바울은 특별히 고린도에 있는 성도들에게 쓴 그의 서신에서 이 '성적 욕구'의 문제를 다루고 있다. 그들은 성적 유혹이 많은 환경에서 살고 있었으며, 그들 중에 바울을 통하여 삶의 자유를 맛본 어떤 사람들은 이 자유가 창기와의 성 관계까지를 포함하는 완전한 성적 자유를 의미한다고 생각하였다. 그리스도 안에서 모든 것이 합당하다고 생각하고 있던 이들에게 바울은 이렇게 응답하였다. "모든 것이 내게 가하나 다 유익한 것이 아니요 모든 것이 내게 가하나 [어느 것도 나를 사로잡지 못하리라]"(고전 6:12)²⁸⁾. 바울의 가르침은 성욕 자체에 문제가 있는 것이 아니라 성욕이 우리를 사로잡지 못하게 해야 한다는 것이다.

혼전 성교의 문제와 관련하여 바울의 가르침을 계속해서 보면 우리의 '몸'에 대한 의식을 바르게 가르쳐 주고 있다(고전 6:13-19). 우리의 몸은 음란을 위하여 있는 것이 아니고 오직 주를 위하여 있는 것이다. 우리의 몸은 예수님이 값을 치르시고 사셨으므로 우리의 것이 아니기 때문에 우리의 몸을 마음대로 해서 성적 욕구가 우리를 사로잡게 해서는 안 된다는 것이다. 여기서 바울은 '한 몸'은 '한 영'이라는 원리를 다루고 있다. 우리의 몸은 그리스도와 한 지체인데, 창기와 합하면 창기와 한 지체가 되며 그리스도와 합하면 그리스도와 '한 영'이 된다고 역설하고 있다. 그리스도인의 몸은 '성령의 전'이다. 이 원리에 의하면 혼전 성교는 자기 몸에게 짓는 죄이며 또한 자기 자신뿐만 하니라 하나님께 죄를 짓는 것이 된다.

우리는 결혼 전의 성적 무절제에 대하여 분명히 아니라고 말해야 한다. 우리는 성적인 만용이 성적 정복을 통하여 정당화될 수 있다고 하는 현대의 성적 우상과 그 신화를 수치스럽게 생각해야 한다. 성이 단지 인간의 욕망과 쾌락만을 위한 도구로 전락해서는 안 된다. 인간이 성을 하나의 쾌락만을 위한 도구로 사용할 때 이는 인간이 자기 스스로를 도구화 또는 비인간화 시키는 것이다. 더욱이 성을 사고파는 행위는 하나님 앞에서 죄이다. 사실상 성은 욕망과 쾌락으로부터 자유할 수는 없다. 하지만 성이 쾌락의 목표라고 했을 때는 문제가 생긴다. 왜냐하면 성이 쾌락의 노예로 전락해 버리기 때문이다. 그것은 이미 사랑이 아닌 것이다.²⁹⁾ 이 경우 성을 통하여 쾌락을 얻는다는 증거는 불확실하다. 그것은 반드시 쾌락이 될 수만은 없기 때문이다. 그리고 성의 표현이 쾌락을 얻기 위한 것뿐이라면 성의 공동

---

28) 고전 6:12하반절을 개역 한글 성경은 "내가 아무에게든지 제재를 받지 아니하리라"라고 기록하고 있는데, 이 보다는 바울이 고전 6장에서 탐닉에 관해 말하고 있는 문맥의 의미를 살려 [어떤 것도 나를 사로잡지 못할지니]로 다시 번역함. 이 구절을 영어 성경은 "but I will not be mastered by anything"로 쓰고 있어 고전 6장 전체의 문맥을 보다 더 효과적으로 살리고 있는 듯하다.

29) Anton T. Boisen, *The Exploration of the Inner World: A Study of Mental Disorder and Religious Experience* (Philadelphia: University of Pennsylvania Press, 1971), 278.

체성은 흔들리기 시작한다. 따라서 우리는 결혼으로 이루어지는 영원한 한 몸의 관계를 통해서만이 성 경험의 충만함과 완전함을 알 수 있다고 고백해야 한다. '한 몸'은 '한 영'이라는 성에 대한 바른 이해는 우리의 삶이 쾌락의 노예가 되는 것으로부터 막을 수 있다. 그리고 그것은 결혼한 부부를 위해 선물로 주신 성을 더욱 가치롭게 할 수 있다.

혼전 성 상담

혼전 성에 대한 상담은 아마도 가장 민감한 상담 주제 중의 하나일 것이다. 내담자가 주로 청소년 혹은 결혼 전의 젊은이들이기 때문에 더욱 그럴 것이다. 성문제를 효과적으로 상담하기 위한 지침을 정리해 보면 다음과 같다.

첫째, 상담자의 준비성이다. 혼전 성 문제는 듣는 상담자가 편하게 들을 수 있는 사안이 아니다. 따라서 상담자는 먼저 이러한 이야기를 당황하지 않고, 비난하지도 않으며, 분노를 일으키지 않고 들을 준비가 스스로 되어 있는지 점검해 보아야 한다. 혼전 성관계에 대해 듣게 될 때, 현실적이고 이해심 있는 태도를 보인다는 것은 쉬운 일이 아니기 때문이다. 만일 이러한 준비가 되지 않아 상담을 그르치게 할 수 있다고 여겨지면, 상담을 미루거나 다른 상담자의 도움을 얻도록 하라고 콜린스는 조언한다.[30]

둘째, 상담자의 민감성이다. 젠슨(Gordon Jensen)과 로빈즈(Myra Robbins)는 청소년들과의 성에 대한 상담에 있어서 상담자들에게 예민성이 있어야 함을 다음과 같이 지적했다.[31] 청소년들이 성 문제 상담을 회피하는 이유는 상담자들이 청소년들의 말에 귀를 기울이지 않고 비판적이고 도덕을 가르치려 하기 때문이다. 내담자의 마음의 동요나 지나친 호기심을 보이거

---

30) Gary R. Collins, *Christian Counselling*, 290.
31) Gordon Jensen, and Myra Robbins, "Ten Reasons Why Sex Talks With Adolescents Go Wrong," *Medical Aspects of Human Sexuality* July (1975): 7ff.

나 너무 빨리 쉽게 답변을 하는 것도 그 이유 중의 하나이다. 가장 우려하는 이유는 비밀이 지켜지지 않는다는 것이다. 성 문제로 인하여 번민 중에 있는 청소년 내담자의 경우 이러한 문제는 자존감의 문제와도 깊이 관련이 있기 때문에 상담자는 내담자의 문제를 소중히 다루는 것이 매우 중요하다. 혼전 성 문제를 내담자가 이야기하는 것은 쉬운 일이 아니므로 다른 사안보다도 더욱 상담자의 민감하고 경청적인 자세가 필요하다. 상담자가 먼저 꼭 해야 할 것은 내담자가 편안하게 느낄 수 있도록 도와주는 것이다. 예를 들면, 내담자가 자신에 대하여 혹은 자기의 관심에 대하여 이야기 할 수 있는 편안한 질문들로 먼저 시작하는 것이 내담자의 마음을 여는데 도움이 될 수 있다. 공감을 가지고 충분히 이야기를 듣되 그 문제에 대해 분명한 이해를 갖기 전까지는 충고, 설교, 의견을 말하는 것을 삼가도록 하는 것이 좋다. 왜냐하면 혼전 성 문제는 내담자 외에 그와 관계된 상대방이 있기 때문에 호기심이나 윤리적 판단이 앞서면 정확한 정보를 파악하는 일을 그르치기 쉽다. 또한 상담자가 민감해야 하는 이유는 민감하게 듣고 있지 않다거나, 비난한다거나 하는 느낌을 내담자가 받으면, 그것은 내담자의 자백과 회복을 더욱 어렵게 만든다.[32]

셋째, 상담자는 혼전 성에 대한 확고한 기독교적 가치관을 가지고 내담자의 이야기를 평가할 수 있어야 한다. 내담자의 이야기를 들으며 그 내담자의 성에 대한 가치관과 태도를 분석해 내야 한다. 행동이 변화되기 전에 가치관이 변화되어야 하기 때문이다. 내담자가 잘못된 정보를 가지고 있는지, 성에 대해 왜곡된 시각을 가지고 있는지 등에 귀를 기울여 보는 것이 문제를 직시하고 해결점을 제시하는 데 도움을 준다.[33]

넷째, 혼전 성 문제를 가지고 있는 내담자는 그 문제로 절망 중에 있거나, 성에 대해 왜곡된 시각을 가졌거나, 잘못된 정보 혹은 가치관을 가지고 있

---

32) Gordon Jensen, and Myra Robbins, "Ten Reasons Why Sex Talks With Adolescents Go Wrong," 290-291; Josh McDowell, and Bob Hostetler, *Johsh McDowell's Handbook on Counseling Youth*, 287.
33) Gary R. Collins, *Christian Counselling*, 291.

을 수 있다. 따라서 상담을 통해 이러한 문제도 회개하면 하나님께서는 용서하시며, 새 삶을 살 수 있는 용기를 또한 주신다는 희망을 주어 새로운 삶을 시작하도록 격려함이 필요하다. 또한 여러 가지 이유들로 인해 성에 대해 바른 가치관이 결여되어 있는 경우에는 성에 대한 하나님의 원리와 성경의 가르침을 가르치고 지침을 제공하는 것이 필요하다. 성은 결혼한 부부에게 주신 것이므로, 혼전 성교는 간음죄이며, 하나님의 창조 원리를 파괴하는 것임을 깨닫게 해야 한다. 만일 내담자가 본인의 의지로 혼전 성적 활동을 중지하지 못하는 것이 발견되면, 상담자는 그것이 무엇인지 파악하여, 내담자로 하여금 그러한 환경에 처하지 않도록 주의를 주거나, 그러한 환경으로부터 내담자를 격리시키는 것이 필요하다. 예를 들면, 알콜이나 약물이 원인이라면, 먼저 그러한 것들을 끊게 하며 또래 압력에 의한 것이라면, 새롭고 건전한 또래 환경으로 인도하는 것이 필요하다. 또한 이런 내담자들에게는 자신들이 지원 받고 있음을 충분히 느끼게 해 주는 것이 필요하다. 따라서 민감한 경청과 함께, 새로운 계획을 함께 세워나가는 것도 좋을 것이다.

다섯째, 새로운 삶을 위한 계획을 세워 실천하도록 돕는다. 맥도웰과 호스테틀러는 실질적이고 유용한 것들을 제안하고 있다.[34] ① 건전한 경건생활을 수립하고 유지할 수 있도록 돕는다. 여기에는 공적 예배에 참가하게 하는 것을 비롯하여 개인적으로 경건의 시간을 갖도록 지도하는 것들을 들 수 있다. ② 데이트할 때 지켜야 할 한계와 원칙[35]들을 정하게 하고, 이를 데이트 상대와 이야기하게 한다. ③ 데이트의 목표와 계획을 점검하고 뚜렷이 세우게 한다. ④ 성에 대해 같은 생각을 가진 사람과 데이트를 하도록 조언한다. ⑤ 성적 위험이 있을 만한 장소를 피하여, 공공장소나 밝은 곳에서 데이트를 하도록 권한다. ⑥ 습관화된 성적 활동을 중단할 수 없다거나 성적

---

34) Josh McDowell, and Bob Hostetler, *Johsh McDowell's Handbook on Counseling Youth*, 288.
35) 콜린스(Collins)는 Trinity Evangelical Divinity School의 한 paper를 적용하여 "데이트와 혼외 성관계에 관한 몇 가지 원칙들"에 대하여 기록하고 있다. Gary R. Collins, *Christian Counselling*, 294-295를 참조.

유혹이 있을 만한 데이트는 중지하고 자신을 돌아볼 시간을 갖게 한다.

혼전 성에 대한 문제는 예방과 함께 치료의 사역이 함께 이루어져야 한다. 콜린스는 교회가 이러한 일에 적극적으로 임해야 할 것을 지적하고 있다.[36] 혼전 성의 문제는 단순히 육체적인 문제 이상의 것들을 포함하고 있다. 신체적, 심리적, 관계적, 영적인 인간의 모든 영역에 걸쳐 영향을 주고 있다. 현대 젊은이들은 개방성을 좇지만 그것의 비용이 얼마나 크고 비싼지 간과하고 있다. 따라서 교회는 다른 어떤 그룹이나 기관보다 이러한 성적 문제를 가지고 있는 자들을 정서적, 윤리적, 영적인 면에서 건전하고 유익하게 가르치고 도와줄 수 있어야 한다. 교회와 목회상담자는 갈수록 성문화가 개방되어 가는 현대 사회 문화 속에서 성경의 원리와 가르침에 따라 젊은이들과 미혼남녀들에게 '세상의 문화나 흐름(창기)에 합'하지 않고 그리스도와 '한 영'이 되어 영적으로 풍성한 삶을 살 수 있도록 도와야 한다.

---

[36] Gary R. Collins, *Christian Counselling*, 293, 297.

Spirituality & Counseling

제 9 장

낙태: 소리 없는 살인
Abortion: A Silent Murder

낙태(abortion)의 사전적 정의는 "태아가 스스로 살아남을 수 있기 전에 자궁으로부터 제거하는 것"(Expulsion of a fetus from the uterus before it can survive on its own)이다.[1] 물론 자연 유산까지를 포함하는 폭넓은 의미로도 쓰이지만, 일반적으로는 인공적 행위를 지칭한다. 우리나라에서는 낙태라는 단어 외에 유산 혹은 임신 중절이라는 용어를 사용하기도 한다. 영어권에서는 같은 의미로 'miscarriage' 혹은 'the termination of a pregnancy'라는 용어를 쓰기도 한다. '낙태'가 현상적이고 구체적인 표현인 반면 이러한 용어들은 단선적이고 유연한 표현이라고 볼 수 있다. 이러한 용어들의 사용이 낙태의 당사자들(관련된 여성과 그 가족들 그리고 이를 집행하는 시술자들)의 윤리적 부담을 조금은 경감시키고 있다고 보는 것은 과장된 생각일까? '임신중절'이라는 말의 사용에는 태아의 생명의 존엄성보다는 어머니의 선택(즉 임신을 계속할 것인가 아닌가)에 초점이 있다. "임신의 상태를 끝마치는 것"은 "아이의 생명을 박탈한다"를 간과하게 한다.

이러한 완곡한 말의 사용이 우리가 우리자신으로부터 진실을 은폐하기

---

1) Britanica, "Abortion," *Britannica Concise Encyclopaedia*, (London: Encyclopaedia Britannica Ltd, 2003).

쉽게 한다는 것을 부인할 수 없다.[2] 아무튼 어떤 용어를 사용한다고 해도 낙태가 생명을 죽이는 일이며, 하나님의 창조 행위를 방해하는 죄임을 피할 길은 없다.

오늘날 생명의 존엄성과 절대적 가치는 사라지고, 생명을 죽이고 파괴하는 이른바 '죽음의 문화' 또는 '죽임의 문화' 현상들은 우리 사회 곳곳에서 확인할 수 있다. 인간 복제, 낙태, 자살, 안락사, 폭력 등 인간 생명의 절대적 가치가 부인되고 있다. 이러한 현상은 현대에 들어오면서 삶의 질, 사적 권리 중시, 절대적 가치의 부재 등을 추구하는 포스트모더니즘의 한 단상이라고 볼 수 있다. 그 중 낙태는 그 어떤 것보다도 현대인들의 생활에 광범위하게 영향을 미치며, 수많은 문제들을 초래하고 있다. 낙태에 관한 문제는 어느 다른 문제들보다도 다양하게 논의되고 있으며 갖가지 이유들로 현대인들을 유혹하고 있다. 현대를 살아가는 그리스도인들도 이러한 유혹과 혼란 속에서 자유롭기가 쉬운 일이 아니다.[3] 그럴수록 목회상담자들은 낙태에 대한 바른 성경적 가르침을 알아 바른 상담을 할 수 있도록 해야 한다. 먼저 낙태에 대한 여러 견해들을 살펴보고, 바른 성경적 가르침을 찾아보려고 한다. 그리고 낙태문제로 고민하는 내담자를 효과적으로 상담하는 방법을 살펴보고자 한다.

사회 변화와 낙태

낙태는 오래 전부터 있어왔으며 낙태에 대한 도덕적 논란 또한 오랜 역사를 갖고 있다. 낙태에 대한 가장 오래된 기록으로는 중국의 황제 센녕의 복용약 처방전이다(B.C. 2737-2696).[4] 그리스 로마 시대에도 낙태를 허용하

---

[2] John Stott, *Issues Facing Christians Today*, 328.
[3] 낙태를 시행한 여성의 6명 중의 한명이 자신을 복음적인 그리스도인이라고 고백하고 있다. Eloise Shlholz, Ann McDaniel, Nadine Joseph, Gregory Cerio, and Ginny Carrol, "The Battle Over Abortion," Newsweek, 1 May 1989, 31.
[4] John J. Davis, *Evangelical Ethics: Issues Facing the Church Today* (Phillipsburg: Presbyterian

는 플라톤과 아리스토텔레스의 기록이 남아있다.[5] 낙태를 반대하는 기록들도 많이 발견되고 있다. 그리스 철학자 히포크라테스는 의사들을 위한 선서에 "여성들에게 낙태를 일으키게 하는 좌약을 주지 않겠다"는 조항을 넣었다.[6] 함무라비 법전(B.C. 1728)에 따르면 실수로 유산한 사람도 처벌을 받아야 했다.[7] 모세의 율법(B.C. 16세기)은 아기에게 상처를 입힌 사람과 어머니에게 상처를 입힌 사람을 똑같이 처벌했다. 페르시아의 디글랏 빌레셀(Tiglath-pileser B.C. 12세기)은 태아를 낙태 시킨 여성들을 처벌하였다.[8] A.D. 1세기 알렉산드리아의 유대 철학자 필로도 유아살해, 유기와 함께 낙태를 정죄하였다.[9] 제네바 선언(Declaration of Geneva, 1948)은 히포크라테스 선서를 개선함으로써 낙태를 반대한다는 입장을 분명히 하였다. "나는 요청이 있더라도 자칫하면 생명을 빼앗을 수도 있는 약을 주지 않겠으며, 그러한 약을 복용해 보라고 제안하지도 않겠다. 마찬가지로 나는 임산부에게 낙태시키는 게 어떠하냐는 처방을 내리지도 않겠다."[10] 당시대에 정신적으로 절대적 영향을 준 성 어거스틴(4세기), 토마스 아퀴나스(13세기), 존 칼빈(16세기) 등 많은 학자들이 모두 낙태가 부도덕한 것이라고 생각했다. 낙태를 허용하는 스토아학파에 속했던 세네카조차도(2세기) 자기를 낙태시키지 않은 어머니를 찬양했다.[11]

의료 기술이 발달되기 전에는 낙태의 방법으로 독극물을 산모에 투여한다든지, 산모의 배에 충격을 가하는 등의 방법을 사용하였지만 이러한 방법들이 위험했기 때문에 원치 않는 아이를 출생한 후 살해하는 일이 많았다. 18세기 들어 자궁경부를 통해 도구를 넣어 낙태를 시키는 근대적 기술

---

and Reformed Publishing, 2004), 139.
5) John A. Rasmussen, "Abortion: Historical and Biblical Perspectives," *Concordia Theological Quarterly* 43 (1979), 19.
6) John A. Rasmussen, "Abortion," 19.
7) Thomas W. Hilgers, and Dennis J. Horan, eds., *Abortion and Social Justice* (New York: Sheed and Ward, 1972), 122.
8) Thomas W. Hilgers, and Dennis J. Horan, eds., *Abortion and Social Justice*, 122.
9) John A. Rasmussen, "Abortion," 19.
10) John Stott, *Issues Facing Christians Today*, 309.
11) Norman L. Geisler, *Christian Ethics: Options and Issues* (Leicester: Apollos, 1995), 151-152.

이 발달 되면서 영아 살해는 줄어들었으나, 20세기에 들어서면서 전 세계적으로 낙태는 많은 나라들에 번져가기 시작했다.[12] 많은 논란이 일고 있는 가운데 미국에서는 1973년에 임신 3개월 이내의 낙태를 법적으로 허용하는 결정을 내리기에 이르렀다.[13]

현대에 들어서면서 여성의 지위향상과 사회 경제적 활동이 활발해지면서 낙태는 급증하고 있다. 현재 전 세계적으로 매년 출생하는 신생아는 9천만 명 정도인데, 낙태로 목숨을 잃게 되는 태아는 5천 5백만 명 정도이며, 낙태 시술을 받다가 죽는 산모도 20여만 명에 이른다고 한다. 우리나라의 경우 1960년대에는 낙태 시술이 연간 13만 건 정도였으나, 1980년 대 들어서는 연간 150만 건으로 늘었으며, 1990년대에는 연간 200만 건 정도로 추산되고 있다. 이는 하루 4천 명 이상의 태에 있는 생명이 살해되는 것이며, 세 명의 태아 중 1명만 살아남고 나머지 두 명은 죽게 되는 셈이다.[14] 우리나라 모자보건법은 대통령이 정한 유전적인 질환이나 전염성 질환, 강간 또는 준 강간에 의한 임신, 법률상 혼인이 불가능한 혈족이나 친인척 간의 임신 그리고 산모의 건강 위협 등의 경우에 한해서 낙태를 허용하고 있지만, 실제로는 남아선호사상과 그리고 미혼모 임신의 문제로 인한 낙태가 대부분인 것으로 알려지고 있다.[15]

현대 사회에 낙태가 급증하고 있는 이유로는 특히 성에 대한 개방으로 인한 십대 임신율의 증가, 성은 즐기나 아이는 적게 낳거나 키우지 않으려는 사회 분위기 등 이기적인 원인이 대부분이다.[16] 이러한 사회적 현상과 더불어 현대의학의 발전은 낙태 방법까지도 다양하게 발달되어 낙태를 더욱 용이하게 하고 있다. 또한 문화적으로 남아 선호사상이 강한 경우 선택적으로 여아를 낙태하는 경향도 심각한 원인 중의 하나이다.[17] 사실 많은 사람

---

12) 조용훈, "기독교와 생명문화," 『생명문화와 기독교』 조용훈 외 (서울: 한들출판사, 1999), 140.
13) Britanica, "Abortion," Britannica Concise Encyclopaedia을 참조.
14) 조용훈, "기독교와 생명문화," 140.
15) 조용훈, "기독교와 생명문화," 140.
16) Josh McDowell, and Bob Hostetler, *Johsh McDowell's Handbook on Counseling Youth*, 303-304.
17) Josh McDowell, and Bob Hostetler, *Johsh McDowell's Handbook on Counseling Youth*, 306.

들이 낙태를 하지만 실지로 그 방법에 대해서는 무지한 경우들이 많다. 이러한 낙태 방법에 대한 무지도 낙태율을 증가시키는 원인의 하나라고 말할 수 있다. 여기서 임신 경과에 따른 낙태 방법에[18] 관해 잠깐 살펴보면, 먼저 임신 후 두세 주경인 임신 초기에 약(RU-486)을 먹어 유산을 일으키게 하는 방법이 있다. 이 방법은 비교적 최근(1988)에 개발되었으며, 수정란이 자궁에 착상하지 못하도록 화학 작용을 일으키게 하는 것으로 80%의 효과만 있으며, 심한 출혈을 일으킬 수 있다. 다음으로 가장 오래된 낙태의 방법으로 확장(Dilation)과 큐렛(Curettage)적출이 있다. 이 방법은 임신 초기에 자궁을 확장시켜 흡입관을 삽입하고 자궁벽을 문질러 태아가 조각이 나게 하는 등 폭력적이고 유혈 낭자한 해체가 발생한다. 세 번째 방법으로는 보통 임신 12-19주 동안에 사용하는 방법으로 양막 안으로 유독성 용액을 주입하여 태아를 타 죽게 하여 자연적으로 배출시키는 것이다. 네 번째 방법으로는 자궁절개수술을 하여 태아를 제거하거나, 자궁과 태아를 함께 제거하는 방법으로 주로 임신 중, 후기에 이루어진다. 다섯 번째 방법으로는 임신 후기 조기 분만을 유도하는 방법으로 호르몬 프로스태글랜딘(Prostaglandin)을 사용하는 것이다. 이 방법은 매우 반대의견들이 많은 것이다. 이러한 잔인한 실상들이 미리 교육된다면 아마도 낙태에 대한 경각심이 생겨 사회적으로 증가되고 있는 낙태가 조금은 줄어들 수도 있을 것이다.

낙태에 관한 견해들

낙태에 관해 많은 이견들이 있지만 학자들은 태아의 인간적 지위에 초점을 맞추어 크게 세 가지 입장으로 정리하고 있다. 태아가 불완전한 인간이라고 믿고 낙태를 찬성하는 입장, 태아는 잠재적인 인간이라고 보고 특수한 상황에서의 낙태를 지지하는 입장, 태아도 완전한 인간이므로 낙태에

---

18) John Stott, *Issues Facing Christians Today*, 327-328.

반대하는 입장이다. 가이슬러(Norman L. Geisler)는 이 세 가지를 다음과 같이 도식화하고 있다.

낙태에 관한 세 가지 견해[19]

태아의 지위	완전한 인간	잠재적인 인간	불완전한 인간
낙태	결코 안 됨	때에 따라서 허용	언제나 가능
근거	생명의 신성	생명의 출현	생명의 질
모권	사생활권보다 생명의 우위	권리들의 결합	생명보다 사생활권의 우위

생명의 권리와 사생활권 사이의 우위성과 생명의 시작점을 언제로 보느냐에 따라 이들의 입장이 달라진다. 낙태 찬성론자들은 태아는 어머니의 몸에 붙어있는 하나의 신체의 일부분이므로, 어머니의 사적 권리에 따라 낙태를 할 수 있다고 본다. 이들은 어머니의 권리를 우위에 두고 낙태의 결정권이 어머니에게 있음을 주장하며, 대부분 원치 않는 아기를 낳아서는 안 된다고 생각하고 있다. 낙태 허용론자들은 특수한 경우에는 때에 따라서 낙태를 허용할 수 있다고 보고 있다. 낙태 반대론자들은 생명의 신성함과 우위성을 가장 본질적인 문제로 생각하며, 어떠한 경우에도 생명의 신성과 우위성에 모든 가치를 둔다. 따라서 낙태는 살인행위로 본다.

낙태를 찬성하거나 허용하는 사람들은 성경적으로 논증을 하지만 거기에 많은 문제가 있다. 예를 들면, 출애굽기 21:22-25은 유산과 그에 따른 법적 문제에 대해 설명하고 있다. 만일 이 구절을 가지고 여성과 태어나지 않은 아이 지위 간에 차별이 있다고 보면, 낙태를 옹호할 수 있게 되고[20] 차별이 없다고 주장하면 낙태를 반대하게 된다.[21] 또 만일 태아가 형성되었다면

---

19) Norman L. Geisler, *Christian Ethics*, 135.
20) Ronald E. Clements, *Exodus* (Cambridge: Cambridge University Press, 1972), 138; J. Coert Rylaarsdam, "Exodus," George A. Buttrick, et al., *The Interpreter's Bible 1* (New York: Cokesbury-Abingdon, 1951), 999.
21) Gleason Archer, *Encyclopedia of Bible on the Book of Exodus*, Translated by Israel Abrahams (Jerusalem: Magnes, 1967), 275; Meredith Kline, "Lex Talionis and the Human Fetus," *Journal of the Evangelical Theological Society* 20 (1977): 193-201.

"눈에는 눈으로"(lex talionis, an eye for an eye)가 적용된다는 입장에서 보면, 어떤 시기이전의 낙태는 부분적으로 허용될 수 있다고 보게 된다.[22] 이와 같이 한 성경구절을 가지고 모든 견해들에 다 이용될 수 있다. 버헤이(Allen Verhey)는 성경을 자신에게 봉사하게(self-service) 오용하거나 상대방에 대항하기위해 잘못 해석하고 있는 것은 성경을 무기(weapon)로 사용하는 것이며 이는 '부패한 신앙'(bad faith)이라고 지적하고 있다.[23] 그는 성경에 낙태(abortion)에 관해 직접적 언급이 없지만 유산(miscarriage), 생명의 중요성 등 그밖의 성경 기록들을 통해 성경이 낙태에 대해서 어떻게 가르치는지를 살필 수 있다고 한다.[24] 따라서 낙태를 옹호하는 사람들의 주장을 반증하는 것이 낙태를 반대하는 입장을 강하게 뒷받침하기에 여기에서 낙태를 찬성하거나 허용하는 입장을 간단하게 살펴보고 그에 대한 반증을 해 보려고 한다.

부패한 신앙(Bad Faith)

가이슬러는 낙태를 찬성하는 사람들이 '태아는 인간이 아니다'라는 근거를 옹호하기 위해 성경구절들을 오용하고 있음을 구체적으로 예시한다. 그에 의하면 이들은 생명과 호흡의 연관성(창 2:7; 욥 34:14-15)을 부각시켜, 태아는 출생 전까지 호흡을 하지 않으므로 인간이 아니라고 추정한다. 또한 "낙태된 자는 헛되이 왔다가 어두운 중에 가매…"(전 6:3-5)라는 말은 태아가 죽은 사람과 다를 바가 없음을 말한다고 주장한다. 예수가 가룟 유다에게 한 "그 사람은 차라리 나지 아니하였더면 제게 좋을 뻔하였느니라"(마 26:24)라는 말은 인간의 생명은 출생과 더불어 시작된다는 의미를 함축하고

---

[22] 아리스토텔레스는 남성은 40일 만에 여성은 90일 만에 태 안에서 형성된다고 보았다. 이러한 그리스 철학의 영향을 받은 사람들은 어떤 시점에 형성되며, 그때까지는 형성되지 않은 것으로 본다. Aristotle, *The History of Animals* 7.3.583h quoted in Allen Verhey, *Reading the Bible in the Strange World of Medicine*, 200.

[23] Aristotle, *The History of Animals*, 201.

[24] Aristotle, *The History of Animals*, 194-252.

있다고 보고, 만일 그렇지 않다면 예수는 유다에 대해 "그는 임신되지 않았어야 했다"라고 말했을 것이라는 것이다.[25]

가이슬러는 이들이 성경을 오용하고 있음을 다음과 같이 반증하고 있다.[26] 첫째, 호흡을 인간 생명의 시초로 규정하는 데는 몇 가지 문제가 따른다. 우리는 호흡에 관한 성경구절들이 인간 생명의 시작에 대해 이야기하고 있는 것이 아니라, 단지 최초의 '소개식'(coming out)에 대해서만 이야기하고 있을 뿐이라는 점을 염두에 두어야 한다. 성경에서는 모태 속의 아기를 생명을 가진 존재로 인식하고 있음이 분명하다. 누가복음 4:44에 보면 어머니는 아이가 움직이거나 때에 따라서는 '뛰놀기'조차 하는 것을 느낄 수 있는 하나의 존재로 말하고 있다. 출산은 인간의 생명으로서가 아니라 가시적 세상에서의 생명의 출현으로 보아야 한다. 성경은 호흡이 시작되기 훨씬 이전(임신 순간)부터 모태 안에 인간 생명이 존재한다고 말한다. 다윗은 "모친이 죄 중에 나를 잉태하였나이다"(시 51:5)라고 말했다. 그리고 천사는 마리아에 대해 "저에게 잉태된 자는 성령으로 된 것이라"(마 1:20)고 알리고 있다. 둘째, 아담의 탄생은 우리 인간들의 탄생과 독특한 차이점이 있다. 아담은 임신을 통하여 창조된 것이 아니고 그는 하나님으로부터 직접 창조되었다. 창세기 2:7의 '생기'는 생명을 뜻한다. 따라서 이것은 아담이 호흡을 시작했기 때문이 아니라, 하나님이 인간의 생명을 부여했기 때문에 그의 생명이 시작되었음을 의미한다. 인간의 생명은 그 이후 수정이나 임신을 통하여 그의 후손에게 부여되었다(창 4:1). 셋째, 전도서 6:3-5은 낙태된 자가 알지 못한다고 이야기하고 있으나, 이것은 낙태 된 자가 인간이 아니라는 것을 의미하지 않는다. 맥락상 이 구절은 사람들이 살아있는 동안에, 주어진 기회를 잘 활용해야 한다는 사실을 명확하게 말하는 것이다(전 9:9).

---

25) Norman L. Geisler, *Christian Ethics*, 136-137.
26) Norman L. Geisler, *Christian Ethics*, 138-139.

이기적 선택(Bad Choice)

낙태를 찬성하는 입장의 사람들은 위의 성경의 근거 외에도 다른 여러 가지 이유를 들어 낙태를 찬성한다. 이들의 주장을 열거하면 다음과 같다. 태아는 자의식(self-consciousness)을 갖지 않으므로 불완전한 인간이다. 뱃속의 태아는 어머니의 육체의 일부분으로 어머니에게서 낙태시킬 수 있는 권리가 있다. 원치 않은 임신으로 인해 태어난 아이는 학대와 무시를 초래할 수 있기 때문에 낳지 않는 것이 낫다. 장애인이 될 가능성이 많을 경우 낙태가 가능하다. 낙태의 합법화는 임신부의 건강이 뒷골목의 위험에 방치되는 것을 막는다. 여성의 사생활권 보호와 삶의 질을 위하여 낙태는 가능하다. 강간을 당해 임신한 여인에게 아이를 낳으라는 것은 부도덕한 주장이다.[27]

하지만 이러한 이유들도 그다지 설득적이지는 못하다. 가이슬러는 위의 이유들의 부당성에 대해 하나씩 반론한다.[28] 첫째, 자의식을 인간이 되는데 필수적으로 보는 데는 문제의 여지가 있다. 즉, 깊은 잠을 자는 인간, 혼수상태에 빠진 사람 등을 의식 활동을 하지 않는다고 인간이 아니라고 말할 수는 없다. 둘째, 태아는 어머니들의 육체적인 연장이 아니라는 것은 과학적인 사실이다. 그들은 잉태될 때부터 성을 갖고 있다는 것이 그것을 증명한다. 셋째, 낙태가 합법화 되면 산모들을 어느 정도는 위험 상황으로부터 보호할 수 있겠지만, 낙태가 합법화 되면 태아들을 더욱 노골적으로 죽이게 되는 결과만을 초래할 가능성이 높다. 낙태의 합법화는 생명에 대한 불법화요, 생명의 주인에 대한 도전적 행위라고 할 수 있다. 넷째, 낙태의 명분으로서 아동학대의 방지를 이야기하지만, 미국 보건성에 따르면 낙태가 합법화된 1973년에서 1982년 사이에 아동학대는 500% 증가하였다. 오히려 낙태는 가장 잔인한 생명 그리고 아동학대임을 인식할 필요가 있다. 다섯째, 태아가 지닌 장애요소는 낙태를 정당화하는 근거로 이용될 수 없다. 대단히 어려운 문제이나 장애자를 낙태 시키는 것은 생명에 대한 불법

---

27) Norman L. Geisler, *Christian Ethics*, 137-138.
28) Norman L. Geisler, *Christian Ethics*, 138-142.

적 행위로 보아야 한다. 유전자 감별에 의해 원하는 자녀의 성이 아닐 경우 낙태 시키는 일은 많은 윤리적 문제가 있다. 여섯째, 사생활의 권리는 생명의 신성함보다 절대로 우위에 있을 수 없다. 태아 살생까지도 불사하며 자신의 편리와 삶의 질을 높이고자 하는 권리는 책임을 배제한 자유만을 누리겠다는 지극히 비윤리적인 생각이다. 일곱째, 강간에 의한 임신을 낙태의 합법화로 보는 경우는 많은 논쟁이 따른다. 무엇보다도 생명의 가치에 대한 인식의 관점에 따라 논거들을 달리하고 있다. 강간에 의한 임신의 경우에도 낙태를 반대하는 경우는, 강간의 희생자가 즉시 의학적인 치료를 받는다면, 임신이 즉각적으로 이루어지지는 않음으로 어떤 경우든지 임신을 막을 수 있다.

낙태를 전적으로 찬성하지는 않으나 경우에 따라 허용할 수 있다고 보는 입장도 있다. 이 입장에 서 있는 사람들은 태아를 완전한 인간이 아닌 잠재적 인간으로 여긴다. 따라서 이 견해를 주장하는 사람들은 강간을 당하거나 근친상간으로 인한 임신이나 임산부의 생명을 위협하는 임신의 경우 낙태를 지지하고 있다. 이 이론의 가장 큰 문제점은 태아는 잠정적 인간으로 어머니의 자궁 안에서 형성되어 간다고 보는 점이다. 그러나 성경은 임신의 순간부터 완전한 인간임을 명백히 하고 있다.[29] 이 이론이 주장하는 것도 위의 낙태 찬성론과 거의 다를 바 없다.

태아: 하나님의 형상

낙태를 반대하는 입장은 태아는 완전한 인간이며, 생명의 고귀함은 어떤 사적 권리보다 우위에 있음을 명백히 하고 있다. 스토트(J. Stott)는 시편 139편은 인간 발생학에 대한 교과서는 아니나, 태아기의 존귀한 존재에 대해

---

29) 때에 따라 낙태를 허용할 수 있다는 이 입장에 선 사람들의 주장과 이에 대한 반론에 대해서는 가이슬러 참조, Norman L. Geisler, *Christian Ethics*, 142-147.

언급하고 있다고 한다.[30] 그는 시편 기자는 여기서 중대한 진리를 말하고 있으며, 그것은 하나님의 '생명창조,' '삶의 연속성,' 하나님과의 '영적 교제'를 강조한다고 설명한다. 그는 부가적으로 '영적 교제'는 상호 보완적인 관계를 암시하므로 그보다는 은혜의 '언약'이라고 함이 더 낫다고 하고 '언약'을 첨가하고 있다.[31] 구약의 다른 구절들도 신적 은혜에 기인하는 인격적 연속에 대해 동일하게 말하고 있다고 한다(욥 13:15; 시 22:9, 10; 71:6; 119:173; 사 49:1, 5).[32] 또한 태아가 완전한 인간이라는 점은 용어 사용에 있어서도 알 수 있다. 마리아가 "복 중에서 뛰노는 자"고 하며 엘리사벳에게 문안할 때 사용한 같은 단어가 다른 성경구절에서도 사용되고 있다(눅 1:41, 42; 2:12, 16; 18:15).[33]

가이슬러도 스토트와 같이 태아의 존귀함에 대한 성경적 근거들을 적고 있다. 태아는 '아이'로 불리우는데, 이것은 유아와 어린이를 동시에 가리키는 말이며(눅 1:41, 44; 2:2, 16; 출 21:22) 때로는 성인을 가리키기도 한다(왕상 3:17). 하나님은 아담과 하와를 자신의 형상에 따라 창조한 것처럼 태아도 창조하고 있다(시 139:13; 창 1:27). 성인을 죽이거나 상처를 입히면 처벌을 받듯이(창 9:6), 태아를 죽이거나 상처를 입히면 처벌을 받는다(출 21:22). 예수 그리스도는 마리아의 모태 속에서 임신된 순간부터 인간이었다(마 1:20-21; 눅 1:26-27). 하나님의 형상은 남성과 여성을 포함하지만(창 1:27), 남성인가, 여성인가(성의 구분)는 임신이 이루어진 순간에 결정된다는 것이 과학적인 사실이다. 태아는 죄 같은 인간의 특성과(시 51:5) 인간에게 있는 고유한 기쁨을 소유한다. 태아를 가리킬 때도 여타의 인간을 가리킬 때와 똑같이 인칭대명사가 사용된다(렘 1:5; 마 1:20-21). 하나님은 개개인에 대해 각각의 태아에 대해서까지도 자세하게 아신다(시 139:15-16; 렘 1:5). 태아도 태어나

---

30) John Stott, *Issues Facing Christians Today*, 315; Allen Verhey는 낙태를 옹호하는 사람들도 시 139편을 이용하여 태아의 발전을 말하는 것으로 이해하여 자신들의 주장을 펼친다고 지적하고 있다(Allen Verhey, *Reading the Bible in the Strange World of Medicine*, 204).

31) John Stott, *Issues Facing Christians Today*, 315-316.

32) John Stott, *Issues Facing Christians Today*, 316-317.

33) John Stott, *Issues Facing Christians Today*, 317.

기 이전에 하나님의 부르심을 받는다(창 25:22-23; 삿 13:2-7; 사 1:5; 갈 1:15).[34]

성경은 여러 곳에서 태아가 하나님의 형상대로 창조된 인간임을 확고하게 설명하고 있다. 또한 임신 중 어느 순간에 인간으로 형태를 갖는 것이 아니라 임신이 이루어진 때부터 하나의 생명으로 인정하고 있음을 명백히 하고 있다.

놀라운 생명

현대의학은 태아도 완전한 인간이라는 성경적 견해를 그대로 입증해 주고 있다. 1960년대 유전자코드가 밝혀지면서 양 부모와는 다른 개별 인간의 생명이 임신이나 수정이 이루어진 순간에 시작된다는 사실이 더욱 분명해지고 있다. 수정란은 이미 하나의 새로운 그리고 전적으로 다른 생명체이다. 이 존재는 이미 완전하며, 나중에 되어야 할 형태의 모든 것을 빠짐없이 자신 안에 가지고 있다. 개개인의 모든 육체적 특징들이 수정란의 유전자 코드 안에 들어 있다. 그 아기의 성, 크기와 형태, 피부색, 모발과 눈, 기질과 지능이 임신이 이루어질 때 이미 결정된다. 여성의 난자와 남성의 정자는 각각 23개의 염색체를 갖고 있으나 정상적인 성인은 46개의 염색체를 갖고 있다. 여성의 난자와 남성의 정자가 합쳐져 임신이 이루어지는 순간에, 아주 작은 새로운 46개의 염색체를 가진 인간이 출현한다. 임신이 이루어지는 순간부터 죽을 때까지, 새로운 유전적인 정보는 추가되지 않는다. 다만 10개월 동안 어머니의 몸 속에 머무를 뿐이다. 출생 전후로 아이에게 달라진 것이 있다면 영양분의 섭취와 산소를 얻는 방법뿐이다.

다음의 현대 과학의 생생한 증거는 태아도 광물, 식물, 동물이 아닌 완전한 인간임을 보여 주고 있다(여자 태아의 사례를 통하여 관찰).[35]

---

34) Norman L. Geisler, *Christian Ethics*, 148.
35) Norman L. Geisler, *Christian Ethics*, 149-150.

임신 1개월: 실현

임신: 그녀는 모든 인간으로서의 갖추어야 할 특징들이 존재한다.

그녀는 어머니의 자궁에 착상하거나 자리를 잡는다.

그녀의 심장 근육이 움직인다(3주째).

그녀의 머리, 팔, 다리가 나타나기 시작한다.

임신 2개월: 발전

그녀의 뇌파가 감지된다(40일에서 42일째).

그녀의 코, 눈, 귀, 발가락이 나타난다.

그녀의 심장이 뛰며 혈액이 흐른다.

그녀의 뼈가 형성된다.

그녀는 자기만의 지문을 갖게 된다.

그녀는 촉감을 느끼며 거기에 반응한다.

그녀의 모든 육체 기관들이 존재하며 기능한다.

임신 3개월: 운동

그녀는 삼키고 곁눈질하고 가볍게 움직인다.

그녀는 주먹을 쥐고 혀를 움직인다.

그녀는 손가락을 빨 수 있다.

그녀는 육체적인 고통을 느낄 수 있다(8주에서 13주 사이).

임신 4개월: 성장

그녀의 몸무게는 6배로 늘어난다(출산시 몸무게의 2분의 1).

그녀의 키는 8인치에서 10인치까지 자란다.

그녀는 어머니의 목소리를 들을 수 있다.

임신 5개월: 생존

그녀의 피부, 머리털, 손톱이 형성된다.
그녀는 꿈을 꿀 수 있다(REM 잠 꿈).
그녀는 울 수 있다(공기가 존재한다면).
그녀는 자궁 밖에서도 생존할 수 있다.
그녀는 단지 뱃속에서 5개월을 지냈을 뿐이다.

이와 같이 현대의학도 태아가 완벽한 인간임을 증명해 내고 있다. 하지만 의사들이 한 병원 안에서 임신 5개월 된 조산아를 살리기 위해 그들의 의술을 사용하는 동안, 다른 병실에서는 임산부에게서 태아를 낙태시키는 모순이 종종 발생하고 있다. 무엇보다도 그리스도인들은 성경의 근거들과 여러 과학적 증거들이 이구동성으로 태아는 한 인간이며, 낙태는 생명을 살해하는 것임을 명백히 하고 있음을 알아야한다.

값비싼 선택

낙태를 반대해야 하는 또 다른 이유는 낙태의 결과가 여성에게 미치는 단기적 장기적 영향이 매우 크기 때문이다. 낙태는 그 결정에 있어서 어머니의 사적 자유가 태아의 고귀한 생명을 박탈한다는 중대한 윤리적 문제와 관련되어 있을 뿐만 아니라 그 결과가 여성의 신체적, 정서적, 영적으로 또한 사회적으로 큰 영향을 준다는 것에 대해 알아야 한다.

먼저는 신체적인 영향이다. 첫 아기를 낙태한 여성들은 정상 분만한 여성들과 비교하여 후에 더 잦은 유산(85%), 산고 복합증세(47%), 해산 복합증세(83%)를 보일 수 있으며, 조산(67%)할 가능성이 높고, 원하는 아기를 2배 이상 유산했다고 의학 보고서는 말한다.[36] 또한 낙태로 인한 자궁손상이

---

[36] Illinois Right to Life Commitee News, July-September (1988) quoted in Josh McDowell, and Bob Hostetler, *Johsh McDowell's Handbook on Counseling Youth*, 305.

불임의 주요한 원인 중의 하나라고 본다. 발핀(M. Balfin)은 특히 청소년의 낙태 결과로 신체적으로 많은 손상과 합병증이 발견된다고 말한다. 생산기관 손상(42.6%), 자궁파열 또는 구멍 남(5.6%), 자궁내막염(13%), 나관염증 (13%), 자궁 경부열상(11.1%), 난치성 출혈(13%), 골반통증과 디스파류니아 (11.1%), 불임증과 반복 유산(7.4%), 불완전한 수술로 인한 태아의 부분, 조직들 잔류(74%), 인공항문 형성으로 창자절단(1.9%) 등이다.[37]

다음은 정서적인 영향이다. 낙태는 정서적으로 스트레스와 고통을 준다. 낙태의 경험이 없는 98명의 여성 중 8명만이 우울증세를 보인 반면 낙태를 경험한 21명의 여성 중 8명이 우울증과 불안 증세를 보였다.[38] 장기적 우울증에 관한 연구에서 낙태를 한 여성들은 낙태한 아이에 몰두(81%), 낙태 경험의 환각 재현(73%), '발광'의 감정(69%), 낙태와 관련된 악몽(54%), 낙태한 아이의 방문(35%)의 경험을 호소했다고 보고한다.[39] 한 낙태 후유증을 상담하는 도움의 전화에서는 많은 여성들이 낙태의 후유증으로 죄책감을 가장 많이 보고 했으며 그 외에도 불안, 우울증, 상실감, 자괴감 등을 보고했다고 한다. 특히 25년 전에 시행했던 낙태에 대한 죄책감도 보고했다고 한다.[40] 낙태가 여성의 정서에 미치는 영향이 가시적이 아니라고 해서 절대 무시해서는 안 되는 것이 이러한 집요하고도 지속적인 영향 때문이다.

영적인 영향이다. 낙태는 도덕적 죄책뿐만 아니라 심리적 죄책감을 일으킨다. 이러한 죄책감으로 인해 하나님과의 관계도 손상을 입는다. 영적인 영향에 대한 구체적 연구는 많이 찾아 볼 수 없으나 신체적이고 정서적인 후유증들은 영적인 면에 그대로 영향을 줄 것이라는 것은 쉽게 생각해 볼 수 있다. 최근의 경향에 맞물려 자칫 낙태를 선택했더라도 개인적으로 죄책감을 떨쳐버리지는 못하고 신앙에 큰 영향을 줄 수 있다.

---

37) M. Balfin, "A New Problem in Adolescent Gynecology," Southern Medical Journal 72 (1979).
38) R. Kumar, and K. Robson, *Psychological Medicine* 8 (1978): 711-715.
39) Anne Catherine Speckhard, "The Psycho-Social Aspects of Stress Following Abortion," (Ph.D. Dissertation. The University of Minnesota, 1985), 69.
40) David Mall, and Walter F. Watts, eds., *The Psychological Aspects of Abortion* (Washington: University Publications of America, 1979), 128-131.

상처 입은 영혼들

낙태 상담은 크게 일반 상담과 특수 상담 두 가지로 나누어 살펴볼 수 있다. 먼저 일반 상담의 경우, 상담을 해야 하는 경우는 대부분 두 가지의 경우이다. 낙태를 고려하고 있는 사람과 이미 낙태를 하고 그 결과에 대해 상담하러 오는 경우이다. 이러한 내담자들 중에는 낙태가 죄임을 알고 있지만 두려움과 절망감 속에서 어떻게 해야 할지 의사결정을 내리지 못하고 있거나 낙태와 그 결과에 대한 바른 이해를 하지 못하는 이들이 있을 수 있다. 또 이들 중에는 이미 신체적으로나 정서적으로 많은 상처를 입었거나 깊은 죄책감 중에 있는 사람들이 있을 수 있다. 따라서 낙태에 관한 상담은 돌봄과 교육 등 여러 차원의 상담이 동시에 필요하다 하겠다. 일반적인 경우 어떻게 상담이 이루어져야 할 것인가를 나열해 보면 다음과 같다.

첫째, 우선은 내담자가 가진 문제, 감정들, 죄책감 등을 자연스럽게 이야기 하게 하고, 낙태를 고려하고 있는 내담자에게는 경청과 공감의 원리에 입각하여 왜 낙태를 고려하고 있는지를, 이미 낙태를 한 내담자에게는 그로 인한 신체적, 정서적, 영적 영향들에 대해 조심스럽고 주의 깊게 파악하는 것이 중요하다.

둘째, 내담자가 낙태를 고려하고 있다고 하더라도 상담자는 그들이 사랑받는 존재임을 전달하고 깨닫게 하는 것이 중요하다. 내담자가 이미 낙태를 했다고 하더라도 역시 아직도 사랑 받고 존중 받는 존재임을 깨닫도록 돕는 것이 필요하다. 내담자들은 자신들이 존중 받지 못한다고 여기면 오히려 위험스러운 일을 선택할 가능성이 높다. 멕도웰과 호스테틀러는 "그들을 수용한다고 편안한 마음으로 낙태하러 갈 것이라고 두려워하지 말라"고 상담자들에게 충고한다.[41]

셋째, 낙태를 고려하고 있는 내담자는 내적, 외적으로 심한 갈등과 압력 하에 있을 것이므로, 이들에게는 상담 시 구체적인 지침을 제공하는 것이

---

41) Josh McDowell, and Bob Hostetler, *Johsh McDowell's Handbook on Counseling Youth*, 308.

무엇보다 중요하다. 먼저 낙태에 대한 성경의 가르침을 면밀하고 예민하게 전달한다. 낙태가 미치는 여러 가지 영향에 대해 구체적으로 조심스럽게 전달한다. 다음으로는 낙태 외에도 입양 등 여러 가지 다른 대안들이 있음을 검토할 수 있도록 제시 한다.[42] 이미 낙태를 한 내담자의 경우도 역시 심적 죄책감에 빠져 있을 것이므로 이들에게도 구체적이고 민감한 지침을 제시하는 것이 중요하다. 이들에게는 회개와 용서, 치유와 회복의 과정이 필요하다.[43] 낙태는 하나님 앞에 죄임을 직시하여 회개할 수 있도록 인도 한다. 통회하는 자를 구원하시는 하나님께 의지하도록 격려한다. 심리적 죄책감은 후에도 남아있어 다시 내담자를 괴롭힐 수 있으므로 이를 해결할 수 있도록 한다.[44] 그리고 하나님은 비극적인 상황에서도 선을 이끌어 내시는 분임을 깨닫도록 돕는다.

넷째, 내담자가 낙태를 하지 않기로 결정을 했다고 해도 걱정하던 문제가 모두 없어진 것은 아니다. 그러므로 이러한 내담자를 위해서는 구체적, 전문적, 지속적 보살핌이 필요하다. 내담자 스스로 미래를 구체적으로 계획할 수 있도록 함께 의논하고 단계별로 실천해 나갈 수 있도록 돕는다. 특히 내담자가 청소년인 경우 부모와 전문가들의 도움을 받을 수 있도록 알선하는 것이 중요하다. 낙태를 한 경우에는, 특히 청소년의 경우, 전문가의 긴밀한 협조 하에 신체적, 정서적, 영적인 면에서 치료를 받을 수 있도록 알선하는 것이 중요하다.[45]

---

42) Josh McDowell, and Bob Hostetler, *Johsh McDowell's Handbook on Counseling Youth*, 309-310.
43) Josh McDowell, and Bob Hostetler, *Johsh McDowell's Handbook on Counseling Youth*, 309-310.
44) Josh McDowell, and Bob Hostetler, *Johsh McDowell's Handbook on Counseling Youth*, 47.
45) Josh McDowell, and Bob Hostetler, *Johsh McDowell's Handbook on Counseling Youth*, 310.

선택의 딜레마

상담자들은 낙태와 관련해서 일반적인 경우 외에 윤리적 딜레마 속에서 혼란을 주는 특수한 문제에 봉착한 내담자들을 상담해야 하는 경우들이 있다. 주로 제기되는 문제들로는 강간으로 인한 임신의 경우나, 임신이 임신부의 생명을 위협하는 경우, 혹은 태아가 유전적 질병으로 장애자가 된다거나, 태어나도 바로 죽을 수밖에 없음이 밝혀진 경우 등이다. 이런 복잡하고 예민한 사안을 어떻게 상담해야할 것인가?

첫째, 강간으로 인한 임신의 경우에는 어떻게 해야 하는가? 사실, 강간으로 인해 임신이 되는 경우는 거의 희박하다.[46] 그럼에도 불구하고, 임신이 되었을 경우에는 어떻게 해야 하는가? 이 문제에 대한 논의에는 그 여성의 입장에서나 태아의 입장에서나 상충적 긴장이 존재한다. 우선, 여성의 건강을 고려한다면 긴 안목으로 보아서 그래도 낙태를 하지 않는 것이 옳다고 볼 수 있으나, 여성이 이 임신으로 인해 무수한 고통을 당할 수 있다는 점을 무시할 수 없다. 또한 무고한 태아의 입장에서 본다고 해도 강간자인 아버지를 벌해야지 그 아이를 벌하는 것은 옳지 않지만, 그 아이가 세상에 태어나서 죄인의 아이로 어머니나 다른 사람들로부터 환영받지 못함으로 받을 고통을 또한 무시할 수 없다. 결국, 이 논의 역시 생명의 가치와 삶의 질이라는 측면으로 회귀한다. 성경은 생명의 절대 고귀성을 강조한다. 또 신명기(24:16)에서 가르치는 개인의 책임을 다른 사람에게 전가하지 말라는 원리를 적용할 수 있다. 또 기억해야 할 것은 태아를 낙태시키는 것은 또 다른 옳지 않은 일을 하는 것이며, 그렇게 한다고 먼저 행해진 옳지 않은 행위(강간)를 바르게 만들지 못한다는 것이다.[47] 가이슬러도 강간은 태아 살

---

46) 한 연구에 의하면, 여성이 한 달에 2-3일만이 가임기이라는 사실 때문에 강간에 의해 임신이 되거나 질병이 전염되는 경우는 1/200에서 1/50정도로 적게 나타난다고 한다. 한 여성이 가임기인 때에 강간을 당했더라도 임신할 가능성은 1/10이라고 한다. Sandra K. Mahkorn, and William V. Dolan, "Sexual Assault and Pregnancy," Hilgers, Horan, and Mall, *New Perspectives on Human Abortion* (Frederick.: University Publication of America,1981), 187-189.

47) John J. Davis, *Evangelical Ethics*, 163.

해의 구실이 될 수 없다고 본다. 강간이라는 문제가 태아를 살해한다고 해결되는 것이 아니므로 낙태의 정당성을 가질 수 없다는 것이다.[48] 이것이 또한 구약의 율법(lex talionis, an eye for an eye)을 새롭게 한 예수의 기본적인 가르침이다(마 5:38-39).

반면 버헤이는 강간으로 인한 임신의 경우 낙태를 권장하거나 금지하는 것 둘 다 해서는 안 된다고 말하고 있다.[49] 만일 그런 경우가 드물지만 그 여성이 태아가 죄인인 아버지와는 달리 무죄하다고 여겨 낙태를 하지 않는 경우라면 그녀는 성인과 같이 찬송을 받아야 할 것이다. 하지만 그 여성에게 낙태가 살생하는 죄임을 강요하는 것은 또 다른 윤리적 문제를 안고 있다. 이러한 경우 태아의 살 권리가 낙태 허용을 물리치지 못한다고 본다.[50]

학자들의 의견은 조금씩 차이를 보이지만, 그들이 내리는 처방은 유사하다. 즉 강간으로 임신한 여성에게는 즉각적인 의학적 치료를 제안하여 임신을 막도록 제안하는 것이다. 예를 들면, 수정란이 자궁벽에 착상되지 못하도록 하는 방법을 강구하는 것이다. 만일 이것이 실패하면, 버헤이는 태아를 살해하는 낙태의 방법보다는 즉각적 유산을 유도하도록 하는 방법을 권한다. 그는 이것을 살해(killing)이라기보다는 단절(disconnecting)이라고 보아야한다고 주장한다.[51] 가이슬러는 낙태가 아닌 출산 후 양자 입양을 더 좋은 대안으로 제시하고 있다.[52]

무엇보다도 중요한 것은 상담자나 가족들 그리고 공동체가 그 여성이 자의이든지 타의이든지 아이를 갖기로 선택한 것에 대해 돕고, 그 짐을 나눠 져야 한다. 그 여성이 이러한 비극적 상황을 건설적으로 잘 처리해 나갈 수 있도록 도와야 한다. 그 여성을 불쌍히 여긴다거나 책망하는 것은 둘 다 도움이 되지 않는다. 그녀에게는 정서적, 경제적, 정신적 지원이 필요하고, 하나님 안에 있는 희망을 보고 그 아이를 양자로 환영할 사람들이 필요하다.

---

48) Norman L. Geisler, *Christian Ethics*, 141-142.
49) Allen Verhey, *Reading the Bible in the Strange World of Medicine*, 245.
50) Allen Verhey, *Reading the Bible in the Strange World of Medicine*, 246.
51) Allen Verhey, *Reading the Bible in the Strange World of Medicine*, 246.
52) Norman L. Geisler, *Christian Ethics*, 142.

둘째, 임신부의 생명이 위협 받을 때에는 어떻게 해야 하는가? 현대의학의 발달로 임신부의 생명을 구하기 위해 태아를 낙태시키는 경우는 거의 없다. 희귀한 경우이지만 간혹 수정란이 자궁 밖 나팔관에 착상되었을 경우, 임신부가 자궁암이라고 진단을 받았을 경우, 당뇨병이 신장 기능을 악화시켜 그 여성의 생명을 위협할 경우 등 몇 가지가 있다. 이런 경우, 임신부의 생명을 구하기 위해 모든 예방조치를 다하는 것이 도덕적으로 정당화될 수 있다는 견해가 지배적이다.[53] 가이슬러는 이러한 경우 태아를 제거하는 것은 낙태가 아니라고 하며, 그 이유를 다음과 같이 말한다. 첫째, 의도 자체는 태아를 죽이려는데 있지 않고, 임신부의 생명을 구하려는데 있다. 둘째, 이것은 생명과 생명의 교환이라는 문제이지, 낙태를 요청 받고 실행하는 상황의 문제가 아니다. 셋째, 자신의 생명에 대한 정당방위로서의 권리(참고, 창 22:2)가 임신부에게도 있다.[54]

경우에 따라 그 위험이 임신부의 생명을 매우 위협하는 경우도 있지만, 좀더 가벼운 위험일 수도 있다. 상담자의 역할이 여기서 중요하게 대두된다. 만일 임신부의 생명에 위험이 있다면, 내담자가 그 임신을 지속하기를 주장한다고 해도 그 여성의 생명과 남아있는 가족들 특히 다른 자녀들을 위해 상담자는 단절(disconnecting)을 조언해야 한다. 그러나 현대의학의 발전은 점점 불치병을 치료하는 일도 가능하게 하고 있다. 따라서 만일 그 위험성이 낙태를 명백하게 정당화시키는지 결정할 수 없을 때는 그 위험이 최소화되도록 노력하면서, 그 여성에게 위험을 감수하기를 권해야 한다.[55] 물론 이 경우에도 그 여성을 위해 임신기간이나 출산 후까지 정서적, 경제적, 정신적으로 계속적인 지원이 필요하다.

셋째, 태아의 건강에 문제가 있어 장애아로 태어나거나, 태 안에서 죽거나, 태어나도 바로 죽을 수 있는 상황일 경우 어떻게 해야 하는가? 먼저 장

---

53) Norman L. Geisler, *Christian Ethics*, 152; Allen Verhey, *Reading the Bible in the Strange World of Medicine*, 246-247.
54) Norman L. Geisler, *Christian Ethics*, 152.
55) Allen Verhey, *Reading the Bible in the Strange World of Medicine*, 247.

애아로 태어날 상황을 보자. 일부 수정란은 46개의 염색체를 갖지 않는다. 일부 아이들은 45개의 염색체를 갖고 있고(터너 증후군: Turner's Syndrome) 또 다른 일부 아이들은 47개의 염색체를 갖고 있다(다운 증후군: Down's Syndrome). 이것은 유전학적으로 불완전한 아이의 낙태를 정당화하기 위해 일부 낙태 찬성론자들이 이용하는 사례들이다. 하지만 다음과 같은 이유에서 낙태 정당화의 근거가 될 수 없다. 염색체가 적거나 많은 아이를 낙태 시킬 수 있다고 한다면, 이와 유사하게 유전학적으로 불완전한 아이와 어른을 살해해도 된다는 논리가 정당화 될 수 있다. 그러나 46개 이상이나 이하의 염색체를 가진 많은 사람들도 비교적 정상적인 삶을 살아가고 있다. 육체적인 장애가 있다고 그 사람을 불완전한 인간으로 취급할 수 있겠는가?[56] 스토트는 장애아로 태어날 가능성 때문에 낙태를 해서는 안 되는 이유를 다음과 같이 들고 있다. 첫째, 삶의 '존엄성'과 삶의 '질'의 문제인데, 장애가 삶을 가치롭게 살아가는데 결정적 장애 요인이 될 수는 없다. 둘째, 장애자를 무가치하고 비생산적이라고 결코 여길 수 없다는 것이다. 셋째, 태아가 장애자가 될지도 모른다고 낙태를 시키는 것은 하나님의 권위를 인정하지 않고 도전하려는 이기적인 자기합리화이다.[57]

태아가 심각한 질병으로 태 안에서 죽는 경우나, 태어나도 바로 죽을 수 있는 경우가 흔치는 않지만 있을 수 있다. 어떤 경우는 태어나서 잠시라도 생명 보조기구 없이 살 수 없는 경우도 있다. 이러한 경우 역시, 그 짐을 지고라도 임신을 유지하여 태아가 잠시라도 살 수 있는 기회를 주려는 자비로운 어머니가 있을 것이다. 이때, 이 무거운 짐을 나누어지려는 좋은 이웃이 있어야 한다. 그녀에게 필요한 것은 선택권이냐 살 권리냐 간의 융통성 없는 주장이 아니라, 이 비극적 상황을 이겨나갈 수 있도록 지원하는 도움이다.[58] 하지만 같은 질병에 의한 것이라도 많은 경우에 현대의학이 적어도 생명을 보존하게 한다거나, 더 나은 상태가 되게 할 수 있는 경우들이 있다.

---

56) Norman L. Geisler, *Christian Ethics*, 153-154.
57) John Stott, *Issues Facing Christians Today*, 329-33.
58) Allen Verhey, *Reading the Bible in the Strange World of Medicine*, 248-249.

그럼에도 불구하고 이를 이유로 낙태를 고려하는 것은 옳지 않음을 알아야 하겠다. 이런 경우 역시, 그 여성이 혼자 그 무거운 짐을 다 지지 않도록 공동체적 차원에서 돕고 다방면으로 지원해야 할 필요가 있다.

낙태와 관련하여 예민하고 예외적인 문제들을 위에서 살펴보았지만, 낙태상담의 궁극적 목적은 이러한 특수한 문제나 생물학적 문제라기보다는 일반 건강한 그리스도인들에게 낙태의 죄성, 잔인성, 비윤리성을 인식시키고 바르게 인도하는 데 있다. 낙태는 소리 없는 인간 생명의 존엄성을 파괴하는 일이다. 그래서 초기 기독교회는 낙태나 영아 살해를 엄격히 금지하고 처벌하였다. 낙태 시술을 받는 사람들 가운데에는 종교인과 비종교인의 차이가 없으며, 가톨릭 교인보다는 개신교 교인이 많다는 현실은 오늘의 한국 개신교 사회가 윤리적으로 무디어져 있다는 것을 그대로 보여 준다. 그리스도인들은 이 문제를 공동체적 문제로 보고 직·간접적으로 낙태가 개인적, 사회적 문제가 되게 하는데 역할을 했음을 알아야 하며, 그 영향에 대한 책임의식을 가져야한다. 또한 더 나아가, 낙태를 고려할 수밖에 없는 상황에 처해 있는 여성들, 그럼에도 불구하고 이를 고려하지 않는 사람들을 위해 적극적으로 다양한 차원의 지원이 있어야 할 것이다. 예방적 차원에서, 낙태의 문제성에 대한 교육과, 낙태를 하지 않고도 당면한 여러 비극적 상황을 극복해 나갈 수 있도록 지원함과 더불어 그러한 사회적 공감을 일으켜야 한다. 무엇보다도 기독교 상담자는 내담자들이 생명에 대한 존엄성과 하나님의 권능과 은혜를 알 수 있도록 격려해야 할 것이다. 기독교 상담자와 기독교 공동체는 낙태의 문제를 다룰 때 개인적 차원으로는 엄격하게, 그러나 공동체 안에서 다른 사람의 낙태 문제를 대할 때는 비난하기보다는, 그들을 어떻게 도울 것인가에 초점을 맞추어야 할 것이다. 예수의 방법은 찾아서 파괴(search and destroy)하는 것이 아니라 찾아서 구하는 것(to seek and to save)이었다.

제 10 장

이혼과 포르네이아
Divorce and Porneia

　가정은 한 국가나 문명의 건강함이나 쇠약함을 나타내주는 가장 중요한 척도라 할 수 있다. 이 말이 단지 상대적으로 옳은 것이라 해도, 우리는 현대 사회 전체에서 나타나고 있는 가정의 가치가 약화되고 가정이 파괴되어 가고 있는 것에 대해 우려를 갖지 않을 수 없다. 그 염려 중 하나는 최근의 높은 이혼율에 관한 것이다.
　현대인들은 결혼이 갖는 심원함과 소중함을 알면서도 이혼은 그들에게 매우 일반적 현상이 되고 있다. 특별히 종교와 무관한 삶을 영위하고 있는 사람들은 이혼을 하나의 중요한 윤리적 문제로 고려하지 않는 현상이다. 이혼으로 초래되는 심리적이고 사회적인 결과들을 잘 알면서도 이혼을 너무도 쉽게 실행하는 현대인의 모순과 이기주의를 우리는 볼 수 있다. 사람들은 이혼을 더 이상 도덕적이고 종교적 가치에 의해 해석하는 것에 의미를 두지도 않는다. 이혼은 단지 자기 자신의 선택적 가치의 문제로 이해되고 있다. 그리스도인들조차 이러한 현상에서 예외는 아니라고 해도 무리한 지적은 아닐 것이다. 미국 기독교 전문 리서치 기관의 대표인 조지 바나의 보고서 의하면, 거듭난 그리스도인들(born-again Christians)의 이혼율이 27%, 근본주의 그리스도인 이혼율이 30%, 비그리스도인들의 이혼율이 23%로 나타났다. 이 통계가 전적으로 모든 그리스도인들의 이혼 경향이나 비율을 대표한다고는 말할 수는 없지만, 이러한 통계를 통해서 볼 때, 기독교들이 이혼할 때는 성경적 가르침과 원리가 실제로 자신들의 신앙생활에 별로 영향을 주지 않고 있다는 것이다. 특히 거듭난 그리스도인들과 비그리스도인들의 이혼율이 큰 차이점이 없다는 점이다.

교회는 말씀 안에서 하나님의 법과 가치를 신실하게 말하고 실천하는 공동체여야 함에도 불구하고 이혼에 대해서 너무 관대하고 세속적이기까지 하다. 이혼은 하나님께서 가장 미워하시는 행위임을 성도들에게 분명히 가르쳐야 한다. 개인 이기주의와 물질적 맘몬주의에 함몰되어가는 시대에 신앙인들이 살아가고 있지만, 이러한 시대 속에서 교회는 하나님의 가치를 더 많이 강조하고 실현해 내기위한 파수꾼으로서 막중한 사명이 있다 하겠다. 교회는 이 시대 안에서 하나님의 등대지기가 되어야 한다. 교회는 이 시대 안에서 '이혼 카운터-컬쳐'(divorce counter-culture)이어야 한다. 즉, 결혼의 신성함과 영속성을 말하고, 이혼의 부당성과 이혼이 하나님 앞에서 죄라는 것을 분명히 말해야 한다.

비록 성경에 이혼이 허용되는 상황을 가끔 말하고는 있지만, 이혼은 기본적으로 하나님의 의지에 반하는 행위이다. 이혼은 또한 이루 말할 수 없을 정도로 사람들의 삶을 파괴시키고 황폐화시키는 결과를 부른다.[1] 결혼한 부부는 결코 이혼을 정당하다고 생각하거나 고려해서는 안 된다. 이혼은 대부분 죄악이고, 파괴적이고 그리고 언제나 비극적이다. 대부분의 이혼의 경우에 많은 사람들이 상처를 입게 되지만, 그와 관련하여 가장 많은 상처와 고통을 당하는 자들은 바로 어린 자녀들이다. 그들의 상처는 대부분은 아주 깊은 것이다. 어린이들에 대한 그것의 궁극적인 영향은 예측할 수 없는 것이다. 그 비극이 그들에게 더욱 심오한 것이 되는 이유는, 그들은 그야말로 모든 이혼의 경우에 있어서, 자신들이 전혀 힘쓸 수 없는 문제와 무

---

[1] 구체적인 사례들을 위해서는 Richmond Gary, *The Divorce Decision* (Waco: Word, 1988)을 참조.

고한 희생자들이 되기 때문이다.[2] 이와 같은 사실들은 우리가 이혼 문제에 대해 성경의 가르침을 연구하고 그 가르침에 충실한 것이 얼마나 중요한 일인지를 강조하기에 충분하리라고 본다.[3]

결혼을 평생에 걸친 서약 또는 언약으로 보는 견해는 이제 우리 사회에서 소수에 불과하다. 그리스도인들까지도 결혼은 이제 영속적인 것으로 받아들이지 않고 이혼은 필요하면 가능하다고 여기는 경향이 심화되고 있다. 심지어 기독교 지도자들 중에서도 그들의 배우자와 이혼하고 재혼하는 형편에까지 이르렀다. 결혼과 이혼의 문제에 있어서 그리스도인들은 "예수님께서 (또는 성경에서) 결혼 또는 이혼의 문제에 대해 자신의 뜻이 어떤 것이 되도록 밝히셨는가?"를 질문해야 한다. 특히 교회는 성경에 계시된 표준들과 가치들을 증거해야 하는 선지자적이고 선교적인 사명을 가지고 성경적 표준들을 지킬 수 없었던 이들을 교육하고 목양의 책임을 수행하는 긴장감을 가지고 있어야 한다.[4]

본 논문의 목적은 현대 그리스도인들에게 성경에 입각한 이혼의 문제를 조명하고자 하는 데 있다. 이혼에 관해서는 신명기, 복음서와 고린도전서에서 언급하고 있지만, 이 논문에서는 다른 구절들은 참조 형식으로 다루면서 마태복음 19:3-12에 나타난 예수님의 가르침에 초점을 맞추어 쓰고자

---

2) 이혼으로 말미암아 자녀들이 겪게 되는 당황과 불안정 그리고 위기 등의 문제를 위해서는 Judson J. Swihart, and Steven L. Brigham, *Helping Children of Divorce* (Downers Grove: InterVarsity Press, 1982)를 참조.

3) 이혼에 대한 역사적 고찰을 위해서는 Donald W. Shaner, *A Christian View of Divorce* (Leiden: Brill, 1969); 이혼에 대한 종합적 학술적 연구와 다양한 해석적 고찰을 위해서는 John Murray, *Divorce* (Philadelphia: Presbyterian and Reformed Publishing, 1961); William A. Heth, and Gordon J. Wenham, *Jesus and Divorce* (Carlisle: Patermoster Press, 2002); David Instone-Brewer, *Divorce and Remarriage in the Bible* (Grand Rapids: Eerdmans, 2002); 이혼에 대한 목회상담적 고찰을 위해서는 Jay E. Adams, *Marriage, Divorce and Remarriage in the Bible* (Phillipsburg: Presbyterian and Reformed Publishing Co., 1980); Andrew Cornes, *Divorce and Remarriage: Biblical Principle and Pastoral Practice* (London: Holder & Stoughton Ltd, 1993); 데이빗 톰슨, 『이혼 상담』 남상인 역(서울: 두란노, 1996); David Atkinson, *To Have and To Hold: The Marriage Covenant and the Discipline of Divorce* (London: Collins, 1979); David Atkinson, *Pastoral Ethics: A Guide To the Key Issues of Daily Living* (Oxford: Lynx Communications, 1994)을 참조.

4) John Stott, *Issues Facing Christians Today*, 288.

한다. 이를 위해 특별히 예수님께서 바리새인들과의 논쟁 가운데 제시하신 이혼문제를 살펴보고자 한다. 아울러 예수님께서 그의 이혼 논쟁을 통하여 궁극적으로 말씀하고자 하셨던 가르침의 실제들, 즉 '감춰진 의미들'(hidden meanings)을 살핌으로 그리스도인들의 이혼에 대한 견해를 조명하고 교회의 목회상담적 실제들을 제시하고자 한다.

예수와 이혼

예수님의 결혼과 이혼에 관한 교훈은 바리새인들이 한 질문에 대한 답변 가운데서 주어진 것으로, 복음서 기자들은 예수님의 가르침을 각각 다른 상황 속에서 기록하고 있다.[5] 마가는 바리새인들이 예수님을 시험하기 위해 질문을 한 것이라고 말하고(막 10:2), 마태는 시험을 한 그 질문이 어떤 것이었는지를 밝혀주고 있다(마 19:3-13).[6] 마태복음 19장에 바리새인이 예수

---

5) 마태복음과 마가복음 간에 다른 기록을 볼 수 있는데 이는 각 저자들이 예수님이 대답하고 있는 상황이 다르기 때문이다. 마가복음은 제자들에게 사적인 자리에서 그 답변을 주는 반면, 마태복음은 그것을 공공의 장소에서 바리새인들에게 대답하는 것을 적용하고 있고, 선택적 결혼(마 19:10-12)에 대해서는 사적으로 제자들에게 대답이 주어지고 있다. 마가복음 10장과 마태복음 19장의 양 구절들은 편집되었음을 보여 주고 있으며 두 구절은 신명기 24:1에 있는 '어떤 연고'의 해석에 대한 예수님과 몇몇 바리새인들 간의 논쟁의 축약에서 연유된다. 마가는 설교에 더 알맞도록 그것을 편집했고 마태는 그 논쟁과 그 결과들에 대한 독자들의 이해를 돕기 위해 그것을 편집했다. 힐렐 학파와 샴마이 학파 간의 논쟁에 대한 랍비의 설명은 예수님이 그 논쟁에 참여하도록 했으나, 그러한 간결한 논쟁의 방법 안에서 예수님은 하나의 통찰력을 제공한다. 마태의 힐렐 학파와 샴마이 학파에 관한 구절들에 대한 편집은 그것들이 없이는 바리새인들의 질문이 질문으로서 통하지 않기 때문에 마가복음에서는 간추려졌으나 이미 잘 알려진 세부사항을 정확하게 재 삽입한 것이었다.
6) 바리새인들은 샴마이(Shammai)-힐렐(Hillel) 간의 논쟁 속에 예수님을 끌어들이려는 의도적인 질문이라 할 수 있다. 주전 1세기 동안 각기 대 율법사 샴마이(Shammai)와 힐렐(Hillel)이 이끄는 바리새파들 간에 이혼과 간음 문제와 관련하여 "수치되는 일"을 놓고 논쟁이 벌어지고 있었다. 샴마이는 엄격했고, 그래서 그 "수치되는 일"을 간음 또는 난잡에 약간 못치는 어떤 종류의 성적 범죄로 이해했다. 그와는 대조적으로 랍비 힐렐은 느슨한 입장이었다. 그는 그 첫 번째 남편이 그 아내를 "기뻐하지 않게 된 것"(신 24:1) 그리고 그녀의 두 번째 남편 역시 그녀를 "미워하는 것"의 구절들을 들어 예컨대 그녀가 남편을 위해 만든 음식을 훔치는 행위, 혹은 다투기를 좋아하는 것, 아니면 그녀보다 더 아름다운 여인을

님께 찾아와 "사람이 아무 연고를 물론하고 그 아내를 내어버리는 것이 옳으니이까?"(마 19:3)라고 물었을 때, 예수님께서는 "사람이 그 부모를 떠나서 아내에게 합하여 그 둘이 한 몸이 될지니라 하신 것을 읽지 못하였느냐 이러한즉 이제 둘이 아니요 한 몸이니 그러므로 하나님이 짝지어 주신 것을 사람이 나누지 못할지니라"(마 19:5-6)라고 대답했다. 그 바리새인은 "사람이 아내를 취하여 데려온 후에 수치되는 일이 그에게 있음을 발견하고 그를 기뻐하지 아니하거든 이혼 증서를 써서 그 손에 주고 그를 자기 집에서 내어 보낼 것이요"(신 24:1-4)라는 모세의 이혼 법을 언급하며 이혼의 조건에 대해 물었지만, 예수님은 결혼에 관한 창조질서(창 1:27; 2:24)를 언급하시면서 결혼은 결코 인간이 자기들의 조건에 따라 나눌 수 없는 하나님 앞에서의 서약이라고 대답한 것이다. 그러면 "왜 모세는 이혼증서를 주어서 내어버리라고 하였는가"라고 바리새인들이 반문하였을 때, 예수님은 "모세가 너희 마음의 완악함을 인하여 아내 내어버림을 허락하였다"고 말하면서 본래 창조질서는 이혼의 불가능함을 분명히 확증하였다(마 19:8).

여기서 잠깐 바리새인들이 참조하였던 그리고 그 당시 많은 유대인들이 이혼에 관한 지침으로 여기고 따랐던 구약성경에서 언급하고 있는 '이혼법'에 대해 살펴보자. 구약성경에서 이혼에 관해 말한 것 중 첫 번째의 언급은 신명기 24:1-4에서 볼 수 있다. 이 구절들은 보통 구약성경의 '이혼법'이라고 일컬어진다. 어떤 이들은 모세오경에서 이혼이 허락되는 경우를 들어 이혼의 신적 승인을 주장하기도 한다. 왜냐하면, 때로는 성경에 이혼을 정당하게 허락하는 것처럼 기록되어 있기 때문이다. 하지만 이는 근본적으로 성경을 잘못 이해하는 것이다. 이혼에 대한 성경의 자료들은 이혼을 정당화시키기 위한 것이 아니고 오히려 이혼을 예방하고 규제하기 위한 것이다. 존 데이비스(John J. Davis)는 지적하기를, 모세 오경에 등장하는 이혼의 대한 가르침은 신적 승인을 결코 의미하는 것이 아니라, 단지 인간의 죄성

거처 보아서 남편이 그녀에게 흥미를 잃었을 때, 등 극히 사소한 잘못들까지도 포함하는 것으로 이해했다(William L. Lane, *The Gospel of Mark*, New International Commentary Series (Grand Rapids: Eerdmans, 1994), 353).

과 완고함으로 말미암아 이혼을 피할 수 없는 경우가 발생하였을 경우 용인의 차원 이상이 아니라고 하였다.[7] 그러므로 모세의 법은 당시에 존재한 이혼에 대한 관습으로부터 이혼을 오히려 규제하고 경감하기 위한 것이었음을 알 수 있다.[8] 뉴펠트(Newfeld)에 따르면, "이혼은 이스라엘에 일찍부터 있어왔다…신명기에 있는 내용은 단순히 아주 오랜 관습으로 이미 전해 내려오던 것들을 확실하게 법으로 규정해 놓은 것에 지나지 않는다"라고 하였다.[9] 신명기에서 모세가 이혼 증서를 주어서 아내를 내어버리는 것을 가능하도록 한 이혼 법을 만든 것은, 그 당시 이미 관습적으로 행해져 왔던 이혼을 억제하고 통제하기 위함이었다. 즉 사소한 이유로 쉽게 아내를 내어버릴 수 있는 관습을 감안하여 이혼하려고 하면 법적인 이혼 증서를 써 주도록 함으로 이혼이 함부로 행하여지는 것을 방지하고자 하였다. 또한 여인들을 보호하고자 하는 목적으로 이혼할 때 이혼증서를 써주도록 하였다. 이혼 증서를 소유한 여인은 자기가 결혼한 상태가 아니라는 증거로 사용할 수 있었다. 그리고 다른 남자가 그녀를 자유롭게 아내로 삼을 수 있었다. 모세 오경에 등장하는 이혼 증서는 당시 사회 관습에서 여성들의 인권과 결혼한 여성에 대한 세평 또는 평판에서 여성을 보호하기 위한 차원에서 시행되었다고 할 수 있다(신 24:1-4).[10]

 타락 후 인간들은 임의로 이혼해 왔고 이혼이라는 제도를 만들어왔다. 성경은 이혼을 하나님의 창조질서를 거스르는 행위로 분명히 말하고 있지만, 인간의 완악함으로 말미암아 발생하는 문제들을 최소화하기 위해 모세가 절충적으로 공인된 절차를 따라 이혼을 허용한 것이었다. 우리가 기억해야 할 것은 이혼은 결코 하나님께서 승인한 제도가 아니라는 것이다. 때문에 이혼은 어떤 경우에라도 하나님의 창조에 배치되는 것이며 악이라고 할 수 있다. 다시 예수님의 답변으로 돌아가 보자. 예수님의 답변의 중점을

---

7) John J. Davis, *Evangelical Ethics*, 102.
8) John J. Davis, *Evangelical Ethics*, 102.
9) T. B. 매수턴 저, 『성서 그리고 현대가정』 이석철 역 (서울: 요단출판사, 1991), 258.
10) John J. Davis, *Evangelical Ethics*, 102.

살펴보자면, 그것은 "누구든지 그의 아내와 이혼하고 재혼하면 간음함이라"이다.

이 대답에 있어서 어려운 점은 단어 '간음함이라'(commit adultery)에 달려 있다. 그 단어나 또 그와 관계된 단어들은 신약에 27번이나 나타나고, 다른 사람과 결혼한 사람과의 불법적 성적 행위에 대한 구체적 의미들과 항상 함께 나타난다. 그것은 간음하지 말라는 계명을 번역하는 데 사용되고(마 5:27; 19:17; 막 10:19; 눅 18:20; 요 2:11), 간음하다 붙잡힌(요 8:3-4) 여인을 비난하기 위해 그리고 그 단어를 정의하는 데 도움을 주기 위해 사용되었다(롬 7:3).

예수님의 답변에 대해 더 풍성한 이해를 돕기 위해 학자들 사이에 논의되고 있는 간음과 부당한 이혼에 대한 다양한 해석을 살펴보면 네 가지로 정리될 수 있다. 첫 번째 경우는 유대사회에서 누구에게나 인식되어졌을 것이라는 견해이다. 이러한 방법으로 우연히 두 남자와 결혼하게 된 한 여인은 자신이 잘못한 것이 아니어도 문자적으로 간음한 여인으로 취급되어졌다. 결혼했을 때 그녀가 그녀의 이혼이 부당하다는 것을 알지 못했어도 그녀는 고의적으로 간음을 한 사람의 벌을 다 겪어야 했을 것이다.[11]

두 번째 경우는 그 여인이 재혼했을 때를 가정하는 것이다.[12] 많은 주석가들은 실제적으로 이혼한 여인이 경제적 이유들 때문에 재혼을 하는 것이 확실하다고 가정해왔다. 그러므로 그녀의 전 남편이 그녀에게 재혼을 강요했다고 말할 수 있으며, 따라서 그에게 책임이 있다고 말할 수 있다. 그러나 이혼한 여인이 결혼하지 않은 상태로 남아 있고 싶어 하는 경우가 꽤 많았다고 볼 수 있다. 많은 여인들은 그들의 계약 안에서 충분한 경제적 안정을 가졌고 특히 그들의 아버지에 의해 더해졌다면 더욱 그러했을 것이다. 이혼한 여인 또한 그들이 가진 상당한 자유를 재혼함으로 포기하려 하지는 않았을 것이다. 이 요인들은 여기서 문제가 되는 것은 아니다. 부당하게 이혼한 여인은 그녀가 재혼하는 경우에만 간음을 하는 것이라고 하는 같은 구절에 명백하게 적용된다. 이 구절은 그 여인이 간음을 피할 수 없다는 것

---

11) David Instone-Brewer, *Divorce and Remarriage in the Bible*, 참조.
12) D. Parker, *The Living Text of the Gospels* (Cambridge: Cambridge University Press, 1997).

은 아니다. 만일 그녀가 재혼하면 그리고 간음을 했다면 거기에는 그 남자에게 부분적인 책임이 주어졌다는 것이다. 이것은 랍비의 문서에서 충분히 열거하지 않고 있는 점을 강조한다. 즉 고의가 아닌 법에 의해 간음이라고 유죄가 된 여인은 책임이 없다는 것이다. 부당한 이혼들은 보통 실수로 그 남편에 의해 혹은 기록자에 의해 있어졌지만, 그 아내에 의해서는 아니다.

세 번째 경우는 그 당시의 대부분의 유대인들이 수긍하기가 어려웠을 것이라는 견해이다. 왜냐하면 한 남자가 결혼하지 않은 여인과 결혼함으로써 간음을 하게 되는 것이 불가능하기 때문이다. 그는 한 명 이상의 아내를 가져도 되도록 허락되었고 또 첫 번째 아내와의 이혼이 부당했다고 해도 재혼하는 것은 그에게는 범죄가 아니었다. 그러나 예수님은 이미 일부일처제를 말해 왔고, 그것은 한 남자가 재혼을 하려면 그전에 정당하게 이혼이 되어야 한다는 것을 의미했다. 엄밀하게 말하면 누군가 그는 그의 두 번째 아내와 결혼하면 간음이라기보다는 일부다처제를 범한 것이라고 말할 수 있다. 그러나 예수님은 매우 강력하게 그 점을 지적하였다. 예수님은 일부다처제가 부도덕적 이라고 말하지 않고 불법이라고 말하고 있었다. 그는 일부다처제는 하나님의 뜻을 어기는 것이라는 성경적 증거를 주었다. 이것은 그 사람의 두 번째 결혼은 부당하며 따라서 그는 결혼하지 않은 여인과 동거하고 있다는 것을 의미했다.

결혼하지 않은 여인과 동거하는 것은 엄밀히 말하면 간음은 아니었다. 왜냐하면 간음은 한 여인의 남편에 대한 범죄였기 때문이다. 그것은 비도덕적으로 여겨졌지만 법적 용어의 정의로 간음에 속하는 것은 아니었다. 한 남자에게 한 명의 아내 이상 허락이 되었기 때문에 결혼할 때 한 남자가 한 여자에게 제한된 배타적 성실성을 서약하는 것은 아닐 수 있었다. 이 의미는 한 사람이 아내에 대항하여 간음할 수 없으며 오직 그 남편에 대항해서만이라는 것이다. 이해를 더하기 위해 마가복음을 참조하면, 마가는 왜 이 상황이 그럼에도 불구하고 간음이라고 여겨지는지를 나타내 주는 한 구절을 덧붙이고 있다. 마가는 그 사람이 그녀에게 대항하여(막 10:11), 즉, 그의 아내에게 대항하여 간음을 했다고 지적했다.[13] 일부다처제 사회에서는 간음은 항상 그 남편에게 대한 간음이다. 마가복음은 일부일처제에 대한 예수님의 가르침의 결과들 중의 하나는 간음이 더 이상 남편에게 대해서만 짓는 범죄가 아니라 아내에게 대해서도라는 것이었다. 남자가 결혼할 때 기술상으로 배타적인 성실성을 서약했다고 더 이상 사실을 숨길 수 없었다. 결혼은 일부일처제를 의미했으며, 남편과 아내 양쪽 모두 서로에게 배타적인 성실성을 서약하는 것을 의미했고 둘 중의 하나는 간음의 피해자가 될 수 있었다는 것을 의미했다.

네 번째 경우에 대부분의 주석가들은 유대 여인들은 그들의 남편들과 이혼할 수 없었으므로 마가는 유대 사회가 아닌 상황을 말하고 있다고 주장한다. 그러나 한 여인이 유대 법정에 이혼의 문제를 가져오는 것은 완전히 정당한 것이었고 이것은 제 1세기에 실행되었다는 지적들이 있다.[14] 엄밀히 말하면, 이혼은 여전히 남자에 의해 계속되었다. 왜냐하면 만일 그 법정이 그 여인의 편에서 결정을 내렸다면 그들은 그 사람에게 그의 아내에게 이혼 증서를 써 주도록 강요했을 것이기 때문이다. 그러나 실제로 그 증서를 제공하는 것을 제외하고는 이혼의 전 과정은 그 아내에 의해 시행될 수 있었다. 그녀가 이혼으로 진행을 할지 안 할지, 결혼 서약을 깬 남편을 용서할지 안 할지를 결정할 수 있었고 법정에 호소하고 거기서 사실을 제시할 수 있었다.

이러한 역사적 사회적 배경을 알고 계셨던 예수님의 이혼에 대한 관점은 명백했다. 즉, 예수님은 명백하게 일부일처제를 선언하셨으며, 결혼한 부부의 이혼을 정당화하지 않았다. 단지 여러 사회적 역사적 상황 속에서 이미 널리 행해져 오고 있는 이혼의 문제 중 특히 "어떤 연고"에 의한 이혼이 악용되고 있는 것을 염두에 두었던 것이다. 하지만 문제는 공관복음에서 예수님의 이혼에 대한 가르침이 저자의 관점에 따라 조금씩 다르게 표현되

---

13) John Nolland, "The Gospel Prohibition of Divorce: Tradition History and Meaning," *Journal for the Study of the New Testament* 58 (1995): 19-35.

14) John Nolland, "The Gospel Prohibition of Divorce: Tradition History and Meaning," 31.

고 있다는 점이다. 마가는 예수님께서 이혼을 전적으로 금지하신 것으로 기록하고 있다. 즉 결혼한 부부가 이혼을 허락하는 어떤 예외적인 조항도 두지 않았다(막 10:1-2). 또한 누가는 실제적으로 재혼에 대해 언급하고 있지만 이혼에 대해서는 말하고 있지 않다(눅 16:18). 하지만 마가복음 5:31과 19:1-12에서 예수님의 이혼에 대한 가르침이 소개되고 있는데, 여기에서는 이혼을 금지하기 위한 것이 예수님의 근본적인 메시지이다. 그럼에도 불구하고 우리는 이혼을 허락하는 예외적인 경우를 발견한다(마 5:32; 19:9). 즉 이혼을 예외적으로 허락하는 경우는 **포르네이아**(πορνεια, porneia)이다. 따라서 마태가 이혼의 예외사항으로 사용하고 있는 포르네이아에 관해 자세히 알아보고자 한다.

이혼과 포르네이아

포르네이아의 의미는 학자와 시대에 따라 다양하게 이해되어져왔다. 예수님께서 허용하신 단 한 가지 이혼사유로서 마태는 오직 "음행한 연고 외에"(마 19:9)와 "음행한 연고 없이"(마 5:32)를 기록하고 있다.[15] 하지만 포르네이아에 대한 논의들이 계속 있어왔고 몇몇 학자들에 의해 성적 죄악뿐만 아니라 일반적 사악함의 문제도 인정되어 왔다. 이 부분에 대한 논의들은 마태가 기록하고 있는 예수님께서 이혼 사유로 허용하신 간음(πορνεια, porneia)에 대한 정의에 초점을 두고 있다. 첫째, 포르네이아를 간음(adultery)으로 보는 견해이다. 그것은 포르네이아가 특히 간음의 의미인 모이케이아(μοιχεια, moicheia)의 동의어로 사용되어졌기 때문이다. 이것은 전통적인 이해로 교부들의 견해이기도 하였으며, 신약성경의 헬라어와 다른 현대어에

---

15) 마 19:9 "내가 너희에게 말하노니 누구든지 **음행한 연고 외에** 아내를 내어버리고 다른데 장가드는 자는 간음함이니라." 마 5:31-32 "또 일렀으되 누구든지 아내를 버리거든 이혼 증서를 줄 것이라 하였으나 나는 너희에게 이르노니 누구든지 **음행한 연고 없이** 아내를 버리면 이는 저로 간음하게 함이요 또 누구든지 버린 여자에게 장가드는 자도 간음함이니라."

서도 두 단어를 같은 의미로 사용하고 있다.[16]

둘째, 포르네이아를 좁은 의미로 보는 견해이다.[17] 조셉 본서븐(Joseph Bonsirven)은[18] LXX은 히브리어 zed (zenut)를 포르네이아로 번역하여 쓰고 있으며, zenut는 또한 '불법적인 결혼'이라는 의미도 있다고 지적하였다. 따라서 이러한 의미로 본다면, '불법적 결혼 외에'이라는 말로써 미루어 보아 예수님의 가르침은 불법 결혼의 해체(annulment)의 경우를 말하는 것이지 진정한 의미의 이혼을 말하는 것이 아니게 된다. 즉 예수님은 단지 실제적 결혼이 아닌 결혼에 대한 이혼(해체)을 허락하신 것이 된다.[19] 그러나 인스톤-브루어(D. Instone-Brewer)에 따르면, 사해본의 그 구절은 이혼이 아니라 일부다처제에 관한 것으로 이해되고 있고 일반적으로 zenut는 더 넓은 의미를 가지고 있으므로 이혼에 반대하는 규율에 대한 예외사항으로 보는 것은 의미가 없다고 보는 것이다.[20]

포르네이아를 좁은 의미로 보는 견해 중 더 믿을 만한 것은 포르네이아가 혼전 성관계에 관한 것이라고 말하는 아이작슨의 견해이다.[21] 혼전 성관계는 구약에서도 이혼의 사유였다. 정혼한 커플은 법적으로 결혼한 것으로 간주되었기 때문에, 결혼식 전에 한 정혼자가 혼자 다른 사람과 함께 있는 것이 발견되었을 경우 결혼식이 거행되지 않았을지라도 갈라서는 것도 이혼으로 간주되었다는 것이다. 따라서 이 견해에 의하면 예수님이 그들

---

16) David Instone-Brewer, *Divorce and Remarriage in the Bible*, 275.
17) John Stott는 이를 엄격한 견해들(rigid views)로 보고 있다(John Stott, *Issues Facing Christians Today*, 294).
18) Joseph Bonsirven, *Le divorce dans le Nouveau Testament* (Paris: Societe de S. Jean L'Evangeliste, Desclee et Die, 1948) quoted in David Instone-Brewer, *Divorce and Remarriage in the Bible*, 275.
19) 이것은 핏쯔마이어(J. A. Fitzmyer)가 사해본에서 zenut가 불법적 결혼의 의미로 사용되어졌으며 이혼을 허락하지 않는 상황에서 사용되어졌다는 것을 지적하여 부가적으로 무게가 실리게 된다. J. A. Fitzmyer, "The Matthean Divorce Texts and Some New Palestinian Evidence," Theological Studies 37 (1976), 197-226.
20) David Instone-Brewer, *Divorce and Remarriage in the Bible*, 276.
21) A. Isaksson, *Marriage and Ministry in the New Temple: A Study with Special Reference to Mt.19.13-12 and 1.Cor.11.3-16*, Translated by Neil Tomkinson and Jean Gray (Copenhagen: Munksgaard, 1965).

을 아직 하나님에 의하여 결합되지 않았다고 여겨 이혼이 여전히 가능했다고 보았다는 것이다. 이러한 아이작슨의 견해는 예수님이 이혼녀나 처녀가 아닌 여자와의 결혼이 허용되지 않았던 구약의 제사장들의 순결성을 그의 제자들에게 원하심을 말할 때 이 단어 포르네이아를 사용하셨다는 것이다. 또 그는 요셉이 정혼한 마리아의 혼전의 불성실을 연유로 이혼하려 하였다는 것도 하나의 예로 지적하고 있다.

이와 비슷한 견해로 가이슬러(N. L. Geisler)는[22] 마태만이 포르네이아로 인한 이혼을 예외로 하는 점을 들어 이는 혼전 성관계를 말하는 것이라고 주장한다. 마태복음서에서 예수님은 두 번에 걸쳐, 포르네이아로 인한 이혼의 경우를 제외하면 모든 이혼은 잘못이라고 말했다(마 5:32; 19:8). 가이슬러에 의하면, 신약성경에서 간음을 의미하는 단어가 그리스어로 모이케이아(moicheia)인데, 만약 마태가 간음(결혼한 사람의 불법적인 성교)에 대해 말하려고 했다면, 그는 포르네이아라는 단어 대신에 모이케이아라는 단어를 썼을 것이라는 것이다.[23] 마태는 간음에 대해 설명하면서 모이케이아라는 단어를 사용했으며(마 15:19) 또한 동사형 모이케우오(moicheuo: 간음하다)를 여러 차례 썼다(마 5:27-28; 19:18). 그밖의 신약성경에서도 간음에 대해 설명하기 위해 모이케이아와 모이케우오라는 단어를 항상 사용했으며(막 7:21; 눅 16:18; 요 8:4; 롬 2:22; 약 2:11; 계 2:22), 포르네이아와 모이케이아 두 단어는 동일한 구절 안에서도 서로 다른 의미로 사용되고 있기도 하다(마 15:19 참고; 막 7:21; 갈 5:19). 또한 가이슬러는 마태만이 포르네이아로 인한 이혼을 예외로 하고 있는 점을 지적하면서, 마태가 혼전 성관계를 이혼의 예외사항으로 두는 유대 관습 속에서 성장했기 때문에 이러한 관습을 염두에 두고 포르네이아라는 용어를 사용했을 것이라고 주장한다.[24] 모세의 율법에는 누구든지 아내를 취하여 그와 동침한 후에 그의 처녀인 표적을 보지 못하였노라 하면 처녀를 그 아비 집 문에서 끌어내고 그 성읍 사람들이 돌로

---

22) Norman L. Geisler, *Christian Ethics*, 288-290.
23) Norman L. Geisler, *Christian Ethics*, 289.
24) Norman L. Geisler, *Christian Ethics*, 289.

쳐 죽일지니(신 22:13-21)라고 규정했다. 그러나 그의 부모가 "처녀인 표적을 가져와 그 자리옷을 그 성읍 장로들 앞에 펴면 그 여자로 그 남자의 평생에 버리지 못할 아내가 되게"(신 22:14, 17, 19) 하였다. 따라서 가이슬러는 이러한 관습을 염두에 둔다면 왜 마태가 자기 말을 귀담아 듣고 있었던 유대인들에게, 이렇게 혼전성교가 이혼의 정당화될 수 있는 예외사항이라고 설명했는가를 이해할 수 있다고 말한다.[25]

포르네이아를 좁은 의미로 보는 견해는 예수님이 어떤 의미에서든 한번 결혼한 부부의 이혼을 정당화 시키지 않으셨다는 것을 지지하는 견해들이다. 그러나 예수님은 명백하게 이혼의 예외사항에 대해 언급하셨으며, 이렇게 좁은 의미로 볼 때 생기는 주된 문제는 예수님이 이러한 식으로 이혼의 예외사항을 제한시켰다고 볼 수 없다는 것이다. 포르네이아가 불법적 결혼과 혼전 불성실을 의미할 수도 있지만, 포르네이아가 담고 있는 의미에는 다른 여러 성적으로 바르지 않은 행위들도 포함될 수 있다. 따라서 포르네이아가 이 모든 것을 뜻한다고 하더라도 그 의미는 상황 속에서 결정이 되어야 하며, 이혼의 법적 사유에 대한 유대인의 논쟁의 상황에서 보면, 포르네이아는 간음을 의미한다. 이것은 간음의 좁은 의미인 모이케이아(moicheia)의 사용에서 확실하게 알 수 있다. 모이케이아가 간음의 행위를 표현하는 말인 반면 포르네이아는 간음을 동반하는 성적 충동으로서의 의미일 수 있다. 하지만 포르네이아와 모이케이아가 때로 함께 사용되기도 하지만 동의어로 사용되기도 한다. 따라서 마태복음 5장과 19장에서는 포르네이아가 모이케이아의 동의어로 사용되었으며 예수님의 바리새인과의 논쟁의 상황에서는 간음의 행위를 표현하는 말인 모이케이아가 가장 자연스러운 의미이다.[26] 포르네이아는 당시 아주 일반적으로 잘 알려진 단어였다. 이 단어는 주로 부정한 성적 행위들을 의미하는 용어였다. 당시 부정한 성 행위로는 동성애, 근친상간, 수간 등이다. 배우자의 간음의 경우 이혼은 당시 유대교와 로마사회에서는 정당하게 요구되고 인정되었으며, 심지어

---

25) Norman L. Geisler, *Christian Ethics*, 290.
26) David Instone-Brewer, *Divorce and Remarriage in the Bible*, 277.

배우자가 간음하였을 경우 부부의 이혼은 필수적인 것으로 여겨졌다. 그러나 예수님께서는 간음은 이혼의 필수적인 것으로 여기지 않으셨다. 예수님께서는 배우자의 간음이 이혼을 정당화 시키는 요소로 여기거나 의무적인 사항으로 여기지 않고, 단지 이혼을 결코 피할 수 없는 경우가 발생했을 때 허가(permission)하는 아주 소극적인 입장이었다고 할 수 있다. 우리는 예수님과 바리새인들 사이에서 이혼에 대한 대화에서 흥미 있는 사실을 발견하는데, 그것은 예수님의 입장은 이혼은 단지 허가할 수 있는 것이었지만, 바리새인들은 의무 또는 명령(command)적인 것으로 여겼다는 점이다. 이는 근본적으로 예수님의 이혼에 대한 관점이 바리새인들과 다른 견해를 가지고 있다 하겠다. 따라서 포르네이아의 의미를 마태복음 19장의 예수님과 바리새인과의 논쟁의 상황 속에서 살펴보아야 하며, 그러할 때 이는 좁은 의미의 불법적 결혼이나 혼전 불성실을 의미하기보다는 결혼한 부부의 간음을 의미하는 것으로 볼 수 있다.

셋째, 포르네이아를 넓은 의미로 보는 견해이다.[27] 넓은 의미로 포르네이아를 보는 견해는 포르네이아가 단순히 간음만을 의미하는 것이 아니라 결혼을 파괴시키는 모든 행위들을 다 포함한다고 보는 것이다. 몬테피오레(Huge Montefiore)는[28] 간음은 그 당시 관습적으로 이혼의 사유였기 때문에 예수님이 이혼에 대한 예외사항으로서 단순히 간음을 의미하지 않고 더 넓은 범위의 성적 범칙 행위를 의미했을 수 있다고 제안했다. 이는 예수님이 힐렐 학파보다는 '어떤 음란한 행위'(a matter of indecency)까지 포함시키는 샴마이 학파에 동의했을 것이라는 것과 같은데 이는 그다지 믿을 수 있는 것은 아니다. 왜냐하면 양쪽 학파 모두 포르네이아를 간음을 의미하는 것으로 여겼기 때문이다.

---

27) 존 스토트(John Stott)는 이를 느슨한 견해들(lax views)이라고 보고 있다(John Stott, *Issues Facing Christians Today*, 294)

28) Huge Montefiore, "Jesus on Divorce and Remarriage," *Anglican Synod, Marriage, Divorce and the Church-the Report of a Commission Appointed by the Archbishop of Canterbury to Prepare a Statement on the Christian Doctrine of Marriage* (London: SPCK, 1971).

데이빗 아트킨슨(David Atkinson)은[29] 넓은 의미로서 포르네이아는 결혼 생활에 대한 일반적 도덕적 진술로 이해하였다. 십계명에서 말하는 "간음하지 말라"와 같은 취지라는 것이다. 결혼을 파괴하는 요인들이나 행위들을 지적하는 것으로 이해하였다. 때문에 포르네이아는 어떤 것이든 간에 결혼을 파괴시킬 수 있는 요인들이나 행위들을 의미한다고 보았다. 여기에 간음은 물론이고 학대, 무시 등까지 포함시켰다. 때문에 예수님이 간음을 이혼의 예외 사항으로 용인한다는 표현은 결혼을 파괴시킬 수 있는 요인이나 행위들에 대한 일반적으로 포괄적인 의미라는 것이라고 보았다. 여기서 결혼을 파괴시키는 행위나 요인들뿐만 아니라 한쪽 배우자의 잘못된 행위들로 말미암아 다른 한쪽을 희생시키는 유행과 관습에 대해 예수님이 비판하고 있는 것으로 이해했다.

도덕적 명령을 주는 것이라고 보는 이 견해는 마태가 사용한 육체적, 성적 부도덕성을 의미하는 포르네이아에 부합한다는 점에서 옳지 않으며[30] 또한 결혼을 파괴시킬 만한 모든 행위들로 말미암아 부부가 이혼하게 될 수 있다는 힐렐 학파의 '어떤 연고'(any matter)에 관한 해석에 더해지는 또 하나의 해석이 될 가능성이 많다.[31]

위에서 마태가 기록하고 있는 예수님이 이혼의 예외사항으로 허락하신 포르네이아에 대한 여러 가지 견해들을 살펴보았지만, 이를 예수님이 말씀하고 계신 상황 속에서 이해해야 한다. 제1세기의 헬라 사회에서 포르네이아가 일반적으로 부정한 성적 행위를 의미하는 것에 틀림이 없으나, 성경에서 포르네이아와 모이케이아가 함께 등장하며 또 항상 동의어처럼 쓰여지는 것은 아닐지라도, 성경에서 두 단어가 반대적 의미로 사용되지는 않고 있으며 또 특별히 지적하지 않는 한 그 당시 사회에서 두 단어 모두 같은 행동을 말할 때 사용되고 있었고 성경에서도 마찬가지이다.[32] 또한, 마태복

---

[29] David Atkinson, *To Have and To Hold*을 참조.
[30] John Stott, *Issues Facing Christians Today*, 294.
[31] David Instone-Brewer, *Divorce and Remarriage in the Bible*, 278.
[32] David Instone-Brewer, *Divorce and Remarriage in the Bible*, 279.

음 5:32에서 예수님이 신명기 24:1의 '음란한 문제'(indecent matter)를 들어 말씀하시면서 '음란한 문제'(indecent matter)보다는 샴마이(Shammai)학파가 사용하는 데로 '음란한 행위의 문제'(matter of indecency)로 말씀하신 것이다. 일반적으로 힐렐(Hillel)학파나 샴마이 학파나 모두 단어 '음란함'(indecency)을 간음(adultery)의 의미라고 이해하고 있었다.[33]

이혼에 관해 논쟁 중이던 유대인들에게 예수님이 이 단어를 사용하신 상황 속에서 살펴보면, 포르네이아는 간음 외에 다른 의미가 될 수 없다. 만일 이것이 간음 외에 다른 의미의 포르네이아를 의미하신 것이었다면, 예수님이 명백하게 그것을 언급하셨을 것이다. 복음서에서는 예수님이 그 당시 일반적으로 쓰이던 의미 즉 간음 외에 그것을 다르게 사용하셨음을 밝히고 있지 않다(눅 16:18).

예수의 가르침의 실제들

이혼에 관한 예수님의 가르침은 그 당시에 유대 사회와 예수님을 따르는 사람들에게 많은 영향력을 행사하였다. 마태는 다른 복음서 저자들보다 더 예수님의 가르침이 유대사회에 가져올 파급효과에 대해 잘 알고 있었다. 우리는 이제 "이혼에 관해서 예수님이 가르치고자 하는 핵심 메시지는 무엇이었는가?"라는 질문에 대답해야 할 당위성에 처해 있다. 이 질문에 답하는 것은 결코 쉬운 일이 아니다. 왜냐하면 신약성경에서 이혼에 관한 메시지가 하나만 있지 아니하고 여러 곳에서 다양한 표현과 다양한 목적을 위하여 다양한 메시지로 표현되고 있기 때문이다. 하지만 예수님의 목적은 이혼과 간음의 문제를 논하는 이면에 다른 많은 이유들이 있었다. 존 머레이는 "그것은 한 가지 예외로 다른 모든 이유들의 비적법성을 부각시켜준다. 그 한 가지 예외에 집착한 나머지, 결코 다른 모든 이유들을 배격하는

---
33) David Instone-Brewer, *Divorce and Remarriage in the Bible*, 279.

그 힘을 모호하게 하도록 허용되는 일이 있어서는 안 된다"고 하였다.[34]

일부다처제 비판

예수님께서 가르치시고자 하신 핵심 내용 가운데 하나는 한 개인은 오직 한 번에 한 사람하고만 결혼해야 한다는 것이다. 일부일처제에 대한 예수님의 가르침이 당시 유대사회에서 실천적 결과를 이끌어 내기에는 쉽지 않았다. 왜냐하면 일부다처제는 당시 부자들 사이에 아주 일반적인 현상이었기 때문이다. 일부일처제에 대한 예수님의 가르침은 남편이 다른 여자와 간음했을 경우 아내는 이로 인한 이혼을 허용 받을 수 있다는 것을 의미했을 것이다. 왜냐하면 고대 유대교에서는 일부다처제가 계속적으로 허용되었으므로 남편은 그가 결혼할 때 자기 배우자만에게 성적인 행위를 제한한다고 서약하는 것이 아니었다. 이것은 그가 외도나 자기 배우자에게 성적으로 충실치 않은 것들이 이혼의 사유가 될 수 없었다는 것이다. 그는 여전히 간음했다고 고발될 수 있었지만, 그것이 상대 여자의 남편에 대항하는 것일 수는 있어도 그의 아내에 대해서는 아니었다.[35] 그러나 만일 일부다처제가 더 이상 허용되지 않았다면, 남편이 그의 아내에게만 성적으로 제한되는 것을 의미하게 되었을 것이다. 따라서 일부일처제 하에서는 남자뿐 아니라 여자에게도 배우자의 간음으로 말미암은 이혼이 허용될 수 있게 되었다는 것이다.

예수님의 가르침이 가져온 결과 중의 하나는 예수님이 일부일처제를 가르침으로써 초대교회에 결혼하지 않은 과부들의 수가 많이 증가하였다는

---

34) John Murray, *Divorce*, 21.
35) 또한 여자의 불임은 이혼의 사유가 될 수 있었다. 자녀 생산에 대한 명령은 불임이 이혼의 사유가 되었다. 몇몇 랍비들도 만일 부부가 10년간의 결혼생활 중 자식을 갖지 못하면 그 부부의 이혼할 의무를 고려했다. 자의적으로 고자된 사람에 대한 예수님의 교훈은 결혼과 자녀출산은 의무적이지 않다는 것이었다. 예수님이 그렇게 말하지는 않았지만, 이것은 예수님이 번식에 대한 명령을 모든 사람이 지켜야 할 명령으로 여기지 않았다고 가정된다. 이것의 중요성은 불임이 더 이상 이혼의 사유로서 여겨질 수 없다는 것이었다.

것이다. 만일 바바타(Babatha)의 가족이 전형적이라고 보면,[36] 이 두 번째 부인은 종종 과부였다. 과부와의 결혼은 중하층의 남자에게도 가능하였다. 왜냐하면 이때 신부의 지참금은 반이었고 그녀는 종종 전 결혼생활로부터 생긴 자신의 돈을 가지고 와서 경제적으로 그 가정을 도울 수 있었기 때문이다. 그러나 일부다처제가 아니면 과부는 결혼하지 않은 남자와만 결혼할 수밖에 없었기 때문에 초대교회는 곧 과부의 수가 증가함으로 발생되는 여러 문제에 직면하게 되었다. 사도행전 6장에 나오는 과부들은 유대공동체에서 가난한 사람들과 같이 여겨졌지만, 목회 서신 시대까지 과부들은 문제가 되기 시작했다.[37] 결혼하지 않은 과부들은 결혼한 여자들보다 더 많은 자유를 누리고 있었고, 그들은 여러 집들을 오가며 험담을 함으로써 문제를 일으켰다.[38] 따라서 젊은 과부들은 결혼하도록 적극적으로 격려되었고 나이든 과부들은 특별한 집단으로 조직되어졌다.[39] 그들에게는 젊은 여자들을 가르치는 과제 등이 주어졌다.

과부들은 초대교회의 심각한 짐이었다. 1,500명 이상의 과부들과 가난한 자들이 로마교회에 그리고 3,000명의 과부들과 처녀들이 안디옥에 있었고 매일 생활보조를 받고 있었다.[40] 몇 백 년 후에 과부들의 집단은 감소되었는데 그것은 아마도 그들이 수녀들로 대치되었기 때문일 것이다.[41]

---

36) 바바타 가족의 자료들이 나할 헤버(Nahal Hever) 동굴에서 발견었는데, 이 자료들은 한나 코튼과 아다 야데니(Hannah M. Cotton, and Ada Yardeni)에 의해서 책으로 편집되었다. Hannah M. Cotton, and Ada Yardeni, *Aramaic, Hebrew and Greek Documentary Texts from Nahal Hever and Other Sites: With an Appendix Containing Alleged Qumran Texts*, Discoveries in the Judean Desert 27 (Oxford: Clarendon, 1997).
37) 초대교회의 과부들에 대한 전반적인 문제를 아주 자세하게 설명을 제공하고 있는 자료를 위해서는 Gustav Stahlin, "χήρα," Gerhard Kittel, ed., *Theological Dictionary of the New Testament* (Grand Rapids: Eerdmans, 1964-95), 9:440-65.
38) 딤전 5:13; 딤후 3:6. 이 구절 중 후자는 과부들에 대해서 특별한 언급이 없다. 하지만 거기에 사용된 단어들은 일반적으로 과부들과 관련된 것이다(Gustav Stahlin, "χήρα," Ibid., 455).
39) 딤전 5:11, 14. 로만 세계에서 만약에 나이 50 이하의 임신이 가능한 과부들은 재혼하는 것이 격려되어졌다. 아우구스투스(Augustus) 또한 이러한 내용을 9 C.E.에 법으로 제정하기까지 하였다. B. W. Winter, "Providentia for the Widows of 1 Timothy 5. 3-16," *Tyndale Bulletin* 39 (1988): 85를 참조.
40) Gustav Stahlin, "χήρα," 460.
41) Gustav Stahlin, "χήρα," 465.

결혼의 영속성

결혼은 평생 동안 영속되어야 하는 파괴할 수 없는 것이다. 결혼은 신적 승인이기 때문에 인간 스스로 그 승인을 인간들의 상황에 따라 파괴할 수 없다는 것이다. 원칙적으로 결혼은 평생 동안의 연합으로 존 머레이(John Murray)는 그것을 "기원적으로 그리고 이상적으로 해체 불능한 것"이라 했으며,[42] 이혼은 계약의 위반행위로서 하나님께서 "미워하노라"고 말씀하셨다(말 2:16). 인간이 결혼을 파괴하는 것은 하나님의 뜻을 어기는 것이다. 이 교훈은 하나님이 결혼에 대해 세워 놓은 이상적 서술이기 때문에 쉽게 실천되지 못했다. 그러나 그 교훈은 예수님의 가르침에 따라오는 여러 측면들과 함께 아주 큰 중요성을 가졌고 그로 인해 이혼이 허용되는 경우가 많이 제한되게 되었다는 것이다. 많은 랍비들은 이미 결혼은 평생 동안 지속되어야 함을 가르치고 있었지만, 그들은 또한 어떤 연유로 인한 이혼을 허락하고 있었다. 이때 예수님은 결혼의 평생 지속성의 문제를 의미심장하게 다루며 가르쳤으며, 결혼 서약이 계속적으로 무너지는 경우나 완전히 깨져서 다시 고칠 수 없을 때에만 이혼을 허락하였던 것이다.

배우자의 간음과 이혼

유대 랍비의 가르침의 표준에 의하면 아내의 부정에 의한 이혼은 정당했다. 대신에 이론적으로 본다면, 한 사람이 그의 아내의 간음을 의심하여 공식절차에 부칠 수 있었다. 그러나 이것은 그 아내에게는 아주 기분 나쁜 것이었고 그 남편에게는 부끄러운 일이었다. 그래서 많은 사람들이 이러한 방법으로 이혼을 피하려는 일을 하지 않았을 것이다. 만일 남편이 그의 아내를 사랑하지 않았다면 그는 그의 아내와 이혼하였을 것이고, 만일 남편이 그의 아내를 사랑했다면 그는 그의 아내를 그 공식절차에 부치지 않았

---

42) John Murray, *Divorce*, 1.

을 것이다.[43]

간음으로 인한 이혼을 선택적으로 여기는 예수님의 가르침은 긍정적인 결과를 가져오게 했다. 예를 들면, 만일 남자가 간음이 의심되는 아내와 계속 결혼관계를 유지했다 해도 그것은 더 이상 불경건한 것으로 생각되지 않게 되었다. 따라서 아내들을 용서하기를 원하지만 그렇게 하도록 허락되지 않았던 많은 남편들은 큰 안위를 얻을 수 있게 되었다. 일부일처제의 규칙 아래에서도 예수님의 가르침은 아내들이 간음을 한 남편들을 용서할 수 있다는 의미가 되었다.

그 중대성은 더 나아가 예수님의 이 교훈이 모든 결혼한 여자의 생활상에 영향을 주는데까지 미쳤다.[44] 고대 유대 사회에서는 한 여인이 홀로 한 남자와 단지 몇 분만 같이 있어도 간음한 여인으로 의심되어졌다. 만일 여자가 두 남자와 함께 있었다면 그것은 그 남자들이 서로의 덕을 지키기 위한 것으로 여겨졌었지만, 다른 여자가 같이 있었어도 그 남자를 유혹하려고 했다고 가정되었었다. 두 가지의 경우에 한 여자가 또한 공공장소에서 한 남자와 이야기함으로 간음한 여인으로 의심 받을 수 있었다. 만일 한 여자가 친척이 아닌 한 남자와 이야기하면서 시간을 보내고 있는 것이 보여졌다면, 그들이 간통을 계획하고 있었다고 여겨졌고, 그녀의 남편은 그녀에게 경고해야 했다. 만일 한 여자가 경고를 받은 후 같은 남자를 두 번째 만나 이야기하고 있다면, 그들은 성적 관계를 갖고 있는 것으로 간주되었었다. 원하던 원하지 않던 그녀의 남편은 그녀와 이혼해야 했었다. 의심된 간음에 대한 이러한 규칙들은 모든 여자들의 일상생활을 지배해 왔었다. 따라서 예수님의 교훈은 여자들에게 이전보다도 더 광범한 자유를 허락하게 된 것이 되었다. 여자들이 남자들과 이야기할 수 있게 되었고 방문도 할 수 있게 되었지만 그럼에도 불구하고 남자들과 친구가 될 수 있었던 것은 아

---

43) 이러한 사항에 대해서는 Gordon J. Wenham and William E. Heth, *Jesus and Divorce*, 69-72를 참조.

44) 브루어(David Instone-Brewer)는 그의 책에서 이러한 파급 효과에 대해 자세히 서술하고 있다. David Instone-Brewer, *Divorce and Remarriage in the Bible*, 180-181을 참조.

니다. 여자들은 그들의 남편들에게 그들과의 이혼이 강요되지 않는다는 전제하에 이러한 것들을 할 수 있었다.

계속적인 배우자의 간음과 이혼

이러한 해석은 예수님의 다른 교훈들과 함께 많은 의미를 갖지만, 예수님이 이것을 가르쳤는지 확실치는 않으며 "완고한 마음"에 대한 이해는 예레미야 4:4에서 연유한 것이라고 본다. 때문에 이혼은 허용될 수 있는 것이지 그 자체가 정당성을 갖는 것은 아니다. 이 교훈의 중요성은 예수님을 따르는 자들이 그들의 부정한 배우자와 이혼할 수 있었다는 것이다. 간음한 배우자는 용서될 수 있고 또 되어져야 했지만, 그것은 회개가 따라와야 했다. 회개하지 않거나 계속적으로 간음하는 상대는 이혼되어질 수 있었지만 여전히 그런 행동은 정당성이 없었다.

만일 예수님이 출애굽기 21:10-11의 다른 사유들을 이혼사유로 인정했다면, 이러한 것들도 적용되었을 것이다. 다시 말하면, 만일 음식, 의복과 사랑을 제공하기를 완고히 거절하는 자가 있다면, 이혼은 허락되어야 했었다. 그 경우는 이미 유대교에 있었기 때문에 열거할 필요가 없었다. 만일 남편이 음식과 의복 제공하기를 무시했다면 아내는 법정에서 이것을 증명해야만 했고 이러한 유기가 오랜 기간 동안 행해졌다고 보여져야 했다. 랍비 지배체제 하에서는 그 기간이 정해지지 않았지만, 그 기간은 부부의 권리가 있을 때라고 정의되며 또한 완고한 배우자를 처벌하도록 만들어진 벌금이 있었다. 모든 완고히 거절하는 자들은 만일 그들의 배우자가 그들의 결혼 서약을 지키기를 요청하면 법정으로부터 배우자에게 강제로 이혼을 허가하도록 압력이 있었다.[45]

출애굽기 21:10-11에서 완고함에 대한 이 원리가 이미 당시의 유대인의 이혼 절차를 위한 세 가지 사유들 가운데 있었다는 사실은 예수님이 간음

---

45) David Instone-Brewer, *Divorce and Remarriage in the Bible*, 181-182.

의 사유에 대한 같은 원리를 적용했다는 제안에 무게를 준다. 따라서 계속적인 권고에도 불구하고 듣지 않고 간음의 행위를 그치지 않는다면 이는 그가 진정으로 회개하지 않는 것으로 여기고 그 결혼을 계속적으로 유지하기를 원치 않는 것으로 볼 수 있다고 여겨 이혼이 허용될 수 있다고 유추하는 것이다.[46]

간음으로 인한 이혼과 재혼

예수님은 간음으로 인한 이혼도 정당화하지 않으셨기 때문에 배우자의 간음을 이혼 사유로 정당화하여 이혼한 후 재혼하는 것은 간음하는 것으로 보셨다. 예수님의 이야기 대상이었던 그 당시 유대 사람들에게 이것은 큰 파급효과를 가져왔다. 그 당시 이혼이 얼마나 난무했는지는 정확히 알 수는 없지만, 상대적으로 가볍게 취급되었던 것으로 보인다. 누구든지 개인적으로 적어도 한 명의 이혼한 사람과 친분관계를 가지고 있었을 것이고 또한 대부분의 사람들이 그 어떤 연고의 이혼자였을 것이다.[47] 예수님은 그들 모두를 간음한 자들이라고 부르고 있었고 두 번째 결혼에서 낳은 자녀들을 사생아라고 선언했다. 예수님은 어떤 연고의 이혼의 정당성을 인정하지 않았음을 강조하기 위하여, 예수님은 이러한 이혼을 한 후 다시 결혼한 모든 사람들은 간음을 하는 것이라고 선언하였던 것이다. 왜냐하면 그들은 그들의 전 배우자와 여전히 결혼한 상태이기 때문이다.

예수님의 가르침과 유대 사회 사이에는 매우 큰 차이점이 있었다. 예수님은 한 사람이 이혼을 요구할 수 있는 사유를 제한하였을 뿐만 아니라 또한 이혼을 진행하기 전에 용서를 베풀어야 한다고 말씀하셨다. 예수님을

---

46) 제이 아담스는 비록 믿는 자를 대상으로 기록하고 있지만 마 18:15-17을 들어 권고하여도 듣지 않는 완고한 사람에 대해 믿지 않는 사람처럼 여기고 공동체에서 제외시킬 것을 말하고 있다(Jay E. Adams, *Marriage, Divorce and Remarriage in the Bible*). 루터는 딤전 5:8을 근거로 하여 이 문제를 논하였다(Martin Luther, *The Sermon on the Mount*, regarding Matt. 5:31-32, Luther's Works 21: 96 from Jaroslav Pelikan, ed., Luther's Works, 55 (St. Louis: Concordia Publishing House, 1955-86).

47) David Instone-Brewer, *Divorce and Remarriage in the Bible*, 182.

따르는 사람들에게는 이것은 좋은 결과를 가져왔지만 어려운 점들도 있었다. 여자들에게 부가적 자유가 주어진 면에서 그리고 이혼으로 끝나게 될 결혼을 구제하게 되는 점에서도 큰 혜택이 있었다. 그러나 이러한 가르침은 또한 특히 예수님이 정당하지 않다고 한 방법으로 이혼을 한 사람들에게 문제가 되기도 했다.[48]

부당한 방법으로 이혼한 후 예수님을 따르기 시작한 사람들은 이전의 결혼이 여전히 법적으로 유효하다는 것을 인식해야 했다. 그들은 그들의 배우자에게 되돌아가거나 혹은 혼자 지내거나 해야 했다. 만일 그들이 재혼을 했다면, 그들은 아마도 유대인이 간음한 후 했던 것처럼 그 여인을 자유롭게 하고 그녀의 지참금을 돌려주어야 했을 것이다. 유사하게 만일 예수님을 따르는 사람들은 그렇지 않은 그들의 배우자에 의해 그들의 의지에 반대되는 부당한 이혼을 하게 되었다면, 그들도 그들의 이전의 배우자에게 되돌아가려고 노력하거나 혹은 독신으로 지내야 했다.

예수님은 부당한 이혼 후에 어떤 일이 있어야 하는지에 대해 구체적으로 말씀하지 않으셨다. 그를 따르는 사람들은 아마도 화해하거나 독신으로 살아야 한다고 느꼈을 것이다. 대부분의 경우 화해는 불가능했고 그래서 독신의 삶에 직면하게 되었다. 독신녀의 도덕이 의심 받고 독신남의 경건이 의심 받는 문화 속에서 그가 이미 이전의 결혼생활로부터 자녀가 있지 않는 한 이러한 독신 생활은 매우 어려웠을 것이다. 이것은 마태가 이 시점에서 선택적 결혼에 대한 그 교훈을 포함시킨 이유일 것이다(마 19:10-12). 이 교훈은 독신이 정당한 선택은 아니지만 가치 있는 것임을 보여준다.

예수님을 따르는 이혼한 사람들을 위한 이러한 결과는 고린도전서 7장에 있는 바울의 가르침과 비슷하지만, 그들의 의지와는 다르게 이혼한 믿는 자들을 위한 결과에 대해서는 약간 다른 견해를 가지고 있었다. 예수님이 부당한 이혼을 한 후 재혼한 사람에게 그 두 번째 남편 혹은 두 번째 아내와 헤어져야 한다고 그들에게 요청했다는 것을 뒷받침하는 것은 없다. 법적으

---

48) David Instone-Brewer, *Divorce and Remarriage in the Bible*, 182.

로 그 결혼은 부정했지만, 만일 이것이 문자적으로 적용되었다면, 그 당시 사람들의 삶과 가족들에게 매우 큰 혼란과 분열이 있었을 것이다. 이것은 아마도 왜 그 이혼을 말하는 것이 산상수훈 안에서 그 도를 찾게 되는 이유일 것이다. 그의 형제를 미워하는 사람이 살인했다고 기소되지 않는 것처럼 재혼한 사람은 간음했다고 법정에 고소되지 않는다.[49]

성적 쾌락주의자들에 대한 비판

우리는 이 시점에서 이혼과 간음에 관한 예수님의 교훈을 생각하면서 특별히 주목해 보아야할 부분이 있다. 즉 누가복음에 나타난 이혼에 관한 예수님의 교훈이다. 누가복음 16:18은 일차적으로 이혼에 관한 예수님의 교훈이지만 그 교훈의 근거에는 간음에 관한 내용이 있다. 즉 사람들은 이혼을 해서는 안 되는데, 그 이유는 그것이 여인의 삶을 해치기 때문이 아니라 그것이 간음이기 때문이다. 따라서 누가복음 16:18은 간음과 이혼의 문제와 관련된다고 할 수 있다. 하지만 여기서 한 가지 고려해야할 중요한 것은, 왜 간음과 이혼 문제가 누가복음 16:18에 나오는가 하는 문제이다.

많은 사람들이 누가복음 16:18을 주로 간음이나 이혼에 관한 주제로 다룬다. 그러나 18절을 간음과 이혼에 관한 구절로 이해한다면, 문맥상으로 볼 때, 누가복음 16:1-31의 이야기의 흐름에 매끄럽게 연결되지 않는다. 왜냐하면, 누가복음 16장은 이 이혼이나 간음 문제만 아니라면 이 장은 재물의 바른 사용에 대한 내용으로 문맥이 매끄럽게 흘러가기 때문이다. 그러므로 우리가 여기에서 생각해 볼 수 있는 것은, 왜 예수님께서 누가복음 16:18에서 재물의 바른 사용에 관한 내용과 함께 이혼과 간음에 관한 가르침을 주는 것일까 하는 것이다. 아마도 그것은 간음과 이혼의 문제가 재물의 주제와 관련이 있기 때문일 것이다. 이 구절은 예수님 당시도 재물과 간음 그리고 이혼은 서로 밀접하게 관련되어 있었다는 것을 시사하고 있다.

---

49) David Instone-Brewer, *Divorce and Remarriage in the Bible*, 182.

당대의 로마 사회에서 이혼은 상당히 흔한 일이었는데,[50] 특히 부자들 중에서는 이혼이 빈번하였다.[51] 더욱이, 그레코-로만 세계의 부자들의 삶의 특징인 쾌락주의(hedonism)는 잔치 중에 혹은 잔치 후에 자주 발생하는 부도덕한 성적 행위를 포함하고 있었다. 따라서 당시 부자들의 부도덕한 성적 행위는 중요한 문제 중 하나였다. 따라서 누가복음 16:18에 나타난 간음과 이혼에 대한 교훈은 당시 부자들의 전형적인 예를 지적함으로써 재물의 바른 사용에 관한 문제를 지적할 뿐만 아니라, 간음과 이혼이 재물과 밀접하게 관련되어 있음을 교훈하기 위함이었다고 볼 수 있다.

누가복음 16:18에 나타난 예수님의 또 한 가지 교훈은 간음에 대해 이율배반적 행위를 하는 사람들에 대한 꾸짖음이라고 볼 수 있다. 누가복음 16:14-31은 일차적으로 바리새인들에게 주어진 메시지이므로 누가복음 16:18의 가르침도 바리새인들에 대한 예수님의 비판과 관련된다고 볼 수 있다. 이는 바리새인들이 이혼에 대한 율법의 가르침을 유치하게 이해하고 있음을 꾸짖고 있으며 또한 바리새인들이 자기들도 새 시대의 관점에서 간음을 행하면서 창기들을 멸시하고 있는 것을 정죄하고 있다고 볼 수 있다. 누가복음 16:18은 간음과 이혼에 대한 문제를 재물과 관련하여 가르침을 주고 있는데 첫째, 간음은 부와 밀접한 관련이 있다는 것을 보여 주며, 둘째, 간음이나 이혼을 정죄하는 바리새인들을 경책하는 것이다. 왜냐하면, 바리새인들은 자신이 간음을 행하면서 음란한 죄인들을 멸시하는 이율배반적인 행위를 드러내기 때문이다.

정죄보다 사랑과 용서의 법

우리는 예수님의 메시지에서 단지 문자적인 의미만을 취하여 예수님의

---

50) Peter Garnsey, and Richard Saller, *The Roman Empire: Economy, Society and Culture* (Berkeley and Los Angeles: University of California, 1987), 138.
51) Craig. A. Evans, *Luke, International Biblical Commentary*, W. Ward Gasque NT ed., (Peabody: Hendrickson Publishers, 1990), 245.

윤리적 가르침을 이해하기보다는 예수님께서 가르치고자 하셨던 궁극적이고 총체적인 삶의 방식을 가르치고자 했던 예수님의 근본적인 비전 가운데서 그의 윤리적 가르침을 이해하여야 한다. 우리는 요한복음 8장에 나오는 간음한 여인의 사례에서 당시 바리새인들과 예수님의 가르침 사이의 긴장관계를 발견한다. 바리새인들은 간음한 여인을 모세의 율법에 따라 정죄하고자 하였지만, 예수님께서는 간음한 여인을 정죄하기보다는 윤리의 궁극적 원리인 사랑과 용서의 관점에서 그녀를 대하고 계심을 볼 수 있다. 즉 예수님께서는 그녀에게 새로운 삶의 기회를 허락해 주며 과거의 잘못된 행위에서 떠나 새롭게 거듭나도록 도와주셨다. 마태복음 19장에 나오는 이혼에 관한 문제에서도 예수님께서는 무엇이 법적인가(what is legal)에 비추어 판단하기보다는 무엇이 최선인가(what is best)를 생각하라고 촉구하셨다.[52]

모세의 율법이 당시에는 다른 문화에 비해 여성들의 인권을 훨씬 존중하는 법이었지만, 가부장제하에서 율법의 정신은 사라지고 형식만 남아 남성 위주로 흐름으로써, 실제로 예수님 당시 중요한 랍비파인 힐렐 학파의 경우 심지어 남편을 기쁘게 하지 못하는 모든 이유까지도 이혼 사유로 해석하기까지 하였다. 예수님께서는 이러한 문화 가운데서 발생하는 부도덕한 이혼의 문제를 지적하셨던 것이다.

결론적으로 예수님의 이혼에 관한 가르침은 단지 어떤 연고 외에는 이혼해서는 안 된다는 식의 간단한 가르침이 아니었다. 그 가르침 안에는 창조 원리적이고 사회 문화적인 그리고 복음적인 많은 숨겨진 교훈들이 있었다. 그렇기 때문에 실제적으로 그 당시의 유대사회와 예수님을 따르는 사람들 사이에 많은 파급효과들이 있었음을 볼 수 있다.

---

[52] Michael K. Cosby, *Sex in the Bible: An Introduction to What the Scriptures Teach Us about Sexuality* (Engewood: Prentice-Hall, 1984), 173-174.

기독교와 이혼

이혼의 문제에 대한 예수님의 가르침은 1세기 유대 사회뿐만 아니라 기독교 전통 안에서 21세기를 살고 있는 그리스도인들에게 지금까지 커다란 영향을 미쳐오고 있다. 이혼에 대해 그리스도인들이 일반적으로 합의하고 있는 것은 이혼은 하나님께서 정한 이상형이 아니며, 이혼은 어떤 사유에서든지 적극적으로 허용될 수 없다는 것이다. 하지만, 몇 가지 점에 관해서는 이견을 보이고 있다. 이혼에 대해 기독교가 전통적으로 취해온 입장으로 크게 세 가지 견해를 들 수 있는데, 이를 다음과 같이 정리해 볼 수 있다.

이혼할 수 없다는 견해

성경은 본질적으로 이혼을 금한다. 즉 "하나님이 짝지어 주신 것을 사람이 나누지 못할지니라"(마 19:6). 따라서 이혼은 어떤 과정을 거쳐 이루어지든, 하나님이 결혼에 대해 세워 놓은 계획 속에 포함되어 있지 않다. 때문에 그리스도인은 결코 이혼이 불가하다는 입장이다.

이 가르침은 로마 가톨릭 입장으로서, 이혼은 어떤 이유로든 불가하다는 입장이다. 로마교회법 1141조는 "성립되고 완결된 혼인은 사망 이외에는 어떠한 인간 권력으로나 어떠한 이유로도 해소될 수 없다"고 규정하고 있다. 이 견해는 비록 한쪽 배우자의 간음과 불신자의 유기로 말미암은 별거는 허락하였지만, 이러한 별거는 실제적 이혼으로 여기지 않았다. 때문에 이렇게 별거에 처한 사람들은 실제적으로 또는 존재론적으로 이혼한 자들이 아니기 때문에 재혼을 할 수 없다고 주장하였다. 그들은 결혼한 부부가 비록 헤어졌다 할지라도 결혼은 파괴된 것이 아니기 때문에 계속적으로 결혼 상태이며 단지 별거하고 있을 뿐이라고 생각했다. 왜냐하면, 그들은 결혼은 결코 분리할 수 없는 영속적이고 신성한 언약 행위로 여겼기 때문이다. 이혼을 정당화시키는 근거는 존재하지 않는다. 그들은 마태복음 19:9

의 "간음한 연고 외에"에서의 "외에"는 결혼 이후의 간통이 아닌 사통(혼전 성교)으로 보았다. 따라서 이혼을 정당화시키는 근거는 존재하지 않으므로, 이혼은 죄이다.

하지만 이러한 견해는 연약하고 깨어지기 쉬운 사람들에게 너무 단순하고 적용불가능한 원리라 할 수 있다. 많은 그리스도인들이 이러한 원리와 가르침을 따르면서 수많은 학대와 고통 가운데서 결혼생활을 해온 경우가 많았다. 게다가 타의에 의해서 억울하게 반 강요적으로 이혼한 경우에도 재혼하지 못하고 혼자 살아가는 경우가 많았다. 이는 그리스도인들에게 이혼은 결코 허용될 수 없는 문제로 여겼기 때문이다.

두 가지 상황에서만 가능하다는 견해

이러한 견해는 예수님과 바울이 예외적으로 이혼 사유로 인정한 견해를 따르는 것이다. 즉 배우자의 간음으로 인한 이혼과 불신 배우자에 의해 신자 배우자가 유기되는 경우이다. 이혼에 관한 사유들로 교회 전통에서 가장 중요하게 논의되고 영향을 미쳐온 원리이다. 특별히 이러한 견해는 종교개혁 교회들에 의해 많이 논의되고 받아들여졌다. 종교개혁 교회는 배우자의 간음과 불신자에 의한 유기는 이혼 사유로 받아들였지만, 가톨릭교회는 이 두 상황이 발생하였을 경우 별거는 허용하였지만, 이혼은 허용하지 않았다.

간음으로 인한 이혼뿐만 아니라 불신 배우자의 유기로 인한 이혼도 허용될 수 있다는 입장은 웨스터민스터신앙고백서 제24장에서도 말하고 있다.

> 5항: 약혼 후에 범한 간통이나 사통이 결혼 전에 발견되면 순결한 편은 약혼을 파기할 수 있는 정당한 기회를 가지게 된다(마 1:18-20). 만약 결혼 후에 간통한 사실이 있을 때에는 순결한 편은 상대편을 죽은 것으로 간주하여(19:9; 롬 7:2-3) 이혼하고 다른 사람과 결혼할 수 있다(마 5:31-32).

6항: 남자 편에 무슨 부정이 있다고 할 때 그것을 조사하는 것이 옳다. 그러나 하나님이 짝지어 주신 한 사람을 정당치 않은 방법으로 분리시켜서는 안 된다. 간음만이라도 또는 교회나 법이 어떻게 할 수 없는 고의적인 부부 동거 거절은 결혼의 약속을 취소할 충분한 원인이 된다(마 19:8-9; 고전 7:15; 마 19:6). 이혼을 할 때에는 공적으로 제정된 수속을 밟아서 해야 한다. 이때에 당사자들은 자기 자신들의 의사와 자기 자신들의 경우를 잘 분별해야 한다(신 24:1-4).

이 견해는 결혼은 부부 상호 간의 서약(언약)이기 때문에, 무조건적으로 어느 한쪽이 서약을 파기해서는 안 되지만, 어느 한쪽이 서약을 위반하면 그 서약이 파기될 수 있다는 것이다. 그러므로 결혼은 조건부 서약이다. 관계가 상호적이기 때문에 어느 한쪽이 위반하거나(예를 들면, 계속적인 간음) 불신 배우자가 헤어지려고 한다면(예를 들면, 배우자 유기) 신자는 결혼 서약에 구애 받지 않아도 된다는 입장이다.

이혼의 원인자가 되어서는 안 된다는 견해

이러한 견해는 예수님과 바울이 이혼이 예외적으로 허용될 수 있다는 가르침의 메시지들의 청중은 신자들이라는 입장이다. 즉 예수님과 바울이 가르치고자 하였던 중심 메시지는 신자들의 결혼생활에 대한 일반적인 도덕적 원리를 제공하는 것으로 보았다. 때문에 신자들은 결혼생활에서 결코 불충실하거나 배우자 유기를 해서는 안 된다는 데 중심점을 두는 견해이다. 진정으로 하나님께 충실한 신자들은 결혼을 파괴할 수 없다는 것이다. 하지만 역으로 만약에 신자들이 이러한 사유로 인한 이혼의 피해자일 경우에는 재혼이 가능한 것으로 여겼다. 이것은 성경에서 분별 있고 현명한 이혼 사유들을 찾을 수 없다고 절망해온 많은 사람들이 취해온 온건한 입장이다. 그들은 성경의 사랑과 정의의 원리에 근거하여 학대와 간음을 이혼의 사유로 인정하는 입장을 취하는 견해이다.

정리하면, 이혼은 반드시 피해야 하지만 이혼을 허락해야할 경우 성경적 근거에 한정되어야 한다. 우리는 이혼에 관한 신약성경의 가르침에서 두 가지 중요한 강조를 볼 수 있다.

첫째는, 예수님과 바울이 강조하는 것은 신자들은 결혼 생활 가운데 큰 희생이 요구되는 상황에 직면할지라도 부부는 결혼 생활을 함께 유지하도록 해야 한다. 비록 결혼 생활 가운데 불충실하고 실망스런 사항이 있을지라도 신자들은 관용의 마음을 가져야 한다. 예수님은 결코 유대 랍비들이 그들의 전통에 의해 주장하는 것처럼, 한쪽 배우자가 간음하였을 경우 다른 한쪽 배우자는 이혼을 요구할 수 있는 권한이 있다는 가르침 또는 이혼이 명령되어져야 한다는 견해에 동의하지 않았다. 예수님은 단지 인간의 연약함으로 인하여 이혼을 피할 수 없는 경우가 발생하였을 경우 단지 허용 또는 용인하는 입장이었다. 그것도 오직 간음한 자가 완고하게 회개하기를 거절할 경우에만 한하여 이혼을 용인하였다. 이렇게 회개하기를 거부하는 경우는 야웨 하나님을 대항하는 것으로 보았다(렘 4:4). 하지만 비록 우리의 용서의 조건은 회개하는 자에게 허용되는 것이지만, 예수님은 일흔 번씩 일곱 번이라도 용서하라고 가르치고 있음을 기억해야 한다. 바울도 예수님의 가르침과 같이 비록 자기 배우자가 불신자일지라도 신자들은 결혼 생활을 충실하게 유지해야 한다고 강조하였다. 바울은 비록 불신 배우자로부터 유기되어 이혼 가운데 있을지라도 신자는 화해를 위해 힘써야 한다고 하였다.

둘째는, 신자들의 이혼은 반드시 성경적 근거에 기초해야 한다. 신약성경은 이혼이 허용될 수 있다는 점에 강조점을 두지 않는다. 신약성경은 구약성경에서 이혼 사유로 허용하여 온 것들에 관하여 단지 암시적으로 가르치고 있다는 점이다. 구약성경에서는 만약에 배우자가 결혼서약의 하나라도 어겼을 경우 이혼을 허용하였다. 하지만 신약성경은 신자들에 의해 결혼서약들이 지켜져야 한다고 강조하고 있다. 만일 자기 배우자가 결혼서약들을 어겼다 할지라도 신자들은 그것을 이혼의 사유로 삼기보다는 용서하는 자세를 가져야 한다고 가르치고 있다. 만약 궁극적으로 계속 결혼서약들을 회개하지 않고 어겼을 경우 예수님과 바울은 이혼을 허락하였다.

목회상담학적 실제들

이혼율이 높아지고 있는 사회학적 원인들은 많고도 다양하다. 그 원인들 중에는 이혼을 쉽게 허락하는 시민법은 물론이고, 전통적인 가치와 기존 사회와 문화 형태의 붕괴 등을 들 수 있다. 이러한 현대인들의 아노미의 경험은 결과적으로 높은 이혼율의 주 원인이기도 하다.[53] 뒤르껭이 사용한 용어 아노미(anomie)는 기존의 사회와 문화 형태가 붕괴하는 사회해체의 상태를 말한다. 뒤르껭에 따르면 이러한 붕괴에는 두 가지 측면이 있는데, 하나는 연대성의 상실이고, 다른 하나는 합의의 상실이다. 연대성의 상실이란 안정감을 갖고서 반응하던 구 집단이 붕괴되는 것이고, 합의의 상실은 생의 방향과 뜻을 제공하던 가치와 규범에 대한 체험적 동의가 붕괴되는 것이다. 뒤르껭은 이 두 가지가 동전의 양면처럼 사회해체에 따라 붙는다고 지적하고, 이 양면이 상이한 속도로 해체될 수 있다고 지적했다. 이러한 과정의 결과, 인간은 상대적 고립과 '규범 없음'(normlessness), 즉 아노미를 경험하게 된다. 이러한 아노미 상태는 현대인들의 이혼율 증가의 큰 원인이기도 하다. 이혼율의 증가는 "의심할 것도 없이 최대 단일의 이유라면 서구에서의 기독교 신앙의 몰락을 들 수 있다. 그와 더불어 결혼의 신성함과 영속성에 대한 기독교적 이해가 구속력을 상실하게 되어 성, 결혼, 가정 등의 전통적 개념들에 대한 비기독교적 영향이 점차 가중되고 있는 것이다."[54]

기독교적 규범과 가치가 아노미 상태에 직면한 이때에 교회의 목양적 사명은 더 중대하다 하겠다. 이러한 시점에서 교회는 이혼으로 말미암은 가정파괴의 현상들을 막는 데 관심하고 대책을 세워야 하는 임무에 직면하고

---

53) Emile Durkheim, *Suicide*, Translated by John A. Spaulding & George Simpson (Glenco: The Free Press, 1951)
54) John Stott, *Issues Facing Christians Today*, 286.

있다 하겠다. 가정파괴는 반드시 교회공동체와 사회 공동체 파괴로 옮겨진다는 사실을 기억할 필요가 있다. 이는 서구 사회를 통해서 쉽게 진단해 볼 수 있는 사실이다. 이혼의 증가는 종교성과 인간성 파괴와 밀접하게 연관되어 있음을 인식할 필요가 있다.

우리는 매우 의미 있는 결과를 한 가지 볼 수 있는데, 그것은 미국 사회에서 이혼 비율을 보면 젊은 계층이 가장 높은 이혼 비율을 보여 주고 있다. 그런데 이 중 백인 남성의 경우 이혼 비율을 살펴보면 매우 의미 있는 사실을 발견할 수 있는데, 이는 백인 젊은이 가운데 종교적 또는 기독교적 예배에 참석하는 사람들이 종교적 예배에 전혀 참석하지 않는 젊은이에 비해 이혼율이 3분의 1에 불과하다는 것이다. 즉 종교적 예배에 전혀 참석하지 않는 백인 젊은이들의 이혼 비율이 종교적 또는 기독교적 예배에 한 달에 2번 또는 3번 정규적으로 참석하는 사람들보다 무려 3배 이상 높다는 것이다.[55] 또 한 가지 흥미로운 사실은 개신교에서 이혼에 대해서 보다 유연한 태도를 가지고 있음을 볼 수 있다. 미국의 경우 이혼 비율이 개신교, 천주교 그리고 유대교 순으로 나타나고 있다. 즉 이혼 비율에서 개신교 프로테스탄트 신자들이 천주교 신자들보다 상대적으로 높게 나타나고 유대교 신자들의 이혼 비율이 천주교 신자들보다 상대적으로 낮다는 것이다. 이와 아울러 미국 사회 안에서 본인 스스로 종교에 대한 매력이나 관심이 없다고 말하는 사람들이 종교에 관심을 갖는 사람들보다 이혼 비율이 상대적으로 높다는 것이다.[56] 이는 기독교가 결혼의 신성함을 인정하고 가르친 결과라고도 생각해 볼 수 있다. 또한 사회 안에서 기독교적 공헌을 보여 주는 사례라고도 할 수 있겠다. 하지만 여기서 만족해서는 안 된다. 이혼에 대한 기독교적 가르침과 자세는 상당히 느슨한 상태에 있다고 말할 수 있다. "결혼에서의 교회에 대한 요구는 대중적 경향들에 순응하는 것이 아니고, 하나

---

[55] Norval D. Glenn, and Michael Supance, "The Social and Demographic Correlates of Divorce and Separation in the United States," *Journal of Marriage and the Family* 46 (1984): 566, quoted in John Jefferson Davis, 99.

[56] Norval D. Glenn, and Michael Supance, "The Social and Demographic Correlates of Divorce and Separation in the United States," 566.

님의 영원하신 목적에 대한 증인이 되는 것이다."[57] 교회는 이혼에 대한 문제를 보다 더 철저하게 성경에서 가르치는 근본적이고 총체적인 가르침에 충실할 뿐만 아니라 보다 엄격한 가르침을 통해 이혼이 얼마나 하나님께서 세우신 질서와 법도에서 어긋나는 것인가를 가르쳐야 할 의무가 있다.

이혼 예방상담

한국교회는 결혼에 대해서 성경적인 입장을 교육하지만 이혼에 대해서는 성경적인 입장을 교육하지 않고 언급을 회피하는 경향이 있다. 제이 아담스(J. Adams)는 "나는 이혼하는 것을 미워하노라"(말 2:16)와 "내게 배역한 이스라엘이 간음을 행하였음으로 내가 그를 내어 주고 이혼서까지 주었으되"(렘 3:8)라는 말씀을 들어 "하나님이 이혼을 미워하시는 것은 사실이다. 그러나 하나님은 모든 이혼을 똑같은 방법으로 미워하시지는 않으며 또한 이혼의 모든 국면을 미워하시지도 않는다"[58]고 구체적으로 말한다. 예비부부 혹은 신혼부부에게 성경에서 말하고 있는 결혼뿐만 아니라 이혼에 관해서 제대로 교육하여 이혼을 미리 예방하는 것이 무엇보다 중요하다.[59]

교회는 결혼을 준비하는 자들에게 결혼에 대한 하나님의 본래적 이상에 관해 이해하도록 교육하고 상담하는 프로그램을 운영하되 이혼에 대한 성경의 가르침을 구체적으로 알게 한다. 이 프로그램 안에서 이혼으로 인한 파급효과들, 결혼 생활 중 어려움이 올 때 극복해 나아갈 수 있는 구체적 실제들, 위기를 극복했을 때 얻을 수 있는 행복에 대해 구체적인 교육이 되어져야 한다. 교회가 빈약하고 형식적이고 궁색한 자세로 임해서는 안 된다. 즉, 목회자들은 결혼 예비부부에게 겨우 단 한 번의 상담 정도를 베푸는 것으로 만족해서는 안 된다. 교회는 결혼 예비 쌍들이나 약혼한 쌍들을 위한

---

57) John Stott, *Issues Facing Christians Today*, 303.
58) 제이 E. 아담스, 『성경이 가르치는 결혼 이혼 그리고 재혼』 김성혜, 김성희 공역 (서울: 베다니, 1994), 58.
59) Gary R. Collins, *Christian Counselling*, 198.

교육과정을 마련해야 한다. 결혼식을 마친 후에도 그들의 초기 결혼 생활에 도움이 되는 목양적 프로그램과 장치를 가지고 있어야 한다. 예를 들어, 교회 안에 '가정 상담부'를 두어 운영할 필요가 있다. 여기에는 목회자들만 참여하기보다는 평신도 사역자를 적극 활용할 필요가 있다. 특별히 성경적이고 원숙한 평신도 부부들로 하여금 초기 결혼생활 가운데 있는 부부들을 돕도록 하는 것이 좋다.

이혼에 직면한 부부상담

이혼에 직면한 부부를 위한 목회적 상담과 돌봄은 긴박하면서도 아주 예민한 사안들이다. 또한 동시에 목회자와 교회 공동체의 공동의 사명이기도 하다. 이혼에 직면한 부부들의 심리적 상태와 현상들을 살펴본다면, 이미 마음으로 이혼을 하고 있다고 볼 수 있다. 따라서 개인 상담이나 부부 상담을 통해 도움을 줄 수 있지만 많은 사람들의 예로 보아서 이러한 상담에서 얻은 교훈이 실제 부부생활 속에서 잘 실천되지 않는다는 사실이다. 반면 이혼을 생각하고 있는 부부들에게 있어서 다른 성숙한 부부들의 성숙함을 보거나 그들로부터 받는 작은 격려 등 공동체 속에서의 나눔은 이혼으로 질주하고 있던 마음을 다시 한번 되돌아 볼 수 있게 하는 원동력이 될 수 있다. 따라서 이혼으로 질주하고 있는 부부들에게는 그들의 이야기를 들어주고 자신들의 삶을 반영해 볼 수 있고 또 순간순간의 위기를 이겨내도록 힘을 더해줄 수 있는 작은 공동체와의 묶음이 필요하다. 이혼을 고려하고 있는 부부와 교회 안에서 성숙한 두 세 부부들을 한 팀으로 묶어 그들을 돌볼 수 있도록 하는 것이 필요하다. 이 도우미 부부들은 이혼하려는 부부의 마음과 상황을 잘 파악하고, 그들의 아픔을 이해하려고 하며, 교회 안에 소문이 돌지 않도록 주의를 기울여야 한다. 어느 한 쪽의 편을 들거나 하지 말며 자신들의 부부관계에도 영향이 가지 않도록 하면서 세심하게 그 가정을 돌보아야 한다. 그 가정에 자녀가 있다면, 분명 그 자녀도 정서적으로나 여러 면에서 많은 고통을 당하고 있음이 분명하므로 부모로부터 잠시라도 받지 못한 애정을 보여 주고 조금이라도 이 어려운 상황으로부터 나쁜 영향을 받지 않도록 돌보아 줌이 필요하다. 목회자는 두 세 가정이 돌아가며 시간을 정하여 이 가정에 전화하고 편지 쓰고, 함께 식사를 나누는 등의 돌봄의 사역을 담당하도록 격려해야 한다. 자신들을 위해 기도하고 있다는 사실, 작은 사랑과 격려의 표현이 자칫 이혼의 담을 넘어 갈 이 부부의 생각을 돌이키게 할 수 있는 큰 원동력이 될 수 있을 것이다. 이 만일 이혼을 고려하는 부부에게 교육이 필요하다면 이 도우미 가정들이 함께 참여하는 것도 바람직한 일일 것이다.

이혼을 생각하고 있는 부부에게 필요한 교육으로는 첫째, 각각 한 인격체로서의 자긍심회복이다. 많은 경우 이혼을 둘러싼 문제들 중 부부 각자가 하나님의 형상으로 창조된 가치 있는 자임을 의식하지 못하여 생기는 문제들이 많이 있다. 따라서 때로는 모든 것을 회피하거나 반대로 너무 의존하려는 경향 때문에 부부의 문제가 생기거나 혹은 그러한 현상을 초래하기도 한다. 따라서 부부 각자가 건강한 자기 정체성을 갖도록 하는 것이 가장 기본적인 상담과 교육의 목표일 것이다. 둘째, 부부의 기능회복이다. 남편과 아내의 역할과 기능을 회복하도록 도와야 한다. 성숙한 한 인격체로서의 아내나 남편은 서로의 영역을 지켜주며 서로의 다른 점을 존중해 주고, 자신의 역할과 의무를 회피하지 않는다. 부부 각자의 책임과 의무를 다하도록 돕고 서로 지켜야할 예의를 지키도록 도와야 한다. 부부는 매우 가까운 사이이므로 때로 이러한 것들을 사소하게 생각하여 큰 문제가 될 수 있는 반면 이러한 사소한 문제들을 예민하게 잘 처리함으로써 이혼까지 가지 않아도 되는 큰 소득을 얻을 수 있다. 셋째, 심리적 상처를 치유해야 한다. 앞에서 말했듯이 이혼을 고려하고 있는 부부들은 이미 마음으로 이혼하고 있다. 그 과정에서 그들의 마음은 상하고 불신이 깊어가고 낙망으로 가득할 것이다. 이러한 상처는 하루아침에 쉽게 치유되지 않는다.

이러한 점을 이 부부가 인지하도록 하며, 서로의 상처를 더 깊게 만들지 않도록 하며, 이미 생긴 상처를 서로 치유해 가는 데 긴 시간과 노력이 필요함을 인지시켜야 한다. 이를 위해서는 먼저 서로 믿고 애정의 표현을 잘 하도록 해야 한다. 넷째, 영적인 회복을 하도록 도와야 한다. 이혼을 생각한 기간이 길수록, 문제가 복잡할수록 양쪽 부부의 영적인 면에 더 큰 악영향을 미치게 될 것이다. 하지만 이혼을 생각했다는 것 자체가 이미 그들의 영적 생활에 문제가 생긴 것이다. 따라서 이 어려운 시기를 더욱 하나님께 나아가는 계기로 삼고 서로 질시하기보다는 생명력 있는 삶을 살 수 있도록 격려하고 함께 문제를 직시하고 하나님 앞에 나아가도록 격려해야 한다.

이혼한 부부상담

한 번 결혼한 사람은 어떤 경우에도 이혼하지 말아야 함이 성경과 예수님의 가르침이다. 그럼에도 불구하고 이혼은 교회 안에서 그리스도인들 사이에서도 큰 문제로 대두되고 있다. 따라서 교회는 제도적 장치를 마련해야 한다. 즉 이혼을 권징하면서도 화해와 치유를 위한 구속의 복음을 강조해야 한다는 것이다.[60] 그러면 이미 이혼한 부부들을 교회에서는 어떻게 상담을 하고 돌보아야 하는가? 우선은 그들을 받아줄 수 있는 분위기와 정서가 필요하다. 이혼한 자들은 이미 많은 상처와 불신과 낙망 속에 있는 자들이다. 질시하는 교회의 시각은 결혼에 실패한 자들에게 다시 한번 상처를 주게 되는 것이다. 교회는 이들을 돕기 위해 화해와 치유의 차원의 상담과 돌봄을 제공해야 한다.

교회가 이혼자들을 돕기 위한 상담을 실행할 때, 기억해야 할 한 가지 중요한 원리가 있다. 그것은 '차원의 도덕법칙'이 적용되어야 한다. 즉, 예수님은 생명을 희생시켜가면서까지 율법을 지키라고 한 사람을 비난하였다. 유대인으로서는 안식일에 일하는 것은 잘못이었지만, 예수님은 안식일에 도랑에 빠진 소를 구해내는 일을 용인하셨다(눅 14:5). 예수님은 "안식

---

[60] John Stott, *Issues Facing Christians Today*, 304-306.

일은 사람을 위하여 있는 것이요 사람이 안식일을 위하여 있는 것이 아니니"(막 2:27)라고 말했다. 이와 마찬가지로 이혼에 관한 율법이 인간을 위하여 존재하는 것이지, 인간이 이혼에 관한 율법을 위해 존재하는 것은 아니다. 사람은 율법보다 더 중요하다. 이혼에 관한 법은 사람을 돕기 위한 것이지 사람의 삶을 단지 규제하기 위해서만 있는 것이 아니다. 이혼자에게 자비를 베푸는 일을 희생시켜 가면서까지 이혼에 관한 법을 엄격하게 율법적으로만 강조할 경우, 우리는 예수님이 여러 차례 비난했던 바리새인들처럼 율법주의에 빠지기 쉽다. 그리스도인들이 결혼 실패자들을 사랑과 보살핌의 대상으로 여기기보다는 율법적 잣대로 정죄하는 일을 하기 쉽다. 하지만 분명한 것은, 하나님께서 우리에게 도덕률을 주신 것은 율법만이 만연한 공동체를 이루시기 위함이 아니다. 이는 결국 하나님의 형상으로 창조된 그의 존귀한 존재들로서 인간들이 사랑이 만연한 공동체를 이루도록 하시기 위한 율법임을 잊어서는 안 된다.

성적인 부정과 간음상담

그리스도인이 성적 부정이나 간음으로 인하여 자기 배우자에게 고통을 주거나 이혼한 자 또는 자기 배우자를 유기하거나 이로 인해 이혼한 자에 대해서 교회는 성경에 입각하여 필요한 경우 권징을 활용해야 한다. 루터는 신앙인들이 그들의 신앙을 가진 배우자를 유기하는 것은 비신앙인보다도 더 악한 것으로 여겼다.[61] 제이 아담스[62] 또한 마태복음 18:15-17의 가르침의 원리에 따라 믿는 자들의 성적 부정과 유기 문제에 대한 해결 방법을 제안하였다. 아담스는 믿는 자가 그의 배우자를 유기했을 적에 제일 먼저 개인에게 찾아가 그 유기를 철회하도록 부탁해야 한다고 제안하였다. 그가 이러한 제안을 받아들이지 않을 경우 교회 앞에 알리고 교회는 그의 유기가 바르지 못한 것임을 가르쳐야 한다는 것이다. 그가 교회의 가르침을 따

---

61) Martin Luther's Work을 참조.
62) Jay E. Adams, *Marriage, Divorce and Remarriage in the Bible*을 참조.

르지 않고 거절하면 그를 교회 회원에서 제외시킬 뿐만 아니라 믿지 않는 자로 여겨야 한다고 제안하였다. 즉 교회의 양육을 거절하는 사람을 이방 사람으로 간주하여야 한다고 하였다. 성적 부정이나 간음한 또는 배우자를 유기한 이들에게는 분명 회개할 것과 다시는 그러한 죄를 짓지 말기를 권고해야 할 것이다. 하지만 교회가 궁극적으로 상담과정에서 목표로 삼아야 할 것은 회개하면 하나님께서 용서하신다는 것을 인지시키는 것이다.

배우자의 성적 부정이나 간음으로 아픔과 고통 가운데 있는 자들을 위해 상담할 때 상담자는 이런 확신이 있어야 한다. 즉, 성경에서 비록 배우자가 간음한 경우 이혼 사유로 이야기하고 있지만, 배우자가 간음한 경우에도 이혼이 정당화 되는 것이 아니라 회개하지 않고 계속적으로 간음하는 경우에만 한해서이다. 때문에 배우자의 간음이 비록 성경적으로 이혼의 사유가 된다하더라도 그리스도인은 죄를 범한 배우자를 용서하고 받아주려고 노력해야 한다. 성적인 부정이나 간음이 이혼의 허용 사유가 되는 것이지 결코 이혼해야 하는 당위성을 가져다 주는 것은 아니다. 이혼이 허용되는 경우에도 이는 하나님 앞에서 악이다. 만약 배우자가 용서를 구하면 그리스도인은 고통스럽더라도 한 몸되었던 사람을 용서하고 화해하고 살려고 해야 한다. 그리스도인은 결혼과 용서에 대한 이 세대의 일반적이고 세속적 경향을 따라가는 것이 아니라 그리스도의 법을 따라 행해야 한다. 그리스도의 법의 핵심은 용서와 화해이다. 오늘날 많은 경우의 이혼은 관용하지 못하고 노력하지 않기 때문에 일어난다. 대부분의 사람들이 부부간의 성적 부정 등으로 갈등과 고통을 받게 될 때 이혼을 해결책으로 받아들이는 경향이 있지만 사실 이혼은 또 다른 차원의 고통을 가져다준다는 것을 간과하고 있다. 성적인 부정이나 간음한 배우자가 회개하고 용서를 구하면 받아들이고 결혼관계를 회복시키는 것이 하나님의 뜻임을 가르쳐야 할 것이다. 다른 문제보다도 성적인 부정과 간음의 경우에는 부부가 정서적으로 영적으로 회복하기 위해 장기적인 노력을 해야 하는 것도 중요한 일이다.

어떤 상황에서도 교회는 그리스도인들이 이혼을 정당화하는 일에 적극적으로 동의해서는 안 된다.

위기 부부상담

여기서 중요하게 살펴보고자 하는 내용은 결혼한 부부에게 급격한 환경 변화가 발생하여 부부의 관계가 위험에 노출되거나 위험에 처하게 될 때 등의 문제이다. 예를 들면, 한쪽 배우자가 육체적으로나 정신적으로 큰 위험에 직면하게 될 때 또는 상대방 배우자에게 큰 위험을 가할 때 부부 간에 이혼의 사유가 된다는 견해이다. 마틴 부처(Martin Bucer)는 합법적인 이혼의 사유로 심각한 범죄, 잔인성, 무기력, 문둥병, 불결 등을 말했다.[63] 하지만 우리는 이런 경우 먼저 이혼을 선택하기보다는 별거를 선택해야 한다.

바울은 고린도전서 7:10-16에서 두개의 중요한 단어 별거(to separate one self)와 떠남(to send away)을 사용하고 있는데, 이 두 단어는 서로 상호 교환적으로 사용된 것처럼 보인다. 즉 바울은 별거와 이혼을 구분 없이 사용한 듯하다. 하지만 별거와 이혼을 구분함으로 오늘을 살아가는 신앙인들에게 보다 더 효과적이고 바람직한 도움을 줄 수 있을 뿐만 아니라 이는 또한 총체적인 성경적 원리에 적합하다고 할 수 있기 때문이다. 이러한 구분은 성경에서 가르치는 부부의 도를 더 적합하게 이끌어 주기 때문이다. 왜냐하면, 기독교 신자들이 기억해야 할 것은 부부에 대한 성경적 원리는 항상 화해라는 가능성 안에서 부부 관계를 바라보아야 하기 때문이다(고전 7:10-11).

또한 한쪽 배우자가 전염병이나 치유가 불가능한 병 중에 있을 경우 다른 한쪽 배우자는 자기 개인주의적 입장에서 이혼을 합리화 시켜는 안 된다. 전염병의 위험성이 있을 경우에는 이혼보다는 별거를 선택하는 것이 보다 바람직한 성경적 원리에 적합하다고 할 수 있기 때문이다.

예수께서 가르치고자 하셨던 궁극적 목적은 결혼을 통해 이루어진 부부 관계는 지상에서 살아있는 동안 지속되어야 한다는 것이다. 결혼은 하나님

---

[63] David Instone-Brewer, *Divorce and Remarriage in the Bible*, 262에서 인용.

이 짝지어 주신 것이다. 따라서 결코 나뉘어서는 안 된다. 이것이 창조질서이고 예수님의 일관된 가르침이다. 설령 한쪽 배우자의 간음으로 인한 이혼이라 하더라도 이혼은 정당화 될 수 없다. 이혼은 단지 보다 더 큰 악을 방지하기 위하여 때에 따라 용인될 뿐이다. 때문에 일생에 걸쳐 부부의 약속을 지킬 수 있는 사람들만이 결혼해야 한다. 우리 사회에 만연하고 있는 이혼 풍조는 결혼의 신성함과 소중함이 얼마나 훼손되어 왔는가를 보여 주고 있다. 아무리 이혼 풍조가 사회에 만연해 있더라도 그리스도인들은 이혼의 원인자가 되어서는 안 된다. 이는 성경에서 결혼한 부부에게 핵심적으로 가르치고 있는 원리이다. 때로는 고통을 감수하더라도 그리스도인 부부들은 결혼과 가정을 지키는 것은 항구적 가치로 삼아야 한다. 그리스도인들은 일생에 걸쳐 일부일처제에 입각한 결혼이라는 하나님이 정해놓은 기준과 질서가 존중되고 유지되도록 노력해야 한다. 이혼은 가정을 파괴하고 인간성을 파괴할 뿐만 아니라 사람들의 윤리성과 종교성까지도 파괴한다. 이러한 파괴는 반드시 교회공동체와 사회 공동체로 옮겨진다는 사실을 알아야 한다. 하지만 하나님께서 세우신 가정이 건강하고 행복할 때 교회공동체와 사회공동체의 건강에도 영향을 줄 수 있다.

　예수님은 결코 단순하게 한쪽 배우자가 간음하였을 경우 이혼이 허용될 수 있다는 가르침을 주기 위해 간음과 이혼 문제를 언급하고 있는 것이 아니다. 예수님은 또한 그리스도인들이 결혼하였을 경우 거기에는 많은 문제들이 존재하는 것을 깨달았다. 때문에 그의 가르침은 그리스도인들이 결혼생활 가운데 많은 문제들에 직면할 때 어떻게 그리스도인으로서 성숙한 신앙의 모습을 보여 주어야 하는가를 더 강조하는 것이라 하겠다. 그리스도인들은 결혼은 하나님의 선물이지만 그 선물은 때로는 즐거움을 때로는 고통을 수반한다는 것을 알아야 한다. 성경에서 궁극적으로 강조하는 것은 그리스도인들에게 결혼에 대한 매우 차원 높은 입장을 요구하고 있는 것이다. 결혼은 그리스도인들에게 하나의 소명이다. 그것은 소유와 누림과 향유와 더불어 용납과 책임을 수반하는 것이다.

참고문헌

Adams, Jay E. "Reflection on the History of Biblical Counseling." In *Practical Theology and the Ministry of the Church 1952-1984: Essay in Honor of Edmund P. Clowney.* Edited by Harvie M. Conn. Philipsburg: Presbyterian and Reformed Publishing, 1990.

_____. *Competent to Counsel.* Grand Rapids: Baker Book House, 1970.

_____. *Lectures on Counseling.* Nutley: Presbyterian & Reformed Publishing, 1977.

_____. *Marriage, Divorce and Remarriage in the Bible.* Phillipsburg: Presbyterian and Reformed Publishing, 1980.

_____. *More Than Redemption: A Theology of Christian Counseling.* Grand Rapids: Zondervan, 1979.

_____. *The Christian Counselor's Manual: The Practice of Nouthetic Counseling.* Grand Rapids: Baker Book House, 1981.

_____. *What About Nouthetic Counseling?.* Grand Rapids: Baker Book House, 1977.

Ainsworth, M. D. S. "Attachments and Other Affectional Bonds Across the Life Cycle." In *Attachment Across the Life Cycle.* Edited by C. M. Parkes, J. Stevenson-Hinde and P. Marris. London: Routledge, 1991.

Ainsworth, M. D. S., Blehar, M. C., Waters, S. and Wall, S., eds.

Patterns of Attachment: A Study of the Strange Situation. Hillsdale: Erlbaum, 1979.

Allen Verhey. *Reading the Bible in the Strange World of Medicine*. Grand Rapids: Eerdmans, 2003.

Allen, Diogenes. *Spiritual Theology: The Theology of Yesterday for Spiritual Help Today*. Cambridge, MA: Cowley Publications, 1997.

Allport, Gordon W. *Patterns and Growth in Personality*. New York: Holt, Rinehart and Winston, 1961.

Allport, Gordon. *Personality and Social Encounter*. Boston: Beacon Press, 1960.

Aquinas, Thomas. *Summa Theologia*, 5 vols, trans. the Fathers of the English Dominican Province. Westminster, MD: Christian Classics, 1981.

Archer, Gleason. *Encyclopedia of Bible on the Book of Exodus*. Translated by Israel Abrahams. Jerusalem: Magnes, 1967.

Atkinson, David J. and Field, David H., eds. *New Dictionary of Christian Ethics and Pastoral Theology*. Leicester: InterVasity Press, 1995.

Atkinson, David. *Pastoral Ethics: A Guide To the Key Issues of Daily Living*. Oxford: Lynx Communications, 1994.

_____. *To Have and To Hold: The Marriage Covenant and the Discipline of Divorce*. London: Collins, 1979.

Au, Wilkie. *By Way of the Heart: Toward a Holistic Christian Spirituality*. New York: Paulist Press, 1989.

Baker, Don and Nester, Emery. *Depression: Finding Hope and Meaning in Life's Darkest Shadow*. Portland: Multnomah, 1983.

Balfin, M. "A New Problem in Adolescent Gynecology." *Southern Medical Journal* 72(1979).

Balwin, Carol L. *Friendship Counseling*. Grand Rapids: Zondervan, 1988.

Bandler, Richard and Grinder, John. *Reframing: Neuro Linguistic*

Programing. Moab: Real People, 1979.

Barton, F. Whitfield. *Calvin and the Duchess*. Louisville: John Knox Press, 1989.

Benetin, Juantia and Wilder, M. "Sexual Exploitation and Psychotherapy." *Women's Rights Law Report* 11 (1989).

Benner, David G. *Psychotherapy and the Spiritual Quest*. London: Hodder & Stoughton, 1989.

Benson, P. and Spilka, B. "God Image as a Function of Self-esteem and Locus of Control." *Journal for the Scientific Study of Religion* 12 (1973).

Bernard of Clairvaux. *The Love of God*. Portland, Oregon: Multnomah, 1983.

Blackburn, Bill. *What You Should Know About Suicide*. Waco: Word, 1982.

Bleuler, E. *Dementia Praecox*. New York: International University Press, 1950.

Boisen, Anton T. *The Exploration of the Inner World: A Study of Mental Disorder and Religious Experience*. Philadelphia: University of Pennsylvania Press, 1971.

Bonaventure. *The Soul's Journey into Go: The Tree of Life; The Life of St. Francis*, Translated by Ewert Cousins. New York: Paulist Press, 1978.

Bonhoeffer, Dietrich. *Life Together*. London: SCM, 1954.

Bowlby, John. *Attachment and Loss 1: Attachment*. New York, Basic Books, 1982.

_____. *Attachment and Loss 2: Separation*, Anxiety and Anger. New York: Basic Books, 1973.

_____. *Attachment and Loss 3: Loss*. New York: Basic Books, 1980.

Bretherton, I. and Munholland, K. A. "Internal Working Models in

Attachment Relationships: A Construct Revisited." In *Handbook of Attachment: Theory, Research and Clinical Applications*. Edited by J. Cassidy and P. R. Shaver. New York: Guilford Press, 1999.

Bretherton, I. and Waters, E., eds. *Growing Points of Attachment Theory and Research, Monographs of the Society for Research in Child Development* 50 (1985).

Britanica, "Abortion." In *Britannica Concise Encyclopaedia*. London: Encyclopaedia Britannica Ltd. 2003.

Brown, Colin, ed. *The New International Dictionary of The New Testament Theology* 2. Exeter: Paternoster Press, 1988.

Browning, Don S. *The Moral Context of Pastoral Care*. Philadelphia: Westminster, 1976.

Buchanan, Duncan. *The Counseling of Jesus*. London: Hodder & Stoughton, 1985.

Cabot, Richard C. and Dicks, Russell L. *The Art of Ministering to the Sick*. New York: Macmillan, 1936.

Calvin, John. *1 and 2 Timothy and Titus*. Essex: Crossway Books, 1998.

_____. *Calvin's Bible Commentaries: Galatians*. Charleston, South Carolina: Forgotten Books, 2007.

_____. *Calvin's Bible Commentaries: Luke*. Charleston, South Carolina: Forgotten Books, 2007.

_____. *Calvin's New Testament Commentaries: The Acts of the Apostles*. Grand Rapids: Eerdmans, 1996.

_____. *Commentaries on the First Book of Moses Called Genesis 1*. Translated by John King. Grand Rapids: Baker Book House, 1993.

_____. *Commentaries: The Book of Psalms*. Grand Rapids: Baker Book House, 1984.

_____. *Institutes of the Christian Religion*. Translated and Annotated by Ford Lewis Battles. Grand Rapids: Eerdmans, 1995.

Capps, Donald E. *Pastoral Counselling & Preaching: A Quest for an*

Integrated Ministry. Philadelphia: Westminster Press, 1980.

Capps, Donald. *Biblical Approaches to Pastoral Counseling*. Philadelphia: Westminster Press, 1981.

_____. *Reframing: A New Method in Pastoral Care*. Minneapolis: Fortress, 1990.

Carson, David E. "Jesus Style of Relating: The Search for Biblical View of Counseling." In *Psychology and Christianity: Integrative Reading*. Edited by J. R. Fleck and J. Carter. Nashville: Abingdon Press, 1981.

Carter, Les. *Good 'n' Angry: How to Handle Your Anger Positively*. Grand Rapids: Baker, 1983.

Chariton of Valamo, Igumen. *The Art of Prayer*, Translated by E. D. Kadloubovsky and E. M. Palmer. London: Faber and Faber, 1997.

Cherry, Reginald. *Healing Prayer: God's Divine Intervention in Medicine, Faith and Prayer*. Nashville, Tennessee: Thomas Nelson Publishers, 1999.

Chesterton, G. K. *Orthodoxy*. New York: Dover Publications, 2004.

Clebsch, William A. and Jaekle, Charles R. *Pastoral Care in Historical perspective*. London: Jason Aronson, 1994.

Clements, Ronald E. *Exodus*. Cambridge: Cambridge University Press, 1972.

Climacus, St. John. *Ladder of Divine Ascent*, Translated by Colin Luibhead. New York: Paulist Press, 1982.

Clinebell, Howard. *Basic Types of Pastoral Care and Counseling: Resources for the Ministry of Helping & Growth*. London: SCM, 1984.

_____. *Growth Counselling*. Nashville: Abingdon Press, 1979.

Clines, David. "A Biblical Doctrine of Man." *The Journal of the Christian Brethren Research Fellowship* 28 (1976).

Coles, Robert and Stokes, Geoffrey. *Sex and the American Teenager*. New York: Harper and Row, 1985.

Collins, Gary R. *Christian Counselling: A Comprehensive Guide*. Waco: Word Books, 1998.

_____. *Effective Counselling*. Carol Stream: Creation, 1976.

_____. *The Biblical Basis of Christian Counselling for People Helpers*. Colorado Springs: NAV Press, 1993.

Collins, N. L. and Read, S. J. "Cognitive Representations of Attachment: The Structure and Function of Working Models." In *Advances in Personal Relationships 5: Adult Attachment Relationships*. Edited by K. Bartholomew and D. Perlman. London: Jessica Kingsley, 1994.

_____. "Adult Attachment, Working Models and Relationship Quality in Dating Couples." *Journal of Personality and Social Psychology* 58 (1990).

Cornes andrew. *Divorce and Remarriage: Biblical Principle and Pastoral Practice*. London: Holder & Stoughton, 1993.

Cosby, Michael K. *Sex in the Bible: An Introduction to What the Scriptures Teach Us about Sexuality*. Engewood: Prentice-Hall, 1984.

Cotton Hannah M. and Yardeni, Ada. *Aramaic, Hebrew and Greek Documentary Texts from Nahal Hever and Other Sites: With an Appendix Containing Alleged Qumran Texts*, Discoveries in the Judean Desert 27. Oxford: Clarendon, 1997.

Crabb, Lawrence J. *Basic Principles of Biblical Counseling*. Grand Rapids: Zondervan, 1975.

_____. *Effective Biblical Counseling*. Grand Rapids: Zondervan, 1977.

_____. *Understanding People: Deep Longings for Relationship*. Grand Rapids: Zondervan, 1987.

Crenshaw, James L. "Prolegomenon." In *Studies in Ancient Israel Wisdom Tradition*. Edited by J. L. Crenshaw. New York: KTAV, 1976.

Davis, John J. *Evangelical Ethics: Issues Facing the Church Today*. Phillipsburg: Presbyterian and Reformed Publishing, 2004.

Dawson, Gerrit Scott, Gonzalez, Adele V., Hinson, E. Glenn, Job, Rueben P., Thomson, Marjorie J., Wright, Wendy M. *Companions in Christ: A Small-Group Experience in Spiritual Formation*. Nashville: Upper Room Books, 2001.

Demetrius, Archbishop. "Voices from the Past Addressing Our Present," *Harvard Divinity Bulletin* 30, no. 4 (2002).

Diekstra, R. F. W. and Mortiz, B. "Suicidal Behaviour among Adolescents." In *Suicide in Adolescence*. Edited by R. F. W. Diekstra and K. Hawton. Dordrecht: Kluwer Academic Publishers, 1987.

Dinkins, Rurrell D. *Narrative Pastoral Counseling*. Longwood: Xuloon Press, 2005.

Drewery, Wendy and Winslade, John. "The Theoretical Story of Narrative Therapy." In *Narrative Therapy in Practice: The Archaeology of Hope*. Monk et al. San Francisco: Jossey-Bass, 1997.

Durkheim, Emile. *Suicide*. Translated by John A. Spaulding & George Simpson. Glenco: The Free Press, 1951.

Editorial, "Youth Suicide: The Physician's Role in Suicide Prevention." *Journal of American Medical Association* 264 (1990).

Egmond, M. Van and Diekstra, R. F. W. "The Predictability of Suicidal Behaviour." In *Suicide and It's Prevention: The Role of Attitude and Imitation*. R. F. W. Diekstra, et al. Leiden: Brill, 1989.

Elias, Marilyn. "Parents' Divorce Affects Sex Lives of Collegians." *USA Today* 8 (1989).

Ellison, Craig W. *Self-esteem*. Farmington Hills: Christian Association for Psychological Studies, 1976.

Ellul. Jacques. *What I Believe*. Grand Rapids: Eerdmans, 1989.

Erickson, Erik. *Young Man Luther: A Study in Psychoanalysis and History*. London: Faber, 1959.

Eron, Joseph B. and Lund, Thomas W. *Narrative Solutions in Brief Therapy*. New York: Guilford Press, 1996.

Evans, Craig A. *Luke, International Biblical Commentary*. Edited by W. Ward Gasque. Peabody: Hendrickson Publishers, 1990.

Feeney, J. A. and Noller, P. *Adult Attachment*. Thousand Oaks: SAGE, 1996.

Fitzmyer, J. A. "The Matthean Divorce Texts and Some New Palestinian Evidence." *Theological Studies* 37 (1976).

Fletcher, Joseph. *Moral Responsibility: Situation Ethics at Work*. Philadelphia: Westminster Press, 1967.

_____. *Situation Ethics: The New Morality*. Philadelphia: Westminster Press, 1966.

Flewelling, Robert L. and Bauman, Karl E. "Family Structure as a Predictor of Initial Substance Abuse and Sexual Intercourse in Early Adolescence." *Journal of Marriage and the Family* 52 (1990).

Ford, J. Massingberd. *The Pentecostal Experience*. New York: Paulist Press, 1970.

Fowler, James. *Stages of Faith: The Psychology of Human Development and the Quest for Meaning*. New York: Harper Collins, 1995.

Francis Bridger and David Atkinson. *Counseling in Context: Developing A Theological Framework*. London: DLT, 1998.

Freedman Jill and Combs, Gene. *Narrative Therapy: The Social Construction of Preferred Realities*. New York: Norton, 1996.

Freud, Sigmund. *The Interpretation of Dreams*. Ware: Wordsworth Editions Ltd.,1997

Garnsey, Peter and Saller, Richard. *The Roman Empire: Economy, Society and Culture*. Berkeley and Los Angeles: University of California, 1987.

Geddes. *The Catholic Church and the Confessional*. Yew York: Macmillan, 1928.

Geisler, Norman L. *Christian Ethics: Options and Issues*. Leicester: Apollos, 1995.

Gelder, M., et al. "Bereavement." In *Oxford Textbook of Psychiatry*. Oxford: Oxford University Press, 1989.

Goldinggay, John. *God's Prophet, God's Servant*. Exeter: Paternoster Press, 1984.

Grou, Jean Nicolas. *Manual for Interior Soul*. Charleston, South Carolina: BiblioBazaar, 2009.

Halmos, Paul. *The Faith of the Counsellors*. London: Constable, 1973.

Hammersley, Peter. "Adult Learning Problems and the Experience of Loss: A Study of Religious Rigidity." *Dissertation*, The University of Birmingham, 1997.

Hart, Archibard D., Gulbranson, Gary L. and Smith, Jim. *Mastering Pastoral Counseling*. Portland: Multnomah, 1992.

Hauerwas, Stanley, et al. *Revelation and Story: Narrative Theology and the Centrality of Story*. Hants: Ashgate, 2000.

_____. *Suffering Presence: Theological Reflections on Medicine the Mentally Handicapped and the Church*. Edinburgh: T&T Clark, 1988.

Hauerwas, Stanley. and Jones, L. Gregory, eds. *Why Narrative?: Reading in Narrative Theology*. Grand Rapids: Eerdmans, 1989.

Heth, William A. and Wenham, Gordon J. *Jesus and Divorce*. Carlisle: Paternoster Press, 2002.

Hick, John. *Evil & the God of Love*. London Macmillan, 1979.

Hilgers, Thomas W. and Horan, Dennis J., eds. *Abortion and Social Justice*. New York: Sheed and Ward, 1972.

Hiltner, Seward. *Pastoral Counseling*. Nashville: Abingdon Press, 1969.

_____. *The Counselor in Counseling*. New York: Abingdon Press, 1950..

Holmes, J. *John Bowlby and Attachment Theory*. London: Routledge, 1993.

Horney, Karen. *New Ways in Psychoanalysis*. New York: Norton, 1937.

Houston, James. *The Transforming Power of Prayer*. Colorado Springs: NavPress, 1996.

Howe, Leroy T. *The Image of God: A Theology for Pastoral Care and Counselling*. Nashville: Abingdon Press, 1995..

Hubbard, David H. "Wisdom." In *The New Bible Dictionary*. Edited by J. D. Douglas. Grand Rapids: Eerdmans, 1962.

Hulme, William E. *How to Start Counseling*. Nashville: Abingdon, 1979.

Hurding, Roger F. *The Bible and Counselling*. London: Hodder & Stoughton, 1992.

_____. *Restoring the Image: An Introduction to Christian Caring and Counseling*. Exeter: The Paternoster Press, 1980.

_____. *Roots & Shoots: A Guide to Counseling and Psychotherapy*. London: Hodder & Stoughton, 1986.

Hurley James and Berry, James T. "Response to Welch & David Powlison." *Journal of Psychology and Christianity* 16 (1997).

Hyder, Quentin O. *The Christian's Handbook of Psychiatry*. Old Tappan: Revell, 1971.

Ignatius of Loyola, *The Spiritual Exercises of St. Ignatius*, trans. Anthony Mottola. New York: Doubleday, 1964.

Instone-Brewer, David. *Divorce and Remarriage in the Bible*. Grand Rapids: Eerdmans, 2002.

_____. *International Encyclopedia of the Social Sciences* 1. New York: Macmillan, 1986.

Isaksson, A. *Marriage and Ministry in the New Temple: A Study with Special Reference to Mt.19.13-12 and 1.Cor.11.3-16*. Translated by Neil Tomkinson and Jean Gray. Copenhagen: Munksgaard, 1965.

Izzard, S. "Holding Contradictions Together: An Object-relational View of Healthy Spirituality." *Contact* 140 (2003).

Jackson, Basil. "Reflections on the Demonic: A Psychiatric Perspective." In *Demon Possession*. Edited by John W. Montgomery. Minneapolis:

Bethany Fellowship, 1976.

Jacob, Firet. *Dynamics of Pastoring*. Grand Rapids: Eerdmans, 1986.

Jacobs, Michael. *Faith or Fear?: A Reader in Pastoral Care and Counselling*. London: DLT, 1987.

Jeff, Gordon. *Spiritual Direction for Every Christian*. London: SPCK, 1987.

Jensen, Gordon and Robbins, Myra. "Ten Reasons Why Sex Talks With Adolescents Go Wrong." *Medical Aspects of Human Sexuality* (July 1975).

Johnson, Eric L. and Jones, Stanton L., eds. *Psychology & Christianity*. Downers Grove: InterVarsity Press, 2000.

Jones, E. Stanley. *A Song of Ascents*. Nashville: Abingdon, 1979.

Jones, James W. *Psychoanalysis and Religion*. New Haven and London: Yale University Press, 1991.

Jung, C. G. *Memories, Dreams, Reflections*, Translated by Richard and Clara Winston. London: Fontana Press, 1995.

Kahoe, R. D. and Dunn, R. F. "The Fear of Death and Religious Attitudes and Behavior." *Journal for the Scientific Study of Religion* 14 (1975).

Keating, Thomas. *Open Mind and Heart: The Contemplative Dimension of Gospel*. New York: Continuum, 1997.

Keil C. F. and Delitzsch, F. *Commentary on the Old Testament 1: The Pentateuch*. Translated by James Martin. Grand Rapids: Eerdmans, 1976.

Kelsey, Morton. *Dreams: A Way to Listen to God*. New York: Paulist Press, 1978.

Kinder, Derek. *Tyndale Old Testament Commentary Series: Proverbs*. Downers Grove: InterVarsity Press, 1987.

Kirkpatrick, L. A. "An Attachment-Theory Approach to the Psychology of Religion." *The International Journal for the Psychology of Religion* 2 (1992).

_____. "Attachment and Religious Representations and Behavior." In *Handbook of Attachment: Theory, Research and Clinical Applications*. Edited by J. Cassidy and P. R. Shaver. New York, Guilford Press, 1999.

_____. "Attachment Theory and Religious Experience." In *Handbook of Religious Experience*. Edited by Ralph W. Hood Jr. Birmingham: Religious Education Press, 1995.

_____. "The Role of Attachment in Religious Belief and Behaviour." In *Advances in Personal Relationships* 5. Edited by K. Bartholomew and D. Perlman. London: Jessica Kingsley, 1994.

Kirkpatrick, L. A. and Davis, K. E. "Attachment Style, Gender and Relationship Stability: A Longitudinal Analysis." *Journal of Personality and Social Psychology* 66 (1994).

Kirkpatrick, L. A. and Hazan C. "Attachment Styles and Close Relationships: A Four-year Prospective Study." *Personal Relationships* 1 (1994).

Kirkpatrick, L. A. and Shaver, P. R. "An Attachment-Theoretical Approach to Romantic Love and Religious Belief." *Personality and Social Psychology Bulletin* 18 (1992).

Klerman, Gerald L. "Affective Disorders." In *The Harvard Guide to Modern Psychiatry*. Edited by Armand M. Nicholi, Jr. Cambridge: Harvard University Press, 1978.

Kline, Meredith. "Lex Talionis and the Human Fetus." *Journal of the Evangelical Theological Society* 20 (1977).

Kobak, R. R. and Hazan, C. "Attachment in Marriage: Effects of Security and Accuracy of Working Models." *Journal of Personality and Social Psychology* 60 (1991).

Kobak, R. R. and Sceery, A. "Attachment in Late Adolescence: Working Models, Affect Regulation and Representations of Self and Others." *Child Development* 59 (1988).

Koch, Kurt. *Occult Bondage and Deliverance*. Grand Rapids: Kregel Publications, 1971.

Kollar, Charles Allen. *Solution-Focused Pastoral Counseling: An Effective Short Term Approach for Getting People Back on Track*. Grand Rapids: Zondervan, 1997.

Kumar, R. and Robson, K. *Psychological Medicine* 8 (1978).

Ladd, George E. *A Theology of the New Testament*. Grand Rapids: Eerdmans, 1974.

Ladd, George. *The Present of the Future*. Grand Rapids: Eerdmans, 1996.

Lake, Frank. *Clinical Theology*. London: DLT, 1986.

Lambourne, Robert. *Community, Church and Healing*. London: DLT, 1963.

Lane, William L. *The Gospel of Mark, New International Commentary Series*. Grand Rapids: Eerdmans, 1994.

Larsen, David L. *Telling the Old, Old Story: The Art of Preaching Narrative*. Grand Rapids: Kregal Publications, 2001.

Lartey, Emmanuel. *In Living Colour: An Intercultural Approach to Pastoral Care and Counselling*. London: Cassell, 1997.

Law, William. *The Power of the Spirit*. Fort Washington, Penn.: Christian Literature Crusade, 1971.

Leavy, Stanley A. "Reality in Religion and Psychoanalysis," in *Psychoanalysis and Religion*, Edited by Joseph A. Smith and Susan A. Handelman. Baltimore and London: Johns Hopkins University Press, 1990.

Leech, Kenneth. *The Eye of the Storm: Spiritual Resources for the Pursuit of Justice*. London: DLT, 1997.

_____. *Soul Friend: A Study of Spirituality*. London: Sheldon Press, 1985.

_____. *Spirituality and Pastoral Care*. Cambridge: Cowley Publications, 1989.

Leith, John H. *John Calvin's Doctrine of the Christian Life*. Louisville: Westminster John Knox Press, 1989.

Lester andrew D. *Hope in Pastoral Care and Counselling*. Louisville: Westminster John Knox Press, 1995.

Levinas, Emmanuel. "Revelation in the Jewish Tradition," in Sean Hand, ed., *The Levinas Reader*. New York: Blackwell, 1989.

Lewis, C. S. *Mere Christianity*. New York: Macmillan, 1960.

_____. *The Problem of Pain*. London: Geoffrey Bless, 1940.

Loughlin, Gerald. *Telling God's Story: Bible, Church and Narrative Theology*. Cambridge: Cambridge University Press, 1999.

Louw, Daniël J. *Meaning in Suffering: A Theological Reflection on the Cross and the Resurrection for Pastoral Care and Counselling*. Frankfurt: Peter Lang, 2000.

Lowry, Eugene L. *The Homiletical Plot: The Sermon as Narrative Art Form*. Louisville: Westminster John Knox Press, 2000.

Luborsky, Lester. *Principles of Psychoanalytic Psychotherapy: A Manual for a Supportive Expressive Treatment*. New York: Basic, 1984.

Luther, Martin. *The Sermon on the Mount, regarding Matt. 5:31-32, Luther's Works 21: 96 from Pelikan, Jaroslav.*, ed., Luther's Works 55. St. Louis: Concordia Publishing House, 1955-86.

Maddocks, Morris. *The Christian Healing Ministry*. London: SPCK, 1982.

Mahkorn, Sandra K. and Dolan, William V. "Sexual Assault and Pregnancy." In *New Perspectives on Human Abortion*. Edited by Hilgers, Horan and Mall. Frederick: University Publication of America, 1981.

Main, M., Kaplan, N. and Cassidy, J. "Security in Infancy, Childhood and Adulthood: A Move to the Level of Representation." *Monographs of the Society for Research in Child Development* 50 (1981).

Mall, David and Watts, Walter F., eds. *The Psychological Aspects of*

Abortion. Washington: University Publications of America, 1979.

Maritain, Jacques. *Education at the Crossroads*. New Haven: Yale University Press, 1977.

May, Gerald G. "Varieties of Spiritual Companionship," *Shalem News* 22, no. 1 (Winter 1998).

_____. *Care of Mind Care of Spirit: Psychiatric Dimensions of Spiritual Direction*. New York: Harper & Row, 1982.

_____. *The Dark Night of The Soul: A Psychiatrist Explores the Connection Between Darkness and Spiritual Growth*. New York: Harper Collins, 2004.

May, Rollo R. *The Art of Counseling*. Nashville: Abingdon Press, 1967.

_____. *The Discovery of Being*. New York: Norton, 1983.

McCabe, Herbert. *God Matters*. London: Geoffrey Chapman, 1987.

McDargh, J. *Psychoanalytic Object Relations Theory and The Study of Religion: On Faith and the Imaging of God*. Lanham: University Press of America, 1983.

McDowell Josh and Day, Dick. *Why Wait? You Need to Know about the Teen Sexuality Crisis*. San Bernardino: Here's Life Publishers, 1987.

McDowell, Josh and Hostetler, Bob. *Johsh McDowell's Handbook on Counseling Youth: A Comprehensive Guide for Equipping Youth Workers, Pastors, Teachers, Parents*. Nashville: W Publishing Group, 1996.

McFayden, Alistair. *The Call to Personhood*. Cambridge: Cambridge University Press, 1991.

McNeil, J. T. *A History of the Cure of Souls*. New York: Harper & Row, 1951.

Merriam-Webster's Collegiate Dictionary, 10th ed. Springfield: Merriam-Webster, 1993.

Merton, Thomas. *Contemplative Prayer*. London: DLT, 2005.

Meyer, Frederick B. *The Secret of Guidance*. Chicago: Moody Press,

1997.

Minirth, Frank B. and Meier, Paul D. *Happiness is a Choice*. Grand Rapids: Baker, 1978.

Minirth, Frank, B. *Christian Psychiatry*. Old Tappan: Revell, 1977

Mitchell, Angela. *What the Blues is All About: Black Women Overcoming Stress and Depression*. New York: Perigee, 1998.

Monk, Gerald, Winslade, John, Crocket, Kathie and Epston, David, eds. *Narrative Therapy in Practice: The Archaeology of Hope*. San Francisco: Jossey-Bass, 1997.

Montefiore, Huge. "Jesus on Divorce and Remarriage." In *Marriage, Divorce and the Church-the Report of a Commission Appointed by the Archbishop of Canterbury to Prepare a Statement on the Christian Doctrine of Marriage*. Edited by Anglican Synod. London: SPCK, 1971.

Moore, Thomas. *Care of the Soul: A Guide for Cultivating Depth and Sacredness in Everyday Life*. New York: Harper Collins, 1992.

Morris, Leon. *The Apostolic Preaching of the Cross*. Grand Rapids: Eerdmans, 1956.

Muelder, Walter G. *Moral Law in Christian Social Ethics*. Richimond: John Knox Press, 1966.

Murphy, Roland E. "The Kerygma of the Book of Proves." *Interpretation* 20 (1966).

_____. *The Tree of Life: An Exploration of Biblical Wisdom Literature*. New York: Doubleday, 1990.

Murray, John. *Divorce*. Philadelphia: Presbyterian and Reformed Publishing, 1961.

Myers, David G. and Jeeves, Malcolm A. *Psychology Through the Eyes of Faith*. Leicester: Apollos, 1991.

Narramore, M. Bruce. *You are Someone Special*. Grand Rapids: Zondervan, 1978.

Neuger, Christie Cozad. *Counseling Women: A Narrative, Pastoral Approach*. Minneapolis: Fortress Press, 2001.

Niebuhr, Richard. *The Responsible Self*. New York: Harper, 1963.

Nolen-Hoeksema, Susan. *Sex Differences in Depression*. Stanford: Stanford University Press, 1990.

Nolland, John. "The Gospel Prohibition of Divorce: Tradition History and Meaning." *Journal for the Study of the New Testament* 58 (1995).

O'Brien, M. E. "Religious Faith and Adjustment to Long-term Hemodialysis." *Journal of Religion and Health* 21 (1982).

Oates, Wayne E. *The Bible in Pastoral Care*. Philadelphia: Westminster Press, 1946.

Oden, Thomas. "Recovering Lost Identity." *Journal of Pastoral Care* 34 (1980).

_____. *Kerygma and Counseling*. Philadelphia: Westminster Press, 1966.

Olson, G. Keith. *Counseling Teenagers*. Loveland: Group Books, 1984.

Osborne, Ciecil G. *The Art of Learning to Love Yourself*. Grand Rapids: Zondervan, 1976.

Palmer, Parker J. *To Know As We Are Known: Education as a Spiritual Journey*. New York: Harper Collins, 1993.

Parker, D. *The Living Text of the Gospels*. Cambridge: Cambridge University Press, 1997.

Pattison, Stephen. *A Critique of Pastoral Care*. London: SCM, 1993.

_____. *Alive and Kicking: Towards a Practical Theology of Illness and Healing*. London: SCM, 1989.

Pedersen, John E. "Some Thoughts on a Biblical View of Anger." *Journal of Psychology and Theology* 2 (1974).

Perdue, Leo G. "Cosmology and the Social Order in the Wisdom Tradition." In *The Sage in Israel and the Ancient Near East*. Edited by J. G. Grammie and L. G. Perdue. Winona Lake: Eisenbrauns, 1990.

Peterson, Eugene H. *Subversive Spirituality*. Eerdmans: Cambridge, 1997.

Plantinga, Alvin C. *God, Freedom and Evil*. Grand Rapids: Eerdmans, 1974.

Poloma, M. M. and Pendleton, B. F. *Religiosity and Well-Being: Exploring Neglected Dimensions of Quality of Life Research*. Lewiston: Edwin Mellen, 1991.

Rachels, James. "Barney Clark's Key." In *Moral Issues and Christian Response*. Edited by Paul T. Jersild and Dale A. Johnson. New York: Holt, Rinehart and Winston, 1988.

Radke-Yarrow, Marian. "Attachment Patterns in Children of Depressed Mothers." In *Attachment Across the Life Cycle*. Edited by C. M. Parkes, J. Stevenson-Hinde and P. Marris. London: Routledge, 1991.

Ramsey, Ian T. *Models and Mystery*. Oxford: Oxford University Press, 1964.

Rasmussen, John A. "Abortion: Historical and Biblical Perspectives." *Concordia Theological Quarterly* 43 (1979).

Rawson, Kay and Jenson, Glen. "Depression as a Measurement of Well-Bing in Women at Midlife." *Family Perspective* 29 (1995).

Rice, Howard L. *Reformed Spirituality: An Introduction for Believers*. Louisville, Kentucky: Westminster/John Knox Press, 1991.

Ricoeur, Paul. *Figuring the Sacred: Religion, Narrative and Imagination*. Translated by David Pellauer. Minneapolis: Fortress Press, 1995.

_____. *Time and Narrative*. Translated by Kathleen Blamey. 3 vols. Chicago: University of Chicago Press, 1988.

Rizzuto, Ana-Maria. *The Birth of the Living God: A Psychoanalytic Study*. Chicago and London: University of Chicago Press, 1979.

Robinson, John A. T. *Christian Morals Today*. Philadelphia: Westminster Press, 1964.

Rogers, Karl. *Counseling and Psychotherapy: On Becoming a Person*. London: Constable, 1976.

_____. *Way of Being*. Houghton: Mifflin, 1980.

Roszak, Theodore. *Where the Wasteland Ends*. Berkeley: Celestial Arts, 1989.

Rylaarsdam, J. Coert. "Exodus." In *The Interpreter's Bible* 1. George A. Buttrick, et al. New York: Cokesbury-Abingdon, 1951.

Sanford, John A. *Dreams: God's Forgotten Language*. New York: Crossroad, 1982.

Schreiner, Susan E. *The Theater of His Glory: Nature and the Natural Order in the Thought of John Calvin*. Grand Rapids: Baker Book House, 1991.

Schweitzer, Friedrich. *Narrative and Religion: Religious Development and Education in Childhood and Adolescence*. Translated by Shoon-jae Shong. Seoul: KTSI, 2001.

Scougal, Henry. *The Life of God in the Soul of Man*. Philadelphia: Westminster Press, 1984.

Shaner, Donald W. *A Christian View of Divorce*. Leiden: Brill, 1969.

Sheldrake, Philip. *Spirituality and History: Questions of Interpretation and Method*. London: SPCK, 1995.

Shlholz, Eloise, McDaniel, Ann, Joseph, Nadine, Cerio Gregory and Carrol, Ginny. "The Battle Over Abortion." *Newsweek* (1 May 1989), 31.

Slee, N. M. *Women's Faith Development: Patterns and Processes*. Hants: Ashgate, 2004.

Smail, Tom. "The Love of Power and the Power of Love." *Anvil* 6 (1989).

Speckhard, Anne Catherine. "The Psycho-Social Aspects of Stress Following Abortion." *Dissertation*, The University of Minnesota, 1985.

Spero, Moshe. *Religious Objects as Psychological Structures: A Critical Integration of Object Relations Theory, Psychotherapy and Judaism*. Chicago and London: University of Chicago Press, 1992.

Spilka, B., Addison, J. and Rosensohn, M. "Parents, Self and God: A Test of Competing Theories of Individual-religion Hypotheses." *Review of Religious Research* 16 (1975).

ST. Augustine. *The Confession of Saint Augustine*, trans. John K. Ryan. Garden City, NY: Doubleday, Image Books, 1960.

St. Bonaventure. *The Soul's Journey into God*, Translated by Ewert Cousins. New York: Paulist Press, 1978.

St. Clair, Michael. *Human Relationships and the Experience of God: Object Relations and Religion*. Mahwah, NJ, 1994.

St. Ignatius of Loyola. *The Spiritual Exercises*, Translated by A. Mottola. New York: Bantam Doubleday Dell, 1988.

St. John of the Cross. *Ascent of Mount Carmel*, Translated by Allison Peers. London: Burns & Oates, 1983.

_____. *Living Flame of Love,* Translated by E. Allison Peers. London: Burns & Oates, 1977.

_____. *The Collected Works of St. John of the Cross*, Translated by. Kieran Kavanaugh and Otilio Rodriguez. Washington D.C.: ICS Publications, 1979.

_____. *The Dark Night of the Soul*, Translated by E. Allison Peers. New York: Dover Publications, 2003.

St. Teresa of Avila. *Interior Castle*, Translated by E. Allison Peers. London: Dover, 2007.

_____. *The Life of Saint Teresa of Avila*, Translated by J. Cohen. London: Penguin Classics, 2004.

Stacey, David. *The Pauline View of Man*. London: Macmillan, 1956.

Stählin, Gustav. "χήρα." In *Theological Dictionary of the New Testament* 10. Edited by Gerhard Kittel. Grand Rapids: Eerdmans, 1964-95.

Stanley, Charles. *How to Listen to God*. Nashville: Thomas Nelson, 1985.

Steinitz, L. Y. "Religiosity, Well-Being and Weltanschauung among the Elderly." *Journal for the Scientific Study of Religion* 19 (1980).

Stigers, Harold G. *A Commentary on Genesis*. Grand Rapids: Zondervan, 1976.

Stott, John. *Issues Facing Christians Today: New Perspectives on Social and Moral Dilemmas*. London: Harper Collins Publishers, 1990.

Stroup, George W. *The Promise of Narrative Theology*. London: SCM, 1981.

Surin, Kenneth. *Theology & the Problem of Evil*. Oxford: Blackwell, 1986.

Swann, William B. "Mired in Misery." *Psychology Today* (July-August 1992).

Swihart, Judson J. and Brigham, Steven L. *Helping Children of Divorce*. Downers Grove: InterVarsity Press, 1982.

_____. *The Sayings of the Desert Fathers: The Alphabetical Collection*, Translated by Benedicta Ward. Collegeville, MN: Cistercian Publications, 2005.

Thornton, Martin. *The Purple Healed Mountain*. Alabama: Faith Press, 1962.

_____. *The Rock and the River*. London: Hodder & Stroughton, 1965.

Thurian, Max. *Confession*. London: SCM Press, 1981.

Tidball, Derek. *Skilful Shepherds: An Introduction to Pastoral Theology*. Leicester: InterVarsity Press, 1986.

Turnbull, Ralph G., ed. *Baker's Dictionary of Practical Theology*. Grand Rapids: Baker, 1967.

Ulanov, Ann & Barry. *Primary Speech: A Psychology of Prayer*. Atlanta: John Knox Press, 1982.

Wallace, Ronald S. *Calvin's Doctrine of the Christian Life*. Portland: Geneva Divinity School Press, 1982.

Walters, Richard P. *Anger: Yours and Mine and What to Do About It*. Grand Rapids: Zondervan, 1981.

Ware, Corinne. *Discover Your Spiritual Type: A Guide to Individual and Congregational Growth*. Bethesda, Md.: Alban Institute, 1995.

Warfield, B. B. *Person & Work of Christ*. Philadelphia: Presbyterian & Reformed Publishing, 1989.

Welch, Edward T. *Depression: The Way Up When You Are Down*. Phillipsburg: P&R Publishing, 2000.

_____. *Self-injury: When Pain Feels Good*. Phillipsburg: P&R Publishing, 2004.

Welch, Edward and Powlison, David. "'Every Common Bush Afire with God": The Scripture's Constitutive Role for Counseling." *Journal of Psychology and Christianity* 16 (1997).

Welter, Paul. *How to Help a Friend*. Wheaton: Tyndale, 1978.

Wenham, Gorden J. *The New International Commentary on the Old Testament: The Book of Leviticus*. Grand Rapids: Eerdmans, 1985.

_____. *Word Biblical Commentary*. Vol. 1: Genesis 1-15. Waco: Word, 1987.

Wessel, Walter W. *Baker's Dictionary of Practical Theology*. Grand Rapids: Baker Book House, 1960.

White, John. "Problems and Procedures in Exorcism." In *Demon Possession*. Edited by John W. Montgomery. Minneapolis: Bethany Fellowship, 1976.

_____. *The Masks of Melancholy: A Christian Psychiatrist Looks at Depression and Suicide*. Leicester: InterVarsity Press, 1982.

Whitehead, Barbara D. "Dan Quayle Was Right." *The Atlantic Monthly* (April 1993).

Willard, Dallas. *Renovation of The Heart: Puting On The Character Of Christ*. Colorado Springs: NAVpress, 2002.

Willmott, Trevor. "Spirituality and Appraisal." In *Appointed for Growth: A Handbook of Ministry Development and Appraisal*. Edited by Kevin Esatell. London: Mowbray, 1994.

Wilson, Michael. *Health is for People*. London: DLT, 1975.
_____. *The Church is Healing*. London: SCM, 1967.
Wilson, William P. "Hysteria and Demons, Depression and Oppression, Good and Evil." In *Demon Possession*. Edited by John W. Montgomery. Minneapolis: Bethany Fellowship, 1976.
Winter, B. W. "Providentia for the Widows of 1 Timothy 5. 3-16." *Tyndale Bulletin* 39 (1988).
Wise, Carrall A. *Psychiatry and the Bible*. New York: Harper & Brothers, 1956.
Wolters, Albert M. *Creation Regained*. Grand Rapids: Eerdmans, 1985.
Wolterstorff, Nicholas. *Lament for a Son*. Grand Rapids: Eerdmans, 1987.
Wright, Norman H. *Crisis Counselling*. San Bernadino: Here's Life, 1986.
Wulff, David M. *Psychology of Religion: Classic and Contemporary Views*. New York: John Wiley & Sons, 1991.
Zimmerli, Walter. "The Place and Limit of Wisdom in Framework of the Old Testament Theology." *Scottish Journal of Theology* 17 (1964).

멀홀랜드, M. 로버트. 『영성여행 길라잡이』. 서원교 역. 서울: 살림, 2008.
_____. 『예수의 길에서 나를 만나다』. 서울: 살림, 2009.
Meier, Paul D., Minirth, Frank B., Wichern, Frank B. and Ratcliff, Donald E. 『기독교 상담심리학 개론』. 전요섭 외 공역. 서울: CLC, 2004.
매수턴, T. B. 『성서 그리고 현대가정』. 이석철 역. 서울: 요단출판사, 1991.
보우스마, W. J. "존 칼빈의 영성." 김성재 편. 『성령과 영성』. 서울: 한국신학연구소, 1999.
콜린스, 게리. 『기독교와 상담윤리』. 오윤선 역. 서울: 두란노, 1997.
_____. 『왜? 그리스도인이 상담을 받아야 하는가?』. 이종일 역. 서울: 솔로몬, 1997.

김광현, 신수정. "미혼여성들 연애와 性." 동아일보 2005년 12월 10일.
김성민. 『융의 심리학과 종교』. 파주: 동명사, 1988.
김용운. "이냐시오 영신수련의 이해와 실제." 정원범 엮음. 『영성목회 21세기』. 서울: 한들출판사, 2006.
스마트, 니니안. 『종교와 세계관』. 김윤성 역. 서울: 이학사, 2000.
윌라드, 달라스. 『하나님의 음성』. 윤종석 역. 서울: IVP, 2010.
베너, 데이빗. 『거룩한 사귐에 눈뜨다』. 노문종 역. 서울: IVP, 2007.
_____. 『영혼 돌봄의 이해』. 전요섭 김찬규 역. 서울: CLC, 2010.
톰슨, 데이빗. 『이혼 상담』. 남상인 역. 서울: 두란노, 1996.
씨맨즈, 데이빗 A. 『치유하시는 은혜』. 윤종석 역. 서울: 두란노, 1990.
스페리, 렌. 『목회상담과 영성지도의 새로운 전망』. 문희경 역. 서울: 솔로몬, 2007.
살, 밀라드. 『성경과 심리학의 조화』. 김양순 역. 서울: 생명의말씀사, 2000.
박원기. 『신학윤리와 사회과학』. 서울: 대한문서선교회, 1998.
배은주. "기독학생의 신앙성숙도와 자존감의 관계 연구." 『복음과 상담』 제3권. 서울: 한국복음주의기독교상담학회, 2004.
사이몬 찬. 『영성신학』. 김병오 역. 서울: IVP, 2002.
버클리, 수잔. 『영적 지도와 영적 여정』. 권희순 역. 서울: 은성, 2008.
신덕신. "우울증 환자를 둔 가족이 어떻게 도와야 하는가?." 『목회와 신학』 5. 서울: 두란노, 2001.
심수명. "기독교 상담과 인지치료를 통합한 열등감치료 프로그램의 효과 검증." 『복음과 상담』 제3권. 서울: 한국복음주의기독교상담학회, 2004.
카이퍼, 아브라함. 『칼빈주의』. 박영남 역. 서울: 세종문화사, 1988.
후크마, 안토니 A. 『개혁주의 구원론』. 류호준 역. 서울: CLC, 2003.
아들러, 알프레드. 오글러, 허타. 『Adler의 심리학 해설』 설영환 역. 서울: 선영사, 1996.
깁스, 에디. 『Next Church』 임신희 역. 서울: 교회성장연구소, 2003.
에르나 반 드 빙켈. 『융의 심리학과 기독교 영성』. 김성민 역. 서울: 다산글방, 1996.
뒤르껭, 에밀.『자살론』. 김충선 역. 서울: 청아, 1994.
리차드, 요셉.『칼빈의 영성』. 한국칼빈주의연구원 편역. 서울: 기독교문화사, 1986.
유해룡.『하나님 체험과 영성수련』. 서울: 장로회신학대학교출판부, 2007.
이관직.『목회상담자가 본 성경인물과 심리분석』. 서울: 목회상담연구소, 1999.
전요섭, 이진영. "부모의 기독교 신앙과 권위유형에 따를 청소년의 자아존중감 차이."『복음과 상담』제3권. 서울: 한국복음주의기독교상담학회, 2004.
전요섭.『기독교 상담의 이론과 실제』. 서울: 좋은나무, 2001.
바크, 제네트 A.『영성지도』. 최승기 역. 서울: 은성, 2007.
아담스, 제이 E.『성경이 가르치는 결혼 이혼 그리고 재혼』. 김성혜, 김성희 공역. 서울: 베다니, 1994.
조용훈. "기독교와 생명문화."『생명문화와 기독교』. 조용훈 외. 서울: 한들, 1999.
헌트, 준.『성경적 상담의 열쇠 I』. 최복순 역. 서울: 프리셉트, 2001.
_____.『성경적 상담의 열쇠 II』. 최복순, 김현숙 역. 서울: 프리셉트, 2001.
최영민. "우울증의 징후와 그 이해."『목회와 신학』 5. 서울: 두란노, 2001.
최창국.『기독교 영성신학』. 서울: 대서, 2010.
_____. "영성과 하나님의 프락시스,"「성경과 신학」49 (2009).
그룸, 토마스.『생명을 위한 교육』. 김도일 역. 서울: 한국장로교출판사, 2001.
키딩, 토마스. 페닝톤, 바실. 클라크, 코마스.『구심기도』. 허성준 역. 서울: 분도출판사, 2005.
로버트슨, 패트.『당신의 물음에 성경은 이렇게 답한다』. 장동민 역. 서울: 소망사, 1996.

존스, 폴.『영적 지도의 이론과 실천』. 배정웅 역. 서울: 은성, 2005.
투르니에, 폴.『폴 투르니에의 치유』. 정동섭, 정지훈 역. 서울: CUP, 2007.
라이스, 하워드.『영성목회와 영적 지도』. 최대형 역. 서울: 은성, 2003.
한국가톨릭의사협회 편.『의학윤리』. 서울: 수문사, 1984.

영성과 상담

Spirituality and Counseling

2011년 2월 28일 초판 발행

지은이 | 최창국

펴낸곳 | 사)기독교문서선교회
등록 | 제16–25호(1980. 1. 18)
주소 | 서울시 서초구 방배동 983–2
전화 | 02) 586–8761~3(본사) 031) 923–8762~3(영업부)
팩스 | 02) 523–0131(본사) 031) 923–8761(영업부)
홈페이지 | www.clcbook.com
이메일 | clckor@gmail.com
온라인 | 국민은행 043–01–0379–646, 기업은행 073–000308–04–020
　　　　　예금주: 사)기독교문서선교회

ISBN 978 – 89 – 341 – 1103 – 0 (93230)

* 낙장 · 파본은 교환해 드립니다.